白银市年鉴丛书

白银区年鉴

2010

白银市白银区地方志编纂委员会办公室 编

方志出版社

出版物名称	《白银区年鉴（2010）》
编　　者	《白银区年鉴（2010）》编纂委员会 白银市白银区地方志编纂委员会办公室
承印（制）者	郑州方志印务有限公司
开本/数量	16开/1-500册（盘）
印（制）日期	2011年12月

白银市白银区行政区域图

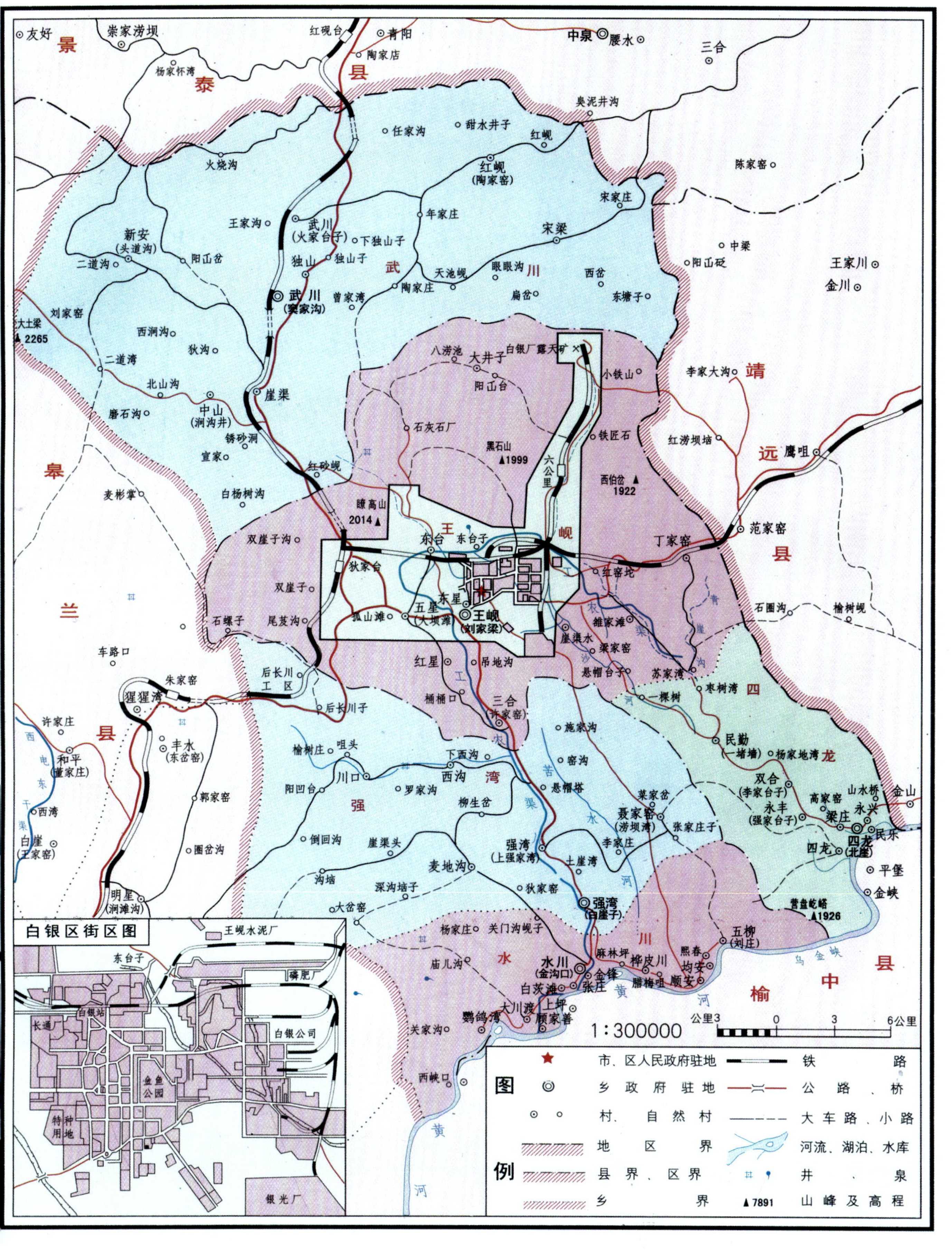

荣誉白银区

● 国家星火技术密集区建设单位	（国家科学技术部颁发）
● 全国第六次人口普查先进集体	（中华人民共和国国家统计局） （国务院第六次全国人口普查领导小组办公室颁发
● 全国群众体育先进单位	（国家体育总局颁发）
● 全国农村社区建设实验区	（民政部颁发）
● 全国村务公开民主管理示范区	（全国村务公开协调领导小组颁发）
● 全国城乡低保规范化建设示范区	（民政部颁发）
● 全国清明节文明祭祀示范点	（民政部颁发）
● 双拥模范城	（甘肃省委、省政府、省军区连续第七次颁发）
● 双五、双十、双百民政工作整体推进示范区	（甘肃省民政厅颁发）
● 全省民政工作先进区	（甘肃省民政厅颁发）
● 全省城市社区建设示范城	（甘肃省民政厅颁发）
● “九五”全省人民防空工作先进单位	（甘肃省国防动员委员会颁发）
● 全省城市居民最低生活保障工作先进集体	（甘肃省民政厅颁发）
● 甘肃园林城区	（甘肃省建设厅） （甘肃省绿化委员会办公室颁发）
● 全省审计机关先进集体	（甘肃省人事厅） （甘肃省审计厅颁发）

数字白银区

SHU ZI BAI YIN QU

总面积：1372平方千米

年末总人口：28.81万人

年末总户数：96533户

人口密度：210人/平方千米

地区生产总值：148.1218亿元

第一产业增加值：3.74亿元

第二产业增加值：91.75亿元

第三产业增加值：52.63亿元

第一、二、三产业构成：2.53∶62.26∶35.11

人均地区生产总值：51076元

地方财政一般预算收入：2.78亿元

地方财政一般支出（决算）：8.53亿元

全年辖区固定资金投资完成：83.93亿元

区及区以下完成固定资金投资：16.19亿元

社会消费品零售总额：447506万元

规模工业企业完成增加值：52860.5万元

外商及港澳台商投资企业完成：1089.2万元

建筑施工企业实现施工产值：100963万元

房屋施工面积：591910平方米

房屋竣工面积：276810平方米

全区有学校：119所

校舍建筑面积：451850平方米

中等职业学校：1所

各类卫生机构床位：1800张

卫生技术人员：2168人

全年用电量：4424千瓦时

大环境绿化造林面积：3000亩

金融机构本外币各项存款余额：142.42亿元

人民币各项存款余额：141.91亿元

金融机构本外币各项贷额余额：96.39亿元

人民币各项贷款余额：88.13亿元

城镇居民人均可支配收入：14711元

城市居民人均消费性支出：10627元

农村居民人均纯收入：5637元

农村居民人均总支出：6363.31元

城镇居民人均居住面积：26.05平方米

全区城镇参加基本养老保险职工：8093人

参加失业保险人数：8645人

城镇职工居民基本医疗参保人数：93752人

新型农村合作医疗参保人数：63884人

2010年8月22日，中央政治局委员、国务院副总理回良玉（左二）在省委书记陆浩陪同下察看白银公司厂坝铅锌矿洪灾灾情

2010年11月9日，中材甘肃水泥有限责任公司日产4500吨新型干法水泥生产线正式点火投产。省委书记、省人大常委会主任陆浩（中），省委副书记、代省长刘伟平（左）和中材集团有限公司总工程师王广林（右）共同启动水晶球点火开关

2010年11月9日，省委书记、省人大常委会主任陆浩（左二），省委副书记、代省长刘伟平（左三），中信国安集团公司总经理孙亚雷（右一）视察白银公司棚户区改造情况

2010年11月10日，省委常委、常务副省长冯健身（右一）视察白银区西村联合大院和向阳村安民小区保障性住房建设情况

2010年11月2日，省委副书记鹿心社（中左二）调研武川移民新村文化站建设情况

2010年8月26日，省人大常委会原副主任、省关工委副主任陈绮玲（左二）调研督查白银区关心下一代工作情况

2010年11月29日，兰州军区政治部副主任、少将李炳仁（右三）视察白银区人民武装工作

2010年7月15日，全省农家书屋工程建设现场会在白银召开。副省长咸辉（右二）参观白银区武川乡新村小区、王岘镇三合村、强湾乡强湾村、水川镇桦皮川村农家书屋

2010年5月18日，副省长、省依法治理工作领导小组副组长张晓兰（右二）一行检查验收白银区“五五”普法工作

2010年1月14日，国家发改委副主任解振华（左三）考察白银公司工作

2010年6月12日，省审计厅厅长何振中（左三）、副厅长边恺（左二）调研白银区审计工作

2010年10月27日，省住房和城乡建设厅厅长李慧（左三）一行调研白银区保障性住房建设情况

2010年9月27日，省扶贫办党组书记、主任沙拜次力（左一）检查指导武川乡扶贫开发工作和农村“两项制度”有效衔接试点工作进展情况

2010年9月3日，省人口和计划生育委员会党组书记、主任苏君（右一）一行调研指导白银区人口和计划生育工作

2010年10月13日，省直机关纪工委书记周见明（前左二）率省委思想政治工作第一考评组考核评估白银区2007年以来思想政治工作开展情况

2010年12月30日，白银区召开《白银区志（1996~2008）》评审会。省地方史志办公室党组书记、主任金庆礼（左五）出席会议并致辞

2010年9月29日，市委书记、市人大常委会主任肖庆平（前左二)，市委副书记、市长吴仰东(前右二）调研白银区旅游产业发展情况

2010年4月6日，市政协主席张廷魁（中）带领市政协调研组调研白银区农业和农村经济工作

2010年11月27日，省委农村工作办公室副主任王剑英（前右一）带领省委、省政府第一督查组调研督查白银区农业和农村工作

2010年8月19日，省政府办公厅副主任李均（前右二）、省农牧厅副厅长黄全成（前左二）率省委、省政府第三联合督察组督查白银区实施区域发展战略工作情况

2010年6月17日，省委第四巡视组副组长李景亮（右三）、省民政厅纪监室主任王福德（左二）带领省委第四巡视组调研白银区民政工作

2010年11月13日，省政府督学、督政专家、省督导办副主任、第二专家评估组领队梁祖选（右二）和省政府督学、督政专家、庆阳市督导室主任，第二专家评估组组长王明树（右三）带领省政府教育督导团对白银区政府教育工作督导评估

2010年12月27日，省粮食局党组成员、副局长成文生（中）调研白银区粮食工作

2010年4月21日，省档案局副局长张蕊兰（右一）调研白银区西铜社区档案工作

2010年12月13日，省司法厅党委委员、副厅长白文辉（右二）带领省司法厅考核组督查验收白银区司法行政工作

2010年6月24日，市委常委、市委组织部部长宋奋吉（左一）检查指导白银区基层党建工作，并走访慰问困难党员

2010年9月8日，市委常委、白银区委书记梁蓉兰（中）带领市城镇化发展研究课题组调研白银区城镇化发展工作

2010年6月29日，由省、市、区人大代表组成的视察组视察白银区重点工作进展情况。区人大主任张润苍（前右二）陪同视察

2010年10月5日，白银区委副书记、区政府区长李兰宏（左二)调研水川湿地公园建设工作

2010年4月11日，区政协主席陈松（前右一）调研水川镇集体林权制度改革情况

2010年7月6日，第十六届中国兰州投资贸易洽谈会白银市投资项目签约仪式在兰州锦江阳光酒店举行

2010年4月9日，白银区药品监督管理工作会议召开

2010年12月9日，全区医德医风整顿会议在市二院门诊部五楼学术会堂召开

2010年11月26日，全区农民法律知识抽奖活动在工农路街道六楼会议室举办

2010年9月9日，白银区庆祝第二十六个教师节暨表彰大会在会展中心召开

2010年6月10日，由省委宣传部组织的“和谐之音城乡行，赞歌献给建设者”慰问演出在白银区第八小学举行

2010年11月9日，棚户区改造项目安民小区回迁仪式现场

四龙民乐码头——黄河第一码头

第四届九九重阳白银四龙剪金山民俗文化旅游节

武川水库

水（川）平（堡）四级公路维修现场

鑫昊公司引进国际最先进的利拉伐34位转盘式自动挤奶设备

3.15消费者权益日，移动公司员工向消费者解答疑难

3.15消费者权益日，市区药监部门公开销毁假劣药品现场

2010年11月20日，白银区居民抓号选房

强湾金湾子困难群众安居工程

农家乐发展红红火火

旱砂枣种植技术指导现场

日光温室大棚种植的西瓜喜获丰收

四龙鱼池

中国聚氨酯产业的摇篮，年生产能力达15万吨TDI生产线。

新农村建设示范点四龙镇民乐村

民乐村平整的通村公路

民乐村套袋种植苹果

民乐村环境优雅的农家乐

民乐村居民广场及村委会办公楼

新农村建设示范点桦皮川村

桦皮川村统一规划的农宅

环境幽雅的桦皮川村居民广场

桦皮川村农民居住条件改善

白银市动力公司氧化沟

白银市动力公司绿化院

白银市首届中职学校学生技能大赛白银职专赛区

白银民俗工艺品展示

白银区旅游宣传现场

大峡水电站（航拍资料）

甘肃华鹭铝业公司（航拍资料）

白银同盛药业注射器生产线

钻塔金辉（甘肃有色地质勘查局三队）

王岘水泥厂

白银市民告别不文明行为誓师大会在万盛公园门口举行

小学生“金钥匙”读书活动

白银区第一小学歌咏比赛

千台大戏送农村活动现场

《白银区年鉴》(2010)编纂委员会

主　　任　梁蓉兰

常务副主任　李兰宏

副 主 任　何永有　陶志忠　赵　锋　高作相

委　　员　（按姓氏笔画排序）

马世斌　牛　雄　牛守勋　王东兰　王明军　王振朝
王树吉　王继伟　王隽平　韦宝祥　邓　宏　孙岁芳
孙维荣　卢成刚　刘汉壁　李东元　李德泉　李德聪
李存才　李伯亮　杜学军　佘彦祥　张生辉　张国凯
张景奎　张德胜　张　翀　张旭升　张玉珀　张天林
张维春　张明红　张锡林　陈万福　陈尚福　杨宗敬
杨菊梅　罗崇伟　周启成　金　鑫　周映宗　郝学熙
郝尊钢　赵天彪　郭　栋　秦　斌　梁国利　寇宗元
曾俊华　曾桐兰　董　平　韩继国　窦国锋　魏公河
魏万胜　魏孔仁

《白银区年鉴》(2010)编辑部

主　　编　王树吉

副 主 编　梁月梅

编辑编务　杨国材　陶作武　张明军　曾朝晖

校　　对　陶作武　杨国材

序　言

2010年，白银区委、区政府坚持以科学发展观为统领，立足区情实际，按照“科技兴业、工业立区，服务城市、致富农村，积极推进城乡一体化，全面建设小康社会”的发展思路和紧紧围绕“以人为本、科学转型”这一主线，抓好建设“兰白都市经济圈”、打好“棚户区改造攻坚战”两个载体，坚持服务大局、突出重点、统筹兼顾三项原则，实现招商引资、产业布局、城市管理、基层党建四个突破的工作要求，保增长、扩内需，调结构、促转型，惠民生、建和谐，抓党建、转作风，全区经济、政治、文化、社会、生态文明建设和党的建设稳步推进，各项事业健康发展。

《白银区综合年鉴（2010）》诚属创修，以务实的风格、生动的图片、翔实的文字，详细记录和客观反映2010年白银区政治、经济、文化、社会等的发展现状，图文并茂，内容丰富，载记史料，展示地情，融史料性、实用性和权威性为一体，不仅为全区发展提供丰富的参阅资料，而且为我们总结经验、检阅得失、革故鼎新提供参考和借鉴，也为下一轮续修《白银区志》积累可靠资料。希望白银区综合年鉴伴随着白银区的开发与建设，存史鉴今，为全面推动白银区经济社会科学发展、跨越发展、率先发展、和谐发展发挥更加重要的作用。

中共白银市委常委　白银区委书记

中共白银区委副书记　区政府区长

2011年10月13日

编辑说明

一、《白银区综合年鉴》是由中共白银区委、白银区人民政府主办的综合性区情书籍和资料性工具书。旨在全面、准确、及时地记述白银区政治、经济、文化、社会诸方面的基本情况，反映白银区在改革开放和社会主义现代化建设中的新成就、新进展、新问题，为各级领导科学决策提供依据，为国内外各界人士了解白银区、研究白银区提供权威的市情信息，也为编修社会主义新方志积累资料。

二、《白银区综合年鉴(2010)》记述白银区辖域内2010年各行各业基本情况和重要信息，特殊情况适当上溯。特载中收录2011年1月领导讲话。

三、本年鉴共设图片、特载、区情概况、大事记、政党、人民团体、城乡建设、开发园区、社会事务、国防、政法、经济管理、农业、工业、交通邮电、信息产业、城建环保、商业、财政税务、金融保险、科技、教育、文化艺术、卫生体育、人物、乡镇街道、附录等栏目。卷内设反映全区重大事件和发展成就的彩色图片。

四、本年鉴主体内容设类目、分目、条目三个层次，个别内容设四个层次。少数条目下设子目。条目为年鉴内容的基本单位，其标题用黑体字加鱼尾号【】。

五、本年鉴中有关全区国民经济和社会发展的主要数据，均以白银区统计局公布的统计数据或各承编单位提供的数据为准。

六、本年鉴文字和图片由区委、区人大、区政府、区政协及和区直各部门、区属各单位及驻区省、市属各单位供稿，并经各供稿单位领导审阅。稿件经区地方志办公室总纂后，主要内容经区委、区政府主要领导和分管领导审定。为示负责，撰稿人署名于条目或分目之后。

七、本年鉴《人物》按生年排序。

八、本年鉴计量单位、符号按照《国务院关于在我国统一实行法定计量单位的命令》，一律采用国际单位制。土地、耕地、林地单位面积用“亩”。企业的量词用“户”。

九、本年鉴标点符号按国家语言标准化工作委员会办公室1997年5月修订发布的《标点符号用法》规定进行标点。

目　录

特　载

大事记

概　貌

政　党

中国共产党白银区委员会

白银区人民政府

政协白银区委员会

人民团体

国　防

公安　检察　审判

财政　税务

工 业

驻区大型企业

交通运输业　邮政业

公路交通

公路运输

公路管理

邮　政

信息产业

无线电管理

电　信

甘肃移动白银分公司

中国联通白银市分公司

经济协作与开发

商　业

旅　游　业

金融业 保险业

经济综合管理

科　技

教　育

文化体育

卫　生

社会事务

乡镇街道

人　物

附　录

特　　载

白银区深入学习实践科学发展观活动总结大会召开

在区委工作会议上的讲话

中共白银市委常委、白银区委书记　梁蓉兰

（2010年3月16日）

同志们：

这次区委工作会议，本着精简高效的原则，将组织、老干部、关心下一代、宣传思想、统战民族宗教、党委办公室系统工作多会合一，目的是腾出更多的时间和精力去抓工作落实。刚才，何部长、刘部长、吕主席和胡主任分别就今年的组织、宣传思想、统战民族宗教和党委办公室系统工作，作了全面具体的安排部署，我完全赞同，希望大家认真抓好贯彻落实。下面，我就做好新时期、新形势下的全区党务工作，强调三个方面的意见。

一、肯定成绩，正视差距，切实增强做好党务工作的责任感和紧迫感

过去的一年，是白银区经济社会发展经受严峻挑战和重大考验的一年，也是全区经济社会各项事业健康发展的一年，同时也是党的各项工作蓬勃开展、扎实推进的一年。一年来，在市委的正确领导和大力支持下，全区各级党组织坚持以“三个代表”重要思想为指导，认真贯彻落实党的十七大和十七届四中全会精神，深入学习实践科学发展观，紧紧围绕区委中心工作，解放思想，开拓创新，与时俱进，组织、宣传思想、统战民族宗教和党委办公室系统各项工作都取得了新的突破，为促进全区经济社会又好又快发展提供了坚实的组织保证、强大的思想动力、广泛的社会支持和较好的综合服务。

一是固本强基，选贤任能，组织工作实现了新提升。以选干部、配班子，建队伍、聚人才，抓基层、打基础为重点，不断加强领导班子、干部队伍、基层组织和人才队伍建设，积极营造风清气正、团结协作的干事创业环境。注重把第二批学习实践活动中形成的科学发展共识、体制机制成果和惠民政策通过第三批学习实践活动贯彻落实到基层，确保了学习实践活动批次相接、统筹推进，进一步提高了各级领导班子和领导干部推动科学发展、促进社会和谐的能力和水平。以“廉洁、勤政、务实、高效、为民”为目标，“全面效能建设”取得了初步成效。着眼于优化领导班子结构，激发干部队伍活力，后备干部队伍建设进一步加强，选拔任用了一批想干事、能干事、会干事、干成事的优秀年轻干部。创新基层党组织设置，采取“农村社区+支部”、“协会+支部”、“园区+支部”等模式，扩大了党组织覆盖面。集中整顿后进村级组织，对全区村级组织的整体状况进行了综合分析评价，将排名较差的8个村列为后进村进行集中整顿，“五星级”基层党组织创建活动和村级管理“五规范两公开”试点工作正式启动。

二是围绕中心，服务大局，宣传工作激发了新活力。坚持团结、稳定、鼓劲和正面宣传为主的方针，紧紧围绕全区的重点、难点、热点和焦点工作，策划承办了以“热爱读书，科技致富”为主题的全省“4·23”世界读书日纪念活动、第三届白银金凤凰少儿艺术大赛、第三届白银四龙剪金山民俗文化旅游节、白银区“爱国歌曲大家唱”歌咏比赛等一系列宣传文化活动，全力打好学习实践活动、“项目建设落实年”、“全面效能建设”、“农村基层组织建设年”、坚决治理“三乱”集中做好征地拆迁、庆祝新中国成立60周年等六个声势大、形式活、效果好的新闻宣传战役。组织开展了覆盖全区所有社区和村社的“送政策、送法律、送科技，进社区、进乡村”活动、党的理论创新成果“进乡镇、入社区”和十七届四中全会专题宣讲活动，不断扩大理论宣传的普及率和覆盖面。白银区广播影视中心挂牌成立，《今日白银区》栏目正式开播，对外宣传取得新突破。全区宣传工作主基调鲜亮、主旋律响亮、主动仗漂亮，为全区加快经济社会发展创造了良好的舆论环境。

三是凝聚人心，汇聚力量，统战工作取得了新成效。统战系统紧扣区委中心工作，充分发挥人才荟萃、智力密集、联系广泛的优势，深入企业、基层、市场，了解群众的所忧、所盼，组织和引导统一战线各界人士，就城市转型、招商引资、项目建设、新农村建设、民生民利等重大问题开展调研，提出了多项富有建设性的意见和建议。积极组织广大统一战线成员，投身于抗旱救灾、扶贫济困、帮教助学等社会公益事业，受到了社会普遍好评。进一步加强对口联系，有12个部门与各民主党派区支部和区工商联建立对口联系制度。社区统战工作呈现出生动活泼的新局面，走在了全省前列。注重民主党派后备干部的培养，制定了《2008-2012年白银区党外代表人士建设规划》。贯彻落实党的民族宗教政策，引导民族宗教界人士积极参与全区经济社会各项事业，民族宗教工作呈现良好态势。牢牢把握大团结大联合的主题，团结和凝聚广大统一战线成员，协调关系，汇集力量，巩固和发展了全区统一战线和谐、开拓、奋进的良好局面，为全区经济社会发展提供了广泛的支持。

四是参谋辅政，建言献策，党委办公室系统工作迈上了新台阶。区党委办公室系统紧紧围绕区委中心工作和全区工作大局，充分发挥参谋助手的作用，积极参与政务、管理事务、搞好服务，较好地完成了办文办会、调查研究、综合协调、督查落实、机要信息、保密管理、党史研究、档案服务等各项工作任务。强化统筹协调，规范运转程序，办文办会水平进一步提高；注重调查研究，加强信息报送，辅助决策职能进一步凸显；创新工作方式，加大督查力度，督促检查作用有效发挥；严格保密制度，规范涉密操作，机要保密工作有序运行；加强史志编撰，延伸工作层面，资政育人作用逐步显现；突出基础建设，发挥资源优势，档案服务领域不断拓展。以“建一流队伍，树一流作风，展一流形象，创一流业绩”为目标，全力提升工作质量和水平，干部队伍综合素质不断增强，参谋服务水平不断提高，表率作风和窗口作用进一步体现，为服务科学决策、促进科学发展做出了积极贡献。

这些成绩的取得，是组织、宣传思想、统战民族宗教和党委办公室系统的同志们辛勤努力的结果。借此机会，我代表区委，向一年来为全区党务工作付出辛勤努力的同志们表示诚挚的问候和衷心的感谢！并向受到命名表彰的文明单位、文明村、文明社区表示热烈的祝贺！

在肯定成绩的同时，也要清醒地认识到，与先进县区相比，用“当好排头兵、工作创一流”的总体要求来衡量，我们的工作还存在很大的差距。必须从贯彻落实科学发展观、提高党的执政能力，推动全区经济社会又好又快发展的高度，充分认识做好组织、宣传思想、统战民族宗教和党委办公室系统工作的重要性和必要性，进一步解放思想，凝聚力量，开拓进取，扎实工作，不断增强工作紧迫感和责任感。

一是从当前面临的形势看，我区已进入加快发展、率先发展、科学发展的关键时期，我们应当看到，机遇远远大于挑战，有利条件明显多于不利因素。作为全市的中心城区，能否抓住机遇，应对挑战，实现跨越式发展，是我们必须正视和解决的重要课题。为此，迫切需要我们充分发挥党的政治优势，把广大干部群众的思想统一起来，把全区上下的力量凝聚起来，把各个方面的积极性调动起来，形成加快发展、率先发展、科学发展的强大合力。

二是从加快发展的实践看，区委九届五次全委（扩大）会议暨全区经济工作会议和棚户区改造动员大会，已经确定了今年全区“一条主线”、“两个载体”、“三项原则”、“四点突破”的总体思路。实现新一轮发展的奋斗目标和繁重的工作任务，迫切需要全区各级党组织积极行动起来，既要在加快发展、率先发展、科学发展中凝聚人心，又要积极地化解矛盾，确保经济社会的更好更快发展。

三是从目前工作的现状看，尽管做了许多工作，取得了较好的成绩，但还存在一些薄弱环节和不容忽视的问题。全区组织、宣传思想、统战民族宗教部门和党委办公室系统要牢固树立“敢想敢干、敢破敢立、敢创敢拼”的思想意识，按照体现时代性、把握规律性、富于创造性的要求，认真研究做好新时期工作的对策与措施，努力在工作的方式、方法、内容、机制、手段上推进创新，以思想的大解放、创新的大气魄、改革的大力度，努力实现新形势下全区组织、宣传思想、统战民族宗教和党委办公室系统工作的新跨越。

二、开拓创新，锐意进取，全面提升党务工作整体水平

2010年，是棚户区改造的启动之年，也是转变发展方式、调整经济结构、加快城市转型、统筹城乡发展、建设“兰白都市经济圈”、推进区域经济新一轮发展的关键一年。做好今年的各项工作，对于加快经济社会发展、促进和谐社会建设具有十分重要的意义。

一要加强组织建设，筑牢科学发展之基。组织部门要围绕加强党的执政能力建设和先进性建设这一主线，以改革创新的精神全面推进领导班子、干部队伍、基层组织和人才队伍建设，为加快推进城市转型和经济社会实现又好又快发展提供组织保障。要进一步创新服务科学发展选人用人机制这个关键。深化干部人事制度改革，坚持德才兼备、以德为先的用人标准，注重从基层一线选拔优秀干部，激励更多干部立足基层岗位建功立业，形成有利于科学发展的用人导向。要看文凭更重水平，选准用好“经验人”；看奖杯更重口碑，选准用好“老实人”；看承诺更重做功，选准用好“苦干人”；看显绩更重潜绩，选准用好“实在人”；看印象更重形象，选准用好“正派人”。要进一步完善公开选拔、竞争上岗等选人用人工作机制，规范干部任用提名制度，完善差额选拔干部方式。要探索建立干部选用工作信息公开制度，把选人用人的程序和方法告知群众，把选人用人的情况及时反馈给群众，不断提高选人用人的透明度和公信度。要进一步夯实服务科学发展基层党建工作这个基础。以“五好班子”创建活动为总抓手，深入开展“基层组织规范化建设年”活动，统筹推进企业、社区和村级组织等基层党组织建设，创新基层党组织活动方式，全面加强基层党组织建设。要选好配强村级党组织班子，探索推行党支部书记、村主任一肩挑，努力提高村干部队伍素质，不断强化农村基层组织适应市场、领导发展的能力，构建和谐、维护稳定的能力，教育群众、服务群众的能力，依法治村、民主管理的能力，使农村基层组织成为推进农村改革发展的战斗堡垒和核心领导力量。要继续深入开展以“双联双带”暨“四联四帮”为载体的城乡基层组织互帮互助活动，鼓励党政机关、人民团体、企事业单位和社会各界人士以多种方式开展结对帮扶工作。要进一步强化服务科学发展人才队伍建设这个保障。围绕如何发挥好牵头抓总作用，进一步完善人才工作制度机制，把营造环境、优化环境作为服务人才的重要途径，激发和调动各类人才的积极性，更好地为经济社会发展服务。要围绕培养、吸引、用好人才三个环节，坚持用产业聚集人才、用事业留住人才、用机制激励人才，使人才创业有机会、干事有舞台、发展有空间。加快实施人才强区战略，创新人才工作机制，努力形成多层面、多渠道、多形式引进人才、集聚人才和使用人才的氛围，营造优秀人才脱颖而出、建功立业的良好环境，鼓励、支持、帮助人才干成干好事业。

二要注重宣传引导，营造科学发展之势。宣传思想工作事关工作全局，政治性、政策性、敏感性、时效性很强，必须时刻不能忽视发展大势，不能忘记工作大局，增强战略思维和大局意识，清醒认识和准确把握面临的新情况、新问题和新挑战、新任务，以具有前瞻性的思路和举措，富有成效地推进宣传思想文化工作。要围绕提振发展信心抓宣传。今年，我区推进城市转型、建设“兰白都市经济圈”、实施“棚户区（城中村）改造”、转变发展方式等发展任务十分繁重。要以统一思想、坚定信心、团结鼓劲为重点，唱响主旋律，打好主动仗，围绕全区中心工作，以开展“八大新闻宣传战役”（“棚户区改造攻坚年”、建设“兰白都市经济圈”、加快实施城乡一体化、“惠民政策落实年”、庆祝恢复建市25周年、“精神文明建设推进年”、“基层组织规范化建设年”、建设学习型党组织新闻宣传战役）为契机，大力宣传当前我区经济发展的有利条件和面临的重大机遇，宣传我区保持经济平稳较快发展的各项决策部署，宣传我区在转型发展上的大举措，在率先发展上的好做法，在加快发展上的新成效，坚持把凝聚力量贯穿于宣传思想工作的全过程，努力形成“聚精会神搞建设、一心一意谋发展”的良好氛围。要围绕强化舆论引导抓宣传。“舆论导向正确，是党和人民之福；舆论导向错误，是党和人民之祸。”要牢牢把握正确的舆论导向，坚持团结稳定鼓劲、正面宣传为主，不断提高舆论引导的权威性、公信力、影响力。要加强舆情信息工作，增强宣传工作的预见性和针对性。切实做好社会热点引导，为社会稳定提供舆论保证。要把意识形态工作摆在重要位置，大力推进社会主义核心价值体系建设，坚持不懈地用马克思主义中国化最新成果武装党员、教育群众，用中国特色社会主义共同理想凝聚力量，用民族精神和时代精神鼓舞斗志，不断巩固全区人民团结奋斗的共同思想基础，使全区干部群众始终保持昂扬向上的精神状态。通过这些工作，努力在全区上下形成统一的指导思想、共同的理想信念、强大的精神力量和基本的道德规范。要围绕精神文明建设抓宣传。着眼于提高公民素质和社会文明程度，把精神文明创建与和谐文化建设有机结合起来，围绕与群众生活密切相关的交通秩序、公共文明、社会治安等热点难点问题，深入开展“精神文明建设推进年”活动，创造和谐安定的生活环境、生态环境、人文环境、法制环境。大力加强社会公德、职业道德、家庭美德、个人品德建设，弘扬助人为乐、诚实守信、敬业奉献、见义勇为、尊老爱幼的道德风尚。积极探索新形势下精神文明建设的特点和规律，建立健全精神文明建设投入保障机制，创新体制机制，创新内容形式，创新方法手段，更有效地推动工作发展。

三要发挥统战优势，广聚科学发展之力。统战部门要发挥自身优势，积极引导和支持民主党派、工商联、无党派人士，围绕全区经济社会发展的重大问题和广大群众关注的热点问题，谋长远之计、献务实之策，当好"智囊"和"高参"。充分发挥统一思想、凝聚力量的作用，围绕"促转型、谋发展、求和谐、保稳定"的目标，发挥统一战线服务经济社会发展大局的独特优势，团结党外人士，巩固多党合作，广泛调动各界人士的积极性、主动性、创造性，为加快经济社会平稳较快发展提供最广泛的力量支持和政治保障。要积极探索和创新服务发展的途径和方式，拓展联谊交友，扩大对外交往，吸引更多的知名人士来白银投资兴业。要加大对非公经济的支持和保护力度，促进民营经济的大发展快发展；大力推进光彩事业、感恩行为，动员广大非公经济人士扶危济困、回报社会。要协调好统一战线内部各党派、各团体、各民族以及各方面成员之间的关系，协助各级党委、政府做好协调关系、理顺情绪、化解矛盾的工作。

四要提高服务意识，体现科学发展之效。党委办公室是区委的参谋部、协调部、服务部，是全区各项工作运行的中枢部门，是承上启下、协调各方、联系内外的总调度，也是服务区委、服务基层、服务群众的中转站。要突出服务党委工作大局，切实把科学发展观体现和落实到党委办公室工作的各个方面，着力在出谋划策、服务基层、信息处理、督促检查、综合协调、运行保障等方面实现工作质量和服务水平的新提升，不断开创党委办公室系统工作新局面。一是进一步发挥好参谋助手作用，在服务领导决策和服务基层上要有新气象。把搞好参谋服务摆在更加突出的位置，进一步增强参谋服务工作的预见性、前瞻性和主动性。要按照"办公室工作无小事、办公室工作无差错"的要求，细化岗位职责和目标任务，做到每项工作有人管、人人肩上有担子；服务必须全方位，努力做到服务无缺位、管理无缝隙、工作无死角。要坚持及时、准确、全面的原则，进一步提高信息质量，及时收集和上报重要情况，使党委办公室系统的服务更加适应党委领导决策的需要。二是进一步发挥好督促检查作用，在推动区委各项决策落实上要有大力度。进一步强化督促检查意识，增强督查工作实效，在推动领导决策落实上发挥更大的作用。要进一步完善督办工作制度，强化督办工作落实，确保事事有落实、件件有回音，充分体现督查工作的严肃性、权威性和实效性。三是进一步发挥好综合协调作用，在确保机关日常工作高效运转上要上水平。围绕党委的中心工作和重大工作部署，围绕改革发展稳定大局，按照"贯通上下、联系左右、协调内外"的要求，把科学发展观的要求有机地融入到各项政务事务服务之中，充分发挥好综合协调作用，全方位做好各级各类服务工作，切实把各项任务传达好，把各项工作安排好，把各个环节衔接好，推动党委办公室系统工作再上新水平。

三、求真务实，真抓实干，确保各项工作任务圆满完成

"一步实际行动胜过一打纲领"。全面完成今年区委各项工作任务，必须把立足点和着眼点放在求真务实、真抓实干上，要把心思用在干事业上，精力投到抓落实中，进一步提高执行力和落实力，以奋发有为的精神状态开创新局面。

一要解放思想抓落实。发展无止境，解放思想也永无止境。在新的历史起点上，我们要实现加快发展，就必须坚持不懈地推进思想解放，以思想的大解放促进经济社会大发展。因循守旧，不思进取，不是解放思想；头脑发热，空想蛮干，不是解放思想；"擦边球"，"闯红灯"，也不是解放思想。只有把"解放思想"与"实事求是、与时俱进"统一起来，才能确保方向正、道路宽。解放思想的目的在于解放行动，全区各级干部要把解放思想的课堂搬到经济社会发展的一线去、搬到工作难以打开局面的地方去，善寻根本之策，勤觅治本之道，形成新思路，推出新办法，破解新难题。

二要深入学习抓落实。学习的目的在于运用，学习的成效要体现在推动实际工作上。要把学习实践科学发展观活动中的好做法、好经验延续下去，善于带着问题学、结合实际工作学，从丰富生动的实践中汲取营养、提升智慧，在倾听群众的意见建议中找到解决问题的思路和办法，提高工作的系统性、预见性、创造性，使学习成为一种生活状态、一种工作责任、一种精神追求，真正把学习作为增强本领、推动工作的根本途径。要大力弘扬理论联系实际的马克思主义学风，不因工作繁忙"不愿学"，不要急功近利"不深学"，不能碌碌无为"不爱学"，更不必装点门面"不真学”。要着眼推动本部门、本单位的工作，研究新情况、新问题，通过学习开阔视野、打开思路，做到与时俱进，在化解突出矛盾、破解发展难题上取得新成效。要着眼推动本部门、本单位党的建设，认真总结新鲜经验，查找影响党群、干群关系的突出问题，通过学习不断探索发挥党的领导核心作用、党组织战斗堡垒作用、党员先锋模范作用的有效途径，努力把各级领导班子建设成学习型领导班子，把各级党组织建设成学习型党组织。

三要做好表率抓落实。作为领导者、组织者、推动者，党员领导干部对于一个部门或单位的发展承担着重大责任、发挥着重要作用。党员领导干部的责任意识如何、履职情况怎样，会对一般党员干部和普通群众产生示范和导向作用，从而在相当程度上决定着一个部门或单位的工作作风和成效。做好表率是一种先锋意识和模范行为，体现在行动上要先于一般党员干部和普通群众；做好表率也是一种责任意识和负责行为，体现在标准上要高于一般党员干部和普通群众；作好表率更是一种纪律意识和自律行为，体现在要求上要严于一般党员干部和普通群众。党员领导干部要有一如既往的工作热情、一丝不苟的工作态度、一抓到底的工作作风，始终保持一股挫而愈坚、迎难而上的勇气，一股不甘人后、敢为人先的锐气，一股干不上去誓不罢休的志气，一股敢压担子和自我加压的豪气，把心思和精力用在抢机遇、谋发展、抓落实、见成效上，以平和之心对待“名”，以淡泊之心对待“位”，以知足之心对待“利”，以敬畏之心对待“权”，以精进之心对待“事”，始终保持奋发进取、开拓创新的状态，扎扎实实履行好领导职责、发挥好表率作用。

四要强化效能抓落实。“全面效能建设”活动开展以来，全区干部办事效率和服务水平有了很大提升，受到了群众的广泛好评。实践证明，效能建设的一小步，就是党和政府执行力、公信力提高的一大步。要继续深化“全面效能建设”活动，进一步提高办事效率，以“立即办、马上办、办得快、办得好”的工作作风，让企业、群众办事时“少走几条弯路、少踏几个门槛、少转几道环节”。要察实情、讲实话、办实事、求实效，不做表面文章，不摆花架子，杜绝一般用力、推着走、赶着算的做法，实打实地谋事、干事、成事，确保各项工作达到预期目标。定下来的事情就要雷厉风行、抓紧实施；部署了的工作就要督促检查、一抓到底。要从群众最关心、最直接、最现实的利益问题入手，深入困难问题多、群众意见多、工作瓶颈多的地方，千方百计为企业排忧，满腔热情为群众解难，真心实意为基层办事，一个环节一个环节地紧抓不放，一个步骤一个步骤地盯住落实，一个项目一个项目地实现突破。

五要敢于担当抓落实。担当体现着勇气，体现着责任，体现着情怀，体现着境界。对我区而言，今年面临着产业结构优化、区域竞争加剧、民生保障压力大等严峻挑战和加快城市转型、推进区域发展、棚户区（城中村）改造的艰巨任务。这些难题要破解，就需要在全区大兴敢于担当之风，锤炼各级干部敢于探索、敢于实践、敢于负责的品格。面对困难，要无私无畏，敢于担当；面对危机，要冲锋在前，敢于担当；面对失误，要勇于负责，敢于担当。要保持一股想干事、真干事、会干事、干成事的劲头，一股不甘落后、敢闯敢拼、昂扬向上、奋发有为的锐气，变压力为动力，化挑战为机遇，多策并举促发展，坚决摒弃安于现状、因循守旧、无所作为；要把争先进位的渴望、加快发展的热情转化为奋力而为的实际行动，鼓实劲、干实事、重实效，坚决摒弃故步自封、坐而论道、华而不实。千斤重担大家挑，只要我们遇事不推诿，碰难不绕弯，勇于破难，敢于担当，就能化危为机，转机为绩，肩负起时代赋予的神圣使命，做出无愧于时代的新业绩。

六要统筹兼顾抓落实。善于抓重点、抓关键，是抓落实的重要方法。完成今年的目标任务困难多、问题多、矛盾也多，只有抓住主要矛盾和矛盾的主要方面，才能纲举目张，破解难题，盘活全局。全区各级党组织既要善于“解剖麻雀”，抓主要矛盾和矛盾的主要方面，还要善于“弹钢琴”，统筹兼顾，把握好各项工作之间的关系，用点上的突破和取得的经验，指导面上工作的开展，促进各项工作的有机配合和协调运转，实现整体工作上台阶、上水平。“一把手”是抓落实的第一责任人，对重大事项和突出问题要亲自抓，要善于统筹兼顾，集中精力抓要事、攻难事、成大事。特别是把工作的重心放在事关全局的主要问题上，把主要精力放到区委九届五次全会提出目标任务上，对重大决策、重要部署、主要矛盾、关键环节，要时刻放在心上，亲力亲为，抓出成效。

同志们，做好今年全区党的各项工作，责任重大，使命光荣。希望大家发扬求真务实、真抓实干的良好作风，在突出重点中加快发展，在破解难题中加速前进，以更加昂扬的斗志、更加务实的作风、更加扎实的措施，不断开创组织、宣传、统战、办公室系统工作新局面！

在区委九届六次全委扩大会议上的讲话

中共白银市委常委、白银区委书记　梁蓉兰

（2010年11月15日）

同志们：

这次会议的主要任务是，贯彻落实党的十七届五中全会、省委十一届十次全委扩大会议和市委六届十次全委扩大会议精神，回顾总结全区“十一五”经济社会发展情况，共同谋划白银区未来五年发展大计。下面，我代表区委常委会，向全委会报告2010年的工作，并提出全区“十二五”时期的奋斗目标、总体思路和重点任务。

一、2010年工作基本估价

今年以来，区委常委会牢牢把握科学发展主题，认真贯彻省委区域发展战略，按照市委六届九次全委扩大会议提出的“六个必须”的要求，紧紧围绕“以人为本、科学转型”这一主线，抓好建设“兰白都市经济圈”、打好“棚户区改造攻坚战”两个载体，坚持服务大局、突出重点、统筹兼顾三项原则，实现招商引资、产业布局、城市管理、基层党建四个突破的总体思路，保增长、扩内需，调结构、促转型，惠民生、保稳定，全区经济社会发展势头良好。前三季度，全区完成地区生产总值118.6亿元，完成年度计划的80.1%。1至10月份，区及区以下固定资产投资完成13.8亿元，完成年计划的103%；辖区社会消费品零售额完成38.06亿元，完成年计划的85%；城镇居民人均可支配收入达到11502元，同比增长11.3%；农民人均现金收入达到6623元，比上年同期增长27.4%；一般预算收入完成2.3亿元，完成年计划的87%。

（一）把项目建设作为加快发展的核心动力，促进经济平稳较快增长。牢固树立抓项目就是促发展的意识，坚持上争国家投资、外引客商发展，中材集团白银日产4500吨新型干法水泥生产线成功点火投产；30个区列重点项目计划总投资24.82亿元，当年投资17.31亿元，目前已开工建设26个项目，完成投资11亿元；在第16届“兰洽会”上，共签约16个项目，签约合同资金为9.3亿元，目前12个项目已开工建设，开工率达到75%。同时，紧盯国家政策导向，围绕资源开发、产业发展、基础改善和民生保障等重点领域，积极与国家、省市相关部门衔接，凝练上报了一批事关全局和长远发展的重大项目，前三季度，已上报国家、省发改委的项目56个，其中完成科研项目32个，通过评审项目24个，已下达资金项目26个，下达中央预算内资金1.98亿元。

（二）把特色农业作为农民增收的主渠道，“三农”工作进一步加强。以农业结构调整为主线，进一步优化农业发展布局，着力打造现代特色农业基地，努力拓宽农民增收渠道。围绕主导优势产业发展特色农业。以水川重坪、白银城郊等农业科技示范园区为载体，扩大反季节蔬菜日光温室规模，加快设施农业发展。今年新建改建日光温室1504亩，目前全区日光温室达到2.64万亩，瓜菜面积达到3万亩，蔬菜总产量1.86亿公斤。依托龙头企业带动发展特色农业。以四龙车路沟奶牛养殖示范园区为主，扩大奶牛养殖规模，全区奶牛饲养量达到4800头；以雨润肉食品加工基地为依托，扩大生猪养殖规模，带动建成5个生猪养殖小区；以金穗种业为基础，在武川乡发展玉米制种2500亩。积极扶植重坪蔬菜专业合作社、明祥蔬菜专业合作社等一批示范专业合作社，共同开拓市场、抵御风险。优化农业产业结构发展特色农业。立足区位优势，瞄准省内外“菜篮子”，突出城郊农业特色，加快科技示范和农产品基地建设，着力调整日光温室种植结构，完成温室葡萄反季节栽培103座206亩，推广日光温室秸秆生物反应堆技术1510亩，秸秆利用率达45%。提升农业科技含量发展特色农业。积极引进试验、示范推广新品种、新技术；整合项目资源，多方筹措资金，重点推广玉米垄作沟灌、地膜玉米制种、经济林滴灌、地膜蔬菜等农田节水措施；创建无公害绿色蔬菜、果品品牌，无公害蔬菜面积扩大到2.6万亩；引导专业合作社和农副产品加工企业注册商标，新增认证3个无公害农产品。

（三）坚持示范引领推动新农村建设，加快城乡一体化建设步伐。按照“五个一”标准和“五统一”要求，全力抓好水川镇桦皮川村和四龙镇民乐村两个城乡一体化示范点建设。截至目前，区上累计投入1300多万元，拉动群众投入1800万元，完成桦皮川村和民乐村城乡一体化建设道路硬化5.17公里，改造巷道5.96公里，改造新建农宅265户（其中新建66户、修缮改造199户）。与此同时，采取以奖代补的形式，鼓励农民自主经营，新增农家乐35户，目前达到40户，已接待游客超过8万人次，旅游收入达到250万元以上。

（四）把生态建设作为可持续发展的重要内容，造林绿化取得新成效。按照市委、市政府的统一部署，全区上下广泛动员、全民参与，扎实推进城乡绿化工程，春季造林绿化任务全面完成。

在城郊和农村，完成高速公路东出口大环境绿化3000亩，公路补栽补植绿化45公里，建设林果基地面积3000亩，完成退耕还林补植补造2000亩，城乡一体化示范村桦皮川村、民乐村完成道路绿化10.2公里。在城区，完成了国道109线绿地提质改造工程和32条行道、11个花坛广场的绿化苗木补栽补种工作，128家绿化重点单位增加绿化面积12.6万平方米；各街道认种认养新增绿地6.81万平方米。

（五）把改革发展成果共享作为构建和谐社会的目标，加大保障民生力度。认真开展“惠民政策落实年”活动，惠民实事有序推进，全区共减免或发放各项惠民资金7814.53万元。把棚户区改造作为最大的民生工程，高度重视，精心组织，全区计划建成各类保障性住房6656套48.98万平方米，其中2010年建成4660套34.3万平方米，占总套数的70%。截至目前，全区棚户区改造项目已开工建设6处，拆迁各类平房和窝棚近8万平方米，涉及安置户1000多户，开工率达到100%，至年底竣工率达到70%、回迁率达到56%，保障性住房建设工作走在全省前列。“村村通”路网建设工程全面完成。努力拓宽大中专毕业生就业渠道，面向基层，累计公开选拔录用145名大中专毕业生就业，完成小额担保贷款发放5782万元。各项社保覆盖面进一步扩大，失地农民养老保险制度全面推行，对新增失地农民参加养老保险做到应保尽保。城乡低保提标提补全面完成。

（六）把凝心聚力作为促进发展的不竭源泉，民主政治建设得到加强。区委坚持总揽全局、协调各方，切实履行把方向、管全局、谋发展的职责，通过增强区委班子的凝聚力、四大班子的向心力、各级党政班子的合聚力，充分调动各方面的积极性、主动性和创造性。积极支持人大、政府、政协依法履行职能，充分发挥工青妇等人民团体的桥梁和纽带作用，首次召开了全区民族团结进步表彰大会，在全省社区统战工作现场交流会上作了经验交流。深入推进党务公开、政务公开、村务公开和厂务公开，着力扩大群众对社会事务的知情权、参与权、管理权和监督权。认真落实党风廉政建设责任制，贯彻执行《廉政准则》，扎实开展党政领导班子成员向同级纪委全委会述廉工作，加强惩防体系建设，充分发挥保驾护航作用。认真开展“精神文明建设推进年”活动，为经济社会发展营造良好氛围。深入开展“社会矛盾积案化解年”活动，实行领导包案，落实“五包”责任；进一步开展“安全生产年”活动，把校园安全稳定工作摆在突出位置来抓，确保了社会大局和谐稳定。

（七）把党的建设作为推动工作的强大动力，执政能力有了新提升。全区各级党组织围绕区委“强堡垒、夯基础，抓队伍、树形象，促进科学转型，推进城乡一体化建设”这一主题，以“五星级”基层党组织创建活动和“白银先锋”工程为载体，以开展“基层党组织规范化建设年”活动为抓手，加强组织领导，创新方式方法，培养树立“五星级”基层党组织48个，“四星级”基层党组织144个，培育先进党组织42个、优秀共产党员57名，创先争优活动取得初步成效。全面推行村级组织“五规范两公开”制度，80%以上的村运用“四议”程序进行村级事务民主决策。今年新建村、社区活动场所8个。提高和增加村、社区干部待遇及村办公经费。完成村、社区“两委班子”换届选举前期调研、方案制订、动员培训等工作，村、社区党组织换届工作全面启动。认真落实非公经济党建工作的要求，区非公经济党工委顺利转设到白银工商分局，规模以上非公企业党组织组建率达100%。

二、“十一五”时期工作简要回顾

“十一五”以来，在市委、市政府的正确领导下，全区上下坚持“科技兴业、工业立区，服务城市、致富农村，积极推进城乡一体化，全面建设小康社会”的经济社会发展思路，保持了经济社会良好发展的态势，加快了全面建设小康社会的进程，确保了“十一五”计划的圆满完成。

（一）综合实力显著提升。预计全区生产总值由2005年的69.1亿元增加到2010年的148.1亿元，年均增长16.46%；全社会固定资产投资由2005年的5.8亿元增加到2010年的13.3亿元，年均增长18.06%；一般预算收入由2005年的1.01亿元增加到2010年2.63亿元，同口径年均增长21.1%；全社会消费品零售总额由2005年的21.33亿元增加到2010年的44.83亿元，年均增长16.01%；城镇居民人均可支配收入由2005年的7928元增加到2010年的14711元，年均增长13.16%；农民人均纯收入由2005年的3502元增加到2010年的5717元，年均增长10.3%。

（二）产业框架初步形成。以城市转型为契机，以基地建设为载体，大力培育和发展接续产业，延伸产业链条，推动产业聚集，产业结构进一步优化。一、二、三产产业比重由2005年的2.53:66.39:31.08，调整为2010年的2.54:63.97:33.49。农业结构日趋合理。在稳定粮食综合生产能力的同时，壮大日光温室蔬菜、反季节林果、产业化养殖等优势特色产业，农业产业化经营格局初步形成。农业增加值由2005年的2.1亿元增加到2010年的3.76亿元，年均增长12.36%。工业框架基本形成。中小企业创业基地完成一期工程，成为全区工业发展的新平台。有色金属、建材等传统产业得到改造提升，化工、新材料等接续产业快速成长。区及区以下工业增加值由2005年的4.08亿元增加到2010年的9.66亿元，年均增长18.81%。第三产业蓬勃发展。把发展现代流通业作为发展现代服务业的突破口，壮大交通运输、房地产、金融、批发和零售等服务业。截止2010年，第三产业增加值完成47.6亿元，年均增长13.96%。企业改制圆满完成，全区42家企业完成改制任务，6065名职工得到妥善安置，努力盘活存量资产，实现资产变现1.56亿元。

（三）新农村建设扎实推进。认真落实各项惠农政策，不断加大农业投入，积极推进产业化经营，促进了农业增效、农民增收、农村发展。武川、强湾两乡移民新居工程共建成保障性住房1841套，已入住4200余人。纺织路街道大井子村、黄茂井村和大坝滩村“城中村”改造项目顺利实施。完成农村旧房改造3016户，累计发放改造资金1204万元。水川、四龙城乡一体化试点全面启动。

（四）项目建设成效显著。坚持把项目建设作为推进城市转型的主要抓手，大力改善投资环境。“十一五”时期，共引进项目105项，签约资金68.02亿元；实施涉及工业、农业、市场建设、城市开发、教育卫生等领域项目139项，完成投资29.76亿元。累计争取国家、省、市专项资金5.12亿元。

（五）城乡面貌得到改善。坚持以大环境绿化为重点，相继实施了楼房沟、工农渠流域、白兰高速公路白银段绿色通道等生态工程建设项目。实施城市绿化美化工程，城市绿化覆盖率由2006年的21.29%提高到2010年的23.67%，人均公共绿地面积由2006年的6.31平方米增加到2010年的6.86平方米。深化城市管理改革，加大行政执法力度，整治市容环境卫生，环保减排和节能减排工作任务全面完成，白银区被列入全国第三批数字化管理试点城市和省级园林城区，城市品位进一步提高。通乡通村公路全部实现硬化，累计完成投资1.5亿元，是“十五”期间交通建设总投资的4.8倍。开通白银至水川、白银至四龙（北湾）城乡公交车。建设市二中、市六中实验楼、市二院门诊大楼、生活垃圾处理场、社会福利院等一批重点民生工程。实施以农业综合开发、扶贫开发、水利工程、人饮解困、节水灌溉、整村搬迁为主要内容的农村基础设施建设项目，改善农村生产生活条件。棚户区改造顺利推进，基础设施进一步完善。

（六）社会事业协调发展。坚持实施“科技兴业”战略，科技进步在经济社会生活中的作用不断增强。稳步推进教育资源整合，认真实施中小学布局调整，促进教育均衡、优质发展。2006年以来，先后撤并农村教学点及初级中学61所。积极实施素质教育，推行新课程改革，教育教学质量进一步提高。卫生事业有了新的发展，医疗服务水平进一步提高，区、乡、村三级卫生服务网络进一步健全，城乡医疗卫生服务体系不断完善，医疗卫生服务环境明显改善。人口计生工作逐步加强，荣获“全国计划生育优质服务先进单位”称号。全区45个行政村实现了农家书屋全覆盖。区广播影视中心挂牌成立，《今日白银区》栏目正式开播。加强社会治安综合治理，严厉打击刑事犯罪。高度重视群众来信来访，积极化解矛盾纠纷，保持社会大局稳定。强化社会保障、就业和再就业工作，人民生活继续改善。高度重视解决困难群众的生产生活问题，强化救灾救助工作，五年累计投入扶贫资金2769万元。

三、精心谋划“十二五”时期工作，着力推动全区实现跨越式发展

"十二五"时期是实现我区经济社会跨越式发展的关键时期，也是我区站在新的历史起点上，全面建设小康社会的攻坚时期。综合考虑未来发展趋势和条件，结合区情实际，我们初步确定"十二五"时期全区经济社会发展的奋斗目标是：

——综合实力显著增强：按照省委、市委跨越式发展的要求，全区经济持续快速增长，地区生产总值、固定资产投资、区及区以下工业增加值、财政收入增速高于"十一五"水平。为此，我们初步确定未来五年全区要实现地区生产总值、固定资产投资、区及区以下工业增加值比"十一五"末至少翻一番，分别达到300亿元、45亿元、22亿元以上；财政收入、城乡居民收入显著提高；万元生产总值能耗和污染物排放总量进一步下降。

——产业结构不断优化：战略性新兴产业、区域经济、地方工业和第三产业的比重均有所提高。农业综合生产能力不断增强，工业化程度进一步提高，第三产业快速发展。

——社会事业发展明显加快：覆盖城乡居民的基本公共服务体系逐步完善，社会事业加快发展。人民权益得到切实保障，社会更加和谐稳定。

——人民生活水平不断提高：努力改变城乡二元结构，逐步缩小城乡收入差距，建立和完善城乡一体的产业发展体系和社会保障体系。

——可持续发展能力明显增强：资源节约型和环境友好型社会建设取得明显进展，可持续发展能力不断增强。生态环境治理力度不断加大，环境质量明显改善。

"十二五"时期全区经济社会发展的总体思路是：坚持以邓小平理论和"三个代表"重要思想为指导，以科学发展为主题，以加快转变经济发展方式为主线，以保障和改善民生为出发点和落脚点，大力实施"工业立区、科教兴区、富民强区、文化活区、生态美区"的发展战略，按照"农业经济抓基地、工业经济抓提速、第三产业抓升级、生态建设抓效果、城市管理抓长效、城镇建设抓示范、民生保障抓落实、基层党建抓创新"的工作思路，着力提升新型工业化、农业产业化、城乡一体化水平，全力构建和谐白银，把白银区建设成为资源型城市转型的先行主导区、城乡一体化发展的典型示范区、"兰白都市经济圈"的重点功能区，努力实现全区经济社会跨越式发展。

为支撑全区"十二五"发展，要做大做强基础产业，加快发展优势产业，强力推动新兴产业，加快产业转型升级，实现发展方式转变，必须坚持发展循环经济这一导向，突出新型建材产业、有色金属深加工产业两个重点，实现精细化工一体化产业、特色农畜产品深加工、装备和设备制造产业三个突破，实施以交通和水利建设为重点的基础设施建设工程、以生态建设和环境保护为重点的生态安全工程、以黄河文化资源开发为重点的旅游基地建设工程、以仓储物流基地建设为重点的市场建设工程、以学校危旧房改造为重点的校舍安全工程、以旧村庄和棚户区改造为重点的安居工程、以提高全民健康水平和丰富群众文化生活为重点的公共服务建设工程、以改善低收入人群生活水平为重点的民生保障工程等八大工程。

为实现上述目标、要重点抓好四个方面的工作：

（一）"大"字当头，三次产业齐推进。要坚持把优化产业结构作为提高经济增长质量与效益的根本途径，按照"调优一产、调强二产、调大三产"思路，推动三次产业的协调融合和互动共进，促进区域经济更好更快发展。

1.做大做强主导产业。工业是实现白银区跨越式发展的重点。要进一步做大做强新型建材业，培育壮大装备制造业，延伸拉长有色金属冶炼加工业，改造提升精细化工业，做精做优农畜产品加工业，形成以五大主导产业为骨干的地方工业格局，构筑载体园区化、产业集群化、技术创新化、资源节约化、标准国际化的新型工业体系。

——新型建材业抓集群。继续坚持"引强入银"战略，紧盯实力雄厚、信誉度高、有投资意向的大企业、大项目不放，在全力协调服务中材日产4500吨新型干法水泥生产线投产运营的基础上，积极协调中材甘肃水泥有限责任公司兼并重组本地其他水泥企业，进一步做大做强行业骨干企业。同时，抓紧与白银公司合作，积极引进中材日产4500吨新型干法水泥生产线第二条续建项目。到"十二五"末，全区高品质水泥生产能力达到年产600万吨，成为甘肃最大的高品质水泥制造基地。同时，培育构建门类齐全、技术先进、节能环保的新型建材工业基地。

——现代装备设备制造业抓规模。以西区管委会、中小企业创业基地为平台，改善投资创业环境，加大招商引资力度，引入强势装备设备制造企业。努力壮大重型汽车、特种改装车等特色装备制造业，着力培育岩凿钎具、碳纤维材料、特种电缆等设备制造业，突出产业规模效益，提升产业竞争优势，力争建设甘肃中部重要的设备装备制造业基地。

——精细化工业抓升级。大力发展碳酸锂、铬盐、油田固井轻剂、氧化锌脱硫剂、生物化工等精细化工产业，积极发展高浓度复合肥、农作物专用肥等传统化工产业。鼓励和支持化工企业进行技术改造和工艺革新，提升产品等级，拓宽产品领域，促进上下游产品配套，进一步延长产业链条。

——有色金属冶炼加工业抓延伸。充分发挥白银多品种有色金属生产基地的优势，实施资源综合利用、技术改造提升、产业集群发展战略，支持鑫达金属、启盛工贸等金属冶炼企业做大做强。积极承接发达地区的产业转移，大力引进铝型材、铅材、铜材等有色金属加工企业，发展有色金属下游产品精深加工，延长有色金属加工产业链。

——农畜产品加工业抓品牌。实施农产品品牌战略，加大名牌培育力度，发挥现有名牌影响力，积极培育新品牌，逐步实现品牌效应。以生猪、鲜奶、粮食加工及玉米植种等农字号龙头企业为依托，大力扶持培育农畜产品深加工及相关产业发展，使农产品加工业成为新的经济增长点。

2.加快发展现代农业。农业是实现白银区跨越式发展的基础。要紧紧围绕“两带”（沿黄农业经济带、引大入武农业经济带），大力提升以蔬菜、瓜果为主的特色种植业，发展壮大以养牛、养猪、养羊为主的畜禽养殖业，加快推进农业产业化龙头企业建设，形成产业化布局、标准化生产、规模化经营和社会化服务的现代农业发展格局。

一要优化农业种养结构。大力发展日光温室为主的设施农业、精品农业、品牌农业、观光农业，促进农业增效、农民增收、农村发展。扎实抓好以水川、四龙等为重点的精品蔬菜基地，以水川、四龙、武川等为重点的优质林果基地，以四龙鑫昊、强湾华都、王岘沃得利等为示范点的规模养殖基地，以水川、四龙为示范点建设观光、旅游、农家乐为重点的休闲农业基地。

二要积极扶持龙头企业。按照"建龙头、带基地、兴产业"的发展思路，继续扶持发展龙头企业。新建四龙镇蔬菜、林果、乳制品、肉牛加工基地，水川镇蔬菜、林果加工储藏基地，武川乡高原夏菜、肉羊加工基地。鼓励龙头企业和专业合作组织推行“企业+基地+协会+农户”的产业化经营模式，建立特色农产品生产加工基地。

三要加快农业科技推广。建立健全农业标准化科技成果创新体系，重点在良种培育、提高单产、精深加工、资源高效利用等方面取得进展。推广测土配方、生物防治病虫害、标准化养殖等先进实用技术。

3.大力发展第三产业。第三产业是实现白银区跨越式发展的着力点。以中心城区和两个小城镇为依托，以发展沿路经济为重点，以现代物流业和旅游业为切入点，促进服务业健康、有序、快速发展。要着力推进商贸旧货、煤炭交易、废旧物资综合交易等市场建设。积极发展连锁经营、电子商务、物流配送、农副产品仓储等新型物流业，提高物流业的现代化水平。坚持“做全功能、做好景区、做响品牌、做优服务、做旺人气”的理念，从特色上做文章、下工夫，逐步形成“都市休闲游”、“田园体验游”、“生态观光游”、“宗教访古游”及“白银工业游”五大特色旅游项目。

（二）“快”字立意，夯实基础促发展。加快基础设施建设是实现白银区跨越式发展的前提。按照“城乡一体、配套建设、增强能力”的原则，强化城乡基础设施衔接、互补，加快城乡交通、水利、电力、环卫、通信等基础设施建设，不断提升城市管理水平，进一步增强发展保障能力。

一是加强农田水利建设。抢抓国家增加农田水利投资的重大机遇，重点实施农田水利、饮水安全、行洪安全等工程。继续加大水土流失和小流域综合治理，强化水资源保护和用水管理，开展节水型社会建设。

二是完善交通网络建设。统筹各类交通建设，构建多种运输方式衔接协调、优势互补、运能充分、快捷通畅的区域综合交通网络。改造升级通乡公路，加快建设村村通公路硬化步伐，加快黄河白银区段航道开发和白银港建设。启动实施城乡运输集约化为主的交通场站建设，全面提高交通运输保障能力和服务水平。

三是积极推进新农村建设。以农田水利、农村道路、饮水安全、清洁能源、环境整治、信息畅通为重点，大力改善农村生产生活条件。加快实施农村安全饮水工程、农村清洁工程，推进农村生活垃圾和污水处理，改善村容村貌。继续加大扶贫开发攻坚力度，突出片区开发、整村推进、基础设施建设、特色产业开发、劳务转移培训和移民安置五大工作重点，整合各类支农和扶贫资金，加强对贫困村扶贫开发的整体推进。

四是高度重视生态建设。围绕实施退耕还林、天然林资源保护、“三北”四期防护林体系建设、黄河中上游地区白银段生态保护与修复、湿地保护等生态工程，进一步改善生态环境。建设生态公园等一批城郊景点和白兰高速东西出口绿色通道、水川–四龙沿黄绿色长廊等一批城乡绿化带，逐步建立以市区园林绿化系统为中心，城区周围环城林带建设为骨架，近郊造林绿化为映衬，乡村村镇和风景点绿化为延伸，形成点、线、块相结合的网状绿化体系，优化美化人居环境。

（三）“好”字统筹，成果共享惠民生。倡导包容性增长，增强经济发展内生动力，把保障和改善民生作为实现白银区跨越式发展的出发点和落脚点。积极整合教育资源，扩大办学规模，实施校舍安全工程，加快中小学寄宿制建设，稳步推进学校布局调整。大力发展职业教育，扩大应用性、复合型、技能型人才培养规模，满足社会技术人才需求；加强公共文化设施建设，加快区文化馆、图书馆、博物馆、全民健身中心等城市文体基础设施建设。加强青少年活动场所、乡镇综合文化站建设，逐步健全村（社区）文化活动室；加强城乡医疗卫生服务体系和公共卫生服务体系建设，提高基本医疗、应急救治、疾病预防、食品卫生监管和康复保健服务综合能力。建立完善的区、乡、村三级农村医疗卫生服务体系，基本实现“人人享有基本医疗卫生服务”目标；实施更加积极的就业政策，大力发展服务业、劳动密集型产业和小型微型企业，多渠道拓宽就业渠道，鼓励自主创业，促进充分就业。进一步加大公共财政支持力度，加快建立健全覆盖城乡的社会保障体系。建立健全以基本养老保险、新型合作医疗、特困人群医疗救助、五保对象集中供养和最低生活保障为基本框架的农村社会保障体系，实现农村社会保障制度与城镇社会保障制度的对接；加强平安建设，进一步提高综合治理水平；按照“统一规划、配套建设、突出特色、成片改造”的思路，本着“布局合理、节能环保、功能齐全、设施配套、环境宜居”的要求，采取政府主导、市场化运作的建设方式，全面完成城区棚户区改造建设任务。

（四）“实”字为本，抓好落实干为先。实现全区跨越式发展，关键在转变作风，真抓实干。“实”字为本，要干在先。干，就要奋发有为、争创一流；干，就要引领发展、创造经验；干，就要造福百姓、让群众满意；干，就要埋头快干，变规划为现实。

一是要科学决策，善谋会干。全区各级各部门特别是领导干部要进一步提高统筹科学发展的能力。要深入开展调查研究，集中民智、汇聚民意，广泛听取各方面的意见，准确掌握科学决策的第一手资料。要提高善于发现问题、研究问题、解决问题的能力，充分发扬民主，不断提高决策的科学性、有效性和可操作性。

二是要强化责任，真抓实干。要紧扣跨越式发展目标任务，沉下去、干起来，做到事有专管之人，人有专管之责，时有限定之期，不在层层开会上兜圈子，而要在层层抓落实上见成效，切实做到言必则实、行必则实。全区各级领导干部特别是党政“一把手”要充满激情，增强责任意识，积极进取、锲而不舍，凝心聚力干事业，尽心尽责谋发展。要提高科学决策的能力、推进工作的能力、解决问题的能力，通过扎扎实实的工作，让广大群众得到实实在在的好处。坚持正确用人导向，重用想干事、能干事、干成事、不出事的干部，及时发现、认真总结、大力宣传干事创业的先进典型，形成用心谋事、扎实干事、努力成事的良好环境。

三是要完善机制，创新巧干。要学会用新视角、新思路去分析问题，用新方法、新举措去解决问题，善于运用政策引导、法律约束、行政管理、思想教育等综合性手段，切实解决阻碍本部门本单位跨越式发展的突出问题、制约职能作用发挥的关键问题、影响稳定和谐的重要问题。要立足全局，统筹兼顾，在工作谋划、推进措施、工作方法上不断创新，以重点工作的突破，带动全局工作的开展。进一步建立健全领导、责任、落实、奖惩工作机制，形成政令畅通、上下协调、各负其责、分工协作、相互配合、共同推进的工作格局。

同志们，推动跨越式发展是全区各级党组织和广大党员肩头的神圣使命。站在新的历史起点上，机遇前所未有，形势催人奋进，发展时不我待。我们一定要解放思想，锐意进取，勤政廉洁，以饱满的精神状态和良好的工作作风，更好地团结和带领全区广大群众励精图治，奋发有为，努力在跨越式发展的征途上书写白银区更加美好的明天！

政府工作报告

——2011年1月11日在白银市白银区第十二届人民代表大会第五次会议上

白银区人民政府区长　李兰宏

各位代表：

我代表区人民政府向大会作政府工作报告，请各位代表连同《白银区国民经济和社会发展第十二个五年规划纲要（草案）》一并审议，并请政协委员和其他列席人员提出意见。

2010年暨“十一五”工作回顾

2010年，在市委、市政府和区委的正确领导下，全区上下认真贯彻党的十七届五中全会精神，落实省委区域发展战略以及市委六届九次、十次全委扩大会议精神，按照区委“一二三四”的总体思路，保增长、扩内需，调结构、促转型，惠民生、保稳定，区十二届人大四次会议确定的各项目标任务圆满完成。预计实现地区生产总值148.1亿元，比上年增长12.7%；区属固定资产投资完成16.36亿元，同比增长60%；一般预算收入完成2.78亿元，同比增长14.23%；城镇居民人均可支配收入达到14711元，同比增长12%；农民人均纯收入达到5630元，同比增长11.49%。

——*着力推动城市转型，发展方式逐步转变*。围绕重点接续产业，强化投资拉动，促进工业结构优化升级。建材企业发展壮大工程和中小企业成长工程扎实推进，中材水泥建成投产，王岘水泥、新北重专用车项目实现产销两旺。园区建设迈出新步伐，中科院白银高技术产业园升级为国家级高新技术开发区；西区经济开发区行政、商住、文化中心聚集效应日益凸显，年产500吨碳纤维生产线项目主体建成；中小企业创业基地完成投资2.1亿元，入驻企业11户，实现产值2.2亿元。实现工业增加值9.67亿元，同比增长15.1%。继续淘汰落后产能，全年关闭五小企业23家，万元生产总值能耗降低4.5%，二氧化硫和化学需氧量排放分别下降26%和5%。积极引导和扶持非公经济加快发展，新增个体工商户1600多户。大力发展旅游业和现代服务业，沿黄旅游资源开发取得新进展，新增农家乐35家，累计达到40家。城乡消费市场持续繁荣，全社会消费品零售总额达到44.85亿元，同比增长15.06%。

——*着力突出项目支撑，发展活力显著增强*。坚持把项目建设作为经济工作的重中之重，以项目促发展。年初确定的30个重点项目，已实施26项，完成投资13.97亿元，其中，上亿元的项目5项。积极做好重点建设项目的征地拆迁工作，征用土地2526亩，拆迁面积约5万平方米。招商引资彰显活力，全年新签约招商引资项目32项，到位资金6.4亿元，在建项目21项。各领域改革进一步深化，妥善解决企业改制遗留问题，集体林权制度改革进展顺利，土地流转规模不断扩大，新一轮政府机构改革基本完成，医药卫生体制改革全面启动。围绕兰白都市经济圈建设，与兰州市城关区签订区域合作发展框架协议。

——*着力强化“三农”工作，农村面貌明显改观。*强化政策推动、投入带动，新农村建设扎实推进。发展现代特色农业，优化产业结构，旱砂田枣林基地初具规模，日光温室蔬菜产业不断壮大，新改建日光温室1504亩，推广日光温室秸秆生物反应堆技术1510亩。做大做强鑫昊、华都等养殖基地，全区新增标准化养殖小区5个。累计投入1.05亿元，实施农业综合开发、扶贫开发、安全饮水、乡村道路、工农渠大型泵站改造等项目，更新改造大中型泵站4座，新（扩）建城乡公路143公里。扎实推进农村新居建设工程，武川新居三期交付使用，强湾新居二期正在实施。全面落实强农惠农政策，全年累计发放各项惠农补贴资金3801.03万元，农民政策性人均增收567元。

——*着力统筹城乡发展，重点工作凸显亮点。*按照年初确定的工作思路，在抓好各项工作的同时，突出城乡发展重点，突破棚改攻坚难点，打造生态建设亮点，三项建设迈出坚实步伐。城乡一体化试点扎实推进。按照“五个一”标准和“五统一”要求，因地制宜、大胆探索，抓点带面、整体推进。累计投入2397万元，拉动群众投入1800万元，实施了桦皮川村和民乐村城乡一体化建设试点工程，新修道路11公里，铺设管线11.4公里，新改建农宅282院。试点工作取得初步成效，全市新农村建设现场会在我区召开。棚户区改造取得重大进展。抓住国家、省、市支持棚户区改造的有利时机，重点实施向阳村、西村联合大院、悦民小区等棚户区改造工程，计划建设各类保障性住房6656套48.98万平方米，当年建成4660套34.3万平方米，占总套数的70%。10处棚户区改造工程全部开工建设，完成投资4.98亿元，涉及拆迁面积8万平方米，竣工率达到70%，1400多户居民喜迁新居。棚户区改造的做法与成效得到了省上的充分肯定，全省保障性住房建设现场会在我区召开，我区在会上作了经验介绍。生态绿化进一步加强。完成各类造林6000亩，其中，大环境绿化3000亩，林果基地3000亩。109线绿化提质改造工程顺利实施；机关单位和住宅小区完成绿化12.6万平方米；社区绿化新增“认种认养”6.81万平方米，累计达到11.57万平方米。2011年春季绿化前期工作全面启动，完成整地6500亩。吊地沟生态公园、黄河湿地公园规划设计方案通过专家评审。狠抓市容管理，严格落实“门前四包”、“五定三包”等制度，集中开展道路和马路市场专项整治，处理各类违章行为434起。加快完善环卫基础设施，购置大型环卫专用车5辆，医疗垃圾处理厂投入运行。

——*着力解决民生问题，社会事业全面进步。*坚持把有限的资金更多地用在安民、富民、惠民上，民生工程进展顺利，群众生活持续改善。扎实开展“惠民政策落实年”活动，省市确定的惠民实事和我区确定的7件惠民实事如期完成。科技创新取得新突破，科技对经济的贡献率达到58%。教育资源整合稳步推进，基础教育发展趋向均衡，校舍安全工程完成投资6030万元，拆建改造危旧房4.8万平方米。全区教育工作水平进一步提升，在省级教育督导评估中荣获全省第二名。卫生事业不断进步，医疗条件和服务质量不断改善，九项基本公共卫生服务免费开展，婚姻服务中心挂牌运行。文化信息共享和农家书屋建设工程实现了村级覆盖，文物及非物质文化遗产保护工作有序进行。人口计生工作扎实推进，人口自然增长率为4.65‰。创业带动就业富有成效，累计发放小额担保贷款7935万元，城镇新增就业1.2万人。就业和社会保障水平不断提高，失业、养老、医疗、工伤、生育保险覆盖面进一步扩大，失地农民参加养老保险做到“即征即保”。完善城乡低保和社会救助制度，为48140名低保对象发放低保金9681万元，为4870名特困群众发放救助金544万元。第六次全国人口普查工作顺利推进。注重源头控制和解决实际问题，一批信访突出问题得到妥善处理，信访总量明显下降。加强社会治安防控体系建设，公安机关抓基层、打基础、服务全区重点工作取得实效。认真落实平安建设各项措施，强化了中小学、幼儿园安全保障工作。深入开展安全隐患排查和专项整治，安全生产形势稳定好转。

——*着力推进依法行政，自身建设不断加强。*始终坚持科学理政、民主施政、依法行政，政府自身建设进一步加强。自觉接受人大法律监督、工作监督和政协民主监督，主动向人大、政协报告、通报工作。认真采纳人大代表、政协委员意见建议，全年共办理人大代表建议54件，政协委员提案38件，答复率100%。扎实推进依法行政，修订完善各类制度3项。坚持科学民主决策，深入开展行政效能监察和政风行风评议活动。强化纠风和执法检查，深入开展“小金库”和工程建设领域突出问题专项治理，严肃查处了一批违法违规案件，政府机关作风明显好转。持续推进政务公开，依法加强行政监察，行政效能和服务质量全面提高。畅通政府与人民群众的联系渠道，群众反映的一些热点、难点问题得到解决。

各位代表！“十一五”期间，区政府紧紧围绕区十一届人大四次会议确定的目标任务，突出发展第一要务，积极推进城市转型，大力实施项目带动战略，统筹城乡经济社会发展，全区各行各业、各个领域都发生全面深刻的历史性变化。

综合实力不断提升。地区生产总值达到148.1亿元，年均增长12.55%；区属固定资产投资完成43.46亿元，年均增长34.62%；一般预算收入达到2.78亿元，年均增长22.45%。城市转型初见成效。工业立区战略稳步推进，中材水泥、中集华骏、中科宇能等一批重大工业项目开工建设，有色金属、建材、化工等主导产业框架初步形成。农业基础地位进一步巩固，日光温室蔬菜、反季节林果、规模化养殖等优势特色产业逐步壮大。第三产业发展势头强劲，商贸餐饮、休闲旅游、房地产等行业呈现出较快发展势头，华润万家、银沪置业等商业企业规模扩大，辐射带动能力进一步增强。

新农村建设扎实推进。农村综合改革进一步深化，强农惠农政策全面落实，累计支出惠农资金1.27亿元。农村生产生活条件不断改善，改造中低产田3万亩，解决了3.12万人的安全饮水问题，通村公路全部硬化，新建沼气池3970座。城乡一体化建设取得新突破。总投资2.89亿元，建成武川、强湾、大坝滩3个移民小区，搬迁1943户6084人，占全区农业人口的8.7%。建成一户一院式安居住宅318院，集中统一安置特困群众1120人。四龙民乐、水川桦皮川整村改造试点成功，群众参与新农村建设的热情空前高涨。

项目建设成效显著。全力做好省、市重点项目协调服务工作，累计为重点项目征地7800余亩。实施区列重点项目139项，完成投资32.71亿元。争取国家和省上专项资金5.21亿元。累计签约招商引资项目105项，到位资金29.76亿元。“一园一区一基地”建设扎实推进。

基础设施明显改善。城乡路网改造实现新突破，投资1.02亿元，新（改、扩）建城乡公路、农村公路345公里。理顺城管体制，下划保洁职能，落实社区保洁责任，数字化城管系统投入运行，我区被列入全国第三批数字化管理试点城市和省级园林城市。深入实施城市增绿扩绿和拆小房建绿地工程，累计新增绿地116.71万平方米，新增林地2万亩。严格落实耕地保护制度，全区耕地总量达到18.97万亩。强化生态环境建设，淘汰落后产能，城市生活用水、空气质量显著改善，引大入银工程即将投入运行，城区年优良天数达300天以上，城市清洁能源使用率达63%以上，生活污水、垃圾处理设施日趋完善，城区集中供热面不断扩大。“十一五”确定的节能减排、环保减排任务圆满完成。

社会事业协调发展。高度重视就业再就业工作，5.6万人实现就业再就业，214户零就业家庭全部实现至少1人就业，城镇登记失业率连续控制在4%以内；社会保障水平明显提高，城镇养老、医疗、失业、工伤、计生五大社会保险和新农合覆盖面不断扩大，城乡低保提标扩面。教育优先战略全面落实，新（改）建校舍面积10.42万平方米，整合、撤并中小学61所。医疗卫生条件得到改善，投入3260万元，实施人民医院门诊大楼、水川卫生院、公园路街道社区卫生服务中心等工程，三级卫生服务网络进一步健全。人口和计生工作跨入全国先进行列。文化体育事业蓬勃发展，区广播影视中心成立，《今日白银区》综合新闻栏目开播。住房保障工作走在全省前列。围绕改善民生，组织实施了32件惠民实事。各项改革不断深化，国企改制任务全部完成，企业办社会职能顺利移交。妥善应对甲型流感、汶川地震等突发事件，社会应急处置能力进一步加强。“五五”普法圆满完成。村民自治扎实推进。社会治安明显好转。注重超前介入和化解各类矛盾，一批信访突出问题得到妥善解决。老龄、妇女、儿童和残疾人事业取得了长足进步，科技、审计、统计、双拥、外事、工会、民族宗教等工作进一步加强。

各位代表！过去的五年，我们在应对宏观环境变化中抢抓机遇，在抢抓机遇中推动科学发展，积累了一些宝贵的经验。

——必须顾全大局讲政治。始终把讲政治作为执政的第一理念，牢固树立“一盘棋”思想，自觉与党中央和省委、市委保持高度一致，毫不动摇地坚持区委的领导；始终以科学发展为己任，做到“胸中有全局、手中有典型”，统筹谋划、重点突破、示范带动、整体推进，全方位服务重大项目和重点工作，为增强区域综合经济实力，改善城乡面貌创造和谐的政治环境。

——必须抢抓机遇谋发展。始终把发展作为第一要务，抢抓扩大内需、西部大开发、国家支持甘肃发展和城市转型、棚户区改造等重大历史机遇，在把握机遇中谋发展，在敢于创新中占先机。荒山造林绿化创造了“白银经验”，棚户区改造走在全省前列，城乡一体化“三步走”战略得到省市和广大人民群众的充分认可，中材、蒙牛、北方重汽、台湾统一等知名企业落户白银，发展后劲显著增强。

——必须集中精力抓落实。始终把抓落实放在政府工作的首位,紧盯目标,在基层发现问题、解决问题；在一线靠前指挥、敢于负责。围绕任务具体抓，抓具体，一抓到底，抓出成效，形成了追求卓越、争创一流抓落实的浓厚实干氛围，政府效能显著提升。

——必须以人为本保稳定。始终把保稳定作为第一责任，坚持以人为本的工作理念，真正把“民生七件事”放在心里、抓在手上。做决策、出思路、定目标、干工作始终倾听群众心声，尊重民意、符合民心、珍惜民力，切实解决群众就学、就医、出行、住房等方面的实际困难，化解了一批历史遗留的信访问题，改革发展成果最大限度惠及城乡群众。

各位代表！“十一五”期间是全区经济社会发展最快、城乡面貌变化最大、人民群众得实惠最多的时期。这些成就的取得，得益于中央、省、市一系列方针政策的科学指引，是30万铜城人民团结奋斗的结果，是在区委的正确领导下，与历届区政府打下的良好基础和区人大、区政协的监督支持分不开的。在此，我代表区人民政府，向全区广大干部群众，向人大代表、政协委员，向各民主党派、工商联和无党派人士以及社会各界人士，向中央、省、市驻区各单位以及人民解放军和武警部队、公安干警，向所有关心支持白银区建设与发展的朋友们，表示崇高的敬意和衷心的感谢！

我们也清醒地认识到，经济社会发展中仍然面临许多困难和问题：传统主导产业衰退，新兴接续替代产业正处在培育发展阶段；经济结构不尽合理，一产薄弱、二产不强、三产滞后；经济发展的内生动力较弱，还没有形成竞争优势较强的产业集群；基础设施的"瓶颈"制约依然存在，支撑能力有限；生态环境脆弱，环境保护与建设任重道远；就业再就业压力增大，征地拆迁矛盾突出，信访维稳任务艰巨。我们将进一步解放思想，创新举措，积极有效地加以解决。

“十二五”发展目标和主要任务

“十二五”时期是落实跨越式发展战略、全面建设小康社会的关键时期，也是加快城市转型、加速推进城乡一体化建设的重要时期。面对机遇和挑战，我们必须增强“时不我待”的紧迫感、“舍我其谁”的责任感和“守土有责”的使命感，抓住新机遇，迎接新挑战，努力开创白银区经济社会发展新局面。

根据区委关于白银区国民经济和社会发展第十二个五年规划建议，今后五年，我区经济社会发展的指导思想是：坚持以邓小平理论和“三个代表”重要思想为指导，以科学发展为主题，以加快转变经济发展方式为主线，以保障和改善民生为出发点和落脚点，大力实施“工业立区、科教兴区、富民强区、文化活区、生态美区”的发展战略，按照“农业经济抓基地、工业经济抓提速、第三产业抓升级、生态建设抓效果、城市管理抓长效、城镇建设抓示范、民生保障抓落实”的工作思路，着力提升新型工业化、农业产业化、城乡一体化水平，全力构建和谐白银，把白银区建设成为资源型城市转型的先行主导区、城乡一体化发展的典型示范区、“兰白都市经济圈”的重点功能区，努力实现全区经济社会跨越式发展。

“十二五”时期全区经济社会发展的主要目标是：全区经济持续快速增长，地区生产总值、固定资产投资、区及区以下工业增加值、财政收入增速高于“十一五”水平，产业结构不断优化，社会事业发展明显加快，人民生活水平不断提高，可持续发展能力显著增强。实现地区生产总值、固定资产投资、区及区以下工业增加值比“十一五”末至少翻一番，分别达到300亿元、45亿元、22亿元以上；财政收入、城乡居民收入水平显著提高；万元生产总值能耗和污染物排放总量进一步下降。

“十二五”时期全区经济社会发展的主要支撑是：坚持一个导向（发展循环经济），突出两个重点（新型建材、有色金属深加工产业），实现三个突破（精细化工、特色农畜产品深加工、装备和设备制造产业），实施八大工程（以交通和水利建设为重点的基础设施建设工程，以生态建设和环境保护为重点的生态安全工程，以黄河文化资源开发为重点的旅游基地建设工程，以仓储物流基地建设为重点的市场建设工程，以学校危旧房改造为重点的校舍安全工程，以旧村庄和棚户区改造为重点的安居工程，以提高全民健康水平和丰富群众文化生活为重点的公共服务建设工程，以改善低收入人群生活水平为重点的民生保障工程）。

“十二五”时期全区经济社会发展的主要任务是：

一、大力调整产业结构，三次产业协调推进

按照“调优一产、调强二产、调大三产”的思路，优化产业结构，延伸产业链条，倡导包容性增长，促进三次产业协调健康发展。

（一）做优第一产业。紧紧围绕沿黄、引大入武农业经济带，抓园区、建基地，大力发展高产、优质、高效生态农业，全面提升农业综合生产能力，促进农业增效、农民增收。加快发展现代农业。依托重坪、北坪、白银城郊、武川高原夏菜四个农业示范园区和养殖基地，大力提升以蔬菜、瓜果为主的特色种植业，发展壮大以养牛、养猪、养羊为主的畜禽养殖业。加快推进龙头企业建设，推广先进农业实用技术，健全农业服务和产品销售体系，形成产业化布局、标准化生产、规模化经营和社会化服务的现代农业发展新格局。5年内全区蔬菜种植面积达到4万亩；优质林果种植面积达到2万亩；肉类总产量达到9000吨，鲜乳总产量达到3.63万吨；农民专业合作社达到200家，辐射带动农户6000户以上；引进试验示范推广新品种500个以上、新技术100项以上；力争建成国家级农业标准化示范园1处，省级标准化示范基地2处。农业总产值达到8.3亿元，农民人均纯收入达到9922元。加快城乡一体化建设。按照政府主导、群众主体、因地制宜的原则，科学谋划、分类指导、全面推进，到“十二五”末，实现全区1.8万户6.1万多农村居民生活与城市全面接轨。具体实施步骤：一是对条件优越的城郊地区，以“城中村”改造为契机，规划建设2–3个安置小区，入住进小区，管理进社区；着力培育发展房地产、餐饮服务和物流配送等第三产业，解决好王岘镇、纺织路街道4027户1.1万人的住房及生活出路问题。二是对条件较好的沿黄地区，充分利用自然资源优势，大力提升乡村旅游业和日光温室蔬菜产业发展水平。重点依托小城镇建设，加快推进边远村社居民向城镇集中。采取政府引导，整合资金资源等方式，每年筹措3000万元，统筹安排农村工业区、农业区、居住区、生态区、服务区、旅游区以及重大基础设施的空间布局，超前规划，分步实施，形成新农村建设的优势区域。利用5年时间，使四龙镇、水川镇9400户3.3万人实现城乡一体化。三是对条件艰苦的边远山区，在继续抓好武川、强湾移民新村建设，扩大小区规模，确保1万人居住进小区的同时，集中改造中心村和两乡政府所在地，就近迁移，集中安置，辐射带动剩余1万名群众集中居住，做到基础设施建设配套、基本公共服务到位、方便群众生产生活。

（二）做强第二产业。以发展循环经济、低碳经济为主导，加快产业转型升级，逐步形成以五大产业为主体的工业发展新格局。新型建材方面，发挥中材集团技术、资金优势，兼并重组地方水泥企业，建成全省最大的高品质水泥制造基地。同时，培育构建门类齐全、技术先进、节能环保的新型建材工业基地。5年内建材业产值达到20亿元。装备设备制造方面，以重型汽车和特种汽车改装为重点，支持现有企业扩能改造和技术革新，着力引进和培植新兴设备制造企业。5年内装备设备制造业产值达到20亿元。精细化工方面，鼓励和支持扎布耶锂业、甘藏银晨铬盐等企业采用新技术新工艺新配方，大力发展碳酸锂、铬盐、生物化工等精细化工产业。5年内化工产业产值达到10亿元。有色金属冶炼加工方面，大力引进铝、铅、铜等有色金属加工企业，推进精深产品加工，重点抓好工业冶炼废渣综合利用项目。5年内有色金属冶炼加工业产值达到30亿元。农畜产品加工方面，以雨润、盼盼、蒙牛、统一等农畜产品加工企业为依托，支持企业加大名牌产品培育力度，催生鑫昊奶制品、德福祥面业等一批新品牌，确保统一饮料生产线按期投产。5年内农畜产品加工业产值达到8亿元以上。

（三）做大第三产业。以中心

城区和两个小城镇为依托，以发展沿路经济为重点，促进现代服务业健康、有序、快速发展。大力发展物流业。建设废旧物资综合交易市场，完善再生资源综合利用市场体系。积极发展连锁经营、物流配送等新型物流业，建设白银东部仓储物流中心、天奇物流园，提高物流业发展水平。加快发展旅游业。积极开发都市休闲游、田园体验游、生态观光游、宗教访古游及白银工业游五大特色旅游项目。新开发建设专业旅游村4个，农家乐达到200家，年接待游客突破40万人次，旅游总收入达到2亿元。提升传统服务业。推进特色商圈建设，完善超市、便利店、农贸市场等生活服务网点，提高餐饮住宿、休闲娱乐、家政物业等服务档次。

二、切实强化基础设施，增强发展保障能力

(一) 强化农田水利建设。配合完成引大入银生活用水工程，实施农村安全饮水工程，新建净水处理站4处。实施节水工程，完成工农渠泵站更新改造，新建改建泵站74座，衬砌渠道1277公里，推广高新技术节水灌溉面积3万亩。继续加大河道和病险水库治理，控制水土流失，确保行洪安全。

(二) 完善交通网络建设。改造升级通乡公路，加快村道硬化和黄河航道开发步伐,建设交通场站，全面提高交通运输保障能力。新建通乡油路50公里，连网路178公里，完成县乡公路改造48.4公里，自然村社通畅工程708公里，安保工程95公里，码头3处。

(三) 抓好生态环境建设。围绕实施退耕还林、三北五期、湿地保护等生态工程，进一步改善生态环境。建设水川黄河湿地公园等一批城郊景点和白兰高速东西出口绿色通道，水川至四龙沿黄绿色长廊等一批城乡绿化带，加快城区单位、小区、行道绿化步伐，形成网状绿化体系。5年内森林覆盖率净增5个百分点。依托数字化管理系统，深化城管体制改革，强化主次干道和背街小巷日常清扫保洁，更新改造环卫设施，全面提升城市管理水平。推进城乡环境综合整治，开展环保惠民行动，重点工业企业污染物排放达标率达到100%，城市生活污水集中处理率和农村生活垃圾处理率均达到95%。

三、高度重视民生问题，人民生活明显改善

(一) 统筹发展社会事业。加强科技要素资源集聚，提升技术创新能力，建立企业为主体、市场为导向、产学研相结合的技术创新体系，科技对经济的贡献率达到60%以上。优先发展教育事业，合理调整中小学布局，整合教育资源，实施校舍安全工程，加快寄宿制中小学建设，加强学前教育和职业教育，注重教师职业道德教育和业务培训，办好人民满意的教育。改造校舍40万平方米，新建幼儿园11所。完善公共文体设施，实施区文化馆、图书馆、博物馆、全民健身中心等建设项目；加强乡镇综合文化站建设，实施好广播电视“村村通”，进一步繁荣群众文化体育生活。健全城乡医疗和公共卫生服务体系，提高基本医疗、疾病预防、食品卫生监管和康复保健服务综合能力。新建市二院住院部和区疾控中心实验综合楼，改建区妇幼站业务用房，新建标准化村级（社区）卫生室（服务站）38个，药品评价性抽检合格率达到90%以上。稳定低生育水平，落实各项优先优惠政策，巩固人口计生工作“国优”成果。

(二) 大力保障改善民生。促进就业方面。围绕产业抓培训、发展企业增岗位、担保贷款促创业、强化监察保权益，劳动者自主择业、市场引导就业和政府促进就业相结合，完善就业援助体系，缩小城乡就业差别，以充分就业增加群众收入、促进社会和谐稳定。农村富余劳动力培训率达到80%以上，城镇登记失业率控制在4%以内，劳动合同签订率达到95%以上。社会保障方面。建立健全以基本养老保险、新型合作医疗、特困群众医疗救助、五保对象集中供养和最低生活保障为基本框架的农村社会保障体系，全面落实被征地农民社会保障政策，不断扩大保障覆盖面。完善城镇职工和居民养老保险制度，探索建立临时就业人员、进城务工人员养老、失业、医疗、工伤保险体系。加强养老和社会救助工作，提高救助标准，切实解决低收入群体就业、就学、就医、住房等方面的困难。结合棚户区（城中村）改造，加大保障性住房建设力度，实现住房进小区、管理进社区、服务社会化，5年内建设各类保障性住房6320套。

(三) 维护社会公平正义。高度重视和努力解决好社会转型期各种复杂矛盾和问题，创新体制机制，健全基层管理制度和服务体系。抓好粮食仓储基地和市场体系建设，确保粮油有效供给。加强安全生产，健全应对自然灾害和各类公共事件的应急处置体系。畅通和规范群众诉求表达和权益保障渠道，把各种不稳定因素化解在基层和萌芽状态。完善城乡社区配套服务功能，加强社区服务信息网络建设。重视社会治安综合治理，深入开展平安创建活动。依法防范和打击各类违法犯罪活动，保障人民生命财产安全。

关于2011年的政府工作

2011年是“十二五”规划的开局之年，也是实现全区经济社会跨越式发展的关键一年。做好今年的政府工作，影响重大，意义深远。

政府工作的主要目标是：全区生产总值增长13%，达到170亿元；区及区以下工业增加值增长18%，达到11.5亿元；区属固定资产投资增长23%，达到20亿元；全社会消费品零售总额增长15%，达到51.5亿元；一般预算收入增长15%，达到3.19亿元；城镇居民人均可支配收入增长12%，达到16476元；农民人均纯收入增长12%，达到6306元；城镇登记失业率控制在4%以内；人口自然增长率控制在5.55‰以内。

一、抓住关键，推动工业经济实现新跨越

坚持“引强入银”战略。紧盯大企业、大项目，支持中材集团水泥达产达标，力促中材与白银公司合作，建设第二条水泥生产线，形成水泥产业发展新优势。力争统一企业饮料生产线项目2011年4月初开工建设，2012年初建成投产。搭建企业创业平台。在抓好西区开发区建设的同时，投资4000多万元，规划建设创业基地二期，平整土地1500亩，完善配套基础设施，优化投资环境，确保基地年产值达到8亿元以上。大力发展循环经济。围绕建设兰白循环经济基地，落实循环经济政策，强化节能减排目标责任，开辟工业结构调整绿色通道。全年争取国家支持的循环经济项目8个以上。培育壮大规模以上企业。规模以上工业企业产值达到全区工业生产总值的60%以上，新增规模以上工业企业3户以上。

二、夯实基础，推动现代农业实现新跨越

按照农业经济抓基地的目标要求，以发展特色农业为重点，大力发展设施农业、精品农业、休闲农业。抓基地建设。建设精品蔬菜基地，新建改建日光温室1500亩，发展高原夏菜2000亩；建设优质林果基地，新增面积1.2万亩；建设规模养殖基地，发展标准化养殖小区（场）5个以上；建设休闲农业基地，面积达到1000亩。抓新品种新技术应用推广。引进推广蔬菜、粮食、林果等农作物新品种100个以上，重点抓好测土配方施肥、专业化育苗等种植新技术20项以上；引进推广西门塔尔牛、萨福特羊等畜禽新品种6个以上，重点抓好标准化养殖、饲草料加工调制等养殖新技术5项以上。抓供销体系建设。在抓好重坪示范点的基础上，全面推行农产品标准化生产；组建农业综合执法大队，建立农产品质量安全检测点；加强"农超"对接，减少中间环节。抓品牌打造。积极鼓励支持农民专业合作社、农字号龙头企业发展，建设示范社5个，认真抓好无公害农产品生产基地、绿色农产品认定认证，新申请认定无公害蔬菜种植面积5000亩，新认证无公害蔬菜品种3个；引导各示范社和农副产品加工企业做好分级包装，注册农产品商标3个，打造精品名牌。抓城乡一体化建设。王岘镇、纺织路街道围绕"城中村"改造，集中建设安置房1366套；水川、四龙以镇政府驻地为中心，向周边村庄延伸、改造和新建农宅1843院（套）；武川、强湾移民搬迁工程新建农民安居房542套。通过“城中村”改造、旧村庄改造、移民搬迁等途径，确保2011年末全区1.2万人实现城乡一体化。同时，建成村社道路25条132公里，配套建设生活垃圾、污水处理等基础设施。

三、优化服务，推动第三产业实现新跨越

加强和完善市场体系。实施东部仓储物流园、天奇物流园等建设项目，完善物流园区市场体系；实施废旧物资综合交易市场建设项目，完善再生资源综合利用市场体系；实施以雨润生猪屠宰生产线和白银牛羊定点屠宰场为主的建设项目，完善定点屠宰市场体系；实施以粮油批发市场、水川蔬菜批发市场为主的建设项目，完善城乡集贸市场体系。加快第三产业提档升级。推进商业网点建设，不断提升餐饮、娱乐、商住等行业服务水平；发挥沿黄优势，发展特色旅游业和城郊旅游经济，新增农家乐40家；继续实施万村千乡市场建设、家电下乡等工程。创优第三产业发展环境。降低准入门槛，简化审批手续，在税收等方面给予最大限度优惠，鼓励下岗职工、大中专毕业生和农村剩余劳动力进入服务业领域创业和就业。

四、扩大投资，推动项目建设实现新跨越

坚持把扩大投资作为经济增长的主抓手，全力以赴争取项目，千方百计扩大投资，助推经济快速增长。储备争取一批项目。紧扣国家产业政策、投资导向和支持领域，超前凝练储备，主动对接争取，力争在交通水利、住房保障、文教卫生、生态环境、循环经济等方面，有更多项目进入国家和省上计划盘子。引进落地一批项目。坚持洽谈项目抓跟进、签约项目抓开工、开工项目抓投资、建成项目抓生产，以最优越的环境、最优惠的政策、最优质的服务，吸引更多的大项目、好项目落户我区。2011年，全区计划招商引资项目22个，完成投资6.49亿元。组织实施一批项目。2011年，实施区列重点项目30项，计划总投资30.46亿元，当年投资16.7亿元。其中，以统一企业饮料生产线、中材二期水泥生产线为重点的工商项目10项，当年投资8.03亿元；以工农渠改造、农村安全饮水为重点的农业项目6项，当年投资6200万元；以棚户区改造、小城镇建设为重点的基础设施项目9项，当年投资7.07亿元；以教育资源整合、爱心护养院建设为重点的社会事业项目5项，当年投资9800万元。征迁保障一批项目。深刻分析工作中存在的差距和制约瓶颈，敢于担当、勇于创新、善于应对，依法解决征地拆迁各类问题，整体推进征地拆迁工作，确保城市基础设施和重大项目建设用地。

五、造管并举，推动生态建设实现新跨越

按照森林覆盖率每年增加1个百分点的目标要求，切实加大造林绿化力度，提高造林质量，确保完成城区西郊、南郊大环境绿化7000亩，乡镇特色经济林和乡村公路通道、村镇绿化1.5万亩；实施旧城区主次干道绿化提质改造工程，对沿线行道树和绿化带分段改造；实施强湾、武川、安民和永丰街等住宅小区绿化工程，打造城区绿化新亮点。配合市上完成城区绿化7000亩，确保林木成活率。坚持开发与保护并重，开工建设水川黄河湿地公园，力争把水川黄河湿地公园建设成功能配套一流、管理服务一流的人与自然和谐统一的休闲旅游景点。严格保护区域环境，积极开展农村小康环保行动。加强市容市貌整治，严格落实城市管理各项制度，评选“门前四包”模范示范门店100家，促进城市管理上台阶、上水平。

六、提标扩面，推动成果共享实现新跨越

更加关注民生民计，全力以赴提高民生保障水平，积极构建和谐白银区。稳步推进教育资源整合，促进基础教育、学前教育、职业教育、成人教育均衡协调发展，引进、录用优秀教育人才，加强师德师风教育，进一步提高全区教育总体水平。深化医疗卫生体制改革，全面开展医德医风建设年活动，完善卫生基础设施，市二院门诊大楼建成并投入使用。倡导健康的生育文化，巩固人口和计划生育工作成果。开工建设文化体育“三馆一中心”，夯实公共文化体育基础，广泛开展全民健身和群众文体活动。提高城乡低保补助水平，城市、农村月人均补差标准分别达到125元、65元以上。加大保障性住房建设力度，全面完成安民二期等棚户区改造及保障性住房建设任务。依法理财治税，厉行勤俭节约。加强质量监管，重视粮食安全，加大安全生产和食品药品安全监管工作力度。加强消费品价格调控，稳定物价水平。密切关注带有苗头性、倾向性、群体性的各类信访问题，超前介入、主动化解，切实维护社会稳定。加强社会治安综合治理，群防群治，严控严打，维护人民群众的生命财产安全。关心支持老龄、儿童、妇女和残疾人事业，重视司法、统计、审计、档案、地方志、外事侨务、民族宗教等工作。

在做好全面工作的基础上，2011年，初步计划兴办“八件惠民实事”：1.投资3.15亿元，继续实施棚户区改造工程，新建保障性住房3584套20.79万平方米；2.投资3650万元，继续实施中小学校舍安全工程，新改建校舍2.75万平方米；3.投资8000万元，继续实施城乡一体化建设工程和农村安全饮水工程，新建农村安置房和改造农宅3751院（套），解决6000人的饮水安全问题；4.投资6220万元，实施文化体育“三馆一中心”建设工程，全面提升全区文体基础设施水平；5.投资5000万元，开工建设占地10000亩的水川黄河湿地公园；6.筹资1000万元，担保创业贷款5000万元，扶持1000人创业，带动3000人就业；7.扩大失地农民养老保险覆盖范围，实现失地农民养老保险“应保尽保”；8.千方百计提高低收入群体收入水平，确保低收入群体收入增幅达到15%以上。

七、创新高效，推动自身建设实现新跨越

面临跨越发展的特殊阶段和弥足珍贵的发展机遇，进一步确立以人为本、执政为民的理念，加强自身建设，提高行政能力，努力做到为人民服务，对人民负责，受人民监督，让人民满意。牢记使命，为民行政。坚持以民为本、以民为重、以民为先，深入实际、深入群众、深入基层，树立正确的政绩观。扎扎实实抓好“八件实事”，让人民群众共享发展成果。求真务实，高效行政。始终把实干作为成事之基和兴业之本，大力弘扬求真务实的精神，改进机关作风，坚持立言立行、真抓实干，抓落实才是真本事，认真解决工作中激情缺失、权责脱节、推诿扯皮等突出问题，消除“中梗阻”。科学决策，依法行政。把依法行政贯穿于政府决策、执行、监督的全过程。坚持从大局出发，讲政治，讲纪律，认真贯彻落实市委、市政府和区委的决策部署，确保政令畅通，做到令行禁止。自觉接受人大法律监督、政协民主监督和新闻媒体舆论监督、人民群众社会监督。着力抓好廉政建设，建立健全教育、制度、监督三位一体的惩防体系，加强党纪政纪约束和反面典型警示教育，自觉守住底线、筑牢防线、不踩红线，使权力在阳光下干净运行。

各位代表！百舸争流，奋楫者先；跨越发展，任重道远！让我们在党的十七届五中全会精神指引下，在市委市政府和区委的坚强领导下，在区人大、政协的监督支持下，紧紧依靠全区人民，凝心聚力，励精图治，乘势而上，为实现白银区经济社会跨越式发展而努力奋斗!

在区委九届七次全委扩大会议暨全区经济工作会议上的讲话

李兰宏

（2011 年 1 月 8 日）

同志们：

刚才，梁书记代表区委常委会对全区 2010 年经济社会发展工作进行了总结，深入分析了当前和今后一个时期面临的发展形势，全面安排部署了 2011 年经济社会发展工作。梁书记的重要讲话总揽全局，既充分体现了党的十七大、十七届五中全会，中央和省、市经济工作会议精神，又紧密结合我区实际，具有很强的科学性、理论性、针对性和指导性，希望大家认真学习，抓好贯彻落实。下面，我侧重经济工作讲三点意见：

一、2010年经济工作回顾

过去的一年，在市委、市政府和区委的正确领导下，全区上下认真贯彻党的十七届五中全会精神、省委区域发展战略以及市委六届九次、十次全委扩大会议精神，按照区委"一二三四"的总体思路，保增长、扩内需，调结构、促转型，惠民生、保稳定，全面超额完成了年初确定的目标任务，经济社会保持了良好发展的态势。预计全区生产总值完成 148.1 亿元，增长 12.7%；区属固定资产投资完成 16.36 亿元，增长 60%；一般预算收入完成 2.78 亿元，增长 14.23%；城镇居民人均可支配收入达到 14711 元，增长 12%；农民人均纯收入达到 5630 元，增长 11.49%。盘点一年来的经济工作，虽然遇到的困难比我们原来预料的要大，经受的考验比原来预料的要多，但取得的成绩也比我们预计的要好。可以说，经过大家的共同努力，我们向全区人民交上了一份比较满意的答卷。发展速度令人振奋，发展实绩有目共睹，主要表现在五个方面。

一是工业实力不断增强，非公经济蓬勃发展。围绕重点接续产业，强化投资拉动，促进工业结构优化升级。中材水泥建成投产，王岘水泥、新北重专用车、郝氏碳纤维项目实现产销两旺。园区建设迈出新步伐，中科院白银高技术产业园升级为国家级高新技术开发区；西区经济开发区行政、商住、文化中心聚集效应日益显现，实施新建续建项目 37 项，完成投资 14.1 亿元；中小企业创业基地入驻企业 11 户，完成投资 2.1 亿元，实现产值 2.2 亿元。实现工业增加值 9.67 亿元，增长 15.1%。继续淘汰落后产能，万元生产总值能耗降低 4.5%，二氧化硫和化学需氧量排放分别下降 26%和 5%。积极引导和扶持非公经济加快发展，新增个体工商户 1600 多户。大力发展旅游业和现代服务业，沿黄旅游资源开发取得新进展，新增农家乐 35 家，累计达到 40 家。城乡消费市场持续繁荣，全社会消费品零售总额达到 44.85 亿元，增长 15.06%。

二是项目支撑成效显著，发展后劲持续增强。年初确定的 30 个重点项目，已实施 26 个，完成投资 13.97 亿元。其中，上亿元的项目 5 个。招商引资彰显活力，全年新签招商引资项目 32 个，到位资金 6.4 亿元，在建项目 21 个。各领域改革进一步深化，新一轮政府机构改革基本完成，医药卫生体制改革全面启动。围绕兰白都市经济圈建设，与兰州市城关区签订区域合作发展框架协议。

三是"三农"工作力度不断加大，农村面貌明显改观。强化政策推动、投入带动，新农村建设扎实推进。发展现代特色农业，优化产业结构，新改建日光温室 1504 亩，推广日光温室秸秆生物反应堆技术 1510 亩，新增标准化养殖小区 5 个。累计投入 1.05 亿元，实施农业综合开发、安全饮水、乡村道路、工农渠大型泵站改造等项目，更新改造大中型泵站 4 座，新（扩）建城乡公路 143 公里。

四是统筹兼顾，重点工作亮

点凸显。城乡一体化试点扎实推进。按照“五个一”标准和“五统一”要求，因地制宜、大胆探索，抓点带面、整体推进。累计投入2397万元，拉动群众投入1800万元，实施了桦皮川村和民乐村城乡一体化建设试点工程，新修道路11公里，铺设管线11.4公里，新改建住房282院。试点工作取得初步成效，全市新农村建设现场会在我区召开。棚户区改造取得重大进展。抓住国家、省、市支持棚户区改造的有利时机，重点实施向阳村、西村联合大院、悦民小区等棚户区改造工程，计划建设各类保障性住房6656套48.98万平方米，当年建成4660套34.3万平方米，占总套数的70%。10处棚户区改造工程全部开工建设，完成投资4.98亿元，涉及拆迁面积8万平方米，竣工率达到70%，1400多户居民喜迁新居。棚户区改造的做法与成效得到了充分肯定，全省保障性住房建设现场会在我区召开，我区在会上作了经验介绍。生态绿化进一步加强。完成各类造林6000亩，其中，大环境绿化3000亩，林果基地3000亩。109线绿化提质改造工程顺利实施。机关单位和住宅小区共完成绿化12.6万平方米。社区绿化新增“认种认养”6.81万平方米，累计达到11.57万平方米。2011年春季绿化前期准备工作全面启动，完成整地4500亩。吊地沟生态公园、黄河湿地公园规划设计方案通过专家评审。狠抓市容管理，严格落实“门前四包”、“五定三包”等制度，集中开展道路和马路市场专项整治，处理各类违章行为434起。加快完善环卫基础设施，购置大型环卫专用车5辆，医疗垃圾处理厂投入运行。

五是着力解决民生问题，社会事业全面进步。坚持把有限的资金更多地用在安民、富民、惠民上，民生工程进展顺利，群众生活持续改善。扎实开展"惠民政策落实年"活动，省市确定的惠民实事和我区确定的7件惠民实事如期完成。教育资源整合稳步推进，基础教育发展趋向均衡，校舍安全工程完成投资6030万元，拆建改造危旧房4.8万平方米。卫生事业不断进步，医疗条件和服务质量不断改善，九项基本公共卫生服务免费开展，婚姻服务中心挂牌运行。文化信息共享和农家书屋建设工程实现了村级覆盖，文物及非物质文化遗产保护工作有序进行。人口计生工作扎实推进，人口自然增长为4.65‰。创业带动就业富有成效，累计发放小额担保贷款7935万元，城镇新增就业1.2万人。就业和社会保障水平不断提高，失业、养老、医疗、工伤、生育保险覆盖面进一步扩大，失地农民参加养老保险做到“即征即保”。城乡低保提标提补工作全面完成，为48140名低保对象发放低保金9681万元，为4870名特困群众发放救助金544万元。全国人口普查工作顺利推进。注重源头控制和解决实际问题，信访总量明显下降，一批信访突出问题得到妥善处理。加强社会治安防控体系建设，公安机关抓基层、打基础、服务全区重点工作取得实效。认真落实平安建设各项措施，强化了中小学、幼儿园安全保障工作。深入开展安全隐患排查和专项整治，安全生产形势稳定好转。

2010年是全区“十一五”规划的收官之年，也是经济社会发展取得显著成绩的一年。全区上下呈现出一片风清气正的蓬勃气象。思团结、谋发展已成为各级党政领导干部的共识。市委、市政府对我区的工作给予了充分肯定，同时也对我们提出了新的更高的要求，实现领跑区域经济发展、走在全省各县区前列的奋斗目标，要求我们倍加珍惜安定团结的政治局面，牢牢抓住难得的历史机遇，开拓进取，克难攻坚，扎实工作，努力开创2011年各项工作新局面。

二、今年经济工作的主要目标和工作重点

2011年全区经济工作的指导思想是：全面贯彻落实党的十七大和十七届三中、四中、五中全会及中央、省、市经济工作会议精神，以科学发展为主题，以加快转变经济发展方式为主线，以保障和改善民生为根本，围绕“工业立区、科教兴区、富民强区、文化活区、生态美区”的发展思路，按照“农业经济抓基地、工业经济抓提速、第三产业抓升级、生态建设抓效果、城市管理抓长效、城镇建设抓示范、民生保障抓落实、基层党建抓创新”的工作要求，强化基础设施建设，加快统筹城乡发展，着力提升新型工业化、农业产业化、城乡一体化水平，努力推动全区经济社会跨越式发展。

2011年全区经济发展的预期目标是：全区生产总值增长13%，达到170亿元（其中，第一产业增长6.4%，达到4亿元；第二产业增长13%，达到110.4亿元以上；第三产业增长13%以上，达到55.6亿元）；区及区以下工业增加值增长18%，达到11.5亿元；区属固定资产投资增长23%，达到20亿元；全社会消费品零售总额增长15%，达到51.5亿元；一般预算收入增长15%，达到3.19亿元；城镇居民人均可支配收入增长12%，达到16476元；农民人均纯收入增长12%，达到6306

元；城镇登记失业率控制在4%以内；人口自然增长率控制在5.55‰以内。

围绕上述目标，重点抓好六个方面工作。

（一）抓住关键，推动工业经济实现新跨越。坚持“引强入银”战略。紧盯大企业、大项目不放，支持中材集团水泥达产达标，力促中材与白银公司合作，建设第二条水泥生产线，打造水泥产业发展新优势。力争统一企业饮料生产线项目2011年4月初开工建设，2012年初建成投产。搭建企业创业平台。在抓好西区开发区建设的同时，投资4000多万元，规划建设创业基地二期，平整土地1500亩，完善配套基础设施，优化投资环境，确保基地年产值达到8亿元以上。大力发展循环经济。围绕建设兰白循环经济基地，落实循环经济政策，强化节能减排目标责任，开辟工业结构调整绿色通道。全年争取国家支持的循环经济项目8个以上。培育壮大规模以上企业。规模以上工业企业产值超过全区生产总值的60%以上，新增规模以上工业企业3户以上。

（二）夯实基础，推动现代农业实现新跨越。按照农业经济抓基地的目标要求，以发展特色农业为重点，大力发展设施农业、精品农业、休闲农业。抓基地建设。建设精品蔬菜基地，新建改建日光温室1500亩，发展高原夏菜2000亩；建设优质林果基地，新增面积1.2万亩；建设规模养殖基地，发展标准化养殖小区（场）5个以上；建设休闲农业基地，面积达到1000亩。抓新品种新技术应用推广。引进推广蔬菜、粮食、林果等农作物新品种100个以上，重点抓好测土配方施肥、专业化育苗等种植新技术20项以上；引进推广西门塔尔牛、萨福特羊等畜禽新品种6个以上。抓供销体系建设。在抓好重坪示范点的基础上，全面推行农产品标准化生产；组建农业综合执法大队，建立农产品质量安全检测点；加强“农超”对接，减少中间环节。抓品牌打造。积极鼓励支持农民专业合作社、农字号龙头企业发展，规范建设示范社5个，认真抓好无公害农产品生产基地、绿色农产品认定认证，新申请认定无公害蔬菜面积5000亩；引导农副产品加工企业做好蔬菜、林果分级包装，注册3个农产品商标，打造精品名牌。抓城乡一体化建设。王岘镇、纺织路街道围绕“城中村”改造集中建设安置房1366套；水川、四龙以镇政府驻地为中心，向周边村庄延伸改造和新建农宅1843院（套）；武川、强湾移民搬迁工程新建农民安居房542套。通过旧村庄改造、“城中村”改造、移民搬迁等途径，确保2011年年末全区1.2万人实现城乡一体化。同时，建成村社道路25条132公里，配套建设生活垃圾、污水处理等基础设施。

（三）优化服务，推动第三产业实现新跨越。加强和完善市场体系。实施天奇物流园、东部仓储物流园等建设项目，完善物流园区市场体系；实施废旧物资综合交易市场建设项目，完善再生资源综合利用市场体系；实施以雨润生猪屠宰生产线和白银牛羊定点屠宰场为主的建设项目，完善定点屠宰市场体系；实施以粮油批发市场、水川蔬菜批发市场为主的建设项目，完善城乡集贸市场体系。加快第三产业提档升级。推进商业网点建设，不断提升餐饮、娱乐、商住等行业服务水平；发挥沿黄优势，发展特色旅游业和城郊旅游经济，新增农家乐40家；继续实施万村千乡市场建设、家电下乡等工程。创优第三产业发展环境。降低准入门槛，简化审批手续，鼓励下岗职工、大中专毕业生和农村剩余劳动力进入服务业领域创业和就业，在税收等方面给予最大限度优惠。

（四）扩大投资，推动项目建设实现新跨越。坚持把扩大投资作为经济增长的主抓手，全力以赴争取项目，千方百计扩大投资，助推经济快速增长。储备争取一批项目。紧扣国家产业政策、投资导向和支持领域，超前凝练储备，主动对接争取，力争在交通水利、住房保障、文教卫生、生态环境、循环经济等方面，有更多项目进入国家和省上计划盘子。引进落地一批项目。坚持洽谈项目抓跟进、签约项目抓开工、开工项目抓投资、建成项目抓生产，以最优越的环境、最优惠的政策、最优质的服务，吸引更多的大项目、好项目落户我区。2011年，全区计划招商引资项目22个，完成投资6.49亿元。组织实施一批项目。2011年，实施区列重点项目30项，计划总投资30.46亿元，当年投资16.7亿元。其中，以统一企业饮料生产线项目、中材二期水泥生产线为重点的工商项目10项，当年投资8.03亿元；以工农渠改造、农村安全饮水为重点的农业项目6项，当年投资6200万元；以棚户区改造、小城镇建设为重点的基础设施项目9项，当年投资7.07亿元；以教育资源整合、爱心护养院建设为重点的社会事业项目5项，当年投资9800万元。征迁保障一批项目。开工建设王岘镇东星小区、东台小区、纺织路黄茂井村和大井子村安置小区，建设安置房1366套。深刻分析征迁工作中存在的差距和制约瓶颈，妥善处理项目建设“干什么”和项目建成“为什么”的关系，把征迁农民的利益放在优先位置予以考虑，敢于担当、勇于创新、善于应对，解决好征地拆迁各类问题，整体推进征地拆迁工作，确保城市基础设施和重大项目建设用地。

（五）造管并举，推动生态建设实现新跨越。按照森林覆盖率每年增加1个百分点的目标要求，切实加大造林绿化力度，提高造林质量，确保完成城区西郊、南郊大环境绿化7000亩，乡镇特色经济林和乡村公路通道、村镇绿化1.5万亩；实施旧城区主次干道绿化提质改造工程，对沿线行道树和绿化带分阶段改造；实施强湾、武川、安民和永丰街等住宅小区绿化工程，打造城区绿化新亮点。配合市上完成城区绿化7000亩任务，确保林木成活率。坚持开发与保护并重，开工建设水川黄河湿地公园，力争把水川黄河湿地公园建设成功能配套一流、管理服务一流的人与自然和谐统一的休闲旅游景点。严格保护区域环境，积极开展农村小康环保行动。加强市容市貌整治，严格落实城市管理各项制度，评选“门前四包”模范示范门店100家，促进城市管理上台阶、上水平。

（六）提标扩面，推动成果共享实现新跨越。更加关注民生民计，全力以赴提高民生保障水平，积极构建和谐白银区。稳步推进教育资源整合，促进基础教育、学前教育、职业教育均衡协调发展，引进、录用优秀教育人才，加强师德师风建设，进一步提高全区教育总体水平。深化医疗卫生体制改革，全面开展医德医风建设年活动，强化医疗卫生技术队伍，完善卫生基础设施，市二院门诊大楼建成并投入使用。倡导健康的生育文化，巩固人口和计划生育工作成果。夯实公共文化体育基础，开工建设文化体育“三馆一中心”，广泛开展全民健身和群众文体活动。提高城乡低保补助水平，城市、农村月人均补差标准分别达到125元、65元以上。加大保障性住房建设力度，全面完成安民二期等棚户区改造及保障性住房建设任务。加强质量监管，重视粮食安全，抓好安全生产和食品、药品安全监管工作。加强消费品价格调控，稳定物价水平。密切关注带有苗头性、倾向性、群体性的各类信访问题，超前介入、主动化解，切实维护社会稳定。加强社会治安综合治理，群防群治，严控严打，维护人民群众的生命财产安全。关心支持老龄、儿童、妇女和残疾人事业，重视司法、统计、档案、地方志、外事侨务、民族宗教等工作。

在做好全面工作的基础上，2011年，初步计划兴办“八件惠民实事”：1.投资3.15亿元，继续实施棚户区改造工程，新建保障性住房3584套，20.79万平方米；2.投资3650万元，继续实施中小学校舍安全工程，新改建校舍2.75万平方米；3.投资8000万元，继续实施城乡一体化建设工程和农村安全饮水工程，新建农村安置房和改造农宅3751院（套），解决6000人的饮水安全问题；4.投资6220万元，实施文化体育“三馆一中心”建设工程，全面提升全区文体基础设施水平；5.投资5000万元，开工建设占地10000亩的水川黄河湿地公园；6.筹资1000万元，担保创业贷款5000万元，扶持1000人创业，带动3000人就业；7.扩大失地农民养老保险覆盖范围，实现失地农民养老保险“应保尽保”；8.千方百计提高低收入群体收入水平，确保低收入群体收入增幅达到15%以上。

三、强化工作措施，努力推动全区经济跨越式发展

新机遇赋予新使命，新目标提出新要求。全区上下一定要抢抓发展机遇，紧扣工作任务，强化组织保障，凝聚发展力量，全力推动全区经济跨越式发展。

统一认识，凝聚科学发展合力。当前，我区正处在加快发展的重要时期，前有标兵，后有“追兵”，逆水行舟，不进则退。各级干部都要树立“发展一盘棋”思想，想问题，干工作，要从大局出发，为全局着想，要把心思和精力用到工作上来。对区委、区政府的决策部署，不管有多大的困难，都要不折不扣地抓好贯彻落实，真正做到政令畅通，令行禁止。各部门、各单位要各司其职，密切配合，进一步强化服务意识，真正把力量凝聚起来，把优势发挥出来，把政策协调起来，形成跨越式发展的强大合力。

解放思想，拓宽科学发展思路。思想是行动的先导，思想一变天地宽。因此，我们要坚持把解放思想贯穿于各项工作的始终，以长远的眼光、宽阔的视野、创新的思维去谋划发展。要敢于突破平庸，跳出白银看白银，激励全区各级干部和广大群众“敢想、敢闯、敢干”，自觉把白银区的发展置于全市、全省的发展大局中去谋划；要敢于突破教条，只要有利于发展的事情，就要坚决干、马上干，切实做到在思想上更加放胆，在发展上更加放手，在政策上更加放活，在环境上更加放宽；要敢于突破畏难情绪，做到“敢”字当头，主动工作，勇于承担责任；要知难而进，迎难而上，负重前行，在困难中寻找解决问题的办法。

转变作风，增强科学发展责任。全区广大干部要以“富民强区”为己任，增强事业心和责任感，聚精会神促发展，心无旁骛抓落实。要深入基层、深入群众、深入一线，现场组织，靠前指挥，把重大决策贯穿于抓落实的全过程，把优质服务送到项目主体和人民群众之中，把矛盾纠纷化解在基层和萌芽状态。要敢于正视矛盾，善于破解难题，在困难中创新思路和办法，在挑战中创造条件和抢抓机遇，在前进中寻找规律和克服困难。

狠抓落实，提高科学发展效率。“空谈误国，实干兴邦”。抓好落实是提高科学发展的关键。今年，我区发展的任务很重、发展的压力更大，中材二线、统一饮料、天奇物流园等大项目建设，城乡一体化建设，棚户区改造，造林绿化，“八件惠民实事”实施等各项工作都需要抢前抓早。各级干部必须以咬定青山不放松的精神，切实扑下身子，具体抓，抓具体，以更快的速度、更强的节奏、更高的效率推进落实。要下决心解决慢慢腾腾、拖拖拉拉、疲疲沓沓、散散慢慢等不良现象，采取督促检查、明察暗访、舆论监督、责任追究等有效措施，引导各级干部增强时间观念、效率意识，对每一项工作都不推不拖，不等不靠，以只争朝夕的精神抓好工作落实。

春节将至，全区各级领导干部要深入基层，深入群众，广泛开展送温暖、献爱心活动，安排好城乡困难群众的生产和生活，帮助他们解决实际困难和问题。要加强物价调控，狠抓“米袋子”、“菜篮子”工程，保证市场供应充足。要切实抓好安全生产和道路交通安全工作，防止恶性事故发生。要加强社会治安综合治理，确保社会稳定。

同志们，新的目标已经确定，新的征程已经开始。让我们在党的十七届五中全会精神指引下，在市委、市政府和区委的坚强领导下，解放思想，开拓创新，齐心协力，真抓实干，为“十二五”开好局、起好步，推进白银区经济社会跨越式发展，以优异的成绩向建党90周年献礼！

中科院白银区技术产业园区平整的公路

大 事 记

2010 年 11 月 9 日，白银棚户区改造项目——安民小区竣工回迁仪式举行

1月

1日 白银至北湾103路公交线路开通。

3日 区委副书记、代区长李兰宏调研四龙镇小城镇建设工作。

4日 省政协主席陈学亨走访慰问白银区困难群众。

8日 全区棚户区改造综合执法工作动员大会召开。

11～14日 政协白银区第七届委员会第四次会议召开。市委常委、白银区委书记梁蓉兰出席会议并讲话。会议听取审议通过区政协常委会工作报告、提案工作情况的报告，并进行选举事宜。

12～15日 白银区第十二届人民代表大会第四次会议召开。市委常委、白银区委书记梁蓉兰出席会议。会议听取审议通过区人大常委会工作报告、政府工作报告、法院工作报告和检察院工作报告，选举李兰宏为白银区人民政府区长。

15日 省委政研室副巡视员、省委学习实践科学发展观活动领导小组办公室指导协调组副组长张志科一行检查白银区第三批学习实践活动情况。

16日 市委书记、市人大常委会主任肖庆平，市委副书记、市长吴仰东调研白银区王岘镇、纺织路街道办事处棚户区改造工作。

23日 公交公司13路交通车运营线路延伸到强湾、武川两个移民小区门口。

25日 白银国家矿山纪念馆开馆，即日起免费对市民开放。

27日 市委常委、白银区委书记梁蓉兰带领区党政领导到白银公司、银光公司慰问。

是月 《白银区城乡一体化发展规划》在京原则通过评审。

30日 兰州—白银两市就"兰白都市经济圈"建设在兰州签订区域合作发展框架协议。

2月

2日 白银第十二届乡村青年文化节在水川镇举行。

3日 域内首座天然气加气站-白银市万通燃气有限公司CNG加气站在甘肃白银高新技术园区正式投入使用。市委副书记、市长吴仰东为加气站揭牌。

当月 区民政部门春节前向困难群众6874人发放现金及面粉、大米、食用油、棉衣、棉被等"送温暖"慰问品，总价值达163万余元。

3月

1日 财政部国家基本药物制度实施调研组调研白银区工作。

2～3日 白银城区入春后第一场零星小雪降临，最低气温-3℃到4℃。

4日 中材集团甘肃水泥有限公司白银日产4500吨水泥生产线项目建设协调会召开。

7日 白银区出现大风沙尘天气，四龙、水川沿河农村受大风低温侵袭严重。

11日 省关工委专职副主任胡玉梅出席区第四小学"留守儿童之家"揭牌仪式。

12～13日 白银城区出现大风、扬沙天气。

15日 白银区监察局、人事局、城管局发布公告，通过报名、笔试、体检、面试程序，公开选聘城市管理执法人员90人（含女性10人）。

16日 下午至傍晚，白银城区内风卷沙尘漫天扬洒，有窒息感，瞬间最大风速5级，能见度6千米左右。

18日 白银区棚户区改造工程开工奠基仪式在西村联合大院举行。

19日 8时至夜间，较强扬沙天气再袭铜城。

22～25日 白银城区大风降温，阵风风力达7~8级，最高降温幅度达10℃以上。

25日 甘肃白银棚户区改造工程开工仪式在白银公司建安机运队片区举行，陆浩宣布开工、徐守盛讲话。计划年底完成这里2500多套的棚户区改造任务并交付使用。

同日 省建设厅党组书记、厅长李慧检查白银区棚户区改造工作。

29～31日 冷空气入侵，白银区再次出现扬沙降温降雨天气，最低气温在0℃左右，最高气温在10℃~11℃。

4月

1～5日 市公交公司开通4条临时专线公交车，早8时发车，12时收车，原路返回，单程票价2元，车上设"清明专线车"标牌，方便市民清明祭扫。

5日 区委副书记、区长李兰宏调研水川镇、四龙镇新农村和农家乐建设情况。

7日 凌晨1时许，强湾乡白崖子村境内主供水管道因滑坡发生爆裂，出水冲毁白榆公路约50米，淹没部分农田和工农渠三泵站，直接影工农渠提灌溉功能，导致水川变电所618三泵线51号杆倒杆断线。

是日 白银区检察院首次获"全国模范检察院"称号。

9日 省体育局局长杨卫一行

调研白银区体育工作开展情况。

9～12日 白银区出现大风沙尘天气，最大风力达7级,12日清晨有霜冻，最低气温-5℃。大风卷起的沙尘遮蔽城区，林立的高楼淹没在黄色的沙尘中，路人行走和车辆行驶困难。

14日 省政府劳务工作办公室主任王百平一行检查验收白银区“留守儿童之家”建设情况。

15～16日 市委常委、白银区委书记梁蓉兰，市委常委、市委政法委书记、市公安局局长贾承世检查白银区“五五”普法工作。

19日 区委、区政府举行向青海玉树地震灾区捐款活动。

20日 省政府参事室副主任苏冠旺一行调研白银区“兰白都市经济圈”建设情况。

25日 白银区出现大风沙尘天气，风力7级以上，最低气温-2℃，沿河农村出现霜冻。

同日 省安全生产监督管理局党组成员、纪检组长李伯海一行到白银区督查安全生产年整治行动开展情况。

26～28日 白银区工会第六次代表大会召开。会上表彰了刘东海等8名“白银区劳动模范”和王虎等12名“白银区先进工作者”。

29日 白银区干部职工向青海玉树地震灾区捐款20.2764万元。其中区工会系统组织干部群众捐款70740元(含物资15650元);区民政部门组织干部群众捐款13.206万元。

5月

4日 区委副书记、区长李兰宏调研四龙路街道社区绿化、校园安全等工作。

5日 市委书记、市人大常委会主任肖庆平一行调研白银区社区和单位院落绿化工作。

8日 白银城区“告别不文明行为，争做文明市民”誓师动员大会暨环境整治日活动举行，2000人参加。

9日 白银市从优秀村干部中录用乡镇机关公务员20人笔试在市区举行。白银区拟考录2人。

13～15日 白银区武川乡党委、乡政府联合市国土资源局白银分局、市公安局白银分局、区安全生产监督管理局查处武川乡非法开采砂金矿，并对砂金矿井洞实施爆破关闭。拆毁采矿洗金设备5台，炸毁井洞2座，填埋井洞2座。

18日 副省长、省依法治省工作领导小组副组长张晓兰一行检查验收白银区“五五”普法工作。

同日 省纪委副书记、省预防腐败局局长杨志宏一行调研白银区工作。

同日 白银区出现霜冻。小麦、胡麻、玉米和豆类等农作物受冻。

21日 白银首次出现两例极其罕见原发性甲状旁腺功能亢进症病例，市二院邀请德国专家初步确诊并进行对症治疗。

27日 白银区第一次民族团结进步表彰大会授予人民路街道等4个单位“民族团结进步先进集体”称号；牛述霞等10名同志获“白银区民族团结进步先进个人”称号。

同日 市慈善总会在白银区社会福利院举行庆“六一”孤残儿童慰问活动。

28日 受北方冷空气和西南暖湿气流共同影响，白银区出现暴雨天气，强降雨时间长达40分钟，发生暴洪灾害，水川镇、强湾乡受灾。其中水川镇受灾农户1131户3987人，农作物受灾面积达14318.1亩，损毁房屋505间，猪舍679间，造成直接经济损失1727万元。

29日 强湾乡、水川镇遭暴雨、冰雹袭击；区委副书记、区长李兰宏等领导视察灾情并指导抗灾救灾工作。

6月

1日 市委副书记、市长吴仰东，市政协主席张廷魁与区上主要领导和区相关部门负责人参加白银区“六一”国际儿童节庆祝活动。

同日 市委副书记、市长吴仰东视察水川镇、强湾乡部分村社灾情。

9日 省政府参事室副主任苏冠旺一行实地调研白银市一中、强湾乡、金沟口中心小学、水川镇卫生院高校毕业生安置情况。

18日 由周敏律师创办的全市首家个人律师事务所“甘肃文谭律师事务所”成立，标执著白银市法律服务领域一种新型律师执业组织问世。

19日 由省委宣传部主办、甘肃九源红色文化传播有限公司承办的“红歌传唱响陇原”巡回演唱会在全民健身广场举行，上千名观众观看演出。

25日 白银市妇女创业就业培训基地揭牌仪式在白银区文化馆举行，首期培训班正式开班。

当月 白银区传统戏剧项目《曲子戏》又名《西厢调小曲》入选第三批国家级非物质文化遗产名录，填补白银区非物质文化遗产没有国家级保护项目的空白。

7月

1日 白银区武川乡胡麻、豆类等农作物大面积发生斑潜蝇虫害，减产40%，致武川乡7个村2764户10956人受灾，农作物受灾面积496公顷，成灾463公顷，直接经济损失256.86万元。

2日 九三学社白银区支部第四次全体社员大会召开。

4日 市委书记、市人大常委会主任肖庆平，市委副书记、市长吴仰东，市政协主席张廷魁，市委常委、常务副市长袁崇俊，市委常委、市委秘书长张建平视察"兰洽会"白银区展馆。

7日 市委副书记、市长吴仰东调研白银区中小企业创业基地。

同日 全区首个妇女创业就业服务中心在武川新村社区举行揭牌仪式。

11日~8月5日 白银区未出现有效降水，出现重伏旱。

15日 省农家书屋工程建设现场观摩会在白银区举行。

21日 省禁毒委督导处处长高文学一行督导检查白银区禁毒工作。

26日~8月2日 白银区出现35℃以上高温天气。

27日 全国政协委员、省政协理论研究会会长薛映承一行调研白银区城镇新成长劳动力就业问题和城镇保障性住房建设情况。

同日 白银区纺织路街道社区卫生服务中心落成。

同日 兰州城市学院大学生"三下乡"活动在水川镇启动。

8月

2日 全区征地拆迁抽调干部动员会召开。

2~4日 市人口和计划生育委员会主任兰满夏一行督查白银区人口计生工作。

4日 市政协副主席朱元年一行调研白银区旅游资源开发利用情况。

5日 省委办公厅接待办二处副处长马腾宇、省委办公厅机关事务办副主任韩纲一行调研白银区城市居民人均纯收入情况。

9日 区委副书记、区政府区长李兰宏调研督查王岘镇、纺织路街道征地拆迁工作。

10日 白银区举行向舟曲灾区捐款仪式。梁蓉兰、张润苍、李兰宏、陈忪等区四班子领导及各部门单位负责人参加捐款仪式。捐款仪式现场共收到捐款107240元。

12日 区委副书记、区政府区长李兰宏主持召开区政府2010年第八次常务会议。

同日 区政协主席陈忪调研水川镇集体林权制度改革工作。

13日 白银区道路交通事故巡回法庭和交通事故调解委员会在白银交警大队挂牌成立。

17日 市政府副市长吕林邦调研白银区人口计生工作。

18日 市委常委、白银区委书记梁蓉兰主持召开区委中心组（扩大）学习会。会议学习胡锦涛总书记在中央政治局第二十二次集体学习时的重要讲话精神、《党政领导干部选拔任用工作责任追究办法（试行）》等四项监督制度、《白银日报》评论员文章。特邀兰州大学新闻与传播学院常务副院长李惠民作关于突发公共事件新闻应急和舆论引导的辅导报告。

19日 省政府办公厅副主任李均、省农牧厅副厅长黄全成带领省委、省政府第三联合督查组督查白银区实施区域发展战略工作情况进行。

20日 白银区举行非公有制企业家结对帮扶贫困大学生资助仪式。区政协主席陈忪，区委副书记潘延恩，区政协副主席、区委统战部部长吕云天出席资助仪式。13位非公有制企业家结对帮扶19名贫困大学生。

26日 省总工会党组书记、常务副主席陈琳一行调研检查白银区工会工作。

同日 省人大原副主任、省关工委副主任陈绮玲，省委老干局副局长、省关工委专职副主任胡玉梅一行调研督查白银区关心下一代工作。

同日 省人口委流动人口管理处处长余晓东一行检查指导白银区流动人口和计划生育工作。

同日 白银区玉海小额贷款有限责任公司结对帮扶10名贫困大学生。

30日 市长助理、市住房和城乡建设局局长杨重存，区委副书记、区政府区长李兰宏共同主持召开征地拆迁工作联席会议。

31日 省司法厅巡视员张克年带领省政府妇儿工委"两规划"督导检查组检查白银区妇女儿童发展规划实施情况。

9月

1~2日 省文明办主任武来银一行检查验收白银区省级文明区创建工作。

2日 市委常委、白银区委书记梁蓉兰专题调研王岘镇、四龙路街道人口和计划生育工作。

3日 省人口委党组书记、主任苏君调研白银区人口和计划生育工作。

同日 区人民法院审判综合

大楼正式投入使用。国家法官学院甘肃分院院长冯祥玉，市委副书记宁金辉，市委常委、白银区委书记梁蓉兰，市人大常委会副主任付兰英，市政协副主席刘秀，市检察院检察长孙兆麟出席落成仪式并剪彩。省法院行装处副处长柳小平宣读省法院的贺信。

同日 武川乡红岘村部分村社遭受暴雨冰雹灾害。

8日 市委常委、白银区委书记梁蓉兰带领市城镇化发展研究课题组到水川、四龙两镇调研，并主持召开专题座谈会。

同日 共青团白银市委、共青团白银区委联合举办的青少年“网络文明行动”暨“中国未成年人网脉工程白银行”活动正式启动。

9日 市委副书记、市长吴仰东，市政协主席张廷魁，市委常委、白银区委书记梁蓉兰，市委常委、市委宣传部部长高鹰，市人大常委会副主任王有琪，副市长吕林邦，市政协副主席朱元年，市政府秘书长马勤慰问白银区教师和教育工作者。市、区各向市六中送上慰问金1万元。

10日 省双拥办专职副主任王世英带领省双拥模范城（县）考评验收组检查验收白银区省级双拥模范城创建工作。

同日 《今日白银区》栏目开播一周年座谈会举行。

13日 市领导肖庆平、张廷魁、宁金辉、梁蓉兰、张建平、王有琪、李策一，区领导张润苍、陈忪、潘延恩、吴国荣、胡朝生、梅彦彬、吕云天、赵天宝看望慰问白银清真大寺欢度“尔德节”的穆斯林群众。肖庆平、梁蓉兰分别代表市、区四大班子向穆斯林同胞表示节日祝贺，并送上慰问金和慰问品。

同日 由部分市人大代表和市政协委员组成的城区教育现状联合视察调研组视察调研白银区。市人大常委会副主任王有琪，副市长吕林邦，市政协副主席朱元年参加视察调研。

同日 在全省平安农机创建暨农机监理规范化建设现场研讨会上，四龙镇获“省级平安农机示范乡镇”称号。

同日 白银区四龙镇荣获省级“平安农机”示范乡镇称号。

14日 白银市国防教育网在白银军分区开通。

26日 全区拟任乡科级领导干部廉洁从政党纪政纪法规知识考试举行。全区819名干部参加考试。

同日 白银城区公园路中段过街人行天桥建成使用。

同日 国务院正式批复甘肃白银高新技术产业园区升级为国家高新技术产业开发区，成为甘肃继兰州高新技术开发区之后的第二个国家级高新区。

同日 甘肃银光化学工业集团有限公司健身广场建成并正式投入使用。

27日 省扶贫办党组书记、主任沙拜次力调研白银区扶贫开发工作。

28日 省委宣传部副地级纪检专员、省委创先争优活动领导小组办公室副主任李三水一行检查指导白银区创先争优活动。

同日 白银区住房和城乡建设局揭牌仪式举行。

同日 全区司法所公务用车发放仪式举行。

29日 市委书记、市人大常委会主任肖庆平，市委副书记、市长吴仰东调研白银区旅游产业发展情况。

10月

5日 区委副书记、区政府区长李兰宏调研水川、四龙两镇城乡一体化试点村建设。

6~7日 区委副书记、区政府区长李兰宏带领白银区湿地考察团赴宁夏考察。

8日 省人力资源和社会保障厅巡视员杨陇明带领省政府人力资源和社会保障目标考核组检查白银区社会保障工作。

9日 省计生协会副会长、秘书长祁科嘉一行调研白银区计划生育协会及留守儿童工作。

同日 省委政研室副巡视员张治科一行调研白银区基层公正廉洁执法工作。省委政研室民法处处长吴安林，省委政研室调研员文成锁一同调研。市委副秘书长、市委政研室主任余进祥，市委政法委宣教执法室主任王志华，市委政研室副调研员王卫东陪同调研。

10日 区委副书记、区政府区长李兰宏主持召开全区绿化工作调度会，并到城区西郊、中小企业创业基地、王岘镇红星村、吊地沟调研。

13日 省直机关纪工委书记周见明带领省委思想政治工作第一考评组考核评估白银区2007年以来的思想政治工作情况。

14日 区十二届人大常委会第二十七次会议召开。会议听取和审议区人民政府关于2010年1至8月份财政预算执行情况的汇报、关于2009年财政预算执行和其他财政收支审计情况的汇报、关于农村居民最低生活保障工作情况的汇报，审查批准2009全区财政决算，进行选举任命事项。

15日 市委常委、白银区委书记梁蓉兰到四龙镇调研城乡一体化建设。

同日 市人大常委会副主任刘金保，市政协副主席刘秀带领全市棚户区改造项目建设联合视察组视察白银区棚改工作。

同日 白银区组织离退休老干部观摩全区重点项目建设。市委常委、白银区委书记梁蓉兰出席招待会并致辞。

16日 第四届九九重阳白银四龙剪金山民俗文化旅游节开幕。开幕式上为获得“十大和谐家庭”“十大孝顺子媳”代表颁奖，为“农家乐”示范户授牌。

18日 白银驰辰汽车帝豪4S店、白银驰辰全球鹰4S店开业庆典举行。市委常委、副市长齐永刚，副市长吕林邦为开业庆典剪彩。

同日 海航兰州机场白银城市候机楼在白银汽车西站正式启用，白银市民坐飞机出行只需在当地候机楼办理登机手续，然后乘坐专线巴士直抵中川机场，安检登机。

19日 白银区第六次全国人口普查工作会议召开。

20日 省政协委员、社会和法制委员会副主任侯建钧、冉生斌，省老龄办副主任张忠建一行调研白银区虚拟养老院建设情况。

同日 区委副书记、区政府区长李兰宏主持召开第十次政府常务会议。

21～22日 省教育厅专家组评估验收市职专申报国家级重点中等职业学校工作。区委副书记、区政府区长李兰宏，区委常委、宣传部部长刘正亮，区人大常委会副主任陶志忠，区政府副区长张维学，区政协副主席高作相及区教育局、市职专主要负责人陪同评估验收。

23日 《难以忘却的记忆》一书首发式在白银区川口小学举行。兰州军区政治部副主任、少将、川口小学1966届校友李炳仁，市委书记、市人大常委会主任肖庆平，市委常委、白银区委书记梁蓉兰，市委常委、白银军分区政委任志诚出席首发式并分别讲话。市委副书记、市长吴仰东，市政协主席张廷魁，白银军分区司令员杨焕林，市政府秘书长马勤，区委副书记、区政府区长李兰宏等出席首发式。

同日 2010年省、市、区“恒爱行动—征集爱心父母为灾区和孤残儿童编织爱心毛衣”活动启动仪式举行。省妇联副主席康娅红宣布活动启动并讲话。

24日 白银区出现秋末冬初一次寒潮天气过程。24小时降温幅度达12℃以上。

26日 市委常委、白银区委书记梁蓉兰主持召开区四班子联席会议，研究讨论白银湿地公园、生态公园规划设计初步方案。

27日 省住房和城乡建设厅厅长李慧，副厅长郭明卿一行视察指导白银区保障性住房建设工作。

同日 白银区党政领导班子成员向同级纪委全委会述廉大会召开。市委常委、白银区委书记梁蓉兰作动员讲话并述廉。

同日 白银区村、社区“两委”班子换届选举动员培训会召开。

29日 全区造林绿化动员大会召开。区委副书记、区政府区长李兰宏出席会议并讲话。区委副书记潘延恩主持会议。

30日 全区义务植树活动开展。区四班子领导及区直各部门、单位干部到城区西郊开挖树坑。

11月

1日 区委副书记、区政府区长李兰宏发表关于白银区第六次全国人口普查电视动员讲话。

2日 省第六次全国人口普查领导小组办公室常务副主任、省统计局人口处副处长李树海一行检查指导白银区人口普查工作。

3日 市委常委、白银区委书记梁蓉兰，区人大常委会主任张润苍，区委副书记、区政府区长李兰宏，区政协主席陈忪等区四班子在家领导参加人口普查登记。

4日 省司法厅公证律师处处长何雯，省律师协会秘书长崔皋平检查白银区公证业务工作。

同日 农村中小学代课人员养老补助发放工作启动动员会召开。

5日 市委常委、白银区委书记梁蓉兰，市非公党工委书记、市工商局党组书记、局长王庆邦共同为区非公党工委转设白银工商分局揭牌。

6日 中材甘肃水泥有限责任公司日产4500吨水泥生产线点火投产仪式和白银棚户区改造项目安民小区竣工回迁仪式工作联席会召开。

8日 省委副书记鹿心社调研白银区统筹城乡一体化工作。省人大常委会副主任马尚英、副省长泽巴足、省政协副主席张津梁、省委农村工作办公室主任王义、省委政研室副主任李志荣先后陪同调研。

同日 省审计厅党组成员、总审计师张冰，法规处处长茹进军调研省政府78号文件落实情况。

同日 白银区武川水库城市供水项目竣工运营。城区20多万市民将喝上清澈甘甜的大通河水。

9日 中材甘肃水泥有限责任公司日产4500吨新型干法水泥生产线正式点火投产。省委书记、省人大常委会主任陆浩，省委副书记、代省长刘伟平和中材集团有限公司总工程师王广林共同启动水晶球点火开关。省委常委、省委秘书长姜信治，副省长石军、张晓兰，省政府秘书长李沛文及省直有关部门领导出席点火投产仪式。石军讲话。

同日 省委书记、省人大常委会主任陆浩，省委副书记、代省长刘伟平出席白银棚改项目安民小区竣工回迁仪式并为棚户区回迁居民代表发放新居钥匙。省委常委、省委秘书长姜信治，副省长石军、张晓兰，省政府秘书长李沛文及省直有关部门领导出席仪式。石军讲话。

10日 全省保障性住房建设现场会在白银召开。省委常委、常务副省长冯健身视察白银区保障性住房建设。省政府副秘书长马自学，省住建厅厅长李慧，省直有关部门领导及各市州、县区分管领导陪同观摩。

同日 由市科技局生产力促进中心和区科技局共同主办的2011年度科技项目管理及创新基金专项申报培训班开班。

12日 市委常委、市纪委书记杨成堂带领全市新农村建设工作现场观摩团现场观摩水川镇桦皮川村和四龙镇民乐村新农村建设情况。

13~17日 省政府督学、督政专家、省督导办副主任、第二专家评估组领队梁祖选和省政府督学、督政专家、庆阳市督导室主任、第二专家评估组组长王明树带领省政府教育督导团督导评估白银区政府教育工作。

15日 中共白银区委九届六次全委（扩大）会议召开。市委常委、白银区委书记梁蓉兰代表区委常委会向全委会报告工作并讲话。

同日 全市社区统战现场交流会议在白银区召开。省委统战部副部长郭清祥，市委副书记宁金辉出席会议并分别讲话。

17日 省民族宗教事务局局长丁军年调研白银区宗教工作。

同日 省委农村工作办公室新农村建设处调研员黄明调研白银区农业和农村工作。

18日 白银市与中材集团在北京签署战略合作协议书。中材集团党委书记、副董事长于世良，中材集团总经理刘志江，中材集团党委常委、中材股份有限公司总裁周育先，中材股份有限公司副总裁王广林，市领导肖庆平、吴仰东、梁蓉兰、张建平出席签约仪式。于世良主持仪式并致辞。

20~23日 安民小区第二批288套廉租房、52套经济适用房和西村联合大院145套廉租房抓号选房仪式举行。

23日 全区2010年农机干部专题培训班开班。全国贫困地区干部培训中心兰州分院院长李隆基，市扶贫办副主任滕怀玉出席开班仪式并分别讲话。兰州分院科技开发处处长张宏理主持开班仪式。

24日 “台湾统一企业集团”行政总监陈永通考察白银区。

26~28日 省第六次全国人口普查事后质量抽查组抽查白银区人口普查事后质量工作。

26日 市区11路公交线路调整，首站为二七九小区，末站为郝家川小学。

27日 省委农办副主任王剑英带领省委、省政府第一督查组调研督查白银区农业和农村工作。

28日 省委政法委委员、巡视员、省禁毒委副主任王中勤一行检查督导白银区社区综合治理工作。

29日 兰州军区政治部副主任、少将李炳仁视察白银区人民武装工作。

同日 省禁毒委调研员、督导组组长高文学，副组长方增强督导白银区禁毒工作。

30日 国家人口计生委宣传教育司副司长石海龙，宣传教育司副处长姜雯，中国人口与发展研究中心博士王俊一行督评白银区人口发展“十一五”规划执行情况。省人口委副主任杨陇军，省人口委发展规划处处长王坤，宣传教育处处长益瑞渊一同督查。

同日 水利部农水司副司长栾维功带领水利部大型泵站更新改造项目检查组检查白银区大型泵站更新改造项目情况。

12月

2日 省远程教育办公室主任郭智强，省委组织部副处级组织员、省远程办基础设施建设组组长张宪民一行检查指导白银区农村党员干部现代远程教育工作。

3日 新疆统一企业食品有限公司总经理陈永通一行到白银区就投资建厂有关事宜座谈。

同日 白银区重大灾害应急救援大队揭牌授旗仪式举行。

6日 省安监局党组成员、副局长苟小弟带领省安全生产目标考核暨综合督查组考核督查白银区安全生产工作。

10日 市政府召开市区两级政府政务大厅迁驻工作动员大会决定于12月11日至12月15日将市政府政务大厅、白银区政府政务大厅合并入驻白银国家高新技术产业开发区创业大厦办公楼二、三层。

13日 省司法厅党委委员、副厅长白文晖带领省司法厅第一考核组调研白银区司法行政工作。

同日 全市首支乡镇专职消防队白银区水川镇专职消防队揭

牌成立。

16日 铜城157辆出租车“靓丽”上路，起步价调至5元。

21日 白银区政府与“统一企业”饮料项目签约仪式举行。

24日 区委中心组（扩大）学习会召开。省政府研究室科教文卫处处长张宇作了省委十一届十次全委会精神作专题辅导报告。

29日 省委常委、副省长刘永富一行慰问白银区困难群众和离任村支部书记。省政府副秘书长李志勋以及省民政厅、省人社厅、省财政厅、省总工会、省残联等有关部门负责人陪同慰问。

30日 《白银区志（1996~2008)》评审会召开。省地方史志办公室党组书记、主任金庆礼等领导和省内专家应邀出席会议。市委常委、白银区委书记、区地方志编纂委员会主任梁蓉兰出席会议并致辞。区委副书记、区政府区长、区地方志编纂委员会常务副主任李兰宏主持评审会。区人大常委会副主任陶志忠，区政府副区长赵锋，区政协副主席吕云天出席会议。

是年 白银区获“全国群众体育先进单位”称号。

概　　貌

蓬勃发展的白银西城区一角

基本情况

【区位】 白银区位于甘肃中部、白银市西部，是白银市政治、经济和文化中心，是以有色冶金工业为主体的工矿型城市。地理坐标介于北纬36°14′38″至36°47′29″、东经103°54′24″至104°24′55″之间。西与兰州市皋兰县接壤；南临黄河，与榆中县青城乡及靖远县平堡乡隔河相望；东与靖远县刘川乡毗邻；北与景泰县中泉乡为界。地处陇西黄土高原西北边缘。地形总趋势西北高，东南低。最高点武川乡青石岘，海拔2273米；最低点四龙镇黄河漫滩，海拔1420米。城区建于四面环山的郝家川盆地。辖区总面积1372平方千米。

【气象】 白银区属中温带大陆性干旱、半荒漠气候区，总的气候特点是四季分明，光照充足，干旱多风，降雨稀少。2010年，年平均气温9.0℃，日极端最高气温37.3°C，最低气温-16.0°C；2010年降水量133.2毫米，年均蒸发量2085.7毫米；年日照时间2381.1小时，无霜期170天。

【土地资源】 2010年末，全区实际使用耕地面积133270亩。其中，四龙镇15161亩，水川镇28600亩，强湾乡25394亩，王岘镇11936亩，武川乡50906亩，纺织路街道1273亩。由于国家基建占地、退耕还林还草、乡村基建占地、社员宅基占地等原因，当年耕地减少1623亩。

【水资源】 黄河流经域内38千米，是区域唯一的过境水流和地表水资源，也是工业、农业和生活用水重要来源。黄河在域内多年平均径流量328亿立方米。区内自产水资源123万立方米；区境居民生活用水和生产用水取自黄河，建成白银公司动力厂一水源、二水源和白银市自来水厂西区水源工程、引大入武工程。域内地下水资源量为2081万立方米，可开发量180.80万立方米，地下水类型可分为黄河谷地潜水、丘陵区沟谷潜水、基岩裂隙水。黄河谷地潜水是主要的地下水资源，沿河漫滩及Ⅰ、Ⅱ级阶地分布，水量相对丰富，水位埋深3~10米。丘陵区沟谷潜水，主要分布在东大沟、西大沟、苦水沟、麦地沟以及区境北部沟谷中，埋藏浅，水量少，水质差。基岩裂隙水主要分布在区境西、北部石质山区，埋深不超过50米，在有利地形处或以泉水形式自然出露，或人工开凿，引流利用，主要有崖渠水泉和黄茂井泉。

【矿产资源】 20世纪50年代，境内有丰富的矿产资源，尤其是有

白银区自然地理、土地面积和人口密度表

自然地理：位于北纬36°14′38″至36°47′29″，东经103°54′24″至104°24′55″，距兰州69千米，与靖远相距68千米。

	计量单位	2010年
一、土地面积：	平方千米	1372
其中：水川镇	平方千米	97
四龙镇	平方千米	99
王岘镇	平方千米	350
强湾乡	平方千米	248
武川乡	平方千米	481
城区和工矿	平方千米	97
二、年末总人口	人	288068
人口密度	人/平方千米	210

白银区所辖乡镇、街道情况

乡镇　街道名称	村　社区居民委员会名称
人民路街道 驻　地：人民路19号	6个社区居民委员会 中心街　五星街　五一街 水川路　西村　人民路
公园路街道 驻　地：王岘东路203号	7个社区居民委员会 东星园　银水巷　胜利路　建银路 兰包路　银光路　稀土新村
四龙路街道 驻　地：友好路380号	8个社区居民委员会 建设路　什字街　大型　友好路 矿山路　向阳村　红卫村　四龙路
工农路街道 驻　地：工农路300号	6个社区居民委员会 火车站　工农路　永丰街 盘旋路　长通　西铜
纺织路街道 驻　地：天津路203号	5个社区居民委员会　3个行政村 育才路　银西　狄家台　警苑 长安路　大井子　黄茂井　大坝滩
水川镇 驻　地：金沟口	13个行政村 五柳　熙春　均安　顺安 桦皮川　金锋　莺歌湾　关家沟　西峡口 张庄　白茨滩　大川渡　顾家善
王岘镇 驻　地：刘家梁	7个行政村 五星　红星　三合　东星 东台　崖渠　雒家滩
四龙镇 驻　地：北崖	8个行政村 永兴　永丰　金山　梁庄 民乐　四龙　双合　民勤
强湾乡 驻　地：张家湾	7个行政村　1个社区居民委员会 聂家窑　白崖子　强湾　麦地沟 西沟　川口　月亮湾　强湾新村居委会
武川乡 驻　地：西湾	7个行政村　1个社区居民委员会 红岘　独山　崖渠　中山 宋梁　新安　武川　武川新村居委会

2010 年白银区气象情况

指标	月份	2010 年	指标	月份	2010 年
平均气温（℃）	1	-4.9	降水量（毫米）	1	0
	2	-1.6		2	0.4
	3	3.7		3	1.1
	4	9.1		4	10.6
	5	16.2		5	13.1
	6	21.5		6	9.8
	7	24.5		7	3.0
	8	22.0		8	18.1
	9	16.0		9	26.7
	10	9.6		10	17.9
	11	3.1		11	0.0
	12	-4.4		12	1.5
	年平均气温	9.7		年降水量	102.3

2010 年白银区气象条件

年蒸发量（毫米）	年日照时间（小时）	无霜期（天）	年极端气温（℃）	
			最低	最高
2085.7	2381.1	170	-16.0	37.3

色金属矿产在省内乃至全国占有重要地位。探明的金属和非金属矿藏有铜、铅、锌、金、银、锰和石灰石、石英石、长石、芒硝、沸石、麦饭石等 30 多种。原白银厂主要矿山有露天矿、火焰山矿、小铁山矿、深部铜矿及石灰石、石英石矿。折腰山露天矿是境内规模最大的黄铁矿型铜矿床，共发现矿体 231 个；其中主要矿体 11 个，占铜总储量的 90%以上。矿石中的有用组分铜、锌、硫，伴生稀有元素及贵重金属十分丰富，其中金、银、硒、镓、锗、铟、铊、镉、铋、汞等均达到工业品位，具有综合利用价值。非金属矿种较多，主要有石灰岩、石英岩、重晶石、粘土、沸石、磷钇矿、麦饭石等。

【动植物资源】 白银区境内有种类较多的动植物资源和名、优、土特产品。有野生、陆生脊椎动物约 21 目 47 科 140 种，其中，两栖类 1 目 3 科 4 种，爬行类 2 目 5 科 10 种，鸟类 12 目 24 种，哺乳类 6 目 15 科 47 种，属国家二级保护物种 10 余种；天敌昆虫 9 目 23 科 57 种。家畜主要有猪、牛、羊、马等。家禽主要有鸡、鸭、鸽子等。昆虫类主要有蜜蜂、蚕等。鱼类有鲤鱼、鲢鱼、草鱼等。野生动物中哺乳类主要有獾猪、野兔、鼠类等。鸟类主要有鹰、鸽、喜鹊、麻雀、燕等。爬行类有蜥蜴、蛇等。两栖类有青蛙、癞蛤蟆等。昆虫类有蝴蝶、蚂蚁、蜘蛛等。树种资源有 43 科 78 属 300 多种，其中主要树种 32 科 65 属 100 种，主要果品树种

150种。人工栽植的用材防护林树种主要为毛白杨、新疆杨、速生杨等。经济林主要为苹果、梨、桃、杏等。农作物有小麦、玉米、水稻、大麦和蔬菜等。

【生态资源】 境内天然草场(山)面积约为157万亩，植被覆盖率为12%~20%。草场可分为2类3组5个草场型。荒漠化草场主要分布在武川乡全境、王岘镇大井子、水川镇西峡口、强湾乡麦地沟等地，主要生长茭蒿、刺锦鸡儿、黑柴、珍珠小黄菊等植物。荒漠草场分为山地丘陵、砾质荒漠、谷地砾质黄土阶地、冲积扇荒漠等四组。木本植物有红柳、榆树、枸杞等。草本植物有针茅、芨芨草、芦苇等。田间有苦苣菜、蒲公英、车前子、鹅绒藤等杂草。人工栽植的用材林、防护林树种主要为毛白杨、新疆杨、速生杨、柳等。经济林主要为苹果、梨、桃、杏、李、枣、葡萄等。以粮食为主的农作物有小麦、玉米、水稻、洋芋等。经济作物以瓜果、蔬菜为主。瓜有西瓜、籽瓜、香瓜等。蔬菜有油菜、白菜、韭菜等根生茎生百余个品种。

【旅游资源】 境内旅游资源丰富，风格各异。金鱼公园内绿树成荫、曲径通幽，亭台楼阁错落有致，绿水碧波相映成趣。园内人文景点丰富，有长城雄关、孔子学苑、文峰塔、生肖石刻。有金鱼型人工湖，湖心翠岛镶嵌点缀其中，有游船、自控飞机等游乐设施。动物园坐落其中。公园依山而建，山水相映，绿树成荫，景色宜人，三季有花，四季常青；园内分布点缀亭、台、楼、阁、水榭、曲桥、喷泉等设施供游人赏景休憩；有健身广场，儿童乐园、盆景园、石牌坊，石雕穿插其中，与喷泉、假山、草坪交相辉映；微缩长城全长170米；山廊叠翠怀抱其中，七层宝塔高耸山巅，塔顶视野辽阔，尽揽铜城风貌。全民健身广场为市民提供优美舒适的健身场所，集市民健身、美化、亮化、绿化等功能为一体。白银人民广场融现代园林绿化艺术、建筑小品、图腾柱雕、现代大型音乐喷泉、艺术照明景观、观赏展览、休闲于一体。有儿童乐园、老年园地、绿地景观小游园，又有形似白银版图的旱喷泉、景观水道、中心演出舞台、涌泉水池、高台滴水、城建展厅。有反映白银历史、风土人情、现代风貌、美好未来的12根石雕列柱，与大型铸铜墙面浮雕遥相呼应。地质公园为爱国主义教育基地。剪金山周围山峦环绕，环境幽静，气势雄宏。登峰居高眺望，山后群山连绵，一望无际，白银城区尽收眼底；山下良田万顷，黄河如长龙偃伏，金峡飞虹，蔚为壮观；有圣母殿、将军殿、子孙宫、观音楼、朝阳殿等。东面山麓为戏楼，砖木建筑，飞檐高翘，工艺精巧细致。葫芦沟西麓刘道所修天梯是直通山顶的捷径。天梯中段有“俗得修真、了道成仙”石刻。山场各殿内分别有四圣母、观音菩萨、神农黄帝、法王菩萨等泥塑神像100多尊。黄河大峡有峡谷枣林、天王掉甲、大禹治水、神龟探潮、天桥横空、睡佛、大川古渡、岗岗沟、翠绿湖等景点。由黄河小峡、大峡、乌金峡组成的黄河小三峡风景区是甘肃省重点旅游开发区，也是白银258千米黄河风情线的起点，连接兰州40千米黄河风情线。玉兔岛四面环水、红柳丛生、植被茂盛、环境幽雅。新植各种名贵草木，建筑楼台庙宇。乌金峡内大浪滔天，峡谷中可见山在云雾缭绕之中，景色壮观。峡口北侧有禹王庙、白马庙、药王庙遗址。王家大院“农家乐”集旅游、观光、休闲、度假、游乐为一体，恬静、舒适、安全、便利的环境，可为游客提供不同档次的服务。北武当莲花山有祖师大殿、三宫殿、子孙宫等建筑，其规模、风格、气势、布局堪称上品。四龙度假村有古典秀雅的四合院、新颖别致的银河宾馆、松林翠柏环抱的别墅楼群。有古雅清幽的大小餐厅、大型会议室，有占地1.40万平方米的方壶池，池中亭台楼阁耸立,小船荡漾。院内奇花异草竞相争艳，集休闲、度假、旅游、疗养、办公、商务活动于一体。亭、台、楼、阁、廊榭、假山、别墅、宾馆和谐自然，相映成趣，被誉为“陇上明珠”。党和国家领导人、社会知名人士曾多次光临。多次接待外国朋友、海外华侨及港、澳、台同胞。旅游商品、纪念品有各种规格样式的人物、动物和器物等铸铜工艺品，包括各种神话人物、各种世界著名雕塑、各种造型的摆设、装饰品、文房四宝系列、铜版画系列、鸵鸟蛋工艺品、葫芦雕刻、串珠工艺品等。旅游线路有：A、白银城区–黄河大峡–四龙休闲度假村、农家乐–黄河石林–景泰县城–宁夏中卫沙坡头–银川–沙湖。B、沙湖–银川–沙坡头–景泰县城–黄河石林–靖远法泉寺–白银城区–黄河大峡–青城古镇–兰州–甘南–九寨沟。市内旅游线路有：A、白银城区–黄河大峡–青城古镇–黄河石林–景泰县城–寿鹿山、永泰龟城–兰州或白银（可作周末二日游）。B、兰州或白银–黄河大峡–

青城古镇-四龙休闲度假村、农家乐-靖远县城-法泉寺-会宁-兰州。四星级的白银饭店地处白银市中心黄金地段，集住宿、餐饮、会议、洗浴、娱乐为一体；交通便利、环境幽雅、设施一流、服务上乘。四星级的万盛大酒店，集餐饮与住宿为一体，装修豪华、设备齐全。三星级的世纪宾馆，集餐饮、住宿、商务、办公、娱乐、会议为一体，有豪华KTV歌舞厅、会议室，配有闭路电视、网络线路、自动消防控制系统、自动监控系统、现代化通信系统和先进的电脑管理系统等。二星级的银光宾馆，集旅游住宿、会议接待、商务洽谈、度假休闲于一体，宾馆院内绿树成荫，装潢古朴典雅，充满浓郁的企业文化气息，服务设施完善。白银大自然旅行社能组织、接待个人和机关团体、企事业单位度假旅游；承办培训会、展示会、贸洽会、企业年会等商务会议；组织工业、农业、经济、文化等各类型专题考察；代订白银往返全国各地及国际机票，代办国内大中城市及香港、澳门等地的酒店预订。

【土特产资源】 白银区土特名产品有灯笼辣椒、大辣椒、甜椒、扁豆、杏仁、关家沟大红枣、香水梨、黑瓜子、羔子皮、蓬柴（蓬灰）等。

【道路交通】 白银区交通通信便利。国道109线、312线和省道207线、201线纵横交错。新建成兰（州）白（银）高速公路和刘（刘寨柯）白（银）高速公路白银段，白（银）榆（榆中）公路、白（银）景（泰）公路白银段。城区主干道总长度103.7千米；城区小街小巷25条，总长度5.52千米；建成乡村公路19条，总里程为170.4千米；通乡油路70.1千米；建成水川至四龙四级公路32.2千米，涵洞909米/84道，桥梁147.11米/3座。兰包铁路线、白宝铁路线横贯辖域；域内铁路、高速公路、国道、城市道路、乡村公路纵横交错，四通八达，形成完善的交通运输网络。

【历史沿革】 白银区历史文化源远流长。已发现的强湾莲花山齐家文化及新发现的王岘灰土涝池半山马厂文化遗址，均曾出土彩陶罐等文物，说明距今约4500年前后，境内已有史前先民刀耕火种、繁衍生息。境内曾为丝绸之路北道之一段，有兰（州）宁（夏）驿道的咽喉要隘，还有武川宋家梁西秦度坚山城、武川古烽燧，元代古墓群及明代“白银厂”采矿炼矿遗址。夏、商、周至春秋战国时期，区境为羌族人游牧地。秦末汉初，匈奴族自塞北南下，区境为匈奴族游牧地。西汉武帝元鼎六年（前111年），区境归汉王朝版图，隶武威郡。三国时，区境属魏之武威郡媪围县。西晋初，鲜卑族秃发氏自塞北迁于河西，区境为鲜卑秃发氏据地。西晋末，收复河西，区境属晋之武威郡。东晋成帝咸和四年（329年），鲜卑乞伏司繁率族人自麦田（平川区境内）迁于度坚山（白银区及景泰、靖远县交界处的宋家梁），区境为鲜卑乞伏氏所据。前秦苻坚建元六年（371年），苻坚袭取度坚城（露天矿原址），司繁降。义熙五年（409年），西秦乞伏乾归复收部众3万，自枹罕（今临夏）迁都度坚城，称秦王，改元更始，并立秦兴郡，区境属之。南北朝时，区境先后属北魏平凉郡、西魏会州、北周会宁防。隋初，区境属武威郡。炀帝大业三年（607年），置会宁郡，区境属之。唐初，区境属会州乌兰县（靖远）。太宗贞观元年（627年），属陇右道。代宗广德元年（763年）后，为吐蕃所据。五代至北宋初年，区境为党项族据地。北宋景祐元年（1034年），西夏赵元昊挥兵南下，吐蕃败走，区境属西夏西寿监军地。南宋宝庆二年（1226年），蒙古族成吉思汗大军入境灭西夏，区境属蒙古族据地。元统一中国后，区境属甘肃行省永昌路西宁州。明初，置陕西行都司，治所甘州（张掖），辖1镇4道15卫所，靖虏卫是其一，区境属之；宣德年间（1426年~1435年），蒙古族鞑靼部逐渐南下，驻牧松山，区境属蒙古族鞑靼部游牧地。神宗万历二十六年（1598年），甘肃巡抚田乐与总兵官达云收复大、小松山，鞑靼各部远徙，区境大部属靖虏卫军民府（后称靖远卫）辖地。清朝初期，今四龙镇地域隶属兰州府靖远卫，今水川镇、强湾乡、王岘镇、武川乡地域隶属兰州府皋兰县。雍正八年（1730年），靖远卫改称靖远县。乾隆四年（1739年），皋兰县于宽沟（景泰域内）设县丞一员，史称红水分县；乾隆二十二年（1757年），宽沟县丞移驻红水（景泰域内），今武川乡地域北部火烧沟一带隶属红水分县。民国2年（1913年），红水分县升格为红水县。时，今四龙镇地域仍隶属靖远县，今水川、强湾、王岘、武川地域南部仍隶属皋兰县，今武川乡地域北部隶属红水县。靖远、皋兰、红水3县均隶属兰山道。民国17年（1928年）废道，3县直隶甘肃省政府。民国22年（1933年）设置景泰县，红水县并入景泰县。民国22年起，今白银区所辖地域，分别隶属皋兰、靖远及景泰3县，沿延至1949年8月中旬。1949年8月26日起，境内水川乡和北山乡隶属皋兰县石洞区，是年8月底，皋兰县隶属兰州市，靖远县隶属定西专区，景泰县隶属武威专区；9月5日起，境内沙河、金山、黄崖3乡隶属靖远县北湾区；是年12月起，水川乡和北山乡从石洞区析出，设置为皋兰县水川区和北山区。水川区辖9乡，北山区辖7乡。时，沙河、金山、黄崖3乡仍隶属靖远县北湾区。1953年2月21日，新华社宣布："皋兰县白银厂发现大型铜矿"。同年3月起，水川区、北山区沿隶皋兰县。水川区辖金沟口、白茨滩、大川渡、莺鸽湾、蒋家湾、桦皮川、聂家窑、麦地沟乡，北山区的强家湾乡划归水川区，与白崖子乡合并为新的强家湾乡，隶属水川区；北山区辖川口、东台、王家岘、西滩、崖渠、武家川、红岘乡，并增设"白银乡"，旨在服务于"白银厂"矿区建设。时，境内沙河、金山、黄崖3乡，仍隶属靖远县北湾区。自此，"白银"一词作为建制名称正式问世。1954年9月，白银厂有色金属公司成立。10月，甘肃省在白银公司建设基地郝家川设白银厂有色金属公司厂址选择委员会，又称郝家川建设委员会，负责新兴铜城的城市规划和基本建设。1955年，水川区、北山区沿隶皋兰县。1956年10月9日，县级白银市人民委员会筹备委员会成立并开展工作，11月16日，中共白银市委成立。1958年4月11日，地级白银市成立。皋兰县的北山区、水川区和靖远县北湾区的金山、沙河、黄崖3乡，经撤销合并，改设为金山、水川和王岘3个大乡及城区5个街道，直属地级白银市。同年12月，皋兰县的武川乡划归白银市；靖远县的平堡、泰安改隶白银市，划归金山乡。1959年元月起，人民公社化，地级白银市直辖金山、水川等14个农村人民公社及5个城区街道。1961年5月起，区划调整，地级白银市辖皋兰县、景泰县，并直辖金山、水川等6个农村公社及5个城区街道。1961年11月起，地级白银市辖靖远县、皋兰县、景泰县；新设并直辖白银市市郊区（县级）。市郊区辖金山等6个农村公社及城区街道的人民路等5个城市公社。1963年10月23日起，撤销白银市，市郊区改隶兰州市，更名为兰州市白银区，辖金山、刘川、水川、强湾、王岘5个农村公社及城区街道。武川公社划归定西地区皋兰县。1964年7月起，白银区的水川公社和强湾公社划归皋兰县，刘川公社和金山公社划归定西地区靖远县，新置四龙公社。兰州市白银区辖四龙、王岘两个农村公社和4个城区街道，总面积478平方公里。1985年5月起，白银市恢复地级建制，辖景泰、靖远、会宁3县和平川、白银2区。兰州市白银区更名为白银市白银区，至此，白银区辖四龙、水川、强湾、王岘、武川5乡及人民路、公园路、四龙路、工农路4个城区街道。2010年底，辖5乡镇（四龙镇、水川镇、强湾乡、王岘镇、武川乡）、5街道（公园路街道、人民路街道、四龙路街道、工农路街道、纺织路街道），45个行政村、32个社区居委会。

国民经济和社会发展综述

【概况】 2010年，面对复杂的经济环境和艰巨的转型挑战，白银区委、区政府深入贯彻落实科学发展观，围绕"一二三四"的工作思路，以保增长、扩内需、调结构、促转型、惠民生、保稳定为主线，围绕重点接续产业，强化投资拉动，推进主动创业，加快经济发展方式转变，促进城乡统筹发展，切实保障和改善民生，优化经济发展环境。全区经济保持平稳较快发展，各项社会事业取得新进展。经济总量发展再上新台阶。全年实现地区生产总值（GDP）148.12亿元，按可比价格计算，比上年增长14%。其中，第一产业增加值3.74亿元，增长4.7%；第二产业增加值91.75亿元，增长16.6%；第三产业增加值52.63亿元，增长9.7%。产业结构进一步优化，三次产业比例为2.53:62.26:35.11，第一产业比重比上年下降0.1个百分点；第二产业比重比上年下降0.32个百分点；第三产业比重比上年上升0.42个百分点。财政收入不断增长，全区实现地方一般预算收入2.78亿元，比上年增长14.23%。地方一般预算收入增速高出GDP增速0.23个百分点。财政公共服务能力不断提高，对改善民生、新农村建设、科技、教育、文化、卫生、环境保护和社会保障等领域的资金投入力度不断加大。

【农林牧渔业】 农业生产保持稳定。全年农林牧渔业增加值达

37423万元，增长4.7%。其中，农业增加值26066万元，林业增加值310万元，牧业增加值10179万元，渔业增加值425万元，农林牧渔业服务业增加值443万元。面对恶劣的自然条件，区委、区政府着力强化“三农”工作，大力发展特色农业、高效农业和生态观光农业，农业综合生产能力不断提高，结构调整得到优化。全年新改建日光温室1504亩，推广日光温室秸秆生物反应堆技术1510亩，新增农家乐35家，新增标准化养殖小区5个。农田水利和农业基础设施建设进一步加强，累计投入1.05亿元，实施农业综合开发、扶贫开发、安全饮水、乡村道路、工农渠大型泵站改造等项目，更新改造大中型泵站4座，新（扩）建城乡公路143公里。新农村建设扎实推进，累计投入2397万元，拉动群众投入1800万元，实施桦皮川村和民乐村城乡一体化建设试点工程，新修道路11千米，铺设管线11.4千米，新改建农宅282院；惠及广大农民的农村公路改造全面完成，实现村村通；全面落实强农惠农政策，全年累计发放各项惠农补贴资金3801.03万元。全年农作物种植面积133539亩，比上年下降2.8%；粮食播种面积95721亩，比上年增加63亩。粮食总产量24096吨，下降0.76%。其中，夏粮总产量9112吨，下降3.58%；秋粮总产量14984吨，增长1.04%。蔬菜产量18.37万吨，下降0.97%；水果产量4.22万吨，增长0.72%；油料产量1194吨，下降4.02%。畜牧业生产平稳增长，肉类总产量6966吨，增长8.31%；鲜奶总产量达8050吨，比上年增长27.78%；年末大牲畜存栏7579头，增长2.37%；年末生猪存栏48340头，下降16.26%；年末羊存栏80512只，下降4.88%；年末鸡存栏34.8万只，下降11.45%；全年水产品产量780吨，增长8.33%。农村生产生活条件明显改善。农业机械化程度及服务能力提高。年末农机总动力22.39万千瓦，增长1.77%。农村共拥有拖拉机5177台，比上年增长0.82%。其中，大型拖拉机169台，小型拖拉机5008台，农用运输车2800辆。全年化肥使用量18658吨，增长0.52%。农村生活设施不断改善，全年用电量4424千瓦时，增长2.6%；实现村村通电话、通汽车率均为100%。

【工业和建筑业】 工业经济。2010年区及区以下工业增加值完成110120.5万元，比上年增长20.3%。规模以上工业企业45，比上年增加5。全年规模以上工业企业完成增加值52860.5万元，增长27.4%。轻工业完成增加值12897.7万元，增长124.3%；重工业完成增加值39962.8万元，增长54.4%。集体工业完成14.7万元，同比下降44.6%；股份制企业完成33712.1万元，同比增长36.4%；外商及港澳台商投资企业完成1089.2万元，同比下降23.9%；其他经济类型企业完成18044.6万元，同比增长17.8%。规模以上工业经济效益稳步提升，实现利税8007万元，增长150.53%.其中，利润6610万元，增长143.7%。规模以下工业增加值57260万元，增长15%。主导产业引领全区工业快速增长，新型建材、装备制造业、有色金属冶炼加工业、精细化工业及农畜产品加工业五大支柱产业完成工业产值150557万元。占规模以上工业总产值的比重达到68.5%。建筑业稳步发展。全区建筑施工企业实现施工产值100963万元，比上年增长22.7%，当年房屋建筑施工面积591910平方米，竣工面积276810平方米。

【固定资产投资】 固定资产投资保持较快增长。2010年辖区固定资产投资完成83.93亿元，增长43.29%。区及区以下完成固定资产投资16.19亿元，比上年增长64.97%。城镇投资138105万元，增长71.69%。其中，第一产业完成2700万元，第二产业完成62692万元，第三产业完成72713万元。房地产开发投资快速增长，完成投资13994万元，比上年同期增长124.62%；农村投资完成23842万元。比上年同期增长34.45%。

【商业】 城乡消费市场持续繁荣。2010年实现社会消费品零售总额447506万元，比上年增长20.04%。其中，批发业实现零售额62109万元，增长9.7%；零售业实现零售额308544万元，增长21.1%；住宿餐饮业实现零售额76853万元，增长25%。市场规模化程度继续提高，年末限额以上批发零售住宿餐饮企业单位数达到16家。消费品市场持续拓展。基本生活类商品销售稳定，食品类增长11.4%；升级类商品零售额快速增长，金银珠宝类增长23.4%；燃料类增长17.9%；中西药品及医疗保健用品类增长3.7%；家用电器及音像器材下降1.8%。

【金融】 2010年末，辖区全部金融机构本外币各项存款余额142.42亿元，比年初增加5.14亿元。其中人民币各项存款余额141.91亿元，比年初增加4.63亿元；全部金融机构本外币各项贷款余额 96.39 亿元，比年初增加 36.91 亿元。其中人民币各项贷款余额 88.13 亿元，比年初增加 28.65 亿元。

【教育、科技、文化、卫生】 教育事业健康发展。全区拥有学校 119 所，校舍建筑面积 451850 平方米。普通中学 19 所，在校学生 25777 人，毕业 9144 人，招生 8463 人，教职工 1949 人；小学 39 所，在校学生 22484 人，毕业 4298 人，招生 3337 人，教职工 1474 人；特殊教育 1 所，在校学生数 171 人，毕业 14 人，招生 12 人，教职工 34 人。

科技发展成效显著。扎实推进项目建设，促进科技成果转化，努力提升区域科技贡献。中科院白银高技术产业园升级为国家级高新技术开发区。2010 年，立项实施的各类科技成果转化项目 38 项，其中，国家省市列项目有水川镇桦皮川蔬菜协会建设、白银区“华硕图书室”建设、日光温室红提葡萄延后栽培、ZZB 农田节水灌溉组件研制与示范应用、新型复合墙体保温材料技术引进及产品研制、农村党员科技致富带头人示范工程、生猪人工授精试验示范、街道社区信息服务平台建设等 16 个项目。区列科技成果转化项目 22 项。当年，辖区专利申请量 63 件，授权量 39 件，科技成果鉴定登记 21 项。

文化事业不断发展。广播电视“村村通”9791 套顺利通过验收并正常运行，全区建成 3 个综合文化站、1 个农村文体广场，45 个农家书屋，实现农家书屋和“文化信息资源共享工程”行政村全覆盖。区少儿图书馆现有藏书 6 万余册，是年共接待读者 6 万人次。水川镇桦皮川村农民文化大院被评为全省先进农民文化大院。在甘肃省第一届中学生运动会上，白银区取得男子 4×400 米第一名、男子跳高第二名和男子篮球第四名的优异成绩。白银市一中代表白银市组队参加甘肃省第七届少数民族运动会。文物保护及非物质文化遗产申报工作成效显著，第三次文物普查复查和新发现文物 46 处，第三批公布县级文物保护点 36 处，确定县级文物保护单位 8 处。《曲子戏》，又名《西厢调小曲》，已成功申报为国家级非物质文化遗产保护项目；《黄河战鼓》成功申报为省级非物质文化遗产保护项目。卫生事业健康发展。年末全区拥有卫生机构 34 个；其中，医院 6 个；社区卫生服务机构 17 个；乡镇卫生院 5 个。各类卫生机构拥有床位 1800 张，卫生技术人员 2168 人。5 所乡镇卫生院、45 所卫生院、4 所社区卫生服务机构全部实行药物零差率销售，新型农村合作医疗参合率达 96.5%。

【人口、民生和社会保障】 人口与计划生育综合改革不断深化，以现居住地为主的人口和计划生育管理体系基本形成，流动人口的计划生育管理纳入社会化动态监测，覆盖城乡的计生公共服务网络和载体建设加强。低生育水平持续稳定，出生人口性别比保持正常。全区出生 2061 人，出生率为 7.15‰，人口自然增长率为 4.15‰，年末全区户籍总户数 96533 户，总人口 288068 人。其中，城镇人口 221774 人，农村人口 66294 人。18 岁以下 45434 人，18～35 岁 66096 人，35～60 岁 128448 人，60 岁以上 48090 人。全面推进城乡就业统筹工作，不断调整和完善促进就业再就业的政策措施，多渠道开发就业岗位，全年发放全民创业与再就业小额担保贷款 3035 万元；全区新增就业 12267 人，其中，下岗失业人员实现再就业 3989 人；城镇登记失业率 3.38%。居民收入水平稳步提高，收入来源更趋多元化，在工资性收入保持稳定增长的基础上，财产性收入和转移性收入比重提高。城镇居民人均可支配收入为 14711 元，增长 12%；城镇居民人均消费支出 10627 元，同比增加 10.5%。城镇居民恩格尔系数为（即居民家庭食品消费支出占家庭消费总支出的比重）33.52%。2010 年,农民人均纯收入 5637 元，同比增长 11.63%。农村居民恩格尔系数为 40%。住房保障工作加强，住房条件改善。当年新开工棚户区改造工程 10 处，完成投资 4.98 亿元，涉及拆迁面积 8 万平方米，是年，1400 多户居民喜迁新居。覆盖城乡居民的社会保障体系基本形成，社会保障水平不断提高，养老、失业、医疗、工伤、生育保险覆盖面扩大，失地农民参加养老保险做到“即征即保”。2010 年，全区城镇参加基本养老保险职工 8093 人，参加失业保险人数达 8645 人，城镇职工、居民基本医疗参保人数 93752 人，新型农村合作医疗参保人数 63884 人，工伤保险人数达 6682 人，生育保险人数达 6514 人，1942 名失地农民参加养老保险。全年全区 48140 人纳入低保范围，发放低保金 9681 万元；救助特困群众 4870 名，发放救助金 544 万元。灵活就业人员、城乡非就业居民等群体参保率和保障水平提高。全年市场价格水平总体呈上涨趋势。居民消费价格总水平上升 4.4%，其中，服务项目价格上涨3.1%，消费品价格上涨4.7%。八大类消费品价格七涨一降，食品类、烟酒及用品类、衣着类、家庭设备用品及维修服务类、医疗保健和个人用品、娱乐教育文化用品及服务类价格、居住类价格分别比上年上升8.8%、0.2%、0.3%、0.3%、3.3%、1.8%和8.9%；交通及通信类比上年下降0.4%。

【环境保护和安全生产】 2010年，完成大环境绿化造林面积3000亩，其中，兰白高速公路东出口完成造林1800亩，西出口完成造林1200亩，共栽植苗木38万株，其中乔木20万株，灌木18万株。大力推进节能降耗，对全区重点耗能企业加强监测，实施重点节能技术改造，继续淘汰落后产能，当年依法关闭五小企业23家，万元生产总值能耗降低4.5%。是年，污水处理厂新增进水量126万吨，同比增加15%，累计处理污水959.24万吨，去除化学需氧量2913吨，氨氮153.09吨。辖区62台（套）污染治理设施运转情况良好，废水、废气治理设施运转率达到100%。生活垃圾处理场运行正常，全年共处理垃圾11万吨，运行率100%。污染治理项目进展顺利，白银甘藏银晨铬盐化工有限公司5万吨/年铬渣解毒工程点火试车；白银公司含砷重金属废水、废渣治理工程取得实质性进展；城区油烟治理项目取得实效，拆除小锅炉25台，改造10台，累计减少燃煤2.23万吨，削减烟尘1823吨、二氧化硫82.3吨。2010年，全区安全事故死亡9人，与去年同期相比下降10%。其中，道路交通事故死亡9人，与去年持平；工矿企业无安全生产事故发生。

白银城区鸟瞰图

政　　党

2010年11月15日，中共白银市白银区委九届六次全委（扩大）会议召开

中国共产党白银区委员会

区委工作

【经济建设】 2010年是建设“兰白都市经济圈”和“棚户区改造”的开局之年，也是全面落实十一五规划和编制十二五规划的重要一年。全区上下牢牢把握科学发展的主题，紧紧围绕建设“兰白都市经济圈”，按照市委“六个必须”的要求和区委“一二三四”（以“资源型城市转型为主线”，以建设“兰白都市经济圈”和“棚户区改造攻坚战”为载体，加快推进城乡一体化进程，坚持服务大局，突出重点，统筹兼顾的原则，在招商引资、产业布局、城市化建设和基层党建方面实现新的突破）的发展思路，保增长、扩内需，调结构、促转型，惠民生、保稳定，全区经济社会保持平稳较快的发展，全面完成“十一五”各项目标任务，为“十二五”发展打下坚实基础。一是发展思路逐步完善。面对新的历史机遇和发展形势，区委科学分析区情，制定发展措施，明确提出“工业立区、科教兴区、富民强区、文化活区、生态美区”的发展思路和“农业经济抓基地、工业经济抓提速、第三产业抓升级、生态建设抓效果、城市管理抓长效、城镇建设抓示范、民生保障抓落实、基层党建抓创新”的工作要求，明确“十二五”期间全区经济社会发展的方向。贯彻落实省、市区域发展战略，融入中心，与兰州市城关区签订友好区及区域发展两个框架协议，初步确定全区打造承接产业转移、现代特色农业、休闲旅游、生态示范“四大基地”的战略构想。编制完成《白银区城乡一体化发展规划》，研究提出《关于制定国民经济和社会发展第十二个五年规划的建议》，指导全区科学发展的思路更加开阔清晰，更为切合实际。二是经济平稳较快增长。2010年，全区经济呈现出平稳较快健康发展的态势。其中地区生产总值、工业增加值、固定资产投资、一般预算收入、城镇居民人均可支配收入、农民人均现金收入等主要经济指标与去年同期相比都有较大幅度增长。全区完成地区生产总值148.1亿元，同比增长14%；区属固定资产投资完成16.19亿元，同比增长64.97%；辖区社会消费品零售额完成44.85亿元，同比增长15.06%；城镇居民人均可支配收入达到14711元，同比增长12%；农民人均现金收入达到7928元，同比增长11.63%；一般预算收入完成2.78亿元，同比增长11.63%。三是项目带动势头良好。区委牢固树立发展抓项目的理念，坚持以园区建设为平台，以产业发展为目标，谋项目，争项目，集中精力建项目。30个区列重点项目已开工建设26个，完成投资13.97亿元，其中上亿元的大项目5个；新签招商引资项目32项，到位资金6.4亿元，在建项目21个；特别是紧盯大企业、主攻大项目，成功签约中材水泥生产线第二条续建项目和白银统一企业有限公司生产基地项目；做好重点项目建设的征地拆迁工作，共征用土地2526亩，拆迁面积约5万平方米；西区经济开发区活力效应日渐显现，当年，完成固定资产投资14.1亿元；中小企业创业基地完成投资2.1亿元，入驻企业11户，实现产值2.2亿元。四是城乡统筹步伐加快。以农业结构调整为主线，优化产业结构，树立品牌意识，着力打造现代特色农业基地，努力拓宽农民增收渠道。旱砂田枣林基地初具规模，蔬菜种植面积不断扩大，新改建日光温室1504亩。大力扶持鑫昊、雨润、华都、晴宏等农字号企业做大做强，新增标准化养殖小区5个。累计投入1.05亿元，实施农业综合开发、扶贫开发、安全饮水、户用沼气、乡村道路建设、土地开发、工农渠大型泵站改造等项目，农村生产生活条件改善。推进农村新居建设工程，武川新居三期交付使用，强湾新居二期工程正在实施。全面落实强农惠农政策，共发放惠农补贴资金3801.03万元。按照“五个一”标准和“五统一”要求，抓好水川镇桦皮川村和四龙镇民乐村两个城乡一体化示范点建设。至年底，累计投入2397万元，拉动群众投入1800万元，新改建农宅282院，建成文化广场2处，全区农家乐达到40户，发挥引领示范作用。

【民主政治建设】　区委坚持总揽全局、协调各方，切实履行把方向、管全局、谋发展的职责，把凝心聚力作为促进发展的不竭源泉，民主政治建设得到加强。区委自觉把加强党的领导与发扬民主、依法办事有机统一起来，推进各项工作的开展。全力支持人大、政府、政协依法履行职能，开展统一战线工作，支持各民主党派、工商联和无党派人士建言献策，做好民族宗教工作，充分发挥工青妇等人民团体的桥梁和纽带作用，开展双拥共建活动，形成加快全区科学发展的强大合力。推进党务公开、政务公开、村务公开、校务公开和厂务公开，扩大基层民主。落实党风廉政建设责任制，贯彻执行《廉政准则》，开展党政领导班子成员向同级纪委全委会述廉工作，加大从源头上预防和惩治腐败的力度。掀起学习讨论《白银日报》八篇评论员文章的热潮，促进各级干部工作作风的转变。开展创先争优活动，加强基层党组织规范化建设，提升基层党建工作水平。坚持正确用人导向，提高选人用人公信度，加大干部交流力度，激发干部干事创业的活力。开展学习型党组织建设和“精神文明建设推进年”活动，为经济社会发展营造良好氛围。切实转变作风，注重群众利益，强化社会管理，狠抓“事要解决”工作，使得信访总量明显下降，信访秩序规范，一批信访突出问题得到处理。落实平安建设各项措施，强化校园安全保障工作。

【精神文明建设】　2010年全区精神文明建设以社会主义核心价值体系为根本，以“精神文明建设推进年”活动为载体，以提高全民思想道德素质和社会文明程度为目标，不断探索新时期精神文明建设的特点和规律，努力在创新工作思路、工作载体、工作手段上下工夫、求突破、谋发展，为促进全区经济发展、政治进步、文化繁荣、社会稳定提供强大的精神动力和有力的思想保证。坚持以人为本，公民思想道德建设氛围浓厚。开展形式多样的主题实践活动。以“庆祝白银恢复建市25周年”为契机，宣传白银区光辉的奋斗历程和辉煌的建设成就，坚定全区上下建设小康社会的信念。开展“情系灾区，奉献爱心”活动，将民族精神、时代精神的学习与宣传渗透到实实在在的行动中，丰富社会思想的内涵，使全区人民始终保持昂扬向上的精神状态。充实公民思想道德建设内容。以“迎世博、迎亚运、讲文明，树新风”活动为龙头、在城区广泛开展“文明礼仪知识进万家”主题活动，在农村普及开展“乡风文明进农家”主题活动，在窗口行业开展“我承诺、我行动，争做道德实践先锋”主题活动，在进城务工人员中开展“我为城市添风采”主题活动。切实抓好思想道德宣传教育工作。以红色经典和传统经典为主要内容，依托乡镇文化站、农家书屋、文化大院等阵地网络，“全民阅读”活动由城镇向乡村拓展延伸，四龙路街道建设路社区被评为全国创建学习型家庭示范社区。坚持典型引路，创建活动品牌效应明显增强。抓好文明单位创建活动。白银区通过“省级文明区”检查测评,受到省委、省政府的命名表彰。全区创建成各级各类精神文明建设先进单位236个，其中国家级7个，省级34个，市级34个。抓好文明社区创建活动。至年底，全区34个社区都拥有条件较好的办公场所，并建有标准化的社区文体活动中心。区文明办与白银日报社联合为每个社区制作阅报栏。抓好窗口行业创建活动。坚持重诚信服务、树行业新风这一主题，大力提倡以德经营、诚信立业、文明生财，着重抓与人民群众生产生活紧密相关的党政机关、执法部门、社会服务等行业。全区创建省级文明行业6个、市级文明行业3个。坚持注重实效，着力拓宽精神文明建设载体。以构建和谐为主题，理论武装工作推进。2010年区委中心组先后召开10次集中扩大学习会，邀请省内外知名专家和教授对全区党员干部进行专题辅导，明确中央方针政策和省、市区域发展战略部署。组织开展中国特色社会主义理论体系“进乡镇、入社区”理论宣讲对谈活动和“三送两进”（送政策、送法律、送科技，进社区、进乡村）活动，使理论学习在武装头脑、指导实践、推动工作上取得实实在在的效果。以提升文明为主题，“精神文明建设推进年”取得阶段性成效。全区开展“精神文明建设推进年”活动，在实效性上下工夫，在重点难点上求突破，在工作机制上求创新，通过一系列群众看得见、摸得着的行之有效的举措，推动活动开展，整个活动开局良好、进展顺利，取得阶段性成效。以文化建设为主题，群众文化活动丰富多彩。举办九九重阳白银四龙剪金山民俗文化旅游节，承办省委宣传部“和谐之音城乡行，赞歌献给建设者”慰问演出等系列活动。以“我运动、我健康、我快乐”为主题，举办“中国体彩杯”中小学球类运动会和“精益眼睛杯”象棋争霸赛，组织庆“全民健身日”全国棋牌项目万人同赛“移动杯”白银市分会场活动，开展中国体育彩票“大爱无疆　关注健康”国民体质监测陇原行活动。

【社会建设】　区委始终把共享改革发展成果作为构建和谐社会的目标，加大民生保障力度，开展“惠民政策落实年”活动，惠民实事有序推进，全区共减免或发放各项惠民资金7814.53万元。把棚户区改造作为最大的民生工程，高度重视，精心组织，全区建成各类保障性住房4660套34.3万平方米；棚户区改造项目已开工建设10处，拆迁各类平房和窝棚近8万平方米，涉及安置户1400多户，开工率达到100%，竣工率达到70%、回迁率达到56%，保障性住房建设工作走在全省前列。努力拓宽大中专毕业生就业渠道，面向基层，累计公开选拔录用145名大中专毕业生就业，完成小额担保贷款发放5782万元。各项社保覆盖面扩大，失地农民养老保险制度全面推行，对新增失地农民参加养老保险做到应保尽保，城乡低保提标提补全面完成。城市市容市貌综合整治管理水平提高，医疗垃圾处理场投入运行，“村村通”路网建设工程全面完成。教育、科技、文化、卫生、体育等各项社会事业发展步伐加快。

【生态环境建设】　区委把生态建设作为可持续发展的重要内容，造林绿化取得新成效。按照市委、市政府的统一部署，2010年全区上下广泛动员、全民参与，推进城乡绿化工程，春季造林绿化任务全面完成。在城郊和农村，完成高速公路东出口大环境绿化3000亩，公路补栽补植绿化45公里，建设林果基地面积3000亩，完成退耕还林补植补造2000亩，城乡一体化示范村桦皮川村、民乐村完成道路绿化10.2公里。在城区，完成了国道109线绿地提质改造工程和32条行道、11个花坛广场的绿化苗木补栽补种工作，128家绿化重点单位增加绿化面积12.6万平方米；各街道认种认养新增绿地6.81万平方米。

【党的建设】　2010年全区各级党组织把握科学发展主题，把党的执政能力建设和先进性建设摆在更加突出的位置，以巩固扩大学习实践活动成果为主线，以提高基层党组织的创造力、凝聚力和战斗力为目标，以开展创先争优活动为载体，深化“五好班子”创建和“基层党组织规范化建设年”活动，着力加强和改善党的思想、组织、作风和制度建设，提升各级领导班子和党员领导干部科学发展能力和执政为民水平。（一）以提高执行力为核心，注重培养锻炼，领导班子和干部队伍建设取得新成效。①创“五好”，提升履职能力，开展“提高干部执行力建设”、“推进学习型机关建设”“争创四好干部”活动，提升各级领导班子和领导干部的执行力、落实力。当年全区已有14个领导班子达到“五好班子”标准。②强保障，健全培训机制。在开展干部培训需求调查摸底的基础上，制定干部教育培训计划和干部教育培训学分制考核管理办法，建立干部教育培训学分档案。健全经费保障体系，区财政每年列支干部教育培训专项经费20万元。坚持专职为主、专兼结合的原则，选聘37名实践经验丰富、理论水平较高、善于课堂讲授的党政领导干部和专业技术人员担任党校兼职教师。③抓培训，注重实践锻炼。推行“三三制”“菜单式选学”教学模式，依托区委党校举办各类培训班13期，培训1635人次，配合上级部门调训各级干部62人次。着眼于早培养、早锻炼、早成才，先后选派42名后备干部通过担任信访局长助理、村党支部书记、副书记和村委会主任助理，参与项目建设、征地拆迁、林权制度改革等工作，在实践中锻炼培养干部。（二）以健全机制为保障，突出竞争性选拔，选人用人公信度提高。①完善干部选拔任用机制。先后制定干部初始提名、差额选任、全程纪实、交流等一系列深化干部人事制度改革的相关配套制度，规范干部选拔任用工作，从源头上防止用人上的不正之风。②推行干部选拔竞争机制。把竞争机制引入干部选任工作中，法检两院39名干部通过竞争上岗走上中层领导岗位，公开选拔5名乡镇街道党政副职，423名优秀年轻干部进入科级后备干部库。探索开展干部差额选任工作，拿出4个科级职位，通过差额推荐、差额考察、差额酝酿、差额票决，使优秀干部在竞争中脱颖而出。注重面向基层一线选拔干部，从乡镇（街道）站所、社区、区直部门所属事业单位一线选拔干部66名，从优秀村干部和大学生“村官”中考录3名公务员。③落实干部交流机制。围绕培养锻炼干部能力、丰富干部阅历、提升干部素质，有计划、有步骤地实行干部交流制度，在乡镇街道与部门之间、区属学校与企业移交学校之间共交流干部184人。（三）围绕学习贯彻四项监督制度，健全完善机制，强化措施落实，加强和改进干部监督工作。①抓好四项监督制度的学习宣传。区委制定学习贯彻四项监督制度实施方案，召开常委会、中心组学习会进行专题学习和交流讨论。②拓宽干部选任工作监督渠道。建立纪检监察、组织、审计、信访等部门定期联系沟通机制，构建举报电话、电子信箱、信访三位一体的干部监督网络。区委常委会决定干部任免事项时，邀请市委组织部派员列席会议，实行会议主持人逐人征求意见、区委书记末位发言和集体票决制度。严格执行干部选拔任用工作全程纪实、有关事项报告、考察对象近亲属报告等制度，对干部选任工作实行全过程监督。③强化干部日常监督和管理考核。落实市委加强干部日常管理监督的规定和要求，区委主要负责人定期与区人大、政府、政协主要负责人和区委班子成员进行谈心谈话，组织部负责人定期与乡镇街道、区直部门单位主要负责人进行谈心谈话，及时了解思想动态，加强沟通联系。落实领导干部经济责任审计制度，在39家单位进行离任交接，对30名干部进行离任经济责任审计，对8名干部进行任中经济责任审计。完善《区管领导班子和领导干部年度考核评价办法》，细化考核指标，注重结果运用，对考核排名靠后的领导班子及时进行调整。（四）以打牢基础为前提，激发工作活力，基层党组织规范化建设稳步推进。①围绕创建“五星级”推进基层党组织规范化建设。当年批准创建“五星级”27个、“四星级”109个、“三星级”16个。建立健全推进规范化建设的制度保证，编订村、社区、“两新”组织《规范化建设制度汇编》，规范各类基层组织制度125条。理顺全区非公党建工作体制，在白银工商分局成立非公党工委，在西区工商分局和高新产业园工商分局成立非公党委，辖区工商所成立8个非公经济党支部，成立136家非公企业党支部，规模以上非公企业党组织组建率达到100%。②围绕健全机制推进基层民主建设。制定白银区党代会代表任期制实施细则，抓好王岘镇党代表常任制试点工作，当年组织党代表专题学习2次，视察调研1次。全面推行村级组织“五规范两公开”制度，统一印发“六流程七记录”（六流程：“四议”决策及党务和村务公开流程；七记录：“四议”会议和村民理财小组会议、村务监督小组会议、村干部值班记录本）。③围绕夯实基础激发基层党建工作活力。提高村、社区干部报酬待遇，村干部报酬年人均达6190元，村办公经费提高到5456元/年；社区干部人均月增资300元，离任社区干部生活补贴人均每月提高60元。全面启动村、社区“两委”班子换届选举工作，采取“两推一选”和“公推直选”方式，选举产生44个村、34个社区党组织班子，其中，在14个村党组织试行“公推直选”，占应换届村党组织的31.8%。

【创先争优活动】　区委以“强堡垒、夯基础，抓队伍、树形象，促进科学转型，推进城乡一体化建设”为主题，以“五星级”基层党组织创建活动和“白银先锋”工程为载体，按照“1+7”模式制定总体实施方案和7个指导方案，成立领导小组和办公室，设立4个行业指导组，建立党员领导干部联系点制度，采取分级督查、专项督查、抓点带面等形式，突出抓好“四项”活动，全区创先争优活动取得阶段性成效。①集中核查促整改。围绕学习实践活动中列入中长期整改和尚未整改的问题，采取挂牌督办、跟踪问效等形式，扎实做好后续整改落实集中核查工作，全区第二批活动列入整改的559个突出问题，已整改落实549个，整改比例为98.2%；第三批活动列入整改的889个突出问题，已整改落实845个，整改比例为95.1%。同时，抓好体制机制创新和制度“废、改、立”工作，共废止制度315个，修改和完善851个，新建立512个。②公开承诺定目标。围绕“五个好”“五星级”“五带头”和“白银先锋”的目标要求，采取“依岗承诺、党组织审诺、公开示诺、全面履诺、组织督诺、综合评诺”的“六诺”形式进行公开承诺，落实责任主体，明确完成时限，接受群众监督。2010年全区335个基层党组织和6900余名党员共做出承诺18126项，履诺12764项，履诺率达到70%以上。③领导点评激活力。开展“三级点评”活动，帮助找准问题，提出整改意见，落实整改措施。各级领导对党组织和党员点评4200多次，290个党组织、5000多名党员参与点评。④群众评议增后劲。适时组织“两代表一委员”、群众代表、服务对象对党组织和党员履行承诺情况进行评议，使群众成为创先争优活动的监督员、评论员。当年，全区有223个党组织开展群众评议活动，占总数的 56.7%，满意度均在 90%以上。⑤典型示范促争创。制定不同行业先进典型评选标准，在全区培育永丰村党支部、雒家滩村党支部、富民兴村带头人张明中、农民绿化队员高科、优秀大学生“村官”强涛等 42 个先进党组织和 57 名优秀共产党员，树立学先进、赶先进、作贡献、当表率的先进典型。各级群团组织通过评选劳动模范、先进工作者、“十大和谐家庭”“十大孝顺子媳”，使党组织和党员创先争优与工青妇创先争优融为一体、相互促进。⑥表彰激励强动力。结合纪念建党 89 周年，各级党组织召开表彰大会 70 场次，评选表彰先进党组织 37 个、优秀共产党员 300 人、优秀党务工作者 69 人。广大党员干部群众在支援舟曲抗洪救灾中争当表率，积极捐款 38.07 万元，其中党员捐款 12.07 万元；区疾控中心党支部组织卫生防疫队赶赴灾区救援，队员吕昭同志在救灾一线火线入党。

【中共白银区委领导名录】

梁蓉兰(女)　市委常委、白银区委书记
李兰宏　区委副书记、区政府区长
潘延恩　区委副书记
王青山　区委常委、区纪委书记
吴国荣　区委常委、区政府常务副区长
关玉卿　区委常委、区政府副区长
杨　恭　区委常委、区委政法委书记(2010 年 12 月止任)
杜志祥　区委常委、区人武部政委
刘正亮　区委常委、区委宣传部部长
胡朝生　区委常委、区委办公室主任(2010 年 11 月止任)
李伯亮　区委常委、区委政法委书记(2011 年 3 月始任)
何永有　区委常委、区委组织部部长
袁正大　区委常委、区政府副区长

（崔正升）

区委会议

【区委全委会议】 2010 年 11 月 15 日下午，中共白银区委九届六次全委 (扩大) 会议召开。会议贯彻落实党的十七届五中全会、省委十一届十次全委扩大会议和市委六届十次全委扩大会议精神，回顾总结全区“十一五”时期经济社会发展情况，共同谋划白银区未来五年发展大计。市委常委、白银区委书记梁蓉兰代表区委常委会向全委会报告工作并作重要讲话。区人大常委会主任张润苍，区委副书记、区政府区长李兰宏，区政协主席陈忪，区委副书记潘延恩，区委常委、区纪委书记王青山，区委常委、区政府常务副区长吴国荣，区委常委、区政府副区长关玉卿，区委常委、区人武部政委杜志祥，区委常委、区委政法委书记杨恭，区委常委、区委宣传部部长刘正亮，区委常委、区委办公室主任胡朝生，区委常委、区委组织部部长何永有，区委常委、区政府副区长袁正大等出席会议。会议审议通过《中共白银市白银区委关于制定白银区国民经济和社会发展第十二个五年规划的建议》(草案) 和《中国共产党白银区第九届委员会第六次全体会议决议》。区委委员、候补委员；不是区委委员的区级领导；不是区委委员的乡镇街道和部门单位负责人；区纪委常委；各民主党派负责人及部分基层党代表参加会议。

2011 年 1 月 8 日上午，区委九届七次全委 (扩大) 会议暨全区经济工作会议召开。会议的主要任务是贯彻落实中央、省、市经济工作会议精神，回顾总结 2010 年全区经济工作，科学分析当前经济形势，安排部署 2011 年的工作。市委常委、白银区委书记梁蓉兰代表区委常委会向全委会报告工作并作重要讲话，代表区委常委会作 2010 年度全区干部选拔任用工作报告并接受评议。区委副书记、区政府区长李兰宏重点安排部署 2011 年全区经济和社会发展工作。会议由区委副书记潘延恩主持。区人大常委会主任张润苍，区政协主席陈忪，区委常委、区纪委书记王青山，区委常委、区政府常务副区长吴国荣，区委常委、区政府副区长关玉卿，区委常委、区人武部政委杜志祥，区委常委、区委宣传部部长刘正亮，区委常委、区委组织部部长何永有，区委常委、区政府副区长袁正大等出席会议。会议还对各乡镇、街道党委书记就履行基层党建工作责任制情况进行述职并接受评议；补选了区委委员。区委委员、候补委员、区纪委委员，区法院、区检察院、白银公安分局主要负责人，区直各部门、区属各单位党政主要负责人，区人大、区政协各委办负责人，各人民团体主要负责人，各乡镇街道党政主要负责人参加会议。

【区委常委会议】 2010 年 2 月 4 日下午，市委常委、白银区委书记梁蓉兰主持召开区常委会议。会议讨论有关人事任免事项。3 月 8 日下午，市委常委、白银区委书记梁蓉兰主持召开区委常委会议，研究加强城管队伍建设、完善信访制度、年终考核等事宜。会议还研究了其他事项。4 月 23 日上午，市委常委、白银区委书记梁蓉兰主持召开区委常委会议，学习中共中央总书记胡锦涛在全党深入学习实践科学发展观活动总结大会上的重要讲话精神，研究党风廉政建设和反腐败、学习科学发展观活动后续整改等工作，安排部署重点工作。会议还研究后备干部调整补充、天祝县挂职干部安排等事项。5月28日上午，市委常委、白银区委书记梁蓉兰主持召开区委常委会议，传达学习党政领导干部选拔任用四项监督制度和省委组织部关于转发中央组织部《转发〈中共云南省纪律检查委员会省委组织部关于杨华相同志在民主推荐领导干部中拉票问题的通报〉的通知》的通知（以下简称《通报》），研究讨论《白银区认真贯彻落实中央纪委9号、10号文件精神切实加强纪检监察工作的实施方案》《白银区干部交流办法》《白银区干部初始提名细则》及撤销区工商业党委、供销党总支等事宜。会议还研究了其他事项。6月9日下午，市委常委、白银区委书记梁蓉兰主持召开区委常委会议，学习《抓落实才是真本领》《学习也是能力》等《白银日报》评论员文章，研究讨论《白银区国防动员委员会及办事机构组成人员调整方案》《白银区基层武装部建设三年规划》等事宜。会议还研究了其他事项。7月13日下午，市委常委、白银区委书记梁蓉兰主持召开区委常委会议，学习《谨防激情缺失》《正视“中梗阻”》等《白银日报》评论员文章，通报2010年上半年全区经济运行情况，听取研究全区信访维稳工作，听取工青妇、科协等人民团体上半年工作汇报等事宜。会议还研究了其他事项。8月9日上午，市委常委、白银区委书记梁蓉兰主持召开区委常委会议。会议研究有关干部的退休问题。8月13日下午，市委常委、白银区委书记梁蓉兰主持召开区委常委会议，听取研究关于集体企业破产倒闭后全民劳动合同制职工安置、教师节表彰、机构改革等事宜。会议还研究其他事项。8月25日下午，市委常委、白银区委书记梁蓉兰主持召开区委常委会议，讨论有关干部的任免事项。10月26日下午，市委常委、白银区委书记梁蓉兰主持召开区委常委会议，认真学习省纪委、省委组织部关于转发《印发〈坚决刹住用人上的不正之风——关于12起违规违纪用人典型案件的通报〉的通知》的通知，研究审定《2011年白银区重点工作》《白银区2011农村造林工程实施方案》《白银区2011年城郊大环境绿化方案》《关于加快发展白银区旅游业的实施意见》，听取研究白银区、社区“两委”班子换届等事宜。会议还研究了其他事项。12月31日上午，市委常委、白银区委书记梁蓉兰主持召开区委常委会议，传达学习省委书记、省人大常委会主任陆浩同志对创先争优活动联系点白银市白银区的点评精神，并就下一步争先创优活动的开展提出具体的贯彻意见和要求，研究审定区委九届七次全委扩大会议暨经济工作会议相关事宜，认真讨论即将提请区“两会”审议的相关材料，听取研究乡镇机构改革、公益性岗位人员岗位补贴等事宜。

纪检监察工作

【概况】　区纪委与区监察局合署办公，实行一套工作机构、两个机关名称的体制。设办公室、纪检监察室、案件审理室、信访室（挂区监察局举报中心牌子）、党风廉政建设室、执法监察室（挂区治理商业贿赂办公室牌子）、宣教与调研室均为正科级建制。监察局下设电子政务监察室，副科级事业建制。2010年区纪委监察局机关行政编制19人，事业编制1人，工勤人员2人。2010年区纪委监察局抓住构建教育、制度、监督并重的惩治和预防腐败体系这条主线，坚持标本兼治、综合治理、惩防并举、注重预防的方针，提高制度的执行力、落实力，抓特色、重创新。

【监督检查】　以源头治本为重点，抓住权力运行、资金监管、制度建设等关键环节，探索有效预防腐败的途径和办法，力争在重点领域和关键环节取得新突破，把科学发展观的要求落实到纪检监察工作的各个方面，不断推进纪检监察工作理念思路、体制机制和方式方法的创新，提高科学推进反腐倡廉建设的能力和水平。加大对中央、省、市、区委重大决策部署贯彻执行情况的监督检查，推动科学发展观的全面落实。围绕保增长、扩内需，调结构、促转型，惠民生、保稳定这一主线，配合相关部门加强对强农惠农政策、重点项目招投标、棚户区改造工程、环境保护突出问题、扩大内需、灾后重建、稳定物价、城市环境绿化、林权改革、政府采购、干部选拔任用等方面政策措施及法规制度落实情况的监督检查。加强对区委、区政府“七件惠民实事”“30个重点项目”、新农村建设、征地拆迁中出现的问题等重点领域的监督检查。把开展工程建设领域突出问题专项治理作为监督检查的重点，及时成立领导小组，制订工作方案，分解工作任务，先后对27个单位涉及的121个项目进行检查，发现存在问题的项目29个，涉及15个单位，下发整改通知15份。加大审计监督力度。离任审计21人，任中审计8人，查处违规资金和管理不规范资金210万元。坚持落实干部人才库、考察、任前公示、票决制、试用期制度的畅销机制。认真落实推荐干部责任制、干部选拔工作责任制、用人失察失误责任追究制、干部任前廉政谈话制度，提拔任用干部引入廉政考试机制。加强对干部的推荐提名、考察考核、讨论决定等几个主要环节进行全过程监督，做好对拟任人选的廉洁自律情况的审查工作，把好领导干部廉洁自律关。区纪委先后抽调5名纪检干部参与对拟任干部考察，法检两院中层干部竞争上岗、科级干部、80后后备干部人才库考试及考察的全程监督，参与录用城管执法人员的全程监督，切实做到公开、公正、公平。

【廉政教育】 推进廉政文化“六进”活动。扎实开展“五好班子”创建活动和争先创优活动。贯彻执行《廉政准则》，将《廉政准则》纳入区委党校培训内容，进行重点辅导，广泛开展廉政文化宣传活动。组织村、社53名干部和社区65名干部、46名教育系统后备干部进行三期廉政文化建设、《廉政准则》的学习培训；组织1621名党员干部参加《廉政准则》知识测试。

【查办案件】 2010年区纪委、监察局共收到群众来信来访电话举报55件（其中重信重访22件），初查6件4人，立案查处1件1人，开除党籍1人。清理清查“小金库”3个，结余资金14.87万元，全部没收上缴区财政。

【纠风专项治理】 以开展“惠民政策落实年”活动为契机，从农民群众最关心、最直接、最现实的利益问题入手，针对农民“减负”工作出现的新情况、新问题，突出重点、抓住关键，以抓好重点项目的监管、完善监督管理制度、严格“一事一议”筹资筹劳管理为抓手，严明纪律，齐抓共管。执行义务教育阶段学校“两免一补”收费政策和城市义务教育阶段公办学校免除学杂费、取消借读费等政策。为农村义务教育阶段学生发放“两免一补”资金713.6万元；为城市义务教育阶段学生减免学杂费438万元；为义务教育阶段低保家庭学生提供免费教科书，减免资金108.6万元。坚持抓好纠正医药购销中的不正之风工作。在卫生系统开展“医德医风整顿年”和“加强医疗质量管理，创建百姓放心医院”两项活动，加大对行业作风方面群众投诉问题处理的力度。组织卫生系统500多名干部职工观看警示教育片。规范药品集中招标采购行为，督促完成基本药物的统一采购、统一配送、统一定价，乡镇卫生院、社区卫生服务中心及实行乡村一体化管理的村卫生室全部配备使用基本药物，并实行药品零差率销售。坚持巩固治理公路“三乱”工作成果。把治理公路“三乱”作为重点纳入部门和行业目标管理，加大从源头上预防公路“三乱”反弹的力度，公开举报电话2部，接受人民群众的监督。

【惠民政策落实】 贯彻落实“惠民政策落实年”活动，成立“惠民政策落实年”活动领导小组，制定下发《白银区“惠民政策落实年”活动实施方案》，成立办公室、宣传报道组、综合业务组、案件查办组4个工作机构。全区统一行动，分步实施，按照动员部署、自查自纠、整改完善、督查落实、总结验收五个阶段，组织监督检查工作，抓政策落实，使惠民政策为百姓谋实惠。全区开展各种形式的宣传活动，各乡镇、街道通过向农户、居民发放惠民政策手册、宣传资料和明白册，制作公示栏及政务公开栏，张贴标语等多种形式，多角度、全方位地宣传各项惠民政策，提高广大群众对政策的知晓度。为确保各项惠民资金及时足额发放到群众手上，要求乡镇规范惠民政策操作流程，发放“一折统”存折，对所有惠民资金全部实行财政直管和封闭运行，把各项资金落实到老百姓手中。当年，发放各类惠民资金12502.36万元。

【执法监察】 围绕重大决策听证、重要事项公示、重点工作通报、政府信息公开查询，加强执法监察、廉政监察、效能监察。抽调人员加强对新增中央投资项目的监管，清理和查处领导干部违规插手招标投标、工程建设、土地出让、产权交易等经济活动谋取私利的问题。开展机关效能监察工作。围绕区委、区政府确定的工作重点，印发《关于进一步加强党员干部作风建设的实施意见》，成立领导小组，确定目标任务、工作步骤和保障措施。在全区机关事业中，集中开展一次以“为民、务实、清廉”为主题的作风整顿活动。通过效能监察工作，促进政府工作人员正确、及时、公正、高效行使职权，切实解决政令不通、作风不实、效率不高、效果不好、服务不优、行为不端等问题。

【党风廉政建设责任制】 抓责任分解、责任考核、责任追究三个环节。建立和完善党风廉政建设责任制思想保障、组织保障、制度保障三个机制，纪委负责人同下级党政主要负责人谈话12人次，任前廉政谈话316人次，诫勉谈话8人次，科级干部述职述廉256人次。结合反腐倡廉工作的新任务和白银区实际，修改、充实、完善党风廉政建设目标管理责任书，将党风廉政建设和反腐败工作任务分解为7大项57个小项。区委、区政府主要领导与法、检两院，各乡镇、街道党委，党群口19个部门、单位，36个政府部门的“一把手”签订党风廉政建设目标管理责任书。区纪委监察局明确联系领导，做到责任到领导、任务到科室、量化到岗位、考核到个人。年底作为综合考核的一项重要内容进行检查考核。

【预防腐败】　按照市预防腐败工作实施方案的要求，在抓好廉政文化建设的同时，以源头治本为重点，抓住权力运行、资金监管、制度建设等关键环节，探索有效预防腐败的途径和办法，在重点领域和关键环节取得突破，推进纪检监察工作理念思路、体制机制和方式方法的创新，提高科学推进反腐倡廉建设的能力和水平。强化政府采购预算编制管理，加强对采购代理机构的督导和监管，完善评标定标方法和供应商投诉制度，共完成采购业务42次，采购金额2318万元，节约资金182万元，资金节约率为8%。巩固提高全区预防腐败试点成果，实行党政领导班子成员向同级纪委全委会述廉制度。贯彻执行《白银市关于对拟提拔县（处）级领导干部实行廉洁从政党纪政纪法规知识考试的暂行规定》，把考试成绩与干部选拔任用挂钩。推进村务公开、政务公开。以落实惠民政策为契机，重点对人民群众关心和关系人民群众切身利益的政策法规等事项进行公开，不断拓展政务公开内容，推行“阳光政务”，切实保障群众的知情权、参与权和监督权，建立和完善政务公开工作制度及评议、考核、责任追究等制度，促进政府信息公开条例实施。

【队伍建设】　以“做党的忠诚卫士、当群众的贴心人”为主题，以“自身素质提升年”活动和创先争优活动为载体，开展多项活动。下发《关于在全区纪检监察系统开展“自身素质提升年”活动的实施方案》《进一步加强和改进纪检监察干部队伍建设的若干意见》《关于做好2010年纪检监察调研工作的通知》。贯彻落实中纪委9号、10号文件精神，区委、区政府高度重视纪检监察机关组织建设和队伍建设，制定印发《关于认真贯彻落实中央纪委9号、10号文件精神切实加强纪检监察工作的实施方案》该方案从31个方面对贯彻落实中央、省、市文件精神作出具体明确的要求，内容具体，责任分明，措施得力。重视纪检监察干部的培养和管理使用，通过岗位交流、轮岗等方式，优化干部队伍结构。2010年提拔交流机关纪检干部7人，基层纪检干部14人。激发纪检监察干部的积极性、创造性。

【白银区纪委监察局领导名录】

王青山　区委常委、区纪委书记

李东元　区纪委副书记、区监察局局长

张兴国　区纪委副书记（2010.10止任）

苏　玲(女)　区纪委副书记(2010.8始任)

孙维荣　区纪委常委(2010.11止任)、区机构编制委员会办公室主任

李兴国　区纪委常委(2010.11止任)、区教育党委书记

谭尚才　区纪委常委(2010.11止任)、区政协办公室主任

闫立学　区纪委常委(2010.11止任)、区委宣传部副部长、精神文明办主任

高承鑫　区纪委常委(2010.11始任)、区委组织部常务副部长

魏万武　区纪委常委(2010.11始任)、区纪委监察局审理室主任

刘　斌　区纪委常委(2010.11始任)、区纪委监察局办公室主任

范志超　区纪委常委(2010.11始任)、区纪委监察局宣教与调研室主任

（刘　斌）

区委办公室工作

【文秘服务】　2010年区委办公室以“建一流队伍、树一流作风、展一流形象、创一流业绩”为目标，立足搞好“三服务”（服务领导、服务基层、服务群众），全力创建“三型”（学习型、服务型、高效型）机关，努力争做“三优”（观念优、服务优、作风优）干部，开展“创先争优”活动，发挥参谋助手、协调后勤、督促检查等职能作用，为全区经济社会跨越式发展提供优质服务。在文秘服务工作上，坚持“立足参谋、精益求精”的原则，以参谋辅政为重点，以提高文稿质量为抓手，以高标准、高质量、快节奏为标准，围绕区委、区政府的重大决策和工作部署，把综合性重要文稿的起草工作作为政务服务的重要内容和主要方式。当年，共起草、校对、印发200多篇领导讲话、汇报材料、会议纪要、典礼致辞、工作报告、接待方案等重要文稿。组织开展重点项目建设、招商引资、棚户区（城中村）改造、城乡一体化建设、第三产业发展、征地拆迁、基层组织建设等

一系列专题调研活动，形成《关于失地农民生活保障的思考与探索》《白银区主导优势产业发展现状》等一批有深度、有新意的调研报告，为区委科学决策发挥积极的参谋作用。其中，《强化“五种意识”、打造“五型团队”，不断开创党委办公室工作新局面》等文章在《甘肃工作》《白银发展》等刊物上发表。

【信息工作】 区委办公室按照及时、准确、全面的要求，立足全区经济社会建设，紧扣上级领导的需求，抓住当前社会热点、难点问题，提高质量，注重实效，信息报送工作稳步提升。特别是在紧急信息的报送工作中，没有发生迟报、漏报和瞒报现象。2010 年共收集报送动态信息、决策信息、经验信息等各类信息 800 余条，被省委办公厅、市委办公室采用 300 多条，整理并编发《信息快报》26 期，创办并编发《领导参阅》40 期，为区四班子领导及时掌握情况、正确决策提供大量有价值的参考信息。强化网络舆情监督，及时向区委主要领导呈阅人民网、市政府网等网站留言，督促相关部门单位及时办理，确保网民留言得到及时回复，当年，共办理各类网络留言 140 余份。区委办公室获 2010 年度全市网民留言回复办理工作先进单位称号。

【督查工作】 区委办公室始终把决策督查和专项查办作为督查工作的重中之重，突出抓好区委各种决策性文件执行情况的督查。对征地拆迁、项目建设、招商引资、新农村建设、惠民政策落实等重点工作，进行专项督查和跟踪督办；对领导批转和交办的查办件均建立督办台账，实行归口管理，及时受理、及时查办、及时汇报，做到件件有落实、事事有回音。当年，共组织开展全区性决策督查 10 多次，编发《督查专报》15 期。区委督查室获全市督查工作先进单位称号。

【机要密码工作】 贯彻落实中央和省、市委关于机要密码工作的有关精神，坚持慎之又慎的原则，健全完善机要密码规章制度，强化机要人员的政治责任意识和无私奉献意识，确保机要密码工作万无一失。坚持 24 小时在岗值班，当年，共办理电报 1700 多份(其中密码电报 200 多份)，收到外省、市、区传真电报 100 多份，为各部门单位外发传真 160 多份；每份电报传真都做到及时准确收发办理，无压报、误报和失泄密事件发生。在中央和省市机要局组织的机要密码通讯演练中，区委办公室多次名列前茅。

【中共白银区委办公室领导名录】

王继伟　主任
魏滋邦　副主任、区委督查室主任
金祥孔　副主任
高永琴(女)　区委保密委办主任、区保密局局长
高启旺　区委机要局副局长

（韩兴强）

组织工作

【概况】 2010 年全区组织工作以服务城市转型和建设“兰白都市经济圈”为中心，以开展创先争优活动为载体，抓重点，创新实干攻难点，夯实基础增亮点，推进各项工作任务落实，为实现全区在新的起点上跨越式发展提供坚强的组织保障。区委组织部设人才工作领导小组办公室、老干部工作局、党员电化教育中心。设部长 1 人（区委常委兼任），副部长 2 人，编制 11 人（其中行政编制 8 人，事业编制 3 人）。

【创先争优活动】 以“强堡垒、夯基础，抓队伍、树形象，促进科学转型，推进城乡一体化建设”为主题，以“五星级”基层党组织创建活动和“白银先锋”工程为载体，按照“1+7”模式制定总体实施方案和 7 个指导方案，成立领导小组和办公室，设立 4 个行业指导组，建立党员领导干部联系点制度，采取分级督查、专项督查、抓点带面等形式，抓好“四项”活动。

集中核查促整改　围绕学习实践活动中列入中长期整改和尚未整改的问题，采取挂牌督办、跟踪问效等形式，扎实做好后续整改落实集中核查工作，全区第二批活动列入整改的 559 个突出问题，已整改落实 549 个，整改比例为 98.2%；第三批活动列入整改的 889 个突出问题，已整改落实 845 个，整改比例为 95.1%。抓好体制机制创新和制度“废、改、立”工作，共废止制度 315 个，修改和完善 851 个，新建立 512 个。

公开承诺定目标　围绕“五个好”“五星级”“五带头”和“白银先锋”的目标要求，采取“依岗承诺、党组织审诺、公开示诺、全面履诺、组织督诺、综合评诺”的“六诺”形式进行公开承诺，落实责任主体，明确完成时限，接受群众监督。至 2010 年底，全区 335 个基层党组织和 6900 余名党员共做出承诺 18126 项，至当年底履诺 12764 项，履诺率达到 70%以上。

领导点评激活力　开展“三级点评”活动，帮助找准问题，提出

整改意见，落实整改措施。区委围绕推进创先争优活动，组织区四班子主要领导及各乡镇街道、区直部门单位负责人，对全区项目建设、基层党建等工作进行现场观摩评比，并召开专题会议进行总结点评。组织各行业指导组和乡镇街道，对所辖党组织开展“四项活动”进行督查点评。活动开展后，各级领导对党组织和党员点评4200多次，290个党组织、5000多名党员参与了点评。

群众评议增后劲 适时组织“两代表一委员”、群众代表、服务对象对党组织和党员履行承诺情况进行评议，使群众成为创先争优活动的监督员、评论员。2010年全区有223个党组织开展群众评议活动，占总数的56.7%，满意度均在90%以上。

典型示范促争创 制定不同行业先进典型评选标准，在全区培育了永丰村党支部、雒家滩村党支部、富民兴村带头人张明中、农民绿化队员高科、优秀大学生“村官”强涛等42个先进党组织和57名优秀共产党员，树立学先进、赶先进、作贡献、当表率的先进典型。各级群团组织通过评选劳动模范、先进工作者、“十大和谐家庭”、“十大孝顺子媳”等活动，使党组织和党员创先争优与工青妇创先争优融为一体、相互促进。

表彰激励强动力 结合纪念建党89周年，各级党组织召开表彰大会70场次，评选表彰先进党组织37个、优秀共产党员300人、优秀党务工作者69人。广大党员干部群众在支援舟曲抗洪救灾中争当表率，积极捐款38.07万元，其中党员捐款12.07万元；区疾控中心党支部组织卫生防疫队赶赴灾区救援，队员吕昭同志工作勇敢、成绩突出，在救灾一线火线入党。

【提升履职能力】 把“五好班子”创建活动作为加强领导班子建设的有力抓手，以强化素质、提升能力、增进团结、改进作风为重点，深入开展“提高干部执行力建设”“推进学习型机关建设”“争创四好干部”活动，不断提升各级领导班子和领导干部的执行力、落实力。2010年全区已有14个领导班子达到“五好班子”标准。

【健全培训机制】 在开展干部培训需求调查摸底的基础上，制定干部教育培训计划和干部教育培训学分制考核管理办法，建立干部教育培训学分档案。健全经费保障体系，区财政每年列支干部教育培训专项经费20万元。坚持专职为主、专兼结合的原则，选聘37名实践经验丰富、理论水平较高、善于课堂讲授的党政领导干部和专业技术人员担任党校兼职教师，形成制度规范、保障充分的干部教育培训新格局。

【注重实践锻炼】 推行“三三制”、“菜单式选学”教学模式，依托区委党校举办各类培训班13期，培训1635人次，配合上级部门调训各级干部62人次。着眼于早培养、早锻炼、早成才，先后选派42名后备干部通过担任信访局长助理、村党支部书记、副书记和村委会主任助理，参与项目建设、征地拆迁、林权制度改革等工作，在实践中锻炼培养干部。

【干部选拔任用机制】 贯彻干部人事制度改革规划纲要，严格执行《干部选拔任用工作条例》和四项监督制度有关规定和程序，不断创新选人用人机制，先后制定干部初始提名、差额选任、全程纪实、交流等一系列深化干部人事制度改革的相关配套制度，规范干部选拔任用工作，从源头上防止用人上的不正之风。

【干部选拔竞争机制】 把竞争机制引入干部选任工作中，法检两院39名干部通过竞争上岗走上中层领导岗位，公开选拔5名乡镇街道党政副职，423名优秀年轻干部进入科级后备干部库。探索开展干部差额选任工作，拿出4个科级职位，通过差额推荐、差额考察、差额酝酿、差额票决，使优秀干部在竞争中脱颖而出。注重面向基层一线选拔干部，从乡镇（街道）站所、社区、区直部门所属事业单位一线选拔干部66名，从优秀村干部和大学生“村官”中考录3名公务员。

【干部交流机制】 围绕培养锻炼干部能力、丰富干部阅历、提升干部素质，有计划、有步骤地实行干部交流制度，较好地解决部分干部长期在一个部门或一个岗位任职，工作缺乏激情、按部就班、活力不足等问题。

【抓四项监督制度学习宣传】 区委制定学习贯彻四项监督制度实施方案，召开常委会、中心组学习会进行专题学习和交流讨论，对王亚丽、杨华相等12起违规违纪用人典型案件进行深刻剖析。开展组织工作业务知识应知应会学习和“岗位练兵”活动，提高纪检、组织干部依法办事的能力水平。把四项监督制度纳入区委党校主体培训班的必修课程，并通过区党建网、知识竞赛等方式开展普及性宣传教育。

【拓宽干部选任工作监督渠道】 建立纪检监察、组织、审计、信访等部门定期联系沟通机制，构建举报电话、电子信箱、信访三位一体的干部监督网络。区委常委会决定干部任免事项时，邀请市委组织部派员列席会议，实行会议主持人逐人征求意见、区委书记末位发言和集体票决制度。严格执行干部选拔任用工作全程纪实、有关事项报告、考察对象近亲属报告等制度，对干部选任工作实行全过程监督。

【干部日常监督和管理考核】 落实市委加强干部日常管理监督的规定和要求，区委主要负责人定期与区人大、政府、政协主要负责人和区委班子成员进行谈心谈话，组织部负责人定期与乡镇街道、区直部门单位主要负责人进行谈心谈话，及时了解思想动态，加强沟通联系。落实领导干部经济责任审计制度，在39家单位进行离任交接，对30名干部进行离任经济责任审计，对8名干部进行任中经济责任审计。完善《区管领导班子和领导干部年度考核评价办法》，细化考核指标，注重结果运用，对考核排名靠后的领导班子及时进行调整。

【人才工作体制机制建设】 坚持并完善人才工作例会、人才工作督导检查和奖惩、人才工作报告、“六支”人才队伍建设调研报告、白银区人才工作联络员等制度，形成各司其职、各负其责的人才工作新格局。注重发挥人才工作成员单位的职能作用，组织农业、卫生、教育等部门对全区专业技术人员进行培训。注重现有人才培训提高，全面实施新农村建设“5152”培训工程（培训村干部500名，农村中小学骨干教师100名，村级卫生技术人员50名，农业科技带头人、农产品和农资经营带头人200名），有效整合区乡党校、教育、科技、农牧、卫生等部门培训资源，先后培训村干部600人次，农村中小学骨干教师700人次，村级卫生技术人员225人次，农业科技带头人、农产品和农资经营带头人210人次，提高现有人才的综合素质。

【开展人才工作调查研究】 结合落实中央人才工作会议精神，采取召开专题座谈会、发放调查表、个别走访等形式，了解、掌握全区党政人才、企业经营管理人才、专业技术人才、高技能人才和农村实用人才队伍建设情况，找准存在的突出问题，理清人才工作思路，形成人才工作专题调研报告，为召开全区人才工作会议做了积极准备，为制定十二五人才规划奠定基础。

【“五星级”党组织规范化建设】 坚持把“五星级”基层党组织创建活动，作为推进基层党建工作规范化建设的有力抓手，完善星级管理台账，2010年批准创建“五星级”27个、“四星级”109个、“三星级”16个。建立健全推进规范化建设的制度保证，编订村、社区、“两新”组织《规范化建设制度汇编》，规范各类基层组织制度125条。理顺全区非公党建工作体制，在白银工商分局成立非公党工委，在西区工商分局和高新产业园工商分局成立非公党委，辖区工商所成立8个非公经济党支部，成立136家非公企业党支部，规模以上非公企业党组织组建率达到100%。

【推进基层民主建设】 制定白银区党代会代表任期制实施细则，抓好王岘镇党代表常任制试点工作，今年组织党代表专题学习2次，视察调研1次。全面推行村级组织“五规范两公开”制度，统一印发“六流程七记录”（六流程：“四议”决策及党务和村务公开流程；七记录：“四议”会议和村民理财小组会议、村务监督小组会议、村干部值班记录本），全区45个村已有37个运用“四议”程序对村级事务进行民主决策。

【激发基层党建工作活力】 提高村、社区干部报酬待遇，村干部报酬年人均达6190元，村办公经费提高到5456元/年；社区干部人均月增资300元，离任社区干部生活补贴人均每月提高60元。实施第二轮村级活动场所建设，2010年新建8个村、社区活动场所；实施远程教育二期工程，村级活动场所和远程教育网点实现“双覆盖”；整合农村闲置校舍资源，在王岘镇设立全区首家乡镇党员教育暨文体活动中心。全面启动村、社区“两委”班子换届选举工作，采取“两推一选”和“公推直选”方式，选举产生44个村、34个社区党组织班子，其中，在14个村党组织试行“公推直选”，占应换届村党组织的31.8%，当年12月底，村、社区党组织换届选举已全面结束，整体转入村、居民委员会换届选举程序。

【构建城乡统筹党建新格局】 深化“双联双带”暨“四联四帮”活动，部门单位党组织与联系村社区党组织积极开展“六个一”（共同上一次党课、过一次组织生活、走访慰问一次党员群众、开展一次党性实践活动、制定一个发展规划、办一件好事实事）活动，帮助农村党组织在产业链和专业协会中建立6个党支部，农牧、科技部门技术人员与农民党员、产业大户结成31个帮扶对子，兴办实事176件，走访慰问生活困难党员和离任村、社区干部423人次，发放慰问金8.2万元，赠送面粉、清油、衣物、棉被750余件。

【提升能力素质】 围绕组织工作的重点、难点、热点问题，坚持“四个一”学习制度（部机关干部每天读书一小时，周五组织干部集中学习一次，每月明确一个专题进行专题研讨，每季度开展一次学习书籍、心得体会等资料的互换交流活动），开展多种形式的学习交流，努力创建学习型机关。以巩固提高“讲党性、重品行、作表率”活动为重点，以建设模范“三个之家”为目标，带头开展创先争优活动，教育引导组工干部立足岗位、敬业奉献。开展结对促学活动，由老同志向新同志传授业务知识、操作规程和技能技巧，带领新同志办业务、搞调研、写报告，帮助新同志尽快熟悉业务、进入角色，提升履行岗位职责的能力。推进“组织部长下基层”活动，确立调研课题6个，由部务会成员带队深入基层调研，形成专题调研报告9篇；与基层领导班子成员及其他副科级以上干部谈心谈话380人（次）；结成帮扶对子12个，帮助解决问题16个。改善组织部门基础设施条件，及时配齐设备，完成大组工网建设。完善信息工作机制，及时维护和更新区党建网，宣传组织工作情况和创新成果，树立良好的外部形象。

【中共白银区委组织部领导名录】

何永有　区委常委、部长

高承鑫　常务副部长

魏立霞(女)　副部长(兼)、老干局局长

张明坤　副部长

（苏晓军）

宣传工作

【概况】 以科学发展观为统领，认真落实中共中央和省委、市委关于宣传思想工作的一系列部署，按照“高举旗帜、围绕大局，服务人民、改革创新”的总要求，以社会主义核心价值体系建设为根本，以加强理论武装工作为核心，以提高舆论引导能力水平为重点，坚持对内凝聚力量，对外提升形象，在改革发展中焕发活力，在重点突破中整体推进，各项工作取得新的成绩、新的进展，保持健康向上的良好态势，为全区经济和社会事业实现跨越式发展提供强有力的舆论支持和思想保证。2010年区委宣传部设精神文明建设委员会办公室、国防教育委员会办公室、区委报道组、白银日报社白银区记者站4个机构，编制11人，实有工作人员6人。

【完善机制，增强学习动力】 制定出台《关于创建学习型党组织的实施意见》，明确创建目标要求，科学规划学习内容，创新学习活动载体，健全学习体制机制，增强各基层党组织学习的主动性和自觉性。坚持以区委中心组学习为龙头，采取集中学习、专题辅导、主题研讨等多种形式，带动各党委、总支抓学习，在全区营造崇尚学习的良好氛围。注重把建设学习型党组织与创先争优结合起来，把学习考评与党员干部的选拔使用结合起来，扩大学习型党组织创建活动的覆盖面。

【激发工作活力】 开展中国特色社会主义理论体系“进乡镇、入社区，进企业、入校园”理论宣讲对谈活动，向广大干部群众宣讲党的富民惠民政策、构建社会主义和谐社会和新农村建设的基本要求。2010年，区委中心组先后召开10次集中扩大学习会，并先后邀请省内外知名教授、专家、学者，组织开展党的十七届四中、五中全会精神、兰白都市经济圈建设、城乡一体化、党风廉政建设等专题辅导，明确中央方针政策和省、市区域发展战略部署。同时，拓展学习平台，在《今日白银区》和白银区网站开设“中心组学习”专栏，整合学习资源，提升知识传播载体的功能和质量，为建设学习型党组织打造良好平台。

【提升服务能力】 在组织学习的基础上，各级领导干部充分发挥模范带头作用，深入调查研究，认真查找制约全区经济社会发展的瓶颈问题，撰写理论研讨文章，并在《党的建设》《甘肃风采》《白银发展》《白银经济》《白银宣传》等省、市报刊发表，增强党政组织谋划发展的能力、党员干部推动工作的能力、广大党员干事创业的能力。

【营造发展氛围】 2010年全区宣传思想工作紧紧围绕区委“一条主线，两个载体，三项原则，四个突破”的总体思路，着力在服务全区工作大局、促进经济社会又好又快发展上作出新贡献，在推进学习型党组织建设、提高思想政治理论水平上取得新成效，在打好主动仗、掌握主动权，加强对外宣传，提升文化软实力上取得新进展，在加强社会主义核心价值体系建设、凝聚全区人民团结奋进的强大精神力量上开创新局面。围绕全区在加强党的建设和推动“三农”工作、项目建设、招商引资、城乡一体化建设等重点工作上的新举措、新进展、新成效，积极调动和整合全区宣传资源，打响一批导向性强、实效性高的宣传战役。注重做足、做实经济宣传，做深、做细时政宣传，做活、做好民生宣传，做广、做大社会宣传，形成围绕“中心”做文章，服务“发展”动脑筋的舆论态势。邀请中央和省级媒体记者对全区创先争优活动和城乡一体化建设进行专题专访。当年共协调省级以上专题专访4次，在市级以上新闻媒体发稿1126条，其中省级126条。《今日白银区》栏目共播出307期，其中播出新闻299期、1098条；播出专题8期。

【开展形式多样的主题实践活动】 围绕以爱国主义为核心的主题教育活动，利用重大节庆日，组织党员干部参观爱国主义教育基地，中小学生观看爱国主义影片等活动，为构建社会主义和谐社会增添信心和决心。以“庆祝白银恢复建市25周年”为契机，宣传全区光辉的奋斗历程和辉煌的建设成就，坚定全区上下建设小康社会的信念。开展“情系灾区，奉献爱心”活动，将民族精神、时代精神的学习与宣传渗透到实实在在的行动中,丰富社会思想的内涵，保持昂扬向上的精神状态。

【公民思想道德建设】 以社会主义荣辱观为重点，宣传“公民基本道德规范”和“社区居民文明公约”，大力倡导社会公德、职业道德、家庭美德，推动和促进良好社会风气的形成和发展。以“迎世博、迎亚运、讲文明，树新风”活动为龙头，在城区广泛开展“文明礼仪知识进万家”主题活动，在农村普及开展“乡风文明进农家”主题活动，在窗口行业开展“我承诺、我行动，争做道德实践先锋”主题活动，在进城务工人员中开展“我为城市添风采”主题活动，普及礼仪知识，倡导人文关怀、心理疏导和志愿服务，倡行文明礼仪、礼貌和礼节。

【思想道德宣传教育】 以红色经典和传统经典为主要内容，依托乡镇文化站、农家书屋、文化大院等阵地网络，“全民阅读”活动由城镇向乡村拓展延伸，四龙路街道建设路社区被评为全国创建学习型家庭示范社区。以道德模范评选表彰宣传活动为平台，组织开展全省第二届道德模范评选推荐活动，全社会形成关心道德模范、学习道德模范、争做道德模范的良好氛围。“我们的节日”主题实践活动和全区各类文化体育活动广泛开展。“爱国歌曲大家唱”群众性歌咏活动唱响时代主旋律，凝聚全区上、下团结奋进的强大精神力量。

【未成年人思想道德建设】 整合各类教育资源，加强学校、社会、家庭“三位一体”教育网络建设，开展“书香校园”创建活动和未成年人“道德银行”储蓄、感恩教育、养成教育等主题活动。注重中小学校心理健康教育咨询室建设和点对点心理健康咨询服务，未成年人心理健康教育步入制度化、规范化。在全区范围开展“十大和谐家庭”“十大孝顺子媳”评选活动，组织“创造良好家庭教育环境”和谐家庭大讲堂教育实践活动，促进未成年人家庭教育的健康发展。以阶段性集中整治为手段、以常态化监管为目的，加大网络、网吧和校园周边环境治理。“网络文明行动”暨“中国未成年人网脉工程白银行”活动在白银区正式启动，区二校、区三校、区四校和市六中等4家单位被命名为白银区首批网脉工程实践基地。组织各中小学开展“抵制网络不良信息，倡导未成年人健康安全上网”及“告别营业性网吧，让我们健康成长”的主题签名和“我承诺，做一个有道德的白银人”等未成年人道德实践活动。开展优秀童谣评选传唱活动和“传唱优秀童谣、做有道德的人”网上签名寄语活动，引导未成年人阅读享受健康向上的文化产品，做一个有道德的人。加强农家书屋、基层文化站、爱国主义教育基地和少儿图书馆等校外活动阵地建设，组织广大未成年人开展内容丰富的校外实践活动。在“留守儿童之家”广泛开展“爱心助成长，留守不孤单”活动。

【精神文明建设】 以思想道德建设为核心，以提高公民文明素养和城乡文明水准为目标，在全区范围内开展“精神文明建设推进年”活动，重点在城区开展“三整治、三倡导”活动，在农村开展“五提倡、五反对”活动。注重在实效性上下工夫，在重点难点上求突破，在工作机制上求创新，通过群众看得见、摸得着举措，推动活动开展。成功组织城区“告别不文明行为，争做文明市民”誓师动员大会和万人承诺签名活动，广大干部群众讲文明、讲团结、讲和谐的意识不断增强。在主要街道人口密集区设置大型精神文明宣传牌和墙体标语12处，《今日白银区》栏目开设“讲文明、树新风”专栏，对活动进展情况和先进典型进行报道，开设“记者观察”对一些单位、市民的不文明行为进行曝光。各执法部门履行职责，围绕“告别陋习、走向文明”这一主题，执行有关法规，开展文明执法和综合整治活动。加强文明创建力度，提高创建水平，白银区通过“省级文明区”检查测评,受到省委、省政府的命名表彰。

【文化事业和产业发展】 举办第四届九九重阳白银四龙剪金山民俗文化旅游节，扩大全区旅游的影响力，吸引游客体验生态游、乡村游、农家游，切实推动旅游产业又好又快发展。继续开展“甘肃省百乡千村文化对口帮扶”活动，实施农村基层文化体育建设“4813”工程，乡镇综合文化站、农家书屋配套设施完善。“文化信息资源共享工程”实现村级全覆盖。2010年三项精神文明建设惠民工程（“乡村少年宫”、“空巢老人爱心服务站”、“志愿者服务工作站”）建设任务完成。白银区“三馆一中心”建设正式列入议事日程。第三次全国文物普查调查阶段通过省级验收，完成第三次全国文物普查不可移动文物登记工作，初步建立全区文物保护单位和不可移动文物基本数据库。公布县级文物保护点28处，县级文物保护单位8处。加强非物质文化遗产保护工作，“曲子戏”成功申报为国家级非物质文化遗产保护项目，“黄河战鼓”成功申报为省级非物质文化遗产保护项目，“五穷鼓”“水川长面”2个项目正在申报第三批省级非物质文化遗产保护项目。承办甘肃省科普知识宣传周白银示范活动和省委宣传部“和谐之音城乡行，赞歌献给建设者”慰问演出等活动。组织白银区各界青年“建设兰白都市经济圈，打好棚户区改造攻坚战”共促白银发展的演讲比赛。以“我运动、我健康、我快乐”为主题，组织“庆祝省十三届运动会申办成功暨全民健身走”活动和庆“全民健身日”全国棋牌项目万人同赛“移动杯”白银市分会场活动，开展中国体育彩票“大爱无疆　关注健康”国民体质监测陇原行活动。

【队伍建设】 在集中核查、公开承诺、领导点评和群众评议上下工夫，注重实效抓学习，着眼实践抓工作，推动活动开展。

提升机关服务基层、服务群众、服务发展的能力和水平，在打好主动仗、掌握主动权。

学习、贯彻中央、省委、市委关于反腐倡廉的一系列方针政策，把日常管理教育放在首位，全面落实党风廉政建设责任制，把廉政文化建设与宣传思想工作有机结合，形成拒腐防变教育的长效机制。坚持团结鼓劲、正面宣传的方针，创新工作方法，确保党风廉政建设宣传教育工作取得实效，为全区党风廉政建设和反腐败工作营造舆论氛围。

【中共白银区委宣传部领导名录】

刘正亮　区委常委、部长

石进吉　副部长、国防教育委员会办公室主任(2010年12月止任)

闫立学　副部长、文明办主任

（高　海）

统一战线工作

【概况】 区委统战部、区对台办、区民族宗教事务局、区工商联合署办公。2010年有工作人员9人。有民革、民盟、民进、农工、九三5个民主党派区支部(社)，成员176人，大多分布在教育、医疗卫生、科技界和行政机关。其中，本科以上学历占总数的48.3%。担任省政协委员1人。全区有各类统战成员7000多人。有回族、满族、蒙古族、东乡族、壮族和藏族等少数民族20个7400余人。少数民族群众主要居住在城区，人口在40人以上的少数民族有回族、满族、蒙古族、东乡族、土家族、壮族和藏族7个。民办少数民族小学1所。全区开放的宗教场所有8处，信教群众4600余人；宗教场所中有僧人7人，阿訇2人，长老2人，各种执事37人。其中，伊斯兰教活动场所2处（白银清真寺和山南清真寺），信教群众2400余人。基督教活动场所4处（白银西村基督教堂、朝阳巷基督教聚会点、大什字基督教聚会点和西铜基督教聚会点），信教群众1300余人。佛教活动场所2处（莲花寺和瞭高山），信教群众960余人。莲花寺以僧人管理为主，瞭高山僧俗结合。未开放但初具规模的宗教场所4处（四龙镇剪金山和水川镇北武当道观、太阳岛道观、斗母宫道观），信教群众3400余人。

【民族宗教调研活动】 加强指导，协调服务，多党合作事业得到发展。指导五个民主党派区支部完成换届工作。召开三次季度恳谈会，两次茶话会，一次专题讨论会，传达学习省、市统战民族宗教工作会议精神，讨论征求《2011年政府工作报告（征求意见稿）》意见建议。组织民主党派、非公经济企业和无党派人士围绕棚户区改造等开展三次调研活动。协调组织民革市委会、民革区支部党员到水川镇、四龙镇和强湾乡进行生态循环农业发展现状调研。组织民盟区支部盟员围绕全区民营经济企业发展状况到区中小企业基地调研。2010年各民主党区支部、区工商联向区政协提交意见建议30多条，议案20多件；向市委统战部上报调研文章5篇；向区委、区政府上报调研文章3篇；向市委统战部、区委、区政府上报《白银区统战工作简讯》11期，获2010年度全市统战信息工作一等奖。指导农工党区支部联合区教育局、区卫生局在区第七小学举行“遏制结核，健康和谐”宣传活动。与市委统战部联合组织市区两级民主党派在水川镇开展科技教育卫生文化下乡社会实践服务活动，赠送2.3万元的图书、体育用品和医疗药品等。

【开展民族团结活动】 5月14日，召开全区第一次民族团结进步表彰大会，对近年来在民族团结进步创建活动中作出贡献的4个先进集体和10名先进个人进行表彰。5月30日组织民盟、民进区支部到区民族小学开展助学支教活动，捐赠1.4万元的教育教学器材，上教育示范课3节。在“尔德节”期间，邀请市、区领导在清真寺走访慰问民族宗教界人士，送去6000元的慰问金和慰问品。

【开展“和谐寺观教堂”创建活动】 联合民族宗教、司法、安全等相关部门对全区宗教场所逐一细致排查，联合甘肃法翔律师事务所在西村基督教堂举行法律服务进宗教场所专项活动。配合市、区两级相关职能部门召开现场办公会议，仔细勘察山南清真寺搬迁选址。联合区政协民族宗教和三胞联络委员会对清真寺、莲花寺、西村基督教堂等宗教活动场所进行调研。协调供热部门为西村基督教堂解决采暖问题。春节前走访慰问李仲祥、米文林等民族宗教界代表人士。成立宗教界人士生活补助费发放工作领导小组，健全宗教教职人员档案，初步审核并上报市委统战部和区政府。配合市委统战部做好朝觐人员朝觐工作。

【工商联组织建设活动】 召开工商联三届四次执委会，增选副主席、执委；对近年来在社会公益事业中作出突出贡献的8家社会公益事业模范企业和6家社会公益事业优秀企业进行表彰。协调组织税务、银行、计生等17家部门，对全区非公有制经济代表人士开展综合评价工作，推荐张安麒等5人为区级劳模，推荐薛晓天等4人为市级光彩事业先进个人。为非公经济发展提供服务聘请白银仁泽律师事务所的1名律师长期担任区工商联法律顾问，为会员提供免费法律咨询。区档案馆为部分会员企业免费整理档案5次。引导非公经济代表人士到兰州大学工商管理学院深造学习。

【开展回报社会感恩行动】 组织40多家非公经济企业、民主党派、民族宗教、港澳台侨人士为青海玉树捐款17.8万元，汽车两辆；为舟曲捐款27.1万元。动员2家非公经济企业捐赠4000元，慰问区四校和王岘镇小学的留守儿童。动员14名非公经济代表人士与29名家庭贫困大学生结成帮扶对子。

【非公经济党建活动】 新成立企业党支部47个，培育入党积极分子187名，发展预备党员29人。走访慰问老党员、困难党员25人，发放慰问金5000元。全区获省级党建示范企业称号2个，市级党建示范企业称号5个，2人获省级优秀党员带头人称号，6人获市级优秀党员带头人称号。

【社区统战】 5个街道社区开展“双向服务”和“五个一”活动。2010年全区社区统战成员为社区建设提出合理化意见建议350多条,参加社区义务劳动700多人次，为抗震抗洪抗旱救灾和帮扶社区困难居民捐款3万余元；社区为统战成员提供法律援助、医疗咨询、民政低保等各类服务600多人次。举办全区社区统战知识培训班3期。组织5个街道社区统战工作者到兰州市观摩学习社区统战工作。组织部分非公经济企业人士到平凉市学习非公经济统战工作。为3个示范社区下拨统战工作经费1.5万元，并配备投影仪3台。开展第七个民族团结进步宣传月活动和民族宗教政策法规进社区宣传活动。协助市委统战部召开全市社区统战工作现场交流会，组织参会人员观摩白银区三个社区和甘肃海天汽车贸易集团有限公司统战工作。

【港澳台侨统战】 通过多种方式宣传中共中央对台方针政策和《中华人民共和国反分裂国家法》，宣传白银区的风土人情、发展变化。组织侨办和台办工作人员对全区港澳台侨眷属进行仔细摸底，健全台账。协助区委、区政府、市委统战部引进“台湾统一企业集团”到白银区投资建厂。联合区教育局、区财政局将强台小学列为明德小学建设项目上报市教育局审定。通过市侨联为区第七小学、区十四小学争取到价值6万元“爱心图书室”2个。举办全区各界人士迎新春茶话会和迎中秋庆国庆茶话会。先后与市台办、市侨办负责人慰问6户困难侨眷台属，送去3000元的慰问金和慰问品。

【中共白银区委统战部领导名录】
吕云天　区政协副主席、部长
苏爱亭　副部长(2010.8 止任)、区台办主任(2010.9 始任)
狄国伟　副部长、民族宗教事务局局长(2010.9 始任)

（余彩芸）

政　法

【概况】　2010 年区委政法委员会（综治办、防范和处理邪教问题办公室、维护稳定领导小组办公室、执法监督室）实有人员 10 人，行政编制 7 人，事业编制 2 人，工勤人员 1 人。

【政法工作】　政法工作贯彻落实区委的决策部署，履行职责，维护社会和谐稳定，促进社会公平正义，保障人民群众安居乐业，促进经济社会健康发展。重大社会矛盾化解取得突破，综治基层基础夯实，流动人口服务管理工作得到省、市肯定，治安防控体系完善，公安、检察、法院、司法行政等业务和队伍建设取得成效。区检察院两次获全国模范检察院称号；区法院获全国优秀基层法院称号；白银公安分局连续侦破一系列大案要案，获省、市嘉奖；1 人获全省先进个人称号；区法律援助中心获全省法律援助先进集体称号；工农路街道先后在全国、全省基层综治干部培训班视频会上做综治工作经验交流；全区政法综治维稳工作受到国家人口计生委和中央综治委检查调研组的充分肯定。

【基层基础建设】　2010 年配齐基层综治办主任、专制副主任，一步到位规范阵地建设，对基层综治维稳中心阵地建设按“八有”要求进行规范，既有专职领导、有专职工作人员，有专门的办公场所，有办公电话、电脑、有门牌，有制度，有工作台账，有运行机制。建立案件评查工作机制，制定下发《政法系统案件评查检查制度》《白银区委政法委案件评查实施方案》。全区政法部门自评和集中评查案件 320 件，其中区委政法委组织评查 100 件，评查重点涉法涉诉信访案件 10 件。建立社会稳定风险评估化解工作机制。区委、区政府制定下发《白银区关于建立社会稳定风险评估化解工作机制的意见》《白银区重大事项社会稳定风险评估化解暂行办法》，全区一些事关项目引进、征地拆迁等重点工作的部门和乡镇街道在作出每项决策以及组织实施决策之前，都能进行社会稳定风险评估。健全群体性事件和规模性暴力犯罪事件应急处置联合指挥机制。2010 年全区共排查各类矛盾纠纷 620 件，化解 609 件，化解率达 98.2%。其中重大社会矛盾 37 件，化解 36 件，化解率达 97.3%；重大矛盾积案 10 件，化解 10 件，化解率达 100%。共排查清理出 2004 年以来涉法涉诉信访积案 10 件，全部息诉罢访。公安机关共立各类刑事案件 1755 起，与上年基本持平；治安案件 2404 起，比上年下降 14.1%。检察机关共受理批捕案件 202 件 288 人，审查批准逮捕 188 件 266 人，审查起诉案件 314 件 503 人，提起公诉 293 件 482 人；审判机关共受理刑事案件 310 件 504 人，审结 305 件 499 人，结案率达 98.4%。综治、维稳工作获全市考核一等奖。白银区获全国“五五”普法先进县区称号。

【白银区政法委领导名录】
杨　恭　区委常委、政法委书记
李政民　常务副书记(2010.8 止任)
杜宝岑　常务副书记(2010.9 起任)
苏世海　防邪办副主任
王勋功　维稳办副主任
魏兴德　执法监督室主任

（马军燕）

区直机关党建工作

【概况】　1966 年 3 月，中共白银区机关总支部委员会成立;1976 年 8 月，中共白银区机关委员会成立；2002 年 5 月，中共白银区直属机关工作委员会成立，简称区直机关党工委，编制 5 人。2010 年底下设 6 个党总支部、40 个直属党支部，有中共党员 1092 人，其中在职党员 919 人，离退休党员 173 人；35 岁以下党员 204 人，占党员总数的 18.7%；大学专科及以上文化程度党员 815 人，占党员总数的 77.9%。2010 年以加强机关党的执政能力和先进性建设为重点，以开展“创先争优”活动为契机，开展“五星级”基层党组织创建活动，打造学习型、服务型机关，夯实党建工作基础，深化党建工作创新，提升党建工作活力。

【思想政治建设】　围绕贯彻落实建设学习型党组织的要求，坚持“四措并举”，推进区直机关学习型党组织建设。引导广大机关党员干部树立全员学习、终身学习的理念，把学习作为政治责任、作为第一需要，形成好读书、读好书的浓厚氛围。要求每个党员特别是党员领导干部每天读一份报纸，看一篇理论文章，浏览一下新闻网页，记一篇学习日记，养成自觉学习的习惯，树立终身学习的理念。完善中心组学习制度、党员干部学习制度、党支部“三会一课”制度、党员活动日制度，做到学习时间、内容、人员、组织四落实，确保理论学习有序开展。举办“建设兰白都市经济圈，推进白银资源型城市转型”征文比赛活动，收到征文68篇，评出一等奖1篇，二等奖2篇，三等奖3篇，优秀组织奖1个。抓学习内容的落实。落实党报党刊征订工作。

【创先争优活动】 党工委成立“区直机关创先争优活动领导小组”，制定《关于在区直机关基层党组织和党员中深入开展创先争优活动的实施方案》，召开动员大会进行安排部署。把开展“四项活动”作为创先争优的抓手，组织机关各党组织开展集中核查、公开承诺、领导点评和群众评议。组织区直机关45个党组织开展“自查互查”活动，通过查看资料、座谈交流、民主测评等形式，评出“好”的党组织10个，“一般”的党组织25个，“差”的党组织9个。2010年列入学习实践活动整改的84个突出问题已全部得到整改，机关党员参加义务奉献活动67次，提出合理化意见建议77个，帮助本单位解决突出问题43个，承诺兑现1195个，领导点评指导114次，与党员群众谈心谈话205人次，帮助基层协调解决矛盾纠纷73个，帮助基层单位解决发展难题65个。树立先进基层党组织2个，优秀共产党员3人，简报信息编发83篇。

【“五星级”基层党组织创建活动】 制定《区直机关“五星级”基层党组织创建实施方案》，围绕领导班子、党员队伍、工作机制、工作业绩、群众满意度等重点方面，组织开展“五星级”党支部创建工作。至年底，区委办党支部等21个总支、支部达到“四星级”党组织标准，区委党校党支部等23个支部达到“三星级”党组织标准。通过设立党员先锋岗、党员示范窗口等形式，在机关全体党员中开展“五比五创”活动比学习，创一流素质；比团结，创一流效率；比干劲，创一流风貌；比服务，创一流作风；比工作，创一流业绩。开展争当“白银先锋”活动，先后培树先进典型6个。及时调整党组织设置，配齐配强领导班子，新建立党支部6个，到期换届7个，补选支部书记2名。

【创建“六型机关”活动】 按照“三加强一服务”（加强学风建设、加强作风建设、加强效能建设，服务转型发展）的要求，开展“清廉从政、服务发展”进机关和“创建文明机关、争做人民满意公务员”主题教育活动，以培养政治坚定、业务精通、清正廉洁、务实高效的干部队伍为重点，开展创建学习型、创新型、效能型、服务型、廉洁型、和谐型“六型”机关活动。

【“双联双带”暨“四联四帮”活动】 开展“六个一”活动，与联系村、社区组织党员同温入党誓词、共上党课、合过政治生日、联办主题党日、观看革命影片、组织文化联谊，促使党建工作资源的优化配置、有效对接。联系村、社区和联系户开展政策法规宣传、义务劳动、访贫问寒、走访慰问、应急抢险等活动，共同组织“党员志愿者服务队”，组织开展“党员奉献日”活动。在“双联双带”暨“四联四帮”活动中，党工委为武川乡政府开展计划生育工作提供帮扶资金600元，为纺织路银西社区党支部赠订《党建文汇》《党的建设》2份杂志。在机关党员大病、重病期间及时上门或委托支部看望，去世时送花圈悼念。

【党员经常性教育活动】 通过举办培训班、上党课、专题研讨、参观考察、观看电影、学习先进事迹等形式，加强机关党员干部经常化教育。组织学习胡锦涛同志在中共中央政治局第21次集体学习时对做好新形势下基层党建工作的重要讲话精神，观看以安徽省凤阳县小岗村原党委第一书记、村委会主任沈浩同志为原型的电影《第一书记》，开展向王彦生同志学习活动。完成“工行杯”感动甘肃·2010十大陇人骄子评选活动候选人推荐活动。围绕纪念建党89周年，开展“走进革命圣地、学习长征精神、争当白银先锋”主题实践活动，组织机关48名党员赴会宁参观学习，重温入党誓词。

【党员日常管理】 加强党员信息化管理，对所属45个党组织、1093名党员信息全部录入微机，建立党员信息库，完善机关党员管理信息系统。在党员发生变化时，及时督促进行关系转接、信息录入，适时进行系统维护，做好党员动态管理，实现党组织、党员规范化、信息化、网络化管理。

【做好党员发展工作】 按照“坚持标准、保证质量，改善结构、慎重发展”十六字方针，做好发展新党员的培训、考试、考察、谈话、公示等环节的工作，把好审核、审批关，发展党员20名。对列为近期发展对象的入党积极分子开展《党章》等党的知识辅导培训，在区委党校举办区直机关入党积极分子培训班，培训入党积极分子21名。

【党风廉政建设】　在机关党员干部中开展《廉政准则》知识竞赛，共收到试卷793份，90分以上144份，80分以上324份，70分以上215份，70分以下110份。抽取产生一等奖10名，二等奖20名，三等奖30名，并给予表彰奖励。230多名机关干部参加市、区两级领导干部廉洁从政党纪政纪法规知识考试。

【召开民主生活会和党员组织生活会】　党工委对各党总支召开党员民主生活会、各党支部召开组织生活会时间、主题、程序、要求逐一进行安排部署。确立生活会以“贯彻落实《党员领导班干部廉洁从政若干准则》切实加强领导干部作风建设”为主题，对照检查践行宗旨、履行职责、遵守廉洁自律规定、落实党风廉政建设责任制方面存在的问题，增强宗旨观念，改进工作作风，提高工作效能，强化廉洁自律。

【工委自身建设】　以五好班子创建活动为契机，加强领导班子的政治理论学习，提高班子成员的理论素养。贯彻落实《建立健全教育、制度、监督并重的惩治和预防腐败体系实施纲要》，落实《建立健全教育、制度、监督并重的惩治和预防腐败体系2008~2012的工作规划》，推动党风廉政建设责任制工作深入开展。及时召开民主生活会，查找领导班子成员的政治素质、领导能力、作风形象、科学发展等方面存在的突出问题，进行整改落实，强化班子的领导能力。

【活跃机关干部的精神文化生活】支持机关工、青、妇群团组织开展活动，会同区妇联举行庆“三八”趣味运动会，30多个单位近200多人参加比赛，举办白银区庆祝“三八”国际劳动妇女节100周年联谊会，各乡镇、街道、区直部门50名妇女干部参加活动，为庆祝“三八”国际妇女节增添浓厚的节日气氛。“五一”国际劳动节期间，举办白银区直机关职工羽毛球、乒乓球比赛，丰富机关干部职工文化生活，增强干部职工的团队意识和集体荣誉感。

【落实机关计划生育责任制】　随时更新干部职工计生信息采集卡，每月上报村级报告单，督促165名已婚育龄妇女做环孕情检查并填写上报已婚育龄妇女环孕情报表，宣传计生知识，做好计生服务。

【中共白银区直机关工委领导名录】
张明红（女）　书记
李兴学　副书记、纪委书记
刘金有　工会主席

（李兴学）

机构编制委员会办公室

【概况】　区机构编制委员会办公室加挂白银区事业单位登记管理局牌子，正科级建制。2010年有工作人员7人，其中干部6人，工勤人员1人。中共党员5人。本科学历4人。

【机构改革】　2010年区编办根据《白银市白银区人民政府机构改革实施方案》，印发《关于报送区政府各部门“三定”规定的通知》，按照“四分开”（政企分开、政资分开、政事分开、政府与市场中介组织分开）、“两减少”（行政审批、行政干预）的要求，梳理和分析各部门职责。取消财政、人社等7家部门行政审批事项28项。深化行政审批制度改革，减少行政审批事项，规范审批行为，改进审批方式。对发改、工信等12家部门，通过职责划入、划出，调整理顺职责28项；按照“建设服务型政府”的要求，新增和加强发改、教育等22家部门涉及群众切身利益、关系保障和改善民生、促进社会经济发展的职责110项。对确需几个部门共同承担的职责，明确牵头部门，分清主次责任。按照“权责对等、有权有责”的要求，对发改、工信等6家部门明确承担责任13项。改革后，政府工作部门共调整、加强、理顺职责191项。政府工作部门设置24个，符合市委、市政府批准的机构限额。机构改革中，按照行政编制的15%，依法核定行政编制和机关工勤事业编制，为区政府24个工作部门核定机关工勤编制29人。

【编制管理】　政府机构改革工作完成后，为增强政府工作部门履职能力，区编办以“三定”规定为依据，以主要职责为核心，以绩效考核考评指标为重点，对人社、工信、文体等24家政府工作部门的“三定”规定执行情况进行检查。通过检查，区政府工作部门的设置符合白银区的实际，符合“三定”规定，各部门在机构改革工作中取消和加强的职责已经全部调整到位。

【按编配备】　控制事业编制，加强机构编制集中管理和动态管理，为领导决策当好参谋。按照《中共甘肃省委办公厅甘肃省人民政府办公厅关于〈进一步做好党政机关消化超编人员工作〉的通知》，2010年消化超编人员26人，其中退休13人，完成当年消化超编人员任务。

【机构编制监督】 完善“12310”举报电话投诉制度。2010年8月区编办联合区监察局、人事局、财政局对全区行政事业单位的机构编制等相关问题，进行全面监督检查，重点是治理全区吃空饷、长期不在岗、违规借调干部等问题，共清查长期在编不在岗31人，自动离岗21人,借调干部108人,并对发现的人员混编混岗等问题进行及时纠正。

【事业单位改革】 2010年结合全区政府机构改革，对区直部门所属的230家事业单位进行清理规范，撤并事业单位4家，划转事业单位19家。

【事业单位登记】 为新成立的2家事业单位办理登记手续，登记率为100%，对32家事业单位的名称、法定代表人、住所及经费来源进行变更登记，并在《白银日报》上公告这34家单位的相关内容，对171家事业单位进行年度检验，占应年检180家的95%，年检合格率达100%。

【编制调整】 针对公园路居民密集的实际,及时成立公园路社区卫生服务中心,调剂解决事业编制和人员,确保社区医疗卫生工作的顺利开展。配合教育局,对省、市核定的部分教师编制进行调整,涉及撤并调整学校35家。整合教育资源,优化教育结构,提高教育质量。完成《2010年白银区事业单位机构演变》,为事业单位机构编制管理、事业单位法人登记、事业单位岗位设置及实名制管理提供理论依据。为全区行政事业单位编印《机构编制管理政策法规选编》500册,发放到全区领导干部手中,增强领导干部的机构编制意识,推动政府机构改革工作发展,确保机构编制工作任务的完成。

【白银区机构编制委员会办公室领导名录】

张　翀　主任、事业管理局局长(2010.11止任)

孙维荣　主任、事业管理局局长(2010.11始任)

王守廉　副主任 (2010.11始任)

王丽红(女)　事业管理局副局长

(张清霞)

中共白银区委农村工作办公室

【概况】 区委农工办于2010年12月组建成立，为区委工作部门，加挂白银市白银区新农村建设工作领导小组办公室牌子。行政编制3人，其中主任1人，副主任2人。机关后勤事业编制1人。2010年底，实有工作人员2人。驻水川路71号，办公用房3间60平方米。

【建立“惠农通”信息服务平台】 制定印发《白银区惠农政策信息化建设工作实施方案》，印制农户基础信息表68000张，建立农户基础档案，搜集整理惠农政策37项，编印白银区惠农政策宣传手册16500册，印制惠农政策制度牌13种307块，印制惠农政策资料袋17000个，依托移动公司开辟“惠农通”信息服务平台，为四龙、水川、武川、强湾四个乡镇的16403户农业人口提供惠农政策宣传、惠农补贴告知查询、信息统计汇总与监督管理、农业生产技术信息手机咨询服务等。当年4个乡镇37个行政村制度牌已经上墙，宣传手册、资料袋已分发到农户，“惠农通”综合信息服务平台开通。

【中共白银区委农村工作办公室领导名录】

曾俊华　主任

(王建平)

区委党校

【概况】 区委党校占地面积1000平方米，有综合教学办公楼1栋，建筑面积1800平方米。2003年1月成立白银区行政干部管理学校，实行“两块牌子，一套班子”的管理模式。校长由区委副书记兼任，常务副校长主持日常工作全校核定编制17人，2010年有教职工14人，其中专职教员10人；高级职称5人，中级职称5人。学校内设教务科、函授科、总务科和办公室。

【创先争优活动】 成立由常务副校长担任组长，班子其他成员担任副组长的活动领导小组，制订实施方案。以“五个好”为基本要求创建“五星级”基层党组织，以“五带头”为基本要求争当“白银先锋”，将创建工作摆上重要议程，纳入目标管理。开展集中核查、全面推进公开承诺、及时开展领导点评、组织群众评议。班子成员根据分工，齐抓共管，全过程地发挥领导和指导作用。结合活动，抓学习、强素质，抓团结、聚合力，抓作风、促落实，抓廉政、树形象，抓工作、创实绩，促进党校干部教育培训工作上新台阶。教职工撰写学习笔记25万字、心得体会14篇。在全市党校系统主体班优质课竞赛中，1人获二等奖，论文《创新干部培训模式的思考》在《白银宣传》发表。在全市党校系统“六个必须”理论研讨会上，论文《推动农业升位，促进农业升位》得到重点交流，并在《白银社科》上发表，《牢牢把握以人为本科学发展的主旋律》获市委市政府颁发的白银市第六届哲学社会科学优秀成果奖，《资源枯竭城市科学转型的战略思考》《萧红创作风格之我见》在《党校教育研究》刊物第五卷发表。

【干部培训工作】　党校按照区委组织部下达的干部教育培训规划，共举办全区社区干部、村党支部书记、村主任、科级后备干部、环保干部、入党积极分子、团干部、工会干部、妇女干部、新选任村两委委员培训班共计14期，共培训981人次，顺利完成全年培训任务。派教员深入农村基层参加村两委培训和基层组织换届选举前培训12场次，共培训730人次。

【提高培训授课质量】　抓教师的备课、上课和评课工作，开展听课说课评课活动，对教师的教学实行全过程管理，促进课堂教学质量的提高。外请相关部门领导专家授课，提高理论联系实际的层次。通过组织案例式教学，密切学员和学员、教师和学员之间的关系，增强学员的团结合作精神，调动学员的学习积极性。组织学员参观区工商分局廉政教育基地。

【改革教育培训方式】　召开专题备课会。征求教师对专题设置的意见和建议，拟定2010年教学课程设置计划。拟定教学科研3项制度（教师讲座跟听制度、外出讲课等级制度和教师交流制度），组织集体听课3次。建立党校师资库，选聘37名实践经验丰富、理论水平较高、善于课堂讲授的党政领导干部、企业管理人员、专家学者担任党校的兼职教师，优化师资队伍。建立马列基本理论、经济管理、社会与法学、党史党建4个教研室，进一步明确教师的专业分工。兴调研之风。领导班子成员带队分组入区街道乡镇分发问卷，调查干部培训需求情况。

【学历教育管理】　面临函授教育生源枯竭的现状，党校克服困难，领导带头，全员参与招生工作。扩大与省内高校联合办学规模，建立兰州城市学院白银教学站，实现兰州大学白银函授站的转站工作。班子成员分包联系单位，派出专人到三县两区政府、学校、企业等部门，广泛动员，加强招生宣传，组织生源。

【加强函授制度建设】　制定函授学籍管理制度、函授班主任工作职责、考务管理规程等一整套完整的工作制度。抓班主任管理，要求班主任督促学员及时交费、及时参加学习考试、完成毕业论文、参加论文答辩。完成2008级兰大毕业生信息采集工作、2010级新生入学资格审核等具体工作。

【改善办学条件】　争取资金，完成多媒体教室的课桌椅更换、粉刷装修和楼顶防漏修补工作，给教职工和各科室配齐相应的电脑电话，为党校工作的正常运行提供保证。

【提高教职工队伍素质】　组织教职工进行专题理论学习。撰写学习心得14篇，设立学习园地，开展心得体会展评。全体教职工记写政治、业务学习笔记各2万字以上，党校作为全区法制宣传教育基地，领导班子经常教育全校教职工要知法、懂法、守法，提高教职工的政治理论水平和法律知识水平。

【廉洁自律】　学习党纪党规，廉政建设有关规定和《领导干部廉洁自律“六项”规定》，增强自律意识，端正工作作风、生活作风。正确对待权力，履行职责。按照党风廉政建设落实情况，做到制度之内“不缺位”，制度之外“不越位”。坚持每周二、周四集中学习，要求校委会成员带头学习。在政治、业务学习笔记、听课记录评比中，校委会成员分别获得奖项，起到学习示范带头作用。按照《民主生活会制度》《校委会会议制度》等各项制度，坚持重大事项由校委会集体研究决定。制定党风廉政建设责任目标，明确工作重点。制定廉洁自律承诺书，自觉接受群众监督，保证自身廉洁从政。发挥廉政教育基地作用，把党风廉政教育内容贯彻到各个培训班次。当年共举办廉政教育讲座14次，培训981人次。抓机关工作作风，做到工作要勤，纪律要严，形象要廉。坚持从严治校、严谨治学、从严管理的原则，与时俱进、开拓创新，开展党校各项工作。加强综合治理工作。抓好精神文明建设、社会治安综合治理、计划生育、校园安全保卫、保密等工作。规范财产管理，搞好后勤服务。规范办公用品的购进入库出库领用登记制度和固定财产登记制度。

【中共白银区委党校领导名录】

潘延恩　区委副书记、校长

强天林　常务副校长

李怀花（女）　副校长

孙文鹏　副校长

（王秀丽）

非公经济党建工作

【概况】 区非公有制经济党工委隶属白银区委，由11名委员组成，下设白银区分局、西区分局和高新技术产业开发区非公有制经济委员会。

按照“围绕发展抓党建，抓好党建促发展”的总体思路，围绕“组织创先进、党员争优秀、企业有发展、职工得实惠”的目标，在省市党工委的正确领导下，指导非公企业党建和创先争优活动，开展“非公党建推进月”“双培双带”党员“五在前”“五比五创”“五不”“党员示范店”党员党组织承诺等活动。全区共创建非公企业党员示范岗54个，建立党建示范企业15家，个体党员示范店15个，确定党建重点企业22家。有13家非公企业党组织和23名非公企业党员，受到省、市、区的表彰奖励，成为全区率先涌现出的“先进基层党组织”和“优秀共产党员”。验收五星级党组织1个，申报五星级党组织8个，四星级党组织2个。

【非公党建工作】 区非公党工委以“摸清情况，搭建班子”为总体要求，在全区开展非公经济党建情况调查摸底，依据非公党员信息表、E6工商业务软件，建立、完善非公党建数据库。经过普查统计，全区建立党组织的非公企业总计145个，党委7个，党支部138个，非公党员总计844名，其中非公企业党员779名，从事个体经营的党员65名。“七一”前夕慰问老党员、困难克员25名，发放慰问金5000元。

【完善制度】 11月5日，中共白银区非公有制经济工作委员会正式转设白银工商分局，同时在西区分局和高新分局成立非公党委，辖区工商所成立8个非公经济党支部和工作站。围绕白银区中心工作，发挥工商系统垂直管理、上下对口、联系企业紧密、职能抓手有力的优势，加强对非公党建工作的领导、指导和协调，谋划部署，推进党建工作。在基层党建工作站，党建工作者围绕“抓好党建是本职、不抓党建是失职、抓不好党建是不称职”的要求，探索推行“一岗双责”工作机制，工商干部两副担子一肩挑，两项工作一起抓，把履行工商职能与抓好非公党建工作融为一体，与业务工作同规划、同部署、同检查、同考核。全区90%以上的非公企业党组织活动场所达到“六有”和“八个一”标准要求。共建立完善党员发展制度、领导干部联系点等20项非公党建规章制度。当年区非公党工委成立纪检、共青团、妇联、工会四个工作委员会。

【扩大党组织覆盖面】 围绕“无党员抓发展，有党员抓组建，有组织抓提升”的思路，采取“独立建、联合建、挂靠建、依托建、选派建”等五种方式，实行分片包抓、属地分级共管、建立健全台账、强化指导帮助、依托个私协会分会联合组建等有力措施，共培养入党积极分子187人，发展党员28人，帮助符合条件的98家私营企业建立党支部，组建率由年初不足1.2%发展到14.7%，33家规模以上非公企业党组织组建率达到100%。区非公党工委教育引导有各级政协委员、人大代表的企业、有著名驰名商标的企业、注册资本在2000万元以上的企业、获重合同，守信用称号的企业、获市级以上诚信企业称号的企业率先建立党组织，发挥示范带动作用。培育非公企业党组织活动阵地规范化建设示范点22个、优秀党员带头人12人，帮助解决登记注册难题6件，注册商标112件，著名商标5件，通过打假维权为经营者和消费者挽回经济损失41万元。

【创先争优活动】 在生产加工类企业开展“实施品牌战略，生产一流产品，提高创新能力，推进科学发展”为主题的“五在前”(政治业务学在前、生产经营干在前、技术创新走在前、遵纪守法严在前、联系职工好事办在前)活动；建筑施工类企业开展“强化质量意识，争创一流业绩，建设精品工程，促进安全生产”为主题的“五比五争当”（比革新，争当技术能手；比降耗，争当节能先锋；比质量，争当业务标兵；比安全，争当平安班组；比贡献，争当先进模范）活动；商贸流通类企业开展“建设繁荣市场，加强城乡交流，促进诚信经营，方便人民群众”为主题的“五不”(不违约失约、不售假冒伪劣商品、不搞价格欺诈、不掺杂使假、不强买强卖）承诺活动；服务行业开展“单位是窗口、个人是形象，我为铜城添光彩”为主题的争创“五星”（语言文明星、仪表端庄星、技能熟练星、服务质量星、顾客满意星）活动；个体工商户开展“亮身份，讲诚信，比贡献”为主题的挂牌经营和佩戴党徽（党员经营的门店挂牌亮牌、党员个人佩戴党徽）活动；农民专业合作社开展“党员致富带头人”活动。探索推行党组织和党员“依岗承诺、组织审诺、公开示诺、全面履诺、组织督诺、综合评诺”的“六诺”工作法，98户非公企业党组织和868名非公企业党员主动参与创先争优活动。基层非公党组织在创先争优活动中，提出合理化建议12条，开展技术革新项目2项，为企业带来经济效益450万元，为群众和社会做好事10件，完成急难险重生产任务1件。全区非公经济组织先后为青海玉树捐款捐物24万余元，为甘南舟曲县捐款23万余元。

【中共白银区非公经济工委领导名录】

宣立龙　副书记(2010.2 止任)
梁月梅(女)　副书记(2010.11 止任)
卢成刚　书　记(2010.11 始任)
郭　栋　副书记(2010.11 始任)
贺得俊　副书记(2010.11 始任)
张玲玲(女)　副书记(2010.11 始任)
杨加鸿　副书记(2010.11 始任)
王森良　副书记(2010.11 始任)

（张巨鹏）

保密工作

【概况】　中共白银区委保密委办公室、白银区国家保密局负责制定保密规章和保密标准；组织保密检查；组织审查和审批；组织技术防护；组织密级鉴定和案件查处；指导、监督、处理保密事项。2010年中共白银区委保密委办公室、白银区国家保密局行政编制2人

【保密工作】　发挥保密工作“保安全、保发展”的作用，白银区荣获2010年度全省保密工作先进集体。区委、区政府成立保密工作领导小组，由党政主要领导任组长、副组长。完善一把手负总责、分管领导具体负责、各职能部门各司其职的保密工作运行机制。落实领导干部保密工作责任制，区保密局与区直各部门单位签订《白银区保密工作目标管理责任书》，明确职守、责任到人，真正做到机构、责任、措施、人员“四到位”。做好保密承诺书签订工作，增强各级领导和干部的安全意识、保密意识和规范意识。结合新修订的《中华人民共和国保密法》，加强保密法规制度建设，集中对现行的保密规章制度进行全面梳理，及时修改完善，汇编《白银市白银区保密工作规定及有关制度》（修订本），规范全区保密工作运行机制。修订完善《白银市白银区国家秘密及密级具体范围规定》，它是区分国家秘密及非国家秘密，确定国家秘密密级的重要依据。执行公文的收发处理规定，加强对机要文件的管理和各类文件的印制、保管、清理、归档、销毁工作的保密安全措施。按照中保委“谁上网、谁负责”的规定，贯彻执行网络发布信息领导审批制，制订下发《政府信息公开保密审查（暂行）规定》,对网上发布信息、上传文件、下载资料以及移动存储设备在涉密计算机设备上的使用等做出明确规定。按照市“涉密计算机违规外联监控系统”二级平台的建设要求，构建安全便捷的信息传递渠道，确保党政机关内部信息的安全。做好党政办公楼搬迁过渡中的保密工作，严防失泄密事件发生。申请经费专门购买《党政机关工作人员保密须知·图文版》《保密法律法规汇编》《信息安全保密技术精讲》《保密工作指南》等书刊，分发区四班子领导和有关重点涉密单位。开展全区保密工作大检查，各部门单位对照《党政机关保密检查目录》逐项、逐机进行检查，并督促建立计算机及U盘管理台账，提高对网络泄密问题的发现和查处能力。做好涉密文件资料回收工作，所有需要销毁的涉密文件全部登记造册，在区保密局的监督下，进行集中销毁。对区委办、区政府办、区统计局等重点保密单位，定期开展指导检查，从文件定密、标密、归档、集中销毁等各个环节全程跟踪服务。对全区各部门单位需送档案馆保存的涉密档案，进行认真细致检查，对标密不规范全部予以退回。加强高考期间保密管理工作，从考卷发放、回收、上交等环节强化保密措施，确保全区高考工作进行。

【中共白银区委保密委办公室、白银区国家保密局领导名录】

高永琴（女）　主任、局长

（高永琴）

老干部工作

【概况】 2010年推进离退休干部党支部建设和思想政治建设，引导离退休干部发挥作用，加强老干部工作部门自身建设。

至12月底，全区健在离休干部46人。男40人，女6人。中共党员37人，占离休干部总数的80.43%，民革党员1人，群众8人。行政单位16人，事业单位11人，企业单位19人。其中，抗日战争前期5人，抗日战争后期4人，解放战争时期37人。副地级及享受副地级待遇1人，正县级待遇1人，副县级及享受副县级待遇24人，正副科级待遇7人，其它13人。70~79岁8人，80岁~89岁37人，90岁及以上1人。平均年龄86.3岁。最大年龄91岁，最小年龄78岁。退休干部共有2159人。其中，区委老干局管理的县级干部共50人。行政单位47人，事业单位3人。正县级干部15人，副县级干部35人。本科以上学历9人，大专学历16人，高中13人，初中及以下12人。55~65岁9人，66~75岁16人，76~80岁25人。

市委办《关于进一步加强新形势下全市离退休干部工作的实施意见》文件下发后，区委老干局结合全区第二批学习实践科学发展观活动和全面效能建设活动，采取问卷调查、个别走访、调研座谈等形式，对全区退休干部服务管理工作开展全面调研，形成《白银区退休干部服务管理工作调研报告》。

【创建“五好”支部】 开展创建“支部班子好、党员队伍好、组织设置好、活动开展好、群众反映好”主题活动，加强离退休干部党支部思想建设、组织建设和制度建设。优化班子结构。针对离退休干部党支部班子年龄偏大、结构老化问题，对离退休干部党支部班子改选调整。改善优化支部班子的年龄结构、知识结构，增强支部活力。完善组织设置。从离退休干部健康状况、年龄结构和居住情况的实际出发，本着有利于教育管理、有利于参加活动和有利于发挥作用的原则，采取合建、联建等形式，扩展离退休干部党支部活动的覆盖面。加强制度建设。坚持和完善离退休干部组织生活、学习交流、联系党员、流动党员管理、党费收缴管理制度，按照集中活动与分散活动相结合的要求，组织离退休干部每季度开展一次党课学习，每月过一次组织生活，增强离退休干部党支部的吸引力和凝聚力。开展主题活动。确定活动主题，创新活动载体，组织老干部参与纪念改革开放30周年、庆祝建国60周年等系列活动。举办以“迎国庆、颂改革”为主题的老干部书画作品展览活动等。

【坚持“六项”制度】 理论学习制度。部署召开离退休干部学习实践科学发展观活动动员会议。为离退休干部征订发放学习资料3套291本。组织老干部收看收听十七届四中全会实况，发送学习读本102多册。阅读文件制度。指派专人为离退休干部和行动不便的老干部送阅文件。当年为离退休干部学习活动室更换文件56份，累计传阅1200多人次。参加重要会议和重大活动制度。邀请离退休干部代表参加“两会”及各项重大活动5场次，累计参与老干部255多人次。情况通报制度。召开离退休老干部迎新春座谈会、欢度重阳节座谈会等2场次，及时向老干部通报全区经济社会发展情况。参观考察制度。组织离退休干部考察向阳村棚户区改造,中材甘肃才水泥4500/D新型干法水泥项目建设,水川镇桦皮川村和四龙镇民乐村城乡一体化建设示范点等全区重点项目建设现场，进行实地观摩。走访慰问制度。重大节日和传统节日走访慰问和对生病住院老干部探望慰问制度。全年走访慰问离退休干部及遗属208多人次，看望生病住院老干部12人次。

【督促“两费”落实】 全区46名离休干部离休费分别由财政按时足额发放。行政事业离休干部离休费由同级财政保障发放。行政事业离休干部医药费据实核销。全区46名行政事业单位离休干部医药费，由区财政拨付卫生部门统一核销。全年核销行政事业离休干部医药费90万元，人均支出19565.22元。认真贯彻执行相关政策规定。为8名因瘫痪等原因生活长期完全不能自理的离休干部提高护理费；为13名离休干部遗属提高遗属生活困难补助费；为1名抗战时期离休干部提高享受副正地级医疗待遇，为4名抗日战争前期离休干部提高享受副地级医疗待遇。

【搭建“两个平台”】 尊重老干部参与经济社会事业建设的政治热情，为老干部发挥作用搭建平台。动员老干部参与关心下一代工作。招募“五老”网吧义务监督员11名。8月中旬开展岗前培训，印发学习材料，颁发聘书，开展工作。全区2159名离退休干部中，参与关心下一代工作的近102人，占离退休干部总数的4.72%。动员老干部参与构建和谐社会工作。根据老干部曾任职务、身体状况特点，组织老干部参与全市经济建设和维稳工作，参与年度考评考核工作等。聘请1名离退休干部担任白银日报社社会评报员，聘请11名离退休干部担任行风监督员。人民路街道离休干部冯廷佐获全省离休干部先进个人称号。

【开展“两项活动”】 开展学习实践科学发展观活动和全面效能建设活动，切实加强局机关思想政治建设、工作制度建设和工作作风建设。理论学习，分析评议，查摆问题，整改落实，确定整改项目5类15项，整改14项。开展“讲党性、重品行、作表率、树形象”活动，加强干部教育管理，加强政策业务培训，老干部工作人员的政策运用能力、服务管理能力和开拓创新能力得到提高。修订完善局机关规章制度4项，整理编印《中共白银区委老干部工作局机关规章制度汇编》一书。规范办事程序，制定《离退休干部逝世后丧事办理工作流程》《看望慰问离退休老干部工作流程》《离退休干部来信来访办理工作流程》等。信息宣传和信访工作全面加强。全年编发报送工作信息14条，被省委老干局采用2条；向省委老干局上报调研报告1篇，被获省委老干局2010年优秀调研成果二等奖。会同相关部门，对人民路6名离休干部反映的离休费发放问题调查核实。配合区政府信访事项复查复核委员会，对武川乡1名离休干部子女反映其父丧葬费和一次性抚恤金发放问题进行复查，问题得以解决。

【白银区老干局领导名录】

魏立霞(女)　区委组织部副部长、局长

（董建海）

白银区政府旧统办楼

民主党派地方组织

民革白银区支部

【概况】 1958年8月18日民革白银小组成立。白银市撤销后为民革兰州市白银区支部。1988年6月3日换届后为民革白银区支部。党员组成是同原中国国民党有关系的人士、同本党有历史联系和社会联系的人士、同台湾各界有联系的人士，以及其他人士。民革白银区支部设主委1人，副主委3人，支部委员3人。年底有党员36人，中高级职称占80%。1996年至2010年支部共提交各类提案108件，撰写调研报告35篇。先后组织社会服务活动24次，服务人群达7200余人次。向社会困难群体及灾区捐款16000余元。2009年2月19日，日光温室秸秆生物反应堆技术现场会在白银隆重召开，全国人大常委会副委员长、民革中央主席周铁农亲临会场，对白银市试验示范推广这项新技术高度重视，并听取专题汇报，就白银推广秸秆生物反应堆技术提出指导性意见。

【理论学习】 利用党员自学形式及支部活动时间，采用理论学习、参观考察、新成员培训、党派之间的联谊活动等形式，组织党员学习相关材料。把开展政治交接学习教育活动与纪念中共中央发布“五一口号”60周年、改革开放30周年活动有机结合起来。把学习贯彻中共十七大精神作为贯穿学习教育活动主线，把正确把握政治交接内涵作为学习教育活动的重要环节。坚持中国共产党的领导，贯彻落实科学发展观，坚持把思想建设贯穿始终，提高广大党员的思想政治素质。提高支部的凝聚力，增强广大党员的信心。尊重老一辈，培养新一代。增强新一代政治理论水平和政治实践能力，提高合作共事能力。以树立和践行社会主义核心价值体系为主要目标，支部制定开展学习和活动的步骤和目标，并上报区委统战部。通过“学理论、学传统”，巩固团结奋斗的共同思想基础；深化全体党员对中共中央一系列新思想、新观点、新要求的理解和认识。突出参政党特色，提高参政议政能力，增强团结意识、大局意识和奉献意识。发扬与时俱进、开拓进取、求真务实、奋勇争先的时代精神，树立正确的荣辱观。

【社会实践调研及社会服务】 围绕中共白银区委、区政府的中心工作和重点工作，发挥民主监督作用，履行参政党职能。以党员中的政协委员和行风监督员为主体，在区政协、区委统战部的协调及大力支持下，开展社会服务及社会调研活动。调研市区宗教活动场所，城区经济适用房及廉租房建设情况，区检察院渎职侵权案办理情况，景泰湿地公园经营状况等。当年7月在区委统战部的支持和协调下，民革市委会同民革白银区支部对白银区水川镇、四龙镇和强湾乡进行生态循环农业发展现状的数天调研，得到大量第一手资料。形成《白银黄河农业经济带生态循环农业发展调研报告》，并上报区委统战部，为政府科学决策农村产业结构、维护农业生态平衡提供理论和实践依据，支部也为推进新农村建设及生态循环农业建设出一份力。发挥民主党派自身优势，开展社会服务活动。参加水川镇大型“三下乡”活动。舟曲特大泥石流灾害发生后，民革白银区支部党员伸出援手，奉献爱心。

【自身建设】 有计划，有步骤发展5名有代表性的中青年知识分子，补充支部的后备力量。当年，支部有党员36人。换届后的支委平均年龄下降2岁，在各自单位均为业务骨干。

【举办联谊活动】 把握两岸关系和平统一发展这个主题，落实胡锦涛总书记提出的两岸关系和平发展的思想，加强祖国统一宣传工作。举办中秋祖国统一联谊活动，促进台属党员加强与台湾同胞的联系。

【民革白银区支部领导名录】

顾正萍(女)　主委(2010.7 止任)
魏其堂　主委(2010.7 始任)
王锡敬　副主委(2010.7 止任)
顾秀珍(女)　副主委(2010.7 始任)
高承仲　副主委(2010.7 始任)
寇欣雯(女)　副主委(2010.7 始任)

(顾秀珍)

民盟白银区支部

【概况】 1995年8月11日民盟白银区支部成立。成员主要由从事文化教育及科学技术工作的高、中级知识分子组成。设立主委1人，副主委3人，支部委员3人。年底共有盟员33人，其中文化教育界19人，其他界别14人。支部自成立以来，盟员共获得省部级及市、区级表彰奖励50人次。2005年12月民盟区支部获民盟白银市委先进集体称号；2006年获优秀提案先进单位称号。

【主要活动】 履行民主监督参政议政职能。1995年民盟白银区支部把武川乡新安村定为科技扶贫点，把红砂岘小学定为教学联系点。2005年参与北京四中为白银市一中免费开通北京四中网校以及联系民盟江苏省委促成白银市一中与江苏南通中学结成友好学校等活动。当年，向社会困难群体及灾区捐款1万余元。2010年支部有市政协委员1人、区政协委员6人，区人大代表1人，特邀“四员”7人次。共提交各类提案92件，撰写调研报告38篇。支部积极从事社会服务工作。先后组织支教、科技扶贫等社会服务活动20次，捐赠图书、体育器材2万多元。

【民盟白银区支部领导名录】

李志军　主委(2010.11 止任)
颜伟臻　主委(2010.11 始任)
曾海菊(女)　副主委(2010.11 止任)
王学武　副主委(2010.11 始任)
蔡玉英(女)　副主委(2010.11 始任)
李玲香(女)　副主委(2010.11 始任)

(颜伟臻)

民进白银区支部

【概况】 1990年3月18日中国民主促进会白银区支部成立。以文化教育界高中级知识分子为主。设主委1人，副主委3人，支部委员3人。至2010年底，有会员54人，其中文化教育界42人，其他界别12人。支部自成立以来，共提交各类提案86件，撰写调研报告31篇。先后组织社会服务活动40次，服务人群达8000余人次。向社会困难群体及灾区捐款15000余元，捐物63件。2007年至2008年，获民进甘肃省委会表彰先进集体称号；2010年获民进中央委员会表彰先进基层支部称号。

【主要活动】 支部主委、副主委组成领导小组，带头学习，发挥示范作用。依据区委统战部的具体实施意见，做好思想动员。支部采取集中学习与自主学习的方式，推荐学习《社会主义核心价值体系学习读本》《六个“为什么”》等书目，参与民进省委会组织的学习《六个“为什么”》知识征答活动，学习小学教师霍懋征的先进事迹。支部要求每位会员写出千字左右的学习体会，互相交流，探讨，让会员深刻领会社会主义核心价值体系的科学内涵和精神实质。支部骨干会员参加区委统战部统一安排的活动，结合庆祝民进成立六十五周年和创建民进先进地方组织、先进基层组织活动，面向社会热点和难点问题，开展调研。首先对胜利街平房的改造进程进行详细的调查，发现该地区平房早已破烂不堪，存在很大隐患。加之90%以上出租给流动商贩和社会闲散人员，更有甚者，部分平房已变为藏污纳垢之地，严重干扰周边学校的正常教学秩序，给孩子们的身心健康带来很大威胁，也给周边住户带来不安定因素。针对这一现象提出合理建议，此建议被民进市委会作为集体提案准备提交当年政协会。另外，对学校安全教育；校门口交通情况、摆摊设点等问题进行调研，均已形成提案。支部先后选派5名会员分别参加省市社会主义学院培训班。2010年1名社员被评为省优秀会员，民进白银区支部被评选为全国先进基层组织，得到民进中央的表彰。

【中国民主促进会白银区支部领导名录】

焦万元　主委
张射英(女)　副主任
李沅林　副主任
孟令钢　副主任

(焦万元)

农工党白银区支部

【概况】 1996年1月25日农工党白银区支部成立。以医药卫生界高中级知识分子为主。设主委1人，副主委3人，支部委员3人。2010年底共有党员33人，其中医疗卫生界18人，其他界别15人。支部自成立以来，共提交各类提案89件，撰写调研报告36篇。先后组织社会服务活动24次，服务人群达7200余人次。向社会困难群体及灾区捐款12000余元，捐物78件。2008年，农工党甘肃省委会表彰为先进集体，同年，农工党中央委员会表彰为社会服务先进单位；2010年，农工党白银区支部获农工党中央、农工党甘肃省委会先进支部称号。2人获省级奖励，有5人获市、区级奖励；1人晋升副高职称。在国家级、省（部）级刊物上发表论文6篇。

【理论学习】 学习社会主义核心价值体系的基本内容和相关理论；学习中共十七届五中全会精神及胡锦涛总书记的重要讲话。选派3名党员参加农工党甘肃省委会组织的甘肃社会主义学院“骨干党员”培训学习；选派4名党员参加农工党白银市委会组织的白银市社会主义学院“骨干党员”培训学习。并参加市委会组织的报告会、座谈会、研讨会4次，参加中共白银区委统战部组织的大型调研活动2次，季度恳谈会4次，给区委统战部报送信息15次，完成农工党中央关于基层党员基本情况调查问卷30余份。农工党白银区支部还多次召开支部委员及部分党员学习座谈会，所有参加学习的党员都做详细的学习笔记，每个委员还撰写自己践行社会主义核心价值体系的心得体会。

【参政议政】 围绕区委、区政府中心工作，针对群众普遍关心的热点、难点问题调研，先后完成《发展社区卫生服务，健全社会保障体系》《学习执政党先进经验，提高参政党参政能力》《浅谈民主党派应如何更好地践行社会主义核心价值体系》的调研报告3篇。农工党白银区支部结合实际情况撰写提交《关于加强我市中小学生心理健康教育的建议》《关于加强白银城区绿化，改善人居环境的建议》《关于拓展农业增收渠道，增加农民收入的建议》等有价值的提案7件。支部还向区委统战部报送相关活动及会议信息16条。所有这些工作，都得到上级领导和有关部门的好评与肯定，同时也锻炼和提高支部党员的参政议政能力。

【社会服务工作】 发挥以医疗卫生界为主的党员优势，联合区卫生局、区教育局共同进行一次大型“结核病”预防知识的宣传活动，向区属各中小学生发放相关宣传资料10000余份；发放印有宣传材料的学生笔记本4000册。这次活动共花费资金1.4万元。当年农工党白银区支部还联合市委会共同组织相关医疗专家到水川镇进行大型义诊活动一次，义诊人数300多人次。

【联谊活动】 2010年7月农工党白银区支部组织全体党员联合其他兄弟支部到榆中青城进行参观学习暨联谊活动一次。8月支部参与并协助市委会组织召开庆祝中国农工民主党建党80周年庆祝大会。农工党白银区支部组织2次献爱心捐款活动，为青海玉树地震灾区捐善款3250元；为甘肃舟曲泥石流灾区捐善款3050元。农工党白银区支部主委李乾明赴舟曲灾区参加灾后救助医疗工作。

【支部自身建设】 增加2名较年轻的候补委员，为班子的后续建设做好准备。经过严格审核与考察，发展2名素质好、层次高、代表性强的同志入党。

【农工党白银区支部领导名录】

李乾明　主委
尚学明　副主委
姜身齐　副主委
李向军　副主委

（李乾明）

九三学社

【概况】 至2010年底，共有社员40人，社员中有省政协委员1人，市人大代表1人，市政协委员1人，区政协委员4人（其中常委2人）。

【思想建设】 以《中共中央关于进一步加强中国共产党领导的多党合作和政治协商制度建设的意见》为指导；以九三学社成立65周年为契机，在社员中广泛开展学习《意见》精神、学习统战理论知识、学习社章、社史、社的优良传统等活动。召开各类座谈会，组织大家学习十七届五中全会精神等党的方针政策和社中央、社省委的有关会议精神。

【组织建设】 注重质量、保持特色。2010年7月2日召开第四次全体社员大会，大会选举产生九三学社白银区支社主委、副主委，顺利完成换届工作。2010年共发展社员2人。1名社员被提拔担任正科级领导干部，1名社员被提拔担任副科级领导干部。通过开展评选先进、年终慰问、看望生病社员、开展联谊活动等增强社组织的凝聚力。1名社员被九三学社省委会评为优秀社务工作者，1名社员被评为优秀社员。

【参政议政】　发挥参政议政、民主监督的主渠道作用，在2010年“两会”上建言献策，共提交提案4件。每参与政治协商、民主监督，通过参加各类座谈会、恳谈会、征求意见会等向区委、区政府建言献策，各类特邀人员及政府担任实职人员通过参加行风评议、各类检查活动，在本职工作中发挥作用。

【社会服务】　在青海玉树地震、甘肃舟曲泥石流灾害救灾活动中通过各种方式组织社员向灾区奉献爱心、贡献力量，分别捐款700元、1100元。

【九三学社白银区支社领导名录】

常登俊　主委（2010.7止任）
何艳君　主委（2010.7始任）
杨连常　副主委（2010.7止任）
张连梅（女）　副主委
张正顺　副主委（2010.7始任）
李学耀　副主委（2010.7始任）

（李学耀）

水川湿地

政权·政协

2010 年 8 月 31 日，白银区十二届人大常委会第二十六次会议召开

白银区人民代表大会

区第十二届人大第四次会议

2010年1月12日~15日，白银区第十二届人民代表大会第四次会议在白银饭店铜城会议厅举行。市委常委、白银区委书记梁蓉兰，区领导张润苍、李兰宏、陈松，区委各常委，区人大常委会各副主任，区政府各副区长，区政协副主席，区人武部部长，区法院院长，区检察院检察长及其他副县级以上领导干部出席会议。大会应到代表167名，实到代表159名。根据白银区第十二届人民代表大会第四次会议选举办法，代表们以无记名投票方式选举李兰宏为白银区人民政府区长，并以举手表决方式分别通过区十二届人大四次会议《关于白银区人民政府工作报告的决议》、《关于白银区2009年国民经济和社会发展计划执行情况及2010年国民经济和社会发展计划报告的决议》、《关于白银区2009年财政预算执行情况和2010年财政预算报告的决议》、《关于白银区人大常委会工作报告的决议》、《关于白银区人民法院工作报告的决议》和《关于白银区人民检察院工作报告的决议》。

人大常委会工作

【概况】 区人大常委会机关设办公室、信访室、法制工作委员会、财经工作委员会、教科文卫工作委员会、代表联络工作委员会6个部门,均为正科级建制。常委会组成人员16人,其中,主任1人,副主任3人,委员12人。委员中,驻会委员4人,退休委员3人,其他5人。常委会在各街道设有人大工作委员会，为常委会在街道的派出机构。机关行政编制17人，2010年有职工22人，其中，行政在编人员14人，办公室借调2人，机关工勤人员6人。行政在编人员中副县级以上领导干部4人，正科级5人。

【干部任免】 2010年任命区人民政府副区长3人，免职1人；任命区人民政府组成部门负责人15人，免职5人；任命区人大常委会工作部门负责人3人，免职4人；任命法检两院工作人员22人，免职18人；接受区人大常委会组成人员辞职1名；补选市七届人大代表3人。

【听取审议专项报告】 听取和审议区政府关于农村居民最低生活保障情况的汇报。全区享受农村低保的覆盖面达到12.9%，应保尽保；听取和审议区检察院公正廉洁执法情况汇报。要求区人民检察院抓住影响公正廉洁执法的关键环节，解决制约公正廉洁执法的突出问题，推进公正廉洁执法，维护社会公平正义，提升人民群众的满意度；听取区政府关于农业综合开发、旅游、重点项目建设和惠民实事落实等情况的汇报；加强对审议意见的督查落实，重点听取区人民法院关于完善审判监督机制促进公正司法审议意见落实情况的汇报，审议意见得到落实。

【审查批准财政决算】 听取2009年全区财政决算草案报告，结合2009年预算执行审计情况进行审查。批准2009年全区财政决算;听取和审议2010年1至8月份全区财政预算执行情况。强调严格执行国家税收政策，依法征管，依率计征,完成预算收入任务;把保障和改善民生放在更加突出的位置，加大对“三农”重点项目的支持力度;以完善公共财政体系为目标，细化部门预算编制、规范预算执行、实行预算公开;依法理财,加强财政监管，执行收支“两条线”管理，加大审计监督力度，突出监督重点，强化经济责任审计，扩大审计覆盖面，推行审计整改报告制度和审计结果公告制度，重视审计整改和结果运用，提高审计监督效果。

【开展执法检查】 检查《水法》贯彻执行情况，察看23处水利工程及河道采砂点、水源地生态保护现场。针对水资源利用率相对较低、河道“三乱”影响行洪安全等问题，提出治理要求。检查《科技进步法》贯彻执行情况。重点检查实施科技成果转化项目、科技成果转化投入、科技人才培养及科普网络建设等情况。针对科技人才短缺、自主创新能力薄弱、产业层次低、高新技术企业少等问题，审议提出意见建议。

【工作评议】 开展对区卫生局工作的评议。受理群众来信来访等方面。评议调查到3个乡镇、3个街道、3个医疗单位进行评议前的调查，召开座谈会、民主测评、走访征求意见，形成对区卫生局工作的初评意见。针对存在的问题和不足提出六条评议意见，转交区卫生局进行整改，要求评议调查组督促落实。卫生局制定整改方案，制定《白银区卫生系统医德医风责任追究办法》《白银区医德医风整顿活动实施方案》。

【信访工作】 加强信访案件的交办、督查、协调，对重复来信来访和涉法涉诉案件以及反映强烈且带有普遍性的问题进行重点督查督办；将信访工作与执法检查、调研视察、工作评议等相结合。针对性地解决群众信访反映的问题；发挥乡镇人大、街道人大工委和人大代表的作用，拓宽信访解决渠道，把信访苗头消除在萌芽、化解在基层；加强信访问题的综合分析，及时掌握信访动态，分析信访情况并提出对策建议。2010年受理人民群众来信31件次，接待群众来访28人次。

【拓宽代表知情知政渠道】 采取多种形式及时向代表通报工作和全区经济社会发展情况，邀请代表列席常委会会议，参与常委会组织的执法检查、专项调研、工作评议以及全区重大事项的意见征求等工作。省政府教育督导团评估全区教育工作时专门召开代表座谈会，各有关部门在组织开展的各类活动中积极邀请代表参与。2010年113名区人大代表参与各类形式的会议，占代表总数的68%以上。组织代表开展集中视察活动。2010年组织50名省、市、区人大代表对城乡一体化示范点、车路沟奶牛养殖示范园、棚户区改造安置点、中材甘肃水泥项目建设等十七个重点项目进行视察，形成专题报告；加强与代表小组的联系，指导协调代表小组开展活动。各代表小组依托“代表之家”，组织代表学习、代表培训，开展代表向选民述职、代表评议乡镇街道站所工作、视察项目建设等不同形式的代表活动。

【代表意见建议办理】 区十二届人大四次会议期间，代表提出建议57件，其中属市级职权范围的3件委托区市七届人大代表提交市人代会，属区政府职权范围的54件建议全部办理和答复完毕，解决40件，占总数的74.07%；部分解决和正在解决的4件，占总数的7.41%；列入计划逐步解决的6件，占总数的11.11%；因政策条件限制等原因无法解决的4件，占总数的7.41%。代表满意的50件，占92.59%；基本满意的4件，占7.41%。在具体办理中，常委会切实加大督办力度，推动办理工作从“答复型”向“落实型”转变，深入承办任务较大的部门对办理情况进行督查。

【理论学习】 学习《国务院办公厅关于进一步支持甘肃经济社会发展的若干意见》和白银日报8篇评论员文章，开展研讨交流，参加专题辅导。加强对中央领导关于坚持人民代表大会制度和发展社会主义民主政治重要论述的学习，领会《选举法》和新颁布的《甘肃省实施〈监督法〉办法》精神实质，强化业务知识培训。

【工作作风建设】 贯彻民主集中制原则，坚持集体行使职权，集体决定问题，依法按程序办事，科学决策、民主决策、依法决策。开展创先争优活动，把创建学习型、创新型、效能型、服务型、廉洁型、和谐型机关贯穿始终。围绕全区中心工作和人民群众普遍关心的热点、难点问题，开展调查研究，形成调查报告7份。

【白银区第十二届人大常委会及各专门委员会领导名录】

张润苍 主任
陶志忠 副主任
陈以民 副主任(2010.8止任)
梅彦彬 副主任
顾克鹏 副主任
陈其忠 办公室主任
刘克信 法制工作委员会主任
王建会 财经工作委员会主任(2010.8止任)
滕宗恒 教科文卫工作委员会主任
梁希桐 代表联络工作委员会主任(2010.08止任)
张巨山 信访室主任(2010.8止任)
刘柏权 财经工作委员会主任(2010.8始任)
张治卫 代表联络工作委员会主任(2010.08始任)
王玉华(女) 法制工作委员会副主任
吴文燕 财经工作委员会副主任
张秀丽(女) 代表联络工作委员会副主任

(张志栩)

白银区人民政府

惠民实事

【概况】 2010年，白银区按照年初确立的总体思路，保增长、扩内需，调结构、促转型，惠民生、保稳定，完成区十二届人大四次会议确定的各项目标任务。实现地区生产总值148.12亿元，按可比价格计算，比2009年增长14%；区属固定资产投资完成16.19亿元，比2009年增长64.97%；一般预算收入完成2.78亿元，同比增长14.23%；城镇居民人均可支配收入达到14711元，同比增长12%；农民人均纯收入达到5630元，同比增长11.49%。

【推动城市转型，发展方式逐步转变】 围绕重点接续产业，强化投资拉动，促进工业结构优化升级。推进建材企业发展壮大工程和中小企业成长工程，中材水泥建成投产，王岘水泥、新北重专用车项目实现产销两旺。中科院白银高技术产业园升级为国家级高新技术开发区；西区经济开发区行政、商住、文化中心聚集效应日益凸显，年产500吨碳纤维生产线项目主体建成；中小企业创业基地完成投资2.1亿元，入驻企业11户，实现产值2.2亿元。实现工业增加值9.67亿元，同比增长15.1%。继续淘汰落后产能，全年关闭五小企业23家，万元生产总值能耗降低4.5%，二氧化硫和化学需氧量排放分别下降26%和5%。引导和扶持非公经济加快发展，新增个体工商户1600多户。大力发展旅游业和现代服务业，沿黄旅游资源开发取得进展，新增农家乐35家，累计达到40家。城乡消费市场持续繁荣，全社会消费品零售总额达到44.85亿元，同比增长15.06%。

【突出项目支撑，发展活力增强】 把项目建设作为经济工作的重中之重，以项目促发展。年初确定的30个重点项目，实施26项，完成投资13.97亿元，其中，上亿元的项目5项。做好重点建设项目的征地拆迁工作，征用土地2526亩，拆迁面积约5万平方米。全年新签约招商引资项目32项，到位资金6.4亿元，在建项目21项。解决企业改制遗留问题，集体林权制度改革逐步推进，土地流转规模逐渐扩大，新一轮政府机构改革基本完成，医药卫生体制改革启动。围绕兰白都市经济圈建设，与兰州市城关区签订区域合作发展框架协议。

【强化“三农”工作，农村面貌改观】 强化政策推动、投入带动，推进新农村建设。发展现代特色农业，优化产业结构，旱砂田枣林基地初具规模，日光温室蔬菜产业壮大，新改建日光温室1504亩，推广日光温室秸秆生物反应堆技术1510亩。做大做强鑫昊、华都等养殖基地，全区新增标准化养殖小区5个。累计投入1.05亿元，实施农业综合开发、扶贫开发、安全饮水、乡村道路、工农渠大型泵站改造等项目，更新改造大中型泵站4座，新（扩）建城乡公路143千米。扎实推进农村新居建设工程，武川新居三期交付使用，强湾新居二期正在实施。全面落实强农惠农政策，全年累计发放各项惠农补贴资金3801.03万元，农民政策性人均增收567元。

【城乡一体化试点工作】 按照“五个一”标准和“五统一”要求，因地制宜、大胆探索，抓点带面、整体推进。累计投入2397万元，拉动群众投入1800万元，实施桦皮川村和民乐村城乡一体化建设试点工程，新修道路11千米，铺设管线11.4千米，新改建农宅282院。试点工作取得初步成效，全市新农村建设现场会在白银区召开。

【棚户区改造工程】 抓住国家、省、市支持棚户区改造的有利时机，重点实施向阳村、西村联合大院、悦民小区等棚户区改造工程，计划建设各类保障性住房6656套48.98万平方米，当年建成4660套34.3万平方米，占总套数的70%。10处棚户区改造工程全部开工建设，完成投资4.98亿元，涉及拆迁面积8万平方米，竣工率达到70%，1400多户居民喜迁新居。棚户区改造的做法与成效得到省政府领导肯定，全省保障性住房建设现场会在白银区召开，白银区在会上作经验介绍。

【生态绿化工作】 完成各类造林6000亩，其中，大环境绿化3000亩，林果基地3000亩。109线绿化提质改造工程顺利实施；机关单位和住宅小区完成绿化12.6万平方米；社区绿化新增“认种认养”6.81万平方米，累计达到11.57万平方米。2011年春季绿化前期工作全面启动，完成整地6500亩。吊地沟生态公园、黄河湿地公园规划设计方案通过专家评审。抓市容管理，落实“门前四包”、“五定三包”等制度，集中开展道路和马路市场专项整治，处理各类违章行为434起。加快完善环卫基础设施，购置大型环卫专用车5辆，医疗垃圾处理厂投入运行。

【解决民生问题】 坚持把有限的资金更多地用在安民、富民、惠民上。开展“惠民政策落实年”活动，省市确定的惠民实事和白银区确定的7件惠民实事如期完成。科技创新取得新突破，科技对经济的贡献率达到58%。教育资源整合稳步推进，基础教育发展趋向均衡，校舍安全工程完成投资6030万元，拆建改造危旧房4.8万平方米。提升全区教育工作水平，在省级教育督导评估中荣获全省第二名。卫生事业进步，改善医疗条件和服务质量，九项基本公共卫生服务免费开展，婚姻服务中心挂牌运行。文化信息共享和农家书屋建设工程实现村级覆盖，文物及非物质文化遗产保护工作有序进行。人口自然增长率为4.65‰。创业带动就业富有成效，累计发放小额担保贷款7935万元，城镇新增就业1.2万人。就业和社会保障水平不断提高，失业、养老、医疗、工伤、生育保险覆盖面扩大，失地农民参加养老保险做到“即征即保”。完善城乡低保和社会救助制度，为48140名低保对象发放低保金9681万元，为4870名特困群众发放救助金544万元。推进第六次全国人口普查工作。注重源头控制和解决实际问题，一批信访突出问题得到处理，信访总量下降。加强社会治安防控体系建设，公安机关抓基层、打基础、服务全区重点工作取得实效。落实平安建设各项措施，强化中小学、幼儿园安全保障工作。开展安全隐患排查和专项整治，安全生产形势稳定好转。

【推进依法行政】 坚持科学理政、民主施政、依法行政，政府自身建设加强。自觉接受人大法律监督、工作监督和政协民主监督，主动向人大、政协报告、通报工作。采纳人大代表、政协委员意见建议，全年共办理人大代表建议54件，政协委员提案38件，答复率100%。推进依法行政，修订完善各类制度3项。坚持科学民主决策，开展行政效能监察和政风行风评议活动。强化纠风和执法检查，开展“小金库”和工程建设领域突出问题专项治理，查处一批违法违规案件，政府机关作风好转。持续推进政务公开，依法加强行政监察，行政效能和服务质量提高。畅通政府与人民群众的联系渠道，群众反映的一些热点、难点问题得到解决。

【推进工业立区战略】 中材水泥、中集华骏、中科宇能等一批重大工业项目开工建设，有色金属、建材、化工等主导产业框架初步形成。农业基础地位巩固，日光温室蔬菜、反季节林果、规模化养殖等优势特色产业逐步壮大。第三产业发展势头强劲，商贸餐饮、休闲旅游、房地产等行业呈现出较快发展势头，华润万家、银沪置业等商业企业规模扩大，辐射带动能力增强。

【推进新农村建设】 深化农村综合改革，落实强农惠农政策，累计支出惠农资金1.27亿元。农村生产生活条件改善，改造中低产田3万亩，解决3.12万人的安全饮水问题，通村公路全部硬化，新建沼气池3970座。总投资2.89亿元，建成武川、强湾、大坝滩3个移民小区，搬迁1943户6084人，占全区农业人口的8.7%。建成一户一院式安居住宅318院，集中统一安置特困群众1120人。四龙民乐、水川桦皮川整村改造试点成功。

【项目建设】 做好省、市重点项目协调服务工作，累计为重点项目征地7800余亩。实施区列重点项目139项，完成投资32.71亿元。争取国家和省上专项资金5.21亿元。累计签约招商引资项目105项，到位资金29.76亿元。推进“一园一区一基地”建设。

【基础设施建设】 城乡路网改造实现新突破，投资1.02亿元，新

（改、扩）建城乡公路、农村公路345千米。理顺城管体制，下划保洁职能，落实社区保洁责任，数字化城管系统投入运行，白银区被列入全国第三批数字化管理试点城市和省级园林城市。实施城市增绿扩绿和拆小房建绿地工程，累计新增绿地116.71万平方米，新增林地2万亩。落实耕地保护制度，全区耕地总量达到18.97万亩。强化生态环境建设，淘汰落后产能，城市生活用水、空气质量显著改善，引大入银工程即将投入运行，城区年优良天数达300天以上，城市清洁能源使用率达63%以上，生活污水、垃圾处理设施日趋完善，城区集中供热面不断扩大。完成“十一五”确定的节能减排、环保减排任务。

【社会事业发展】 重视就业再就业工作，5.6万人实现就业再就业，214户零就业家庭全部实现至少1人就业，城镇登记失业率连续控制在4%以内；社会保障水平提高，城镇养老、医疗、失业、工伤、计生五大社会保险和新农合覆盖面扩大，城乡低保提标扩面。落实教育优先战略，新（改）建校舍面积10.42万平方米，整合、撤并中小学61所。医疗卫生条件得到改善，投入3260万元，实施人民医院门诊大楼、水川卫生院、公园路街道社区卫生服务中心等工程，三级卫生服务网络进一步健全。人口和计生工作跨入全国先进行列。文化体育事业蓬勃发展，区广播影视中心成立，《今日白银区》电视栏目开播。住房保障工作走在全省前列。围绕改善民生，组织实施32件惠民实事。深化各项改革，国企改制任务完成，完成企业办社会职能移交工作。妥善应对甲型流感、汶川地震等突发事件，社会应急处置能力加强。“五五”普法完成。推进村民自治。社会治安好转。注重超前介入和化解各类矛盾，解决一批信访突出问题。加强老龄、妇女、儿童和残疾人事业取得进步，科技、审计、统计、双拥、外事、工会、民族宗教等工作。

【白银区人民政府领导名录】

李兰宏　区委副书记、区政府区长

吴国荣　区委常委、区政府常务副区长

关玉卿　区委常委、区政府副区长

袁正大　区委常委、区政府副区长（2010.9始任）

王树仁　区政府副区长(2010.12止任)

薛秋诗　区政府副区长(2010.12始任)

张维学　区政府副区长

赵　锋　区政府副区长（2010.5始任，挂职）

区人民政府办公室

【概况】 2010年，区政府办公室围绕区委、区政府的中心工作，树立大局意识，发挥“综合协调、督查落实、信息调研、参谋决策”的职能作用，围绕参与政务、抓好事务、搞好服务三个方面的主要工作，完成当年各项工作任务。

【办文办会】 制定完善《白银市白银区人民政府公文运转流程》，从文书处理的收发、印制、传阅、清退、归档、销毁等各个环节入手，把住政策关、时效关、公文体例格式关、文字关和校核关，力求政策清楚、主题突出、观点准确、格式规范、逻辑严谨、及时高效。年初，对全年的目标责任进行细化分解，量化考核任务，明确责任领导。规范发文行为，精减文件数量，做到少行文、行短文、行好文。会务工作，执行会议审批制度，审查会议议题，做到少开会、开短会。抓会前准备、会中服务、会后落实三个环节，会前做到调查研究、征求意见、搞好协调、准备充分；会中主题明确，重点突出；会后抓落实，提出具体工作要求，加强督促检查，务求实效。主办区政府全体会议等8次大型会议，协办包括“两会”在内的大型会议10次以上，承办棚户区改造项目安民小区竣工回迁仪式、中材集团白银日产4500吨干法水泥生产线点火及与兰州市城关区签署合作框架协议等大型活动，承办或协办中央省市和外县区检查调研接待100次以上。

【信息工作】 围绕重点项目建设、经济发展、招商引资、农业增效、农民增收、惠民利民等全区中心工作和群众关注的热点问题，反映工作思路、工作措施和进展情况；编写有情况、有分析、深层次、高质量信息，发挥信息导向作用；抓住领导关注的重要问题编印政务信息简报；及时反映带有信号性、倾向性、苗头性的敏感问题，为领导决策当好参谋。全年编印《政务信息》20期，信息100余条。规范政府信息公开工作，制定完善政府信息公开各项制度，组织编制本年度政府信息，指导、督促各有关部门、单位及时主动公开信息。在区档案馆设立政府信息公开查询点，为公民、法人或其他社会组织获取政府信息搭建平台。

【多参善谋】 把调研工作的着力点放在为领导决策和决策实施的服务上，正确认识和把握客观形势，以全区重点工作定方向，抓住影响改革、发展、稳定的热点、难点以及领导的关注点，主动开展调研。在调研中，强化超前性调研，为领导决策提供依据；强化策略性调研，为领导决策完善思路；强化问题性调研，为领导决策提出建议。围绕区政府工作目标和任务要求，就重点项目建设、新农村建设、惠民实事、城市管理以及市、区领导督办的信访件，组织调研 50 次，撰写调研报告、信息 120 多件。在政府工作思路和重点工作的确定等方面积极主动，超前谋划，发挥参谋助手作用，为政府工作争取主动。

【督查工作】 在督查形式上抓“四个转变”，即从事务性督查向决策性督查转变，从消极被动督查向积极主动督查转变，从以部门督查为主的小范围督查向协调各方联动的大范围督查转变，从突击性、阶段性督查向经常化、制度化督查转变。2010 年，发 8 期督查通报，5 期督查信息，10 期督查通知单。

【议案办理】 把人大代表意见、建议和政协委员提案办理工作作为政府发扬民主、体察民情、联系群众、服务群众的大事、实事来抓，以严格程序、严格时限、保证质量为根本要求，抓好接受任务、组织领导、责任分工、组织办理、负责实施、答复代表、质量监督等具体环节，确保办理程序合理，办理效果明显。对 2010 年所提交的 53 件代表意见、建议，38 件政协委员提案，全部向代表、委员作书面答复.代表、委员对办理结果表示满意和基本满意达 100%。收到市政府督查室交办的代表意见、建议 5 件，满意的 5 件，跟踪督办 1 件，满意 1 件；政协委员提案 4 件，满意的 4 件。收到市政府办公室转来市长热线、市长信箱留言 109 件，均按期办理完毕。

【依法行政】 履行法制机构职能，优化法制服务。做好行政规范性文件制定工作和行政复议及应诉工作，重点抓好事关政府工作全局，并与法律法规及实际情况紧密相关的规范性文件项目，严把规范性文件审查关，坚持“立、改、废”相结合的原则，确保文件的合法性和实用性。强化政务服务工作，推进政务阵地建设，指导、督促各乡镇建立便民服务大厅，规范服务行为，提高办事效率。

【外事侨务工作】 加强管理,强化服务,完善白银区外事(侨务)办公室职能、涉外人员保密制度,建立白银区因公出国(境)审批流程、邀请外宾程序、接待外宾程序等,建立健全工作制度，做好外事侨务接待及因公出国手续办理工作。

【后勤保障工作】 热情接待，从俭招待，与有关部门配合，完成上级领导机关检查及兄弟县区考察接待等工作，促进对外交流与协作。遵守财经纪律，严把财务支出关，坚持厉行节约，杜绝浪费。加强对车辆驾驶人员的教育和管理，强化他们的安全意识和责任意识，合理安排调度，严格车辆检修保养，确保车况良好和安全行车，严禁出私车、出人情车及车辆乱停乱放，实行出入车登记制度和行驶里程审核费用制度。设立治安岗亭，实行早、中、晚轮班制和 24 小时巡逻制，完善来人登记、会客制度，规范区政府机关的内部安全保卫工作和办公秩序，遏止失窃、滋事等事件发生。

【党建和精神文明建设】 以工作作风和纪律整顿活动为重点，开展“五抓五查”,即抓学习,查政治业务素质;抓团结,查大局意识;抓纪律,查工作作风;抓创新,查务实精神；抓廉政,查为民服务态度。在党员队伍建设上,突出“三抓”:抓载体,组织开展形式多样的“争先创优”活动;抓教育,坚持“三会一课”制度、民主生活会制度及党内生活制度,规范党组织生活;抓管理,严格落实党员目标管理责任制，发挥党员干部的先锋模范作用。在精神文明建设上,以“改进工作作风,提高行政效能”活动为载体,开展“文明机关”“文明示范窗口”创建活动;以贯彻《公民道德建设实施纲要》为主线，抓社会公德、职业道德、家庭美德教育;完成党报党刊征订任务。

【创先争优活动】 办公室结合工作实际，提出以“深入开展创先争优活动，提高服务全区科学发展的能力和水平”为主题，以建设“五型机关”（学习型、效能型、落实型、服务型、节约型）为载体，组织开展创先争优活动。紧扣活动主题和目标，办公室作出创先争优目标承诺，激励党员干部立足本职干事创业，奉献社会，增强党员的奉献意识，提升党组织的凝聚力和战斗力。加强创先争优活动先进典型的总结和宣传。

【目标责任落实】 信访工作落实信访工作领导责任制；坚持和完善信访工作汇报制度；全年召开 2 次信访工作例会，对可能发生的隐患进行分析排查，研究解决本部门信访工作中存在的突出问题；学习宣传新修订的《信访条例》，加强信访干部培训工作，提高信访干部分析问题、解决问题的能力，规范信访工作秩序。

【安全生产工作】 按责任书要求制订安全生产工作计划，开展安全生产“隐患治理年”活动,落实人员安全生产责任制。全年共召开安全生产工作会议 4 次,组织安全检查 6

次，确保机关“过渡”办公大楼水、电、暖的正常供应和工作的正常开展，完成安全生产工作目标责任，当年没有发生安全生产事故。

【道路交通】 开展“平安畅通县区”活动，加强区政府车队车辆管理，合理安排车辆使用，确保区委、区政府正常工作用车，当年无超速、超载等违章行为发生，确保行车安全。

【行政效能建设】 依据《公务员法》等规定，贯彻区委、区政府的决策和各项工作部署，落实各个督办事项，按期完成。依据《白银市行政首长问责暂行规定》的规定，针对办公室工作作风方面存在的问题，制定相应的预防措施和整改方案，并建立长效机制，及时解决关系群众生产生活的热点、难点问题。依法依纪履行职责，及时公开按规定应当公开的事权、财权和人事权；有效落实投诉电话公示、岗位职责公示等监督措施；工作中不存在吃、拿、卡、要等行为。遵守和执行区委、区政府关于行政效能建设的各项制度，结合工作性质和实际建立相应的配套制度，及时处理行政效能建设中发现的问题。

【党风廉政建设和反腐败工作】 落实党风廉政建设和反腐败工作责任制以及廉洁自律的各项规定，与其他部门协作配合，共同抓落实，2010年政府办职责范围内的党风廉政建设和反腐败工作任务全面完成。按照党章、行政监察法和党内监督条例的规定，加强对执行党的政治纪律情况的监督检查，纠正和查处违背科学发展观的行为，确保中央、省、市、区的重大决策部署得到落实。建立自我约束机制，拓宽监督渠道，抓办公室内部贯彻执行民主集中制、贯彻落实党风廉政建设责任制和廉政勤政情况等问题的监督。抓惩治和预防腐败体系建设，制定符合实际的具体工作方案，跟踪落实好领导交办的各项工作任务。改进工作方法，找准职责定位，协助领导做好本部门的反腐倡廉工作，抓党风廉政建设和反腐败工作全局性、根本性的任务，针对政府办的工作性质，提出有针对性的思路和意见建议，把自身业务工作和反腐倡廉工作一同布置、一同检查、一同落实。落实计划生育“一把手”负责制和分管领导分工负责制，贯彻国家有关法律法规，强化教育促认识，强化措施促管理，未发生违反计划生育政策的现象。落实社会治安综合治理目标责任制，围绕创安达标工作，加强治安管理和内部管理。严格门卫、来访登记和值班等制度，抓认识、促落实，抓制度、促防范，年内无刑事治安案件、无违纪违法人员、无责任事故。

【白银区人民政府办公室领导名录】

李双虎　主任

高承文　副主任、政务信息公开办公室主任(2010.12止任)

张泽云　副主任、督查室主任

朱晓江　副主任

（欧阳伟峰）

依法行政工作

【概况】 区法制局负责组织推进全区依法行政工作，为区政府重要决策提供法律依据；研究涉及政府行为共同规范的法律、行政法规、规章实施，向区政府提出完善制度和解决问题的建议。根据《中共白银市白银区委、白银市白银区人民政府关于印发〈白银市白银区人民政府机构改革实施意见〉的通知》（区委发〔2010〕29号）文件精神，在区人民政府办公室加挂区人民政府法制办公室牌子，不再保留区人民政府法制局牌子。2010年法制办公室实有人员2人，其中主任1人。

【依法行政】 把推进依法行政作为促进科学发展、构建和谐社会的一项举措，作为一项战略性、基础性、全局性工作，与经济工作同部署、同考核。在区政府常务会、区长办公会等会议研究部署经济社会发展工作的同时，研究部署依法行政工作，对全区依法行政工作进行总结、督促和指导。部分行政机关制定行政执法监督工作机制，推进各项行政决策合法化，行政执法规范化，行政监督法制化，确保依法行政工作纵深推进。提出八个方面共38项工作任务，并将任务分解落实区政府各部门。各乡镇、街道和区政府各部门均结合实际出台推进依法行政的年度工作计划。区政府制定《白银区依法行政考核办法》，将依法行政工作纳入年度考核内容，单独进行考核。完善民主决策机制。根据《白银区政府议事规则》，完善公众参与、专家论证和政府决定相结合的行政决策机制、重大决策集体讨论制度、决策责任追究制度。对社会涉及面广、与人民群众利益密切相关的重大事项，做到及时向社会公布，或者通过举行座谈会、听证会、论证会等形式广泛听取意见。明确行政决策的机构是区政府全体会议、区政府常务会议、区长办公会议和区政府专题会议；明确行政决策的范围主要是贯彻执行法律、法规和规章，贯彻上级党委、政府的决定，讨论和决定全区性重大问题等；明确行政决策责任是“谁决策、谁负责”。

【案卷评查】 制定《白银市白银区人民政府规范性文件制定程序规定》。全区各乡镇、街道和各部门年初向区政府上报本级政府和本部门推进依法行政工作的年度计划和落实措施，年底报告一年依法行政工作的情况。加强规范性文件制定的合法性、可操作性论证，提高公众参与率和政府决策的科学性。2010年分别向上级政府法制部门和同级人大常委会报备规范性文件16件；制定《白银区案件评查计分标准》，以此为尺度，各行政执法机构在制作行政处罚和行政处理、行政许可案卷时，从主体、事实认定、文书格式、证据收集、法律适用、程序适法等多方面进行自查自纠。推行案卷交流和公示制度，加强内外监督，采取部门行业自查为主、法制部门监督检查为辅的工作方式，在全区行政执法机构中开展案卷评查活动，共抽查各类行政执法案卷132卷，促进案卷制作合法化、规范化、科学化。

【行政监督】 强化执法检查工作，加大对行政执法工作督查力度。开展全区行政执法情况的大检查，对执法部门和部分乡镇、街道行政执法情况进行抽查，重点检查办理行政许可事项和行政处罚的合法性和适当性，制定下发《白银区规范行政处罚裁量权工作实施方案》，启动规范行政处罚裁量权工作，提出在全区逐步建立健全行政处罚说明理由、行政处罚裁量合法性审核、行政处罚案卷评查和滥用行政处罚裁量权责任追究四项制度。

【规范行政行为】 以强化执法人员培训和行政执法证件管理为基础，加强行政执法队伍建设。健全领导干部学法制度，将法律知识纳入领导干部理论培训的总体规划，探索推行领导干部任前法律知识考试制度，推进领导干部法制教育制度化、规范化。邀请法律专家、学者、法官、律师来授课，全面、系统学习《全面推行依法行政实施纲要》《中华人民共和国行政处罚法》《中华人民共和国行政复议法》《国务院关于加强市县政府依法行政的决定》等相关行政法律法规。规范行政行为，加强行政执法机关和行政执法证件管理，结合全省第三轮行政执法换证工作，对区直各部门行政执法人员进行集中培训，组织全区各行政执法人员参加培训和考试。参考人员530人，考试合格率达到98%；纠正机构性质定性错误10个。至年底经审查确认全区有55个单位具备行政执法主体资格，办理行政证法证455人，行政执法监督证10人，新一轮持证执法证件（主体资格证和行政执法证）全部发放到单位和个人。在全省第三轮持证执法工作中，白银区获全省第三轮持证执法工作先进单位称号。

【矛盾化解】 探索行政复议新方式、新举措，引入行政复议听证制度和专家咨询制度，推行行政复议协调机制，运用协调方式解决行政争议，促成行政争议各方协商互谅，真正做到行政复议案件“案结事了”，行政复议工作质量和效率提高。2010年办理行政复议案件2件。出庭应诉，推进依法行政。参加以区政府为被告的行政诉讼案件1起，案由为土地承包经营权行政登记，经过法院一审、二审，均驳回原告的诉讼请求。

【法制宣传】 将国务院《关于加强法治政府建设的意见》《关于加强市县政府依法行政的决定》及法制知识纳入领导干部和行政机关理论培训的总体规划，将依法行政知识列入公务员初任培训、任职培训、知识培训和业务培训的重要内容，发放《领导干部法律知识读本》《全面推进依法行政实施纲要辅导读本》，举办专题讲座、培训班，提高各级行政机关工作人员依法用权、依法办事、依法行政的自觉意识。印发宣传手册、开展知识竞赛、进行街头宣传，增强广大群众的法律意识。开展《中华人民共和国行政复议法施行十周年》纪念宣传活动，发放宣传资料2000多份；开展《甘肃省行政执法监督条例》颁布一周年宣传活动，发放宣传资料800份；组织开展重点项目征地拆迁法律法规专题宣传活动，印制《白银区“大干60天征地拆迁集中行动”有关法律法规政策规定》2000本，编印宣传资料5000份，发放到各工作队员和所有征地拆迁群众手中。

【白银区法制办公室领导名录】

关惠宗　　主任

（王　红）

人力资源和社会保障

【概况】 2010年区人力资源和社会保障局（人社局）机关行政编制14人，其中局长1人，副局长3人；二级单位有区社会保险局、区人力资源和社会就业服务中心、白银市劳动保障监察大队白银区中队。当年正式在编人员37人，公务员及参照公务员管理人员22人，事业管理人员9人，工勤人员6人；本科及以上学历21人，大专学历11人。

【就业再就业】 2010年全区城镇新增就业12667人，其中城镇下岗失业人员再就业3989人，普通高校应届毕业生就业率达82.1%，全区城镇登记失业率控制在3.38%。拓宽大中专毕业生就业渠道，促进大中专毕业生就业。通过三支一扶、进村进社区、中小学教师、乡镇卫生院工作人员招录等四项考试，选拔112名高校毕业生到基层行政、事业单位就业；公开招考往届全日制大中专毕业生90人到城管工作；推荐130多名大中专毕业生到中小企业就业；为792人办理低保，为712人办理落户手续，接受管理大中专毕业生档案670份。发挥小额担保贷款促进就业的作用为创业者提供小额贷款、创业补贴、跟踪扶持等“一条龙”服务。2010年共为下岗失业人员、高校毕业生等有创业愿望的群体发放小额担保贷款3035万元，多方筹措，投入担保贷款资金660万元，其中区财政投入80万元，其他渠道投入580万元。小额担保贷款政策的实施，带动大量下岗失业人员、复转军人、大中专院校毕业生、城乡妇女等群体实现创业和就业再就业。职业培训，增强劳动者就业技能。2010年全区共举办就业再就业培训4期，培训各类人员1962人；举办创业能力培训10期，培训各类人员258人，残疾人培训42人，特困生培训281人，创建创业孵化基地6个。用足用活再就业培训政策，把创业培训税费减免、社保补贴等优惠政策与培训相结合，调动培训机构和受培训人员的参与积极性。当年全区共发放灵活就业人员社会保险补贴555.14万元，发放创业能力培训补贴33万元，发放职业介绍补贴30万元，发放职业技能鉴定补贴21.87万元，发放技能培训补贴23.01万元，发放职工转业转岗及提高技能培训补贴10.83万元。加强对困难群体再就业援助的措施和手段，开展以“实现就业，稳定就业，我们真情相助”为主题的就业援助月活动。借助省、市人力资源市场，参与承办“民营企业招聘周”等招聘活动，为下岗失业人员、高校毕业生等实现就业再就业创造条件。大力开发公益性岗位，安置困难就业对象68人，当年达2761人。开展劳动力资源调查，落实就业失业登记制度，免费开展职业介绍，落实各项惠民政策。

【劳务输转工作】 2010年全区共完成劳务输转1.86万人，创经济收入1.73亿元。加强用工量较大的烹饪、电焊、机械制造、计算机操作、家政服务等行业技能培训，逐步促进农民工由“体力型”劳务向“技能性”劳务转移，全年累计培训劳动力1640人。引导劳动力有序流动，利用毗邻兰州的条件，促进农村劳动力就近就地就业，保障兰州和辖区工业企业和其他企业的用工需求。发挥非公劳务派遣公司便捷、灵活的优势，与北京、新疆等20多个省、市建立长期合作关系，建立劳务输转基地80多家。

【社会保障体系建设】 至2年底，全区城镇基本养老保险职工参保8093人，其中新纳入参保缴费人员1300人；城镇参加失业保险人员8666人，其中新纳入参保缴费人员572人；城镇职工参加基本医疗保险11506人，其中新纳入参保缴费1501人；灵活就业人员参加基本医疗保险230人；城镇居民参加基本医疗保险82210人；参加工伤保险6682人，其中新纳入参保缴费人员680人，农民工参加工伤保险2503人；参加生育保险6514人，足额落实医疗保险工作经费。

【公务员与专业技术人员队伍建设】 至2010年底，全区有公务员424人，参照公务员150人。抓好公务员的考录、培训、考核工作。宣传、学习贯彻落实《中华人民共和国公务员法》，提高公务员队伍的执政能力，促进公务员队伍管理与《中华人民共和国公务员法》接轨，完善《中华人民共和国公务员法》相关配套措施建设。当年办理各类资格证195人，评聘各级专业技术职务，高、中、初共445人。组织全区专业技术人员开展继续教育公修课培训，培训人数3450人。

【人事制度改革及工资福利工作】 初步完成事业单位岗位设置工作。对全区169个事业单位进行岗位结构比例核准，3699名专业技术人员进行岗位等级认定工作。共核定各类岗位4643个，其中管理岗位796个，专技岗位3476个，工勤岗位371个。2010年6月底完成全区4285名工作人员的岗位等级认定工作。做好工资福利和离退休干部职工管理。批准退休干部367人，审批遗嘱补助13人，为30人办理抚恤金、丧葬费、一次性困难补助，经过考核为43名大中专毕业生办理转正定级手续，确定一般行政职务31人。落实、规范全区公务员制度改革和事业单位工作人员收入分配制度工作，完成2010年机关公务员、事业单位工作人员级别滚动和薪级晋升工作，为全区 7300 多名在职和离退休机关事业工作人员调整规范性津贴。做好档案管理工作，集中力量对全区一般干部、部分专业技术人员的人事档案进行集中规范统一的整理，新建干部档案 400 人，新建工人档案 500 人。做好在职干部 100 多人的人事档案补充整理。组织技工考试。组织技师考试报名 41 人，涉及计算机操作员、汽车驾驶员等 6 个工种；组织技工考试报名 238 人，涉及公路养护工、宾馆服务员、绿化工等 13 个工种。

【劳动保障监察】 开展劳动执法专项检查活动。2010 年共解决拖欠农民工工资问题 87 起，为农民工追回工资 15.7 万元，涉及 180 人。解决工伤事故 8 起，依法保护劳动者的合法权益。建立健全劳动关系三方协商机制。完善基层组织建设，将业务逐步向街道、社区延伸，执行《劳动争议调解仲裁法》，对所有劳动争议案件实行免费仲裁，减轻当事人的经济负担。当年受理劳动争议案件 28 件。做好企业劳动用工年检工作。全区企业劳动用工年检 319 户，非公企业劳动合同签订 53 户，社保资金稽核面 45%。

【其他工作】 做好企业军转干部解困、老干部慰工作。“八一”前夕，组织人员走访慰问全区企业军转干部代表，对生活较为困难和思想有抵触的个别军转干部进行座谈，消除其顾虑，引导他们正确对待局部利益、个人利益与集体利益的关系，自觉维护社会稳定，向 12 名军转干部发放慰问金 6000 元。组织全区离退休干部在重阳节举行“老人节”联欢活动，并发放慰问品。完成全区 2010 年度公务员、事业单位管理人员及专业技术人员和工资统计年报。

【白银区人力资源和社会保障局领导名录】

魏万胜　局长

张兴国　支部书记（2010.11 始任）

张生辉　副局长、社会保险局局长（2010.9 止任）

李得伟　副局长、社会保险局局长（2010.9 始任）

齐宝刚　副局长、人力资源和社会就业服务中心主任

谢新兰（女）　副局长

魏凤银（女）　纪检员

张乾君　劳动保障监察中队队长

张小梅（女）　人力资源和社会就业服务中心副主任

（郑康太）

信　访

【概况】 区信访局按照省、市关于开展“两访”治理化解年活动和社会矛盾积案化解年活动的总体要求，组织开展“‘两访’治理化解年”活动，解决信访积案。2010 年共受理群众来信来访 308 件次，与上年同比减少 43%。其中来信 41 件次，同比减少 24%；接待来访 267 件次，同比减少 46%。接待 5 人以上集体上访 103 批 1986 人次，同比减少 35%。区党政领导阅批群众来信来访 181 件次，占信访总量的 58.7%。由区上县级领导包案的 11 件重点信访案件现已全部办结。占信访总数的 17.2%。省、市信访联席会议办公室交办白银区的信访案件 2 件，其中，20 人以下 1 件，20~50 人 1 件。全部按期办结上报。2010 年，区信访局机关行政编制 4 人，其中局长 1 人，副局长 1 人、科级非领导职数 1 人、科员 1 人。

【组织领导】 区委、区政府领导先后 4 次听取信访工作汇报，对信访工作做出一系列决策部署。区委书记梁蓉兰、区长李兰宏对《信访情况通报》每期都有批示；区信访联席会议办公室先后 4 次召开联席会议，安排部署具体工作，研究解决信访问题。区委常委会共确定 11 件重点信访事项由区四班子领导包案解决，全部办结。全年安排党政领导挂牌接待日活动 6 次，有 12 名党政领导参与接待，共接待来访群众 246 人次，受理各类问题 53 件次。全区信访工作专项业务经费逐年有所增加，劝返工作经费按照市上要求及时足额上缴。区信访局有 400 平方米办公场所 1 处，配备电脑 4 台，复印机 1 台，打印机 1 台，传真机 1 部，电话 2 部，开通并使用信访信息网络。各乡镇都做到“三有”（有机构、有人员、有接待场所）。从 2009 年开始，在信访局原有人员基础上每年选派 4 名后备干部到信访局挂职锻炼，充实信访干部队伍，加强信访工作力量；在机构改革中，将信访局调整为政府工作部门，增强信访局工作职能。

【重要节会期间信访】 每逢重要节会前夕，加强矛盾排查，交办案件，落实责任印发通知对做好节会期间的信访工作提出明确要求。每天到重点场所巡查，疏导上访人员情绪，掌握重点人员动态，分析研判案情，完成劝返工作任务。按照省、市的统一安排，在全国、全省“两会”期间，派人进京、赴省开展集中劝返工作。在市“两会”、恢复建市二十五周年庆典活动、上海世博会、广东

亚运会、全省政风行风热线直播重大节会期间，区信访局领导24小时带班和值班，及时掌控信访信息，按照“有事报情况，无事报平安”的要求，实行“零报告”制度和“周研判”制度，没有发生越级上访现象。

【非正常上访事项处理】 2010年全区没有发生进京集体上访事项，发生个体进京非正常上访事项共计2人次，赴省集体上访2批46人次，到市集体上访8批224人次。区信访局在接到劝返通知后，协调责任单位组织得力的劝返工作组，做到随有随接，快接快返，未出现过一人滞留北京的现象。对于赴省到市集体上访，当日内将上访人员劝返接回。这些人员被接回后，区信访局立即落实责任单位，要求全部由各部门领导包案，重新立案调查。至11月底，省上交办的非正常上访事项共计2件，办结2件，办结率为100%。建立进京非正常上访人员台账。建立赴省集体上访人员台账。公安机关先后对非正常上访人员或赴省集体上访人员给予行政拘留或进行训诫谈话处理。2010年公安部门训诫缠访闹访人员10人次。

【专项治理】 区委、区政府专门召开区委常委会、区政府常务会，多次对全区集中开展重大矛盾纠纷排查化解活动进行研究和周密部署。4月区上召开全区维护稳定、社会治安综合治理会议，通报全区排查出的17件重点信访案件和13件影响社会稳定的重点突出问题，并对重点信访案件和影响社会稳定的重点突出问题及群体性事件实行县级领导包案及挂牌督办。按照省、市开展“两访”治理化解年活动的要求，全区开展“两访”治理化解年活动。在“两访”治理化解年活动中，采取“三结合”的办法，确保“两访”案件得到控制。对省、市交办和本区排查出的11件“两访”案件，一律实行县级领导包案，及时下发《白银区开展“两访”治理化解年活动实施方案的通知》，明确责任单位和责任人，实行包掌握情况、包思想教育、包问题化解、包息诉息访的“四包”责任制，11月底案件全部办结，办结率100%。预防和控制进京重复非正常上访和赴省进京集体上访，呈现出越级访、重复访、集体访下降和信访秩序明显好转的“三下降一好转”局面。

【日常信访】 对群众所有来信，区信访局都做到专人管理，阅读、登记、准确交办，督促有关部门、单位办理。对省、市信访局和市委、市政府，区委、区政府交办的重要信件，起草函件交给承办单位办理，限期上报结果，及时做好督察督办工作，做到“件件有着落，事事有回音”。对上访群众，做到热情接待、记录、耐心解释、疏导。特别是把集体上访作为工作重点，做好接待处理工作。对到区上访冲击领导办公室、堵门拦车、打横幅标语、滞留缠访等异常上访行为，在开展思想工作、宣传法律法规的同时，通知有关职能部门一起共同协调处理问题。规范督察督办工作机制，落实办理责任，努力在“事要解决”上下工夫。通过抓督办落实，增强各职能部门做好信访工作的主动性，促进信访案件的办理工作。

【白银区信访局领导名录】

余彦祥 局长

高虹（女） 副局长

（高 虹）

司法行政

【概况】 2010年，区司法局政法专项编制13人（含公证处2人），其中局长1人，副局长2人，区依法治区工作领导小组办公室专职副主任1人，机关后勤事业编制1人；设综合业务、宣传教育、基层工作、社区矫正等岗位。

【普法宣传教育】 2010年3月中旬召开全区司法行政工作暨普法依法治理工作会议，全面安排部署全区“五五”普法工作，做好迎接省、市“五五”普法终期检查验收准备工作。对普法宣传、法制教育、依法治理、档案管理等重点工作分项进行责任分解，层层落实。制定下发《白银区“五五”普法终期验收工作实施方案》，成立“五五”普法检查验收领导小组，下设2个检查组，由区人大、政协分管领导带队，重点围绕“五五”普法终期检查验收工作，对全区各乡镇、街道，区直各部门、有关单位等68个部门和单位进行自查验收，做好迎接省、市“五五”普法终期检查验收的准备工作。4月15日市“五五”普法依法治理终期考核验收小组，对白银区“五五”普法依法治理工作进行检查验收。市“五五”普法依法治理终期考核验收小组一行先后到四龙镇司法所、永兴村、四龙路街道建设路社区、区国税局、区第五小学、纺织路街道进行视察，察看部分乡镇、街道“五五”普法检查验收的资料收集归档情况，以及法制宣传栏图书角等创新型法制宣传载体，对白银区落实“五五”普法规划所取得的成绩予以高度评价。5月18日以副省长张晓兰为组长的省“五五”普法第三检查组一行先后对白银区部分乡镇、街道、部门和单位的“五五”普法开展进行检查验收。白银区获全国法制宣传教育先进县区称号。5月配合区交通局、区卫生局、区科技局等部门参加全区防震减灾宣传日活动，共发放宣传资料2500多份。还针对全区棚户区改造开展有关政策法规宣传活动，共发放《白银市棚户区改造政策法规读本》3000册。6月配合相关部门开展全区禁毒月宣传活动。在全面加强普法依法治理工作的同时，向区委、区政府及上级司法行政部门争取各类普法依法治理工作经费支持，做到专款专用，确保普法依法治理工作开展。7月白银区普法办经过精心策划和反复修改，设计印制1万多副普法扑克牌，这些普法扑克牌围绕广大人民群众生产、生活密切相关的一些法律常识以漫画的方式印制在扑克牌上，直观向人们宣传法律知识。宣传范围涉及《中华人民共和国宪法》《中华人民共和国婚姻法》《中华人民共和国物权法》《中华人民共和国治安管理处罚法》《中华人民共和国未成年人保护法》《中华人民共和国刑法》等常用法律法规，此外还涉及人民调解、法律援助、法律服务等司法行政业务知识。这种“以牌释法、以案说法，形象直观，寓教于乐”的方式宣传法律知识，使法制宣传教育在形式和内容上更加贴近生活、贴近群众、寓教于乐。8月区司法局联合驻区部队举行“送法进军营”活动启动仪式，区司法局与部队签订“送法进军营”活动五年规划协议书，为部队赠送法律书籍、光盘及拥军普法扑克牌；区法律援助中心律师、区公证处律师、公证员、现场为官兵进行法律咨询，解答官兵们的咨询和提问；组织多种形式的法律有奖知识竞答活动。10月在5个乡镇及纺织路街道村级党组织和第七次村民委员会换届选举时组织人员进村、进社区进行法制宣传，组织开展法制讲座、法律知识竞赛、村民座谈、送法进村入户、现场解答疑难、设置宣传单发放点等法制宣传活动。各乡镇、纺织路街道出动法制宣传车到各村组巡回宣传。邀请区委党校老师、区法律援助中心律师、区民政局基层政权股的人员进行法制讲座，主要宣讲《中国共产党章程》《中国共产党农村基层组织工作条例》《中华人民共和国村民委员会组织法》《中共中央办公厅国务院办公厅关于加强和改进村民委员会选举工作的通知》《甘肃省实施〈中华人民共和国村民委员会组织法〉办法》《甘肃省村民委员会选举办法》等相关的政策、法律、法规；宣传换届选举的意义、目的、任务和程序。通过宣传，引导群众依法参与，依法选举，依法行使自己的民主权利，选好自己的当家人，创造一个全民参与的氛围。11月举行白银区农民法律知识竞赛抽奖活动，从参赛答题的1000份竞赛试卷中按成绩由高到低选出200份答卷者参加抽奖，共产生一等奖20名，二等奖30名，三等奖50名。同月司法局与驻银部队共同筹划，以普法为重点，注重加强军民双边交流，邀请区检察院办公室人员为驻营部队即将退伍的老兵上一堂生动的法制教育课，提高官兵法制观念和法律意识，增强军民共建双拥城的自觉性。开展“12·4”全国法制宣传日十周年宣传活动，围绕“弘扬法治精神，促进社会和谐”的法制宣传主题，由区依法治区领导小组牵头，12月4日开展形式多样、内容丰富的法制宣传活动，在全区营造浓厚的法治氛围。活动当天组织青少年方队、城管执法方队、工农路街道太平鼓方队、人民路街道腰鼓方队上街宣传。由区直部门组成法律宣传咨询队伍，通过横幅、展板、宣传资料、录音、现场法律咨询等丰富多样的宣传形式，向广大人民群众宣传宪法、刑法、民法、婚姻法、人民调解法、公证法、法律援助条例等多种法律法规。共制作宣传图板40块，印制宣资料40000余份，书写宣传标语60余条，接受群众现场法律咨询400余人次。2010年上报各类信息59条，其中，省司法厅工作网站22条，省级简报刊登1条，市级简报2条，区依治办简报16条，区信息中心工作网站20条。

【建立机构、强化队伍】 全区3个镇、2个乡和5个街道办事处均已独立建所，司法所为行政单位，副级科建制，当年解决6名司法所长副科级待遇问题。

【建立健全司法所各项规章制度】 统一规范司法所、法律服务所、安置帮教工作站、人民调解委员会文书格式等各种工作簿册和业务报表。为加强司法所的管理，补充完善学习制度、文档管理制度、刑释解教人员安置帮教工作制度等制度，并统一制作镜框，规范上墙。

【司法所规范化建设】 夯实司法所基础设施建设。当年全区共有7个司法所被市司法局命名为规范化司法所，工农路司法所获全省优秀司法所称号，纺织路司法所获全省示范性司法所称号。为各司法所统一制定人民调解、安置帮教、法律服务等工作制度和标志牌，建立和完善各种工作簿册。从2004年开始国家利用国债资金建设基层司法所，全区10个司法所列入建设项目中。四龙、强湾、武川3个司法所为2004年首批建成，办公用房面积均为120平方米以上。区司法局积极协调资金为司法所配备办公设施及交通工具，为四龙镇司法所投资近20000元铺设地面，制作2幅宣传专栏；为工农路街道、四龙镇、永兴村、胜利路社区统一装订宣传资料；为10个乡镇、街道司法所统一制作木式标识标牌，统一更换司法所业务用章；为公证处配备电脑2台；为局机关配置投影仪、照相机、碎纸机；为基层司法所配置照相机5台；争取到司法业务用车12辆，当年底为全区10个基层司法所全部配齐司法业务用车，9月28日举行白银区司法业务用车集中发放仪式，共计投入资金64万元。投入资金近4万元为局机关、公证、律师及司法所工作人员配备制式服装45套。开展矛盾纠纷排查活动，全区共建立人民调解组织86个，当年，有人民调解员634人。

【开展矛盾纠纷排查活动】 以“人民调解化解矛盾纠纷专项攻坚活动”为契机，开展矛盾纠纷排查调处，做到排查制度化。要求基层司法所组织各调解组织实行一月一排查、一月一台账制度，采取定人、定责的方式排查纠纷。

【人民调解文书格式规范】 当年1月起区司法局专门召开司法所长工作会议，会上特别要求统一人民调解文书格式，按照一案一档的原则填写卷宗、调解申请书、民间纠纷受理调解登记表、调查笔录、调解笔录、调解协议书、回访记录等，避免重结果、轻程序等问题的发生，确保调解协议的法律效力。7月组织全区开展人民调解案件评查活动，共评查案件79件，并向上级推荐10件优秀案卷。多方筹集资金40000元，编写印制《人民调解工作手册》4000册，以人民调解法释义、人民调解的工作程序、工作制度、工作方法和人民调解工作的文书格式为主要内容，全书内容切合实际工作需求，兼具知识性和实用性，为人民调解工作人员职业教育、工作培训、自我学习的实用工具书。通过活动的开展，促进人民调解案卷的规范化建设管理。

【落实人民调解规范化建设】 统一规范调解案件的登记建档。10月在人民路西村社区举行2010年人民调解“个案补贴”发放仪式。做民间矛盾纠纷排查预防工作，加强对社会热点、难点纠纷的排查和调处。当年接受各类矛盾纠纷600起，调解成功588起,较上年增加90件，调解成功率达到98%。编印《白银区人民调解员工作手册》。

【法律服务】 做好政府法律顾问工作，组织律师、公证、基层法律服务机构为保持经济平稳较快发展、新农村建设、国有企业改革、维护市场秩序、保障和改善民生、非公经济等方面提供服务，为政府依法决策发挥好参谋助手作用。

【法律援助工作】 营造法律援助工作氛围，把法律援助工作作为一项光彩事业、民心工程来抓，整合专职人员、律师、基层法律工作者3支队伍，为弱势群体送去法律知识，推进法律援助进社区、进贫困群体家庭；开展重点专项援助活动，维护全区老年人、妇女、儿童、盲、聋、哑人和特殊案件的当事人的合法权益。当年共办理法律援助案件125件，其中刑事案件65件，民事案件60件。办案数量比去年同期增长20.2%。在区劳动争议仲裁委员会设立法律援助联络点，为劳动者提供便利的法律援助。公证处办理法律援助公证15件。白银信实律师事务所办理案件168件，其中刑事案件88件，民事案件78件，行政案件2件。办案数量比去年同期增长10%。为白银区企业改制，代理诉讼案件5件；为白银区政府代理行政诉讼案件2件、为政府项目建设提供法律咨询1次。区公证处共办理各类公证事项1702件，涉及经济标的金额1.761亿元。其中办理经济公证事项1224件，办理民事公证事项478件。接待当事人电话咨询及来访1671人次。并对已办结的1147件公证事项，按国内民事、国内经济、保管期限等逐一进行整理、分类、编号归档。密卷保存的档案，全部单独编号归档。

【白银区司法局领导名录】

秦　斌　局　长
滕宗泰　支部书记
王有为　副局长
刘光媛（女）　副局长
陶　玲（女）　区依治办副主任
黄宣克　区法律援助中心主任
徐建良　区公证处主任

（陶　玲）

民族宗教工作

【概况】 2010年全区开放宗教场所8处，登记在册信教群众共

4667人，其中信仰伊斯兰教群众有3167人，信仰基督教群众有1300人，信仰佛教群众有967人，信仰道教的群众有1200人。未开放但初具规模的宗教场所有4处，其他有10处，有信教群众2800人左右。当年区宗教局有编制2人，实有3人。

【寺观教堂】 2009年5月起，开展“和谐寺观教堂”创建活动，制订实施方案，从爱国爱教、知法守法、团结稳定、活动有序、教风端正、管理规范、安全整洁、服务社会八个方面严格要求各宗教活动场所，联合街道、社区对各场所进行综合考评，创建班子健全、民主和谐、活动正常、管理规范，符合《宗教事务条例》要求的宗教场所。2010年各宗教场所均评选出2~3名创建活动带头人，重新修订各项规章制度，健全民主管理组织，加强创建活动的组织领导，做到规章制度装框上墙，年初有安排、年中有检查，年底进行考核、评比，用制度管人管事，促进宗教事务的规范化管理，形成长效机制。

【宗教宣传月活动】 印发《关于开展全区第七个民族团结进步宣传月活动的通知》。举办4期《宗教事务条例》培训班，组织各街道办事处党政领导和统战民宗干部、社区负责人、宗教活动场所管委会成员、宗教教职人员150余人次进行培训学习。与区司法局、法翔律师事务所联合举办法律法规进宗教场所专项活动，举行集中上街宣传活动。宣传月期间，全区共发放各类学习宣传资料2000余本（份）；举办培训班和召开学习会近10余期（场），300人次参加集中培训学习；办黑板报、宣传栏、学习园地10期；悬挂横幅60余条，张贴标语200余条。全区干部职工受教育面达到98%以上，群众受教育面达到90%以上。

【为少数民族群众办实事做好事】 5月27日，区委、区政府召开全区第一次民族团结表彰大会，全面总结2004年至2010年全区开展民族团结进步创建活动取得的成绩，表彰先进集体、先进个人，专题研究部署民族宗教工作。会议奖励人民路街道等4个先进集体，牛述霞等10位先进个人，并为先进个人颁发奖金5000元。六一儿童节，区非公有制经济党工委和社会各界爱心人士一道对白银区民族小学进行慰问，带去价值1.3万元的教学器材和文体用具。玉树地震灾害和舟曲泥石流自然灾害发生后，通过宗教界代表人士的努力，捐款30000元。

【宗教场所】 通过实地调查、走访询问、查阅原始资料等办法，对全区开放宗教场所进行区分认定，并根据认定情况进行登记发证工作。对教职人员进行备案，至年底全区开放的宗教场所中有僧人7人，阿訇2人，长老2人，宗教场所各种执事37人，已全部登记造册。在教职人员中，大专文化程度1人，高中以下文化程度10人。各宗教场所建立健全财务制度，做到财务公开、透明。各场所财务必须纳入宗教部门的监管之中，做到每月公布。成立宗教教职人员生活补助发放领导小组。对全区宗教场所教职人员和宗教界人士进行排摸，经审查，反复核对，教职人员马尔沙、马阿力、郑学信、释性藏、释法庄、释觉醒、王跟代、释罗天等8人符合报送条件。在莲花寺、白银区清真寺、嘹高山佛教活动点、白银区基督教堂、朝阳巷安息日活动点等宗教场所，发放《白银区民族宗教工作指南》《宗教事务管理手册》，做到《宗教管理条例》和宗教场所内部管理制度上墙。在白银华鹭铝业公司、白银公司、铅锌厂、三冶炼、小铁山、机修厂、银光公司等企业大力宣传《宗教管理条例》《城市民族工作条例》《甘肃省清真食品管理条例》等。

【民族宗教政策】 2010年3月，由区委统战部牵头区民族宗教事务局及其他有关部门配合，对全区民族宗教领域的矛盾纠纷进行排查和调处。对排查梳理出的问题逐一进行分析研究，并依据党的民族宗教政策和《宗教事务条例》的规定，区别不同情况进行妥善处理。制定敏感期24小时值班制度，建立工作台账，规范值班记录，并制定出保密制度以防止不法分子通过网络窃取白银区民族宗教信息进行破坏活动。发挥民族宗教三级网络的作用，联系各乡镇、街道、村社及社区民族宗教专干，对辖区内的流动人口进行细致的排查摸底，及时联系、了解动态情况，提供真实可靠的第一手信息，做好民族宗教领域内的维稳工作。2010年确定7名朝觐人员，宗教局积极协调参加朝觐的7名穆斯林群众户口所在的派出所对相关材料进行审查核实并将审批材料上报市宗教局，组织朝觐人员进行朝觐前的统一体检和集中培训，对朝觐人员实行“统接统送”。

【白银区民族宗教事务局领导名录】

孟令钢 局长（2010.9止任）
狄国伟 局长（2010.9始任）
王典祖 副局长

（狄国伟）

住房和城乡建设

【概况】　区住房和城乡建设局与区城市管理局合署办公，两块牌子，一套人员，下设人民防空办公室、地震局、房产管理局、城市绿化管理所、城市管理综合执法大队、小康规划办等6个事业单位。2010年有干部职工409人，其中局领导班子6人，城市管理综合执法人员76人，城市管理监督人员113人，城市绿化管理人员173人，其他人员41人。

【住房保障】　2010年重点实施向阳村、西村联合大院、悦民小区等棚户区改造工程，建成各类保障性住房4660套34.3万平方米，占总套数的70%。10处棚户区改造工程全部开工建设，完成投资4.98亿元，涉及拆迁面积8万平方米，竣工率达到70%。先后两次举行白银城区安民小区一期第一、二批和西村联合大院廉租住房、经济适用房配售配租抓号选房仪式，1400多户居民喜分新居。先后为符合条件的2347户低收入家庭发放廉租住房租赁补贴604万元。协调维修资金，对中心街5号、70号等10栋楼，近5000平方米起皮裂缝、渗漏雨水比较严重的屋面进行翻建；对两栋居民楼破损、积淤比较严重的下排水管道进行更换改造；完成区环卫局、四龙路街道旧办公楼以及区国资中心下属区印刷厂、百货公司总建筑面积为5099.28平方米的旧单身楼和办公楼的收购工作。

【环境整治】　2010年在全区退伍军人和警校毕业生中再次选拔90名素质较好的青年充实到综合执法大队，并对中层管理岗位实施竞聘上岗，加强城管执法队伍建设；开展门头牌匾及户外广告专项整治活动。对国道109线白银过境段、毛巾厂十字、北京路等路段430余块破损、有碍观瞻、无审批手续的大型户外广告进行依法拆除，没收非法广告传单1200余张，清除垂幅、过街横幅2000余条；委托兰州商学院经贸学院、兰州恒宇文化传播有限公司的专家学者编制《白银城区主干道店招门头及户外广告规划》；依法取缔旧家具市场占道经营，先后出动执法车辆5辆，执法队员150人（次），对三角花园周围等9处违章占道经营的旧家具市场进行依法取缔，集中整治和取缔134家主干道不规范的露天烧烤摊点、马路餐桌以及啤酒摊点，对城区主干道300余家违章占道经营及店外店经营进行有效治理，规范早餐摊点97家；对规划区内106家“三乱”违章户进行集中整治，下发整改通知书90份，对大坝滩、黄茂井、苏家墩等村50多处10000多平方米的在建违章建筑进行强制拆除，清理乱栽树木1300多棵；充分利用数字化城市管理系统来解决群众涉及城市管理方面的问题，数字化城市管理监督指挥中心共受理涉及城市管理方面的案件25201条，结案23203条，结案率达92.8%，12319城管公众热线共收到群众反映城市管理方面问题36起，得到解决。

【法规宣传】　开展“走近城管，共建和谐”城管法律法规知识宣传咨询和城管“四进”活动（进社区、进学校、进机关、进门店）。先后出动人员400多人，宣传车辆30台（次），悬挂宣传条幅46条，散发《白银区城市市容和环境卫生管理实施办法》等宣传材料5000余份，编发《白银城管工作信息》37期，刊发信息73条，在《城市管理》杂志、白银日报、白银电视台、白银区政府网站和《今日白银区》等各类媒体播发城管新闻166条，区委信息报送积分62分，名列全区部门单位第四名。

【城市绿化】　对国道109线白银过境段绿化实施提质改造；对人民路全长5000多米长势较弱，景观效果差的行道绿化进行硬化改造,铺设人行道砖7000多平方米，修筑树穴350个；按照原种植结构不变和绿化无空档的总体要求，对城区其它32条路、11个花坛广场完成补栽补种；组织绿化技术人员集中时间，对城区28条道路2.1万多棵行道树木进行修剪；对城区7.1万余株绿化树木实施刷白；在诚信大道南口、“凤之韵”四周、一号桥等重点路段和沿街单位门口共计摆放鲜花33.4万盆；大力开展城区单位庭院、住宅小区绿化工作，城区128家绿化重点单位共计增加绿化面积12.6万平方米；积极开展社区绿化工作，完成认种认养新增绿化面积6.81万平方米，认种认养面积达到115691平方米，新增认种认养户1229户，认种认养户达到2773户。获全市绿化工作先进单位称号，两名同志分获全市绿化工作先进个人和白银区先进工作者称号。

【农村危旧房改造】　2010年，白银区农村危旧房改造任务为1300户，按照项目管理要求，白银区住房和城乡建设局及时将改造任务向水川镇、四龙镇进行分解，并签订目标责任书。完成省上下达白银区1300户村民危旧房改造任务，其中完成独生子女领证户和二女结扎户危房改造33户，832万元农村危旧房改造补助资金也督促各相关乡镇陆续足额发放到农户手中。农村危旧房改造工作通过省、市农村危房改造验收组的检查验收。

【城乡规划】 2010年负责规划的郝家川旧货交易市场和白银西区物流仓储中心建设工作展开；完成水川镇桦皮川村、四龙镇民乐村两个试点村的规划编制工作。委托甘肃省地质矿产勘查开发局测绘勘查院完成四龙镇小城镇建设规划地形图测绘；按照市建设局要求，完成《白银区城镇污水处理及再生能源利用设施建设"十二五"规划》和《白银区"十二五"期间全省重点镇市政公用基础设施建设项目概况表》，为水川、四龙两镇小城镇建设奠定了基础。

【民防地震】 区人防办全年共计抽水10万平方米；完成人口疏散基地试点建设工作；修订和完善《白银区防空袭方案》和保障计划，完成人民路街道人口疏散调查落实工作4个重要目标的防护预案和白银城区所有警报设施的检查维护工作，获全省人防工作先进单位称号。区地震局修订和完善《白银区地震应急预案》《白银区地震农居保安工程项目》，建立和完善"三网一员"工作制度，实行24小时全天候的震情值班制度；会同民政局、财政局、发改局、房管局等部门按照震后重建房的修建标准对三乡两镇的震后重建房进行认真细致地检查验收；按照《白银区建设工程抗震设防和安全性评价实施办法》，推进建设工程抗震设防和安全性评价要求管理工作，对辖区内重大的建设工程实施跟踪检查。

【信访】 2010年共办理市、区人大代表建议、意见7份，市、区政协委员提案14件，涉及人大代表、政协委员34人。对7件代表建议、意见和14件政协委员提案办理完毕，满意率为100%。对36件市长信箱、网民留言和群众来信在第一时间逐一进行回复。

【精神文明建设】 2010年为舟曲灾区群众捐款7350元；开展救助帮困活动，为残疾家庭詹丽华发放慰问金500元，并优先配置廉租住房；为系统13名家庭困难职工发放困难救助金共计3900元；举办白银区住房和城乡建设系统迎国庆61周年拔河比赛活动；组织职工开展读书比赛；开展军民共建活动，组织绿化专业技术人员对白银军分区营区绿化进行技术指导，为部队官兵赠送慰问品。全市双拥先进单位称号。

【住房建设】 引进兰州天庆房地产集团公司、甘肃天奇物流公司等全省知名企业来参与棚户区改造及物流仓储中心等市场建设。由甘肃京鸿房地产开发公司承建的悦民一期保障性住房建设工程，总投资4126万元，总占地面积1.91万平方米，完成投资2647万元，五栋楼主体已封顶。由甘肃陆都置业有限公司承建，总投资1.85亿元的悦民小区二期工程，总占地面积5.75万平方米，工程全面开工建设，完成投资1266万元。

【白银区住房和城乡建设局领导名录】

张锡林　城区数字化城市管理监督指挥中心副主任、区住建局局长、区城市管理局局长
孙维荣　区城建党总支书记（2010.11止任）
张世平　区城建党总支书记、副局长(2010.1起任)
张志录　副局长、区房产管理所所长(2010.9止任)
张兰浩　副局长、区房产管理局局长(2010.9起任)
关晓凌(女)　副局长
马保祥　区城管局副局长
高生林　纪委书记

（成志军）

招商引资

【概况】 2010年区招商局有干部7人，其中，领导干部5人，科员1人；下属区经协办，与招商局合署办公有干部1人。

【目标任务】 完成投资69320万元，占任务的128%。新开工项目21个，占任务的100%，其中，投资1亿元以上的工业企业2个；投资5000万元以上的工业企业4个；投资2000万元以上的工业企业1个；投资2000万元以上的养殖项目1个。项目开工率为75%。项目竣工18个，占任务的100%。新增规模以上工业企业3个，占任务的100%。

【引资项目】 2010年第十六届"兰洽会"，共签约16个合同项目，签约资金9.3亿元。

年产180万柱采暖散热器项目　占地43亩，兰州科邦有限责任公司投资8000万元，建设年产180万柱采暖散热器生产线。

钢化玻璃生产线项目（外资）　占地3338平方米，白银一刀钢化玻璃有限公司投资5000万元，建设年产2×70万平方米钢化玻璃生产线。

年产40万吨粉沫站项目　白银万盛再生利用有限责任公司投资1500万元，建设年产40万吨粉沫站。

塑料编织袋生产线项目　占地约50亩，由宏发公司投资8000万元，建设塑料编织袋生产线。

【招商小分队】　2010年共派出招商小分队9批30多人次，由区委、区政府主要领导带队，相关人员参加，先后赴北京、天津、上海、山东、江苏、广州、深圳、西安、内蒙、新疆、江西等地开展有针对性的招商活动，主动上门推介、宣传白银，收集信息，及时掌握客商的投资意向，全面捕捉招商信息。

【制定目标责任制】　细化任务，明确责任，改变以往只对招商部门定目标，乡镇街道和经济综合部门无责任的模式，调动各相关部门、单位的积极性，让每一个成员单位都作为招商引资的责任主体，将招商引资工作落到实处，提高招商实效。

【完善考核评价体系】　在确定目标责任的基础上，配套制定《白银区招商引资目标责任制考核细则（试行）》。对招商引资各成员单位完成投资、新开工项目、签约资金、组建小分队四项指标实行百分制考核，并将招商引资任务纳入全年目标责任考核体系，初步探索和建立考核体系。

【打造中小企业创业平台】　至年底创业基地入驻百陆电冶、康宝新型节能建材、胜昶水泥、嘉能精细化工、金达生物科技、甘肃新北重、宏发商贸公司塑料编织袋、一刀钢化玻璃、甘肃科邦、三通锅炉等10户企业。

【白银区招商局领导名录】

窦国锋　局长

徐远进　副局长兼经协办主任

王世有　副局长

金玉霞（女）　副局长

高　琴（女）　纪检员

（曾潮香）

安全生产监督

【概况】　2010年全区安全生产事故四项指数全面下降，安全生产状况总体稳定。全区共发生各类事故45起，与去年相比下降30.76%，死亡9人，与去年相比下降10%，受伤24人，与去年相比下降17.24%，直接经济损失33.63万元，与去年相比下降31.03%。其中，道路交通事故23起，与去年相比上升27.78%，死亡9人，占控制指标的100%，与去年相比持平，受伤23人，与去年同期相比下降20.69%，直接经济损失0.86万元，与去年同期相比下降66.14%；火灾22起，与去年相比下降52.17%，无人员死亡，受伤1人，直接经济损失32.77万元，与去年相比下降29.14%；工矿企业无安全生产事故发生。白银区安全生产监督管理局有行政编制4人，工勤编制1人，下设区安全生产执法监察大队，事业编制3人，2010年实有工作人员9人。

【监管责任】　组织召开四次安委会全体（扩大）会议，安排部署各阶段安全生产工作，研究解决存在的问题。区政府与所有乡镇街道、政府部门签订安全目标责任书，把安全生产监管责任纳入领导干部的年度政绩考核中，实行"一岗双责""一票否决""问责制"等制度，明确乡镇、街道、部门一把手的安全生产监管责任。各乡镇、街道、部门与各村、各社区、下属企业单位层层签订目标责任书，形成"横向到边、纵向到底"安全生产责任体系。区安监局要求各生产企业制定7个基本的安全生产责任制和35个基本的安全生产管理制度，对各生产企业的规章制度建立完善情况进行现场打分量化，对分数值较低的白银鑫湖工贸公司等3家企业实施经济处罚，并责令整改。区安委会办公室在对乡镇街道安全生产目标考核中加大制度建设考核力度，各乡镇街道根据考核要求，制定和完善30多项安全生产规章制度，落实乡镇街道安全生产属地管理责任。

【源头管理】　做好安全生产许可证、经营许可证申请办（换）证的资料审查、上报工作。2010年有6户非煤矿山企业、2户危险化学品生产企业、24户危险化学品经营单位取得安全生产许可证或经营许可证。年底，有16户非煤矿山企业、6户危险化学品生产企业取得安全生产许可证，183户危险化学品经营单位取得经营许可证。对武川乡非法开采砂金行为进行全面清理，拆毁采矿洗金设备5台，炸毁井洞2座，填埋井洞2座。对存在重大安全隐患的白银银珠制气分公司进行强制搬迁。对白银区强凯胜石料厂、白银区程利石料厂等企业进行"三同时"审查。征收危险化学品和非煤矿山企业风险抵押金68万元，征收率达到90%以上。向烟花爆竹临时经营户先征后返风险抵押金97.5万元。在白银银山水泥公司等5家企业组织开展安全标准化创建活动，提升企业安全水平。开展职业健康卫生专项。区政府成立白银区重大灾害应急救援大队。

【专项整治】 按照专项整治与日常监管相结合、排查隐患与治理隐患并重的原则，在加强日常监管的同时，常抓交通、消防、危险化学品、非煤矿山、特种设备、民爆器材、水利、农机、学校、旅游等领域安全生产专项整治。道路水上交通方面，开展“创建交通秩序示范公路”等专项行动，检查各类机动车辆13000余辆，查处各类违法行为5400余起，扣留报废机动车3辆。排摸水运企业7户，对存在隐患的1艘渡船责令停业和限期整改更新，建成达标码头1处。排查无牌无证及不按规定参加定期检验的拖拉机，纠正违章操作55人次。在消防方面，对全区132家单位和场所进行消防安全排查，发现一般性隐患23处，下发《责令改正通知书》5份。在危险化学品方面，对全区235家危险化学品生产、经营、储存企业开展2次集中检查，查处安全事故隐患170条，下发整改指令书53份。在非煤矿山方面，开展集中检查3次，督查企业80户（次），责令企业整改安全隐患220处，督促11家非煤矿山企业办理安全生产许可证延期换证手续，2户企业取得证件。特种设备方面，检查企业60户(次)，下发特种设备安全指令书4份，与全区9户气体充装经销单位签订安全生产承诺书，查处使用超期瓶、报废瓶违法行为2起，查获过期瓶13只。在民爆器材方面，共检查涉爆单位83家，查出安全隐患6起，落实整改5起，限期整改1起，收缴雷管707发，炸药409公斤，并对1家违规实施爆破作业的企业进行行政处罚。水利方面开展水库、河道、水利工程安全隐患排查，教育方面开展校园周边环境安全整治，旅游方面开展农家乐安全评估，对其他相关部门也开展安全排查、整治工作。

【宣传教育】 组织开展“关爱生命，安全发展”知识有奖竞赛活动，动员组织全区3000多人参加。组织企业负责人、安全管理人员、特种作业人员200人参加市安监局的学习培训，督促企业开展全员“三级”安全教育培训。组织各乡镇街道安监人员、区属企业主要负责人、安全管理人员开展《甘肃省政府安全生产监督管理责任规定》《甘肃省生产经营单位安全生产主体责任规定》的考试。开展“安全生产月”活动，区政府分管领导发表电视动员讲话，开展悬挂横幅、安全宣传车流动宣传、播放电教片、制作安全展板入企业等多种形式的活动。组织开展农村务工人员岗前安全培训，配合交警消防等部门开展各行业安全宣传教育活动。

【白银区安全生产监督管理局（安委会办公室）领导名录】

魏以珍　局长（2010.8止任）
罗崇伟　局长（2010.8始任）
李凤国　副局长（2010.8止任）
狄国栋　副局长（2010.8始任）

（王万兵）

审　计

【概况】 2010年，创新审计理念，提高审计能力，注重审计效能，履行审计监督职责,突出对经济和社会中的热点、难点问题，领导关注、群众关心的问题的审计。当年共完成审计项目41项，提交审计报告41篇，做出审计决定14个，向有关部门提交审计建议17个。查处违规资金和管理不规范资金201万元,应上交财政28万元。2010年，区审计局行政编制13人，机关后勤事业编制2人。内设办公室、法规审理股、财政金融审计股、行政事业审计股、固定资产投资审计股、经济责任审计股。

【预算执行审计】 2010年按照《白银区2009年度区级预算执行情况审计工作方案》，审计局对区财政局组织实施的区级预算执行情况、区地税局税收征管情况进行审计。审计区发改局、区人事局、区教育局、区民政局、区劳动局、区卫生局、区交通局、区法院、区检察院、区国资中心、纺织路街道、区文体局和市职专等13个区直部门及下属单位的预算执行情况。

【领导干部经济责任审计】 根据区委组织部的委托，区审计局对区残联理事长等8人进行任中经济责任审计；对区政府办公室原主任等9人进行离任经济责任审计。

【固定资产投资项目审计】 根据《白银区财政投资建设项目管理办法》《白银区国家建设项目审计监督办法》，对全区固定资产投资项目在招标前进行预算审核，对已完工项目进行竣工决算审核。当年区审计局对区环卫局组织建设的白银市医疗废物集中处置及供水管线工程进行基建审计。经审计，白银市医疗废物集中处置工程申报造价4695889元，审定造价4594018元，核减工程造价

101871 元；供水工程申报造价 577188 元，审定造价 472431 元，核减工程造价 104757 元。对施工单位多计工程结算造价 206628 元，如数核减。

【专项资金审计】 根据有关单位申请，区审计局对 2009 年财政性教育经费投入及管理使用情况、2008 年度巩固退耕还林成果试点工程项目资金、王岘镇、武川乡中低产田改造项目资金管理使用情况、四龙灌区续建配套与节水改造项目资金管理使用情况、蒋家湾灌区续建配套与节水改造项目资金管理使用情况、区水利局 2008~2009 年城区大环境绿化工程项目资金管理使用情况和区水利局 2009 年度桦皮川农村饮水安全项目资金管理使用情况等 7 个专项资金使用情况进行审计。

【项目审计】 对区委、区政府批转的“白银区银河机电化轻供应中心和现代物资储运供销中心全体职工请愿书”中提出的有关问题进行审计调查。对大井子村安居工程暨商务中心有关情况进行审计。对区属中小学校校舍安全工程进行审计调查。对白银区扩大内需投资项目、灾后恢复重建项目进行审计调查，同时开展工程建设领域突出问题专项治理审计调查。对区所属行政事业单位至 2009 年底政府性债务进行审计调查。

【工作措施】 贯彻落实《关于进一步加强审计工作的实施意见》（白政发〔2010〕18 号），发挥审计在严肃财经纪律、维护经济秩序、促进廉政建设、保持经济平稳较快发展、构建和谐社会等方面的重要作用。发挥审计监督保障国家经济社会健康运行的“免疫系统”功能和监督职能。深化预算执行、财政决算和财政收支审计，加大对财政预算资金、转移支付资金、部门预算外资金、政府非税收入和财政支出结构调整等情况的监督力度。强化对领导干部特别是主要领导干部、人财物管理使用、关键岗位的监督，促进领导干部按照法定权限和程序行使权力、勤政廉政、履行职责。加大任中审计力度，前移监督关口，扩展经济责任审计内容，把领导干部的重大决策、可持续发展、关注民生、环境保护等内容纳入审计范围，加强对具有资金审批权、资金分配权、资金使用权和经济执法处罚权单位领导干部的经济责任审计。加强对重点工程、重点项目的监督检查，拓展固定资产投资审计的广度和深度，把财政性资金和公共性资金投入的重点建设项目全部纳入审计范围。加强对教育、卫生、扶贫救灾、灾后重建、社保、财政支农、为民办实事资金和基础建设、资源与环保等方面的审计，揭露挤占挪用、损失浪费等影响资金管理和使用效益的问题。研究和探索政府绩效、经济政策评估、行政效能、经济效益等新的绩效审计类型。与上级审计机关加强业务联系，接受业务指导。利用社会审计和内部审计资源，形成监督合力。按照审计项目的轻重缓急、难易程度安排审计人员，按照审计人员的特点和能力安排审计工作。提出“一次审计，出多个审计成果”的办法，通过调整审计人员，将经济责任审计与预算执行审计等不同目的审计项目结合进行，实行审计组一次审计，几个项目同时完成。实现审计资源共享，降低审计成本。尝试采用送达审计的方法进行审计，减轻被审单位的负担，有利于保证审计工作的公正透明。开展计算机辅助审计，实现审计全程电子化。审计业务人员全部配备笔记本电脑、打印机，开通计算机局域网，并安装审计法规查询软件和计算机审计软件。以现场审计管理系统为平台，从机关公文到业务文书，从审计复核到文件收发，做到网上起草，网上传阅，网上签发，基本实现无纸化办公。当年区审计局则置数码摄像机 1 部，数码照相机 7 部。2010 年审计工作经费列入财政预算。

【建立健全体制机制】 制定下发《白银区财政投资建设项目管理办法》《白银区国家建设项目审计监督办法》，对深化投资体制改革，加强财政投资建设项目监督管理，提高财政投资效益，加强国家建设项目审计监督，保障审计质量，提高投资效益提供制度保障。制定《白银区审计局优秀审计项目评比办法（试行）》。实行审计质量复核检查制度。审计部门对已审计项目由复核小组进行检查，增强审计人员责任心，降低审计风险，防止漏审和违纪问题的发生，提高审计工作质量，促进审计成果转化。对每一个审计项目，无论资金大小、基础好坏，都一视同仁，有针对性地编制审计工作方案，按照程序进行审计，避免走过场或“鸡蛋里挑骨头”等现象。对于重点审计项目和经济责任审计项目一律召开审计进点会进行安排部署，做到依法依规审计，树立审计机关良好形象。

【开展主题教育活动】 制定《白银区审计局开展创先争优活动实施方案》，成立创先争优工作领导小组。局党支部及全局党员干部结合工作实际，提出参加创先争优活动的具体打算，作出承诺。加强干部的思想政治理论和业务知识学习采取“走出去、请进来”，请领导上课、实行工作交流和把审计业务能力强的人员放在审计的第一线等多种方式方法培养领导干部和审计人员为全区工作大局服务的意识，强化人才培训，让干部在实践中历练，不断提高审计本领。开展党性党风党纪教育、理想信念教育、廉洁从政教育和社会主义核心价值体系教育。要求全体审计工作人员要筑牢思想道德防线，增强党员干部的政治纪律意识和廉政风险意识，控制项目质量风险和自身廉洁从审风险，坚持依法审计。

【民主各项审计制度】 健全领导班子生活会制度。定期召开生活会，交流思想，开展批评与自我批评。领导成员之间做到大事讲原则，小事讲风格，互相理解，互相支持。健全集体领导和个人分工负责相结合的领导制度。按照领导分工，各司其职，正副职之间分工不分家,主要领导带头与班子成员沟通情况，统一思想，有事主动商量,互通情况,相互支持,发挥一把手的核心领导作用和班子成员的助手作用，维护班子的团结和谐，提高班子民主决策的合理性和科学性，增强班子的凝聚力。实行局务会议制度。每星期一上午召开局务会议，会上确定审计工作计划、研究解决审计工作中的问题、讨论通过审计报告和单位的重大事项。在审计工作中，让审计人员充分行使审计监督权，在审计处理处罚上，尊重审计组的意见。在审计查出问题的处理上从不一人说了算，坚持集体研究决定，秉公依法处理。遇到重点单位、重要事项，召集班子成员共同商议，研究决定，发挥班子成员集体议事的作用，全局工作程序规范，审计工作质量提高。

【白银区审计局领导名录】

张景奎　局长

何艳君(女)　副局长(2010.9 止任)

岳明中　经责办专职副主任

(许建娥)

政协白银区委员会

区政协七届四次会议

2010年1月11日~14日，中国人民政治协商会议白银市白银区第七届委员会第四次会议在白银饭店铜城会议厅召开。大会应到133名委员，实到123名委员。市委常委、白银区委书记梁蓉兰，区人大常委会主任张润苍，区委副书记、区政府代区长李兰宏，区政协主席陈忪，区委各常委，区人大常委会各副主任，区政府各副区长，区人武部部长，区法院院长，区检察院检察长及其他副县级以上领导干部，区政协六届委员会原主席寇自嘉、原副主席马维民、李春林等出席会议。大会审议通过政协白银区第七届委员会常务委员会工作报告、政协白银区第七届委员会常务委员会关于七届三次会议以来提案工作情况报告。会议审议通过政协区第七届委员会第四次会议政治决议及其他事项。区政协副主席崔玉玲作政协区第七届委员会第四次会议提案审查情况报告。

概　　况

1984年3月中国人民政治协商会议兰州市白银区委员会成立(简称白银区政协)，是白银区具有广泛代表性的爱国统一战线组织，是中国共产党领导的多党合作和政治协商的基层机构。至2010年12月选举产生7届委员会。内设机构“三委一室”，即提案和经济委员会、学习和科教文卫委员会、民族宗教和三胞联络委员会和办公室。行政编制12人，其中主席1人，副主席4人。

区政协委员会工作

【理论学习】 把政治理论学习作为巩固团结、加强合作的重要保障，作为激发政治热情、凝聚各方力量的根本动力，作为提高协商监督、议政建言能力的基本途径，做好人民政协工作的思想政治基础。学习贯彻中共十七届四中、五中全会精神、全国“两会”精神。胡锦涛在庆祝中国人民政治协商会议成立60周年大会上讲话精神。学习邓小平理论、“三个代表”重要思想和科学发展观，积极履行职能。《政协章程》和《中共中央关于加强人民政协工作的意见》，深刻理解人民政协工作的性质和内涵，认识和把握人民政协工作的特点、规律、方式、方法，切实增强履行职责的积极性、主动性和创造性。学习国务院办公厅《关于进一步支持甘肃经济社会发展的若干意见》等政策措施，深化对区域经济社会发展方向、发展任务的认识，做到知情明政，提高履职能力。

【参政议政】 围绕全区工作大局，发挥联系面广，位置超脱的优势，积极参与重大事项决策，参与民主政治建设。区政协七届四次会议期间，全体政协委员立足全区经济社会发展大局，从各自界别和行业实际出发，在听取讨论政府工作报告、计划报告和财政报告过程中，就全区重点项目、惠民实事、生态工程、招商引资、新农村建设等方面积极建言献策，提出意见建议30余条。在听取讨论区人民法院、区人民检察院工作报告过程中，就坚持司法为民、做到司法公正、维护司法权威、促进公平正义、建设平安白银等方面提出意见建议 10 余条。区委、区政府领导多次参加小组会议，与政协委员面对面讨论全区经济社会发展的总体思路和具体措施。政协委员的意见建议得到了区委、区政府的高度重视，有不少意见建议被直接采纳。区政协七届十二次常委会议就全区教育资源整合工作进行专题协商。对全区教育资源整合工作提出 3 点意见和建议，为合理整合白银教育资源，办人民满意的教育建睿智之言。区政协各专委会按照全区各项重点工作的阶段性进展情况，组织相关界别政协委员，定期到各职能部门开展对口协商，就“三农”工作、文化旅游、医疗卫生、宗教、非公经济等工作适时提出意见建议，使对口协商工作制度化、经常化。

【民主监督】 完善监督机制，创新监督方式，突出监督实效，服务中心工作，促进工作落实，为全区经济社会发展起到推动作用。区政协七届十四次常委会专题听取区政府关于全区棚户区改造工作进展情况通报，提出棚户区改造实施过程中需要注意的一些问题。同时，围绕全区重点项目和惠民实事进展情况，就全区经济社会建设各个领域开展视察监督，促进工作落实。先后视察企业污染治理工作、“百乡千村”文化对口帮扶工作、文化旅游工作、宗教活动场所和棚户区改造工作开展情况。支持特邀监督员工作。全力支持担任监督员、监察员的政协委员依法履行职责。对执法执纪部门执行国家法律、法规和有关政策情况，以及国家机关及其工作人员效能建设、履行职能、遵纪守法、勤政廉政等方面情况，进行经常性民主监督，客观公正的行使监督权力，提高民主监督的实效性。

【调查研究】 先后对全区农村社会保障情况、保障弱势群体子女平等接受教育情况、外事（侨务）工作情况、棚户区改造情况进行调研，完成调研报告 4 篇，提出意见建议 17 条，为区委、区政府决策提供重要参考。区政协配合省政协、市政协完成“进百家门、知百姓情、建惠民言”、留守老人情况、农业发展情况、装备制造业发展情况、少数民族干部情况、文化旅游工作等调研视察活动。同时，动员和组织政协委员、政协各参加单位积极反映社情民意，整理有价值的信息 20 余条，及时报送区委、区政府，为党政领导掌握社情、了解民意、集中民智提供参考。

【提案工作】 政协七届四次会议共收到委员意见建议 49 件，立案 39 件。区政协常委会“围绕中心、服务大局、提高质量、讲求实效”的提案工作方针，规范提案工作，提高提案质量，督促提案办理。2010 年 4 月，所有提案办理任务都落实到相关单位。分管领导和专委会落实重点提案督办制度，使提案所反映的问题基本得到解决，提出的工作建议得到落实，扭转“轻办理、重答复”，甚至不办理也答复的现象，全部提案按期办理完毕，提出提案的委员对提案办理结果都表示满意和基本满意。

【民族团结工作】 先后组织开展全区统一战线人士迎新春联谊和民族团结进步宣传月活动；组织开展为玉树地震灾区、舟曲特大山洪泥石流灾害捐款活动。在青海玉树抗震救灾中区政协机关和全区非公经济、民主党派、民族宗教、港澳台侨捐款 18.15 万元，汽车两辆（价值 10 万元）。向舟曲灾区捐款 27.32 万元；召开第一次民族团结进步表彰大会，表彰全区民族团结进步先进集体和先进个人。在“尔德节”期间，邀请市区四班子领导到清真寺走访慰问民族宗教界人士，送去慰问金和慰问品；当年 9 月，各民主党派市委会和区支部支社联合组织在水川镇开展科技文化教育卫生下乡服务群众活动。先后对民革区支部、民盟区支部、民进区支部和九三学社区支社的领导班子进行换届。举办“迎中秋、庆国庆”各界代表人士联谊座谈会。为各族各界人民群众加强联谊、增进友谊，促进和谐搭建平台；11 月协助市委统战部组织召开全市社区统战工作会议，与会代表观摩人民路街道西村社区、四龙路街道建设路社区、公园路街道兰包路社区统战工作和甘肃海天鼎盛汽车贸易集团有限公司。

【社会活动】 2010 年区政协领导分别到各自的“四联四帮”和林权制度改革的联系点，与乡镇、村、社、农民群众座谈，了解情况，指导工作，帮助他们解决实际问题，协调有关部门落实资金十多万元，修建并硬化部分村社道路。参与“社会矛盾化解年”活动，落实“五包”责任。组织区疾控中心、人民路街道人民路社区组织医务工作人员对辖区内非公经济企业家、自由职业者、少数民族群众和民主党派人士等统战对象进行结核病普查，完善统战对象健康档案，为他们的身体健康提供保障。在助学支教活动中，组织各民主党派和非公经济人士为区民族小学送去语文、数学、英语等三节示范课，捐赠价值1.43万元的电脑、电视、体育用品等教学器材。开展全区非公有制企业家结对帮扶贫困大学生资助活动，共组织全区14名非公有制企业家结对帮扶29名贫困大学生。

【自身建设】 增强常委会组成人员的学习意识、政治意识、创新意识、责任意识和表率意识，3次常委会都安排学习议题，进行集中学习，组织2名副主席参加市委党校县级干部培训班。为每一位委员赠订1份《民主协商报》。组织开展走访委员活动，密切与委员的联系，在调研、视察等活动中，相关界别的委员全部参加，扩大委员在政协履行职能各项活动中的参与面。按照建设"六型"机关的要求，加强政协机关建设。开展机关"创先争优"活动，制订方案，创新载体，履职践诺，确保区政协机关"创先争优"活动有效有序推进。开展机关"五好班子"创建活动，联系工作实际和班子实际，采取措施，丰富创建内容，激发工作活力。2010年区政协办公室（含各委员会）获全区五好班子称号。

【组织开展文史资料收集整理工作】 注重发挥文史资料"存史、资政、团结、育人"的作用，编辑出版《白银区文史资料》第四辑。完善机关各项规章制度，规范工作程序，提升工作效能，促进机关各项工作开展。

【政协白银区委员会及各专职委员会领导名录】

陈　忪　主席
吕云天　副主席
范平才　副主席
张义全　副主席
崔玉玲（女）　副主席
高作相　副主席
赵天宝　副主席
曾　宇　副县级干部（2010.6止任）
席金龙　办公室主任（2010.4止任）
谭尚才　办公室主任（2010.9始任）
李俊萍（女）　办公室副主任
刘　艳　提案和经济委员会主任（2010.5止任）
孙守琦　提案和经济委员会主任（2010.9始任）
刘建章　学习和科教文卫委员会主任（2010.9止任）
丁永昌　民族宗教和三胞联络委员会主任
王国显　提案和经济委员会副主任
颜伟臻　学习和科教文卫委员会副主任
沈成尧　民族宗教和三胞联络委员会副主任

（李喜林）

人民团体

庆祝重阳节联欢会

白银区总工会

【概况】 2010年全区有基层工会组织435个，会员34517人，涵盖法人单位726个。其中，乡镇街道总工会10个，市场联合工会4个，社区工会34个，村级工会45个，企业工会150个，行政机关工会50个，事业单位工会143个。至当年，全区有全国劳模3人，省级劳模15人，市级劳模35人，区级劳模20人。全区建成省级模范职工之家1个、市级模范职工之家4个，市级模范职工小家5个、区级模范职工之家24个。

【工会五届九次区委会】 3月区总工会召开五届九次全委（扩大）会议，回顾总结2009年度工作，安排部署2010年度重点工作。同时，命名表彰工人先锋号5家、白银区劳动关系和谐企业5家、模范职工之家先进集体7家。

【区工会第六次代表大会】 4月28日区工会第六次代表大会召开，对过去七年的工作进行全面总结，对今后五年的工作作安排部署，表彰奖励20名白银区“劳动模范”和“先进工作者”，选举产生区总工会第六届委员会和第六届经费审查委员会，完成区工会换届工作。

【加强工会组织建设】 7月13日中共白银区第九届委员会第55次常委会议专题听取区总工会上半年工作情况汇报，对工会工作进程研究部署。区委加大对工会干部培养、选拔、使用力度，先后有11名工会干部得到提拔交流，其中区总工会提拔2人、交流3人，区总工会主席按同级党政副职配备，充实工会工作力量，调动工会干部的工作积极性。

【开展创先争优活动】 结合实际，印发《关于成立白银区总工会创先争优活动领导小组的通知》《关于区总工会开展创先争优活动的实施方案》《关于在全区基层工会组织和广大职工中深入开展创先争优活动的实施方案》。按照《实施方案》确定的目标，设计载体，基层工会组织争创“五个好”，工会干部争做“四好、五带头”，国有、非公企业争创“五个先锋”，行政机关、事业单位工会广泛开展“三讲三比”“两走访”，乡镇街道工会创建“五好”工会。

【“五好班子”创建工作】 区总工会围绕“五好班子”创建标准，制定《白银区总工会“五好班子”创建活动实施方案》，工会领导班子成员完成2万字的学习笔记，每人撰写2篇调研报告上报市总工会。

【开展“非公企业工会规范化建设推进年”行动】 制定印发白银区总工会《关于开展非公企业工会工作规范化建设的实施方案》。6月9日召开非公企业工会规范化建设动员大会，安排部署非公企业工会规范化建设工作。10月13日召开非公企业工会工作规范化建设经验交流会。会上，王岘水泥有限公司工会等5个非公企业代表作交流发言。全区新建工会组织27个，新发展会员1984人，新增涵盖法人单位46个。

【开展乡镇街道工会“六好”建设】 市、区总工会先后为乡镇街道拨付组建总工会专项资金4.7万元，全区10个乡镇街道全部建立总工会。人民路街道总工会获全国百家示范乡镇（街道）工会称号。在抓“六有”建设的基础上，做好基层工会法人资格登记工作，为390家基层工会组织办理法人资格登记工作，依法保护好工会资产，增强工会的法律地位。

【开展“职工书屋”建设活动】 根据市总工会有关要求，印发《白银区总工会关于2010年建设“职工书屋”的通知》，加大“职工书屋”建设力度，为人民路街道人民路社区、四龙路街道建设路社区、公园路街道兰包路社区、工农路街道长通社区4家“职工书屋”投入6.6万元资金，配备电脑、桌椅等基础设施，改善“职工书屋”现状。

【开展创建“模范职工之家”活动】 全区各级工会组织以创建“模范职工之家”活动为载体，发挥工会组织的职能作用，履行维护职工合法权益的基本职责，保护、调动、发挥职工群众的积极性。3月区总工会命名表彰一批组织规范、活动经常、制度健全、作用明显、会员拥护的职工之家。纺织路街道总工会等16个单位被评为区级“模范职工之家”；公园路街道总工会等3个单位被评为市级“模范职工之家”；四龙路街道、银水巷社区工会等2个单位被评为市级“模范职工小家”。

【开展劳模推荐评选活动】 “五一”节期间，区总工会开展各级劳模推荐评选工作。区生态办农民绿化队员高科同志获全国劳动模范称号；王岘镇党委书记杨虎、市二院副院长李普获甘肃省先进工作者称号；有8名一线劳动者获白银区劳动模范称号，12名干部职工获白银区先进工作者称号。

【开展创建“工人先锋号”活动】 在全区深入开展以创“一流工作、一流服务、一流业绩、一流团队”为主要内容的“工人先锋号”活动。3月区总工会命名表彰5个“工人先锋号”先进单位。

【开展职工职业道德建设推优活动】 在全区推荐申报市级学习型先进集体2个，知识型先进个人2名，十佳单位1个，十佳标兵1名；推荐申报1名省级职工职业道德十佳标兵。

【争创全省“工会工作先进县区”活动】 开展创建全省“工会工作先进县区”活动，成立创建领导小组，印发《白银区总工会关于开展工会工作先进县区创建活动的实施方案》，对创建活动任务进行分解。12月15日省总文志祥总编一行听取白银区工会专题汇报，实地察看人民路街道人民路社区“职工书屋”建设情况。

【签订集体合同工作】 2010年全区共签订集体合同115份，工资集体协商70份，女职工专项集体合同115份，签订率分别达到90%、55%、100%。同时配合劳动、工商、公安、安监等部门对白银区部分砖瓦企业的《劳动合同》《集体合同》《工会劳动保护工作责任制》贯彻情况及安全生产进行专项检查，遏制各类安全生产事故，理顺企业劳动关系，维护企业和职工的合法权益。

【开展创建“劳动关系和谐企业”活动】 全区各级工会组织以建立规范有序、公正合理、互利共赢、和谐稳定的新型劳动关系为重点，组织已建工会组织的企业开展“劳动关系和谐企业”创建活动。3月白银区5家非公企业获白银区劳动关系和谐企业称号。

【推进厂务公开民主管理工作】 制定下发《白银区厂务公开民主管理工作实施意见》，推动厂务公开、维权机制等工作落到实处。全区推行厂务公开制度的企业有96家，推行面达80%；全区共有202家企事业单位实行职工代表大会制度，建制面达80%。全区政务公开内容已全部上网，政务公开面达到100%。12月初，在全市非公企业工会工作规范化建设经验交流会上王岘水泥有限公司作为全市厂务公开工作先进典型代表交流发言，公司董事长魏学祥获甘肃省民主管理厂务公开先进个人称号。

【推进帮扶中心规范化建设达标】 区委、区政府为帮扶中心解决办公场地，配备副科级专职主任。按照省、市总工会关于帮扶中心规范化建设的达标要求，配备电脑、复印机、打印机等办公设施，制定帮扶救助办法和制度，设立8311211维权热线，安排专人负责帮扶中心日常事务，建立健全困难职工电子动态档案2427宗，帮扶中心规范化建设实现基本达标。

【开展送温暖活动】 开展“送温暖”活动，先后对白银区907名特困职工和农民工进行帮扶救助，发放救助金26万元。4月，工会系统为玉树地震灾区捐款5.55万元，物资73件（价值1.57万元）。帮扶上门救助困难职工30名，发放日常救助金1.36万元。做到节日集中送温暖与平时上门送温暖相结合。

【开展送清凉活动】 7月23日区总工会组织人员慰问白银万盛大酒店、王岘水泥有限公司坚持在高温下作业的一线农民工，为他们送去价值9000多元的防暑降温用品。7月30日区总工会、区环卫局来到垃圾清运站为200多名环卫工人送去价值1.5万元的防暑降温用品。

【开展金秋助学活动】 8月30日召开白银区2010年金秋助学资助仪式，为118名贫困大学生发放12.95万元的资助金。

【开展技能、创业培训活动】 5月中旬，在白银新科技培训学校举办SYB创业培训班，25名下岗失业职工参加培训。8月初举办白银区困难职工（农民工）计算机、电焊技能培训班，124名下岗失业困难职工、农民工参加技能培训，超额完成市总下达的技能培训任务。

【开展慰问单亲女职工活动】 印发《白银区总工会2010年女职工工作要点》，积极实施“爱心帮扶工程”，在“六一”国际儿童节来临之际，为部分单亲女职工子女、农民工子女、孤儿、留守儿童送去5500元的救助金和慰问品。6月中旬特邀西安医科大学徐军教授，在基层工会开展3场健康知识讲座，来自不同岗位的200多名女职工聆听讲座。区总工会撰写的《浅议非公有制企业工会女职工工作》论文，被省总工会表彰奖励。

【开展全区职工职业技能竞赛活动】 区总工会、区劳动和社会保障局、区乡镇企业管理局联合印发《白银区职工职业技能素质提升活动实施方案》，举办白银区计算机操作员、汽车维修工技能比赛，来自基层工会的50多名选手参加理论考试和实践操作技能比赛，各评比出前三名为区级优秀选手；选拔5名优秀选手参加市级技能大赛，3名汽车维修工分别取得全市技能比赛第一名、第三名和第六名的好成绩。获得全市汽车修理工技能比赛第一名的张文沛获甘肃省技术能手称号。白银区生态办荒山绿化节水新技术示范项目获甘肃省职工优秀技术创新成果奖。

【开展“安康杯”知识竞赛活动】 当年，区总工会与区安监局联合印发《关于2010年开展全区“安康杯”知识竞赛活动的通知》，在全区25个企业举办安全教育“安康杯”知识竞赛，1000多名职工参加竞赛活动。各企事业工会组织采取多种形式，利用各种宣传阵地，悬挂条幅30条，标语400条，印发宣传资料8万张，宣传安全生产方针政策和法律法规，提高全民安全意识。

【加强业务培训，提升干部素质】 制定印发《白银区2007年~2010年工会干部教育培训规划》，做到工会干部培训有长期规划和短期安排。会同组织部门将工会干部纳入党校培训计划，每年对工会干部进行培训。9月初，与区委组织部联合印发《关于举办全区工会干部培训班的通知》，在区委党校举办一期工会干部培训班，培训工会干部120人。

【树立先进典型，总结推广经验】 当年10月中旬组织编印《白银区工会工作经验材料汇编》，分发至各基层工会组织，为基层工会学习典型、推广典型、运用典型创新工作提供经验借鉴。为发扬劳模精神，展示劳动者的风采，区总工会组织编印《劳动者风采》一书，分送各基层工会进行学习宣传。

【开展调查研究，加强宣教工作】 紧紧围绕工会工作重点、维权机制建设、职工队伍状况、劳动关系状况、职工劳动安全卫生状况等方面工作，开展调查研究，探索新形势下工会工作的新举措，先后完成10篇调研报告上报市总，在市区级新闻媒体发表稿件56篇，省级以上刊物发表稿件39篇。

【抓经审工作，提高资金效率】 区总工会经审委印发《白银区总工会经费审查委员会审计工作报告》等八项制度、《白银区总工会经费审查委员会2010年审计计划》，组织人员对全区31个基层工会经费收支、专项资金使用、资产管理等进行全面审查。经费审查委员会工作机构健全，制度完善，工作规范，获全省经审工作先进集体。由工会主席带头撰写的《关于做好县级工会经审工作的思考》，在市总经审论文研讨会上进行交流，并刊登在省总《五月花》刊物上。白银区经审工作被市总工会评为全市经审一等奖。

【做好帮扶工作】 做好维护稳定工作。把安全、维稳工作贯穿于工会个项业务工作之中，做好信访接待工作，当年共接待协调职工来信来访案件58件，并向区委、政府报送综合性、预警性重要信息。开展“四联四帮”活动。走访慰问水川镇张庄村贫困户、老党员4户，发放价值4000元的帮扶物资；为张庄村贫困户张守珍之女张玲上西安交大，连续四年给予救助，发放助学金4300元。支持工青妇党支部工作。建立机关十部思想情况定期分析和经常性谈心制度，了解党员的思想动态和工作情况，帮助解决工作和生活中实际困难;建立退休老党员“一帮一”制度，开展党员帮扶救助活动，逢年过节看望退休老干部。计划生育、综合治理工作正常开展，按工作要求，为水川镇计划生育工作赞助2000元。

【加强廉政建设，提升工作形象】 抓学习。组织工会干部学习党风党纪廉政知识教育，工会2名干部参加全市党风廉政知识考试，取得好成绩，提高工会干部廉洁奉公的意识。抓执行。把党风廉政建设责任制的落实与工会工作结合起来，形成“一岗双责”的工作格局，促进党风廉政各项工作的落实。抓服务。为职工群众服务，为基层工会服务，减少会议，减少发文，讲求工作效率；基层有困难，帮助解决；职工有困难，组织结对帮扶；到基层联系工作，开展调研。

【白银区总工会领导名录】

曾桐兰(女) 区人大常委会副主任候选人(2010.10)、区总工会主席
石进吉 常务副主席(2010.12始任)
张　儒 副主席

（石进吉）

中国共产主义青年团白银区委员会

【概况】 2010年团区委行政编制3人，实有干部3人，科级建制。基层团委25个，团工委6个，团总支10个，团支部239个，团员6228人。全区有少先队组织545个（大队45个、中队500个），

队员25290人，大队辅导员45人，中队辅导员500人，法制副校长和校外辅导员共45人。

【青少年思想教育】 2010年集中开展“文明礼仪伴我行，我为白银添光彩”、争当“四个好少年”主题教育活动。举办全区各界青年“建设兰白都市经济圈，打好棚户区改造攻坚战”共促白银发展演讲比赛。配合团市委举办市区少年儿童才艺会演。组织城区中小学200余名学生代表在“中国未成年人网脉工程白银行”活动仪式上进行承诺签字；倡导各中学学生参加“做一个有道德的人”网上签名活动；组织召开学习贯彻全国少代会精神报告会，邀请全国少代会代表张宁宁作专题报告。

【青年志愿服务】 2010年新招募注册志愿者800余人，健全青年志愿者档案，组织开展多次青年志愿服务活动。2月在水川镇组织青年志愿者开展农村青年文化节活动。3月开展志愿服务和红领巾一条街清扫活动。4月组织参加团市委“志愿服务与城市文明”工作论坛。5月组织青年志愿者代表参加全市“告别不文明行为，争做文明市民”誓师动员大会暨环境整治日活动。6月组织动员广大团员和少先队员开展“每人捐赠一瓶饮用水”活动。

【希望工程建设】 落实武川新村及王岘东台小学甘肃省希望小学援建项目。对全区农民工子女较为集中的中小学进行摸底调查，并联系团组织对王岘东台、水川三民等8所小学进行结对帮扶。团市委向白银区捐赠价值49万的网络学习资源，白银区二校、三校、四校和市六中被授牌成为白银区首批网脉工程实践基地。争取市青联贫困学生救助金1.4万元，举办“希望工程圆梦”助学金发放仪式，帮助贫困学生顺利进入大学。

【青年就业创业】 开展就业创业见习基地的创建工作，年底，全区共有17家非公有制企业被确定为青年就业创业见习基地，白银王岘水泥、白银新新房地产公司被确定为市级见习基地。开展阳光工程培训，组织四龙、水川两镇青年农民互相学习对方新农村建设、农家乐和蔬菜大棚种植等方面主要做法和成功经验。

【自身建设】 年底，在全区31个非公企业中建立团组织。支持白银阳光高级中学、新干线高中两家民营学校成立团组织。组织团干部开展《白银日报》八篇评论员文章学习讨论活动。举办全区团干部培训班。推荐四龙镇、工农路街道5名团（工）委书记参加省、市两级团干培训班。3月召开团区委九届三次全委（扩大）会议。定期召开团委书记工作例会和半年工作会。完善白银区共青团网站，在团中央、团省委、团市委和区政府网站分别发送信息3条、17条、68条、17条。《今日白银区》栏目播放新闻17条。

【创先争优活动】 制订《在全区各级团组织和广大团员青年中开展创先争优活动的实施方案》，召开创先争优活动动员大会，确立以“扩大组织覆盖、增强组织活力，发挥先锋作用，勇挑工作重担”活动主题，以“明确目标、分类实施、抓好结合、典型示范”基本工作思路，以创建“五四红旗团组织”、争做“五个模范”优秀团干部、争当“五个先锋”优秀共青团员为主要内容的创先争优活动。活动期间，作出公开承诺事项7条，举办学习讨论3次，典型事迹报告1次，全区团队系统受各级表彰先进集体32个，先进个人29人。

【共青团白银区委领导名录】

朱守勋　书记

张维春　副书记

（韩文娟）

白银区妇女联合会

【概况】 1963年7月区妇女联合会成立。设白银区政府妇女儿童工作委员会办公室。2010年区妇联编制3人，实有工作人员3人，参照公务员管理单位。全区有乡镇、街道妇联组织10个，社区妇联组织34个，村妇代会45个，区直妇委会10个，非公经济妇委会1个。

【主题庆祝活动】 2010年3月4日，召开白银区第九次妇女代表大会，对20名先进个人和10个先进集体进行表彰奖励；举办庆祝“三八”国际劳动妇女节100周年文艺晚会。各乡镇、街道妇联，教育、卫生妇委会选送的舞蹈、独唱等节目展示新时代女性的新风采。举办白银区妇女干部趣味运动会，来自乡镇、街道、区直各单位的近200名女干部参加比赛；举办庆“三八”女干部联谊会。“三八”期间，对省级女劳模、老妇女工作者、单身特困母亲等妇女代表进行慰问，为她们每人送去慰问金500元。在水川镇中心卫生院举办“庆三八关爱女性健康义诊活动”。组织妇科、儿科、皮肤科专家14人，为水川镇70多名妇女进行健康检查。

【推进妇女小额担保贷款工作】 成立领导小组，制订实施方案。注入担保资金。区财政筹措资金500万元作为妇女小额担保贷款专项担保资金。解决办公场所。配备专用电脑等设备，区妇联、区农牧局、区人社局分别抽出1名工作人员实行合署办公。当年全区申请贷款的妇女人数达1924人，申请贷款金额达9680万元，区妇联已向经办银行初审推荐贷款户1535户，推荐贷款金额7735万元，银行已审核发放1280户，计6440万元。全区扶持以日光温室新建、园区改建、肉牛奶牛养殖小区、生猪养殖基地等为主的种植、养殖基地10个，扶持养殖示范户382个，种植示范户537个，商品零售、服装经营、餐馆、农家乐等361户。

【提高妇女增收致富能力】 在武川新村社区成立妇女就业指导服务中心，并举办妇女就业创业培训班，培训妇女60人次；从市妇联协调落实培训资金6万元，举办大龄女童电脑培训班4期，培训学员200人；与人社局联合，举办妇女创业培训班1期，培训妇女50人次；与农广校联合，举办农村劳动力转移“阳光工程”培训班3期，培训妇女120人次；与农业科技部门配合，在乡镇举办农村妇女实用技术培训班5期，培训妇女劳动力1007人次。组织动员妇女干部、女能人与贫困妇女结对帮扶，共结帮扶对子277对。申报“全国女大学生创业实践基地”5个。

【开展“岗村联动”结对共建活动】 联系女企业家李晓琴与四龙镇女能手王丽萍结对帮扶，“巾帼创业带头人”马铭洁与水川镇莺鸽湾村女能手周应兰结对帮扶；组织“巾帼文明岗”区妇幼保健站与“巾帼示范村”水川镇桦皮川村开展“岗村联动”活动，区妇幼保健站的医务人员在水川镇桦皮川村开展妇女健康义诊、咨询、宣传活动。11月，区妇联联系全国“三八红旗集体”白银监狱服刑指导中心与四龙镇民乐村结对共建。白银监狱为民乐村送去液晶电视机1台，DVD、音响设备1套。当年，全区新创建“巾帼示范村”2个、“巾帼示范社区”2个、“妇”字号基地2个，涌现出农村致富女能人50人，培养巾帼创业带头人、创业明星54人。

【开展“精神文明建设推进年”活动】 制定活动实施方案。开展以“告别不文明行为、争做文明女性”“低碳家庭·时尚生活·绿色白银”为主题的宣传教育活动。

【开展“五好文明家庭”创建活动】 母亲节期间，协调白银电视台今日关注栏目对白银区5名“好母亲”的典型事迹进行宣传报道。组织开展白银区“十大和谐家庭、十大孝顺子媳”评选表彰活动，区委、区政府授予狄长东等10户家庭“白银区十大和谐家庭”荣誉称号，授予刘宗国等10名同志“白银区十大孝顺子媳”称号。

【组织开展和谐大讲堂活动】 10月在四龙镇剪金山群众活动广场开展九九重阳“孝亲敬老”和谐家庭大讲堂活动，表彰“孝亲敬老之星”10名，1000多名各界群众参加活动。

【“留守儿童”工作】 以工农路街道留守儿童之家、区第四小学留守儿童之家、王岘镇崖渠水小学留守儿童之家为示范点，以点带面。先后组织动员“爱心爸爸”“爱心妈妈”“代理家长”与1937名留守儿童结成帮扶对子。“六一”期间，区妇联与2个非公企业协调资金4000元，对两个小学的60名留守儿童及白银区社会福利院的14名孤残儿童进行慰问，为孩子们送去学习用品及生活用品。

【家庭教育工作】 新创建村、社区家长学校10所，示范家长学校2所，小公民道德建设示范学校3所。并对历年来创建的50所村、社区家长学校挂牌。在纺织路街道黄茂井村家长学校举办以“预防被拐被骗与加强自我防范”为主题的家庭安全防范知识讲座，纺织路街道的80多名家长参加。各乡镇、街道妇联配合学校举办家教知识讲座、宣传等活动17场次，培训家长3641人次。

【“春蕾计划”】 联系非公企业、工会等部门出资救助家庭困难的女大学生29人，发放救助金5.5万元，其中，联系非公企业出资救助家庭困难的女大学生13人，发放救助金3.9万元。

【法律宣传】 组织乡镇、街道妇联干部开展《妇女权益保障法》《未成年人保护法》等法律、法规宣传活动，发放宣传资料5000份。

【维权站点建设】 新建乡镇、街道妇女维权站10个，并以工农路街道妇女维权站、强湾乡妇女维权站为示范点，落实“五有”“五纳入”工作目标。在全区开通“12338”妇女维权热线。发挥维权站点和热线作用，接待办理来信来访案件。当年全区各级妇联组织共接待妇女来信来访32件，为妇女儿童提供法律援助26件。

【平安家庭创建活动】 在全区组织开展“不让毒品进我家”、创建“无毒家庭”等一系列活动，共发放各类禁毒宣传资料2000余份，接待群众咨询300余人次。继续组织开展“预防艾滋病，幸福全家人”宣传教育活动及“预防和制止家庭暴力”“家庭维权行动”等宣传教育活动，实现维权与维稳的有机结合。全区新创建平安社区示范点1个（人民路街道五一街社区)，平安村示范点1个（水川镇桦皮川村)，并在示范点上组织开展“平安和谐家庭”创建活动。1月，水川镇白茨滩村张生斌等12户家庭被省综治办、省妇联评为全省“平安家庭示范户”并授牌。

【开展“两规划”年度检测和预评估】 4月以市人大调研组来白银区检查指导《两规划》工作为契机，区妇儿工委对《两规划》实施9年来的情况进行全面检测评估。与23个成员单位签订实施“两规划”目标管理责任书，协调卫生、民政等部门挂牌成立白银区婚姻服务中心，并实行“一站式”办公。区婚姻服务中心共为1289对新婚夫妇提供免费婚检服务，婚检率由年初的1.6%上升到98.5%。

【“母亲健康快车”项目】 “母亲健康快车”坚持每月下乡开展一次咨询、义诊活动，共发放卫生、保健宣传材料2100份，接待咨询1000人次，普查义诊妇女600人左右，免费发放价值3000元左右的药品。

【组织建设】 新建事业单位妇委会5个，非公企业妇委会1个。在甘肃海天鼎盛汽车贸易集团有限公司召开女职工大会，选举产生甘肃海天鼎盛汽车贸易集团有限公司首届妇女工作委员会，这也是白银区首次以直选的方式在非公企业建立妇委会。当年，在20个党委、总支，34个社区，45个行政村建立健全妇女组织。10月份，在全区45个村和34个社区实现“妇女之家”全覆盖。同时，在强湾乡强湾村、四龙镇永丰村分别创建“留守妇女阳光家园”，为留守妇女搭建一个学习交流的平台。

【队伍建设】 举办主题培训班。在区委党校举办全区第四期妇女干部培训班，培训乡镇、街道、村、社区妇联干部、区直部门单位妇委会主任共60人。多形式培训。通过以会代训、座谈会、专题讨论等培训乡镇、街道，村、社区妇女干部120人次。开展岗位读书活动。为乡镇、街道妇联主席征订《妇联干部教育培训参考教材》《中华全国妇女联合会章程及有关条例规定》《中国妇运》《甘肃妇工》等学习书目。并结合社会发展实际，用新思想、新理论、新知识充实妇女干部。

【作风建设】 开展和谐机关创建工作，努力形成人心思进、群策群力、干事创业的工作氛围。

【妇代会】 3月4日白银区第九次妇女代表大会在白银饭店铜城会议厅隆重召开，来自全区各条战线的123名妇女代表参加会议。

【白银区妇联领导名录】

周映宗（女） 主席

寇金玉（女） 副主席

（文 瑶）

白银区文学艺术界联合会

【概况】 1999年5月28日，白银区文学艺术界联合会（区文联）成立。有文学、书画、摄影、表演4个专业协会。文联成立时无专职人员。2003年3月，设专职副主席1人。2004年6月，核定文联编制1人，经费来源为财政全额拨款。2008年，编制2人。2010年有人员2人。

【业务工作】 区文联编辑刊发文学期刊《金凤凰》4期，计4000册；围绕全国、省、市、区的重大节庆活动，积极配合市文联、区委宣传部等有关单位，成功举办送春联下乡、各类书画展、采风活动、书画笔会、文艺晚会、征文大赛等各类文艺活动。11月19日孟令钢参加甘肃省作家协会第五次会员代表大会，当选为省作协理事。年底，宋育红先后出版散文集《故乡流过一条河》和诗歌集《凤凰山放歌》。王道云长篇小说《蝴蝶飞舞》由中国文联出版社出版发行，并获中国作协·中国作家杂志社2009创作年会一等奖；《铜城的迎春花》被录入《中国散文家代表作品集》，《铜城五月天》被录入《2010中国散文经典》；个人被录入《中国散文家大辞典》。

【白银区文联领导名录】

宋玉红 主席（2010.8止任）

孟令钢 主席（2010.8始任）

王道云（女） 副主席

（王道云）

白银区科学技术协会

【概况】 1984年4月区科协成立，所属协会（学会）21个，农村专业技术协会14个。农村科普示范基地4个，成立科普惠农服务站4个，农村科普活动站2个。5乡镇成立科协，其中，3个乡镇配备专职科协主席。

【科普惠农服务站建设】 探索科普惠农长效机制，推动《全民科学素质行动计划纲要》在农村的落实，引领和帮助农村基层科普组织发挥示范引导、辐射带动、技术交流和科普宣传等作用，完善农村新型科技服务体系，按照省市科协《关于建立科普惠农服务站的通知》要求，2月，成立4个科普惠农服务站，建立2个科普活动站，制定科普惠农服务站、科普工作站工作制度和信息反馈制度。

【开展科普进农村活动】 利用“三下乡”“科技周”“科普日”等大型宣传活动，在五乡镇大力宣传低碳农业、节约土地、保护能源、保障健康、科学饮食、节水灌溉、反对邪教、破除封建迷信等科普知识，当年开展科普进农村主题活动5次，举办科普讲座6次，听众500多人次，举办科普展览6次，参与群众达1万多人次，参与活动的区乡两级技术人员35人，发放宣传资料15000余份。在重坪科普示范基地、四龙镇梁庄村、武川乡红岘村、水川镇桦皮川村、王岘镇雒家滩和四龙镇剪金山开展科普宣传进农村活动。

【科普示范基地建设】 结合科普惠农兴村计划项目的实施，积极组装配套新技术、新品种、新设备，提升示范基地的科技水平。经过协调争取，水川镇桦皮川村蔬菜协会被中国科协、财政部命名为2010年全国科普惠农兴村先进单位，并获资金20万元。水川重坪科普示范基地、白银城郊农业示范基地通过配置电脑、投影仪、摄像机等信息网络设备和培训设备，化验检测设备，新建科普画廊，增置科普图书，充实信息库等措施，强化自身建设。按照“基地+协会+农户”的发展模式，开展产前、产中、产后服务，通过举办各种培训班，为村社培训各类科技人员，通过增设科普惠农服务站，扩大技术覆盖面，使基地示范效应广泛扩散。

【城区科普】 按照《白银区创建科普示范社区实施方案》要求，开展以“普及先进科学知识，宣传科学生活观念，建立文明的生活方式”为主题，以实现社区科普工作的“三有”（有科普组织、有科普设施、有科普活动）为目标，逐步形成区、街道、社区三级互动的科普网络。在武川新村社区开展示范活动，新建科普画廊，科普图书室，科普活动室，组建科普领导小组，积极引导社区开展正常的科普活动。

【开展科普进社区活动】 结合“科技活动周”“科普宣传日”和科普进社区活动。5月开展以“实施自主创新，建设创新型白银”为主题的“科技周”活动，先后在万盛公园、五一街社区组织开展集中宣传、发放科普资料、开展科普展览等活动，展览科普知识图版120余幅，发放科普常识资料2000余份。

【开展青少年科技创新活动】 贯彻实施《全民科学素质行动计划纲要》，培养青少年创新精神和科学实践能力，推进青少年科技素质教育工作，联合有关部门举办白银区青少年科技创新大赛活动，对9所中小学校申报的200多项作品进行评审。评出获奖作品73项。组织申报作品参加省、市创新大赛，当年全区共筛选推荐26件作品参加国家、省、市青少年科技创新大赛评选，获国家奖励1项，省级奖励12项，市级奖励19项。

【开展科普进校园活动】 分别在区第一小学、区第四小学、重坪小学开展以“我的低碳生活”为主题的科普大篷车进校园活动，宣传节约能源资源、保护生态环境、保障安全健康等科技知识。科普大篷车向广大师生演示科普仪器，讲解科学知识，发放科技资料和科普挂图，三所学校的3000多名师生参加科普宣传活动，接受科普教育。

【科普设施建设】 新建科普画廊（科普宣传栏）3个，武川新村社区10米长橱窗式双面不锈钢科普画廊，四龙镇四龙村10米长钢架喷绘科普画廊，四龙梁庄村不锈钢科普宣传栏，除四龙镇四龙村科普画廊外，其余全年更换内容5次以上。支持区第二小学、第三小学、第四小学建立科普活动室。

【科普调查】 先后组织开展科技工作者家庭状况调查、公民科学素质调查、老科技工作者状况调查和农村专业技术协会现状调查工作，经过抽样调查，进一步了解全区科普工作的现状与存在问题，为制定十二五规划提供依据。1月15日~18日开展科技人员家庭状况问卷调查工作，完成调查问卷50份。重点调查掌握科技工作者的基本状况、科技工作者的工作状况、科技工作者的生活状况、科技工作者的社会参与状况、科技政策的认识状况。5月8日~16日开展公民科学素质抽样调查工作，调查公民对科学的态度、所具备的基本科学素质水平、获取科技知识的渠道和公民基本科学知识的了解状况等内容。为制定《白银区全民科学素质行动计划“十二五”规划》提供依据。8月开展农村专业技术组织状况问卷调查工作，完成调查问卷200份。内容主要包括机关工作人员、农民、协会会员对农民专业合作经济组织认知程度，专业技术组织发展现状及存在问题等。9月组织开展老科技工作者状况调查工作。通过走访调查，了解退休科技人员学习、生活、健康状况，参与社会活动状况，听取他们的诉求。

【白银区科协领导名录】

刘汉壁　主席

李金彩(女)　副主席

（刘汉壁）

白银区工商业联合会

【概况】　2010年5月，召开,三届四次执委会，增选1名专职副主席、4名执委。调整、充实工商联领导班子，有专职主席、副主席各1人，兼职副主席16人，常委8人，执委18人。涵盖全区非公经济各条战线上的优秀代表人士，增强工商联的影响力和代表性。

【改善办公条件，健全资料档案】区工商联多方筹措资金，购置电脑1台。按照市工商联的安排部署，调查了解，掌握第一手资料，整理健全《企业会员登记表》《企业会员花名册》《个人会员申请表》《个人会员花名册》《团体会员花名册》《非公经济代表人士综合评价》《非公经济人士结对帮扶大学生》等档案资料。

【参政议政，为全区社会发展献计献策】　利用“两会”、召开恳谈会等形式，广泛征求非公有制经济人士的意见建议，向党委、政府有关部门反映非公经济人士的意见建议，反映社情民意，参政议政，联名提出意见建议12件，提案2件，内容涉及经济、文化、民生、社会发展的许多方面。很多意见、建议、提案得到党委、政府和有关部门的重视。

【弘扬光彩精神，为社会公益事业奉献爱心】　动员企业和非公有制经济代表人士为青海省玉树灾区捐款17.8245万元，捐赠价值10万元的农用汽车2台；为甘南舟曲灾区捐款22.562万元。2010年6月1日，动员非公有制经济代表人士为白银区民族小学捐赠价值1.455万元的电脑、电视等教学器材。动员非公有制经济人士参与捐资助学活动，受助大学生增加到30名，受助金额达到9万元。完善非公有制经济人士与贫困大学生结成帮扶对子，每年为每位贫困大学生资助3000元学费，直到大学毕业。

【表彰先进典型】　4月，甘肃海天鼎盛汽车贸易集团有限公司董事长张安麒，甘肃新新地房地产开发有限公司董事长、党支部书记薛晓天，甘肃星驰监理公司招标代理部部长张文英，甘肃城通物流危货汽车运输有限公司汽车队队长许小兵，甘肃中泰万盛房地产集团有限公司工程部部长许承军5人，获全区劳动模范称号。白银鑫昊公司总经理苏奋积2009年获省级“优秀中国特色社会主义事业建设者”称号。5月，在区工商联三届四次执委会上，有8家非公有制经济企业被授予“社会公益事业模范单位”，有6家非公有制经济企业获社会公益事业先进单位称号。

【组织讲座培训，为提高管理水平增长才干】　8月组织部分非公有制经济企业代表人士，参加兰州大学高级工商管理班的培训讲座，整体水平和综合素质都得到很大提高。

【配合协调，为加强党建工作提供支持】　协助、配合区非公有制经济党工委理顺党组织隶属关系，按照“便于党员参加活动、便于党组织发挥作用、便于加强教育管理”的目标，加大党组织建设力度。全区非公有制经济企业党支部总数达77个，并选派党建指导员，形成一级抓一级，层层抓落实的工作格局。发展新党员28人，为非公有制经济企业注入了新鲜血液，成为企业发展的生力军。5月区工商联获工商联工作优秀单位称号。

【白银区工商联领导名录】

杨加鸿　主席

朱守祯　副主席（2010.2止任）

张生剑　副主席（2010.2始任）

（张生剑）

国　　防

2010年7月8日，白银区依法行政培训班开班

中国人民解放军
甘肃省军区
白银军分区

【思想政治工作】 2010年，组织师团干部参加两级军区和省委党校的学习培训。开展“培育当代革命军人核心价值观”主题教育，抓结合、抓渗透、抓典型。开展向预备役防化团学习活动，举办先进事迹报告会。落实上级部署的专题教育，结合实际开展经常性形势政策、警示教育。抓《政工条例》的学习培训。依托信息网络开展民兵预备役人员国防和职能教育，在分区政工网联通各团级单位的基础上，突出白银红色资源优势，建设开通白银市国防教育网站。先后在省级以上新闻媒体刊稿77篇(条)，预备役防化团被省军区评为“新闻报道工作先进单位”。

【党委班子建设】 修订完善《军分区党委议事规则》，集中开展“讲党性、重品行、作表率”和“思想作风建设”学习教育，进行分析检查，党委班子、干部队伍先进性建设和思想作风建设有新加强。举办党委书记培训班，专题学习党内法规制度，交流经验体会，集中研究贯彻民主集中制问题。推行党员领导干部廉政承诺制，接受监督。开展创先争优活动。

【提升部队应战应急能力】 修订完善10类38种预案，师团两级的战备预案更趋配套完善。坚持按纲施训，抓首长机关、民兵预备役专业技术和应急分队的训练，突出民兵预备役分队基地化训练、预备役防化团挂钩联训、训练尖子参加省军区的比武竞赛和参加省国动委组织的各系统、全要素、带白银市国动委和实兵检验性演习准备等大项军事工作。协调、组织完成21029名学生的军训任务。组织指导预备役防化团官兵，历时25天，完成舟曲抢险救援任务。依托预备役防化团，组建核化生专业救援分队，对中央、省属等大型企业整组工作进行实地检查验收。

【综合保障】 修订完善《财务管理实施细则》《房地产管理暂行规定》《物资集中采购管理规定》等6类规定措施。举办后勤干部业务培训班，专题学习新修订的各类法规制度，强化规范管理、制度约束、依法运作，提高能力素质。落实党委集体理财管财制度，坚持联审会签和双主官审签，各团级单位财务人员集体办公报帐，严把大项建设、经费开支范围关口，保证经费投向投量合理。重视抓基础性建设，全面绿化、美化、净化、亮化营区环境，实施节能改造，检修保养陈旧老化管道、锈蚀损坏阀门和风蚀裸露线路，减少“长流水”、“长明灯”和“跑、冒、滴、漏”等浪费现象。后勤建设被省军区表彰为“后勤工作先进单位”。

【保密安全】 坚持预防为主方针，加强教育引导，先后邀请兰州军区直属检察院、白银市公安局网络监察支队领导进行专题教育。坚持从一日生活制度抓起，从正规四个秩序严起，加大教育管理力度。落实防范网络泄密“十条禁令”，严格办公电脑、移动存储介质和文电的管理，逐级签订管理使用责任书，开展清查整治活动，防止失泄密问题。开展安全隐患排查、“学条令、训队列、整秩序”活动，抓突出问题整治。

【军政军民关系】 2010年，累计出动兵力XXX人次，车辆XXX余台，植树造林2.9万余棵。11月，在白银市城区大环境绿化工程建设中，协调部队出动兵力XXX人，完成720余亩荒山植树整地挖坑任务。开展“富一村、扶一校、助一生”和“送温暖、献爱心”活动，与6个村结成共建对子，与6所学校建立联系点，团以上干部资助30名贫困学生，向灾区捐款12万元。

【中国人民解放军甘肃省军区白银军分区领导名录】

杨焕林　司令员
任志诚　政治委员
吴乾国　副司令员
蒋光辉　参谋长
张三曌　后勤部部长

(高洪星)

中国人民武装警察部队
甘肃省总队
白银市支队

【概况】 2010年，武警白银市支队加强教育引导，内化官兵的道德标准和行为准则，外化官兵的自觉行动，教育官兵时刻牢记使命，培育践行当代革命军人核心价值观。全年支队成功担负市县区“两会”及元宵节社火会演、焰火晚会、黄河石林旅游节、中央电视台“曲苑杂坛”、恢复建市25周年庆典等安全保卫、重大节日城市武装巡逻任务。

【思想政治工作】 抓党委中心组学习，坚持集中辅导、讨论交流和岗位自学，组织官兵学习国家西部大开发战略方针，学习党的民族政策方针。开展“培育当代革命军人核心价值观，永远做党和人民忠诚卫士”主题教育，利用驻地红色教育资源，开展参观学习、集体宣誓、主题演讲、歌咏比赛、文体竞赛、DV创作等活动。结合支队实际，对支队、中队、班（排）每日、每周、每月、每季、半年（年终）的主要工作流程进行规范，建章立制，把虚的抓实，把零散的抓系统，增强经常性思想工作的实效。抓“深知兵、真爱兵”和“三互”活动，与战士家长签订《爱兵教子公约》，做好一人一事的思想工作。开展“五五”普法活动。加强警营文化建设。加强“传统文化、战斗文化、廉政文化、网络文化”四位一体警营文化建设，开展“情暖警营”文化活动。倡导学习成才活动，鼓励官兵参加学历升级和自学考试。参与驻地“三个文明”建设，与白银市强湾乡强湾村、白银区银水巷社区商定共建计划。

【部队安全管理】 把从严治警作为全局性、基础性、长期性的工作来抓，实现“秩序正规、纪律严明、内部和谐、安全稳定”目标。抓“防松散、治隐患、严纪律、保安全”、“治三松、严纪律、保安全”“学条令、强素质，查隐患，保稳定”“刹酗酒、守纪律、树形象”4项教育活动。结合自身实际，组织开展“强化纪律意识、号令意识”“密切内部关系”两个专项教育整顿。抓《正规化管理规定》的贯彻落实，先后3次对机关、基层正规化管理情况进行检查讲评，4次组织驻城区部队开展警容风纪检查，规范部队“四个秩序”。9月，集中组织条令学习月活动，开展应用性训练，参加总队条令知识竞赛，形成机关按条令指导、基层按条令运转、官兵按条令规范的氛围。

【后勤保障】 2010年初，修订完善各类应急保障预案，完善建立支队、中队两级后勤保障体系。结合实际，选拔配备基层中队的司务长。对后勤干部、司务长、军械员、驾驶员、炊事员进行业务集训，指导各单位和直属分队加强应急保障专项训练，提高后勤人员业务技能和基本素质。坚持每月组织司务长集体办公，每季度检查讲评经费管理使用情况，控制经费开支。落实资产管理责任制，对所有固定资产进行造册登记，实现精细化管理。做好疫情普查和季节性疾病防治工作，先后组织卫生干部下基层，开展“送医送药”和健康教育。

【党委机关建设】 以先进性建设和能力建设为主线，以思想作风建设为重点，抓学习、抓风气、抓制度。参加总队每月2次党委中心组理论学习网上授课辅导的基础上，支队坚持每月安排1次学习内容，每周组织1次集中学习，每季度检查展评1次学习笔记，分析讲评1次学习情况，营造崇尚学习的氛围。学习贯彻《党委工作条例》，加强民主集中制经常性教育，及时修订完善《党委议事规则》。组织开展团以上领导干部“读书思廉”活动，开展“加强党性修养、振奋革命精神”“戒骄防满、保持清醒头脑”学习教育和党委机关风气教育整顿。落实党员干部廉洁自律有关规定和要求，践行实事求是、真抓实干的领导作风，组织党员领导干部述职述廉，自觉接受党内监督和群众监督。

【参加驻地开垦林地活动】 11月6日~7日，支队响应市委、市政府号召，派出官兵参加开垦林地活动，两天时间开垦荒山30余亩，高标准、高质量完成任务区内林地、地埂、路旁的杂草清除和打埂凿坑任务。

【中国人民武装警察部队甘肃省总队白银市支队领导名录】

康树庆　支队长、上校
贾承世　第一政治委员、市委常委、市政法委书记、市公安局局长
侯耀升　政治委员、上校
李　阳　副支队长兼参谋长、中校
刘国庆　副支队长、中校
刘　冰　政治处主任、中校
张俊祥　后勤处处长、中校

（景博鹏）

白银市公安消防支队

【概况】 2010年，全市共发生火灾165起，受伤1人，直接财产损失134.62万元，未发生较大以上火灾事故。与上年同期相比，火灾起数下降51.46%，直接财产损失下降11.82%。全年部队共接警236起，出动车辆684台次、官兵3782人次，抢救被困人员156人，疏散人员258人，保护国家和人民财产价值近亿元，特别是出色完成兰化“1.7”火灾、刘白高速“1.11”甲醇槽车倾翻泄露等火灾事故和青海玉树、甘南舟曲抢险救灾任务，最大限度地减

少人员伤亡和财产损失。

【思想政治工作】 按照“集体领导、民主集中、个别酝酿、会议决定”原则，严格决策程序，凡涉及重大决策、重大项目安排、大额度资金使用、选人用人等重要问题，做到集体讨论，形成决议，明确责任，自觉执行，维护班子的团结和统一。采取“请进来、走出去”的办法，先后邀请市委党校、驻银部队专家学者举办“落实科学发展观”“中国特色社会主义理论体系”等专题讲座，组织官兵赴金昌、天水等兄弟部队进行参观学习。共举办专家讲座、专题研讨、参观学习16场次。结合政工干部岗位练兵和先进党组织、优秀共产党员争先创优活动，开展消防队员歌曲征集、政治指导员交叉授课、多媒体课件评比和论文征集等活动。活动期间，制作多媒体课件12份，撰写论文70余篇，悬挂主题教育宣传横幅30余条，张贴宣传标语80余条，制作橱窗、板报20块25期，先后举办政治指导员、党支部书记、入党积极分子等培训班6期。投入经费近10万元，建设融地域特色文化、部队政治文化、消防职业文化、安全文化、廉政文化和官兵主体文化于一体的文化长廊、背景音乐走道和体现理想信念和、团队精神为内容的标牌灯箱，并设计制作安装开关文化标志。结合“三八”妇女节、“六一”儿童节等重大节日，累计向女干部、文职人员和干部家属子弟发放慰问金12万元，建立健全领导干部联系困难官兵制度和扶贫助困档案。响应市委、市政府号召，全年共参加义务植树造林活动10余次，清理垃圾500余吨，承包300亩荒山进行平整绿化，并对支队500亩绿化基地进行植补和管护。先后向玉树、舟曲灾区群众累计捐款10万元，献血15000毫升，为干旱灾区义务送水700余吨。关注社会弱势群体，定期为辖区老红军、孤寡老人打扫卫生，提供生活用品。落实《党委成员联系点制度》，蹲点帮扶。

【社会“防火墙”工程构筑】 结合执法技能竞赛活动，支队选派2人参加部局防火监督师资培训、17人参加市法制局行政执法培训，先后举办培训班5期，对支队全体监督执法干部进行集中轮训。全年先后提出合理化整改建议100余条，累计节约整改资金近500万元。协调市政府多次召开消防安全领导小组成员单位联席会议，明确工作职责，形成信息互通、联合执法、合力整治的工作格局。2010年，全市各级公安消防监督机构先后组成32个联合检查组，共检查单位和场所689家、发现并督促改正火灾隐患387处，实施消防行政处罚32起。制定《社会单位消防安全管理达标验收细则》。组建执法服务队对市、县区两级确定的36家试点单位进行蹲点帮扶，分类指导。推进农村防火墙工程，全市69个农村乡镇基本达到新农村建设消防工作标准。2010年，全市新增市政消火栓45个，建成市政消火栓602个。举办“119”宣传周启动仪式、社会单位“四个能力”建设业务技能竞赛、消防宣传“进学校”等大型消防宣传活动。借助中央、省市各级新闻媒体加强新闻阵地宣传，通过在白银电视台、白银日报等新闻媒体开设“消防之窗”宣传栏。制作安装大型公益宣传牌，打造消防宣传“特色一条街”、消防知识“文化长廊”等一批亮点工程；编印《铜城119》杂志3期，免费发放社会单位近6000册。2010年，支队共举办大型消防宣传活动8场次，在各级媒体发表宣传稿件616篇。其中《人民公安报·消防周刊》6篇、《中国消防信息网》60篇、互联网400篇、甘肃消防信息网150篇。制作电视专题节目15期，播放消防宣传公众广告134条（次）；印发《消防法》、《甘肃省消防条例》、消防安全警示牌和“三提示”图片近2万份；举办培训班18期，培训社会单位消防安全“明白人”近5000名。

【提升部队综合保障能力】 完成白银消防科、特勤中队、白银中队室内装修工程及改扩建工程。支队投入经费300余万元，购置1台执勤水罐消防车、1台抢险救援模块车和多功能钳、无齿锯、呼救器、隔热服、防化服等一批灭火救援和消防员个人防护器材装备。至2010年底，全市消防执勤车达31辆，总载水量达到163.5吨，各类特种车辆器材基本满足当前灭火救灾的需要，逐步实现车辆器材在数量、结构、种类、性能上的合理搭配，部队的抢险救援战勤保障能力得到提升。

【白银市公安消防支队领导名录】

赵　青　支队长
石海军　政治委员
强生曙　副支队长
张　波　副支队长
马晓东　参谋长
周宏平　政治处主任
王英文　后勤处长
高建强　防火处长

（魏相瑜）

人武部

【思想政治建设】　先后4次召开党委会，安排部署主题教育活动，形成抓大事、广泛参与的浓厚氛围。年初，按照省军区、军分区的统一部署，集中5天时间，开展“讲党性、重品行、做表率”教育活动，强化广大党员的党员意识、党性观念。4月至9月开展培育当代革命军人核心价值观教育。每月落实一个专题，及时收听收看分区组织的辅导讲课，进一步端正干部、职工的人生观。9月集中7天时间，采取理论学习、分析检查、集中整改、总结讲评的方法，组织开展思想作风建设专题教育，干部的党性得到进一步锻炼，思想作风得到改进。采取每季一课的方法，坚持开展专题教育活动，进行时事政策、安全保密教育，打牢武装建设的思想基础，确保政治上纯洁可靠。

【战备训练】　落实各项战备制度。针对不同时期，有计划地组织修订本级和民兵分队的战备预案及各类方案，不断适应任务的需要，较好地解决预案不完善、资料不完备的问题。抓民兵整组工作。继续坚持“四个有利于”的原则，下大力调整结构，优化编组质量。针对政府结构调整改革，企业优化重组的实际，加大编组调整改革力度，圆满完成分区下达的整组任务。抓首长机关训练。完成军事基本技能、军事理论、军兵种知识、军事法规、兵役工作等军事理论知识的学习。采取早操训练和集中训练相结合的方法，组织开展体能训练，累计落实训练项目15个。集中抓好民兵分队训练。当年完成193人的训练任务。民兵应急分队落实10个训练日，主要进行共同课目、防暴队伍和轻武器射击等课目的训练；通讯分队落实训练日15个，主要进行队列、架线等课目的训练；落实医疗救护、野战救护和课目训练。经分区考核，均为合格。

【日常管理】　贯彻《省军区行政管理细则》，坚持从点滴抓起，采取学习、检查、考勤、公布等管理办法，强化制度落实。坚持每周一、三、五出早操，二、四晚上学习，节假日三分之二以上人员在岗。严格执行请销假、留宿住宿等制度，定期不定期地进行内务卫生、军容风纪检查。抓阶段性学习教育和作风纪律整顿，强化干部职工的条令意识。按照省军区的“贯彻落实全军坚持依法从严治军、防范重大安全问题”专题学习教育的具体安排部署，突出人、车、库（室）、电、密等环节和部位的管理。采取统一计划、分步落实。逐项治理、系统规范的方法，开展“学条令、训队伍、整秩序”教育整顿等活动。

【征兵】　执行《中华人民共和国兵役法》《征兵工作条例》《征兵命令》和有关征兵政策规定，以保证兵员质量为核心，以征集高学历青年应届生为重点，加强组织领导，严把政策规定、严格征集标准，规范征集程序，严肃征兵纪律。2010年的征兵工作，先后多次召开党委会安排部署，成立征兵领导小组，设立内勤组、体检组、政审组、宣传组、纪检组和保障组。利用白银公司电视台、白银日报社等新闻媒体，大力宣传征兵工作，广泛发动广大适龄青年，应届高中毕业生积极应征。10月30日区征兵办在白银街心花园和大什字设立征兵工作宣传站，印制下发宣传单8000余份。11月5日召开征兵工作再动员会，进一步掀起征兵宣传新高潮。重点环节严格把关。通过对白银市多家医院进行严格审查，经市征兵办批复，同意白银市第一人民医院担负当年体检工作。设立封闭式体检站，所有人员必须持证进站，在体检站设立手机信号压制器。安排专人传检送表，确保体检正规有序。在新兵政审过程中，按照省征兵办，市征兵办的通知要求，从区纪委、教育、公安和武装部抽调政治思想强，业务素质好的人员，组成当年新兵政审工作小组，设立新兵政审工作站，采取“一站式”政审的方法，集中开展政审工作，方便应征青年。通过审查应征青年的档案资料，询问应征青年的家庭情况、社会关系、生活阅历、现实表现，做到对应征青年的年龄清、学历清、表现清。特别对情况不明、学历不真、户口不详的人员，通过公安网、教育网再次进行审查。在此基础上，共同研究，作出结论，确保政审工作的正规、透明、有序，确保每个应征青年政治合格。设立举报箱，开通举报电话，接受群众监督、社会监督、舆论监督，使政审工作阳光透明、公平公正。

【军政军民关系】　把军民共建作为密切军政军民关系，保持驻地稳定和经济发展的重要举措，迎难而上，主动作为。先后组织召开全区复转军人稳定工作会议3次。深入一线做好复转军人矛盾排查化解工作。参与白银区新农村建设，协助水川镇桦皮川村村委会搬迁新建、乡村道路硬化、人畜饮水等项目建设。与武川乡8名贫困生、2户贫困家庭结成帮扶对子。

【基层武装部建设】 分期分批对乡镇、街道和辖区企业武装部进行全面整治。在调查摸底，准确掌握基层武装部和民兵营、连部建设现状的基础上，制定《基层武装部建设三年规划》和《实施细则》。

【基础设施】 2010年申请80余万元，完善制度牌、更换办公家具，平整、硬化、绿化营院，敷设喷灌管网，新建值班室、围墙、大门，办公设施配套，营院简洁规范，各类库（室）完善有序。

【党委工作】 抓党委中心组理论学习。按照建设学习型党委班子的要求和省军区、军分区总体部署，着眼新形势下党委班子能力建设的新要求，制定《党委中心组学习实施意见》，以党的创新理论为主要内容，以《高级干部理论学习读本》为基本教材，借鉴省军区师团干部理论读书班的成功经验，每周集中2个晚上时间，采取集中组织学习、个人课外阅读、定期交流心得等方法，组织全体党员阅读年初指定的所有书目。组织全体党员收听收看历次电视电话会议辅导，围绕重点问题展开研讨，撰写心得体会。当年，每位党员撰写心得10篇以上，部里组织笔记展评3次、学习交流2次。规范党委工作，落实党委议事规则，所有重大问题集体研究决策，党委核心领导作用得到较好发挥。着眼加强集体领导，提高民主集中制建设质量，以规范制度、科学决策、分工负责、增强团结为重点，完善制度，加强思想、组织、作风和制度建设，班子内部逐步形成讲感情、重原则、讲团结、促和谐，抓大事、谋发展的良好氛围。围绕贯彻落实十七届四中全会《决定》和军委《意见》精神，以及各级有关加强党风廉政建设的规定要求，抓好反腐倡廉教育，强化监督约束机制。

【白银区人武部领导名录】

杜志祥 政委

陈显宏 部长

（李 武）

人民防空

【概况】 1964年11月区人民防空办公室成立。1997年白银区机构改革时，职能并入区城建局，隶属区城建局领导。2010年在职工作人员17人。其中主任1人，副主任2人，支部书记1人，副书记1人。一般干部3人，职员2人，工人8人。内设工程室、指挥通信室、警报室、平战结合室、办公室、财务室等科室。

【工程建设维护管理】 早期人防工程渗漏水情况普遍，抽水任务繁重、设备经常发生故障。2010年区人防办克服各种困难，自己维修设备，定期对设备进行保养，坚持对各抽水点进行巡查，确保抽水工作不间断，全年共计抽水10万立方米，确保早期人防工程处于良好的战备状态。抓好早期人防工程安全，对工程内部的安全和消防实行每季度检查一次，对出现的安全隐患及时上报处理，确保人防工程的安全效能。抓好在建单位在建设中影响人防办的早期人防工程的管理和拆除中的协商解决工作。2010年市六中、市十中、区三校、区十二校新建教学楼涉及区人防办管理的早期人防工程，区人防办同校方及教育局多次商讨、论证，并请专家一同到施工现场实地考察，为校方提供相关资料、数据。二十一冶、向阳村棚户区改造工程，涉及早期人防工程，区人防办组织人员到建设工地，察看人防工程受损情况，向建设方提供相应资料和图纸，协商解决遇到的问题；到白银糖酒公司棚户区改造工程施工现场，商讨占用区人防工程有关事宜。

【指挥通信警报建设】 修订和完善《白银区防空袭方案》和保障计划完善工作。按照国家规定城区人口千分之三的比例，组建、培训人防专业队伍。做好人民路街道人口疏散调查落实工作。做好4个重要目标的防护预案工作。警报工作重点对所有警报设施设备的日常维护管理，确保“九一八”警报试鸣工作进行。严格规范执法。9月18日下午3时30分，白银城区开始进行防空警报试鸣。发放预先警报信号、空袭警报信号和解除警报信号。在“九一八”这个日子进行试鸣放，更具有特殊的历史纪念和警示意义，提醒人们勿忘国耻，牢记历史。电台通信工作中保持随时同市办联络，做好电台记录及值班，及时收发各类信息，发现机械故障，及时排除。钻研业务知识，提高操作技术水平。

【民防宣传教育】 抓民防宣传活动和国防教育日活动，在9·18试鸣警报的同时，进行宣传活动，制挂横幅，印发宣传资料，进行流动宣传和固定宣传，白银电视台记者随机进行采访，在白银新闻中播出，宣传民防建设的方针政策，增强广大人民群众的国防观念及人防意识。开展民防教育进街道、进社区活动。完成新闻报道任务，在《甘肃人防》刊登新闻报道8篇，在《白银日报》刊登1篇。

【人防机关准军事化建设】　贯彻省人防办《关于开展人民防空机关"准军事化"建设达标验收活动的通知》要求，按照"政治坚定、业务精湛、纪律严明、作风过硬、廉政高效"的总要求，把建设一个团结班子、造就一支过硬队伍、树立一种良好风气、培养一种团队精神、严守一个廉政准则、营造一块优美环境作为"准军事化"建设的总目标，努力促进机关"准军事化"建设。

【平战结合】　平战结合是人防和平时期人防建设的必由之路，区人防办一直不断加强管理，规范制度。抓各网点的出租，力争达到平战收入应收尽收。宣传，尽快将人防综合楼地下室出租，增加平战收入。检查平战结合各网点消防安全工作。四是及时检查平战结合房屋的使用情况。遵守财经纪律，执行"收支"两条线管理，完成市人防、区财政年度财务预决算工作。

【白银区人民防空办公室领导名录】

高学军　主任

罗吉山　支部书记

张守书　支部副书记

金玉政　副主任

马峰明　副主任

（高建秀）

人民武装

公安 检察 审判

英姿飒爽的公安队伍

公 安

【概况】 白银公安分局是1985年白银恢复建市后在原兰州市公安局白银分局的基础上组建的，副县级建制。领导职数5人，内设机构28个。编制336人，其中行政编制310人，后勤事业编制26人。2010年有民警270人。

【公安业务】 打击各类违法犯罪活动，确保治安大局稳定2010年分局结合上海世博会、广州亚运会等重要节会、敏感节点安全保卫工作，以打黑除恶、侦破现发命案、打击抢劫、抢夺、盗窃、诈骗等多发性侵财犯罪为重点，始终保持对刑事犯罪活动的高压态势。当年全区共立各类刑事案件1775起，破获775起，破案率为44.2%，共立八类主要案件238起，破获163起，破获率68.5%；共侦查终结移送起诉250案488人，共受理治安案件2404起，查处1732起，万人查处率为62.9；处罚违法行为人员1816人，其中治安拘留348人，治安罚款876人，治安警告149人，其他处理待处理443人。突出重点，严厉打击经济领域违法犯罪活动。2010年立经济犯罪案件15起，涉案金额148.17万元，破案13起，挽回经济损失86.57万元，参加打击银行卡犯罪、打击假币犯罪、打击整治发票犯罪等专项行动，没收假币11320元，收缴假发票36339份，涉及金额376万余元。以创建二级无毒区为目标，全面完成禁毒任务指标。3月初公园路派出所成功打掉以王ＸＸ为首的新型制贩毒团伙，抓获贩毒嫌疑人7人，缴获新型毒品603.7克。当年全局共破获贩毒案件28起，完成任务的100%；缴获毒品海洛因276.7克，完成任务的102%；社区戒毒28人，完成全年任务的122%；药物维持治疗39人，完成任务的100%。拓展打击刑事犯罪第二战场，深化监所深挖犯罪工作。8月18日新落成的白银看守所投入使用。当年看守所提供犯罪线索45条，破获各类案件36起。

【落实各项治安管理措施，集中解决治安突出问题】 推进以常住人口、暂住人口、重点人口、出租房屋及旅馆业信息为主的基础数据采集录入工作；落实娱乐服务场所治安管理、旅馆业信息与人口信息管理系统建设；按照什么问题突出就解决什么问题的原则，在全区范围内重点部署开展扫黄打非、打击赌博“利剑”行动、缉枪治爆、民用爆炸物品管理专项整治等集中治理活动。

【实有人口管理工作】 为做好第六次全国人口普查工作，将普查前户口整顿工作与省厅开展的身份证号码重错纠正工作有机结合，更正和完善户口信息，稳步推进人口信息系统建设和应用。2010年全区共有常住人口91293户273879人（男156111人、女1177768人），受理二代证9834个，办理临时身份证1896个；共清理登记出租房6264户，登记流动暂住人口18728人，办理暂住证4833个，签订治安责任书6108份。当年共办理护照1048个，通行证1604个。

【开展场所行业的重点整治工作】 严厉打击“黄赌毒”违法犯罪行为。治安科及各派出所集中力量对全区130家娱乐服务场所、196家特种行业进行全面清查，共出动警力200余人，警车65辆，组织清查行动3次，检查场所行业85家（次），查处赌博案件17起，收缴赌博游戏机主板168块，查处卖淫嫖娼案件19起、淫秽表演案件1起，出售淫秽制品案件12起，收缴淫秽光碟804张、淫秽书刊54本，与场所行业负责人签订治安防范、安全管理、禁吸戒毒、消防管理等四项责任书，通过专项整治，对38家单位下发责令停业、限期整改通知书，查破一批刑事治安案件，全区场所行业的治安状况得到改观。全区96家宾馆、饭店、中小旅馆、私人旅社、民俗度假村、留宿洗浴场所已全部安装旅馆业信息系统，覆盖率达到100%；共上传旅客信息1.5万条。

【加强校园及周边治安秩序专项整治工作】 5月3日全国综治维稳工作电视电话会议召开后，分局党委对全区校园及周边治安秩序专项整治工作进行周密部署。针对校园周边存在问题，辖区派出所及时协调学校、街道综治办等单位召开座谈会，互通情况，开展整治工作。各派出所针对中小学生自我防范能力不强的实际，开展进校法制教育和安全自救技能讲授活动。加强对校园周边及重点路段的巡逻执勤，坚持每日在学生放学的重点时段巡逻执勤，在重点学校周边以及学生上、下晚自习的重点路段加大巡逻密度，确保校园及周边治安秩序良好。各派出所会同消防部门对学校及周边人员较集中的场所开展以“防火、防盗、防安全责任事故”为主要内容的安全检查，督促学校落实保安人员责任，切实保障学校师生人身财产安全。结合整治行动，完善学校安全档案。各派出所以整治行动为契机，对全区113所中小学校、幼儿园开展安全档案建设，逐步把学校的基本情况、安全保卫组织、技防设施、安全制度及治安、消防安全隐患作为派出所基础信息纳入日常档案管理，强化对学校的安全检查和管理。开展对市第十中学南侧平房区域卖淫嫖娼问题专项整治，共查处卖淫嫖娼案件38起，治安拘留42人，各派出所也及时查处辖区内侵害学生人身财产安全的各类违法案件36起。

【加强枪支弹药和危爆物品管理】 严格督促落实安全管理责任，实现“不漏管、不流失、不被盗、不打响、不炸响”的工作目标。当年检查涉爆单位276家次，收缴流散社会的炸药409.35千克、雷管707发、手榴弹30枚、子弹6213发、剧毒物品3.116千克、管制刀具220把、民用枪支3支，非制式枪支3支，发现非法矿点23家，查处未经许可实施爆破案件1起，处罚单位1家，罚款5万元。

【开展消防安全整治，预防重特大火灾事故】 消防科落实省政府两个目标责任书，大力开展火灾事故预防专项行动，以全国构筑社会消防安全“防火墙”为契机，不断加强火灾隐患整治力度，共发现督促整改火灾隐患561处，下发整改通知书8份。当年共发生火灾事故20起，造成直接财产损失31万余元，死亡2人，与去年相比，火灾起数下降54.55%，直接财产损失下降29.83%，死亡人数上升200%。

【开展执法规范化建设】 以制定执法规范化建设实施方案及开展网上办案、执法考评和案件责任倒查为载体，在刑警队、派出所、监所等重点单位开展执法安全大检查活动，坚决杜绝留置审查及在押人员非正常死亡事故，最大限度地减少一般事故的发生。从案件审核着手，在执法单位设置兼职法制员，强化内部执法监督，确保执法质量优秀率达到60%以上。推行网上执法办案，共举办15期培训班，培训民警497人次，考试合格率达80%，办案单位的民警都能在警综平台上录入办案，提高办案效率，规范具体执法行为。组织督导小组深入各执法办案单位开展执法质量服务活动，现场解答执法部门疑难问题35个，完善执法基础台账18种，指导网上执法办案20件，纠正不规范问题8个。对全局执法单位和交警业务大队共25个执法单位的执法卷宗进行考评，考评过程中坚持先考评后立卷和逐卷评分定级的原则，共查阅行政案卷580卷，刑事案37卷。从检查的情况看，执法案件的考评率均达到100%、优秀率达到60%以上。贯彻落实省、市公安机关和市、区政法委关于开展案件评查活动的有关通知精神，对全局筛选出的20起案件，从执法指导思想、事实认定、证据收集、法律适用、程序遵守、处理结果、社会效果等七个方面开展自评。

【加强思想政治教育】 制定2010年全局公安民警政治理论学习、公安宣传工作计划。组织开展以创先争优、“四查”、忠诚警魂教育、“学习十七届五中全会精神，推动公安工作科学发展”等为主题的教育活动。

【教育训练工作】 在完善教育训练机制、建立民警训练档案、保障训练经费的基础上，按照教官分片包干、在基层所队组织日常训练、分局组织45岁以下民警集中训练、业务部门举办业务培训班等层次开展教育训练工作，有力保障各项教育训练工作的扎实落实。2010年，有1名民警参加省厅组织的警衔晋升培训，有26名民警参加新警初任培训，有2名民警参加市委举办的青年干部培训班，有1名民警参加公安部组织的法医骨干培训班，有156名45岁以下民警参加分局组织的“战训合一、轮训轮值”集中培训，参训率达到90%以上，全局民警每周参加本部门组织的日常岗位技能训练，参加训练时间平均达到15天以上，举办2期《执法细则》培训班，培训民警196人。

【开展宣传工作和表彰奖励】 建立一支包括领导在内的12名民警组成的网络评论员队伍，在互联网上及时浏览涉及公安机关的网页，并有的放矢地发表评论，引导正确的舆论导向。把宣传报道公安机关先进典型作为树立良好形象的重要内容，在全局组织“三争做二争当一争取”的创先争优活动，向上级党委、政府和公安机关推荐3个集体和3名个人为宣传典型，对获全省十大杰出青年称号的关雁升、获“全省我喜爱的十大人民警察”提名奖的刘同林等典型人物大力宣传，拓宽公安典型面向社会宣传的覆盖面，落实警令警纪，适时进行督察检查，杜绝民警中违法违纪问题的发生，杜绝涉警负面舆论的出现。当年全局民警没有发生违法违纪案件，保证队伍平稳健康发展。

【加强从优待警工作】 落实民警年度休假、体检、人身保险、医疗保险等措施，组织全体人员进行体检，鼓励民警休假，共休假268人，占应休假人员的99.3%。积极筹建民警伤病救治“绿色通道”，同市第一人民医院达成协议，开通“绿色通道”。筹资4.72万元为全局民警和职工购买人身意外伤害保险，补助民警警务通话费4.64万元；为机关食堂补助10.3万元，不断改善民警就餐条件和环境；完善民警互助基金会制度，充实互助基金，对困难民警进行救助。在上级人事和公安部门的支持协调下，落实民警执勤岗位津贴，人均每年3000元。从而保障民警队伍始终保持高度的凝聚力、旺盛的战斗力，以队伍建设成果保障各项公安工作任务的全面完成。落实谈心谈话、家访和队伍状况定期分析等“三项制度”。当年全局各级领导与民警谈心谈话406人次，家访81次，各基层所队坚持每季度对民警队伍状况进行一次分析；每季度对全局民警状况定期分析，并形成材料，报上级公安机关。

【赢得群众信任和支持】 坚持“走出去”和“请进来”双轮驱动，组织进行“开门评警”“警民恳谈”“警情通报”等活动，保证民警与群众经常联系，经常沟通。召开警民恳谈、行风评议座谈会3次，各派出所坚持每月进行1次警民恳谈会，责任区民警每月向辖区群众通报1次警情。为与群众继续加强联系沟通，聘请10名执法监督员，及时听取群众意见建议。落实省厅28项便民利民惠民服务措施，服务人民群众，特别是分局户证和出入境等窗口，开辟节假日“绿色通道”、推行“一站式”服务等措施，极大地方便办事群众。

【落实各项便民利民惠民措施】 在户政、治安、派出所、出入境管理等窗口服务部门推行各项便民利民服务。治安部门除严格落实国家的惠民政策和省厅出台的各项便民利民措施外，改革创新户籍管理制度和服务模式，对全市经商办企业的个体私营者出台申请当地城市常住户口、大中专毕业生及取得中级以上职称或高级技术职业资格人员“先落户后就业”。为方便群众，节约办事成本，对市内不改变户口性质的户口迁移，在全市试运行居民办理户口迁移只需到迁入地派出所办理的户籍“一站式”办理改革。

【警务保障工作】 完成关押场所监控系统工程，实现对在押人员的数字化信息管理工作；新建西区派出所、看守所已分别于当年4月10日、8月18日正式投入使用。协调落实经费保障标准，公用经费人均达1.8万元/年。

【白银市公安局白银分局领导名录】

姚立群　局长
牛　雄　政委
金健全　副局长
朱　勇　副局长
尚立军　副局长

（段　炜）

检　　察

【综述】 2010年，区检察院设办公室、政工科、纪检组、反贪污贿赂局、反渎职侵权局、职务犯罪预防科、民事行政检察科、公诉科、侦查监督科、控告申诉检察科、监所检察科、检察技术科、法警队，均为正科级建制。其中，反贪污贿赂局下设侦查一科、侦查二科两个侦查科，为正科级建制。当年共受理移送审查批捕案件202件288人，经审查批准逮捕188件266人；受理移送审查起诉案件314件503人，经审查提起公诉293件482人。立案侦查职务犯罪案件10件20人，通过办案为国家挽回经济损失180余万元。依法监督侦查机关立案5件，监督撤案11件；追捕犯罪嫌疑人25人；追加起诉10人；提出抗诉5件。共立案审查民事行政申诉案件42件，其中，提请抗诉9件，建议提请抗诉4件，检察建议22件。加强检察队伍建设，先后有68人次参加省、市检察院组织的业务培训和到外省先进检察院学习考察，5人参加司法考试并全部通过。

【依法打击各类刑事犯罪，维护社会稳定】 在工作中，坚持经常性打击和专项集中打击相结合，积极配合公安机关开展“严打”、禁毒等专项行动，从快批捕起诉社会影响较大的各类刑事案件，始终保持对严重刑事犯罪的高压态势。

【查办和预防职务犯罪，营造清正廉明的政务环境】 区检察院通过加强举报宣传、深入群众了解犯罪线索、与有关部门联系做好案件移送等，发现和排摸职务犯罪案件线索，确保职务犯罪案件查办。坚持集中力量查办大案要案，深挖窝案串案，突出查办在行业系统有影响、有震动、有典型意义的案件。

【强化诉讼监督，着力维护司法公正】 刑事诉讼监督能力不断加强。刑罚执行和监管活动监督有力。参加社区矫正试点和推广工作，与司法局联系协调，协助基层司法所对社区服刑人员建档管理，并规范与其他部门的工作衔接，定期开展监外执行、社区矫正专项检察，帮助服刑人员、刑释解教人员尽快回归社会。

【强化职能】　组织干警学习科学发展观理论，引导干警深化对建设兰白经济核心区、城市转型等区情、市情的认识，及时了解和把握大局，从而找准检察工作的定位，更加自觉、主动地把检察工作融入地方工作大局之中。依法履行批捕起诉职能，突出打击严重暴力犯罪、毒品犯罪和“两抢一盗”等多发性犯罪，坚决惩治各类扰乱和破坏社会主义市场经济秩序的犯罪活动，刑事案件发案下降，治安形势总体稳定，为经济社会发展创造稳定的治安环境。查办发生在领导机关和领导干部中以权谋私、失职渎职犯罪案件，重点领域和关键环节中的职务犯罪案件，重大责任事故和群体性事件涉及的职务犯罪案件；继续深化对商业贿赂和工程建设领域、国土资源领域以及涉及民生等突出问题的专项治理，开展预防宣传和警示教育，促进从源头上遏制和减少职务犯罪发生，职务犯罪查办和预防工作进展良好，为经济社会发展创造良好的政务环境。加强诉讼监督，建立健全监督机制，提高及时发现和准确纠正违法的能力，促进严格执法，维护公平正义，为经济社会发展提供良好的司法环境。参与全区中心工作。根据党委工作部署，全力为棚户区改造、新农村建设和征地拆迁等工作提供法律服务和司法保障。

【群众工作】　开展群众观点再教育，引导检察人员摆正与群众的关系，查找和剖析检察人员群众观念淡薄的各种表现，提高疏导群众情绪、处理群众诉求的能力。维护群众合法权益。继续突出打击严重侵害群众利益、影响群众安全感的刑事犯罪，查办教育、就业、社会保障、医药卫生、住房保障、征地拆迁、环境保护、安全生产等民生领域的职务犯罪，依法监督纠正群众反映强烈的执法不严、司法不公问题，提高检察机关的执法公信力。建立健全民意收集、研究和转化机制，完善落实人民监督员、特约检察员等制度，把人民群众的意见建议作为检察工作决策的重要依据，转化为检察工作整改的重要内容。加强群众来访申诉工作，使群众的诉求得到合理合法的解决，争取把矛盾化解在基层；延伸检察信访工作的触角，将在乡镇和街道建立检察工作站，聘请联络员，并逐步健全制度。加强涉检信访积案的化解力度，采取联合接访，公开听证，公开答复，责任追究等有效作法化解涉检信访案件，杜绝进京赴省上访的发生；建立涉检信访社会矛盾化解的大信访的工作格局，加强与公安、法院、司法及人大、政府信访部门联系与沟通，互通信息，争取多方支持化解矛盾；全面推行执法办案信访风险评估预警制度，把源头治理落到实处。开展司法救助工作，建立救助资金管理制度，协商、争取将救助资金纳入财政预算，提高救助范围和救助质量。

【推动社会矛盾化解】　依法严厉打击危害国家安全和社会稳定、影响群众安全感的严重刑事犯罪，加大打击严重经济犯罪特别是非法集资、合同诈骗等涉众型经济犯罪力度，努力从源头上预防和减少不稳定因素。把执法办案工作向化解社会矛盾延伸，开展释法说理、心理疏导等工作，积极引导和帮助当事人化解积怨，加强对犯罪嫌疑人认罪伏法教育，使执法办案的过程变成化解矛盾、促进社会和谐稳定的过程。贯彻宽严相济刑事政策，坚持对初犯、偶犯、未成年人、老年人犯罪以及因邻里、亲友纠纷引发的轻伤害等案件落实依法从宽处理的政策，努力促进社会和谐稳定。结合执法办案工作，通过《治安形势分析报告》等定期对社会稳定形势进行分析、研判和排查，发现并会同有关部门依法妥善处置可能影响社会稳定的苗头性、倾向性问题，切实把不稳定因素消除在萌芽状态。成立以检察长为组长，控申及各主要部门负责人为成员的处理涉检信访问题领导小组，制定《白银区人民检察院内设机构处理信访事宜分工办法》《检察长和科长接待制度》，明确各级和各部门的职责，形成各部门各司其职、相互配合的处理涉检信访问题运作机制。制定《白银区人民检察院涉检涉法信访案件预警工作制度》《白银区人民检察院加强信访工作的十三项措施》，对每一件涉检信访案件进行梳理、分析，对其中可能引起上访的案件，制定预案，各业务部门加强沟通，互通信息，将涉检涉法解决在萌芽状态。对所有疑难信访案件，向当事双方公开通报调查处理情况，自觉地将案件的办理过程置于社会的监督之下。在处理涉检上访案件时，对应当纠正的依法予以纠正，对该处理的一定处理到位，确保问题解决到位。

【参与社会管理创新】　依法履行批捕起诉职能，突出打击严重暴力犯罪、毒品犯罪和“两抢一盗”等多发性犯罪，惩治各类破坏社会管理，扰乱社会秩序的犯罪活动。查办发生在社会管理领域以权谋私、失职渎职犯罪案件，开展预防宣传和警示教育，维护群众利益，维护公平正义，在依法履行打击、保护、监督、教育、预防等职能作用中推进社会管理创新。把化解矛盾贯穿执法办案始终，落实执法办案风险评估预警机制，对办理的重大复杂案件、热点敏感案件、涉众型经济犯罪案件、群体性事件所涉案件等，评估可能存在的不稳定因素，明确提出意见，科学制定预案，防止因执法不当激化矛盾或引发新的矛盾。

【建立健全贯彻宽严相济刑事政策的工作机制】 推行未成年人犯罪案件品行调查、分案起诉、回访帮教等制度，完善、规范轻微犯罪案件快速办理机制和刑事和解机制，提高运用法律政策化解社会矛盾、促进社会和谐的水平。建立健全检察机关参与社会管理创新的机制，参与平安建设；强化刑罚执行监督和社区矫正监督，2011 年将重点开展社区矫正工作；建立健全涉检舆情汇集、分析和应对机制，加强舆情收集研判，规范舆情处置程序，及时核查舆情反映的问题，提高检察宣传舆论引导水平。

【完善信访接待、公开听证、心理咨询等措施】 畅通群众控告申诉渠道，引导群众依法理性表达诉求。开展法制宣传、法律咨询等工作，提高人民群众的法律意识，满足人民群众的司法需求，当年开展综合治理宣传 1 次；组织民行科干警对 5 个乡镇及 5 个街道办事处的司法所进行逐一走访，介绍民行检察工作的性质、监督范围、立案条件及本院民行工作的具体情况，散发宣传材料 300 余份。把推进社会管理创新摆在更急突出的位置，加强与政府部门和社会各方面的协调配合，立足检察职能，针对执法办案中发现的社会管理问题，提出检察建议，协同有关方面共同推进社会管理创新。

【大力促进公正廉洁执法】 贯彻执行高检院《关于进一步加强对诉讼活动法律监督工作的意见》以及诉讼监督工作相关规定，加强对立案、侦查活动、刑事审判、民事审判、行政诉讼活动的法律监督，完善和细化加强诉讼监督的措施，促进公正廉洁执法，提高执法公信力。落实与法院、公安机关、行政执法机关等制定的《关于进一步畅通信息渠道，加强互相配合、互相制约，促进公正执法的实施意见》《重大刑事案件信息通报制度》《关于进一步强化行政执法机关与刑事执法机关之间的相互联系，对行政执法机关受理、调查的案件及线索实行备查制度的实施意见》等制度，不断增强监督实效。健全党组会、检委会、检察长办公会议制度，完善民主决策程序。推行“一案三卡”、流程监督、网上监督和建立执法档案等措施，加强对办案的流程管理和动态监督。深化检务督察工作，围绕人、财、物管理，加强对重要工作、重点岗位、重点环节的经常性监督。

【推行“阳光检务”】 通过各业务部门工作流程图、触摸屏快速查询系统、干警挂牌上岗等，将检察院基本情况、党组班子成员和部门负责人基本情况、法律法规查询、各类办案、办事程序等向人民群众公开。加强和改进检察机关党的建设，开展“发扬传统、坚定信念、执法为民”主题教育实践活动，制定主题教育实践实施方案，通过活动开展，实现全体干警理想信念更加坚定，检民关系关系更加密切，党的工作更加有力，检察工作成效明显的目标。

【领导班子建设】 完善党组会、检察长办公会、检察委员会、党组理论中心组学习等制度，强化班子的学习教育，领导班子的整体素质和决策能力、执行能力、群众工作能力明显提高；领导班子成员遵守党的政治纪律、组织纪律、经济工作纪律和群众工作纪律，坚持廉政准则，坚持民主生活会制度，做到勤政廉政。贯彻执行民主集中制，坚持重大事项、重大案件集体民主讨论、民主决策，并及时向干警征求意见。在业务工作中，班子成员坚持领导办案制度，不仅指挥、督导办案工作，还具体参与办理自侦案件和重大疑难的刑事案件，发挥领导的表率带头作用，促进自身业务技能的提高。

【落实“五大培训”、关心干警生活待遇】 开展学历教育、司法考试、“周末课堂”、典型案件编撰、案例研讨、岗位练兵、业务技能和微机操作竞赛活动，干警的法律政策水平和业务技能得到明显提升。开展迎新春文化周活动、棋类、球类比赛等检察文化活动，通过丰富多彩的活动，提高干警的文化素养，增强机关活力和凝聚力。建成档案室、荣誉室、书画室、图书室、电子阅览室、党员活动室、棋牌室、健身房、淋浴室、KTV 等设施，倡导快乐工作、享受工作的理念，提高干警的工作热情和工作效率。组织登山、踏青等各类文体活动。

【落实党风廉政建设责任制和《廉洁从检若干准则》】 贯彻落实党风廉政建设责任制的各项要求，与各部门签订党风廉政建设、一岗双责责任书，副科级以上干部签订廉政责任承诺书，把党风廉政建设责任层层分解到可是和个人，促进工作落实。组织干警学习讨论《廉洁从检若干准则》，并将《准则》印发各科室，摘要将相关重点通过短信发至干警手机，时时提醒，防微杜渐。加强廉政和纪律作风督察，及时纠正不规范行为，当年，全体干警严格执法，文明办案，没有出现严重违法违纪情况。2月获全国模范检察院称号，有7名干警被省、市检察院表彰、记功。年终绩效考评中，在省检察院对全省基层检察院考核的9项重点工作中有8项进入前30名，其中有6项工作进入前10名；在市检察院对基层院考核的7项工作中，有4项取得第一名，2项取得第二名。

【检务保障】 合理安排日常支出，严格财务制度，厉行节约，把有限的资金用在办案急需上，确保案件查办所需经费。推进会计电算化和资产计算机管理工作。做好科技装备的计划、审批、政府采购、设备到位工作，保障检察工作开展。做好新检察经费保障标准的调研、衔接、落实等相关工作。

【白银区人民检察院领导名录】

王继民　党组书记、检察长（2010.11止任）
王云命　党组书记、代检察长（2010.12始任）
魏正武　副检察长（2010.11止任）
李忠义　副检察长
蒋志仁　副检察长、反贪局局长（2010.11止任）
刘　强　纪检组长
强克俭　政工科科长（2010.8止任）
滕文科　检委会专职委员

（强　亮）

审　判

【概况】 2010年区法院内设办公室、政工科、纪检监察室、信访室、立案庭、法警队、刑事审判庭、民事审判第一庭、民事审判第二庭、民事审判第三庭、行政审判庭、审判监督庭、执行局（内设执行一庭、执行二庭）、执行一、二庭、西郊人民法庭。当年有人员编制93人，实有干警及工作人员82人，其中中共党员64人，审判人员41人，书记员20人，法警14人，其他人员7人；研究生学历2人，本科学历71人，大专学历6人。当年共受理各类案件1861件，审（执）结1806件，结案率97%。

【刑事审判】 当年受理各类刑事案件310件504人，审结305件499人，结案率98.4%。其中审理抢劫、强奸、杀人等严重暴力犯罪案件113件209人；审理毒品犯罪案件28件30人；审理盗窃、抢夺、诈骗等多发性犯罪案件97件156人；审理贪污、贿赂、挪用公款等经济、职务犯罪案件18件34人。判处10年以上有期徒刑32人，判处3年以上10年以下有期徒刑101人。保障无罪的被告人不受追究，判决无罪1案1人。对情节轻微的初犯、偶犯和过失犯罪，或有自首、立功等情节的被告人，依法从轻、减轻或免除处罚，判处3年以下有期徒刑、拘役、缓刑、管制、单处罚金以及免予刑事处罚328人。在未成年人案件审判中，坚持教育、感化、挽救的方针，依法审理未成年人犯罪案件。为促使未成年罪犯改过自新，回归社会，推行适合未成年人心理特点的圆桌审判方式，凸显人民法院对未成年人的特殊司法保护。共审理未成年人犯罪案件39件69人。

【民商事审判】 当年受理各类民商事案件1207件，审结1181件，结案率97.8%。依法审理事关经济发展的各类合同纠纷案件187件。依法保障金融安全，审结借贷、融资、证券等各类金融纠纷案件165件。坚持保障劳动者权益与促进企业生存发展并重，审结劳动争议案件53件。依法审结财产权属确认、人身损害、宅基地等涉及民生的侵权案件140件。为稳定房地产市场，保障房地产业的健康发展，妥善审理房地产案件96件。依法保护妇女、儿童、老人的合法权益，促进家庭和睦、邻里和谐，共审结婚姻家庭和继承案件374件。依法审理涉及“三农”的各类案件。慎重稳妥审理涉农案件，依法制裁制售假农药、假化肥、假种子等坑农害农行为，妥善处理农民权益保障以及家电、汽车下乡等拉动内需政策落实中发生的纠纷，共审结各类涉农案件134件。

【行政审判】 当年受理各类行政案件17件，审结16件，结案率94%。在依法审理行政诉讼案件的过程中，不断完善行政诉讼案件协调、和解等工作机制，促进行政相对人与行政机关相互理解、彼此沟通，妥善化解行政争议。审结与群众生产生活密切相关的行政诉讼案件13件，审查执行行政非诉案件3件。通过协调和解，撤诉4件，占行政案件的25%。开展“司法建议促规范”活动，并就行政审判中反映出的行政执法、行政管理问题，及时提出司法建议，促进行政机关提高行政执法水平。针对白银区棚户区改造工作，制订《白银区人民法院关于为棚户区改造提供法律服务和保障的工作意见》，为棚户区改造工作提供有力的司法保障。

【案件执行】 当年共受理执行案件311件，执结289件，结案率92.9%。建立执行快速反应机制，成立执行指挥中心，及时处理执行线索和突发事件。建立执行联席会议制度，共同协调解决执行工作中存在的问题。强化执行监督制约机制，推行执行全程公开和执行事项告知制度，邀请人大代表、政协委员、人民陪审员参与执行案件监督，确保执行公正。强化执行工作措施，对拒不履行法律裁判义务的被执行人的财产，及时果断采取搜查、查封、冻结、扣押、划拨等强制措施；对于被执行人毫无履行诚意，且有逃债、躲债可能和行为的，依法采取强制措施，切实保护当事人的合法权益。在全国集中清理执行积案活动中，清结历年积案632件，执行标的3885万元，清积工作名列全市前茅，获全市集中清理执行积案活动先进集体称号。

【审判监督】 当年受理审判监督案件16件，审结15件，结案率93.8%。在加强审判监督，高度重视和保护当事人的诉讼权利和实体权益，畅通当事人维权通道，依法纠正不当裁判，促进司法公正的同时，落实承办人自评、庭室内互评、审监庭定量评查、案件质量考评委员会抽查的四级评查制度。建立案件质量月通报、季分析机制，落实法律文书制作、审核、签发及校对责任，提升法律文书质量，规范庭审记录，以科学管理推动案件质量提升。执行审判流程管理办法，对立案、排期、审限跟踪、结案期限等环节实行跟踪督办，杜绝超审限、超执行期限案件发生。推行均衡结案考核办法，细化考核细则，将办案效率作为案件质量评估的重要指标纳入考核，实现公正与效率的有机统一。

【涉诉信访】 落实信访责任制，做好涉诉信访工作。坚持和完善“院长接待日”制度，推行审判员轮流参与信访接待，开展涉诉信访积案清理工作，完善涉诉信访长效机制。2010年“院长接待日”接待群众来访238人次，信访室接待群众来访826人次。受理信访案件28件，中央、省市政法系统交办案件14件，区级政法系统交办案件12件，来信来访案件2件，全部办复。

【便民举措】 推行预约立案，设立假日法庭，开设绿色诉讼通道，对涉及弱势群体权益保障的案件实行优先受理、优先排期、优先审理、优先执行，对符合司法救助条件的及时给予司法救助。对47件案件的当事人依法缓、减、免诉讼费38.5万元。设立执行救助基金，对经济困难的申请执行人进行司法救助10万元。继承和发扬“马锡五审判方式”，通过开展巡回审判，对案情简单、争议不大的，就地审判，当即调解，当即结案，就地执行，方便群众诉讼，减轻群众负担。推进送法进机关、进学校、进军营活动，宣传法制教育。

【创新模式】 开展法庭审判进乡村活动，实现“审理一案，教育一片”的办案效果。开展巡回审判42场次，教育群众达2546人次。推行“阳光司法”，落实最高人民法院《关于司法公开的六项规定》，简化案件旁听审批程序，对部分社会影响大，具有教育意义的案件利用“现在开庭”和“庭审现场”栏目在电视、网络等媒体进行现场直播，依法保障人民群众对审判执行活动的知情权、参与权和监督权。贯彻“调解优先，调判结合”原则，创新和完善诉讼调解机制，把调解贯穿于立案、审判、执行各个环节。强化刑事附带民事案件调解力度，维护刑事被害人合法权益，审理刑事附带民事案件101件，附带民事部分调解结案93件，调解率92%。民商事案件调解撤诉结案803件，调撤率达68%。完善人民陪审制度，发挥人民陪审员作用，人民陪审员参与审判案件166件，参审率66%。

【队伍建设】 开展创先争优和“人民法官为人民”主题实践活动，学习中共十七届四中、五中全会精神，围绕方向开展学习，围绕难题开展大调研，围绕民生开展大服务，努力解决思想观念、审判机制、司法作风等方面存在的问题，强化“为大局服务，为人民司法”宗旨意识，坚定法官政治方向。改进学习培训方式，推进岗位练兵，评选办案能手、执行能手，开展庭审观摩和司法文书评比等活动，总结审判、执行工作经验，提高法官驾驭庭审的能力和化解矛盾处理实际问题的能力。38名干警先后参加上级法院和区委党校组织的学习培训。依照公开、公平、公正、择优的原则，开展中层领导干部竞争上岗。16名优秀年轻干部走上中层领导岗位，优化中层干部队伍组织结构和专业结构。以能力和业绩为导向，营造干警干事创业氛围。按照最高人民法院关于构建

“学习型、团结型、创新型”法院机关要求，以创建“文明窗口”活动为契机，转变工作作风，提升法院效能。

【开展“亲民爱民为民，公正廉洁司法，推动法院发展”活动】 倾听群众呼声，查找工作差距。把“亲民爱民为民”理念内化为每位干警的行为习惯，融入工作的每个细节，树立公正文明司法形象。以“塑法魂、树形象、促公正”为主题，把握法院文化内涵，丰富法院文化建设的形式和载体，发挥法院文化的导向、凝聚和激励功能。建成法院历史陈列室和文化长廊，设立图书室、阅览室、体育活动中心，装饰审判法庭、诉讼调解室。

【开展法官职业道德演讲和体育比赛等活动】 形成温馨调解的诉讼调解文化体系，宣传法治理念的楼道走廊文化体系，诫勉激励干警的室内文化体系和团结和谐的人文文化体系。获全省法院文化建设先进集体称号。开展“反腐倡廉，公正司法”教育整顿活动，对庭审作风、工作作风、司法礼仪等进行监督检查，完善对审判、执行权的监督制约机制。向社会聘请法院廉政监督员，邀请监狱服刑人员给全院干警现身说法，与干警及家属签订廉政公约。开展副科级以上干部年终向党组述职述廉活动。组织干警参观红色革命圣地，开展警示教育，提高拒腐防变、廉洁司法的自觉性，实现干警“零违纪”。

【白银区人民法院领导名录】

张守方 院长、党组书记(2010.11止任)
姜爱平 代院长、党组书记(2010.12始任)
颜永禄 党组副书记(2010.8止任)
邹 涛 副院长
李伯亨 副院长
张显玲(女) 副院长
杨卫东 纪检组长
刘东兴 执行局局长

(张栋平)

财政　税务

税法知识宣传现场

财　　政

【机构】　2010年区财政局设办公室、预算股、国库股、综合股、经建股、监督股、行财股、企财股、农财股、税政股、社保股、政府采购办等12个行政职能股室。下设正科级事业单位1个，副科级事业单位4个，5个副科级财政所（区农业综合开发办公室、区财政国库支付中心、区政府采购中心、区国有资产管理中心、区会计事务所），5乡镇财政所。编制65人，实有人员44人。

【打造“效能型”机关】　制定《白银区财政局机关效能建设实施意见》《白银区财政局“六型”机关创建实施意见》，制定完善《白银区财政局AB岗职责》《首问责任制》等六项制度。结合效能建设的相关要求，规范机关干部职工的行为，优化管理环境，清除管理障碍，达到依法、快捷、便民、到位的高质量机关效能水平，机关干部履行职责，投身财政改革。

【打造“实干型”机关】　发挥领导班子的集体效应和核心作用，在工作中抓三项制度建设。理论学习制度。抓政治和业务理论学习，做到学习有计划、有制度、有要求、有考核。分工负责制度。做到工作上分，思想上合；任务上分，目标上合；职责上分，整体上合，有效形成工作合力。民主集中制度。定期召开局务会和局长办公会，广泛听取意见，重大事项由集体协商决定。全局形成事事有人抓，工作有人管的工作格局。2010年局领导班子获全区五好班子称号。

【打造“学习型”机关】　制定《白银区财政局深入开展创先争优活动实施方案》，在财政系统广大党员干部中，开展以“科学理财创先进，服务发展争先锋”为主题的创先争优活动。集中学习中共的十七届四中、五中全会精神，国办《关于支持甘肃经济社会发展若干意见》，每个党员撰写心得体会至少1篇。

【完成预算收支】　2010年全区大口径财政收入完成13.83亿元，同比增长15.17%。其中财政一般预算收入完成27821万元，完成年初预算26305万元的105.76%，同比增长14.23%。全区财政总支出8.54亿元，完成变动预算9.19亿的92.81%，比2009年增支6675万元，同比增长8.48%。财政资金安排体现“公共财政、社会和谐”理念，通过多渠道筹集资金，重点支持教育、科技、文化、卫生、环保等方面。财政支农力度加大，全区新农村建设扎实推进。其中教育、社会保障和就业、医疗卫生、农林水事务等几项关系民生的重点支出同比增幅较高。全区通过收入超收、争取省转移支付补助、调入资金等措施，能够实现当年财政收支平衡，保证工资、运转和区委、区政府重大决策支出的基本需要，维护社会大局的总体稳定。

【争取上级财政支持】　当年共争取一般性转移支付资金16620万元，比2009年增加3714万元。中央和省、市下达白银区各类专项资金达45058万元，比2009年增加13024万元。争取“一事一议”财政奖补资金553万元，并整合各类资金1041万元。保证全区城乡基础设施建设、环境保护和污染治理、社会保障、教育、卫生支出需要，缓解区级财政困难。

【落实支农惠农政策】　2010年共发放粮食直补、农资综合补贴等各项惠农资金2265万元；累计销售下乡家电13626台、销售金额3209万元，兑付财政补贴资金367万元；累计销售下乡汽车摩托车470辆、销售金额1721万元，兑付财政补贴资金158万元；落实资金217万元用于农村沼气项目建设，新增沼气用户1670户；落实资金28万元，支持农村劳动力转移技能培训；落实资金714万元，用于农村中小学校生均公用经费及寄宿生生活补助；落实资金500万元，完成10所农村中小学校舍改造任务；落实新农合补助资金958万元，为参加新型农村合作医疗的3961人次患者报销住院费用655万元，占参合农民的5.82%。

【保证民生需求】　当年落实再就业资金3819万元，为1769名下岗失业人员发放失业保险金，免费为下岗职工提供就业培训，1165名下岗失业人员重新实现再就业；争取并落实资金8636万元,用于城乡最低生活保障；落实资金72万元，用于农村五保户基本生活补助；落实资金664万元用于退役安置及抚恤；落实资金293万元用于自然灾害救助；落实资金632万元用于农村居民住房重建及维修；争取并安排资金10106万元用于城镇最低收入家庭廉租住房补助和廉租住房建设及棚户区改造。

【支持项目建设】　争取省财政专项资金615万元，支持中小企业创业基地基础设施建设，改善招商引资环境；争取并安排资金1935万元，支持循环经济建设及污染项目治理；争取并安排资金520万元，支持招商引资优惠企业发展；争取并安排资金1760万元，支持武川等乡镇土地综合开发及扶贫开发项目。

【推进财政改革】 全年财政直接支付规模达到25628万元；“收支两条线”管理加强，加强对执收执罚单位的监管，非税收入做到应收尽收，保证部门综合预算实施；加大政府采购制度执行力度，完成卫生、环卫、教育等部门的政府采购42次，支付采购资金2318万元，节约采购资金182万元,节约率达8%。

【财政监督检查】 落实《甘肃省预算审批条例》，向人大和人大常委会报告预算草案、决算草案、预算执行情况及动态支出调整情况等事项，并将审议提出意见和要求的落实情况及时向人大常委会报告。制定《关于加强国有资产管理的通知》和《关于加强和完善全区政府采购管理工作的通知》。配合完成2009年度预算执行情况及重点专项审计，对审计中发现的问题进行积极整改和规范。开展党政机关和事业单位“小金库”专项治理工作“回头看”，开展社会团体“小金库”专项治理工作，共查处“小金库”3个，涉及金额14.87万元。

【落实廉政责任制】 落实党风廉政建设工作责任制，与股室及局属各单位签订《白银区财政局2010年党风廉政建设目标责任书》，印发《白银区财政局关于贯彻落实党风廉政建设责任制实施意见》，将财政制度改革、财政监督检查、推进政府采购等12项主办、协办工作逐一进行量化、细化，落实每项工作的分管领导、责任股室和具体责任人。定期分析研究职责范围内的党风廉政建设工作，及时发现、解决存在问题，做到与财政工作一起部署、一起检查、一起考核，形成一级抓一级，层层抓落实的党风廉政责任体系。

【注重干部教育】 组织党员干部特别是党员领导干部学习《廉政准则》，统一思想认识，明确政策界限，提高廉洁从政意识，使《廉政准则》成为全局广大党员的行为准则。每位党员领导干部签订《白银区财政局党员领导干部廉政承诺书》，培育廉政理念。

【强化内部监管】 加强内部监督，制定的《白银区财政局财务管理制度》《白银区财政局重点岗位监督管理制度》《白银区财政局资金拨付流程》等制度，加强财政内部管理特别是重点部位的管理，规范财政行为；加强专项资金的监督，执行《白银区农业扶贫资金报账办法》《白银区农业综合开发资金报账办法》等各项专项资金管理办法，变事后监督为事前审核、事中监控和事后检查有机结合的全过程，保证专项资金安全有效。

【白银区财政局领导名录】

王明军　局长
廖永安　党支部书记(2010.11 始任)
王东庆　副局长
高政德　副局长
吴志明　国库支付中心主任
宁翠文　会计事务所所长
王晓静(女)　政府采购中心主任
董　湖　国库支付中心总会计师

（高政德）

国　税

【机构】 区国税局于1994年国、地税机构改革时分设成立，2010年底有在职职工179人，平均年龄40岁。其中40岁以下88人，中共党员104人，大专以上学历173人。设9个股室，1个办税服务厅，1个信息中心，9个税收管理分局和1个稽查局。管辖城区及5个乡镇6747户纳税人。

【国税收入情况】 2010年全区国税系统坚持组织收入原则，处理组织收入与促进经济发展的关系，着力强化征管。全年累计入库税款75571万元，完成市局调整后税收任务74500万元的101.44%。

【落实减免税政策】 全区国税系统落实以增值税转型为重点的一系列税改政策，为429户增值税一般纳税人抵扣固定资产进项税额16877万元；为2251户小规模纳税人调减增值税387万元。为79户符合条件的纳税人办理增值税减免8008万元，为309户（次）纳税人办理企业所得税减免2531万元。

【依法治税】 稽查工作中，全年查补税款522万元，罚款87万元，加收滞纳金28万元，调减留抵732万元，调减亏损88万元。增值税专用发票异地购销核查128户商业企业，评估转办查结19户，查补税款115万元，罚款68万元，滞纳金15万元，调整留抵12万，调减亏损46万元。税收执法管理信息系统运行正常，执法责任制落实到位，“五五”普法获全省国税系统学法用法示范单位称号。

【信息管税】 加强第三方信息征管工作。通过调取医保卡刷卡信息、二手车交易市场发票信息和“国家家电下乡销售系统”终端数据，2010年对153户核查有问题的纳税人进行处理，补缴税款18.4

万元，加收滞纳金1.9万元。财税库银横向联网工作完成与全市七大商业银行联网，签约扣税人占所有缴税（费）纳税人的90%以上，累计扣税47983万元，占全部申报征收税款的63.5%。多元化申报方式发展快3465户个体户实现手机短信申报，309户纳税人实现网上认证、网上申报。税收专业化管理稳步推行，52户一般纳税人企业被纳入到15个税收专业化管理行业中，依托重点税源管理软件，助力征管效率提升。大企业风险管理重点突出，帮助企业建立和完善税务风险内控机制，制订《白银有色金属公司风险管理办法》。

【纳税服务】 联合办税实现“一厅通办”新格局。通过联合办证，为372户纳税人办理统一的国地税税务登记证，节约办证工本费3720元；通过联合征税，向2077户地税局企业纳税人征收税款677万元，向3821户地税局个体户纳税人征收税款98.2万元，通过为4122人次代开普票，代征税款128万元。办税窗口实现“一人双机双屏”和“一人双机双屏双系统”。12366纳税服务热线和纳税服务股实现资源整合，并专门设置办税“绿色通道”，方便弱势群体优先办理相关的涉税事宜。

【国税队伍建设】 通过制定整改方案，落实工作责任，集中解决突出问题，全力创新体制机制，实现各项活动目标，各部门通过争创活动，领导班子建设切实加强。机构改革完成，按照岗位职责和业务量配备相应人员，对部分股室和人员进行增设和调整。干部队伍素质逐步提升，全年组织参加省市国税系统各类培训20批22人次，全局组织全员业务培训19批1787人次。党风廉政建设得到加强，全面落实以惩防体系建设为重点的反腐倡廉建设各项工作任务，开展惩防体系落实情况专项检查。走进“政风行风热线”广播直播节目，主动接受社会各界监督。

【白银区国税局领导名录】

杜学军　局长

补　启　副局长（2010.7止任）

党来业　副局长（2010.8始任）

韩俊东　副局长

沈铁明　副局长

杜　飞　副局长

崔　毅　纪检组长

（贾　伟）

地　税

【机构】 1994年8月区地税局成立，负责白银市区和水川镇、四龙镇、强湾乡、武川乡的地方税收和社会保险费征收管理工作。组建之初，全局有干部职工74人。至2010年有在职干部职工156人，其中中共党员95人，占职工总数的60%；大专以上学历143人，占职工总数的95%。局机关设办公室、人事教育科、监察科、征收管理与纳税服务科、税政科、计划财务科、计算机信息管理科7个职能科室。下设人民路管理分局、公园路管理分局、工农路管理分局、四龙路管理分局、王岘管理分局、西区管理分局、社会保险费征收管理分局、发票管理分局、稽查分局等9个管理分局和1个征收分局10个直属征管单位。至2010年底，全局共管辖各类纳税户6742户,各类社保费缴费户16015户。

【机构改革】 2010年6月地税局有21名干部在副科级岗位履职，94名管理员实施轮岗交流，地税局机构人事制度改革完成。2人新任副科级职务，副科级职数由改革前的23个增加为25个，学历层次比例大专以上达到96%，中层干部交流面达到90%；整合、新增3个科室。改革后原有的征收管理科改为征收管理和纳税服务科，将基金分局改为社会保险费征收管理分局，撤销车辆管理分局，新增稽查分局。全局共有7个职能科室，10个直属征管单位。

【库银联网试点】 2010年区地税局被甘肃省地税局确定为财税库银横向联网试点单位。试点测试工作于5月17日启动,7月1日开始联网上线。12月31日与白银市区6家银行(信用社)实现横向联网，共上线企业1613户，实现财税库银联网缴税1557户。共签订双定户三方批扣协议945份，批扣成功746户，实现银行代收税款100多万元。财税库银横向联网扣税的推行，改变传统的纳税人到税务机关上门申报，再到银行缴款的税款运行模式。突破在申报、缴款等环节上受时间和空间限制的难题，实现纳税人足不出户就能申报缴税。

【国地税联合办税试点】 当年9月1日起，区国税局、区地税局在市区两级协调，在全省率先实施国地税联合办税（试点）。联合办税的成功开展，堵塞因机构分设造成的征管漏洞，增加税收收入，减轻地税办税服务厅的办税压力，提高税收征收的质量和效率。

【标准化达标建设】 2010年进行以标准化达标建设为目的的办税服务厅维修改造工作，维修改造工程11月1日正式动工。实现办税标志规范化、办税功能齐全化、信息网络现代化、办税环境优美化，为提高办税服务效率、提升办税服务水平。

【精神文明建设】 在巩固省级文明单位创建成果的基础上，开展以构建和谐地税为主题的精神文明建设。撰写演讲稿件，推荐2名干部参加全省地税系统“说勤政、话廉政”主题演讲比赛，获得2个鼓励奖；推荐10幅作品参加全省地税系统第四届书画摄影比赛，获1个三等奖，1个优秀奖；选拔3名干部参加全省地税系统第二届羽毛球比赛，获男团亚军、男双亚军、男单亚军；编排和选拔推荐由12名地税干部表演的《从头再来》《小伙 四弦 马缨花》2个舞蹈节目参加全省地税系统“迎国庆、促和谐”文艺汇演，获1个二等奖和1个鼓励奖。

【税费收入】 2010年在金融危机延续、分配体制调整对税收收入工作影响严重，经济税源有限和税收基数过高、增幅过大、矛盾比较突出的情况下，各项税费收入超额完成。当年局组织入库各项税收收入34972万元，占年计划30469万元的114.78%，超正常进度14.78个百分点,超收4503万元，其中区级收入完成11346万元，占年计划10315万元的110%，超收1031万元。组织入库社会保险费收入29122万元，占年计划30028万元的96.98%。全年共代征工会经费332万元，代征残疾人就业保障金162万元。

【分大项税收收入】 税收收入完成33597万元，占年计划29027万元的115.74%，超收4570万元。教育费附加完成1281万元，占年计划1353万元的94.68%。

【分级次税收收入】 中央级收入完成6194万元，占年计划5800万元的106.79%，超收394万元。省级收入完成7574万元，占年计划5223万元的145.01%，超收2351万元。市级收入完成9858万元，占年计划8756万元的112.59%，超收1102万元。区级收入完成11346万元，占年计划10315万元的110%，超收1031万元。

【分大项社会保险费】 养老保险费完成21714万元，失业保险费完成1541万元，医疗保险费完成6335万元，工伤保险费完成549万元，生育保险费完成362万元，大病医疗保险费完成259万元，公务员医疗补助完成222万元。2010年实现“各月收入以基本均衡的速度增长，季度收入达到计划均衡进度”的工作目标，超额完成全年税收收入任务。

【白银区地税局领导名录】

陈尚福 局长

高俊梅(女) 副局长

杨天磊 副局长

罗雅宾 副局长

经春晖 纪检组长

（徐海潮）

白银区国税局职工参加业务知识竞赛

农　　业

王岘镇雒家滩大王沟集中连片日光温室

农牧业

【概况】　2010年全区农作物播种面积完成9.84万亩，其中粮食作物6.45万亩（夏粮2.85万亩，秋粮3.6万亩），经济作物0.39万亩，蔬菜3万亩。全年粮食总产量2409万千克，占全年粮食目标任务2400万千克的100.4%（其中夏粮911万公斤，秋粮产量1498万千克）。蔬菜总产量1.82亿千克(其中日光温室面积2.72万亩，产量16626.4万千克，较上年增加75.9万千克，增产0.46%，实现产值26153.4万元，较上年增加1769.6万元，增加6.77%)。猪、鸡、羊饲养量分别达到15.2万头、93.1万只、14.1万头，分别完成目标任务的三个100%。奶牛饲养量5126头，完成目标任务5120头的100.1%；完成肉类总产量681万公斤，占目标任务681万公斤的100%；鲜蛋164.1万公斤，占目标任务164.1万公斤的100%；鲜奶810万公斤，占目标任务810万公斤的100%；水产品72万公斤，占目标任务75万公斤的96%。在新技术新品种推广方面，建成日光温室葡萄反季节栽培技术103座206亩，完成目标任务100座200亩的103%；推广日光温室秸秆生物反应堆技术755座1510亩，完成目标任务1500亩的100.7%；改建新建日光温室752座1504亩，完成目标任务1500亩的100.3%；建成农村户用沼气池179户，完成目标任务；完成农村科技培训及转移培训6500多人次，占目标任务6000人的108.3%；在四龙车路沟实施玉米垄作沟播技术2000亩，全区完成节水灌溉11500亩，占计划任务的115%。新增养殖小区5个，规范扶持农民专业合作组织2个。区农牧局下设8个事业单位，3个企业单位。2010年实有干部职工178人。其中，事业单位92人，企业单位86人。专业技术人员75人，其中高级职称8人，中级职称36人，初级职称31人。

【引进试验、示范推广新品种、新技术】　引进蔬菜、瓜果、农作物及畜禽新品种107个，推广新技术5项。在水川建成专业化育苗棚1座（面积2亩），育成各类蔬菜种苗8万多株；引进茄子、辣椒、黄瓜、番茄、西甜瓜等蔬菜瓜类新品种71个，安排试验温室10座；标准化生产搜集整理有关无公害生产知识及技术规程等，编写《农业标准化生产资料汇编》一书，举办标准化培训班4期，培训农民356人，发放技术资料500份，大棚生产管理档案卡670份。加强生产指导，将重坪划为4个片区，安排区乡两级8名技术人员为技术指导员，落实各项标准化生产措施，确保蔬菜生产质量合格。当年推广温室葡萄反季节栽培103座206亩，推广日光温室秸秆生物反应堆技术1510亩，秸秆利用率达45%。

【发展标准化养殖小区】　推进畜牧业生产方式转变。2010年引进长白、约克、杜洛克等种猪600头，引进父母代种鸡1万套。

【推广农田节水技术】　农牧局整合水利、农发、扶贫等项目资源，多方筹措资金，增加农田节水技术示范推广的投入，重点推广玉米垄作沟灌、地膜玉米制种、经济林滴灌、地膜蔬菜等农田节水措施。当年全区完成农田节水灌溉面积11500亩，其中玉米垄作沟灌2000亩，玉米制种2000亩，地膜马铃薯1500亩，地膜蔬菜5000亩，枣林等经济林滴灌1000亩。

【实施“阳光工程”培训】　提高农村劳动力素质和就业技能，开展农村劳动力就地就近转移，推动城乡统筹协调发展。当年共完成各类科技培训班15期，发放宣传资料2000余份，培训农民700人。

【王岘崖渠水生猪养殖小区】　投资180万元。建成各种猪舍6栋2700平方米，饲料房3间120平方米，办公房5间90平方米，宿舍7间105平方米。场地已全部平整，地面硬化10%。至年底生猪存栏1200头，其中能繁母猪120头。

【水川莺鸽湾生猪养殖小区】　投资110万元。建成各种猪舍8栋1440平方米，饲料房2间240平方米，办公房1栋83平方米，宿舍3间144平方米，锅炉房1间12平方米。场地已全部平整，地面硬化50%，修建围墙500米。当年，生猪存栏580头，其中能繁母猪75头。

【武川红岘生猪养殖小区】　投资180万元，修建规模养殖猪舍260间5200平方米。当年生猪存栏400头。

【强湾昌茂肉牛养殖小区】　投资380万元，建成牛棚2栋1200平方米、干料棚1栋200平方米、蓄水池1个500立方米、青贮窖2个1500立方米(已青贮玉米秸秆850吨)、办公用房4间100平方米；购置打草机1台，安装地磅1台。当年,肉牛存栏230头,出栏120头。

【四龙胡九财沟红牛养殖小区】　完成场地平整，建成牛舍10栋。

【动物疫病防控】 全区牲畜口蹄疫共免疫30.04万头只，免疫密度达到100%；高致病性禽流感免疫家禽81.7万只，免疫密度达到96%；鸡新城疫免疫82.6万只，免疫密度达到97%；猪瘟免疫13.8万头，免疫密度达到98%；高致病性猪蓝耳病免疫13.4万头，免疫密度达到95%。其他畜禽疫病因病设防，全年免疫鸡法氏囊10万羽，鸡传染性支气管炎10万羽、羊三联四防4.5万头份、羊痘4.5万头份，狂犬病免疫3200只，应用新型药剂驱虫累计90万头只。对农户圈舍、养殖场、活畜市场、屠宰加工、肉品仓储及鲜销市场、交通沿线等重点地区消毒灭源，消毒面达到100%。

【肉食品管理】 注重动物产地检疫、宰前检疫、宰后检验和免疫标志佩带等环节管理，确保上市肉品的质量。在产地检疫方面，落实检疫申报制，加大监督力度，全区5乡产地检疫工作展开，产地检疫率达到100%。至当年底，全区五乡镇共检生猪6.8万头，羊0.52万只，禽类52.5万羽，规模养殖场（养殖小区）产地检疫率均达到100%。屠宰检疫规范操作，共检猪肉497万公斤，羊肉10.4万公斤，屠宰动物检疫率、检疫出证率、病害动物（动物产品）无害化处理率均达到100%。运输检疫和市场检疫严格程序，秉公执检，动物运输检疫957头，动物产品运输检疫12吨，车辆消毒54辆。

【绿色通道管理和植物检疫】 当年共检疫农产品4800批次2760万公斤，检疫合格率达99%以上。对四龙、水川林果产区进行苹果蠹蛾监控，完成病虫害防治25万亩（次）以上，苹果蠹蛾等病虫害得到控制。对全区无公害农产品产地进行复查换证工作，新申报无公害农产品产地5000亩，申请认证西葫芦、辣椒、番茄3个无公害农产品。

【农业执法】 开展“放心农资下乡进村宣传月”活动，宣传打假工作，组织现场咨询培训，以农药、种子、化肥等为重点开展农资执法检查。当年共举办现场咨询8次，出动执法人员85人次，接受群众咨询2000多人次，出动宣传车辆15台次，印发宣传资料1.25万份，悬挂标语8幅。在农产品生产基地和养殖基地举办培训班10期，培训人员达2000人次，印发宣传资料5000多份。农牧局与35家水产养殖场（户）签订水产健康养殖承诺书，与72家奶牛养殖场（户）签订畜牧健康养殖承诺书，与71家农药兽药等经营单位签订农业投入品经营单位承诺书，从源头上保障农畜产品的质量安全。

【开展农资打假活动】 组织力量对全区农资市场进行专项检查，严厉打击制售假冒伪劣种子、农药、化肥等坑农、害农违法行为。当年共检查饲料生产厂家1家和兽药、饲料及饲料添加剂经营企业32户，检查农药种子经营企业39户，查获标签说明书不规范、夸大疗效的兽药20袋，共计5公斤。查获假冒伪劣农药25公斤，集中进行销毁。查处违犯动物防疫活动违法违规案件8起。

【农机安全工作】 组织开展农机安全生产大检查活动，重点整治无证驾驶、酒后驾驶、无牌行驶、超载、超速等严重违法行为，共检查拖拉机598台次，其中查除无牌无证及不按规定参加定期检验的拖拉机121台次、未携带驾驶证18人次，超员5起，共检验各类拖拉机1228台。

【项目建设】 2010年实施、申报及储备农业项目18个，总投资35561万元。其中已建和在建项目11个，省级已经审批项目3个，储备项目6个；标准化养殖小区新增项目完成5个；农村沼气建设项目建成户用沼气池179口；完成全部任务，建成农村沼气村级后续服务网点10处。白银沃得利养殖公司万头祖代种猪场续建项目完成土地租赁、“四通一平”、土建工程，设备安装等基础设施建设，引进祖代种猪380多头。四龙车路沟奶牛养殖示范园区续建项目新建青贮窖3个、牛棚3栋，引进良种奶牛200头，奶牛存栏达1800头，其中，产奶牛630头，日产鲜奶12吨；鑫昊公司酸奶加工厂日加工酸奶5000罐左右。大型沼气发电项目已批复，开工前期准备工作开始，奶牛良种补贴项目引进冻精4800支，发放奶牛冻精4000支，配种奶牛1800头。农作物良种补贴项目落实，发放良种补贴资金88.07万元。推进以草鱼、鲤鱼、鲢鱼、鳙鱼、鲫鱼、武昌鱼为主的大宗水产品池塘养殖技术示范推广和新品种引进试验工作。在水川镇桦皮川村、张庄村和四龙镇金山村、永兴村选择养殖水面530亩，其中以草鱼为主的养殖水面380亩，以鲤鱼为主的养殖水面70亩，以武昌鱼为主的养殖水面80亩。5月引进通过审定的夏花草鱼60万尾、鲢鱼20万尾、鳙鱼5万尾、武昌鱼5万尾、彭泽鲫鱼3万尾。9月下旬，对李建杰渔场主养大草鱼的池塘进行测产，亩产草鱼1090公斤，亩净产草鱼783公斤。沿黄灌区玉米制种基地建设项目争取项目资金 590 万元。

【抓城乡一体化试点工作】　当年区政府投资 1300 万元以上，带动农户投资 1800 多万元，按照“五个一”（一个巷道、一个庭院、一个卫生间、一个储藏室、一个圈舍）标准，采取“五统一”（统一规划、统一标准、统一建设、统一技术措施、统一检查验收）措施，实施建设桦皮川村和民乐村 2 个城乡一体化示范村。桦皮川村：新建四合院农宅 40 院，修缮改造农宅 113 院；建成农家乐 10 户，并于“五一”期间开张营业。硬化道路 3720 米，巷道 1400 米；安装太阳能路灯 83 盏；铺压排水主管道 1600 米，支管道 4600 米；完成村内主干道路及文化广场（3150 平方米）的绿化。民乐村新建四合院农宅 26 院，修缮改造农宅 103 院；硬化道路 2681 米，巷道 3100 米；完成 440 米道路的上下水管道安装；安装太阳能路灯 105 盏；新建广场 1 个（3150 平方米），超市及文化活动大楼 1 栋；栽植树木 4100 棵。

【“农家乐”休闲农业质量】　新建农家乐 35 户，验收合格后每户以奖代补 1 至 1.5 万元。当年全区农家乐休闲旅游经营户达 40 户，其中 22 户农家乐被评为市级农家乐示范户，全区农家乐接待游客 8.5 万人（次），旅游收入达 255 万元。三是抓村镇建设规划。完成村镇规划 12 个，其中乡镇总体规划 2 个（四龙镇、水川镇），行政村建设规划 10 个（水川镇金锋村、顾家善村、桦皮川村、顺安村、均安村、熙春村、五柳村；四龙镇永兴村；强湾乡川口村；武川乡独山村）。

【白银区农牧局领导名录】

梁国利　局长
关振堂　党委书记
魏志强　副局长
冯春林　副局长
李东锋　纪委书记

（周　乾）

农业机械

【概况】　1997 年 10 月区农业机械管理局（农机监理站）成立，正科级建制，隶属白银区农牧局，财政全额拨款事业单位，参照公务员管理事业单位。内设农机监理站、农机推广站、农机化学校、办公室。负责 5 乡镇和 1 街道办事处的农机监理、农机推广及驾驶操作人员培训等工作。驻水川路 19 号。2010 年农机局核定编制 14 人，实有人员 14 人。中共党员 12 人。专业技术人员 6 人，职员 6 人，工人 2 人。其中中级农机技术职称 4 人，初级农机技术职称 2 人。大专以上文化程度占 60%。2008 年获省农机局信息化网信息报送单位二等奖；2009 年获全省监理系统行风建设先进单位称号。2010 年张明忠获全省农机系统十佳监理员称号。

【农机购置补贴】　2010 年白银区实施农机购置补贴资金 210 万元（其中中央补贴资金 200 万元,省补资金 10 万元），共补贴各类农机具 922 台套。其中卷帘机 757 台，微耕机 68 台，旋耕机 6 台，田间管理机 14 台，铡草机 8 台，增氧机 9 台,饲料搅拌机 1 台，割灌机 1 台,手扶拖拉机 36 台，四轮拖拉机（大中型）6 台，耕整机 2 台。引导农户投入资金达 469.78 万元。受益农户 723 户。

【农机管理】　2010 年纳入免费管理的拖拉机共计 3887 台。其中大型轮式拖拉机 29 台，小型方向盘式拖拉机 1085 台，手扶拖拉机 2759 台。免费培训拖拉机驾驶员 3323 人。检验拖拉机 3530，检验率 90%。

【开展“创建平安农机、促进新农村建设”活动】　2006 年全区开展“创建平安农机、促进新农村建设”活动，共创建平安农机示范村 18 个、验收示范乡（镇）2 个、示范户 1488 户。共有村级农机安全员 45 人，村村建有农业机械驾驶员台账。

【落实安全生产岗位责任制】　制定年度农机安全生产目标管理责任制，健全区、乡镇、村、农机手四级管理责任体系，层层签订目标管理责任书，明确责任。

【开展安全生产宣传教育】　2010 年 6 月 13 日在万盛公园门口举办农机安全生产宣传咨询日活动，设置咨询台 2 处，悬挂宣传横幅 2 条，摆放宣传展板 10 块，发放宣传材料 1500 份，主要宣传农机免费管理政策、农业机械安全监督管理条例、拖拉机驾驶员入户考证程序、年度检验、农机化政策等内容。

【开展农机安全生产大检查】　重点整治无证驾驶、酒后驾驶、无牌行使、超载、超速等严重违法行为。2010 年检验各类农业机械 3503 台。其中检查拖拉机 598 台次，查处无牌无证及不按规定参加定期检验的拖拉机 121 台次，未携带驾驶证 18 人次，超员 5 起。

【农业技术推广及培训】 当年5月引进、示范、推广日光温室通风器。在水川、王岘、四龙等乡(镇)进行安装、调试、试运行。引进玉米免耕播种机和小麦免耕播种机保护性耕作新技术，主要包括秸秆残茬覆盖、免耕施肥播种、杂草和病虫害防治、深松与表土作业。这些技术集灭茬、旋耕、播种、施肥覆土、镇压等多道工序于一体，培育土地肥力，减轻农民劳动强度，节本增效，保护环境。2010年举办农村劳动力转移阳光工程培训，办班11期，培训农机手720名。

【白银区农机局领导名录】

张明忠 局长

高天旺 党支部书记（2010.11起任）

李志盈 副局长

朱守祯 副局长

（尚蓉梅）

农业技术推广

【概况】 区农业技术推广中心，隶属区农牧局，正科建制，编制21人。2010年实有人员20人，其中，专业技术人员16人，工人4人；高级职称3人，中级职称10人。2010年，实施各类技术推广项目8个，引进蔬菜、林果、粮油新品种113个，其中粮油新品种18个，蔬菜新品种85个，林果新品种10个，引进红提葡萄苗木2.1万株，洋芋种子5万多斤，试验示范新技术5项。通过试验示范，选出适合白银区种植的新品种10个。

【蔬菜生产】 2010年全区蔬菜生产面积3.1万亩，产量1.82亿公斤，其中日光温室面积2.72万亩，产量16626.4万千克，产值26153.4万元。直接受益农民4.2万人，人均获纯收入3425元，较2009年增加230元。农民从蔬菜产业获得的收入占农民人均总收入5630元的39.9%。

【秸秆生物反应堆技术】 完成秸秆生物反应堆技术推广任务755座1510亩，建设水川镇重坪、大坪、蒋家湾、强湾乡白崖子、王岘镇城郊、四龙镇北坪6个秸秆堆肥示范点；在强湾乡西沟村示范推广20座40亩。争取省列秸秆生物反应堆技术推广项目，推广秸秆生物反应堆技术5000座10000亩。

【葡萄反季节栽培技术】 新栽日光温室红提葡萄103座206亩，引进红提苗木21000多株。引进青提、巨玫瑰、红乳、金手指、克瑞森、茉莉香6个葡萄新品种进行试验示范。采取各乡包乡技术人员对种植户进行技术指导，邀请农大教授授课等形式，加强历年所栽苗木的管理。有30多座温室葡萄挂果收获。

【特色产业建设】 组织区乡技术人员赴山东考察学习，确定蔬菜专业化育苗、新品种对比试验、新技术引进示范、蔬菜产后销售服务、实行标准化生产等项目。建成专业化育苗棚1座2亩，育成各类蔬菜种苗8万余株；引进茄子、辣椒、黄瓜、番茄、西甜瓜等蔬菜瓜类新品种71个，安排试验温室6座，取得较好的实验效果。搜集整理有关无公害生产知识及技术规程等，编写《农业标准化生产资料汇编》，举办标准化培训班4期，培训农民356人次，发放技术资料500份。建立大棚生产管理档案卡670份。

【农资市场监管】 配合工商、公安、质监等部门（18人次）对白银区农资市场进行检查，检查农资销售企业21户，印发宣传资料2000余份，查获劣质种子8袋0.3千克，价值120多元。查获不合格农药26种、278袋，价值860多元，检查中没有发现甲胺磷等违禁农药。对玉米、小麦等种子抽查8批次，发芽率达到95%以上。

【农产品质量安全检测】 接受省上农产品质量检查1次，市、区有关部门督察2次，未发现农产品质量问题。对蔬菜批发市场进行自检2次，农产品产地抽检2次。对全区无公害农产品产地进行复查换证工作，新申报认定无公害农产品产地5000亩，申请认证西葫芦、辣椒、番茄3个无公害农产品。

【农业综合开发项目】 在王岘镇、武川乡实施农业综合开发项目，实施测土配方施肥、蔬菜高效栽培、胡麻丰产栽培和豌豆丰产栽培等技术项目。测土配方施肥5700亩，其中王岘镇2850亩，武川乡2850亩。王岘镇蔬菜高效栽培200亩，武川乡胡麻丰产栽培500亩、豌豆丰产栽培500亩，引进试验示范推广新品种10个。

【植物检疫工作】 2010年检疫农产品4800批次2760万公斤，检疫合格率99%。严格监控有害生物，尤其是苹果蠹蛾的监测，以水川、四龙、强湾3乡镇为主，沿两主线公路共设置监测点15个，悬挂诱捕器60个，覆盖全区果园，监测和掌控全区果园情况，至年底，尚未诱到监测对象。抓主要农作物病虫害监测，做好预防、预报工作，完成粮食、蔬菜、果树防治面积25万亩次以上，发布病虫害预防简报4期。

【农业科技培训】　当年举办反季节葡萄栽培技术、秸秆生物反应堆技术、无公害农产品生产、投入品管理等各类知识培训班80多期，培训农民6500多人次，发放各类宣传材料2万多份，书籍1000多本。推广有机肥冲施、高温闷棚、蔬菜无公害栽培等技术各1万亩以上。

【新品种新技术引进】　2010年引进蔬菜、林果、粮油等种子113个，其中敦玉46、天玉198、先玉335、奥玉2号、陇薯6号、黑美人等粮油作物18个。布利塔茄子、哈雷、维纳斯番茄、陇椒5号等辣椒、彩椒、红玉西瓜等蔬菜品种85个。青提、巨玫瑰、大王枣、香玲核桃、大金星山楂等林果品种10个。引进试验推广旱砂地枣树栽培、日光温室秸秆生物反应堆应用、薄皮核桃栽培、日光温室蔬菜根结线虫病防治5项新技术。在四龙车路沟实施玉米双垄沟播技术2000亩。

【日光温室建设】　当年全区完成日光温室新建、改建面积1504亩，其中新建日光温室面积1004亩（水川镇353亩、四龙镇343亩、王岘镇100亩、强湾乡208亩）。改造日光温室面积500亩（水川镇216亩、四龙镇204亩、强湾乡48亩、王岘镇32亩）。

【白银区农业技术推广中心领导名录】

李　荣　主任（2010.12止任）
高启盛　主任（2010.12始任）
高文山　副主任

（强生军）

扶贫开发

【机构】　区扶贫开发办公室行政编制5人，其中，主任1人，副主任1人，机关后勤事业编制1人。

【扶贫资金】　2010年省、市下达白银区扶贫专项资金615万元。第一批“三西”专项资金400万元。第二批“三西”专项资金90万元。第三批财政扶贫资金125万元。按项目分为小水工程276万元；整村推进110万元；移民安置65万元；科技扶贫56万元；劳务技能输转培训23万元；种养业基地建设40万元；贷款贴息45万元。

【扶贫项目】　2010年实施小水工程14个，衬砌渠道18.5公里，铺压干管、分干管、支管、毛管等灌溉管网管线32千米，更换水泵及机电设备各6台套，新增灌溉面积1800亩，改善灌溉面积8500亩。实施整村推进项目2个，衬砌渠道9公里，改善灌溉面积3800亩，砂化村组道路4千米。建村文化卫生培训设施2处。完成“两后生”培训170人。完成乡村干部、农民技术员、帮扶干部、扶贫部门干部3000人。实施科技推广项目2个，扶持水川镇大坪贫困户20户，引进广西铁脚麻、泰和乌鸡、贵妃鸡等优良品种2万只，示范推广生态放养养殖。扶持贫困户100户，在水川镇重坪村、强湾乡川口村推广日光温室红提葡萄延后栽培技术示范200亩。实施武川乡移民小区和王岘镇雒家滩村移民小区供水工程，解决移民小区安全饮水问题。当年完成移民安置400人。建成种养业基地1个，新建圈舍及配套房屋3300平方米，引进种猪250头。利用扶贫贷款贴息资金扶持2家龙头企业和60户贫困户贷款发展种植、养殖等项目，促进农民增收。开展农村最低生活保障制度与扶贫开发政策有效衔接试点工作，共识别出低收入贫困人口5852户16656人，占全区农业人口的23.8%。其中，五保户254户295人，占贫困人口总数的1.8%；低保户1364户2349人，占贫困人口总数的14.1%；扶贫低保户1648户5539人，占贫困人口总数的33.3%；扶贫户2586户8473人，占贫困人口总数的50.8%。通过实施项目使3750户、1.5万人从中受益。当年完成脱贫人口500人，完成省、市扶贫办下达脱贫任务。

【白银区扶贫开发办公室领导名录】

魏孔仁　主任
张伯武　党支部书记（2010.9始任）
杨潮名　副主任（2010.9止任）
张照贵　副主任
李凤彦（女）　扶贫基金会办公室副主任（2010.9止任）
李爱琴（女）　扶贫基金会办公室副主任（2010.9始任）
李国荣　纪检员

（李国荣）

林　业

【机构】　区林业局，正科级建制。2010年编制9人，局长1人，书记1人，副局长2人，绿化办副主任1人，参照公务员管理人员3人，工勤人员1人。林业局下设楼房沟林场，编制4人。区植被保护站，编制3人。大坪苗圃，编制4人，为副科级自收自支事业单位。

【大环境绿化】　在兰白高速公路东出口完成造林1800亩，西出口完成造林1200亩，共栽植苗木38万株，其中乔木20万株，灌木18万株，项目建成六万方水库一座，铺设供水主、支管道22.4千米，项目全部铺设滴灌。

【新农村示范点绿化】　四龙民乐新农村示范点完成6条道路绿化，共栽植国槐、金丝垂柳、香花槐4800株，完成道路绿化7.2千米。水川桦皮川村新农村示范点完成村广场绿化、中纵路和主干道绿化，栽植柳树、国槐、刺柏、迎春梅、月季、牡丹、刺槐、沙枣4970株，完成道路绿化1.5千米。绿化工作由区林业局负责调苗并进行技术指导，两个村镇负责栽植管护。四龙车路沟、剪金山补植补造，栽植刺槐、沙枣、侧柏、紫穗槐40600株，其中乔木8600株，灌木32000株。

【新建优质林果基地】　共栽植各类苗木12.323万株。其中武川乡1550亩，王岘镇450亩，强湾乡400亩，水川镇100亩，四龙镇500亩。按树种分，枣树1350亩，核桃750亩，苹果400亩，杏子400亩，山楂树100亩。

【公路林带补植补造】　完成白榆、白景、白靖、水平四条公路林带的补植补造43.814千米。栽植苗木29212株，其中：杨树6487株，刺槐22725株。白榆公路完成5千米，栽植3320株；白景公路26.657千米，栽植苗木17772株；白靖公路6千米，栽植苗木4000株；水平公路6.157千米，栽植苗木4120株。

【退耕还林补植补造】　完成五个乡镇退耕还林补植补造2000亩。其中武川乡140亩；王岘镇30亩；强湾乡380亩；水川镇1130亩；四龙镇320亩株。各乡镇按照“缺什么补什么，缺多少补多少”的原则，共栽植各类苗木8.9263万株，全部完成退耕还林补植补造任务。

【特色经济林种】　完成退耕还林后续产业特色经济林建设2850亩。根据国家对甘肃省退耕还林专项规划的批复及全区林果基地实际，规划在5乡镇9个村实施退耕户后续产业林果基地建设。其中，武川乡红岘村1000亩，王岘镇东星村400亩，雒家滩村450亩，强湾乡强湾村400亩，水川镇桦皮川村100亩，四龙镇双合村100亩。当年全区累计义务植树68万株。

【退耕还林工程建设】　1999~2010年，全区累计共完成退耕还林工程建设任务99113.7亩，其中退耕还林17741.7亩，退耕还草2372亩，荒山造林14500亩，封山育林64500亩。生态林28666亩。其中，经济林3575.7亩，草2372亩。2005~2010年，根据国家、省、市有关粮款兑现规定，累计向农户兑现粮款补助资金1391.8万元、医疗补助290.92万元，两项合计1682.8万元，涉及农户4446户。当年完成退耕还林、封山育林任务8000亩。在封育区内设置标志牌两处，标志牌采用水泥砖混结构，宽2.0米，高1.5米；修建机械围栏5千米；设置专门护林员，每人管护2667亩。完成省市下达退耕还林补植补造任务2000亩，其中武川乡140亩；王岘镇30亩；强湾乡380亩；水川镇1130亩；四龙镇320亩株。各乡镇按照“缺什么补什么，缺多少补多少”的原则，栽植各类苗木8.9263万株，全部完成退耕还林补植补造任务。完成补植、抚育等管理任务，对管理不到位的，进行整改。加强退耕还林工程档案信息化建设。建立和完善工程档案。开展退耕还林工程建设调研工作。对退耕户的林种结构、家庭收入、退耕后的生活状况等情况展开调查，形成综合性调研报告。按照国家关于颁发林权证有关规定，按照施工一次，验收一次，登记一次的原则，随退耕、随发证。共颁发林权证1962份，颁证率78%。在强湾乡举办退耕还林政策、林业实用技术、建筑业及服务业学习班各1次，培训退耕户302人。其中，林业培训32人次，建筑业培训60人次，服务员培训210人次。在王岘镇组织农户创办农家乐，开展生态旅游，培训25人次。

【天然林资源保护工程】　全区天保工程管护面积为16000亩，全部为集体人工林，建设期限11年。涉及全区5个乡镇，45个村，其中武川乡712亩，王岘镇6996亩，强湾乡1988亩，水川镇2816亩，四龙镇3488亩。保护好全区仅有的天然林资源，落实森林资源管护承包责任制，将天然林资源依据森林分类体系划分为公益林和商品林进行经营，发放每年度的森林管护费。建立对护林员的考核制度，强化管护职责，实现16000亩天保工程全面管护。

【“三北”四期工程】 当年12月，国家下达白银区年度任务为11500亩，其中人工造林6500亩，封山育林5000亩。组织专业技术人员对施工现场进行实地勘查，制订工程作业设计，对工程选择的苗木、地点、树种布局、混交模式以及封山育林的地点、方式等进行设计，组建专门的工程实施队伍，在东西出口及武川乡完成人工造林6500亩，成活率在90%。在武川乡完成封山育林5000亩。在封育区树立宣传标志牌，进行围栏建设。

【生态公益林工程】 国家重点公益林管护面积为24.88万亩。区上成立植被管护机构，专门从事公益林管护工作。完善管护和资金管理制度，独立建账、独立核算，专人管理。建立健全护林员的各项管理制度，建立工资卡发放制度。当年实现面积核实率100%，面积合格率95%以上，资金到位率100%，资金使用率95%以上，补植、抚育完成率95%以上，征占用重点公益林林地审批率100%，森林火灾受灾率控制在1‰以下，区域内林业有害生物防治率90%以上，实施单位与护林人员合同签订率100%，护林人员颁证率100%，巡山记录完整率100%，补植抚育作业设计率100%。每个护林员每天坚持巡山护林，记载护林巡山日志，杜绝林地内偷伐、采薪、放牧等现象发生，管护区内林地和林木的生态安全。

【林政资源安全】 负责林地保护、林地权属登记、变更，管理林地地籍，当年完成全区林地二类调查。严格审核批准占用、征用林地有关事宜，对林木补偿费、林地补偿费、森林植被恢复费的收取和使用进行监督管理。落实林木资源　禁伐和采伐申报制度。

【加强森林病虫害监测、预警和防治工作】 强化检疫执法，控制突发性森林病虫害的传播蔓延。当年全区共发生森林病虫鼠害6500亩，其中黄斑星天牛发生面积1200亩，刺槐蚜1500亩，斑衣蜡蝉600亩，杨树腐烂病200亩、草兔3000亩。森林病虫鼠害的危害基本控制在成灾水平以下。林业有害率控制在3.5‰，无公害防治率达到80%以上，测报准确率达到85%以上，种苗产地检疫率达到100%。做好森林防火工作。落实责任制，强化野外火源管理。在重点森林管护区，设置明显的防火警示牌栏，杜绝重特大森林火灾的发生。当年没有发生重大森林火灾。依法治林，打击破坏林木资源的违法犯罪，杜绝林木盗伐现象的发生。当年没有发生乱砍滥伐林木、乱垦滥占林地、乱捕滥猎野生动物等违法犯罪行为。

【集体林权改革】 完成全区11.5165万亩的集体林权改革工作，颁发林权证4088本，颁证率达100%。全区共有林地47.89万亩，占国土总面积的23.3%。其中集体林地面积11.5165万亩（宜林地11.4506万亩，有林地659亩）。集体林权制度改革的主要任务是将全区11.4506万亩宜林荒山和659亩退耕集体林地勘界确权后分配到农户，涉及四龙、强湾、武川、水川4个乡镇19个行政村，共4395户16682人。其中四龙镇宜林荒山面积1.4636万亩，强湾乡2.287万亩，武川乡7.005万亩，水川镇0.695万亩。集体林地面积为659亩，其中强湾乡100亩，四龙镇417亩，水川镇142亩。

【楼房沟林场】 当年春，楼房沟林场补植补造林木400多亩，补植苗木4.3万株，其中以沙枣、杜梨、梨树、杨树、紫穗槐等为主补植补栽任务全面完成。金沟补植补栽林木面积共100亩左右，补植苗木1万株，以杏树、沙枣为主。加强楼房沟的管护，配备专职负责人，并依托专门的林业管护队伍，固定人员，划定管护区域，采取措施，化林木管护。

【工作措施】 年初召开林业工作专题会议，并与各乡镇签订绿化造林责任书，把绿化造林工作纳入干部政绩考核的重要内容，实行林业技术人员包乡镇、乡镇干部包村制度。由林业局负责作业设计、苗木调运，各乡镇负责地块落实及苗木栽植。利用广播、电视、报纸等多种宣传媒体，开展形式多样的宣传活动，向退耕户宣传《退耕还林条例》及有关政策，兑现粮款。提倡全民义务植树活动，组织广大机关干部参加义务植树。将退耕还林任务及具体措施落到实处，确保造一片、活一片、成林一片。严把设计关、种苗关、整地关、栽植关。成立技术指导小组，督促退耕户严格按技术规程进行操作，采取地膜覆盖、大穴定植等技术措施，提高造林成活率。坚持“水利先行，树跟水走”的原则，把水利配套作为工程实施的前提，特别是城区周围的荒山造林工程，造林前一年组织水利技术人员编制供水作业设计并进行施工，对造林地采取窝灌、喷灌、滴灌等高新技术相结合的灌溉方式，水利工程的配套，提高造林的质量。各乡镇、村社结合实际制定相应的乡规民约，组织成立专门的退耕还林管护队伍，固定人员，划定管护区。做好森林防火、森林病虫害防治、防止乱砍滥伐和偷苗毁苗工作。

【白银区林业局领导名录】

韦宝祥　局长（2010.9 止任）
张生辉　局长（2010.9 始任）
李继雄　党支部书记
张守源　副局长
朱兰生　绿化办副主任

（李　洁）

水　务

【概况】 1971 年区水利局成立，原名白银区农机水电局；1997 年更名为区水利电力局；2002 年更名为区水利局，2010 年更名为白银区水务局，加挂“白银区抗旱防汛办公室”牌子，挂靠白银区生态建设办公室，正科级建制。内设水土保持工作站、水利勘测设计队、水利灌溉管理站、水政水资源管理办公室、财务室、办公室等副科级单位和股室。有工作人员 35 人，其中公务员 6 人，专业技术人员 19 人（中级职称 7 人、初级职称 10 人），职员 3 人，技工 7 人；大学文化程度 18 人，大专文化程度 8 人，中专文化程度 4 人，高中文化程度 5 人；中共党员 16 人。当年完成有效灌溉面积 3000 亩，节水灌溉面积 10000 亩；完成水土保持生态环境治理面积 5 平方公里，其中大环境荒山绿化造林 3000 亩，梯田建设面积 2000 亩；按时完成四季灌溉任务。抓好抗旱生产和防汛工作。

【抗旱防汛】 对偏远山区群众生活用水情况进行调查，组织力量采取拉水灌窖等措施，保障群众生活用水。

【春耕备耕】 完成春灌 12000 亩。筹资 33 万元对工程设施进行维修，对影响灌溉的渠道险段和“卡脖子”工程进行加固改造，对机电设备进行维修更新，于 3 月 20 日前完成维修机电设备 258 台套，更换机电设备 3 台套，清淤渠道 44 条 137.63 千米，维修渠系建筑物 427 座。

【制定抗旱应急预案和应急管理措施】 做好灌区用电计划、配水计划，力求现有工程投入运行，做到水地应灌尽灌，保灌多灌，按时完成四季灌溉任务。在主汛期即将来临的 6 月上旬，召开全区防汛工作会议，对防汛工作进行再安排、再部署，健全防汛领导机构，落实乡、村、社三级岗位责任制，绘制区成员单位责任人联系网络图，建立全区防汛责任人信息网络体系，组建起 7 支 821 人防汛抢险队伍及各类抢险设备，突出河道险段防汛、城区防汛、水库防汛、乡村山洪灾害防汛四个重点，进行隐患消除、工程安全度汛、河道安全行洪、水库安全度汛、城区及行业防汛、防汛队伍和防汛物资及抢险预案等八项准备，对确定的 7 处重点防汛区域加强监督检查，筹备 15 万元，储备编织袋、铅丝、发电机、潜水泵、砂石、桩木等各种抢险物资，充分应对防洪汛情。8 月份主汛期间，按照区委、区政府的安排部署，对辖区吊地沟、西大沟排洪河道进行疏通治理，共开挖及运输土方 5 万多方，确保度汛安全。

【开展水利工程建设】 实施工农渠大型泵站更新改造项目。加固维修总干一、三泵站主副厂房 987.71 平方米，新建一泵站副厂房 158.92 平方米，拆除重建二泵站主副厂房 624.40 平方米，扩建四泵站主厂房 153.88 平方米；拆除重建进出水池 5 座。2010 年度工程投资 2500 万元（其中国家投资 2000 万，地方配套 500 万元），主要建设内容为拆除重建总干一、二、五、六、七泵站管理房 1218.02 平方米、总干五至七泵站主、副厂房 1531.5 平方米，改建进水池 6 座、出水池 3 座、泄水闸 2 座、拦污栅桥 3 座，更换机电设备 18 台套、进出水闸阀 54 台、起重设备 3 台、排污泵 12 台、电气盘柜 69 面，更换各类管道 1114.15 米，增设计算机监控设备 3 台套。工程于 11 月底开工建设。实施四龙灌区、蒋家湾灌区续建配套与节水改造。完成新建泵站 1 座，改建泵站 4 座，更换机电设备 28 台套、配电柜及启动柜 31 面，渠道衬砌 34.93 千米，铺设进出水管 3.9 千米，修建分水闸阀、桥涵等各类渠系建筑物 47 座，提高了水的利用率，促进了节水灌溉，扩大农田灌溉，11 月通过省级验收。在武川乡崖渠村、红岘村、宋梁村，强湾乡西沟村、麦地沟村、月亮湾村、强湾村，水川镇西峡口村、张庄村、金峰村、王岘镇雒家滩村等完善小水利工程设施，改造泵站 2 座，更新机电设备 8 台套，衬砌渠道 55 千米，铺设输水管道 10.3 千米，修建渠系建筑物 12 座，完成有效灌溉面积3000亩。

【抓水土保持综合治理】　实施大环境荒山绿化造林3000亩，分别在白兰高速公路东西出口处已绿化地段各扩展1500亩。工程于2月25日开工。完成整地3000亩，铺设Φ160~Φ110PVC供水主管道9.1千米、Φ90~Φ65支管道13.3千米，安装滴灌和造林绿化3000亩，栽植各类苗木38万株（其中刺槐、侧柏、沙枣、杜梨等乔木20万株；红柳、柠条等灌木18万株），抓梯田建设和配合退耕还林（草）、农田防护林、路旁造林、城乡一体化林网建设等项目的实施，新修梯田2000亩，完成水土保持生态环境治理面积5平方千米。

【改善农村饮水条件】　在四龙镇永兴、永丰、梁庄，水川镇莺鸽湾、关家沟，王岘镇东台等村社实施。修建农村饮水安全工程3处，新建净水厂1座、高位水池2座、澄水池3座；安装整体式净水装置1台套、水泵机组6台套；铺设输水管2条3120米、总干管1条1584米、干管5条9391米、支管33条23980米、分支管22270米、入户管28340米；各类阀门井359座。工程于5月底完成招标，6月份开工建设，至年底完成建设任务，解决6个村8000人的饮水不安全问题。

【水利工程管理】　抓农灌工程维护管理，加大工程的维护整修力度，维修、处理工程险段多处。完成配套节水面积2000亩。加大农村供水工程管理力度，采取实用有效的管理模式，提升农村安全饮水工程管理水平，确保工程长期发挥效益。注重加强灌区技术人员和管理人员的业务培训，利用年内农闲之机，加强基层一线职工岗位技术学习教育，提高职工业务素质和技能。落实安全生产责任制，落实各项安全生产措施，排查治理各类事故隐患34项。

【机关效能建设】　在建立健全工作制度的基础上，以“强化项目落实，增强精神文明建设，激发党员干部生机活力”为目标，补充完善政务公开信息，明确工作责任，量化工作任务，改进机关工作作风，转变工作职能，增强服务意识，提高办事效率。

【白银区水务局领导名录】

罗继龙　局长（2010.8止任）
金　鑫　局长（2010.8始任）
吴文熙　党支部书记
滕立新　副局长、区防汛指挥部办公室主任
李志诚　副局长
李得科　纪检员
李国斌　区防汛指挥部办公室副主任
张振文　区水土保持工作站站长
刘永成　区水利勘测设计队队长
高佑吉　区生态建设办公室副主任
李　宇　区生态建设办公室副主任

（李万红）

蓬勃发展的农家乐

工　　业

“中材集团”日产4500吨新型干法水泥建设现场

工业和信息化管理

【机构】　区工业和信息化局前身是白银区计划委员会，成立于1961年，1986年4月与工业交通局合并，改称经济计划委员会。1994年12月复称白银区计划委员会。1998年更名白银区经济贸易局。2002年底白银区城市集体企业管理局撤销，其职能和人员并入经贸局。2007年2月机构重组时，白银区经济贸易局改组为白银区商务局，同时加挂白银区经济局牌子，下管2个二级事业单位，白银市白银区酒类管理局和白银区畜禽定点屠宰管理办公室，副科级建制。2010年9月与区乡镇局合并重组为白银区工业和信息化局，同时加挂白银区商务局、白银区中小企业局牌子，简称区工信局，2010年底，有干部职工28人。区工信局是区政府管理国民经济和协调经济运行的综合部门、行业主管部门、区属国有工业企业和国有流通企业的主管部门，正科级建制。2010年获白银市工业发展先进县区、白银市商务工作先进单位、白银市工业投资管理先进单位白银市工业经济运行先进单位、白银市工业节能降耗先进单位、白银市循环经济先进单位等称号和万盛杯首届白银美食节优秀组织奖。

【抓运行工作】　2010年完成工业产值391730.7万元，同比增长40.9%；实现工业增加值104396.5万元（区列计划目标任务9.66亿元），同比增长13.3%，完成区列计划目标任务的108%。完成市上目标任务的121.8%（市上目标责任8.57亿元）。其中，规模以上工业企业完成工业产值219763万元，同比增长62.8%。实现工业增加值52806.5万元（市列计划46674万元），同比增长26.4%，占市列计划的113%；规模以下企业完成工业产值171967.0万元，同比增长19.5%。实现工业增加值51590.0万元（市列计划46281万元），同比增长3.6%，占市列计划的132.3%。增速创历史新高。

【节能工作】　当年工业万元产值综合能耗1.1吨标准煤，下降28.7%。2010年上半年对未完成2009年度节能降耗目标任务的甘肃恒隆铁合金有限公司依法进行关闭淘汰，对白银顺均水泥有限公司下达限期整改通知。每月组织专门力量，入企业检查用能、落实节能措施情况，评估完成年度目标概率，对发现问题，予以解决。2010年下半年白银市王岘水泥有限公司环保综合治理项目、白银市新华水泥有限公司日产2500吨新型干法水泥生产线技改项目陆续建成并投入生产。白银鸿浩化工机械制造有限公司HFP-Y耐腐耐磨塑料衬里压滤机专用泵技改项目，获国家工业中小企业技术改造项目专项资金300万元；白银金土地物业管理有限公司白银区旧城区集中供热及管网改造工程项目，年节约标准煤1.4万吨，获节能技术改造财政奖励资金350万元。区工信局会同发改局、财政局、环保局等部门，联合对辖区建材、化工、冶炼企业进行排查。依法关闭王岘电线厂、王岘加工厂等23家小企业，淘汰落后产能12.8万吨。当年对白银甘藏银晨铬盐化工有限责任公司等8家企业进行清洁生产审核。2010年1月白银中小企业创业基地被甘肃省工信委列为全省循环经济产业园区，按照循环经济园区的标准和要求，科学划分创业基地功能区，对已入驻企业和即将入驻企业优化布局。2010年共凝练重点循环经济项目21项，项目资金32.4亿元，其中14项（资金29.5亿元）通过省工信委审核拟上报国家发改委，争取资金支持。引导13家重点能耗企业健全能源统计制度，统计企业能源购进、消耗情况，定期对企业能源统计数据进行检查，确保能耗数据的全面性、准确性。定期入企业，了解企业节能降耗专业人才队伍建设情况。分析、掌握、解决节能降耗工作中存在的问题和不足。

【投资工作】　2010年白银区工业系统开工重点项目15个，1~11月底，累计完成固定资产投资66412万元，完成年度固定资产投资计划的143.5%。其中总投资6亿元的中材甘肃水泥有限责任公司日产4500吨新型干法水泥项目，当年投资完成3.15亿元，至年底水泥熟料系统已开始生产。总投资18000万元的王岘水泥有限责任公司日产2000吨干法水泥生产线，当年完成投资8850万元，投入生产，设备运行正常，产能基本达到设计标准。华峰工贸公司年产能100万吨的粉磨系统，当年，完成投资1500万元，完成设备安装。总投资956万元的白银三通锅炉设备有限公司年产200台燃煤燃气化常压锅炉制造项目，2010年6月开工，完成厂房、办公楼等主体工程建设，完成投资800万元。总投资8000万元的甘肃科邦散热器有限公司年产180万柱采暖散热器生产线项目，2010年3月开工建设，完成投资2100万元，完成一期生产车间主体钢结构、办公楼及其辅助设施建设。

【项目建设】 组织企业编制循环经济项目、技术创新项目、装备制造等一系列国家财政补助项目36个，项目资金51亿元，其中省工信委审核通过的循环经济项目14个，项目资金29.48亿元。当年申报争取资金项目18个，争取中央及省级财政资金2560万元，实际到位资金2420万元。组织上报资源节约和环境保护2011年中央预算内投资备选项目3个，计划总投资15亿元。

【调整工作】 2010年区建材和化工两大传统行业产销两旺。至年底建材和化工两大传统产业规模以上工业企业生产水泥112.43万吨，较上年增长69.8%。烧碱完成65900吨，较上年增长73.0%。红帆钠完成4095吨，较上年增长21.0%。碳化钙完成52720吨，较上年增长1.8%。北方三泰、九方碱业、阳明银光、银泰科创、王岘水泥、建兴混凝土等新建、改扩建企业，生产逐步达标，设计产能不断释放，已逐步发展成为白银区工业经济发展的新生力量。

【谋划工作】 组织专门力量编制完成工业发展“十二五”规划、循环经济发展规划等区域性规划以及节能降耗规划、工业园区物流规划、现代服务业规划、电子信息产业规划等8个专项规划。

【管理工作】 每季度对全区规模以上工业企业生产情况进行调研，协调解决企业生产经营、项目建设中存在的困难和问题。

【定点屠宰监管工作】 做好定点屠宰场的监督管理和肉食品市场的稽查工作。督促定点屠宰厂完善落实各项规章制度，明确岗位责任，实行目标管理，规范生猪屠宰厂的生产加工行为。定期不定期的派工作人员入生猪定点屠宰企业、肉类交易市场进行监督管理，从源头上堵住注水肉、病害肉、劣质肉、种猪肉流入市场进行交易。联合相关部门开展生猪屠宰加工行业和猪肉质量安全专项整治活动，规范生猪市场的流通秩序，预防和打击各种私屠滥宰和销售未经肉品品质检验猪肉、病害猪的违法行为，保证肉品质量。当年共出动执法人员198人次，出动执法车辆124车次，检查肉品经营户380户次。捣毁私屠滥宰黑窝点一个，查扣并焚烧白条肉、病害猪肉650公斤，无害化处理病猪106头。全区生猪定点屠宰厂屠宰量为60000多头，实现上市猪肉定点屠宰率、品质检验（受检率）城区达到100%，乡镇达到95%以上。

【酒类商品市场监督】 当年共发放各类宣传资料1300多份，共摸底排查酒类经营户690家。共办理备案登记证221家。其中零售商店143家，餐饮业40家，娱乐场所38家。督促酒类经营户完善酒类进销台账300多家，下达整改通知书20余份。

【市场体系建设】 2010年8月将水川镇农贸市场提升改造、水川镇桦皮川新建蔬菜市场和四龙镇改扩建农贸市场的规划上报市局，争取将列入“退市还路”或农贸市场提升改造项目，寻求政策资金扶持，加快农村集贸市场建设。争取将5个街道部分社区新建、改扩建蔬菜市场列为全市社区标准化蔬菜市场改造项目，争取资金支持，改善部分居民卖菜难的问题。

【市场运行监测工作】 以华润万家超市、西太华超市和“万村千乡市场工程”承办企业白银益民商贸有限公司为重点，启动全区消费品市场运行情况监测工作。确定华润万家超市、西太华超市和“万村千乡市场工程”承办企业白银益民商贸有限公司为甘肃省商务厅应急商品数据库企业。年底建立起全区生活必需品及农产品等市场运行监测系统。优化重点监测企业结构，扩大监测范围，提高市场监测调控水平。重点跟踪粮、油、蛋、菜和成品油、钢材、水泥、化肥等商品的市场供求和价格情况，做好节日、灾期和市场波动期的市场供应工作。

【再生资源回收管理工作】 2010年上半年，组织专门人员对全区再生资源回收站点进行调查，通过走访摸底，全区共有再生资源回收经营户87家（城区69家，乡镇18家），共清理不符合备案条件的站点33家，取缔不符合规划站点3家。清理整顿、规范再生资源回收站点的布局。

【“家电下乡”工作】 选择有实力的经销商加入“家电下乡”销售队伍，扩大全区的“家电下乡”覆盖面，当年累计备案“家电下乡”销售网点34家。当年4月下旬、11月下旬，联合区财政局对全区所有家电下乡销售网点分别就网点建设方面、网点销售方面、网点售后服务方面及执行家电下乡政策方面进行全面的考核。对考核排名后3名的销售网点进行黄牌警告，并列为次年重点监管对象。协调财政部门及时兑现补贴，解决销售网点的资金压力。

争取“家电下乡”销售网络提升改造项目，评比筛选上报4家“家电下乡”销售网点进行网络升级。2010年共销售家电下乡产品17055台（件），销售金额3456.021万元。其中，彩电3347台，金额986.0597万元；冰箱5815台，金额1317.9232万元；洗衣机2886台，金额274.465元；热水器1760台，金额407.0548元，手机1920部，金额62.7219万元，空调28台，金额9.7304万元，微波炉238台，金额15.0161万元，电磁炉79台，金额3.5892万元，电脑982台，金额379.4607万元。兑付补贴率达到92%以上。

【家电以旧换新工作】　家电以旧换新工作从2010年10月开始，至年底备案家电回收企业3家，家电销售企业7家。

【“万村千乡市场工程”】　为进白银益民商贸有限公司被省商务厅、财政厅审核确定为2010年甘肃省“万村千乡市场工程”升级改造承办试点企业。企业累计投入300多万元对2009年以前建成的“万村千乡市场工程”配送中心及农家直营店进行全面的升级改造。新增多层托盘货架，叉车等硬件设备。当年底完成改造农家店81家。覆盖全区5个乡镇45个行政村，覆盖率达到60%。建立新型农村市场流通网络，形成以城区店为龙头、乡镇店为骨干、村级店为基础的农村消费经营网络。

【成品油管理工作】　全区共有加油站21家，中石油甘肃白银销售分公司19家，社会加油站2家。采取对加强成品油市场供应及安全监管，完成对成品油经营企业的年审工作，对辖区内的成品油经营企业进行整顿。

【商务行政综合执法工作】　当年组织协调工商局、质监局、城管局、环保局等职能部门就家禽定点屠宰、成品油、酒类商品、再生资源回收等专业市场、集贸市场进行多次专项整治，出动执法人员70余次，打击制售假冒伪劣商品、欺行霸市、无证经营等不法行为。

【白银区工信局领导名录】

杨宗敬　局长
王巨兴　党支部书记(2010.3始任)
滕宗泰　原工商业党委书记(2010.3止任)
邵　勇　副局长、酒类商品管理局局长
陈文学　副局长
张秉科　副局长(2010.9始任)
杨宗林　副局长(2010.9始任)
樊胜富　工商业纪委书记(2010.9止任)
杨炳荣　畜禽定点屠宰管理办公室主任(2010.9始任)
王彩霞(女)　酒类商品管理局副局长

（关维梅）

白银供电公司

【概况】　2010年，白银供电公司实现安全生产1719天，创造新纪录。售电量首次突破100亿千瓦时，达111.04亿千瓦时，成为全省第二个售电量过百亿的供电企业。电费回收率100%。线损率2.31%，降低0.08个百分点。综合管理、资产经营、营销服务、安全管理4项专业管理在甘肃省电力公司同业对标中排名A段，且被列为前3项专业管理的标杆单位。公司先后获甘肃省五一劳动奖状、甘肃省文明单位标兵、甘肃省电力公司和谐企业暨优秀企业、甘肃省电力公司创先争优活动先进党委等称号。

【安全生产】　常态化开展隐患排查治理，发现125件，消除107件。推进现场标准化作业，执行各类作业卡7495份。在省公司系统首次开展应急物资保障演练，完成电网大面积停电联合反事故演习。在全省公司率先实施“调控一体化”运行模式，专业管理流程进一步优化。开展“流动红旗”竞赛。

【电网建设】　白银城区6千伏、35千伏电压等级退出运行，网架结构进一步优化。47项大修技改工程，开工47项、竣工46项。农网户表改造10530户，改造率85.8%。推进电网智能化建设，完成5个充电桩、用电信息采集系统等建设任务。投产35千伏及以上线路258.85千米，变电容量19.60万千伏安。

【经营效益】　新增用电容量44.04万千伏安。开拓售电市场，促成9家重点用户增售电量近2.4亿千瓦时，水源热泵项目应用实现零的突破。开展营业普查、反窃电“天网”行动，挽回经济损失247.54万元。开展带电作业、联合检修、“先算后停”模式，增售电量3317万千瓦时。2010年公司首次实现售电量过百亿千瓦时大关和经营利润扭亏为盈。售电量超过百亿千瓦时大关，白银供电公司成为全省系统第二家特大型供电企业。

【依法治企】　完成一批重点规章制度的修订完善，各项管理行为更加规范。严格各类合同审核管理，合同会签率100%。完成“五五”普法任务。开展“小金库”“三指定”专项治理，消除发案隐患、避免经营风险。强化审计内控监督，开展经济责任审计，完成各类审计项目22项，提出审计建议38条。开展工程领域突出问题专项治理。废旧物资“集中处理、阳光竞卖”机制常态化。

【科技信息应用】 率先在全省系统采用“直接法”测试电容电流，为电网技术改造提供科学依据。5项成果获专利授权，5项成果获专利申请，73篇论文获省电机学会科技进步奖。主网光纤通信覆盖率88%，全网通信覆盖率100%，为下一步智能电网建设奠定基础。50千伏安及以上用户远程采集覆盖率100%，采集上线率93%，抄算成功率82%。安装预付费卡表3.7万只，实施采集远程停送电控制230户，从技术上有效防范电费风险。营销信息系统、95598服务系统、协同办公系统、企业门户系统通过省公司实用化评价验收。

【农电管理】 开展固定资产清查，解决存在问题16项，核定资产价值2.34亿元。“送农户家电、促用户增长”活动成效显著，全年农电售电量增长17.31%。近十年来首次给县公司招聘大学生、安置复转军人，结构性缺员矛盾得到缓解。

【党建工作】 创建学习型党组织，举办12期管理人员大讲堂，组织133名中层干部赴井冈山考察学习，首次对41名后备干部进行综合素质提升培训。强化干部培养，选派1名干部赴临夏公司挂职锻炼，选送3名优秀中青年干部参加省公司强化培训，选拔12名优秀后备干部在内部挂职培养。公司被评为“甘肃省文明单位标兵”，这是该公司成立35年来首次获此殊荣。

【白银供电公司领导名录】

李维虎　总经理
王赟中　党委书记
牛晓兵　副总经理
李顺福　副总经理
颉晓周　副总经理
王　浩　纪委书记
李晓燕　工会主席
王君立　总会计师
张志远　总经济师

（宋家荣　杨小明）

大峡水电站

【概况】 大峡水电站位于兰州市与白银市交界的黄河干流上，是黄河上游龙羊峡至青铜峡河段梯级规划的第11级电站，安装4台75兆瓦水轮发电机组，总装机容量300兆瓦，多年平均发电量14.65亿千瓦时，总投资25.54亿元。

【电站方案】 大峡水电站1988年开始筹建。1988年4月13日，省长贾志杰、副省长张吾乐视察大峡水电站坝址区。1988年月16日，大峡水电站筹建处正式成立，10月21日，《黄河大峡水电站重编初步设计》在北京通过水利水电规划设计总院组织的审查。当年完成电站对外公路设计优化和施工占地方案优化。施工占地方案优化后少占耕地254亩，少搬迁人口919人，少拆迁房屋12000平方米。

【电站建设】 1990年3月7日，能源部副部长陆佑楣视察大峡水电站工程。5月8日，国家计委正式批复电站重编初步设计并下达设计任务书。12月30日，大峡水电站总厂正式成立。1991年10月15日，大峡水电站工程正式开工建设。1992年4月13日，由于电站导流工程遇到重大地质变化，甘肃省电力公司组织召开大峡水电站施工导流工程技术讨论会议。会议决定电站导流明渠轴线左移14.5米。1993年11月21日，大峡水电站顺利实现主河床截流。1994年8月18日，电力部副部长汪恕诚、总工周小谦视察大峡工程并听取了工程建设情况的汇报。1995年3月16日，甘肃省人民政府下发《关于表彰甘肃省“八·五”计划前四年全省重点项目建设先进项目单位的决定》（甘政发〔1995〕20号），大峡水电站工程荣获“重点建设先进项目”称号。1996年6月9日，电力部部长史大桢等视察大峡水电站工程并听取工程建设情况的汇报。10月24日，甘肃省代省长孙英带领省上有关部门到大峡工地视察并听取工程建设情况的汇报。

【电站发电】 1996年11月4日，大峡水库开始下闸蓄水。11月15日，甘肃省委书记阎海旺视察大峡水电站工程。12月8日，电站首台机组并网发电。12月18日，大峡水电站首台机投产庆典大会在厂俱乐部举行。省委书记阎海旺、省人大常委会主任卢克俭、省长孙英、国家开发投资公司总经理王文泽、省政协主席申增斌、甘肃省常务副省长郭琨等领导出席庆祝大会。阎海旺、孙英、王文泽、李友仁、王民浩、张道富等领导为2号机剪彩。1998年6月16日，大峡水电站最后一台机组正式并网发电，至此，大峡电站四台机组全部投产发电，工程顺利竣工。至

2005年12月31日，大峡水电站累计完成发电量118亿千瓦时，累计实现销售收入30亿元，上缴各类税金7亿元。

乌金峡水电站

【概况】　黄河乌金峡水电站位于甘肃省靖远县境内黄河干流乌金峡出口段，坝址距白银市30千米，为黄河龙~青河段梯级规划中的第21座水电站，也是黄河甘肃境内兰靖段三级开发的最后一个梯级电站。

【电站发电】　乌金峡水电站枢纽工程由河床式电站厂房、泄洪闸及开关站等主要建筑物组成，工程主要任务是发电。电站设计安装四台35兆瓦的贯流式机级，总装机容量140兆瓦，多年平均发电量6.83亿千瓦时。工程概算总投资13.88亿元。2005年12月15日工程正式形式建设，2006年12月26日实现主河床截流，2008年10月31日首台机组并网发电。

白银市王岘水泥有限责任公司

【概况】　白银王岘水泥厂始建于1969年，2003年改制为股份有限公司。拥有固定资产1.1亿元，占地701190平方米。有职工360人，各类专业技术人员80多人，占职工总人数的20%以上。企业法人魏学祥同志是甘肃省劳动模范、甘肃省乡镇企业家、全国乡镇企业家。2010年，企业拥有具有国内先进的窑外分解旋窑水泥生产线一条和现代立窑生产线两条，年产42.5级普通硅酸盐水泥、32.5级复合硅酸盐水泥40万吨。另有年生产能力1000万条的塑编袋生产线一条、年生产能力30万立方米砼搅拌站生产线一条。企业过程控制采用高于国家标准的《内控标准》组织生产，过程关键工序采用微机控制，水泥粉磨采用闭流生产，采用大型均化库储存水泥、水泥包装采用微机自动包装机等多项新技术，检验和实验中配备先进的检测和分析仪，整个生产线工艺先进，机械化程度高。产品具有早期强度高、凝结硬化快、易粘结、可塑性好、色泽纯正、抗冻、耐温、耐磨、抗渗、抗腐蚀、干缩性好、体积变化小等特点。广泛适用于大型工业厂房、高层建筑、桥梁、道路、机场等重点工程和安居工程，深受用户信赖。企业管理按ISO9001：2000标准建立健全质量管理体系，标准化的质量管理和良好的企业信誉，使企业形成可持续发展的良好的势头，成为白银市建材行业中的支柱企业。2001年10月获省乡镇局“全省乡镇企业环境保护先进单位”称号；2001年3月获“甘肃省乡镇企业科技进步示范企业”称号；2005年获全国乡镇企业质量工作先进单位称号；2008年8月“火焰山”商标被评为“甘肃省著名商标”。

【区位优势】　王岘水泥厂位于白银市白银区银山路154号，距白银市区3千米，紧靠兰包铁路白银西站和国道109线。距兰州市区60千米，企业自有石灰石矿山距厂区8千米。当地靖远电厂的粉煤灰、白银公司冶炼厂的铜尾矿、硫尾矿等是水泥生产的优质原料。

【集体经济阶段】　1969年，兰州市白银区王岘公社水泥厂在原白银区建材厂基础上，借“工农渠”建设的契机政府决定筹建。1970年8月16日建成年产7000吨水泥土立窑一座，安装ф1.83*6.12米的球磨机，生产出第一批水泥。至1976年建成二八土机窑二座。水泥产量达到3.2万吨。到1984年建成ф2.5*8.5机立窑，1985年3月水泥成品车间ф2.2*6.5球磨机扩建投产，使年产量达到4.4万吨；1991年对制成车间喂料系统进行改造，建成圆库五座，安装电子配料翻斗秤，1992年投入使用；1992年8月25日，回转窑系统正式开始筹建，1993年12月24日试生产，1994年3月3日正式生产，规模达到10万吨，但实际产量只有6.6万吨，同时关停机立窑生产线；1994年3月后，投入280万元建成大型水泥均化库三座和包装楼；1969年至1997年，由计划分配体制转向市场经济体制的过程中，王岘水泥厂由小变大，由落后到先进，为企业的科学发展和可持续发展奠定坚实基础。

【承包经营】　1998年8月，王岘水泥厂实行“全员风险抵押承包经营”机制，使王岘水泥厂掀起二次创业的高潮，打响以回转窑达产达标为目标的攻坚战。企业筹集资金1300万元，历时5年多，先后进行大小四次技术改造，对生产线进行配套完善。1997年起至1998年改造制成车间现场破碎系统；1999年对回转窑进行扩径达产改造，使该窑达产达标；1999年至2000年，工厂投入163万元对四个扬尘点进行治理，使“磨窑系统”实现达标排放；2000年1月起安装烘干设备，实现雨季正常能够生产；2002年9月起，对原停产机立窑生产线进行改造后投入生产。同时，应用窑外分解技术对回转窑进行二次技改。将产能由日产300吨提高到400吨。另外，对水泥磨进行改造，实现与新标准接轨，于4月1日正式投产；至2003年底，企业规模达到年产水泥20万吨。在这期间，企业的“综合利用磷矿渣技术”被评为白银市科技进步二等奖。在管理方面进行“精减机构，减员增效”，采用层层签订《风险抵押承包目标管理责任书》的管理机制，贯标执行ISO9000族质量管理标准，取得质量体系管理和成品质量的认证证书，保证产品质量的稳定和提高。

【股份合作制】 2003年年底，王岘水泥厂正式改制为股份制企业，由董事长魏学祥和中层管理干部控股，全体职工参股，企业成立董事会、监事会、总经会。2004年6月28日1000吨/日吨水泥粉磨站开工建设动员。2004年6月份起对包装系统的粉尘排放进行治理，2006年对回转窑电收尘改造为布袋收尘，二号立窑新上布袋收尘，2007年对一号包装系统改造，2007年对一号立窑改造新上布袋收尘器。实现生产线粉尘排放达标。2007年与省七建一股份制形式共同投资968万元建成年产30万立方的砼搅拌站，7月正式投产。2007年11月28日，企业申报的日产2000吨新型干法水泥生产线节能技改工程获甘肃省发改委核准，因项目合作未取得成功，项目开工时间推迟1年，于2009年3月7日破土动工，由王岘水泥厂以自身力量建设。该项目建成后将形成水泥产能100万吨，新增销售收入2亿元，扩大火焰山品牌的知名度。该项目被白银市、区列为重点建设项目。

【白银王岘水泥厂领导名录】

魏学祥 董事长
党支部书记
魏万明 总经理
魏万权 财务总监
吴国军 总工程师
张世学 工会主席
曾明荣 生产副总经理
魏家巍 销售副总经理
苏国民 设备副总经理

(梁九海)

白银市银山水泥有限公司

【概况】 1985年建厂投产，形成年产“慧燕”牌优质水泥30万吨的生产能力，年工业总产值达1.2亿元，注册奖金1200万元，2010年有固定资产5000万元，职工260人。其中技术人员80名，高、中级技术职称6人。主导产品“慧燕”牌42.5、R42.5级普通硅酸盐水泥、32.5级复合硅酸盐水泥，严格采用ISO国际技术标准生产。公司出厂水泥合格率、富裕标号合格率、袋重合格率均达到三个100%。公司先后多次获国家农牧渔业部乡镇企业司、省市乡镇局、省经贸委等部门“水泥质量优胜企业”“科技进步示范企业” “质量优秀企业”、中国质量万里行“定点单位”“先进单位”称号。2010年进入甘肃省私营企业100强。

【生产经营】 2010年共生产熟料24.1万吨，生产水泥32万吨，销售水泥31.5万吨，其中P.042.5级水泥17.3万吨，P.C32.5级水泥14.2万吨。当年，完善30万吨水泥粉磨生产配套工艺。水泥磨内筛分装置技术改造成功，确保水泥的颗粒级配置趋于合理，0.045筛筛余从上年20%左右下降为≤12%(32.5级)和≤10%(42.5级)，比表面积从350平方米/千克左右提高至年均400平方米/千克，出磨水泥强度合格率由2009年98.0%提高至2010年的100%，安定性合格率由上年的98%提高至100%。为攻克立窑能耗高的现象，先后更换三台L94WD罗茨见机，并配套配置节能变频器，采用工业固体废渣，达到节能、稳产高产的目的，立窑车间全年超产11808.62吨。

【能耗】 维修材料费用及低值易耗费用同比上年吨水泥下降3.33元。熟料实物煤耗每吨下降32千克，电耗下降5千瓦时。

【安全管理】 公司建立安全管理体系与安全管理条件和各种规章制度，加强安全职能监督，强化公司、车间、班级三级安全管理，进行安全知识、技能方面学习与培训，共举办11期培训班，培训124人次。坚持每月监督检查和车间班前班后安全教育及周五安全活动，安全部对排查出的各种安全隐患及时通报和限期整改。

【能源计量】 2010年，健全能源管理制度和计量网络图、计量设备管理体系，并配合鑫盛能源技术服务公司，搜集和整理大量信息，完成对公司能源审计报告。公司现已配置主级能源计量设备有150吨地磅、水表、电度计量表；次级计量表有水表3块、熟悉计量地磅一台、微机配料自动控制系统4套（分管25路计量秤）、电度表24块。

【环境保护】 公司新增加3台不同型号的脉冲袋式除尘器。共安装除尘设备30台（套），包括3台螺杆式空压机和2台活塞式空压机，总计设备投资500万元，用于综合环境保护治理。

【创先争优】 围绕“抓关键、强队伍、建机制、促规范、破难题、增活力”，发挥基层党组织的战斗堡垒作用和党员的先锋模范作用。当年为职工平均每人增加基本工资150元，并购买劳动保险；投资150万元，新建宿舍及洗浴室600平方米，食堂及餐厅250平方米，硬化福利区地面道路4000平方米，改装职工宿舍门窗36套。董事长张显功获创先争优省级党员带头人称号。

【白银市银山水泥有限责任公司领导名录】

张显功　董事长
　　　　党支部书记
张荣发　总经理
曾桐孝　副总经理
张世亨　总工程师
王万新　工会主席
赵明宝　副总经理
张国山　副经理
张国强　副经理
刘宏宇　副经理

（曾桐孝）

甘肃雨润肉类加工有限公司

【概况】 雨润集团是一家集食品、物流、百货、旅游和房地产等产业于一体的中国500强企业，总部位于中国江苏省南京市，下属子（分）公司100多家，分别设立在江苏、安徽、北京、上海等全国28个省、直辖市和自治区，员工总数达5万人。2008年，在中国企业500强中排名165位、中国民营企业500强第5位、中国制造业企业500强第53位、中国肉食品加工业第1位。2005年10月3日，雨润集团的猪肉食品业务在香港联合交易所成功上市，股票代码：雨润食品（1068.HK），实现与国际资本的有效对接。甘肃雨润肉类加工有限公司是中国雨润食品集团设在西北的唯一一家上市子公司。甘肃雨润肉类加工有限公司成立于2004年8月25日，公司地址在白银市白银区建设西路25号，占地面积128亩。甘肃雨润引进外资100万美元，拥有高标准厂房和辅助厂房12000平方米，国际先进水平的加工设备40多台套，资产总值为7200万元，有职工200余人，其中大专以上学历员工61人，占30.5%左右。

【雨润产品】 甘肃雨润利用江苏雨润集团成熟的肉制品生产经验、品牌优势和当地资源优势，结合西北地区食品风味，生产雨润、旺润、福润得牌高低温肉食品、豆制品和蛋制品，年生产能力为1.2万吨。2003年公司通过ISO9001质量管理体系认证和HACCP质量体系认证。2004年6月通过QS质量安全市场准入认证，取得国家质量监督检验检疫总局颁发的“全国肉制品质量安全市场准入QS标志”。产品被评为甘肃省名优产品，现产品畅销西北五省区，市场发展前景良好。

【肉食品加工】 甘肃雨润肉类加工有限公司作为肉食品加工企业，每年需从周边市场采购的主要原料猪肉2500多吨，牛、羊肉400余吨，鸡肉600多吨，促进甘肃及周边地区养殖业发展。甘肃雨润公司作为白银市农业产业化龙头企业，把白银及周边地区的农副产品作为原、辅料的采购基地，带动农村经济结构的调整。2005年与农户签订的合同达300多份，带动农户800多户，涉及金额1200多万元。公司通过原辅料的采购与农户建立可靠、稳定的利益联结，解决当地农民产品销售难的问题，提高农户的收入，帮助农民尽快脱贫致富，推动地方经济的发展。甘肃雨润公司获甘肃省农业产业化龙头企业称号，国家食品企业出口卫生注册认证。

2008年在原投资的基础上，与市政府签订“年屠宰150头农业产业化及配套万头祖代种猪养殖项目”总投资5.8亿。

白银市医药有限公司

【概况】 白银市医药有限公司是2007年在原白银市医药有限责任公司（国有企业）基础上经白银市人民政府批准改制的民营有限公司，白银市医药有限责任公司的前身是白银市医药公司。白银市医药公司始建于1957年。改制后的白银市医药有限公司其组织机构内设业务部、财务部、质管部、仓储部、销售部、营业大厅、运输部、办公室八部室。公司还下辖十七家直营医药零售商店和一个中药饮片加工厂。公司地址为白银区人民路40号。公司批发环节经营中西成药2600多个品种，主要经营中药材、中药饮片、中成药、化学原料及其制剂、抗生素、麻醉药品、精神药品、生物制品、医疗器械、保健食品等商品的批发业务。公司配置与药品等商品存储相一致的常温库、阴凉库、冷藏库、特殊药品等专库。各仓库配置相应的通风，养护等设施。药品的购、销、调、存等业务全部实行计算机的管理。公司所属 17 家医药零售直营店，分布在白银市区的大街小巷，所有药店均为城镇医保定点药店，从事中药材、中药饮片、中成药、化学原料药及其制剂、抗生素、医疗器械、保健食品等商品的零售业务。公司还下辖一个中药饮片加工厂，其配置切药机、炒药机、过筛机、粉碎机、磨刀机、电车、锻炉、蒸炉、泡药池等机器设备，从事中药饮片加工、炮制，为中药临床防病治病提供合格的中药饮片。白银市医药有限公司由从业人员 88 人，各类专业技术人员 23 人，占从业人员的 26.1%，中级职称以上的人员 3 人，初级职称以上的 15 人，从业人员中具有大专以上学历的人员 33 人。

【主营销售】 2006 年销售额：570 万元，上交利税 4.5 万元，经营品种 2537 种。2007 年销售额：565 万元，上缴利税 4.3 万元，经营品种 2480 种。2008 年销售额：500 万元，上缴利税 4.8 万元，经营品种 2670 种。

白银众生医药有限公司

【概况】 2003 年 1 月 8 日白银众生医药有限公司成，下设 1 个总公司（主营批发业务），4 个分公司（主营零售业务）。总公司位于白银市白银区人民路 58 号。集批发与零售为一体大型民营有限公司。2010 年有流动资金 700 多万元，全年销售总额 4000 多万元。有员工 40 人，有药学本科以上学历执业药师 2 人，药师 6 人，会计师 1 人。

【业务管理】 中成药、化学药制剂、抗生素制剂、生物制品、诊断药品、中药饮片、中药材；第一、二类医疗器械，第三类一次性使用无菌医疗器械批发与零售；保健食品批发与零售；化妆品批发与零售业务。2005 年通过国家《药品经营质量管理规范》认证，制定《白银众生医药有限公司药品经营质量管理体系文件》，文件内容包括 28 个管理职责、16 个质量职责、15 个程序标准。

【经营规模】 公司有开票大厅、库房、办公场地，营业场所，数十台计算机，6 台空调及 6 台各型车辆。内设办公室、质量管理部、财务部，业务涉及周边各省市（如西安、湖北等）和白银市三县两区各大医院以及乡镇卫生院，还有农村诊所以及白银区范围内的各大药店。

【经营管理】 公司对过期失效、破损及被污染的药品制定严格的管理制度和处理程序，经营过程中发现不合格药品及时移入不合格药品库，不随意销毁，销毁时上报白银区食品药品监督管理局，经批准后，在白银区食品药品监督管理局的监督下并在白银区食品药品监督管理局批准的时间进行销毁。公司成立质量管理部对公司经营过程中的购、存、销各环节进行管理。

【白银众生医药有限公司领导名录】
鲁　煜　总经理

（众生医药有限公司办公室）

驻区大型企业

2010年6月，白银有色集团公司技术创新大会

白银有色集团股份有限公司

【概况】 2010年白银有色集团股份有限公司设股东会(3个机构)、董事会(秘书、5个委员会)、经理层(24个部门)、全资子公司(15个)、控股子公司(3个)、参股子公司(4个)、分公司(8个)。当年有职工15930人。2010年公司在最短的时间内克服厂坝矿"8.12"特大洪灾对公司生产经营造成的冲击，经受住考验。当年完成铜铅锌有色金属产品产量28万吨，完成黄金1500千克，白银140吨，硫酸62.75万吨，同比增长25%；实现销售收入140亿元，利润5亿元，产品产量、销售收入、利润同比分别增长29%、47%、198%。

【技术改造】 完成技改项目投资18亿元，争取政府配套支持资金到位2.7亿元。新型白银炉项目、20万吨高纯阴极铜一期工程、三冶炼ISP改造基本实现达产达标，重金属离子工业废水治理三冶炼处理站、厂坝矿和新疆索矿150万吨扩能改造工程、铅锌厂新焙烧炉、20万吨高纯阴级铜二期工程相继建成并投产运行。内蒙萤石矿开发工程、贵金属综合利用工程、铜冶炼渣资源综合利用等一批项目正式开工建设。

【资源整合】 开展深部和周边探矿，铜铅锌钼矿石储量升级1543.6万吨、金属量9万吨，危机矿山找矿项目在深部获得重要进展。资源整合和矿权运作有突破，回购小铁山八中段以下矿权，为小铁山矿深部开拓和危机矿山找矿项目的实施创造条件。完成厂坝矿区的资源整合，元月16日甘肃厂坝有色金属有限责任公司揭牌成立，为建设国内最大的铅锌矿山奠定基础；利用上市前私募和西藏、陕西、内蒙等地4家企业签署合作协议。由公司控股的秘鲁铜钴矿项目新公司注册，控制资源铜金属量达到400万吨以上。与中非基金联合收购刚果铜钴矿项目已达成协议，控制铜金属量为600万吨。乌兹别克金矿项目国内审批程序完成。

【体制变革】 在体制对接上，完成股份公司对债转股公司的吸收合并，实现债转股和政策性关闭破产两大政策的最后对接；完成对集体企业业务和人员的重组整合，公安系统正式移交地方管理，医院、供水供暖、技校等社会职能签署移交协议。对机关部室和管理职能进行调整，完善管理制度和管理流程。厂内检修力量的整合、工程监理造价咨询中心的运行、自控系统维护中心的组建。

【技术创新】 牵头与国内重点院校和科研院所组建技术创新战略联盟，共建重点联合实验室，联合开展技术攻关，为工程技术人员搭建施展才智的更大平台。对科研技术人员的重奖，"510100"创新型科技人才工程的推进，"212"技能人才工程的启动。2010年申请发明、实用新型及外观设计专利共70项，其中授权专利3项，2项获省级科技进步奖，4项获中国有色金属工业科学技术进步奖，2项获甘肃省冶金有色行业科技进步奖，1项获白银市科技进步奖。

【提升管理】 公司提出以构建企业管理制度体系、全面风险控制管理体系、全面预算及经济责任制考核管理体系、生产及设备平稳运行管理体系、技术改造和项目管理体系、精益营销管理体系、产品质量和物料检验控制体系、对外投资及资本运营管理体系、员工素质提升及保障体系和高效运行机制为重点，建设"以防范风险和控制舞弊为中心、以控制标准和评价标准为主体，结构合理、层次分明、衔接有序、方法科学、体系完备"的企业内部控制规范体系为目标。按照定组织架构、定岗位职责、定制度规范和定工作流程的要求，加快推进企业管理制度化建设工作。

【制度建设】 用发展的理念、观点、意识和原则规避管理雷区、克服管理盲区、消除管理真空，用现代管理的新视角重新审视传统制度模式，在分析、树立、调整的同时，用现代管理的前瞻思想和理论方法，对制度、规范、流程进行清理、废止和改进，建立完善各项管理制度体系和岗位职责，将各种标准整合为完整的作业体系和操作规范，形成18大类500余项新管理制度体系。规范制度修订、完善、审批、贯彻、监督的内控程序和标准。

【改善民生】 棚户区改造完成16万平方米，建成经济适用房和廉租房2860套，争取到国家政策补贴资金3370万元。供水供热管网改造投入3343万元，供热分户改造投资837万元完成住宅楼75幢。投资7665.9万元的职工医院新门诊大楼开工建设。投入1000多万元，对职工住宅小区和厂区实施绿化美化。调整工资考核基数，提高绩效工资中的基础部分，

2010年，公司职工收入比2009年增加28.5%。家属工问题得到解决。

【党建工作】 开展“创先争优”活动，以“加强改进党的建设”和“全面提升员工素质”为主题，以争创“四强”党组织、争做“四优”共产党员活动为载体，以领导班子建设、基层党支部建设和党员队伍建设为重点，推进学习型组织建设和党员干部队伍建设；推进企业文化建设，开展宣传思想工作，以正确的舆论导向凝聚力量，展示形象。建立完善惩防体系，贯彻落实廉政准则，打造“阳光工程”，党风廉政建设加强。工会、共青团、妇联等群众组织开展技能大赛、班组建设、扶贫济困、文体娱乐等活动。

【白银有色集团股份有限公司领导名录】

李沛兴 市委常委、董事长、党委书记
廖 明 总经理
赵 斌 副总经理
齐成章 副总经理
许多丰 副总经理
张锦林 副总经理
陈胜利 总会计师
李忠科 党委副书记 工会主席
雷思维 副总经理 总工程师
杜 明 副总经理
张家国 副总经理
张学仁 副总经理
席 斌 副总经理

（王林喜）

中国兵器甘肃银光化学工业集团有限公司

【概况】 甘肃银光化学工业集团有限公司隶属于中国兵器工业集团公司（八〇五厂），1953年筹建，是国家“一五”期间建设的156项重点工程之一。企业主要由甘肃白银本部、湖北襄樊分部、四川宜宾分部和辽宁葫芦岛分部四部分组成，共17家分、子公司，总占地面积15平方公里，在职员工9700余人。该公司拥有硝化、光化、氢化等特种化工核心技术和TDI自主知识产权，具有年产15万吨TDI、20万吨DNT、1.2万台特种工业泵的生产和加工能力，民品产值占总产值的90%以上。TDI、DNT产销国内第一。先后获省国防科工办“甘肃省国防科技工业‘十五’项目建设先进单位”称号、获省工信委“发展改革先进单位一等奖”、获卫生部国家安全生产监督管理总局“国家职业卫生示范企业”、被中国兵器工业集团公司北化集团评为“‘十五’民品经营先进单位”、连续四年获国家级“守合同、重信誉”企业称号、获省工商局“诚信守法企业”称号。同时成为国家高技能人才培育示范基地，博士后工作站，中国兵器工业集团化工自动化生产技术培训基地，国家认定的企业技术中心。2010年实现主营业务收入53.36亿元，经营利润2.05亿元。

【财务管控工作】 本着精细化管理的原则，确定年度成本重点控制内容及措施，并将控制指标分解落实到各责任人，按季度跟踪、分析，掌握重点成本管理的进展情况，通过按月编制《管理费用限额执行表》对各部门的费用发生情况进行监控，加强财务管控。提升全面预算的执行力，在确保预算管理流程刚性的同时，按月对经济运行情况、市场变化情况、装置运转状况进行适时的分析与评价，据此编制月度滚动预算和月度重点产品成本预测，以最贴近市场的预算指标来指导企业的生产经营。规范资金管理，理顺资金支付审核审批程序，强化资金内部控制。为有效管控二级法人单位资金，按月编制模拟现金流利润表，加大对利润考核单位现金流控制，以提高资金的精细化管理水平。

【项目管理】 环境污染治理项目：废酸处理装置系统Ⅰ建设完成，2010年8月中旬，实现一次投产成功；系统Ⅱ工艺设备安装全部结束。废水处理装置运行正常。10万吨/年TDI扩产改造项目：运行正常、生产稳定，项目验收准备工作正在进行。配套TDI的HCL处理装置（12万吨/年PVC项目）：2010年9月27日一次性投产成功，并生产出合格产品，解决年产10万吨TDI生产线副产物氯化氢的无害化处理问题，利用氯碱生产线生产的碱和次氯酸钠，形成产业的循环发展。泵阀产品能力升级项目：一期工程已完成，二期工程中办公楼、宿舍楼等主要建筑物主体施工进入收尾阶段。大型烟气脱硫泵开发项目：完成两种泵的生产，并投放厂家进行试运行。

【技术创新】 企业出台相应的管理办法，完善激励机制，鼓励员工开展技术创新、管理创新，营造全员参与创新的氛围。与兰州理工大学等9家单位联合，成立以企业为主体、市场为导向、产学研结合的技术创新体系——光气化产业技术创新联盟。举办军品科技发展论坛，研讨军品的发展形势及发展方向，拓宽企业军品人员的知识面，加强与高等院、校、所的合作，发挥企业在高能炸药生产科研的优势，组织队伍申报国家科研专项。

【安全管理工作】 以“零事故”为目标，加强隐患排查治理、全员教育培训、班组安全建设和安全监督检查等工作。以危险品生产、储存、运输、使用等环节为重点，排查治理工艺系统、基础设备、作业环境等方面存在的隐患，对排查出的各类隐患，落实责任人和整改期限，限期整改。

【节能减排工作】 层层签订环保目标责任书，修订环保考核管理办法，加强环保设施运行和污染物排放监督检查，将污染物排放指标逐级进行分解，每月进行考核，使污染减排工作得到有效落实。通过增加监测频次，对重点污染物实行日监测等措施，减少污染物的排放及异常排放现象发生。

【保密管理工作】 加强对周边环境和工作区域的安全整治，落实保密责任制及保密检查、自查制度，完善保密工作制度和工作流程，投资100多万元完成白银本部涉密内网建设，通过测评，9月以482分通过甘肃省军工保密资格第二轮审查认证。

【人才队伍建设工作】 合理制定人力资源规划，推进用人制度改革，优化人员结构，控制人员总量。举办银光集团职业技能大赛及兵器集团化工总控工决赛和北化集团焊工选拔赛。举办部（处）级以上管理人员工商管理培训班、开展“周末大讲堂”等活动，提升管理人员、技术人员解决问题的能力和适应市场经济变化能力。强化干部人事档案的整理、补充、完善，提升档案管理的规范化水平，当年8月通过兵器集团组织的干部人事档案检查验收。

【思想政治工作】 每月组织召开党群部门工作会，围绕“两级班子”建设、党风廉政建设及“三位一体”大监督开展工作。银光集团党委连续4次获省国防工委先进党委称号。对原灯光球场进行安全改造，建成银光健身广场。在舟曲发生特大泥石流灾难后，捐出爱心善款300万元。在党风廉政建设方面，按照“一岗双责”的要求，抓职责范围内的反腐倡廉工作。组织各级领导人员层层签订《党风廉政建设责任书》，扎实推进“三位一体”大监督体系建设，执行“三重一大”决策制度，完善集团内部监督体系建设，强化对权力运行的监督制约，加大对分子公司生产经营、重点项目建设、物资采购、资金运作等关键环节的监督检查力度。

【带动地方发展】 经营范围涉及含能材料、聚氨酯、特种泵阀、精细化工、制药以及物流等多个领域，分子公司分布四川、湖北、辽宁以及山东等省份。依托产业优势，惠及地方发展。通过专业重组、产业调整，发展循环经济。支柱民品TDI年产能力达到15万吨，是国家级白银高新技术产业开发区的龙头产业和甘肃工业强省的支柱产业。年产20万吨DNT、10万吨氯碱、12万吨PVC、4万吨固碱等产业围绕TDI产业蓬勃发展。特种工业泵的制造能力提高，以技术优势涉足核电领域。开发年产5万吨TDI工艺技术软件包，成为国内首家拥有TDI自主知识产权的企业；开发年产500吨PC工艺软件包，为万吨级工艺软件包研发奠定基础。获得省部级以上科学技术进步奖10余项，获各项专利20多项，成为国家级企业技术中心。聚银公司入选国家级创新型试点企业。是投资39300万元实施环境污染治理项目，根治硫酸雾污染和对水资源的污染。

【甘肃银光集团领导名录】

罗世平　董事长(2010.10–2011.03)
刘云文　董事长(2005.06–2010.07)
陈建芳　董事(2008.05–2010.12)
张金鹏　董事、总经理(2005.06–2011.03,2011.03任董事长)
常建荣　董事、党委书记
刘淑琴　监事会主席、纪委书记
马建军　董事
贺宜平　常务副总经理(2011.04任董事、总经理、党委副书记)
孙世界　董事、总会计师
何先钦　董事、党委副书记、工会主席
柴　伟　副总经理
乐小平　副总经理
贾　云　副总经理
张振中　副总经理
黄万福　副总经理
李　竞　董事
苗　贤　副总经理(2010.10始任)
程仕鹏　副总经理(2010.10始任)
龙　村　副总经理(2007.11~2010.08)
司马天龙　监事(2008.09~2010.07)
殷继先　监事(2008.05~2011.03)

邓文泽　监事

（杨海彦）

甘肃稀土集团有限责任公司

【概况】　甘肃稀土集团有限责任公司始建于1969年，是为保证国家“493”重点国防工程需要而建设的“三线”企业，代号“903”厂。建厂初期，主要从事铍产品的冶炼与加工。1975年，按照国家产业总体布局，为综合利用内蒙古包头白云鄂博铁矿中伴尘的稀土资源，在国家有关部门的指导下，山当时主管工业的方毅副总理批准转产稀土。公司原隶属于中国有色金属工业总公司，现隶属于甘肃省国资委管理。2010年，总资产20亿元，净资产16亿元，从业员工1900多人。自从1975年转产稀土后，与北京大学、北京有色金属研究总院、包头稀土研究院、兰州大学等多家科研单位和高等院校长期进行技术合作，形成三代稀土精矿焙烧工艺，开辟稀土产品国内、国外市场，推动中国稀上冶炼、分离、应用工艺，解决制约中国稀土工业发展存在的资源综合利用水平低，产品品种不齐全，质量指标、经济技术指标差距大等问题。是国家最早从事稀土尘产加工分离的企业之一。90年代初期，就已形成年处理包头稀土精矿TRE01.5万吨的能力，在稀土分离领域、技术装备、人才储备、研发能力、管理水平、产品质量、经济技术指标等方面也都保持领先的优势，是中国稀土行业最早获得IS09002质量体系认证的企业，享有独立的自营进出口经营权，拥有从日本、法国、德国引进的一流质量检测设备，产品畅销国内30个省、自治区、直辖市和日本、美国、法国、澳大利亚、韩国等20多个国家和地区。“熊猫牌”稀土系列产品在国内外稀土市场上有较高的知名度。

【生产经营】　推进资源综合利用，做精、做优、做特、做细稀土加二正分离，延伸发展稀土功能材料和应用材料，形成稀土加工分离、稀土金属、稀上研磨材料、稀土贮氢材料、稀土磁性材料、荧光构料、氯碱化工等七大较为紧密的产业链条，稀土精加工、深加工、高技术、高附加值产品销售达到销售收入的90%以上。有10大系列、100多个品种、200多个规格的产品。其中，研磨材料产能2500吨，各种稀土金属产能2500吨，贮氢材料产能1200吨，钕铁硼永磁材料产能1000吨发光材料产能100吨。2007年，获“全国有色金属工业节约型企业”称号。2009年，获“全国五一劳动奖状”称号。

【甘肃稀土集团有限责任公司领导名录】

杨文浩　总经理

银光公司自动化控制系统

燃气　水及
热力生产供应业

中科院白银高技术产业园园区一角

白银市天然气公司

【概况】 白银市天然气有限公司是在“白银市燃气有限责任公司”基础上改制成立的，位于东城区冶金路90号,注册资金3036.13万元。公司具有管道工程专业承包三级资质和压力管道GB类GB1、GB2级和GC类GC2级安装资质。

2009年9月完成白银市城区天然气项目改造、扩建工程和全市近4万户天然气用户的改造置换工作。至2010年年底，形成地下燃气管网300余千米，建有调压总站1座，区域调压站（柜）55座（个），居民用户4.3万余户，餐饮用户104家，锅炉工业用户13户，汽车加气站1座，形成市区次高—中—低三级压力管网较为完善的供气格局，城市管网现已覆盖新老城区，日供气量达6.6万立方米。

【生产经营】 2010年实现白银公司铜业公司工业用气和白银高新技术产业园用气两项重大工程，全年扩大居民用户4067户，发展公福用户40户，大工业用户1户，小工业用户1户，新增地下管网23.7公里，新建调压站6座，完成固定资产投资1303.6万元，销售天然气1139万标准立方米，全年实现营业收入3153万元，实现利润311.68万元，摘去连续15年亏损的帽子，提高职工收入。

【安全管理】 落实各级安全生产责任制，完善各级安全管理规章制度和应急救援体系，强化员工的安全教育和培训，提高员工的业务能力和专业技术水平，公司从人力、物力和资金上给予大力支持，全年投入安全管理资金26万元，在安全管理方面形成党政领导亲自抓，车间主任具体抓，工段班组主要抓，巡检人员分头抓的管理格局，保证安全平稳供气。

【企业发展】 完成白银公司铜业公司厂区内天然气管道的安装及白银炉、阳极炉、转炉及硫酸系统的技术改造。铜业公司天然气项目的改造成功和投入使用，填补了大工业用户的历史空白。自筹资金配套敷设白银高新技术产业园5千米燃气管网，并于2010年10月30日全线贯通供气。为大峡白银基地、国园小区、金色华府等18个居民小区安装天然气管道，为红军基地、茗珠生态园、鑫悦大酒店等40家公福用户安装和输送天然气。

【企业管理】 每年利用冬季对安装人员进行技术培训和技能考核。在施工安装工作中，从横平竖直最基本的工作做起，按照压力管道安装规范和天然气管道施工标准施工，从选材、下料、安装、焊接到拍片检测、打压、竣工验收等每一道工序层层把关，严格工艺标准和施工纪律。在市区专门设立客户服务中心、客户服务电话、举报监督电话，方便用户随时报修。

【加气站建设】 100天的时间建成一座现代化加气站。2010年2月3日市委副书记、市长吴仰东出席加气站投产仪式，并为加气站剪彩揭牌。经过近一年的运行，项目设计工艺合理，设备运行良好，于2010年12月19日通过专家组和省、市安全生产监督管理局的审查验收。

【党的建设】 2010年4月，青海玉树发生强烈地震后，广大职工向地震灾区捐款28500元。8月舟曲和厂坝矿发生特大洪水泥石流灾害后，捐款共计45420元。

【白银市天然气有限公司领导名录】

王　涛　党总支书记　总经理
张林雄　副总经理
唐会平　副总经理
寿德军　工会主席

（高永贤）

白银市动力公司

【概述】 1993年公司成立，注册资金12844万元，位于白银区北京路434号，有职工223人。

【供水规模】 供水规模为10万吨/日,其中生产用水5万吨,生活用水5万吨,生产工艺采用20世纪90年代国内先进技术，其中生活水处理工艺V型滤池是法国德里满公司专利技术，主要泵机设备是利用奥地利政府贷款从德国引进。

【污水处理厂规模】 为日处理污水4万吨，污水处理工艺采用改良型卡鲁塞尔2000氧化沟工艺,污泥处理工艺采用污泥浓缩脱水一体机工艺，关键处理设备采用进口设备，污水处理厂自2005年投入试运行后,运行稳定,出水水质达标。

【内部管理】 加强用氯、用电、设备机组运行、水源安全等重要生产环节、重点部位、要害部门的检查和安全防范。强化职工安全知识培训，保障安全防护资金投入，从细节入手，抓安全生产政策法规与措施的落实，提高全员安全意识和自防自救能力。全年共进行安全检查25次。探索节能降耗管理工作，严把采购关，严控生产成本。重视节能降耗工作，通过对各生产环节的详细分析，克服困难，团结拼搏，在挖潜增效上下工夫，采取措施，节能降耗工作取得成效。强化绩效考核，完善激励机制。通过不断完善绩效管理考核制度，全体员工的劳动报酬与劳动成果和对企业绩效目标的贡献挂钩。扩大供水范围，增加用户数量，全年新增用户27家，用户总量达到375家。公司全年完成供水生产1189.06万吨，同比增长20%。销售水量1181.17万吨，同比增长22.07%。实现营业收入2365万元，较上年同期增长42%,全年共计亏损330万元，比去年同期的360万元减亏30万元。

【城市减排】 强化污水处理厂生产运行工作的管理。制定本年度的减排计划，将COD减排任务分解到月，针对每月的实际完成情况进行分析，对出现的问题及时应对、解决。当年共计处理污水957.32万立方米，较去年的870.12万立方米增加87.20万立方米，增加10.02%。实现COD减排2838.45吨，超额完成本年度COD减排任务538.45吨，超额23.41%。出水综合达标率为92.98%，较去年的87.72%提高5.26个百分点。

【武川水库工程】 大坝枢纽部分于2008年10月6日开工建设，水处理厂及输水管线工程于2009年4月1日正式开工。主要建设库容为839.22万立方米水库枢纽1座，坝后输水管道DN800球墨铸铁管10.741千米，城区管网改造4.9千米，日处理能力为8万立方米水处理厂1座，工程防震等级为8度，工程概算总投资为1.52亿元。2010年11月8日举行白银城市供水项目武川水库通（蓄）水庆典仪式。

【白银市动力公司领导名录】

王永忠　经理　党委书记

牛德峰　副经理

顾万聪　副经理

陈模贤　副经理

（陈　洋）

白银市西区集中供热有限公司

【概况】 2010年8月8日市政府收购民悦集中供热公司所有资产组建白银市西区集中供热有限公司，属国有供热企业。根据市政府收购和组建的原则，西区集中供热公司按照现代企业的要求进行组建和运行。内设机构暂定为五部一室（生产技术一部、生产技术二部、财务部、市场营销部、材料供应部、综合办公室），人员编制为120人。2010年公司有经理1人，副经理1人，试聘用中层管理人员6人，其他各类技术工人和季节工111人，共119人，人员平均工资1437元/月。

【设备和产能】 西区集中供热有限公司供热设施分为一、二两期建设。一期为直供系统，安装29兆瓦的热水锅炉3台，14兆瓦的热水锅炉一台，最大供热半径为3千米，敷设主干管网11.86千米。二期为换热站供热系统，安装58兆瓦高温热水锅炉4台，换热站14座，最大供热半径为7千米，敷设的主干管网12.19千米。2010年供热范围覆盖到东至工农路、南至109国道、西至武川中学、北至监狱小区。一、二期总规划供热能力500万平方米。至2010年底，入网面积270万平方米，实际供热面积151万平方米。

【资产情况】 至（2011年4月底）；流动资产1949万元；固定资产18004万元；无形资产（土地）1719万元。

【负债情况】 至（2011年4月底）；亚行贷款9200万元；商业银行贷款1000万元；市拆迁公司借款3500万元（付收购民悦公司转让费）；收购民悦公司欠款1280万元；城投公司借款1380万元（付收购民悦公司转让费）；暂借市财政周转借款2000万元。

【收入情况】 2010~2011年供热总面积为151万平方米，其中居民住宅100.4万平方米，办公40.8万平方米，商业铺面9.8万平方米。收费标准为居民住宅3.4元/月/平方米；办公5元/月/平方米；商铺5.7元/月/平方米。2010-2011年采暖期应收暖气费2852万元，已收暖气费2798.7万元（未收回取暖费53.3万元），政府补贴取暖费72.3万元。2010-2011年采暖期新入网9万平方米，收费标准为20元/平方米，入网配套费共收入180万元。收入合计3051万元。

【支出情况】 2010~2011年，燃煤采购52695.7吨，每吨均价478.6元，共支出2521.85万元；电费支出513.6万元；水费支出50.7万元；油料、工业盐、药品等支出31.2万元；备品备件支出31.5万元；人员工资支出205.3万元；贷款利息支出96.2万元；其他支出21.5万元（包括差旅费、招待费、办公费等）；累计折旧572.45万元。

【技术改造情况】　西区集中供热公司组建后，确保供热质量达标，彻底解决民悦公司组织相关专家和技术人员对原供热系统进行反复研究和讨论后，提出合理的技术改造方案，用2个月时间完成技术改造工作。

新建6座换热站共支出633万元。其中机组采购和安装支出420万元；软化水设备采购支出118万元；建设彩钢房支出30万元；变频控制系统支出65万元。管网铺设支出370万元。更新循环泵支出35万元。锅炉维修支出95万元。水、电设施及其他支出50万元。车辆购置支出35万元。2010年技术改造共支出1218万元。

【经营情况分析】　2010~2011年采暖期经营严重亏损。本采暖期收入只有3051万元，运行支出高达4044.3万元，再加上技术改造的1218万元，本采暖期收支倒挂2211.3万元。造成严重亏损的局面，其中运行成本亏损993.3万元。2010~2011年采暖期单位面积成本大幅上升。由于燃煤等原材料以及人员工资的增加使本采暖期单位面积成本大幅上升，达到27元/平方米，比2008年22元/平方米提高了5元/平方米。

【白银市西区集中供热有限公司领导录】

赵俊轩　经理

刘致瑛　副经理

（刘中彪）

环境保护

【概况】　1997年区环境保护局成立。2006年单独设立，为区政府直属事业单位，正科级建制。2010年8月列入政府工作部门序列，编制9人。内设环境综合管理股、法规宣教股、办公室、财务室。对全区环境保护工作实施统一监督管理。区环境保护局下属区环境监察大队和区环境监测站两个事业单位。2000年8月区环境监察大队成立，2007年9月与区环保局机构分设，分设后区环境监察大队为事业单位，正科级建制，隶属区环保局管理，事业编制5名，经费来源为区财政全额拨款。2007年8月区环境监测站成立，事业单位，股级建制，隶属区环保局管理，事业编制5名，经费来源为区财政全额拨款。至年底实有职工22人。

【污染治理】　2010年全区污染治理投资达2.94亿元。白银银晨铬盐化工有限公司5万吨/年铬渣解毒工程全面竣工，总投资3200万元（其中，国债资金1580万元，自筹1620万元），9月26日点火试车，运行状况良好，年底解毒铬渣1.5万吨。白银公司含砷重金属废水、废渣治理工程取得进展。当年10月，含砷废水治理工程开工建设，总投资3800万元，进行“三通一平”的基础性工作。含砷废渣治理工程经白银铜业公司多方考察，与具备处置危险废物资质的甘肃宏港化工有限公司达成协议，将废渣运至甘肃宏港化工有限公司生产三氧化二砷，综合利用。11月初，首批废渣转移利用，年底完成500吨处理任务。拆除分散小锅炉25台，投资93万元，完成10台锅炉除尘器改造、10家噪声治理和11家餐饮业油烟防治任务，减少燃煤2.23万吨，削减烟尘1823吨、二氧化硫82.3吨。投资600多万元，对选址不当、未办理环保手续的白银区兴盛石料厂、白银区新强胜石料厂、白银区欣兴建材加工厂、白银区青山石料厂、白银区东台石料厂等5户企业实施搬迁，防治城区周边无组织粉尘排放的问题。

【污染减排】　二氧化硫的减排主要集中在白银公司等大型污染治理工程。随着白银铜业公司制酸尾气治理工程、白银公司第三冶炼厂“ISP”工艺综合治理工程等一批重点工程稳定运行。共计削减二氧化硫1.65万吨，超额完成市政府下达的年度削减任务。同时，全区“十一五”二氧化硫总量减排任务完成，总计削减二氧化硫6.4万吨，排放量为4.23万吨。工农渠东支渠供水工程和郝家川段污水明渠改管网2大污染减排保障工程现已全面完工。郝家川段污水明渠改管网工程总投资85.7万元，辅助建设蓄水池一座，容量1000立方米。8月15日工程竣工，8月23日通过市环保局、市财政局、市政工程管理处和区环保局4家单位的整体验收。工程实施后，白银市污水处理厂进水量新增126万吨，比去年增加15%；工农渠东支渠供水工程总投资151万元，铺设管网3.8公里，11月10日工程全面竣工。当年吊地沟中水回用工程、工农渠东支渠供水工程和郝家川段明渠改管网3大污染减排工程全部完工投入使用，完成总投资321.7万元，覆盖农田1315亩，争取农田灌溉市级补助资金274万元，城郊农民污灌问题解决。通过减排工程的全面实施，市污水处理厂的进水量比往年有较大增长，共处理污水959.24万吨，增加126万吨。共计去除化学需氧量2913吨，氨氮153.09吨，在2009年基础上新增削减化学需氧量162吨，完成当年削减任务。同时，全区“十一五”化学需氧量总量减排任务全面完成，在2005年的基础上，总计削减3573吨，排放量为5135吨。

【环境监察】 2010年环境执法检查227次，其中环保设施85次，开发项目检查10次，放射源检查37次，其他现场执法检查95次。对各类环境违法行为下达行政处罚决定书4份，罚款6.2万余元；对4家污染企业依法下达限期整改通知书。

【放射源监管】 对辖区内37家涉源单位的214枚密封放射源，72台X射线装置和2个非密封放射源实验室的监管力度，督促和指导涉源单位做好辐射安全许可证的环评申请及验收手续，从源头上做好预防工作。

【启动“环保护考”噪声管理专项行动】 “两考期间”积极组织环保、公安、文化、工商等部门对辖区内噪声污染源实施执法检查，重点查处一批建筑施工噪声、营业性文化娱乐场所的噪声扰民问题。检查各类噪声源22家，处理群众举报投诉电话10余次，对群众反映的9家严重噪声超标单位进行整改。

【处理环境信访案件】 2010年，接到投诉案件164起，办结“12369”（环保热线）投诉122起，办理网民投诉38起，处理污染纠纷4起，协调污染赔偿金41.05万元，做到群众有难必解、有诉必答、有求必到，结案率100%，群众满意率达到96%以上，切实维护群众的环境权益。依法足额征收排污费。当年共完成排污费开征户78家，收缴排污费95万元。

【污染源普查】 完成污染源普查动态更新调查工作，调查生活源、工业源和集中式污染治理设施共计79家，其中农业源36家，工业源41家，集中式污染治理设施2家，生活源1个。

【农村环境保护】 编制《白银区农村环境保护规划》，实施农村环境综合整治。四龙镇民乐村、水川镇莺鸽湾村相继被列为环境优美乡镇试点，各试点单位编制实施方案，提出创建内容，开展创建活动。四龙镇建成垃圾填埋场1个、配备垃圾装运车1辆，设置垃圾箱35个，垃圾台20座；新建自来水厂1座，铺设供水管道145千米；建成“三位一体”沼气池900座，卫生厕所27座。解决农村垃圾乱堆乱放和饮水安全问题。水川镇莺鸽湾村按照方案要求，科学划定养殖小区，对选址处于黄河岸边的4家畜禽养殖户实施搬迁。

【环保宣传】 2010年投资5万元，展出版面58块，悬挂大幅标语10余条，举办现场科普宣讲3场，设立环保咨询点4处，编制印发环保传单4万余份，发放《环保生活小常识》等环保图书2000册，在水川镇桦皮川村和四龙镇民乐村制作环保宣传栏50平方米。开展“绿色单位”创建活动，区第十小学获市级绿色学校称号。

【人员培训】 在政府机构改革中，将环保局列入政府机构工作部门，解决环保机构执法主体不合格的问题。2010年全区环境执法人员全部参加省市培训，核发《执法证》，持证率100%。通过环境监察标准化建设，区环境监察大队达到国家环境监察三级标准要求，当年10月9日通过省、市验收组的考核验收。

【白银区环境保护局领导名录】

王东兰（女） 局长
梁国元 支部书记、副局长（2010.11止任）
李国庆 副局长
韩　军 监察大队队长

（张晓燕）

环境卫生

【概况】 区环境卫生管理局负责全区244万平方米道路清扫保洁工作的检查、考核、评比及国道109线城区过境段和高科技产业园共74万平方米道路的清扫保洁任务，全区生活垃圾清运、垃圾处理费征收，完成244万平方米道路春、夏、秋季节的洒水压尘工作、建筑垃圾及公厕管理。2010年区环境卫生管理局有职工249人，其中，正式工59人、合同制工人27人、临时工163人（含复转军人30人）。有各类车辆59辆，其中，微型垃圾收集车29辆，农用车2辆，垃圾压缩车6辆，洒水车2辆，扫路车1辆，吸粪车1辆，医疗垃圾收集车2辆，推土机1辆，装载机1辆，其他环卫专业车辆14辆。垃圾收集桶600个，分类果皮箱600个。

生活垃圾填埋场1座，日处理能力300吨。医疗废物集中处置中心1座。

【日常工作】　对各街道清扫保洁工作实行“日检查、周考核、月评比”。由分管领导带队每天对城区清扫保洁工作进行巡查，发现问题如实记录并及时告知相关单位，督促其整改。根据每天的巡查记录，每月对各街道的清扫保洁工作进行评比、上报。通过督查、考核等措施，形成一级抓一级、一级带一级、层层抓落实的工作格局。执行“六净五无”的工作标准，按照“横向到边、纵向到底，不留死角、不留空当”的工作要求，落实“定人员、定路段、定时间、定任务”的工作制度，调动保洁人员的工作积极性，道路保洁率达到96%以上。

【对清运工作机制改革】　按照清运工作实际，将城区生活垃圾收集清运区域进行划片分组，实行班长负责制，明确各班组工作职责。

【完善单位各项制度】　建立并实施《环卫局垃圾清运百分制考核办法》，对各班组作业情况形成“局、队、班”三级督查考核机制，细化工作责任，提高作业标准和清运效率。

【垃圾清运】　在长春路、毛巾厂什字、小树林等处设置3个垃圾转运作业点。城区每天产生的近300吨生活垃圾，做到定点定时收集、密闭化清运，将每天清运的生活垃圾全部运入白银城市生活垃圾处理场卫生填埋，当年共清运、处理生活垃圾10.7万吨，无害化处理率达到96%以上。筹集资金对城区1800个地埋式果皮箱进行全面维修、刷新。共维修果皮箱726个，喷漆1058个，城区街道面貌得到改观。对全局59辆环卫作业车辆进行刷新。

【公厕管理】　在加强城区40座水冲厕所监管力度的基础上，从市建设局承接水冲式公厕4座，并实行免费开放。4座免费公厕由环卫局派专人管理，保证公厕内外干净整洁，便民服务设施齐全，方便群众如厕。

【建筑垃圾处理】　对建筑垃圾从源头抓起。对城区建筑工地、装修铺面等建筑垃圾产生源头，通过下发建筑垃圾管理通知、定点督促等手段，保证建筑工地进出场口和周边的卫生清洁，改变建筑装修垃圾乱运乱倒的局面。新建环境卫生督查岗亭。对乱倒建筑垃圾及渣土形成有效监督。筹措资金1.5万元，在城区四条出入口和矿山路新建5座环境卫生监督岗亭。采取巡查与定点督查相结合的方式，昼夜督查城区建筑垃圾乱倒、渣土运输抛撒滴漏的行为，确保城区建筑垃圾及渣土运输规范有序，保证城市道路、周边环境的干净整洁。

【环境卫生整治】　2010年9月，开展为期1个月的环境卫生整治活动，重点对城区背街小巷、城中村卫生死角和城区周边环境卫生进行彻底清理。完成15项卫生突击和迎检任务。对点、线、面逐一检查和督导，环卫一线职工加班加点，对城区主次干道两侧、城市出入口、城乡结合部进行地毯式清理，对重点场所、重点路段流动监控，确保环境卫生干净整洁。在各项突击治理活动中，共清理生活垃圾2000余吨、建筑垃圾3000余吨、废土700余方。

【医废处置项目】　2008年9月22日开工建设白银市医疗废物集中处置项目；2010年7月20日建成并投入试运行。对市二院产生的部分医疗废物进行无害化处理。优化处理系统和相关设备，并对处置场工作人员进行专业化培训。年底项目通过环保、卫生等各项单项验收。

【白银区环境卫生管理局领导名录】

罗崇伟　局长（2010.9止任）
郝文军　局长（2010.9始任）
高天旺　支部书记、副局长（2010.11止任）
金俊厚　支部副书记（2010.11止任）
周贤萍（女）　副局长
高光煜　副局长（2010.9始任）

（王东辉）

建筑业与房地产业

悦民小区建筑工地

建筑业

【概况】 2010年，共监督单位工程322项，建筑面积252.88万平方米。当年获省级“飞天奖”3项、“文明工地”6项、优秀项目经理6人、优秀企业经营者2人、优秀企业3户。

【建筑企业资质核查】 开展全市建筑业企业资质核查工作。共核查建筑业企业90户，其中一级建筑业施工总承包企业1户、二级建筑业施工总承包企业11户、三级建筑业施工总承包企业17户；二级建筑业专业承包企业6户、三级建筑业专业承包企业42户；劳务分包企业13户。强化建造师执业资格管理，对全市建造师执业行为及工作业绩进行核查。共核查在岗建造师697人。强化建造师执业资格管理，全市统一启用建造师执业印章，实施建造师IC卡网上信息监控。重点扶持部分总承包、专业承包资质的施工企业，通过资质晋级、增项，完善企业资质结构。扶持、培育一批建筑劳务分包企业。2010年，新审批劳务分包企业2户，核查、审批资质增项5户，核查、审批晋升资质2户。组织技能、执业培训。2010年，组织64人报考一级建造师、88人报考二级建造师；经组织培训、申报三级建造师初始注册人员332人。本辖区所属企业共有执业资格一级建造师16人、二级注册建造师122人、二级临时建造师284人、三级建造师626人。建立、健全建设工程招标中标资质备案及建设工程施工、监理技术备案监管工作机制2010年，共核查建设工程施工招标中标备案325项、建设工程监理招标中标备案107项、核查新开工建设项目施工总承包技术备案325项、新开工建设项目监理技术备案107项。全年共接待上访事件31起，其中农民工工资拖欠投诉12起，涉及务工人员96人，清欠被拖欠工资57.6万元，拖欠工程款投诉19起，清欠被拖欠工程款1051万元。

【工程质量监管】 推行监督责任终身制，明确监督职责。做好首次监督会议、日常巡查（抽查）、阶段性验收、质量投诉处理、建筑节能保温等监管工作。对于擅自变更图纸，擅自加层、阴阳图施工的各责任单位，下发整改或停工通知单。调整监督思路，转变监督方式。做好监督申报注册工作。监督组及时组织召开首次质量监督会议46次，当场下发监督告知书，明确参建各方责任和监督重点。采取非告知性方式对责任主体和有关机构在工程建设过程中履行责任和义务的情况进行监督检查，共进行日常监督抽查、巡查236次。监督基础工程质量阶段性验收152个，监督主体工程质量阶段验收113个，监督工程质量竣工验收40个。提交监督报告，落实竣工备案制度。对“民心”“惠民”工程和招商引资项目，安排专人专项监督。开展差别化监督工作。全年共下发整改或停工通知单12份。防治墙体开裂、墙体表面装饰砂浆强度、梁柱核心区箍筋安设、主筋移位、机械成孔桩的持力层位置和扩大头不够标准等质量问题。全年共受理并处理质量投诉9起，完成投诉答复汇报材料7份。做好分户验收，保住宅工程质量。

【安全生产】 对83个新开工程进行备案。要求施工企业设立专户核算收取使用安全措施费用。开展施工现场隐患排查治理工作。当年共发出安全监督检查告知书78份，回执52份，回复率达67%。对全市所有建筑施工用塔式起重机进行注册和使用登记，新注册塔机81台，共办理塔机使用登记93次，备案率达90%。配合市建设局对各施工企业、项目部进行抽查，共检查施工企业4户，抽查在建工程14个，共下发安全检查整改通知书6份，回复率100%。组织全市施工企业“三类人员”共1049人参加培训。2010年，全市各施工项目部共上报一般安全事故1次，死亡1人。

【造价管理】 按季度定期发布一类材料指导价格和商品砼的市场指导价，每期平均发布332条；测算发布本年度建筑、装饰、水暖消防、电气工程的二类材料价差调整系数；补充发布商砼市场指导价格的同时，对施工中使用商品混凝土与现场拌制混凝土对造价的影响进行测算。组织并完成全市29户建筑业企业申办甘肃省工程造价执业印章的初审、上报工作，通过省建设厅审核合格的企业17户；完成40户建设工程费用标准证书和6户企业的费用标准证书的变更初核和换证工作；完成造价专业人员变更36人；办理外地工程造价咨询企业备案77件；组织全市造价专业人员考试报名190人。实行工程造价成果文件备案制度。共计办理备案工程项目273项。开展对省造价管理总站部署的2004计价定额执行情况调查测算工作、造价咨询企业的专项检查工作、人工成本信息、住宅成本信息、指标指数的调查测算等11项工作。完成市建设局城建项目预结算审核33项共计2974万元。

【政务公开】 对所有进驻大厅的审批、备案等事项的工作程序、办理流程等进行精简优化，提高工作效率。全年政务大厅建管处窗口共受理、办理各类建筑管理事项214件。全年共公开政务信息达80多次。开通“白银建筑管理网站”。

【白银市建筑管理处领导名录】

展之荣　市住房和城乡建设局副局长、市建筑管理处主任
魏烈祥　副主任
张维森　副主任

（强生禄）

房地产业

【概况】 至2010年11月，共完成房屋权属登记发证25918件，占年度任务（9000件）的287.98%，房地产交易额达到28.81亿元，占年度任务（10亿元）的288.10%，代征契税1766.45万元，占年度任务（450万）的392.55%，完成房地产开发面积116.54平方米，占年度任务(50万平方米）的233.08%。

【规范房地产经营行为】 实行监管与培育并举。进行为期一月的房地产市场综合整治，检查房地产开发企业48户。以房地产企业资质年检为契机，规范企业开发经营行为，依法审批9户四级开发资质，19户暂定开发资质，为13户企业办理法人变更手续；加强商品房预售管理，核发商品房预售许可22件，批准预售面积33.43万平方米。11月底，全市完成房地产开发投资10.69亿元，同比增长72.43%，占全社会固定资产投资额的6.25%。市区新建商品住房每平方米平均售价2900元。

【房地产交易】 在“数字房产”建设方面，投资20多万元，对产权交易新旧系统进行合并升级；在规范服务行为方面，对产权交易工作流程、岗位职责、服务标准、考核办法、办理时限等提出具体要求。至11月底，房地产交易额28.81亿元。其中，二手房转让2867宗，面积22.22万平方米，交易额3.61亿元。征收土地出让金157.17万元，同比增长20.16%。房屋租赁登记实现突破，城区完成登记备案4278件，登记面积25.08万平方米。

【推进住房保障体系】 实施城镇低收入家庭廉租住房制度。2010年共争取中央廉租住房项目建设和租赁补贴专项资金21147万元。其中，项目建设专项资金19173万元，廉租住房租赁补贴专项资金1974万元，中央廉租住房项目建设和租赁补贴专项资金已全部下达到位。至11月底，全市共发放租赁补贴资金1661.82万元，保障家庭7032户。2010年中央下达白银市廉租住房投资计划共7个项目5976套、29.88万平方米，项目概算总投资40695万元。11月底，完成投资14273万元，7个项目（白银区悦民小区、白银区安民小区廉租住房新建项目、白银城区新立庭院廉租住房项目等）全部开工建设。

【物业管理】 2010年，接待群众来访80多人次，化解物业矛盾纠纷90件，答复“市长热线”50多件；重视绿化植树、美化环境工作，对市区46家物业小区绿化工作进行一个多月督促检查，完成新增绿化面积3万多平方米，种植各种苗木5万多棵，投入资金约260多万元，对小区绿化工作成绩显著的12家物业企业进行表彰奖励，奖励资金14万元；协调相关部门完成供暖系统分户控制改造650户，面积6.8万平方米，完成供水系统管网改造1070户，面积9.14万平方米；共投入资金32.50万元。住房维修资金归集总额达到3866万元。

【白银市房地产管理局领导名录】

刘　爱　局长
何清君　副局长
李旭红　副局长
陈生合　副局长

（周　杨）

交通运输业
邮政业

2010年7月，景白公路至武川乡中山村公路施工现场

公路交通

【机构】 2007年，区委成立交通总支部委员会（此前隶属白银区工业交通总支部委员会）隶属区委直接管理，设党总支书记1人。时区交运系统有在职职工45人，其中交运局6人，运管所22人，公路站17人。大专以上学历38人，中专以下7人，男职工30人，女职工15人，中共党员34人。2010年区交通运输局有编制7人。下属区道路运输管理所、区公路管理站2个正科级事业单位。机关事业编制7人，其中局长1人、副局长2人，机关后勤事业编制1人。

【公路里程】 2010年全区境内有高速公路2条30千米，国道1条36.5千米，省养县道1条30千米，区养县乡公路6条112.82千米，乡道4条37.93千米，乡村道路65条301.35千米，全区通车总里程518.6千米。

【车辆运营】 全区共有营业性运输车辆6900辆，其中营业性客车199辆（班线客车41辆，出租汽车158辆）；营业性货车6701辆，总吨位3.57吨；客运班线13条（跨区2条，跨县7条，区内4条）。拥有客运企业1家，出租车行2家，货运业户3350家，危货运输企业1家，机动车驾驶员培训学校5所，三类汽车维修企业151家，客运汽车租赁业户37家。2010年，共完成客运量228.30万人次，客运周转量13841.60万人千米，分别比去年增长2%和2.5%；完成货运量642.10万吨，货运周转量28314.60万吨千米，分别比上年增长2%和2.5%，运输业产值保持8%的增长速度，占本区GDP（国民生产总值）的2.5%。

【基础设施建设】 2010年完成投资6660万元,比去年增长12%,为市局计划的200%，为年计划的185%。其中计划外投资1200万元，完成四龙民乐新码头一期工程；计划内投资5460万元，硬化通村公路100千米，砂化20千米，改造靖白公路四龙段23千米，实现所有行政村通村公路与主干道连接。

【公路养护】 组织开展“好路杯”“筑路月”等公路养护竞赛活动，对所列养路段进行全面整修，对水毁设施及时进行修复。清理边沟1608立方米，填补路基缺口900立方米。公路平均好路率达到77.30%，综合值为79.90，公路养护质量进一步提高，通行状况明显改善。绿化景白（景泰至白银）、白榆（白银至榆中）、靖白（靖远至白银）、水平（水川至平堡）4条公路主要路段44千米，栽植各类苗木2.90万株，绿化乡村道路10千米，栽植各类苗木9000棵。

【道路运输】 严格客运经营许可证、标志牌、进站证等证发放工作，规范客运秩序；加大农村客运网络监管力度，规范农村客运班线运营秩序；整顿客运市场，打击“黑车”，查处违章车辆368辆，查扣处理“黑车”136辆。强化危险货物运输市场管理，落实危货运输安全责任制；利用GPS监控平台，加大监管力度，对危货车辆技术状况及从业人员资质进行检查，制定突发事件紧急救援的预案。

【安全生产】 开展“安全生产月”活动和安全隐患整治活动，出动宣传车辆20台次，张贴宣传标语80余条，悬挂横幅5幅，散发宣传单6000余份，材料10份，举办培训班1期，培训人员80余人。

【交通执法】 坚持以法治交，推行交通行政执法责任制度。加强执法队伍的建设，以普法教育为契机，加强法律法规学习，提高交通执法人员的执法水平，规范执法行为，推行依法治交进程；按照“五公开、一监督”制度，作好执法公示制，推行政务公开，增强执法透明度，确保执法工作“公正、公平、公开”，接受监督；以开展科学发展观实践活动为契机，强化交通执法人员的宗旨意识、服务意识、公平意识、发展意识、清廉意识。当年未发生行政诉讼和行政复议及违法违纪现象。

【精神文明建设】 把精神文明建设与行业工作特点相结合，与提高职工队伍素质相结合，与纠正行业不正之风相结合，与党风廉政建设相结合，不断提高交通行业文明程度，以达到“内强素质，外树形象”的目标。加强党风廉政建设，落实党风廉政建设目标管理责任制；开展治理公路“三乱”专项整顿活动，防止各项违规行为发生，保持全区境内公路基本无“三乱”局面。

【创先争优】 “创先争优”活动中走访党员群众50人次，与党员谈心40人次，协调解决信访纠纷6件，树立典型8人，编辑简报32期。坚持创新特色，注重解决实际问题。①统一思想，学习国务院《关于支持甘肃经济发展的若干意见》，营造融入“兰白都市经济圈建设”的浓厚氛围；②编制《白银区公路、水路建设“十二五”发展规划》，初步确定交通网络布局、城乡发展、基础设施、公共服务、生态环境、交通经济带六个一体化建设体系，建成集水运、旅游为一体的四龙民乐新码头1座；③与榆中、皋兰、靖远等县区在争取项目等方面进行交流沟通对接。

【推进阳光政务】 强化服务，对所有建设项目进行招标，办理相关审批手续，对所有审批项目实行网上公开，接受社会监督，办事效能和服务、水平明显提高。

【推行首问负责制、限时办结制、服务承诺制】 对重点工作、重要项目和重大事项，全力抓好督查督办，完善督查落实情况通报制度。

【实行效能日告示制】 对重点工作任务完成进展情况在效能告示栏实行日告示，接受社会各界监督，作为年终考核依据

【创新活动载体】 以“惠民政策落实年”“工程质量整治”“五好班子建设”“精神文明推进年”“争先创优”等活动为载体，选树典型，整体提升，推进先进股室、文明示范窗口、亮点工程建设。促进全区交通工作由“速度规模型”向“质量效益型”转变，实现交通建设“率先发展”目标。

【白银区交运局领导名录】

杨　虎　局长(2010.12止任)
郝尊钢　局长(2010.12始任)
张贵勤　党总支书记
罗志海　运管所所长(2010.8止任)
魏兴祥　副局长兼区运管所所长(2010.8始任)
罗富荣　副局长

（石白莲）

公路运输

【概况】 区公路运输管理所前身为区公路运输管理站，1986年6月成立。1991年5月更名为白银区公路运输管理所，事业单位。驻王岘东路125号。设办公室、运政大厅、稽查队、财务股、培训股、货运管理股、客运管理股、机务股等股室。2010年有在职人员22人，退休人员6人。其中，干部12人，工人10人；在职人员中30岁以下1人，30~40岁7人，40~0岁6人,50岁以上6人，平均年龄42岁。本科学历6人,大专学历9人，中专学历2人，高中及以下学历3人。在职人员中共党员13人。

【公路运输运行情况】 至2010年12月底，全区共有营业性运输车辆6900辆，其中营业性客车199辆，2398座（班线客车41台1608座，出租汽车158辆790座）,营业性货车6701辆，总吨位35745吨。客运班线13条，其中跨区2条，跨县7条，区内4条。有客运企业1家，危货运输企业1家，出租车行2家，货运业户3350家，机动车驾驶员培训学校5所，三类汽车维修业户151家，客运汽车租赁业户37家。各项行政许可、车辆的日常管理工作，全部实行网上申报、网上审批的一站式办理，高效、便民、公正、公开。当年，共受理业户许可609余件，新增货运车辆1460辆，12272吨位。2010年共完成客运量228.3万人次，客运周转量13841.6万人千米，分别比去年增长2%和2.5%；完成货运量642.1万吨，货运周转量28314.6万吨千米，分别比上年增长2%和2.5%，运输业产值保持8%的增长速度，占本区GDP的2.5%。

【重大节假日客运】 ①成立春运及节假日道路交通工作领导小组，加强对春运及重大节假日道路运输工作领导。②制订工作方案，对春运及重大节假日道路运输工作进行全面安排部署。③组织开展春运前的安全检查，落实“三关一监督”职责，确保春运安全。④加强服务质量监控力度，明确将春运期间的服务质量情况作为客运企业、客运站考核的重要标准，发挥运管监督岗的职能作用，春运及节假日运输服务质量提升，投诉举报率下降。春运期间共完成旅客运输22.1万人次，投放客车72台，日均发送146班次，比上年增长12.91%。当年“五一”“十一”黄金周期间道路运输工作平稳有序。

【道路交通运输安全】 对所有运营车辆进行全面的技术检查，车辆安全技术状况不合格的予以停运；对驾驶人员进行安全宣传，强化安全教育和管理，凡责任心不强、技术不过硬的驾驶员一律不得参运；加大对易燃、易爆等危险品的查堵力度，落实安全防范措施，对存在的隐患立即整改。当年共召开安全生产会议7次，集中组织学习安全生产法律、法规、内部急电、紧急通知等4次，组织安全生产大检查3次。

【客运市场环境】 贯彻交通部《道路旅客运输及客运站管理规定》，加强客运站源头管理，规范站内经营行为。加强客运车辆标志牌、营运证等证牌的管理，切实规范客运秩序。加大农村客运

网络的监管力度，规范农村客运班线的运营秩序，为群众出行提供方便。

【车辆年审换证】 全所干部职工，加班加点开展车辆年审及新版证件的换发工作。至年底全区应审道路运输车辆6846辆，实审7038辆，其中营业性货运车应审6701辆，实审6041辆，审验率90%；客运车辆应审41辆，实审41辆，审验率100%，出租汽车应审296辆，实审293辆，审验率99%。

【道路运输行政执法】 规范执法行为，推行依法治运，执法人员着装整齐，挂牌上岗、亮证执法、持证率达100%。做到行政执法法律依据化、执法主体规范化、执法文书规范化、执法程序规范化、执法档案管理规范化。推行政务公开，提高执法透明度，确保执法工作"公正、公平、公开"。将打击非法参营"黑车"列为执法工作的重点，当年共查处违章车辆368辆，查扣处理"黑车"136辆。

【驾培管理】 重新对驾校资质进行审核许可，对驾校、驾校教练车辆发放证照。根据考核工作实际需要精简办事流程，实现一站式的快捷服务。2010年共组织实施驾驶员结业培训考核3期，完成驾驶员结业考试30余次，驾驶员结业考试学员共计1618人次。

【油价补贴】 油价补贴发放工作，涉及发放油价补贴客运车辆共351辆，其中农村班线客车44辆，出租车307辆。共计发放油价补贴专款 165.8379万元。

【白银区公路运输管理所领导名录】

罗志海 所长（2010.8止任）

魏兴祥 所长（2010.8始任）

张云峰 副所长

高贺军 副所长

（张云峰）

公路管理

【机构】 区公路管理正科级事业单位，隶属区交通运输局。下设办公室、建设股、养护股、路政股、财务股5个股室。2010年有在职人员17人。其中管理人员8人，专业技术人员1人，工人8人；大专以上学历16人。中共党员15人。

【农村公路】 完成农村公路通畅工程5个项目32千米的监理工作。X324线白银至榆中段养护维修工程为2009结转2010年养护维修工程，根据施工图设计批复主要工程量为：挖除旧路面1057平方米；20厘米厚砂砾垫层88平方米；20厘米厚5%水泥稳定砂砾基层1005平方米；5厘米厚沥青碎石面层15057平方米；C20砼路肩墙279.5米；封层7700平方米；C20砼矩形边沟80米；C20砼梯形边沟90米。批复预算金额93.6万元，其中中央投资64万元，自筹29.6万元。当年10月，开工建设，11月底完工。

【公路维修】 X324线白榆公路白银段养护维修工程，经施工图设计批复主要工程量为：路基填方压实27480立方米；浆砌片石挡土墙1968立方米/100米；20厘米厚天然砂砾垫层1562平方米；25厘米厚水泥稳定砂砾基层（5%）1454平方米；4厘米厚粗粒式沥青混凝土面层1280平方米；3厘米厚细粒式沥青混凝土面层1280平方米；1-Φ1.0钢筋混凝土圆管涵26.25米/1道。批复预算金额117.65万元，其中中央投资107万元，自筹10.65万元。当年10月开工建设，11月底完工。

【公路养护】 与养护人员签订养护协议，加大养护巡查频率和现场监督管理。对全区农村公路、桥梁进行全面的普查、养护与维修，对存在隐患的白榆路及时进行维修改造，并创建X324线白榆公路白银段优良养护路线。2010年开挖清理边沟1608立方米/69.95千米;填补路基缺口900立方米/23千米;备砂、打冰、扫雪900平方米;全区主要县、乡道路平均好路率达到77.3%，综合值达到79.9。成立乡镇级农村公路管理所6个，村级养护队46个。对景白公路白银段、X331线靖白公路白银段、X324线白榆公路白银段、水川至平堡四级公路等重要线路进行绿化及行道树补植，对原有树木进行保养。当年共栽植乔、灌木29000余株，苗木成活率达到95%以上。

【路政管理】 宣传《中华人民共和国公路法》《甘肃省路政管理条例》。加强上路巡查力度，制止和查处侵犯路产、路权的行为。当年出动宣传车12台次，印发法律法规宣传材料2000份，喷刷宣传标语6幅。组织各种类型学习8次。共制止违章建筑3起，清理路障10起，清理路面堆积物30处。

【安全生产】 ①开展"安全生产月"活动。宣传《安全生产法》等交通法律法规。发放宣传单900份、张贴宣传标语120幅、出动宣传车8台次；②成立安全生产领导小组，建立健全各种安全管理制度；③加强安全管理，对重点路段、易发生事故的弯道、坡道、隧道、涵洞、桥梁及危险路段设置安全警示标志，实施重点检测。当年未发生安全事故。

【廉政建设】 修改完善制度9项。开展“行政效能年”建设活动，落实服务承诺制、首问责任制、限时办结制和责任追究制，实行政务公开，增强政务透明度。对9个行政许可和审批项目，做到申报材料、审批依据“五公开”，对外审批项目全部纳入窗口集中办理。贯彻落实党风廉政建设责任制，组织党员干部开展“以案学法”活动。全年无收受贿赂、黄、赌、毒现象，无刑事案件发生。坚持“三会一课制度”，做好入党积极分子培养工作。2010年区公路站先后派出10名业务骨干分别参加省、市、区举办的各类培训班。2010年站管养的X324线白榆公路白银段被省公路局评为优良养护路线。张晓峰获全省农村公路工作百名优秀技术及管理人员称号，获全区先进工作者称号。

【白银区公路管理站领导名录】

高清和 站长

张守才 支部书记

张晓峰 副站长

（王立月）

邮 政

【概况】 2010年，全市完成邮政业务总收入3778.65万元，完成省公司计划的90.99%，完成市局计划的87.98%，同比下降2.19%。邮务类业务全年完成收入1521.24万元，完成省公司计划的91.53%，同比下降4.01%。函件业务全年累计完成442.07万元，同比下降18.23%；报刊业务全年累计完成457.94万元，同比增长0.25%；集邮业务全年累计完成379.35万元，同比下降5.63%；电子商务业务发展提速，全年累计完成189.66万元，同比增长42.76%；包裹业务全年累计完成60.05万元，同比增长23.92%；代理金融业务全年完成收入1661.17万元，同比增长0.12%；代理速递物流业务全年完成收入337.09万元，同比下降3.06%；分销业务全年完成收入165.01万元，同比下降7.01%；其他业务全年完成收入94.15万元，同比下降0.09%。

【企业经营】 逐步转变业务增长方式，推进损益核算管理、市邮政局各专业实体化改革。在业务开发中注重质量效益，在总体收支差额缺口较大的情况下，部分单位完成收支差额指标，依靠成本拉动业务增长。项目营销模式逐步转变，重视营销体系建设，增加大客户中心专职综合营销力量；发挥各专业的团队营销能力，逐步减少给全体职工下达任务的发展模式。2010年，市邮政局采取组织外出学习，加强业务培训，加强支局长、理财经理、大堂经理建设，实施“网点管理年”活动，加强网点建设，完善考核办法、实行中层管理人员定点联系网点等一系列基础性措施，提升服务水平。加大基础设施建设力度，先后完成市局东山路支行、人民路支行、人民路支局的精品网点装修改造工作，增加一批自动取款机、电子显示等设备。

【管理与改革】 市邮政局作为全省投递实体化改革的试点单位，在投递实体化改革方面也做大量探索。推进网点损益核算工作。持续推进岗位职级和薪酬体系改革。制定中层管理人员考核办法和全体职工履刚考核办法，强化薪酬分配制度的激励作用。组织开展部分县区局领导岗位竞聘上岗，对市邮政局中层管理人员进行交流、调整。全市邮政系统以领导干部考核评价为重点，逐步构建起基于岗位管理的全员履岗考核体系。落实薪酬制度改革有关政策，规范工资集中发放和考核工作。

【考核工作】 2010年市邮政局对专业局的考核从以收入考核为主转变为以收入和效益考核并重。对各专业局考核权力下放，各专业局都根据各自实际制定各自的考核办法，不断完善。计件工资得到推广，对速递物流局的计件工资进行调整完善；发行投递局计件工资推进；邮政营业支局计件工资实行；代理金融网点实行分等分级管理，加强班组考核分配权。强化财务管理，做好项目建设和投资计划衔接工作，规范工程会计核算。做好专业责任中心损益核算、分销业务损益核算、网点损益核算等相关工作，强化经营效益观念。做好增值税、营业税免税事宜，提高纳税筹划水平。开展会计人员集中学习培训。

【综合测评工作】 完成2010年全市中层人员和全体职工的综合测评工作。建立健全大学生引进和培养机制，稳定人才队伍；优化用工结构，劳务工成长通道不断拓展。推进“双定”工作，精简管理人员编制，提高工时利用率和劳动生产率。重视职工队伍建设和培训工作。加强工程基础管理流程的规范化，明确工程管理各环节的工作职责和衔接流程，从工程立项、设计、招投标、组织施工、验收审计等环节全方位提升管理水平。按照工程管理的相关标准对第一、二、三批农村网点改造项目、国债项目等工程项目进行全面的清理，已完工工程项目通过省公司验收。夯实基础管理，编制全市新邮件作业计划，保证网点每日营业时间达到有关规定，总包开拆、分拣封发、转运作业等出口综合作业更好运行。加强审计监督检查工作力度，以安全生产为主线，加强车辆管理，加强后勤支持保障力度

【精神文明建设】 开展“创先争优”活动，通过公开承诺、群众评议、“讲党性、重品行、做表率”“党建带团建”等活动，企业党建工作与中心任务有机结合，发挥基层党组织的战斗堡垒和党员先锋模范作用。落实党风廉政建设责任制，加强党风廉政建设督导、检查和考核；开展领导干部下基层调研、民主生活会和作风建设整顿，保证全市邮政事业发展。

【白银市邮政局领导名录】

李鹏波　党委书记、局长
王昌邦　副局长
梁宏琦　副局长
慧　峰　副局长

（高伯云）

信息产业

中国联通白银市分公司营业大厅

无线电管理

【无线电频率资源配置】 加强频率协调和管理，营造良好的空中电波秩序。重点保障民航、铁路、电力、广电、通信运营等部门的用频需求，加强对一些重大工程项目的频率协调工作。为服务铁路运输安全，支持铁路高速化、信息化建设，成立白银市保护铁路无线电专用频率领导小组及协调办公室。针对天然气入银工程，引大入秦白银供水工程等工程项目的跨地区设台，先后多次与武威、平凉、宁夏中卫等无线电管理处协调沟通。

【无线电台站管理】 2010年，年检、验收设台单位27家，因设备老化停止使用，申请撤台单位1家，登记审批在用频点428个。当年共收取无线电频率占用费23万元。

【技术设施建设】 执行日常监测值班制度，深入分析信号频谱。细化工作，按时完成监测任务。每月总结汇报本月监测情况，制定下月监测计划。不断总结监测工作经验，建立健全配套规章制度，每月按时上报监测报告。固定站、搬移站、移动站共开机监测5324小时。对不明信号干扰分析排查力度加大。对重要地域、重要频段的电磁环境进行监测和监控。受理中国电信干扰1起，发现联通基站带外杂散干扰1起。2010年，白银管理处新配置PR100测向机，对安利便携式测试仪进行软件升级，购置100兆信号源3个、400兆信号源3个，新增固定站室内设施装配完毕。

【无线电安全保障】 防范和打击利用无线电手段进行破坏活动。在国家法定节假日期间，白银管理处执行节假日24小时值班制度，动用固定站、搬移站、移动站以及便携式监测设备，累计进行监测时间190小时，避免和减少各种有害的无线电干扰。对高考、成人高考、三支一扶等重大考试中利用无线电设备进行作弊的行为进行监测和查处。共派出工作人员100余人次，出动车辆20车次，使用无线电监测设备进行频谱扫描和频率监控，对异常信号进行干扰压制，并现场查获一批无线电作弊工具。

【依法行政】 通过目标管理，提高行政效能，以科学发展观为指导，突出“服务企业”这一主线，强化法律、技术、行政、经济四种管理手段，增强责任、服务、监管、创新、危机五种意识，争取在规范频率台站管理、维护空中电波秩序、推进依法行政、提升技术能力、提高工作效率、加强自身建设等六个方面取得进步。加强依法行政、实现职能到位、强化执法力度、规范执法行为，在职权范围内，依照有关法律、法规、结合本部门规定权限和法定程序开展行政执法工作，坚持公正、公平执法，按法定程序进行调查取证和情况收集工作，保证具体行政行为达到事实清楚、证据准确、程序合法、处理适当、手续完备、科学合理做到文明执法。制定政务公开工作责任制度，明确业务部和综合部的职责范围和工作内容，将政务公开工作纳入年度目标责任制考核的重要内容，定目标，定奖惩。

【无线电管理宣传】 2010年9月，在白银市全市范围举行无线电管理宣传月活动。与各运营商、无线电业余爱好者、电视台、报社、广告公司以及相关部门协调配合。悬挂宣传条幅40余条，发放各式宣传资料5000余份，在《白银日报》上以单面专版形式开展无线电管理有奖知识竞赛，收到社会各界参与的有效试题答题卡200余份。

【队伍建设】 抓政治学习，坚持每周半天集中学习制度。为每个干部购买学习资料和辅导材料，参加各种学习培训活动，选派4人次参加白银市法制局举办的依法行政培训。参加省无委办组织的PR100和安利便携式频谱仪的培训和全省的无线电演练。开展岗位练兵活动，组织全体人员对固定站、移动站、综合测试仪、固定和便携式测试仪、EB200测向机、PR100测向机等设备进行操作培训，坚持每周两个半天开展室内和野外无线电测向训练。

【机关作风建设】 加强财务管理，按照国家财务制度和省办财务管理办法，科学安排和使用资金，本着勤俭节约的原则，严格财务审批。加强固定资产的管理工作，建立完善的固定资产数据库，作好新设备新资产入库和废旧固定资产清理工作。作好各类档案材料的登记、分类、整理和归档等工作。抓好接待服务工作。加强车辆安全管理工作。

【甘肃省无线电管理委员会办公室白银管理处领导名录】

任世忠　处长

王　强　监测站站长

（陈　敏）

电 信

【经营工作】 推进“数字白银”建设，参与各级政府电子政务应用系统与网络建设，解决各自为政的弊端，搭建信息共享平台。拓展天翼手机应用，相继推出19项融入天翼手机的行业信息化应用业务，解决各行各业传统信息化载体不便移动的难题。推进白银市惠农信息化建设，加强惠农政策宣传和落实，组织开发本地化“惠农百事通”电信查询网站平台，与各级政府部门协同开展惠农政策宣传、惠农政策查询、惠农补贴信息查询宣传，保障惠农资金及时足额发放到位，提高惠农政策知晓率。配合各学校加强技防建设、提高安防水平，为全市近70所学校提供以“视频监控+短信报安”为主的“平安校园”建设信息化解决方案，满足广大家长掌握子女就学情况的需求。以电信媒体资源为主体，按客户需求提供“广告+信息服务+通信服务”的综合媒体解决方案，加快新建楼顶大牌、电话厅等媒体资源的整合利用。突出“宽带+3G”无缝覆盖优势，融合发展高值宽带和3G业务。推进信息发布、黄页广告、账单媒体等业务。组织开展宽带业务进小区演示和“天翼宽带千乡万村行”路演活动。

【服务工作】 修订完善《部分营销和维护岗位星级管理办法》、《服务质量检查测评办法》等服务管理考核办法，客户服务保障机制完善。缩短装移查修时限，落实“两个一”服务，即“装移机受理1天（24小时）装通、障碍申告1天（24小时）修复”，梳理服务短板，针对服务中较为突出的、客户感知差的26项问题，明确责任人、责任时间限期进行整改。扩大社会网点规模、不断提升客户服务能力，使天翼便利店和空充点达到900余个，便利店对行政村实现100%覆盖。建立市、县、营销中心三级服务派单管理及监督机制，明确服务管理责任，提高用户投诉响应速度和投诉处理的管控力度。组织开展“零距离、心服务”全业务服务提升等活动，提升服务技能和质量。2010年，白银电信全年重复投诉率为全省最低，客户服务指标考核得分排名为全省第一。

【网络建设】 根据市场需求完成DSLAM设备扩容、EPON接入设备建设、光进铜退改造、光纤接入建设。提升移动网络覆盖，抢时间、抢进度加快基站开通建设，移动网新建基站100余个、3G基站50余个，天翼3G基站已覆盖白银所有县区、乡镇及主要旅游景点，继续保持天翼3G业务的网络覆盖领先优势；开展公路沿线整治优化活动，在盲区及时新建基站进行补点，境内公路已基本实现无缝连接。开展新建基站共建共享，缩短配套工程建设时间，节省配套建设资金。实施主动性、预防性维护，提升网络运行指标。开展维护基础工作自查，加强对网络设备的实时监控和管理，网络障碍历时持续下降。聚焦客户服务，推进移动网络设备专项整治，落实产品经理职责，做好重点产品运营支撑，加强网络资源管理力度和末梢网络维护工作，开展宽带提速提质和网络安全整治以及宽带用户分线盒、下户线整治活动，全业务运营支撑能力持续提升。

【综合管理】 建立绩效考核定期通报制度，增强绩效考核制度执行的透明度。组织开展部分岗位的竞聘工作，增强组织体系活力。开展财务自查和专项业务稽核以及油料费、电费管理专项审计和废旧物资清理等工作。推进节能减排工作，继续通过退网设备下电、网络优化和调整推进节能减排。开展“安康杯”安全生产劳动竞赛、“天翼腾飞”和全员大干150天全业务发展劳动竞赛等活动。开展新业务、新技术与销售技能培训，推进学习型企业创建工作，提高队伍素质。推进农村“四小”支局建设，关爱员工、改善基层员工工作生活条件，筹集资金60余万元，为农村支局配备冰箱、彩电、餐桌椅、饮水机、灶具及娱乐活动用品等设施，改善员工工作和生活环境。

【精神文明建设】 关注员工思想动态，加强员工思想教育，提高企业的凝聚力和战斗力。推进学习型、节约型和和谐企业创建工作。组织赈灾捐助爱心奉献活动，组织玉树地震灾区救援和捐款活动募集捐款23230元，捐赠军用被100床；组织“心系舟曲、奉献爱心”支援舟曲灾区现场捐款活动汇集善款44575元。2010年获白银市职工技能素质提升活动先进单位、白银市学习型组织、党员示范岗、甘肃省第二届创建劳动关系和谐企业等称号。王兰强获甘肃省劳动模范称号。

【中国电信白银分公司领导名录】

唐小文　总经理
李维亮　副总经理
宋霭江　副总经理
何　畅　副总经理
费中丽　工会主席

（欧才胜）

甘肃移动白银分公司

【概况】 1999年中国移动通信集团甘肃有限公司白银分公司独立分营。2004年6月随中国移动通信集团甘肃有限公司在纽约和香港上市。2006年更名为中国移动通信集团甘肃有限公司白银分公司。网络规模逐步扩大，移动网络信号全面覆盖市、县、城区、厂矿、高速公路、国道、省道、公路、铁路沿线、旅游景点和所有的乡镇以及90%以上的村社。先后获省级青年文明号省级精神文明单位省级诚信单位等称号。

【巩固市场主导地位】 营销农村市场。锁定新增目标客户群，推广“无线座机+手机+信息化产品+亲情网”的有效粘性捆绑活动。开展“6进”营销，扩大新增用户市场“纵深度”和“广阔度”。开展“中高端客户保有”及“话务量激发营销”工作。开展校园市场营销活动。针对高考学生开展考前、考后和入学前置专项营销。针对中小学家长客户开展存话费送学习报刊等关怀营销活动。

【强化基础】 通过集团统付、聘任信息化顾问、终端捆绑、首席客户经理走访、伙伴营销、文化联谊、提供自助缴费机等个性化服务手段维系稳定集团单位。推广信息化产品，信息化应用得到拓展。在细分产品、细分客户的基础上落实具体推广措施，提升信息化收入。落实“移动管家拨打精彩”“校讯通老师家长回馈”等各项信息化产品推广措施，信息化收入得到有效提升。与市委组织部联合搭建“白银市手机短信党课平台”，系统覆盖全市6000余名党员，月短信发送量超过5000条。推进基于一卡通、视频监控、移动教务为载体的“数字校园”建设。以新建住宅小区、农村乡镇和城区周边厂矿企业为主要目标客户，开拓集团专线、小区宽带、校园监控等全业务市场。

【增值业务推广】 完善由“分公司数据业务部——县区公司数据业务主管——各营业厅新业务引导员”组成的三级营销体系。建立常态化培训考核通报机制，提升一线员工营销技能。从“工作指导、指标通报、数据分析”三方面加强对基层业务发展的支撑力度。

【规范制度】 开展以温馨厅店、特色晨会、创意手写海报、热情服务大使为主题的营业厅特色服务文化评选活动。优化员工培训机制，督促窗口人员不断提升业务能力。先后规范短信群发、电话营销、升级投诉处理、内部投诉处理绿色通道等服务管理支撑办法，从制度上保证各项服务工作落到实处。常态化对外开展“便捷服务满意100”主题宣传活动，提升企业形象。在“3·15”“5·17”等日期开展“总经理接待日”“走进中国移动客户座谈会”等活动，主动征求客户意见，宣传介绍公司服务、业务优势。参加省、市两级“政风行风热线”，接受用户现场电话咨询。先后组织举办“三·八”节关爱女性健康讲座、曲黎敏健康养生讲座、华夏民族音乐会等活动，在提升客户感知的同时提升公司整体对外形象。开展分层分级服务，提升中高端客户归属感。优化拓展个性化服务内容，开展多次积分消费、打折等活动，让积分计划走进客户生活。

【完善流程】 落实各项管理政策和改革措施，开展职位分层分级管理，员工职业通道和晋升路径更加宽带化、显性化；实行薪酬绩效挂钩考核，薪资激励约束作用进一步强化。加强财务制度建设，先后制定并下发多项管理办法，从制度上保证各项工作有章可循，从源头上规范处理日常财务工作的流程，提升财务管理的精细化水平。提高报账效率，在可控制和改善的层面努力加快账务处理速度，对发现的问题及时进行规范和指导，提高报账单及会计信息质量。强化营收资金及存货管理，降低生产运营风险。严格合同管理、安全生产管理以及公文审核规范。严格办公车辆管理及使用制度。做好后勤服务工作。

【关爱员工】 开展夏季运动会、三八跳绳比赛、主题演讲比赛、员工意见征集等活动。组织485名员工参加外出疗休养活动，丰富员工生活，缓解工作压力。开展EAP计划，解决员工心理问题，为企业发展排忧解难。

【甘肃移动白银分公司领导名录】

王汝军　党委书记、总经理
谈　真　工会主席、纪委书记
李光辉　副总经理
魏万林　副总经理

(邢晓康)

中国联通白银市分公司

【概况】 2000年9月28日中国联合通信有限公司白银分公司正式成立，是中国联通设在白银市的分支机构。2008年10月原白银网通和白银联通融合重组成立新联通（中国联合网络通信有限公司白银市分公司）。2010年白银市分公司有员工278人（其中合同制员工97人，派遣制员工63人，外包员工118人），平均年龄24.5岁，中共党员46人，入党积极分子12人，具有大专以上学历的56人，本科以上学历的22人。市分公司部门11个，经营单位6个，中层以上管理人员30人。通信网已经覆盖到全市、县区和重点乡镇，90%的行政村以及主要交通沿线。

【业务工作】 以移动业务为主，以宽带业务为重点，以3G业务发展为突破口，结合白银当地通信市场环境，推行“一稳二快三转型四突破”“一缩小、一扩大”的发展战略和工作主线，党政工团齐抓共管，依靠各经营单位、各部门广大干部员工的共同努力和鼎力支持，调动全体员工的集体智慧，合理运用社会各方资源，团结拼搏，努力工作。通过全年分季度有计划、有组织地实施“联通回馈新老用户，入网缴费赢取大奖”“大干三个月，业务翻一番”“全业务劳动竞赛”“大干八九十，销量翻一番”“秋季校园会战”“中秋、国庆双节促销”“百日冲刺，利收双增”等一系列劳动竞赛和促销活动，促进业务发展。经营服务、基础管理、工程建设、运行维护等方面发生根本性变化。2010年实现通服收入6188.58万元。移动业务收入4927.30万元；固网业务收入1211.18万元；信息导航业务50.10万元。2G业务净增2564户；3G业务净增4013户；宽带业务净增2604户。

【中国联通白银市分公司领导名录】

马太平 总经理、党委副书记
姜新建 党委书记、副总经理
薛明松 副总经理、纪委书记
火辉彩 副总经理

（付俊杰）

移动公司举办的专场音乐会

经济协作与开发

2010年4月5日，兰州市城关区——白银市白银区友好区暨区域合作发展框架协议签字现场

西区经济开发区

【概况】 白银西区经济开发区规划面积20平方千米，2004年根据《国务院办公厅关于清理整顿各类开发区加强建设用地管理的通知》精神，国家四部委对开发区进行清理整顿，白银西区经济开发区经审核后，被国家发改委于2006年1月正式公告确定保留，通过审批的开发区规划面积为8.056平方千米。至2010年年底，入驻行政服务机构103家，重点企业49户，其中工业企业25户、商贸企业10户、房地产企业14户，个体工商企业1361户，有人口5万多人。区内工业企业实现产值27.8亿元，建设项目完成固定资产投资14.1亿元，招商引资在建项目15个，完成投资3.536亿元，招商引资签约项目5个，协议引进资金7.45亿元。2010年，西区党工委、管委会内设党工委办公室、管委会办公室、劳动人事部、计划财务部、建设环保部、经济发展部、经济贸易部、招商部、信息统计部、环境监理站，有工作人员34人，其中县级干部6人，科级干部20人，一般干部1人，工勤人员7人。

【完善管理体制】 管委会组织全体干部、职工和开发区企业负责人结合西区开发区开发建设实际进行研讨，召开座谈会，组织机关各部室就开发区的下一步发展建言献策。年初组织班子成员和相关人员到兰州经济技术开发区进行学习考察，学习国家级开发区的先进管理体制和管理经验，并结合西区开发区实际存在的困难和问题，向市、区两级党委、政府进行书面报告，提出西区开发区发展的建设性建议和意见。

【区内招商】 在白兰高速公路西出口片区，引进和发展休闲游乐、会展、文化教育、房地产项目。在城中村改造片区，引进和发展商贸流通、房地产开发项目。在西大沟以西片区，引进和发展大型物流和铝型材加工项目。在中小企业创业基地，引进产业带动力强的加工制造业项目，建设承接产业转移的基地。同时，加强与兰州经济技术开发区的合作交流，建立沟通协商机制，在产业布局上错位发展，开展优势互补。重点跟踪联系兰州商贸物流企业、兰州东部市场服装加工企业、兰州建材家具市场配套加工企业、兰州义乌市场小商品加工企业。先后五次组织招商小分队外出考察、洽谈、招商。与广东省佛山市南海广源铝业有限公司、北方重汽集团公司、吉林车家园国际汽贸有限公司、山东红奥畜牧产业集团公司、河南双汇集团公司、西安浐灞生态园、四川省温江区国色天乡国际度假区生态园、四川高金食品股份有限公司、四川新希望农牧集团有限公司、四川升达林业产业股份有限公司、恒安国际集团有限公司、浙江省永康市王冠工贸有限公司、深圳华强实业股份有限公司、郑州三全食品有限公司、上好佳（中国）有限公司等知名企业进行登门洽谈、招商。邀请台湾统一集团客商来白银考察，接待洽谈促成统一企业在中小企业基地投资建设白银统一企业有限公司生产基地项目的落实，项目于当年12月21日正式签约，投资总额3600万美元。至2010年底，联系洽谈项目35个。

【项目建设】 管委会根据西区开发区实际，在协调服务上，树立“亲商、安商、扶商、富商”的理念，为项目建设提供全过程、全方位服务，坚持重点项目跟踪服务，对在建项目，分工包干，责任到人，解决项目建设中的具体问题，通过优质服务，为西区开发建设创造建设氛围。当年西区开工项目37个，其中续建项目24个，新建项目13个，共完成固定资产投资14.1亿元。做好协调服务工作。帮助白银卡森公司实施转型项目。协调盼盼食品公司原址开发和项目迁建新址选址事宜。建立开发区企业管理和固定资产管理台账。为中集华骏公司、盼盼食品公司、三旺农牧饲料公司办理落实税收返还政策，总计返税162.9万元。向市发改委申报转型项目2个。即甘肃郝氏碳纤维公司年产200吨太阳能电能材料生产线项目和白银卡森房地产开发项目。协调解决天奇物流园项目、三森家具美具会展中心项目的选址定点工作。为编制西区开发区建设发展规划进行资料收集整理等基础性工作。与市发改委、财政局、建设局、环保局、国土资源局、科技局衔接，为迎接省上的考核验收准备相关资料。组织西区开发区土地集约化利用评价成果更新工作，通过省上的评审。

【白银生态园修建】 2010年初区上决定将白银生态园纳入西区管理，管委会坚持规划先行，高起点规划，重点进行修建性详细规划编制工作。白银生态园修建性详规设计于8月12日由甘肃省建筑设计研究院中标实施。经过多次现场勘查，与白银供电公司、市动力公司就项目区内高压输电线、城市供水管线迁移等具体事宜多次协调，征求市、区相关领导的意见，并参考上海佘山月湖生态公园、杭州生态园、西安浐灞生态园、庆阳生态园林宾馆等成功案例，规划设计方案初步定案。建立土地储备的工作机制和科学合理的收储程序，与市土地储备中心协商对白银区周边可利用土地进行调查摸底，制定土地开发整理方案，为下一步土地储备工作奠定基础。

【开发区规划】 循环工业集群 在做大做强华鹭铝业、中集华骏、盼盼食品等现有品牌工业企业的基础上，依托白银区中小企业创业基地现有的开发建设条件，加大开发力度，以建立产业集聚、企业集群、关联度高、互补性强的循环经济园区为方向，重点发展新型建材、精细化工、装备制造、食品加工四大主导产业，即以保温材料、高规格水泥制品、PE管等为主的建材工业；以电石、脱硫剂、催化剂、生物制品等为主的化工工业；以车辆改装、锅炉、模塑器具、散热器、钢绞线等为主的设备及装备制造工业；以米业、麦业、肉业等农产品深加工为主的绿色食品加工业。

仓储物流产业集群 开发区把发展重点放在建设物流园和物流基础设施、建立全方位的物流服务体系上，提高物流技术水平、构造完善的物流信息化平台等方面，加快天奇白银物流园、三森家具美居汇展中心项目建设，大力发展工业物流产业，实现为区内企业提供便利、廉价、功能丰富、保障充分的物流服务。

商贸服务产业集群 加快西部大市场、国芳百盛白银世贸中心、文化一条街、苹果一条街、乐膳坊仿古一条街等商贸项目后续建设。

休闲旅游产业集群 以开发区内“两沟”、“三园”为依托，重点发展健身休闲、观光旅游等产业。

文化教育产业集群 依托白银市体育中心、西区高级中学建设，逐步完善园区基础设施，重点培育文化体育、教育培训等产业，引进省内外各类大专院校建设校区。

【效能建设】 组织在管委会机关及规模以上企业开展“改进工作作风，优化发展环境”集中教育整改活动，活动以转变工作作风、提高工作效率、优化发展环境、促进开发建设为主题，解决作风、纪律、效能、环境方面的突出问题。加大干部职工的学习教育力度，以督促自学和集中学习的方式，加强干部职工政策理论学习，组织开展“兰白都市经济圈建设”和《白银日报》八篇评论员文章的学习讨论。完善岗位责任制、首问责任制、限时办结制和效能考核等内控制度，提高工作制度化、规范化水平，提升干部队伍的整体素质和能力。

【白银西区经济开发区领导名录】

梁蓉兰(女) 党工委书记（兼）
李兰宏 管委会主任（兼）
崔艳岐 党工委专职副书记
张文玲(女) 管委会常务副主任
滕有红 管委会副主任
常正鲜 管委会副主任
李仲涛 管委会纪检组长

（吴建斌）

中科院白银高技术产业园

【概况】 2010年白银国家高新技术产业开发区，发挥高新区“率先、带动、辐射、示范”作用。当年高新区完成固定资产投资13.80亿元，完成年度目标任务12.98亿元的106%，同比增长27.51%，其中招商引资项目完成固定资产投资11.8亿元，完成年度目标任务11.15亿元的105.8%，同比增长13.46%，超额完成市委、市政府年初下达的2010年责任目标。当年累计实现工业总产值18亿元，销售收入22亿元。2010年中科院高技术产业园编制25人，实有25人。

【党建工作】 落实党建及党风廉政建设工作责任制，加强高新区非公企业的党组织建设工作，全面落实党风廉政建设责任制，强化党员领导干部监督。制定《白银国家高新技术产业开发区党工委创先争优活动实施方案》，以“构筑坚强堡垒，树立先锋形象，促进城市转型，推动科学发展”为主题，以“五星级”基层党组织创建活动和“白银先锋”工程为载体，围绕园区中心工作，开展创先争优活动，发挥基层党组织和广大党员推动发展、凝聚人心、服务群众、促进和谐的重要作用。

【升级国家级开发区】 2009年开始，高新区申报国家高新技术产业开发区工作。2010年9月26日国务院批准白银高新技术产业园区升级为国家高新技术产业开发区。

【完善设施】 推进“亚行”项目建设，C01合同包5条道路累计5.22公里已完成道路路基土方工程，累计完成土石方量368.05万立方米；C02合同包支三路已完成土方、管网、给排水工程并通车投入运行。南三环、南四环、南纬一路、南纬二路完成土方、管网、给排水工程共2931.557米；C03合同包已于2009年6月24日开标，并通过亚行审批，于2010年3月17日签订施工合同，开工建设。亚行项目用地也按计划推进，支三路、南三环、南纬二路、南纬一路完成征地277亩，兑付征地款782万元，南四环、南经一路完成土地丈量155.3亩，征地补偿费正在兑付。至年底，向亚行报账三次，报账金额4291万元，实际到位资金1878万元。园区筹措建设资金，共争取各类建设资金6743万元，安排亚行项目工程资金及其他工程资金5291万元，亚行项目征地拆迁补偿资金及其他资金850多万元。

【项目建设】 白银鸿浩化工机械制造有限公司HFP-Y耐腐耐磨塑料衬里压滤机专用泵项目、甘肃土木工程科学研究院白银建材化工基地项目、甘肃亿维电力变压器有限公司年产3000台节能低耗变压器项目、白银天诚康伟耐磨材料有限公司年产2万吨合金材料项目、中国科学院电工研究所超导变电站、甘肃康视达眼镜有限公司软性亲水镜系列产品研发、甘肃北方三泰化工有限公司氯碱化工二期建设等项目已开工建设。生活服务区强湾小区二期、悦明小区等开工建设，园区产业不断壮大，产业集群逐步形成。至2010年底，高新区新签约项目13个，签约资金20.26亿元，开工项目25个，竣工项目14个，规模以上工业企业增加4个，累计增加就业人数500人。当年入驻建设项目85个，计划总投资67亿元，完成投资46.75亿元，有56个项目建成投产和运营。

【机灵效时建设】 健全内设机构及职能，实行“相对独立、封闭运行，一站式服务”的管理体制，规范各项业务工作。加强机关效能建设，转变工作作风，强化服务意识，抓软硬环境建设，完善机关内部管理，促进机关及工作人员的办事效率。当年安排接待领导视察、团队参观、客商洽谈等180余批次，接待2000多人次。按照“一站配送式服务”政策为入驻企业办理相关项目建设审批等各项手续。协调解决入园项目在水、电、暖、汽、通讯配套服务上的困难和问题。强化高新区安监环保工作，对于存在安全隐患的企业，责令限期整改。

【白银高新技术产业开发区管委会领导目录】

李嘉岩　党工委书记
张美虎　党工委副书记管委会纪委书记
苟福源　党工委委员
李俊峰　党工委委员

（张美虎）

白银示范工业小区

【概况】 2010年示范区企业完成工业增加值8450万元，比上年增长10%；上缴税金520万元，实现利润348万元，与2000年相比分别增长10%和9%。2010年企业共引进和新增投入2000万元。当年示范工业小区党工委、管委会有2个内设机构（综合办公室和综合科），均为副科级建制。事业编制8人，其中，党工委书记1人，管委会主任1人，副主任1人，内设科室领导职数各1人。

【招商引资】 白银新九星农化科技有限公司先后投资2000万元，新增设备进行技术改造，年生产规模达到6万吨。2010年生产磷肥8万吨，产品销往新疆、青海、山西、陕西等省和本省河西、陇南地区、实现销售收入3500万元。中科院白银凹凸棒研究所投资220万元（企业自筹150万元，科技厅投入70万元），建成一条凹凸棒石和硫酸为主要原料，采用科学配方，严格工艺流程，生产凹凸棒缓解肥料。2010年在科技人员的指导下，企业开始试生产，产品销往河西地区。白银兰澳稀土有限责任公司是示范区引进由甘肃兰澳有色工贸公司独资新建的化工企业。1998年筹建后，经三次规模投资，公司建成2个分厂，拥有固定资产2500万元，职工150人，中级以上职称的技术人员32人，开发出混合碳酸稀土、少钕碳酸稀土、氧化钕、钐铕钆富集物、重稀土等产品，年产量达8600吨，年产值9000万元。2010年下半年，企业与内蒙华成稀土有限公司多次协商，双方达成联营协议，由内蒙华成稀土有限公司出资500万元（作为流动资金）和提供原材料，兰澳稀土有限公司利用现有厂房、生产设备和技术人员，组织生产混合碳酸稀土，产品利润各半分成。全年生产混合碳酸稀土3000吨，实现销售收入3500万元。白银驰辰集团汽车销售服务有限公司是投资500万元，新建厂房，购置先进设备，引进高中级职称骨干人才，年维修高中档轿车及各种车辆3000台次，年收入300万元。

【创先争优活动】 开展“创建先进党组织,争当优秀共产党员”。示范工业小区机关党支部从2010年5月开始，分四个阶段开展创先争优活动。成立创先争优活动领导小组,召开全体党员大会,进行安排部署、宣传、发动、制订方案、组织学习。组织党员学习中共中央总书记胡锦涛在全党学习实践科学发展观活动总结大会上的讲话和中央、省、市、区委的相关文件。

【白银示范工业小区领导名录】

马玉华 副书记

陈述义 副书记（2010.8止任）

张 庆 副书记（2010.8止任）

（王继林）

中小企业创业基地

【概况】 2007年5月17日区中小企业创业基地成立，2007年6月1日经市发改委（市发改工业〔2007〕12号）登记备案。区中小企业创业基地距白银城区3千米，属白银市城市规划区内。中小企业创业基地是白银区加速经济转型的主要抓手，实施“工业强区”的主要阵地，发展循环经济的主要载体，招商引资的主要平台。2007年6月开始规划建设，先后经白银市发改委（市发改投资〔2008〕30号）备案，白银市国土局（〔2008〕244号）对项目建设用地进行审核，甘肃省环保厅（〔2010〕12号）对项目规划环境影响报告予以审查合格。2007年中小企业创业基地被国家发改委列入72个重点扶持项目之一，2008年，创业基地被市委、市政府纳入以“一园三区一基地”为重点的刘白高速工业经济带总体规划；2010年1月被省工信委列入全省循环经济产业园区。

【优惠政策】 入驻基地企业享受白银市人民政府（市政发〔2002〕23号）《中国科学院白银高技术产业园建设有关政策的规定》的所有优惠政策。

【总体规划】 创业基地总规划面积2962.38亩，分两期建设。一期建设，开发平整土地1388亩，其中工业项目建设用地1190亩，道路、绿化等公共设施用地198亩。一期水、电、路、土方平整等基础设施建设概算总投资7966万元，当年底完成投资6120多万元，完成一期土石方平整工程和水、电、路等配套建设工程，并着手进行绿化、美化、亮化等配套建设，创业基地真正成为基础设施配套完善、项目承载条件优越的工业集中区。二期规划范围主要向一期规划区东部和南部延伸，平整开发土地面积1574.38亩。

【项目建设】 一期基础设施建设及公共服务区总投资7966万元，当年累计完成投资6120万元。

土石方平整工程 一期土地开发总投资为3530万元，总面积1388亩。土石方平整工程于2008年6月开工，2009年9月底全部完工，2010年主要进行边坡收尾及工程验收工作。

给排水管网工程 创业基地外围给排水工程总投资411万元，总长度6.7千米，其中给水3.2千米，排水3.5千米，于2007年11月开工，2008年11月建成并投入使用。2009年8月内部给排水管网工程总投资873万元，全长12.8千米，其中给水6.3千米，排水6.5千米。

电网工程 创业基地一期电网工程线路总投资990万元，总长度4.1千米，其中外围2.7千米，内部1.4千米，架设钢杆42基，水泥杆68基，工程于2010年1月开工，9月底完成一期杆线架设任务，保证入驻企业生产需求。

路网工程 创业基地路网工程总投资518万元，总长度4.5千米，工程于2009年7月开工，2010年底完成路面硬化。

通信工程 创业基地通信工程总投资127万元，总长度3.2千米。2010年5月开工，2010年10月完工。

绿化工程 创业基地绿化工程总投资340万元，总面积2000亩，当年底已完成栽植任务。

其他工程 投资327万元，完成挡土墙工程。投资150万元，完成一期2个台阶结合部踏步工程。

【入驻企业】 入驻企业12户，项目概算总投资7.73亿元，2010年底，完成投资2.39亿元。完成工业产值2.3亿元，比上年增长15%；完成销售收入2亿元，比上年增长13%；完成工业增加值5400万元，比上年增长8%；上缴税金540万元，比上年增长8%。

白银康宝新型节能建材有限公司 公司投资3200万元，占地面积64.42亩，新建外墙保温材料生产线项目，项目于2007年底开工，2008年全部建成并投产，2010年完成工业总产值810万元，累计完成工业总产值2108万元。

白银胜昶水泥制品有限公司 公司投资4360万元，占地面积77.86亩，新建年产10万立方米高规格水泥制品生产线项目，项目于2009年7月开工至2010年，完成投资3800万元。

甘肃科邦散热器有限公司　公司投资8000万元，占地面积43.51亩，新建年产180万柱采暖散热器生产线项目，项目于2010年3月开工，当年完成一期生产车间主体钢结构、办公楼及其辅助设施建设，已完成投资2100万元。

白银一刀钢化玻璃有限公司　公司投资5108万元，占地面积49.92亩，新建年产140万平方米钢化玻璃生产线项目，项目于2010年8月开工，当年完成钢结构厂房主体工程建设，完成投资1500万元。

白银百陆电冶化工有限公司　公司投资3500万元，占地面积49.01亩，建设年产电石5.5万吨生产线项目。2010年实现销售收入1.2亿元，上缴税金1800万元。

白银嘉能精细化工有限公司　公司投资5500万元，占地面积57.96亩，新建年产1000吨氧化锌脱硫剂、500吨低压甲醇催化剂生产线项目。项目一期工程于2009年5月开工建设，完成氧化锌、甲醇催化剂厂房及锅炉房等配套设施建设，完成投资2000万元。2010年1月建成并投入试生产。

甘肃金达生物科技有限公司　公司投资5286万元，占地面积39.85亩，新建年产200吨硫酸软骨素生物工程项目。项目于2009年8月开工建设，完成生产车间、办公楼、锅炉房、库房等主体工程建设，完成投资1200万元。

甘肃新北重专用车有限公司　公司投资7300万元，占地面积114.05亩，新建年产2500辆汽车改装生产线项目。项目于2009年5月开工，2010年4月建成并投入试生产。完成投资5000多万元。

白银三通锅炉设备有限公司　公司投资956万元，占地面积10亩，新建年产200台燃煤燃气化常压锅炉制造项目，2010年6月开工，完成厂房、办公楼等主体工程建设，完成投资800万元。

白银东易达塑业有限公司　公司总投资5000万元，占地35.45亩，新建年产2.4亿条塑料编织袋生产线项目。2010年9月开工，进行钢结构厂房建设，完成投资700多万元。

白银科尔迅污水处理有限公司　公司总投资5397万元，占地面积30.11亩，新建集中污水处理项目。

白银统一企业有限公司　公司总投资3600万美元（折合人民币2.37亿元），占地面积198.88亩，项目分两期建设，一期总投资2200万美元。

【白银区中小企业创业基地管委会领导名录】

王树仁　主任（2010.12止任）
李兰宏　主任（2010.12始任）
张绪文　专职副主任
魏新邦　办公室主任

（李廷安）

白银中小企业基地一期开发后的远景

商　　业

华润万家大型超市

供销合作

【概况】　2010年区供销社系统完成商品总销售1750万元，完成计划的134.62%，较上年增长34.62%。完成农副产品收购560万元，完成计划的124.44%。较上年增长24.44%，化肥调供0.9万吨，完成计划的101.11%，较上年增长1.11%。当年区供销社编制9人，实有9人。

【企业改制】　全区县以上企业共8户，分别是再生资源回收公司、农副日杂公司、农业生产资料公司、供销大厦、四龙路农副日杂商场、火车站农副商场、区再生资源购销站、综合加工厂。2008~2010年，通过清产核资、清理债权债务、进行资产评估、拍卖安置职工，当年底改制工作基本完成。1997年基层供销社的改制职工养老、医疗等社会福利没有解决，2010年退休职工、下岗职工及留守职工150多人，先后进入社会养老保险，除个别情况外，职工全部进入社会养老保险。

【基层建设】　5个基层供销社（水川供销社、四龙供销社、武川供销社、王岘供销社、强湾供销社），28个村级综合服务社，4个协会（农产品经纪人行业协会、农业生产资料行业协会、再生资源行业协会、烟花爆竹行业协会），4个专业合作社（明祥蔬菜种植专业合作社、瑞祥丰养殖专业合作社、桦皮川蔬菜专业合作社、武川供销社农业生产资料专业合作社）。利用多种形式发展各种类型的专业合作经济组织，以弥补基层社的缺失，争取农业综合开发项目和“新网工程”项目资金的支持，强化助农增收，提高农民进入市场的组织化程度，开展“农超对接”，增加农民收入，降低市民菜篮子成本。

【白银区供销合作社领导名录】

梁建民　主任（2010.9止任）
张建武　主任（2010.12始任）
李积万　副主任
李朝贵　支部副书记
关维智　副主任

（关维智）

粮油购销

【概况】　2010年区粮食局机关内设办公室、财务股、业务股，下属两家国有独资粮食企业，区狄家台粮食专项储备库和白银元丰粮油批发交易市场。当年区粮食系统共有干部职工50人。2010年狄家台粮食专项储备库仓容2万吨的新库主体工程建成。全年完成粮食收购13242吨，完成目标任务的286%。完成粮油销售6156吨，完成目标任务的102%。完成新增3000吨区级粮食储备任务，区级粮食储备达到目标要求。全区国有独资粮食企业全面实现盈利，完成扭亏增盈目标任务的107%；全区科学保粮任务完成，科学保粮率100%，完成目标的200%；安全保粮率达到100%。储备粮“一符三专四落实”100%。当年全区粮食系统总资产8688万元。粮食总仓容量、库存粮食、周转商品粮等达到规定目标。平均库存比上年同期增加7147吨。2010年区粮食局获全市粮食工作年终目标责任考核第一名。

【粮食购销业务】　有一支熟悉粮油购销业务的购销专业队伍，有粮油质量管理、安全储存、科学保粮等方面的技术和经验。经过改革重组和布局结构的战略性调整，国有粮油购销网点布局得到优化，粮食购销活动的组织能力得到提高，整体经营实力增强。开展便民粮油销售网点建设。开展“放心粮油”进乡村进社区试点。开展品牌成品粮油代理经营项目。2010年累计完成粮食收购13242吨，销售量6156吨，实现销售毛利20万元。

【粮食宏观调控】　修订完善《白银区粮食安全应急预案》，保证特殊情况下的粮食有效供给。区政府成立粮油市场保供稳价工作领导小组，印发《关于进一步做好全区粮油市场供应和价格稳定工作的实施意见》（白政办发〔2010〕79号），从建立和完善粮油市场保供稳价工作机制等方面明确宏观调控的目标、任务和责任。定期召开工作协调会，分析预测全区粮油市场供应和价格变化形势，协调落实各项保供稳价工作措施。为做好全区粮油市场的供应和价格监测工作，建立粮油市场供应和价格监测网络体系，掌握市场动向，定期对小麦、面粉、大米、菜籽油等主要粮油品种的经营量和价格进行监测，作出简要分析报告，报告上级部门。根据上级业务部门的要求，对辖区内各类粮食经营者制定下发最低和最高库存标准，并加强监督检查，当年未出现违反最低和最高库存标准规定现象。2010年全区粮油市场总体运行特点是粮油价格总水平呈上升趋势。全国粮食连年丰收，粮源充足，购销渠道畅通，白银区虽地处销区，粮油供应大量依靠外地调入。当年全区粮油供应充足，市场运行平稳，未出现供应断档、市民抢购现象。

【市场建设和监管】 建立区级粮食行政执法队伍，健全粮食行政执法监督体系，加大执法力度，坚决打击操控粮价、扰乱市场的不法行为。当年底全区有注册（申领粮食收购许可证）粮食收购企业15户，其中2户国有独资粮食经营企业（白银区狄家台粮食专项储备库、白银元丰粮油批发交易市场）和1户国家重点支持粮油产业化龙头民营企业（白银三旺农牧有限公司）。区粮食局成立秋粮收购和粮食市场检查工作领导小组，组织人员，对区内粮食经营企业（户）粮食收购资格、执行国家粮食收购政策、落实最低最高库存标准和执行粮食统计制度等情况进行全面检查。在监督检查中，查处并取消不具备收购资格条件的收购者4户，对未建立粮食经营台账的2户收购者限期改正，对个别收购户未执行国家粮食收购政策的行为进行纠正，对辖区内符合收购条件的11户粮食经营者逐户核定最高库存数量，并予公告，督促企业保持合理库存，承担保障市场供应义务。

【经营管理】 理顺产权关系，完善法人治理结构，建立符合现代企业经济发展要求的运行体制机制。建立健全各项管理制度，坚持市场取向，把握市场规律，跳出本地看白银，坚持一业为主，多业并举。为企业发展搞好服务，协调财政、银行、税务等部门，帮助企业解决发展中的问题，协调落实好储粮及轮换资金。制定切实可行的目标管理责任书，调动各方面积极性，推动扭亏增盈工作开展。坚持半年一次审计制度，确保资金安全。2010年区属国有独资粮食企业实现扭亏增盈。

【粮食储备体系建设】 区狄家台粮食专项储备库仓容2万吨新库建设项目当年1月核准立项，6月3日完成工程施工招标，6月10日开工建设，项目总投资900万元，12月底新库主体工程建设完工积极落实各级粮食储备，增强抵御粮食安全风险的能力按照加快构建“供给稳定、储备充足、调控有力、运转高效”的粮食安全保障体系的要求，在管好已有储备的同时，2010年新增市级储备4000吨、区级储备3000吨，增强全区抵御粮食安全风险的能力。实行分级负责的安全保粮责任制，层层签订保粮工作责任书。执行仓储管理制度。执行国家及省、市粮食局制定的粮油仓储企业规范化管理的规章制度，做到储粮数量真实、质量良好、账实相符。落实安全生产责任制，预防和消除各种事故隐患。做好春、秋两季粮油安全普查工作，安全储粮率达到100%，保持和巩固“一符四无粮仓”成果。

【白银区粮食局领导名录】

张伯武　局长（2010.9止任）
韦宝祥　局长（2010.9始任）
张美爱　总支书记
赵　芳（女）　副局长
彭维烈　纪检员

（张长君）

集贸市场

【概况】 2010年，全区共有市场和交易点15个。其中公园路市场、五一街市场、园林路市场、王岘批发市场、南部市场、胜利路市场、西铜市场都达到规范化要求。公园路市场被省政府授予“全省十大集贸市场”，公园路市场、园林路市场被评为“全省文明集贸市场”。

【公园路市场】 位于城区中心，原是露天马路市场，经1987和1991年两度建设、改造后形成集工业品、饮食服务、农副产品交易等多种经营和具有较强辐射功能与吞吐能力的大型综合集贸市场。有公园路楼院（称四合院）和文化路棚盖农副交易区两部分，总占地面积2.13万平方米，总建筑面积2.63万平方米。其中工业品交易市场占地8500平方米，建筑面积1万平方米，由5栋2层楼组成，共有营业室267间，售货亭192个。文化路农副产品交易市场占地1.28万平方米，建筑面积1.63万平方米，由长465米，宽13.50米的钢结构玻璃钢瓦棚和市场周围扩建的营业楼群、营业铺面组成，共有营业铺面140多间，售货摊位840个。参与经营的有国营、集体和个体工商户1200户，从业人员1895人。经营行业有针织百货、服装鞋帽、五金交化、议价粮油、干鲜果品、花鸟虫鱼等数十类，约3000多个品种。其中工业小商品经营370户，经营农副产品540户，每天上市6万多人次，平均日成交额40余万元。市场多次被评为省级和国家级先进单位。

【文化路市场】 位于白银城区中心，金鱼公园西侧，公园路372号。最早形成于1959年，原名为白银路初级市场，南北走向，长约400米，宽约17米，建筑面积6000平方米，主要经营蔬菜、肉类、水产、小吃、日杂等，是典型的农贸市场。2004年5月，按照白银市政府“两广一市”项目要求，对文化路市场进行改造，建成全封闭式市场，2005年12月，投入试营业，有嘉垣步行街地下商场和地上综合市场两层。至2008年底，有个体工商户245家户，日客流量0.6万人，年成交额800万元，年上缴税金3.2万元，年两费收入19.2万元。

【五一街市场】 位于铜城商厦西侧。1979年6月1日，建成投入使用，市场占地面积4970平方米，建筑面积983平方米，基建投资292万元。上市商品包括粮油类、油脂油料类、棉麻肉禽蛋、水产品、蔬菜类、可用杂品、工业品、餐饮、修理等。2008年，该市场销售1182万元。1995年，获省级文明集贸市场称号。

【银光集贸市场】 位于银光公司福利区，由银光化学工业公司主办。1981年7月开业，占地面积5346.66平方米，建筑面积304.80平方米，基建投资2万元。上市商品主要有农副产品，粮油、蔬菜瓜果、调味品、粮茶烟酒、服装百货等。

【胜利路市场】 位于白银区胜利路，1986年4月开业，占地面积2484.60平方米，建筑面积118平方米，基建投资1万元。主要上市商品包括粮油类、油脂油料类、棉麻、肉禽蛋、水产品、蔬菜类、干鲜果品、日用杂品、工业品、饮食、修理等。

【白银蔬菜综合批发市场】 原址水川路109线南侧。1986年6月1日建成开业，占地面积8280平方米，建筑面积470平方米，基建投资4.30万元。批发产品主要是蔬菜瓜果，1995年成交量3481吨，成交额330.40万元。2003年，在白银区王岘东路75号重新勘测建设，2005年，建成开业，已成为白银最大的新鲜蔬菜批发市场。

【南部市场】 位于白银汽车站北侧，由白银汽车运输公司主办。1993年5月16日，建成开业，占地面积17175.65平方米，建筑面积7540.73平方米，基建投资300万元。开业初期进入市场经营的经营主体有国营单位5户，集体21户，个体私营257户。主要上市经营的产品有农副产品，粮油、蔬菜瓜果、调味品、糖茶烟酒、服装百货、干鲜果品、水产品、维修、家具等。

【园林路市场】 即东山路市场，位于园林路。1994年6月28日，建成开业，占地面积6650平方米，建筑面积7205.30平方米，基建投资160万元。上市品种主要有粮油类、油脂油料类、棉麻、肉禽蛋、水产品、蔬菜类、干鲜果品、日用杂品、工业品、饮食、修理等。1995年，获市级文明集贸市场称号。

【西北铜交易点】 原址位于西北铜加工厂福利区公路线北侧，西北铜加工厂主办。1984年4月开业，占地面积1038.75平方米，建筑面积120平方米，基建投资1.20万元，上市品种主要有蔬菜瓜果、肉禽蛋、豆制品、小百货、饮食、服装、修理等。2005年，因白景公路改线，交易点迁至福利区公路南侧。

【火车站交易点】 位于白银火车站。1984年5月1日建成开业，占地面积127平方米，基建投资1.35万元。上市商品有蔬菜、干鲜果品、工业品、食品等。

【四龙镇交易点】 位于四龙镇商业街。1978年7月，开放集市，始为五天一集，后为常市。占地面积9162平方米，建筑面积2000平方米，基建投资2.90万元。主要上市商品有蔬菜瓜果、肉禽蛋、豆制品、小百货、饮食、服装、修理等。

【水川镇交易点】 位于水川镇金沟口街上。1949年前，已有集贸市场，“文革”中关闭。1985年8月，恢复建成新的交易点，占地面积2460平方米。主要上市商品有蔬菜瓜果、肉禽蛋、豆制品、小百货、农具、饮食、服装、摄影、修理等。

【向阳村交易点】 位于向阳村。1986年7月开业，占地1235平方米。上市商品有蔬菜瓜果、饮食、服装、豆制品等。

【友好路交易点】 位于友好路四巷。原由四龙路街道办事处主办。1992年5月开业，占地面积800平方米。上市品种有蔬菜瓜果、肉禽蛋、豆制品、小百货、饮食等。

【十字街交易点】 位于十字街。原由四龙路街道办事处主办。1992年6月开业，占地面积1222.5平方米。上市品种有蔬菜瓜果、肉禽蛋、豆制品、小百货、饮食，服装等。

【五星街交易点】 位于五星街。1987年开业，占地面积2800平方米，建筑面积1013.5平方米。由白银工商分局投资2.99万元建成，有营业室55个。主要上市商品有蔬菜瓜果、肉禽蛋、豆制品等。

旅游业

四龙度假村风景如画

旅　游

【概况】 2002年6月白银区旅游局成立，为区政府直属事业单位，科级建制，与区文体局合署办公。2005年机构分设，2010年与区文体局合并。当年事业编制5人。形成“都市休闲游”“田园体验游”“生态观光游”“宗教访古游”“白银工业游”5大旅游发展方向，提出“做好景区、做响品牌、做全功能、做优服务、做旺人气”的旅游工作理念。2010年，区委、区政府组织赴外。地区实地考察，学习借鉴兄弟省区发展旅游业的先进经验。出台《白银区关于加快旅游业发展的实施意见》，提出促进旅游业发展的指导思想、发展原则、工作重点、工作机制和推进措施，准确定位发展方向，明确旅游业发展路径和工作步骤。

【旅游接待】 当年接待旅游人数达到32.2万人次，较上年增长11.3%，实现旅游总收入1.55亿元，较上年增长11.3%。获全省旅游三年翻番与质量提升计划先进县区称号。四龙镇、水川镇农户经营农家乐的意识和愿望日趋强烈。2010年全区农家乐经营实现评估收入255万元，带动形成专兼职季节性就业岗位200多个。全区旅游设施从无到有，从有到优，吃、住、行、娱、购、游等旅游发展的六大要素都不同程度地得到发展。全区境内已建成有一定接待能力的景区景点1处（四龙度假村）；县级文物保护单位1处（剪金山）；星级宾馆4家（万盛大酒店、白银饭店、世纪宾馆、银光宾馆），旅行社及旅行社分社8家。

【乡村旅游】 2010年以四龙镇、水川镇为重点，采取政府扶持引导，机构帮扶和以奖代补的形式，开发以农家乐为重点的乡村旅游，按照“一户一品”的模式发展农家乐40户（其中，四龙镇发展28户，水川镇发展10户，王岘镇、纺织路街道各发展1户）。2010年区政府制定出台《白银区农家乐质量等级标准管理办法（试行）》《白银区农家乐质量等级的划分与评定标准（试行）》等管理条例，进行实地考评，确定等级，激励经营户形成竞争意识。旅游局结合实际，举办3期农家乐从业人员培训班，对农家乐服务项目、服务规范与礼仪等方面进行全面系统的培训。

【塑造旅游形象】 2010年上半年协商建立两地旅游合作机制，签订旅游合作协议，双方及时互通信息、交流经验。通过两地交流合作，扩大白银区旅游在兰州市民中的影响力。参加省内外各大商业节会，展示白银区丰富多彩的旅游资源。组织旅游企业积极参加“第十四届中国东西部合作与投资贸易洽谈会”“2010中国国际旅游商品博览会暨旅游商品大赛”“第十六届中国兰州投资贸易洽谈会”“甘肃旅游博览交易会”，向外界推介白银区的旅游商品、纪念品；组织旅行社及星级宾馆积极参加甘肃导游大赛和甘肃旅游饭店服务技能大赛；在白银市首届乡村旅游节上通过组织旅游企业展销产品和制作宣传牌、宣传标语等形式进行广泛宣传；在甘肃省旅游网，市、区政府网站等新闻媒体上发布宣传信息60余条，起到媒介宣传作用；建设水川镇桦皮川村简易农耕文化博物馆，展示白银传统农耕农具、用品，宣传具有浓郁地方特色的农耕文化；举办第四届九九重阳四龙剪金山民俗文化旅游节。

【旅游服务管理】 在节假日和旅游旺季期间深入到景点、宾馆、旅行社等对旅游景点秩序、市场活动、旅游安全和服务质量等进行指导和监督检查。在长假期间安排人员进行24小时值班，及时掌握节日旅游动态，上报有关信息，受理解决旅游投诉。开展评星及星级宾馆年度复核工作。指导白银饭店、万盛大酒店、世纪宾馆和银光宾馆等宾馆进行整改提质。组织星级宾馆对服务人员服务技能进行培训。推介白银风采2日游旅游线路，扩大白银旅游的客源市场，使全年的旅游接待人数达到32.2万人次。加大对旅行社的监督管理力度。开展旅行社营业部升级工作。强化旅游安全管理。按照省、市关于加强旅游安全工作的指示精神，对辖区内的旅游企业进行全面的安全大检查。组织万盛大酒店、银光宾馆开展2次防火演练活动。

【白银区旅游局领导名录】

张彩铃（女）　局长（2010.8止任）
胡朝亮　副局长（2010.9止任）

（曾彦鹏）

旅游景点

【四龙度假村】 原名白银公司疗养院，位于四龙镇黄河北岸，距白银市区28千米，占地面积8.41万平方米。经3次扩建，形成能同时接纳500人就餐、住宿、游玩、娱乐的多功能旅游区。主要建筑有古典秀雅的四合院、新颖别致的银河宾馆、松林翠柏环抱的别墅楼群。有古雅清幽的大小餐厅12个，有160座和120座的大型会议室各1个，有中小型会议室7个，适合举办各种形式的展览会、研讨会、新闻发布会、招待酒会及大型宴会。有占地1.40万平方米的方壶池，池中亭台楼阁耸立,小船荡漾。院内奇花异草竞相争艳，构成独特的自然景观和人文景观，集休闲、度假、旅游、疗养、办公、商务活动于一身。亭、台、楼、阁、廊榭、假山、别墅、宾馆为一体，被誉为“陇上明珠”。党和国家领导人、社会知名人士曾多次光临。多次接待外国朋友、海外华侨及港、澳、台同胞。

【剪金山】 位于四龙镇。距城区26千米，主峰海拔1742米，山峦环绕。庙宇始建于1465年。1985年8月，剪金山被定为县级文物保护单位。

【黄河大峡】 位于水川镇西南端，距市区30千米，与皋兰县什川镇及其境内的黄河小峡相连，因峡长、峡奇、峡险皆称黄河之最，故名大峡。大峡水电站建在峡口，坝长240米，平均坝高71米，水库蓄水约1亿立方米，年发电14.65亿千瓦时。黄河大峡奇观旅游风景区由31.5千米奇峰异山的大峡、10千米波光粼粼的条城川、240亩四面环水的玉兔岛、20千米水流湍急的乌金峡等四部分组成。大峡有峡谷枣林、天王掉甲、大禹治水、神龟探潮、天桥横空、睡佛、古峡仙洞、情侣吻别、友好使者、猛虎饮川、镜中佳人、古峡护神、千里单骑、飞来石、锦鸡独立、鲲鹏钓月、鳄鱼扑食、武当神钟、雷祖风云、大川古渡、岗岗沟、翠绿湖等景点。由黄河小峡、黄河大峡、黄河乌金峡组成的黄河小三峡风景区是甘肃省重点旅游开发区，也是白银258千米黄河风情线的起点，连接兰州40千米黄河风情线。

【玉兔岛】 位于水川镇张庄村、金锋村黄河段河心位置，四面环水、红柳丛生、植被茂盛、环境幽雅。总面积240亩。2004年，开始新植各种名贵树木，建筑楼台庙宇，是人们休闲娱乐的好去处。

【白银人民广场】 位于白银西区兰州路东侧，占地面积12万平方米。是融现代园林绿化艺术、建筑小品、图腾柱雕、现代大型音乐喷泉、艺术照明景观、观赏展览、休闲于一体的游乐广场。有儿童乐园、老年园地、绿地景观小游园，又有形似白银版图的旱喷泉、景观水道、中心演出舞台、涌泉水池、高台跌水、城建展厅。广场地面全部采用防滑灰色花岗岩和奶白色广场砖铺砌，以红色线条镶割，层次分明，错落有致。整个广场景观在布局安排上突出了“水、绿、亮、雕塑”四大主题。人民广场水面积3800平方米，大型音乐喷泉直线长280多米。栽植各类树木12种，绿化面积3.84万平方米。安装各种灯具11类725组。建有反映白银历史、风土人情、现代风貌、美好未来的12根石雕列柱。大型铸铜墙面浮雕遥相呼应，形成广场独具特色的人文景观。

【金鱼公园】 位于白银城区中心，占地面积444亩，因地形呈金鱼状而得名。园内绿树成荫、曲径通幽，亭台楼阁错落有致，绿水碧波相映成趣，建筑风格独具特色，是融古典园林建筑于自然山水中的综合性公园。园内人文景点丰富，有长城雄关，廊阁叠翠，巍峨白塔，生肖石刻。湖心翠岛镶嵌点缀其中，有游船、自控飞机等游乐设施。动物园坐落其中。是一座综合开放式公园。金鱼公园依山而建，山水相映，绿树成荫，景色宜人，有植物40余种，苗木30万株。三季有花，四季常青。园内分布点缀亭、台、楼、阁、水榭、曲桥、喷泉等设施供游人休憩。东面有占地3.13万平方米的人工湖，湖水碧波荡漾，岸线弯曲自然，游人荡舟其中，修身养性，休闲娱乐。东南面有动物园，园内有国家重点保护动物30余种。西面有2800平方米的健身广场，儿童乐园、盆景园、石牌坊，十二生肖雕像穿插其中，与喷泉、假山、草坪交相辉映。公园中心的主体山峰树木葱茏，各类人工建筑依山而建。微缩长城全长170米，山廊叠翠怀抱其中，七层宝塔高耸山巅，塔顶视野辽阔，尽揽铜城风貌。

【全民健身广场】 位于白银金鱼公园西南侧，占地面积50.25亩，其中广场面积27000平方米，绿地面积达3200平方米，水面2000平方米。在设计上体现“以人为本”的理念，在区域上确定老、中、幼三大功能区。整个建筑将艺术性、观赏性与使用性结合在一起。设计成“航空母舰”式的建筑体形，即一层商场和健身广场像“航空母舰”的甲板，三层商场似“航空母舰”的航舰和塔台。该广场为市民提供优美舒适的健身场所，提高城市品位，集市民健身、美化、亮化、绿化等功能为一体。

【乌金峡】 位于水川镇五柳村和靖远县平堡乡金峡村之间，峡谷中山势陡峭，峰巅耸立，似斧劈刀削，高入云霄。因传说峡内被挖出乌金而得名。峡谷内大浪滔天，称为“大浪天险”。乌金峡是黄河小三峡电站开发项目之一。峡谷中可见山在云雾缭绕之中，景色尤为壮观。峡口北侧有禹王庙、白马庙、药王庙遗址，每年到此烧香拜佛的信徒游人络绎不绝。是休憩、野餐的最佳去处。

【王家大院】 王家大院“农家乐”位于白银区四龙镇民乐村，占地面积30亩，其中林果生态餐厅20亩，日接待能力500人。是一处集旅游、观光、休闲、度假、游乐为一体的休闲旅游农家乐。恬静、舒适、安全、便利的环境，可为游客提供不同档次的服务。

【北武当莲花山】 以山形酷似莲花而得名，北武当雏形开始于公元430年西秦后期，形成于元成宗大德五年。清代形成规模，民国时期进行过较大维修。山上主要有祖师大殿、三宫殿、子孙宫、药王殿、财神殿、灵宫殿、文昌宫、雷神殿等建筑，其规模、风格、气势、布局都为上品。“文革”期间建筑被毁。后逐步恢复修建。武当神钟为条城八景之一。

【地质公园】 位于白银公司露天矿。占地面积913.40万平方米，建筑面积4.6万平方米。1956年2月，露天矿一号坑开采，1988年4月，闭坑。1997年，区委、区政府确定为爱国主义教育基地。

旅游商品、纪念品

【铜工艺品】 依托省内外优秀雕塑大师的艺术才华，涉及承接各种样式类型的城市或者企业纪念性、标志性雕塑。生产承接各种规格样式的人物、动物和器物等铸铜工艺品，包括各种神话人物、各种世界著名雕塑、各种造型的摆设、装饰品、特色旅游纪念品等。生产各种书法专用的器具。包括：铜镇纸、铜笔筒、铜墨盒、铜笔挂和铜笔架等。承接生产各种铜质印章。可根据客户需要定制尺寸、形状。根据客户需求承接生产制作各种尺寸、各种类型的铜版画。包括：世界名画、中国山水画、中国工笔画、中国水粉画、敦煌壁画和全家福照片等。

【鸵鸟蛋工艺品】 鸵鸟蛋工艺品，是以鸵鸟蛋壳为载体，运用雕刻、绘画、书法艺术等表现形式，将鸵鸟蛋与艺术有机结合在一起。其品种多样，有浮雕、镂雕、彩绘等形式。它具有象牙般的光泽，如玉般的圆润质感，品质高雅。具有很高的收藏价值和观赏价值，是天然与艺术的完美结合，也是馈赠的最佳礼品。鸵鸟蛋工艺品的龙形支架，造型独特，由升腾的“龙”形构成，寓意中华民族奋发向上的精神。整个工艺品如腾龙戏珠，浑然一体，把您带入一个纯天然、全绿色的蛋壳艺术天地，让人们尽享蛋壳文化、龙文化、中国书画艺术、雕刻艺术带来的祝福和吉祥。

【葫芦雕刻】 葫芦雕刻作品主要有白银风情、花鸟、人物、山水等，其雕刻技法变化多样。用色苍古沉稳，刀法苍劲有力，方寸之间总能气势夺人，融诗书画印于一体。

【串珠工艺品】 主要产品包括花瓶、各种串珠动物、串珠包、纸巾盒等，成为居家装饰、馈赠亲友之佳品。

旅游线路

【区际旅游线路】 A.白银城区——黄河大峡——四龙休闲度假村、农家乐——黄河石林——景泰县城——宁夏中卫沙坡头——银川——沙湖。

B.沙湖——银川——沙坡头——景泰县城——黄河石林——靖远法泉寺——白银城区——黄河大峡——青城古镇——兰州——甘南——九寨沟。

【市内旅游线路】 A.白银城区——黄河大峡——青城古镇——黄河石林——景泰县城——寿鹿山、永泰龟城——兰州或白银（可做周末二日游）。

B.兰州或白银——黄河大

峡——青城古镇——四龙休闲度假村、农家乐——靖远县城——法泉寺——会宁——兰州。

旅游服务

【宾馆饭店】 白银饭店（四星级） 白银饭店地处白银市中心黄金地段，是一座集住宿、餐饮、会议、洗浴、娱乐为一体的四星级饭店。交通便利、环境幽雅、设施一流、服务上乘。住宿分为中楼、贵宾楼、迎宾楼五至八层。共有客房186间，迎宾楼全楼采用净化水系统和中央空调系统。餐饮系列设在迎宾楼二、三楼，有大小豪华包厢24间，中餐宴会厅2个，生态休闲雅座30多个，可提供800多人同时就餐。内部装修舒适典雅，集中国传统历史文化与现代餐饮文化为一体，是接待宾客、商务宴请的最佳去处。西昌茶苑风格雅致，可供宾客休闲娱乐、商务洽谈。饭店有3000平方米洗浴广场。健康、时尚，是人们放松身心、享受温馨的理想场所。迎宾楼九楼阳光时代娱乐会所内设20个包厢，1个演艺大厅。20个包厢各具风格，其命名全部采用古词牌名，将古代文化融入现代生活中。白银饭店无论从硬件设施还是环境氛围，处处体现时尚，处处充满个性，正稳健地步入发展的快车道。万盛大酒店（四星级）2005年8月13日试营业。是集餐饮与住宿为一体的综合性酒店，装修豪华、设备齐全。在白银首家采用中央空调，全天候为来宾提供优质服务。有客房105套，其中套房16套、商务单间6套、豪华标间86套。可容纳200人下榻。酒店国际会议中心有6个多媒体大、中、小会议室。酒店餐饮部营业面积1252平方米，设有豪华包间、豪华宴会厅、普通包间和餐饮大厅，可容纳600多人就餐。主营川、粤、湘大菜和本地特色菜，可满足不同层次人群消费要求。酒店还设有设备先进的洗浴中心和娱乐会所。是休闲娱乐的最佳场所。世纪宾馆（三星级）是甘肃省公路总段下属的三星级宾馆，主楼高十层。建筑面积6575平方米，员工120人。北临白银汽车站，南临国道109线及白兰高速公路，交通便利，视野开阔，地理位置得天独厚，是集餐饮、住宿、商务、办公、娱乐、会议为一体的综合型宾馆。宾馆一、二、三层为餐饮区，设有大、小宴会厅及装修典雅、风格不同的包厢17间。四至八层为客房，拥有标准间、豪华套房64间。床位115张。九层为豪华KTV歌舞厅。十层为会议室。其中餐饮区面积2000平方米，可容纳700人同时就餐。另外还配有闭路电视、网络线路、自动消防控制系统、自动监控系统、现代化通信系统和先进的电脑管理系统等。位于白银区水川路94号。银光宾馆（二星级）1987年10月，建成。占地面积16000平方米。是一座集旅游住宿、会议接待、商务洽谈、度假休闲于一体的二星级饭店。宾馆绿树成荫，装潢古朴典雅，充满浓郁的企业文化气息，服务设施完善，经营方略挚诚。宾馆有标准客房和豪华套房80间（套）。其中有行政套房、商务套房、商务标准间、甲级标准间、普通标准间、三人间、单人间等8种房型。客房装饰独特、环境幽雅，陈设典雅大方，温馨宜人。内置独立空调、卫星电视以及国内免费直拨电话、宽带网络服务设施。宾馆有不同规模会议室、接待厅6个。其中多媒体会议室2个，可承办200人以内各种规模的会议及商务洽谈活动。装饰豪华的宴会厅位于宾馆后院一侧，不同装饰风格的宴会厅和包厢8间，可同时容纳300人就餐。宾馆内设有网球场、羽毛球场、乒乓球室、棋牌室等休闲保健场所，是宾客放松身心、享受温馨的理想场所。位于银光路218号。

白银大自然旅行社

白银大自然旅行社2004年4月成立。是一家具有独立法人资格的现代旅游企业,2008年，底有员工12人，内设白银营业部和平川营业分部。主要业务有组织、接待个人和机关团体、企事业单位度假旅游；承办培训会、展示会、贸洽会、企业年会等商务会议；组织工业、农业、经济、文化等各类型专题考察；代订白银往返全国各地及国际机票，代办国内大中城市及香港、澳门等地酒店预订。2004~2008年，为国内外游客提供专业旅行服务达10000人次。与区内外机关、企事业单位有合作关系。驻白银区红星街269号。

金融业　保险业

中国农业银行白银分行

中国人民银行白银市中心支行

【宏观调控】 2010年年末，全市金融机构各项存款余额349.22亿元，较年初增加36.39亿元，同比增长11.63%；各项贷款余额194.90亿元，较年初增加54.12亿元，同比增长38.44%。人民银行支农再贷款余额3.5亿元，支持农村信用社发放农业贷款48.6亿元，占全市农业贷款的52.2%。当年年末，金融机构共发放妇女小额担保贷款5.4亿元，投放量居全省第四；累计发放生源地助学贷款2.9亿元，居全省第一；累计发放下岗失业人员小额担保贷款1.1亿元。

【风险监测机制】 构建月度风险监测报告、季度金融稳定形势分析和年度金融稳定评估报告的风险监测评估体系，实现金融稳定监测评估工作日常化、制度化、规范化。推动建立白银市社会信用体系建设联席会议制度、白银市维护金融稳定工作制度和白银市金融稳定工作沟通协调机制。完善金融稳定评估指标数据库，定期形成风险分析报告，及时提示风险苗头。

【执法检查机制】 开展金融综合执法检查，完成对白银市城市信用社账户管理情况、地方法人金融机构存款准备金制度执行情况、中国银行国际收支业务的现场检查，对农发行、工行、建行和人寿保险公司、太平洋保险公司等5家机构反洗钱业务的现场检查，对白银区等农村信用社改革进展情况的专项检查，规范金融机构经营行为，促进金融政策的有效执行。

【跟踪监测机制】 开展国有商业银行改革绩效调研评估、农业发展银行经营管理及农业政策性金融需求情况调研；加强对信用社获得央行资金支持后经营情况的跟踪监测，督促农村信用社加强管理，有效巩固改革成果。配合市政府推进白银市城市信用社改革。11月，白银市商业银行成立。

【金融服务】 完善大额实时支付、金融机构系统内支付、同城支付、小额批量支付、银行卡跨行支付和支票影像等6大支付系统功能，为金融机构和企事业单位提供便捷的资金清算服务，资金流通和汇划清算速度提升，支付结算环境改善。在全省率先完成财税库银横向联网全面推广，全市金融机构所有营业网点及国税、地税所有征收机构全部实现电子扣税业务。打造涉农补贴资金“国库直通车”，实现“良种补贴”“家电下乡”“农村医疗救助”等25项财政补贴资金国库直拨到户。落实各项外汇管理改革政策和贸易投资便利化措施，支持有条件的企业充分利用国际国内两个市场、两种资源加快发展。引导外汇指定银行拓展业务经营范围，创新外汇业务品种。开辟“绿色通道”，简化龙头企业进口付汇手续，推动贸易便利化。引导辖内金融机构利用信用信息数据库，加强对企业和个人信贷风险的防范，企业和个人信用基础数据库建设取得进展。采取中小企业信用信息征集与企业年审相结合的方式，推动中小企业信用体系建设。全市个人征信系统共录入自然人数78万人，企业征信系统采集5000户信息，月均查询分别达23万次和4900余次。住房公积金信息13万户，入库数量居全省第二位。建立金融机构洗钱风险评估评级机制，反洗钱现场和非现场监管效能提升。做好现金供应工作，方便群众鉴定真伪和兑换残损人民币；加大原封新券的投放和残损人民币回收力度；加大小面额人民币投放量，督促金融机构做好小面额人民币兑换工作。配合公安机关打击假币犯罪。

【干部教育培训】 组织开展为期13个月的“创新金融服务、支持经济发展”业务竞赛活动。制订落实《党员政治理论学习培训计划》《干部培训工作计划》，举办货币政策、信息调研、新版办公自动化等28期培训班，参训人员282人次；先后选派60多名业务骨干参加上级行举办的业务培训；在分行组织的“我学习，我成长”征文评选中，获1个一等奖、2个三等奖。在全省人民银行系统“青春在西部闪光-后危机时代的金融改革与发展”青年课题竞赛中，获得团体三等奖，有1人获“最佳选手奖”。在全省人民银行系统节能减排知识竞赛中，获团体二等奖，有7人获个人奖项。2010年，报送的信息调研文章被《西北师大学报》《宁夏大学学报》《统计与决策》《西部金融》《甘肃金融》等刊物采用。开展“党员便民服务”“讲党性、重品行、作表率”“情系红色圣地、爱心捐助学子”，献爱心等主题实践活动，共计捐款6万元。

【内部管理】 确立“工作零失误、管理零违规、业务零差错、资金零风险”的安全管理“四零”目标，建立“科长周查、日常性工作具体抓，主管行长季查、分管工作经常抓，行长半年查、综合性工作全面抓，重点工作随时查，强化督查跟踪抓”的四种监督检查制度，构筑“岗位自控、部门互控、全程监控”等多道安全防线，形成“岗位有责任、环节受监督、差错要追究、奖惩凭业绩”的责任追究机制。全年共开展审计项目7项，提出整改措施和建议20条。开展以“三集中、两规范”（集中服务事项、集中服务人员、集中审批权力，规范大厅运行程序、规范工作标准）为主要内容的行风标准化建设活动。参加白银市广播电台“政风行风热线”直播节目，向听众解答关于银行卡收费、征信、妇女小额贷款等方面的问题。做到党风廉政建设与业务工作同部署、同落实、同检查、同考核，形成党委统一领导、纪委组织协调、部门各负其责、全体员工共同参与的党风廉政建设工作机制。执行党员领导干部报告个人有关事项制度。承办全省人民银行“羽毛球”比赛，获优秀组织奖。组织“金点子”评选、“三八”女职工趣味体育比赛等丰富多彩的群众性文体竞赛等活动。建立困难员工档案。

【中国人民银行白银市中心支行领导名录】

赵东芳　党委书记、行长
李仁吉　副行长
陈明荣　副行长
高志功　副行长
杨冠雄　纪委书记
杨春香　工会主任

（李吉祥）

中国银行监督管理委员会白银监管分局

【概况】　2010年，白银市共有10家各类银行业金融机构、274个分支机构，其中农业发展银行5个，工商银行25个，农业银行41个，中国银行6个，建设银行18个，邮政储蓄银行35个，城市信用社18个，农村信用社124个，村镇银行1个，农村资金互助社1个。全市银行业金融机构资产总额达389.85亿元，比年初增加48.49亿元；各项贷款余额194.93亿元，比年初增加54.12亿元；负债总额380.36亿元，比年初增加46.9亿元；各项存款余额345.01亿元，比年初增加38.2亿元；不良资产余额9.26亿元，比年初减少4亿元；不良资产率为4.24%，比年初下降4.28个百分点；全年累计实现净利润3.49亿元，同比多盈利0.46亿元。

【宏观调控】　2010年，全市银行业贷款增速为38.4%，增幅分别高出全国、全省贷款增速19.9和15个百分点。先后重点支持有色、电力、煤炭、化工等支柱产业以及招商引资项目、节能减排项目。设立小企业信贷专营机构，完善独立的小企业贷款评审和管理系统，推出“网贷通”“贸易融资”等小企业融资特色产品。2010年年末，白银市各银行机构共发放小企业贷款24.44亿元，比年初增加2.56亿元，增长11.7%。2010年年末，全市农、林、牧、渔业贷款余额32.93亿元，比年初增加4.55亿元，占全市各项贷款的比重达到16.9%。全市农户小额信用贷款余额3.53亿元，比年初增加1.57万元，增长80.1%。加强与地方政府、教育部门、有关银行的工作协调，与教育、财政等部门联合对2007年以来生源地信用助学贷款工作开展情况进行全面考核。2010年，白银市共与2.47万大学生签订助学贷款合同，贷款金额达1.26亿元。全市累计发放的生源地信用助学贷款金额占全省的三分之一。

【员工培训】　2010年共组织全市银行业参加银监会、银监局的贷款新规视频培训5次，累计参训380多人次；组织开展贷款新规知识测试580人次，测试合格率达100%。在督促各银行机构进行自查的基础上组织开展督导与检查，共派出检查组5个，检查贷款7995笔16.71亿元，提出整改建议40条。

【风险管控】　2010年年底，完成分解数据、四方对账、分析定性、汇总报表、统一会谈、现场检查等六个阶段工作。辖区4家银行机构向市县两级12家地方政府融资平台发放的14.56亿元贷款。控制房地产项目和个人消费性住房贷款投放，控制投资投机性购房贷款，支持保障性住房的开发和居民的住房消费。开展银行业内控和案防制度执行年活动。完成对邮政储蓄机构和农村金融机构基层网点安全管理、业务库管理情况现场检查，共检查营业网点158个、业务库77个。2010年，全年共受理各类信访件5件，比上年减少1件，办理5件，办结率为100%。

【有效监管】　2010年共开展各类现场检查21项，检查银行机构213家次，提出整改意见124条。落实审慎监管会议制度和“盯人、盯钱、盯网”制度，完善非现场监管信息系统和大额风险授信统计制度，加大集团客户授信及贷款集中度、拨备覆盖率、资产利润率、存贷款比率的监测；对城乡信用社分别开展压力测试分析和监管风险评级，非现场监管的监测、预警和导航功能得到发挥。注重机构准入程序中营业网点的现场实地勘查和高管准入程序中高管人员业务水平、履职能力和职业操守的审核。当年共审核批准机构迁址、更名29家，审核批准高管人员任职资格47人。

【队伍培训】 2010年共组织各类业务培训40多次，编印培训资料250册；全局50岁以下干部全部通过“三大模块”初级水平测试，其中有18人通过中级水平测试。当年共组织完成重点调研课题28个。

【中国银行业监督管理委员会白银监管分局领导名录】
马国俊　党委书记、局长
杨重朝　副局长
李福泉　副局长
张宗武　副局长

（王银祥）

中国农业发展银行白银市分行

【概况】 2010年，全年应计利息13290万元，实际收回12451万元，同比分别增加2184万元和1717万元。实现账面利润4861万元，高于省分行目标值827万元，同比增加441万元，增长10%；实现人均利润33.98万元，高于省分行目标值3.98万元，同比增加1.11万元，增长3.4%。收入成本率21.99%，低于全省农发行中间值13.77%；资产利润率2.1%，高于全省农发行中间值1.17%。

【调整信贷结构】 2010年累计投放贷款65929万元，同比减少80330万元，下降54.9%；累计收回贷款85920万元，同比减少1785万元，下降2%。年末贷款余额232627万元，同比减少10307万元，下降4.2%。其中商业性贷款156620万元，占贷款总额的67%，占比较年初上升6.65%；中长期贷款142240万元，占贷款总额的60.8%，占比较年初上升20%，高于全省农发行16个百分点。

【风险管理】 落实“班子成员包片督导清收制度”和“风险贷款监测分析处置月例会制度”，考核挂钩。全年共现金清收存量不良贷款8902万元，完成省分行下达清收任务的137%，占全省农发行全年清收额的34.5%。至2010年底，不良贷款余额8733万元（含当年新增2683万元），占贷款总额的3.75%，余额及占比分别较年初下降6219万元和2.4%。

【中间业务】 至2010年年末，存款余额达到48938万元，人均存款767.63万元，高于省分行目标值367.63万元，同比增加110.17万元，增长16.8%。实现中间业务收入37万元，同比增加7.45万元，增长25.3%；人均中间业务收入达到4067元，高于省分行目标值1067元，同比增加764元，增长23%。外汇结算业务取得突破，全年共办理3户企业外汇结算业务40笔403万美元，完成省分行下达计划300万美元的134%，获得结算手续费收入2.3万元。

【粮油收储信贷业务】 全年向6户国有粮食购销企业发放贷款14笔9137万元，同比少投放9笔5813万元，下降39%；向5户市县级粮食储备企业投放贷款5笔2923万元，较上年多投放2笔1553万元。至2010年末，市县级储备贷款余额达到3483万元，比年初增加2648万元，增长3.17倍。

【中国农业发展银行白银分行领导名录】
王自斌　行长
来耀东　副行长
王得绪　副行长
雷振琴　行长助理

（李　钰）

中国工商银行白银分行领导名录

【概况】 2010年，全年实现拨备前利润1.27亿元，同比增盈2501万元。各项人民币存款余额79.21亿元，较年初增加11.70亿元。人民币各项贷款余额39.16亿元，较年初增加16.43亿元。实现中间业务收入4036万元，同比增加1144万元。全行不良贷款余额3973万元，比年初下降39万元，不良贷款占比0.85%。实现拨备后利润、中间业务收入、各项存款净增、各项贷款净增、贷款总量5项社会占比保持同业第一，加上存款总量，6项指标社会占比在全省系统排名均位居三甲之列。存款总量和增量占比分别为33.39%和55.79%，贷款余额和增量占比分别为38.13%和44.81%，中间业务收入占比为40.58%。当年，白银分行获甘肃省文明单位称号。

【结构调整】 2010年，实施优质客户拓展工程，加强客户售后服务和关系维护，扩大优质客户规模和占比。调整收益结构，提高存贷业务对经营的贡献度。通过低成本存款的争揽，提高活期存款的比重；通过加快项目前期贷款的置换和优质客户项目贷款的投放，扩大项目贷款的规模；通过提高贷款的议价能力，提高贷款平均收益水平。拓宽中间业务收入渠道，不断增加中间业务收入，中间业务收入占账面利润的比重上升。

【内控管理】 2010年，落实案件查访工作，堵塞漏洞，排除隐患，开展预案演练，提高安防能力。加强贷后风险管理。加强对重点贷款客户的监测管理。对个人不良贷款制定现金清收措施。对银行卡不良透支客户采取公安机关协助追透、依法执行。紧盯关注类贷款，落实潜在风险贷款退出计划。落实岗位轮换制度，防范人为风险。

【党建工作】 组织广大党员重温党章，实施“党员示范岗”，发挥“一个党员一面旗”作用，体现党的先进性；开展创先争优活动，增强党员的先进性意识，践行党员的先进性要求，展示党员的先进性形象；加强党风廉政建设，签订责任书，在全行形成勤政廉洁工作风气。

【中国工商银行白银分行领导名录】

王　贵　党委书记、行长
陈立新　副行长
史明太　副行长
杨振乾　副行长
金正平　纪委书记
彭太嘉　高级经理
刘仲湖　高级经理

（王东昕）

中国农业银行白银分行

【概况】 2010年年末，人民币各项存款总量达到79亿元，当年净增11亿元，增长16.13%；缴纳营业税金及附加1043.3万元，缴纳费用性税金62.6万元；累计投放各项贷款27亿元，贷款余额达到37亿元，当年新增12亿元，增幅达50.81%，创历史最高水平；发行惠农卡1.8万张，总量达到13.6万张，投放惠农卡小额农户贷款4亿元，10528户农民得到信贷支持。全行贷款净增额位列全省农行第二名。

【城市业务】 围绕“兰白都市经济圈”建设、白银城市转型和“棚户区”改造等经济热点等重点企业、重点项目，加大力度，滚动营销。扩大与财政机构、系统性集团客户、优良中小客户的合作。加强与政府机构、事业法人的合作，做好金融服务，做大农行白银市支行机构业务。加强与证券、基金等机构类同业客户的合作，吸收低成本存款，拓宽资金来源。支持中小企业快速发展，扩大基本客户群，增强业务发展后劲。拓展外汇结算渠道，推广外汇代付业务。

【网点建设】 制定《白银分行2010~2013年网点建设总体规划》。落实网点营销能力提升、服务流程优化、销售资源整合、文明标准服务导入等“软转型”措施，实现网点转型由“形似”到“神似”的转变。通过改进晨会方式、加强“神秘人”督导检查、完善网点服务质量管理体系等各项措施的落实，结合开展网点文明标准服务导入“回头看”检查，提升网点文明标准服务成果。发挥大堂经理分流业务、组织服务、现场管理的作用，提高高价值客户营销与管埋水平；坚持视频培训与现场培训相结合，强化零售业务培训。

【零售业务】 以柜台为阵地，以产品为载体，开展“金钥匙·春天行动”零售业务综合营销等专项竞赛活动。全员营销、分层营销、联动营销、交叉营销、主题营销相结合，实现个人产品和对公产品、理财产品和渠道产品、中间业务产品和负债及资产业务产品的联动营销。扩大中间业务收入。改善用卡环境，拓展银行卡功能，卡业务管理水平、服务水平和科技支撑力得到提升，实现银行卡由数量增长型向质量效益型的转变。以本利丰理财产品、凭证式国债、储蓄国债等成熟业务为重点，以大企业、集团客户和个人优质客户为目标，强化预约销售。拓展中间业务收入渠道，在完成系统测试、资质申请等前期工作的基础上，开办实物黄金业务。以住房按揭楼盘为依托，抢抓优质客户资源，组织开展“幸福春天·贷您体验”个贷专项营销活动。

【三农服务】 制定《白银分行进一步深化服务“三农”工作的贯彻意见》，分解下达发卡、授信和放贷计划，制定具体的奖励措施；以农户小额贷款为抓手，以个人生产经营贷款为补充，统筹安排信贷计划，满足春耕备耕生产信贷需求；创新工作方法，简化办贷手续，推广“一站式”作业。以特色农业大户、农村种养大户和订单农户为重点，围绕产业链上下游农户集中实施批量发卡；强化电子渠道建设，推广转账电话等电子产品；完善流动客户经理组考核办法，扩大、延伸流动客户经理组服务范围；围绕当地主导产业和特色农业，培育信用村50个；营销农业、农村、农户代理项目。以教育、卫生等公用行业为切入点，以优质中小企业为重点，以特色农业产业为主体，加快小企业简式快速贷款、自助可循环贷款的推广应用。缩短决策链条，提高办贷效率。按照“逐级授权、差异管理、动态调整”的原则，逐级、分类转授小企业、县域个人和农户信贷业务审批权。简化评级、授信流程，对“三农”个人贷款业务实行网上作业单轨运行，推行信贷事项限时办结制。建立前中后台互动、条线监测督导的预警机制；以惠农卡卡片、密码管理为重点，规范业务操作，加强惠农卡安全常识宣传、普及，引导农户正确使用惠农卡，防范“三农”信贷风险。

【风险管控】 以信用风险防范为重点，以操作风险管理系统为支撑，以强化制度执行力为抓手，加强市场风险的分析。抓好惠农卡、住房按揭、不良资产处置、柜台操作等重点业务、重点环节的治理工作。运用直接追偿、诉讼清收、减免息、债务重组、抵债资产市场化处置等手段，加快处置委托资产，提高处置效率。开展合规管理、合规检查、授权控制、责任审计、内控评价、案件排查和反洗钱工作。

【队伍建设】 组织开展科级干部年度考核，实施动态管理，增强支行班子队伍力量；按照干部竞聘的规定程序，组织开展机关部门经理、副经理缺岗竞聘。开展“创先争优”活动，组织全体员工先后向西南地区特大旱灾、青海玉树地震灾区和舟曲特大泥石流灾区捐款16.4万元。开展员工行为排查，规范劳务派遣、非全日制用工和业务外包管理，防范和化解组织人事工作风险；开展全市农行第五届柜台业务技术比赛。开展领导干部履职监督检查和党风廉政建设教育宣传月活动，抓作风建设和执行力建设。组织开展“迎新春”歌咏比赛、庆“五一”文体比赛、“践行文化理念·学习先进典型”演讲比赛等活动。推进系统精神文明建设。白银区支行营业室获团中央青年文明号称号。

【中国农业银行白银分行领导名录】

王　飞　党委书记、行长
何建明　党委副书记、副行长
牛惠民　纪委书记
李　辉　副行长
汪贻鹏　副行长

（张明清）

中国银行股份有限公司白银分行

【概况】 2010年年末，中国银行白银分行资产总额为17.38亿元，较上年末减少1.29亿元，减幅为6.94%；负债总额为17.1亿元，较上年末减少1.39亿元，减幅为7.51%；所有者权益为2775.95万元，较上年末增加934.65万元，增幅为50.76%。全年共实现经营利润2964.13万元，同比增加1211.38万元，增幅为69.11%。人均利润34.47万元。成本收入比为34.05%。人民币存款余额16.56亿元，较年初减少1.41亿元，其中储蓄存款余额为5.96亿元，较年初增加7206万元；公司存款余额为10.61亿元，较年初减少2.13亿元；各项外币存款余额402万美元，较年初增加44万美元。人民币授信资产余额8.95亿元，较上年末增加2.36亿元，增幅35.82%，其中公司贷款余额为7.51亿元，较上年末增加1.67亿元；零售贷款余额为1.44亿元，较上年净增0.69亿元。人民币授信综合不良率1.46%，较上年末下降0.52个百分点。中间业务净收入551.29万元，同比增加158.29万元，增幅为40.28%。中间业务收入占营业净收入的23.85%。其中国际结算产品线实现中间业务净收入294.72万元，同比增加67.06万元，增幅29.46%。个人金融产品线实现中间业务净收入94.18万元，同比增加31.4万元，增幅50.02%。

【内控措施】 2010年，中行白银分行加强内部控制与合规经营，构建内控建设长效机制，增强员工的依法合规经营意识，规范员工的操作行为，营造全行的合规文化氛围，提高员工照章办事、按规操作的自觉性和抵制违规操作的能力。完善对检查工作机制的考核、评价制度，完善业务检查的方式方法，促进条线部门落实制定的内控检查计划。做好反洗钱工作。执行机关行政值班制度，对值班情况进行备案考核。对省分行及外审部门在检查中发现和反馈的意见进行整改和后评价。加强保卫工作责任制，抓各项规章制度落实，更新安全技术防范设施。加强安全保卫工作，实行安全保卫工作责任制，利用监控联网系统提高安保工作效率。

【业务发展】 2010年，分行加大负债业务的拓展力度。做好白银公司等重点客户的一揽子业务营销工作，争取企业破产资金、结算资金在全行的存放量，更通过叙作质押贷款、进口汇利达、海外代付等业务增加分行的存款总量和收益水平。发展中间业务，扩大分行国际结算业务市场份额，在增加结算业务品种、促进收入多元化方面想办法、下工夫。加快对稀土新材料、华鹭铝业等授信项目的投放进度，做到早投放、早受益。

【主要措施】 做好对白银公司、

稀土高科、华鹭铝业等重点客户的稳固和挖潜工作，增加企业在中行白银分行的结算及存款份额；开展“拉户揽存”活动，增加公司结算客户数量。搞好银政、银企合作关系。加强与外事部门、旅行社、宗教局等单位的联系，从源头上开展外币储蓄存款营销，提升中行外币业务的品牌优势和客户信赖度。先后营销中材水泥、铜城建设、银珠电力、同盛医疗、恒诚机械、天际钢铁、同盛医疗等重点优质客户。市场份额提升近 4.2%。。

【中国银行股份有限公司白银分行领导名录】

丁文豹　党委书记、行长
高承旗　副行长
李沛银　副行长
李鹏涛　副行长

（肖可富）

中国建设银行白银分行

【概况】　2010 年年末，白银分行全口径存款余额为 62.41 亿元。各项贷款余额为 17.87 亿元，新增 5.95 亿元。全年实现中间业务净收入 2601.93 万元。全行不良贷款额 619.52 万元，当年处置不良贷款 53.32 万元。

【存款业务】　全方位组织存款，大进大出的局面得到缓解，存款结构得到优化。在抓存款方面，分行多管齐下，力求全方位发展，机构存款、房金存款、同业存款均有出色表现，为全行稳存、增存起到支撑作用，消除白银公司存款大额支取的不利影响，存款的稳定性基本上得到保障，存款的来源结构和期限结构均得到改善。

【业务营销】　2010 年，与刘化集团就白银高科园生产项目达成合作意向。与 7 家小企业客户新建立信贷业务关系。全年小企业贷款投放 7600 万元，累计办理小企业贴现业务 546 万元。白银市棚户区改造项目启动后，分行在成立专门的营销团队的基础上，制定棚户区改造金融服务方案，4 个棚改资金财政专户和 1 个棚改廉租房资金专户落户到分行，吸收资金累计达 1.5 亿元。

【贷款业务】　为白银公司发放 1000 万美元的外汇贷款，实现分行外汇贷款零突破，实现国际结算收入 26.69 万元。2010 年，为白银市第二人民医院投放贷款，实现机构贷款零突破。

【不良资产处置】　2010 年年末，全行不良贷款额 619.52 万元，均为形成时间长、处置难度大的“硬骨头”，全行不言放弃，努力保全，全年处置不良贷款 53.32 万元。

【中国建设银行白银分行领导名录】

李兆桂　党委书记、行长
李玉德　纪委书记
毛志明　副行长
李青海　副行长
任　喆　风险主管

（徐全才）

白银市商业银行

【概况】　2010 年，白银市商业银行各项存款余额达到 28.11 亿元，贷款余额达到 16.01 亿元，股本总额达到 15284 万元，资产总额达到 30.55 亿元，不良资产占比为 2.14%，清收不良 3651.55 万元，其中清收表内不良贷款 212 万元，政府土地置换不良贷款 3439.55 万元，资产租赁收入 489.48 万元，资产变现 838.9 万元，实现利润 1607 万元。

【资产结构】　2010 年 3 月 16 日，中国银监会正式批复同意在白银市城市信用社基础上筹建白银市商业银行。全年创利 1607 万元；年末各项贷款金额超过 16 亿元，其中票据贴现贷款累计投放达 7.9 亿元。主要投于国有骨干企业、招商引资企业、农业产业化龙头企业和“两园”企业。全年累计投放贷款 28 亿元。

【内部管理】　2010 年，甘肃银监局在全省银行业中开展“内控和案件防范执行年”活动，以强化内控、防范案件、加强制度建设、提升管理水平，增强高管人员和一线员工制度执行意识、增强整体执行力为主要目标，以抓案防、促发展，抓制度、强内控，抓重点环节，查突出问题，抓整改落实、堵案件隐患，抓履职问责、强执行意识为抓手，建立健全全行内控及案防制度，提高营业网点和职能部门的案防意识。

【建章立制】　市商行全面梳理各项规章制度，再造业务流程。以组建商业银行为契机，制定《白银市商业银行章程》以及“三会一层”议事规则，编写包括财务、信贷、人力资源、科技信息等 10 大类 130 多个子项的制度模块。对综合业务系统进行改造升级，完成白银市商业银行卡系统的开发建设工作，为商业银行卡系统的上线和卡的发行工作奠定基础。

【业务拓展】 实现账户管理、个人身份信息查询、可疑交易、支付、借贷记业务数据的集中、分理、报送、查询和个人结算业务的全国通存通兑。2010年，市商行着力发挥电子科技优势，借助兄弟与兄弟单位网络的通道，利用财税库银横向联网网上缴税之机，与纳税人签订银税企三方协议开立缴税账户300余户。

【队伍建设】 2010年，举办柜面人员培训12期，培训36人次，信贷、风险管理人员“三个办法一个指引”培训6期，培训360人次，其他各类培训人均达3次以上，并在全行开展干部职工“日读一文，季读一书，年长一技”素质教育活动。

【支持地方经济发展】 2010年，支持民营企业发展。对白银金奇化工、白银天孚门窗业等一批优质民营企业给予信贷支持。解决城市基础设施项目建设资金短缺问题。向白银市白银区交通局贷款1300万元、白银西区中学贷款1000万元、白银市委党校贷款400万元、白银市第八中学贷款300万元等。向白银红鹭氟业有限责任公司贷款1000万元、白银鸿运热力有限责任公司贷款1000万元、甘肃北化进出口贸易有限公司贷款700万元、甘肃华鹭铝业有限公司贷款1000万元、白银中天化工有限公司贷款1200万元等。对入驻白银市高科技产业园区的企业及时给予信贷支持，保证部分招商引资企业的流动资金需求，支持白银中科宇能有限公司、甘肃聚隆精细化工有限公司、甘肃在恩生物工程有限公司的生产发展。支持商贸流通企业发展。向白银开民商贸有限公司贷款1000万元、白银华通商贸有限公司贷款200万元、白银正发市场有限公司贷款1000万元、白银桓汇商贸有限公司贷款1000万元等。向白银市大地城市建设开发有限公司贷款1500万元、甘肃颐园房地产开发有限公司贷款800万元。

【白银市商业银行领导名录】

高维治 党委书记、董事长

罗振夏 行长

丁建伟 纪委书记、监事长、工会主席

郭富刚 董事会秘书

郝菊梅 副行长

武　生 副行长

（市商业银行办公室）

甘肃省农村信用社联合社白银办事处

【概况】 2010年年底，白银市农村信用社各项存款余额60.68亿元，比上年底净增15.51亿元，增长34.34%；各项贷款余额40.32亿元，比上年底净增6.84亿元，增长20.39%。

【支农服务】 2010年，累计发放各项贷款35.23亿元，其中农业贷款31.88亿元，占累放总额的90.49%。当年底，全市农村信用社涉农贷款余额36.23亿元，较年初增加7.75亿元，占各项贷款的89.86%。推广农户小额信用贷款，授信农户12.2万户，占总农户的41.95%，授信额度28.12亿元。发放劳动密集型小企业担保贷款350万元、城镇下岗再就业人员贷款10779万元、生源地助学贷款804万元、妇女小额担保贷款25226万元。全年累计发放中小企业贷款2.09亿元。

【风险控制】 2010年，建立和完善决策、执行、监督相制衡，激励和约束相结合的经营机制，制定针对性较强的风险识别、风险预警等制度，围绕信贷管理、稽核审计等重点工作，再造管理流程；开展案件排查防控回头看等措施。加大稽核审计力度，完善稽核手段，通过定期检查、不定期抽查、专项稽核审计、非现场报表监控等方式，加强对业务经营过程的监控。全年全市农村信用社不良贷款下降3.03亿元。

【甘肃省农村信用社联合社白银办事处领导名录】

王德荣 主任

苏鸿发 副主任

（信用社综合管理部）

中国人寿保险股份有限公司白银分公司

【概况】 2010年，实现股份公司总保费收入2.55亿元，是“十一五”初期的1.55倍，保费收入年均增长速度13%。其中首年保费收入6704.4万元，首年期交保费收入3000.78万元；个人业务实现首年期缴保费2585万元，银行保险业务实现保费收入4054.64万元，短险保费收入1476.87万元，短期险赔款支出614.29万元，全市代理人销售队伍994人。

【风险管控】 建立可控的风险防范体系、内部控制机制和合规管理制度，风险防范水平提高，防御理赔给付高峰期的业务管理风险、资本市场下滑后的非正常退保风险等风险隐患，接受来自各方面的监督检查和审计验收。

【提升企业品牌形象】 参与地方经济建设，实现经营效益与社会责任的和谐统一。在雨雪冰冻、汶川地震、玉树地震、舟曲泥石流等重大灾害中，参与和投入抗灾救灾与灾后重建工作，支持地方财税事业、促进白银经济社会发展等方面作出贡献。

【中国人寿保险股份有限公司白银分公司领导名录】

张云才 党委副书记、副总经理（主持工作）

苏彦宏 纪委书记、副总经理

乔忠臣 副总经理

竹 华 副总经理

（杨嘉玮）

中国人民财产保险公司白银市分公司

【概况】 人保财险白银市分公司隶属于中国人民财产保险股份有限公司。1986年成立后，机构覆盖全市三县两区及所有乡镇，在白银非寿险市场上有着品牌、网络、资源优势和市场主导地位，业务范围及服务领域遍及全市。坚持以“人民保险、服务人民”为使命，秉承“以人为本、诚信服务、价值至上、永续经营”的经营理念。长期为白银有色金属公司、银光公司、靖远电厂、大峡电厂、靖远煤业公司等大中型企业及社会各界提供各类风险保障。

【保险业务】 2010年，公司共承担机动车辆险、财产险、责任意外险、短期人身险等风险保障195.12亿元，缴纳各类税金1587.58万元，支付各类赔款5315.76万元。

【中国人民财产保险股份有限公司白银市分公司领导名录】

伏 强 党委书记、总经理

（人保财险白银市分公司办公室）

环境幽美的居民小区

经济综合管理

中国科学院白银高技术产业园办公楼

国有资产管理

【机构】 区国有资产经营管理中心是区政府直属事业单位，正科级建制。内设办公室、财务室。2010年有正式职工4人。经营中心托管改制企业领导干部24人，其中在区国资中心上班的7人，其余以养代管，所需经费从剩余国有资产经营收入中列支。

【棚户区改造】 2010年1月完成西村联合大院30栋平房拆除和237户居民的拆迁安置工作。完成强湾移民小区建设项目，拆除面积0.33万平方米，动迁12户，办理完成前期手续，完成三通一平，2010年7月6日工程开工。完成公园路1号、2号棚户区改造项目，共建成保障性住房60套，总建筑面积4570平方米。

【企业改制】 至2010年底共办理发放已改制42户企业退休职工医疗保险手续1992人，补缴企业改制前拖欠“两金”169.93万元，内退人员“两金”110.8万元，发放遗属生活费96.4万元。完成人民路街道企业总公司、供销社下属8户企业、原天河化工厂及铬盐厂职工身份置换任务；办理百货公司等6户企业改制后854名职工失业金手续。完成华银商城新楼消防工程验收工作。联合区人社局、工信局对工艺时装厂等8户集体企业626名职工人事档案审核公示和身份确认工作。

【来信来访】 2010年棚户区改造项目过程中共接待上访约190人次，化解率98.6%；化解企业改制过程中遗留问题78件。对四龙路百货商场实施收购，至当年12月，共办理收购251户，占总收购任务的97.3%，发放收购款2971.8万余元。

【资产处置】 2010年，原百货公司等9家企业14处国有资产，实现变现资金2324万元。

【白银区国有资产经营管理中心领导名录】

苏　玲（女）　主任（2010.8止任）

何艳君（女）　主任（2010.9始任）

（樊胜富）

国土资源管理

【机构】 白银市国土资源局白银分局前身是白银区土地管理局，成立于1988年4月，原白银区地质矿产管理局成立于1993年4月，1994年两局实行合署办公，两块牌子，一套人员。2002年组建区国土资源局，正科级建制，下设国土资源执法监察队和土地征用开发整理中心2个事业单位。2005年8月更名为白银市国土资源局白银分局，人、财、物统一上收，由白银市国土资源局垂直管理。保留水川国土资源所、四龙国土资源所、强湾国土资源所、武川国土资源所。撤销白银区王岘乡国土资源所、白银区纺织路街道国土资源所，组建王岘国土资源所（服务王岘镇、纺织路街道），统一由市国土资源局管理。

【规划管理和耕地保护工作】 年初与乡（镇）政府签订耕地保护目标责任书，把分解下达的基本农田保护指标落实到地块，落实到农户，做到基本农田保护的图、表、卡、册，农户保护面积与地块面积对应一致，使耕地保有量和基本农田保护指标落到实处。2010年白银区划定基本农田保护面积9220.51公顷，耕地保有量12647.52公顷。更新完善档案资料，建立健全基本农田保护台账，做到档案资料完整齐全、台账内容清晰准确、数据资料及时更新、保护标志统一规范。逐级落实耕地保护责任。区政府、乡（镇）、村社、农户都层层签订《基本农田保护责任书》，划定的基本农田目标责任签订率达到100%。加强对基本农田保护工作的监督检查和质量等级的提高，与相关部门密切配合，健全基本农田保护监管体系，加大监督检查和宣传力度，提高基本农田保护的全民意识。当年完成四龙、强湾、武川三乡（镇）土地开发整理项目，共开发整理土地239.1公顷，总投资1231万元，可增加耕地面积142.1公顷。组织上报省、市级投资土地开发整理项目。省级投资的武川乡狄沟土地开发整理项目，该项目投资250万元，建设规模70.2公顷，开发土地9.16公顷，整理土地61.04公顷，可增加水浇地60.92公顷，该项目已通过省厅评审。上报市级投资的武川乡中山村、新安村土地整理项目，该项目拟整理土地166.7公顷。

【编制土地利用总体规划和矿产资源总体规划】 按照省、市国土资源部门关于矿产资源规划修编工作的要求，白银国土分局积极组织专业技术人员，在第一轮规划修编的基础上，科学客观研究白银区矿业发展方向。当年完成《白银市白银区矿产资源总体规划》编制工作，并通过省级验收。

【为经济建设项目提供用地保障】 贯彻落实国务院《关于深化改革严格土地管理的决定》和国土资源部《土地利用年度计划管理办法》，坚持“依法用地、从严从紧、有保有压、节约集约”的原则，按照土地利用总体规划安排建设用地，规范建设用地预审工作，无违反规划划拨、低价出让、越权批地行为。贯彻落实耕地保护制度和节约集约用地制度，优先保证国家和省、市重点建设项目用地及经济适用房、廉租房建设和“城中村”改造等民生工程项目用地。2010年主要为大坝滩综合开发项目、城市基础设施建设、保障性安居住房、刘化项目及产业园等项目建设征收土地1930亩，征地拆迁补偿补助费约1.1亿元，全额拨付到被征地拆迁的乡（镇）、街道、村社，足额兑付到被征地拆迁农户手中，无拖欠、截留、挪用被征地农民补偿安置费问题，保护被征地农民的合法权益，维护社会和谐稳定。

【土地市场配置资源】 协助市国土资源局做好工业用地等经营性用地招标拍卖挂牌出让工作；协助完成房地产闲置土地清理工作；利用原有农用地分等成果，对农用地分等成果进行更新和产能核算，白银区共划分为1762个农用地分等单元，形成覆盖白银区的农用地等别体系；执行《甘肃省国有土地使用权出让收支管理办法》，协助市国土局督促土地使用者履行土地出让合同，确保应缴土地出让收入全额收缴入库；规范国有建设用地使用权供地行为，完善供地台账，做好相关资料的整理归档工作。

【国土资源法规宣传教育】 开展国土资源法律法规宣传教育工作。在日常宣传教育的基础上，以4月22日“世界地球日”和6月25日“全国土地日”等重大法律法规宣传教育节日为契机，采取设立咨询点、发放宣传材料、张贴宣传标语等多种方法，集中力量在城乡结合部和五乡（镇）政府所在地及重点地段进行广泛深入地宣传，共发放宣传材料5000余份，悬挂横幅标语12条。

【国土资源执法监察】 按照“预防为主，防治结合”的原则，落实国土资源动态巡查责任制，预防和制止国土资源违法行为。针对国土资源违法行为具有季节性的特点，加大动态巡查力度，对交通沿线、城镇郊区和重点矿区、矿点的土地利用、探、采矿情况进行全面动态巡查，发现和制止苗头性和倾向性问题。2010年共巡查46次，发现和制止国土资源违法行为27起，其中立案查处6起，涉及土地面积52.5亩。

【矿产资源保护与开发】 国土、公安、安监、乡（镇）政府等相关部门组成联合行动小组，开展对无证勘查开采、越层越界开采、污染破坏矿产环境等违法违规行为的清理查处工作。制定《白银区资源整合方案》。加大采矿权有偿使用力度，建立公正、公开、透明、有序的矿业权市场，凡符合条件的新设采矿权全部实行招拍挂出让，到期采矿权全部实行有偿延续，市场化配置率达到100%。开展白银区矿业权实地核查工作，对白银区72家矿山企业逐一进行矿山开采实地核查，实地核查成果通过验收。编制《白银市白银区2010年地质灾害防治方案》和《白银市白银区地质灾害应急预案》。完善群测群防体系建设，落实汛期地质灾害值班、巡查、监测预警、应急调查和速报、月报、年报等各项制度，对各乡镇地质灾害隐患点确定责任人和监测人，发放地质灾害明白卡，确保人民群众生命和财产安全。

【地籍管理工作】 全面完成第二次土地调查收尾工作，在土地开发整理、土地卫片执法检查等工作中对调查成果进行应用。开展土地登记发证工作，落实“以证管地”和“五不登记”制度，提高土地登记规范化水平。2010年共发放《国有土地使用证》17宗，涉及土地425.5亩；发放《集体土地使用证》2宗，涉及土地2.56亩。开展农村集体土地证书年检工作。2010年共年检1248户，登记发证463户。做好土地纠纷调处工作。2010年共发生土地权属纠纷21起，调处20起，调处率达到95.24%。

【土地信访工作】 健全工作制度，规范工作程序，热情接待上访人员，化解各种矛盾。2010年收到转办和上访信件8件，结案8件。重视建议提案办理工作。2010年共答复人大代表提案2件，提出提案的11名代表对答复结果全部表示满意。

【廉政建设】 贯彻落实2010年党风廉政建设和反腐败工作任务，采取措施，将党风廉政建设责任制和反腐败工作任务按各股室职责分工进行细化分解。落实中纪委五次全会特别是胡锦涛同志在中纪委五次全会上的讲话精神，加强对干部职工的教育工作。落实廉政建设“四大纪律、八项要求”和国土资源管理系统行政为民十项措施和工作人员五条禁令。区国土资源系统开展“两整治一改革”专项治理工作。围绕村镇建设宅基地报批及登记发证、矿业权审批、土地开发整理项目实施、地质灾害项目实施、项目招投标、征地补偿、财务收支和干部管理等8个方面，全面排查制度漏洞和廉政风险点。通过排查，共查找出单位廉政风险点55个，制定防控措施32条，个人廉政风险点170个，制定防控措施99条。

【白银市国土局白银分局领导名录】

王隽平　局长
顾海兵　党支部书记、副局长
李惠萍　副局长
沈　颖　纪检员
武之泰　执法大队队长

（沈　颖）

工商管理

【机构】 白银市工商行政管理局白银分局成立于1977年。2010年有干部职工87人，内设8个职能科（室）、1个经济检查大队，下辖4个基层工商所，挂靠6个社团组织（区个体劳动者协会、区私营企业协会、区消费者协会、区商标协会、区广告协会和区工商学会）；担负着白银市区6个集贸市场、5个交易点，王岘镇部分地域，武川乡，人民路等4个街道、1278户企业、22家农民专业合作社和6203户个体工商户的市场监管任务。2010年白银工商分局荣获甘肃省文明单位称号。

【市场主体发展】 2010年白银分局制定“一简化三放宽五鼓励”的具体实施方案，推进“红盾助推”工程，实现新登记注册个体工商户1418户，较去年同期增长13.34%；新登记注册私营企业11户，较去年同期发展数增长175%；新发展农民专业合作社13户，较去年同期增长11%。市场主体总量持续增长，行业布局渐趋合理，经济平稳发展。

【支持发展】 白银分局与白银市商业银行建立金融服务合作关系。为个体工商户和中小企业提供小额信用贷款300多万元。完成招商引资项目3个，引资4000万元，到位资金1500万元；第十六届“兰洽会”上，组织6户中小企业参展，签订协议4份，实现销售额1400多万元。

【品牌战略】 全区有效注册商标389件，著名商标8件，其中2010年注册商标85件，认定白银、红鹭、黄金家园等3件著名商标，通过实施商标品牌战略，助推企业发展。

【优化服务】 落实“一审一核”制，把好市场主体准入关，当场发照率达到60%以上，开通“三个绿色通道”和网上申报系统。为配合政府尽快启动“白银市熟食品加工基地”，解决入驻经营户生产许可证等登记注册难题，工商分局派工作人员进驻基地，帮助100多户入驻经营户办理相关证照。

【重要案件查处】 2010年工商分局先后组织专项整治60多次，立案查处商业贿赂案1件，罚没款1.3万元；查处非法广告案91件，罚款4万多元；查处商标侵权案15件，罚没款11.37万元；4月初查处一起存在重大安全隐患的无照黑矿点，对当事人罚款20万元。5月10日配合市工商局和市公安局捣毁传销窝点5个。全年共查处各类经济违法违章案件445件，收缴罚没款116万元。在全市工商系统执法办案效能综合考评中获第一名，人民路工商所和东山路工商所进入全市执法办案单位前五名。

【巡查执法】 2010年工商分局建立“一图两册两书三表”的市场巡查表册记录制度，推行市场巡查责任制，设立大巡查指挥调度办公室，对巡查人员重新编队编组，科学划分甲乙丙三型网格责任区。完善《执法办案绩效考核办法》《行政告诫实施办法》《执法办案联动办法》和《工商所法制员管理办法》等十多项制度，重新培训并任命一批基层工商所法制员，推行说理式执法办案法律文书，建立法制机构与纪检监察机构共同核审案件新机制。

【食品安全管理】 2010年有444户食品经营户办理“食品流通许可证”，发展食品安全示范店65户，备案食品配送企业43户，检测食品共计10个大类46个品种1903个批次，合格率99.74%；已建立12315联络站58个，发布消费提示和消费警示200多条，受理解决各类消费咨询、申诉、举报423件，为消费者挽回经济损失40多万元。

【消费维权】 2010年白银分局开辟消费维权“绿色通道”，建立消费纠纷和解委员会，推行小额争议先行赔付制度。在华润万家超市白银店和西太华超市白银店推行“一员两室”建设，调配专职企业消费维权管理人员，成立小额消费先行赔付室和食品检测室，为消费者提供食品检测服务、消费纠纷处理以及不合格食品的先行赔付。

【“红盾助学”】 3月12日白银分局向白银区金沟口小学赠送篮球、足球、排球、羽毛球拍等一些体育和教学用具，为20名困难学生赠送课外阅读书籍、书包和学习用具，价值共计5000多元。

【非公党建工作】 至年底，白银分局辖区共有非公企业953户，非公企业中有中共党员765名，非公企业党组织99个，通过采取“独立建、联合建、挂靠建、依托建、选派建”等多种方式，培养入党积极分子125名，发展党员28名，新建立党组织98个，组建率由年初的1.2%提高到14.7%。

【创新先进机制工作】 2010年实现中共白银区非公经济工作委员会的转设工作；设立非公经济党建工作办公室和个体劳动者协会党支部，在4个工商所建立工商所党支部、流动党员党支部、非公经济党建指导站和流动党员辅导站，由工商所所长担任党支部书记，并选派专职副书记，具体负责基层党务工作。

【处理好党企政企关系】 2010年全区选派驻企党建指导员24名，联系和指导953户非公企业开展党建工作和创先争优活动。开展“非公党建推进月”、“双培双带”、党员“五在前”“五比五创”“六诺”等活动。已创建非公企业党员示范岗54个，建立党建示范企业15户，个体党员示范店15个，党建重点企业22户，有13户非公企业党组织和10名非公企业党员，受到省市区的表彰奖励。白银分局倡导非公经济组织，为青海玉树地震灾区捐款捐物24万余元，为甘南舟曲县特大泥石流灾区捐款23万余元。

【队伍建设】 将执法监管中常用的27部法律法规进行梳理，编撰出《执法办案简明实用手册》，开展“每周一法一讲座”“岗位技能演练”“案卷评查”等形式多样的学习培训活动，先后组织应知应会知识考试、非公党建知识考试、执法岗位竞赛、市场巡查大比武、“读书思廉、读书思勤”演讲比赛、支部共建、党员互助等活动，共举办多层次、多角度的业务技能和综合素质培训班30多期。工商局先后有5人次获省市以上表彰奖励，分局获全国工商行政管理系统法制宣传教育先进集体称号、全市系统读书演讲比赛优秀组织奖；政务大厅获巾帼文明示范岗、人民路工商所和东山路工商所获得全省工商系统文明服务窗口和示范工商所称号。2010年“3·15”期间，区消费者协会获开展消费与发展年主题活动先进单位称号。

【白银工商分局领导名录】

卢成刚　党组书记、局长
王国庆　党组副书记、副局长
狄国武　副局长
张玲玲(女)　副局长
李学强　党组成员、纪检组长

(张巨鹏)

经济管理

【概况】 区发展和改革局下设物价局、物价检查所、经济转型办、西部开发办等机构，下设办公室(项目稽查办)、综合规划与经济体制改革股、固定资产与交通能源股、地区与农村经济股、社会事业与资源环境股、经济贸易与高技术产业股（经济动员办公室)、价格收费与综合管理股7个股室。2010年有职工23人，中共党员21人。全区生产总值完成148.1亿元，完成年计划100%，比2009年增长12.7%，其中第一产业增加值完成3.76亿元，完成年计划的100%，比2009年增长5.3%；第二产业增加值完成93.74亿元，完成年计划的100%，比2009年增长14.7%；第三产业增加值完成50.6亿元，完成年计划的100%，比2009年增长10.4%。区属固定资产投资完成16.36亿元，完成年计划的123%，比2009年增长60%。社会消费品零售总额完成44.85亿元，完成年计划的100%，比2009年增长15.06%。一般预算收入完成2.78亿元，完成年计划的105.7%，比2009年增长14.23%。城镇居民人均可支配收入达到14711元，完成年计划的100%，比2009年增长12%。农民人均纯收入达到5630元，完成年计划的100%，比2009年增长11.49%。

【重点项目建设】 2010年全区共安排区列重点项目30项，计划总投资24.82亿元，当年投资17.31亿元，完成投资13.97亿元，占年计划的80.7%，同比增长66.3%。其中，中材（甘肃）集团日产4500吨新型干法水泥生产线、甘藏银晨公司铬盐废渣处理等8个工商项目完成投资5.84亿元，同比增长37.7%；工农渠大型泵站更新改造、四龙奶牛养殖示范园区建设等6个农业项目完成投资0.80亿元，同比增长2.6%；小城镇基础设施建设、棚户区改造等11个基础设施项目完成投资6.50亿元，同比增长129.7%；人民医院急救门诊楼建设、教育资源整合等5个社会事业项目完成投资0.83亿元，同比增长53.7%。项目管理更加规范。配合中央第十九检查组、省市工程建设领域突出问题专项治理检查组、省市重大项目稽查办，围绕重点领域和重点项目工程质量、建设进度、资金管理和招投标等环节，加大项目稽查力度，当年共检查项目121项，发现存在问题的项目29项，全部完成整改。

【项目及资金】 全区各单位、各部门把主要精力用在跑项目、争资金、抓投入上，完善项目的凝练、论证、编报等前期工作，加大项目的衔接、争取和落实力度，争取政策资金。当年上报国家和省发改委项目68项，完成科研项目46项，通过评审项目41项，已下达投资计划项目35项，到位资金23766万元，比2009年增加7066万元。其中工业项目资金1620万元，农业项目资金4615万元，基础设施建设项目资金14215万元，社会事业项目资金3316万元。争取棚户区改造、廉租住房资金8236万元，完成10个片区、4660套、34.3万平方米，争取农村危旧房改造资金632万元，完成危旧房改造1300套。当年新签约项目32项，到位资金6.4亿元。

【城乡一体化建设】 2010年编制完成《白银市白银区城乡一体化发展规划》，启动城乡一体化试点工作。实施桦皮川村和民乐村城乡一体化试点建设工程，按照“五个一”标准和“五统一”要求，累计投入资金2397万元，拉动群众投入1800万元，新改建住房282院，新建“农家乐”30户，建成文化广场2处，新修道路11千米，铺设管线11.4千米，安装太阳能路灯188盏。靖白公路四龙段改扩建工程累计完成投资2000万元，竣工投入使用。乡村道路建设项目完成投资3460万元，硬化乡村道路100千米、改造23千米、砂化20千米。新开通白银至四龙、白银至王岘红星公交线路。扎实推进农村新居建设工程，武川新居三期交付使用，强湾新居二期10栋主体完工。

【经济转型】 2010年中材集团日产4500吨新型干法水泥生产线、王岘水泥厂日产2000吨新型干法水泥生产线、德福祥日加工800吨小麦生产线建成投产。中小企业创业基地列入《甘肃省循环经济总体规划》，基地总体规划通过市级初审，一期工程累计完成投资2.1亿元，平整土地1380亩，入驻企业11户，实现产值2.2亿元。王岘水泥厂火焰山牌水泥、新北重专用车、郝氏碳纤维等产品实现产销两旺。区及区以下工业增加值完成9.67亿元，比2009年增长15.1%，其中规模以上工业增加值完成4.71亿元，比2009年增长15.3%；规模以下工业增加值完成4.96亿元，比上年增长15.1%。继续淘汰落后产能，当年关闭五小企业23户，万元生产总值能耗降低4.5%，二氧化硫和化学需氧量排放分别下降26%和5%。

【农业农村经济】 全区粮食总产量达到2409万吨，农业增加值完成3.76亿元，比2009年增长5.3%。优化产业结构，树立品牌意识，发展现代特色农业，全区新增日光温室1504亩，推广日光温室秸秆生物反应堆技术1510亩，完成旱砂地枣林1000亩，累计达到3600亩。做大做强鑫昊奶牛、华都生猪养殖等基地建设，全区新增标准化养殖小区5个，鑫昊奶牛养殖示范园区项目完成投资1800万元，建成标准化牛舍7920平方米，引进奶牛500头，存栏1800头，日产鲜奶12吨；白银市红牛产业化养殖园区项目完成投资2000万元，建成标准化牛舍8400平方米，建成饲料加工车间、青储库及配套设施。投资6204万元，实施工农渠大型泵站更新改造、农村扶贫开发、农业综合开发、农村安全饮水、农村沼气池建设等工程。

【社会事业】 2010年投资6030万元，实施校舍安全工程，撤并学校14所，新建、改扩建校舍4.8万平方米，排危1.1万平方米。市职专实训楼项目完成投资550万元，完成主体框架。人民医院急救门诊楼基本建成，公园路街道、纺织路街道卫生服务中心建成并投入使用，工农路街道、四龙路街道、人民路街道卫生服务中心项目开工建设，提高新型农村合作医疗参合率，基本公共卫生服务全面开展，医药卫生体制改革推进。文化信息资源共享工程和农家书屋建设取得新成绩，文物和非物质文化遗产保护工作有序进行。城乡低保“提标提补”工作完成，全年发放低保金9681万元，发放救助金544万元。就业和社会保障水平不断提高，失业、养老、医疗、工伤、生育保险覆盖面扩大，失地农民参加养老保险做到“即征即保”。创业带动就业，累计发放小额担保贷款7935万元，城镇新增就业1.2万人。

【编制规划】 区政府成立”十二五“规划编制领导小组，编制完成《白银市白银区国民经济和社会发展第十二个五年规划纲要》(征求意见稿)，经政府专题讨论后，分别征求区人大、区政协和各民主党派意见，形成《白银市白银区国民经济和社会发展第十二个五年规划纲要（草案)》，并于2011年1月11日白银市白银区第十二届人民代表大会第五次会议讨论通过。

【白银区发展和改革局领导名录】

寇宗元　局长

任　海　党支部书记

严敏德　副局长

张建武　副局长（2010.10止任）

张锡玉　副局长

侯玉峰　副局长

李平才　副局长

（张德平）

统　　计

【概况】　区统计局下设区城乡社会经济调查队（参照管理）和区普查中心（事业）2个单位，共有干部16人。2010年区统计局被甘肃省统计局、国家统计局甘肃调查总队评为甘肃规模以下工业抽样调查统计工作奖。

【第六次人口普查】　区人民政府于2009年11月26日下发《关于开展第六次全国人口普查工作的通知》。成立以分管副区长任组长，统计、计生、公安、财政等21个部门主要负责人为成员的区第六次全国人口普查领导小组，并在区统计局普查中心设立区人口普查办公室。区普查办与领导小组成员单位一起组织、部署、协同工作，全面开展第六次全国人口普查工作。抽调11名办公室工作人员，开展人口普查各项业务工作。按照每个普查区配备1名普查指导员，每个普查小区配备1名普查员，并预留5%的要求，全区共抽调136名普查指导员、910名普查员，其中大专以上的428人。第六次全国人口普查首次采用卫星遥感影像图进行区域划分和建筑物标绘，按照“不重不漏、完整覆盖”的原则和“切地块、画地图、查房子、数人头”的工作流程，依托区、乡（街道）、村（社区）行政区划范围，进行普查区域的划分。全区共划分为79个普查区，976个普查小区，另设4个虚拟普查小区。业务培训由区人普办主任带投影仪、培训资料和4名业务骨干深入5乡镇、5街道对全区1046名普查指导员、普查员进行业务知识培训。10月全区1046名普查员分别在各乡镇、街道划定976个普查小区，武警支队、消防支队、铜城监狱、区人才交流中心等4个虚拟小区开展入户摸底工作。区、乡镇街道重点利用广播电视报纸媒体开展宣传，机关、学校、企业、工地等单位侧重本系统本单位内宣传，社区村重点开展街巷、村社、居民小区宣传。“人口普查宣传月”期间各乡镇、街道、社区、村悬挂人口普查内容的横幅。在学校开展人口普查“一堂课”“小手拉大手，普查进万家”活动。在四龙剪金山重阳节、旧市政府统办楼、街心公园集中开展人口普查宣传活动，向群众散发人口普查宣传单25000余份。出动人口普查宣传车，到乡镇、村、街巷开展流动宣传。10月20日开始清查摸底工作，开展“地毯式”排查，每个普查员对自己普查小区进行“回头看”，看是否达到“区不漏房、房不漏户、户不漏人，人不漏项、人不错项”的要求，尽量做到不遗漏任何一个区域、不遗漏任何一个普查对象。2010年11月1日正式登记开始。登记后期，针对重点区域、重点人群，市、区普查办指挥到普查员登记现场，指导登记，防止漏登。区普查办根据各乡镇街道的不同情况，先分乡镇、分街道对普查表长短表进行逻辑关系审核、编码、错漏项的更正补填。然后将普查表集中到普查办，抽调专门的业务人员，通过互查、议查的方式对普查表进行审核，从而使普查表填写质量得到提高，误差率控制在上级部门允许的范围之内。区普查办在审核完后，将普查表送到市普查办集中进行光电机扫描录入，共20多万张人口普查表全部录入微机，进行数据处理之中。后期组织开展人口普查数据评估、论证和分析，撰写和发布人口普查数据公报，整理提供人口普查数据，建立人口普查数据库和人口地理信息库，进行数据开发。

【基层基础建设】　抓乡镇（街道）统计基层基础工作。加强乡镇、街道、部门、企业的统计工作规范化建设，建立基层统计台账平台。督促基层建立健全统计台账，完善统计资料的审核和交接管理制度，以确保源头统计数据的真实可靠，真正做到数出有据。为各乡镇（街道）配备统计专用电脑、打印机、办公桌、档案柜等办公用品，乡镇统计VPN（统计专用网）内网已全部接入使用。当年底，各乡镇（街道）统计机构都基本达到“有机构、有房子（即有牌子、章子）、有人员、有制度、有电脑”的“五有”标准。完善乡镇（街道）统计站职责、统计员岗位职责、数据上报制度等工作制度，建立和完善统计数据收集、质量审核、汇总上报的一系列规范化运作工作制度等，从制度上规范统计行为，确保源头数据准确，逐步达到统计基础规范化、统计管理制度化、统计手段现代化、统计人员专业化的标准。

【统计业务】 每月按时完成中心城市月度劳动力调查共120户住户调查。甘肃省邮政普遍服务需求调查问卷80份、省直机关“作风建设年”开展情况评议调查问卷160份、区委宣传部精神文明建设调查问卷600份等各项调查、2010年中国卷烟零售客户满意度调查（入户）问卷——甘肃40户。统计局由专人负责，从工商、地税、国税、民政、编办等部门收集整理220户法人单位和产业活动单位，全面维护更新基本单位名录库。开展农村全面建设小康社会监测、贫困监测和妇女儿童发展规划两纲监测。发布《白银区2009年国民经济与社会发展统计公报》、编印《2009年白银区统计年鉴》资料，按月编制《白银区月度主要统计数据》，公布《统计信息》40条，收集整理了全省14个地、州、市政府所在地区政府和全省86个县区政府2009年各项主要经济指标资料，并进行排名、对比、分析。为区委、区政府和社会各界及时了解全省、全区经济、社会发展状况提供翔实的统计数据和统计信息资料。完成全区工业、商业、农业、能源、劳动工资、固定资产投资等专业的统计月报、统计季报和统计年报工作。

【白银区统计局领导名录】

李茂春 局长

张彩琴（女） 副局长（2010.12始任）

（陈其伟）

质量技术监督

【概况】 白银市质量技术监督局白银分局的前身是白银区标准计量所，于1979年由区政府批准成立，曾先后隶属区科委、经计委等主管部门。2000年后，省政府垂直管理。内设办公室、质量监督室、标准计量室、食品监察室、特准设备安全监察室和稽查分队。2010年有编制13人，其中行政编制10人，工勤人员编制3人，实有人员10人。2004~2010年，白银分局先后获省质量技术监督局年度“先进集体”称号2次、执法打假先进集体称号1次。先后获先进党支部、青年文明号、精神文明先进单位“四五”法制宣传教育先进集体和“城市管理绿化工作先进单位”等称号。

【质量监管】 2010年2月区政府与各乡镇街道和成员单位签订《白银区产品质量安全监管目标责任书》和《白银区质量兴市活动目标责任书》，并制定考核细则。11月区政府召开表彰大会，对获得上年度甘肃名牌产品称号的企业进行表彰奖励。辖区内有11户企业13种产品获得甘肃名牌产品称号，12月由质监分局牵头组成考核组对各乡镇街道进行考核验收。至当年底，辖区内有4户企业的21种产品获得强制性产品认证证书。面向社会出具公证数据的实验室8家，机动车安检机构3家，实施许可证管理的工业企业49户；取得工业生产许可证54张，食品企业23户；取得食品生产许可证照30张。资质认定和实行许可管理的生产企业取证率均达到100%。

【特种设备安全监察】 2010年质监分局和辖区内的特种设备生产、使用单位签订《特种设备安全目标责任书》，100%落实特种设备安全主体责任。全局共集中开展特种设备安全大检查4次，督促特种设备使用单位建立档案；加强特种设备应急救援体系建设。9月市、区政府安委会对开展特种设备安全监察工作情况进行抽查。

【质量标准体系建设】 2010年白银质监分局通过日常监督、专项检查等方式，对定量包装商品的监管，并在定量包装商品生产企业中推进C标计量保证能力评价。7月联合工商、市场服务处、市计量所在辖区各大市场启动，“四项惠民计量工程”仪式，对各大市场的公平秤和贸易计量器具进行免费检定。帮助企业完善计量检测体系。开展计量确认活动，共计完成计量合格确认43家，检查个体经营商户、餐饮业、眼睛制配场所、医院、用于贸易结算的强制检定计量器具使用单位189家，强制检定计量器具1034台件。完成节能降耗工作目标，制订具体方案和措施，派专人跑企业、做调查，实地走访辖区内的重点耗能单位，帮助能耗单位确保其在用的能源计量器具均能满足国家标准19022-2003《测量管理体系》要求，并填写数据采集表。

【质量专项整治】 2010年3月起，质监分局开展五类重点产品专项整治行动，督促生产企业逐步建立从产品设计、原料进厂、生产加工、出厂检验到市场销售全过程的监管链条，完善产品质量追溯和责任追究体系。2010年第一季度，对化肥、地膜、农药等农产品展开全面检查整治，对农资中的假冒伪劣产品和坑农害农行为进行严厉打击。发挥12365举报电话的作用，开展维权打假行动，维护市场经济秩序。

【食品安全监测】 2010年开展“两个放心、两个示范”活动，确保食品安全监管10个100%落实，“四定”监管责任制（定区域、定企业、定人员、定责任）“两个放心、两个示范”活动（食品安全放心乡镇、食品安全放心社区）；农业标准化示范区、食品安全示范区。落实市场准入制度对辖区内的小作坊进行重新审核、发证，更新全部资料档案。推行“产品限区域销售卡”，限定销售区域，建立食品安全长效监督机制。对全区的食品生产企业和小作坊全部签订产品质量安全承诺书和不使用非食用物质及超范围超量使用添加剂承诺书，现场公示。

【白银市质监局白银分局领导名录】

赵天彪 局 长

张 虎 副局长

（李亚军）

食品药品监督管理

【机构】 区食品药品监督管理局于2006年10月开始筹建，时有行政编制2人，事业编人员2人。2006年12月14日挂牌成立。至2010年底共有职工7人，其中行政编人员4人，事业编人员3人，科级干部1人。内立办公室、法规监督室、食品安全综合监察股、药品市场监管股、药品安全监管股、医疗器械监管股等二室四股。

【药品基管】 至2010年底，白银区共有涉药涉械单位399家，药品医疗器械经营企业157家，其中药品生产企业3户，医疗器械生产企业3家，药品批发企业2家，药品零售企业109家，医疗器械经营企业40户；有医疗服务机构242个，其中市县级医疗机构10个，厂矿企业医院9个，乡镇卫生院5个，社区卫生所19、村卫生所42、校医室9、厂矿企业卫生所10个，个体诊所138家。年平均药品消费额约6千余万元。

【开展药品医疗器械市场专项整顿】 当年底共出动执法人员760人次，监督检查药械经营使用单位457户次，查处违规经营药品医疗器械等货值1.61万元，行政处罚16起，收缴罚没款1.66万元，下发责令改正通知书48份，配合参加省市局评价性抽样200多个批次，区局监督抽样30个批次。上报药品不良反应监测报告46份，完成132家个体诊所的规范药房建设验收。3.15现场公开销毁假劣药品共计600余个品种，19642瓶（盒），货值近13万元。报送政务信息36篇。

【白银区食品药品监督管理局领导名录】

张振刚 局长

（杨 静）

兰白高速公路

科　　技

日光温室种植的西瓜

科　　技

【概况】　2010年立项实施的各类科技成果转化项目38项。其中，国家、省、市列项目16项，区列项目22项。辖区专利申请量63件，授权量39件。科技成果鉴定登记21项。辖区内有工程技术研究中心6个。其中，省级工程技术研究中心4个，市级工程技术研究中心2个。当年底区科技局核定行政编制7人，实有7人。其中，党支部书记1人，局长1人，副局长2人，科员3人。下属事业单位有科技开发服务中心，核定事业编制5人，实有4人。有中共党员11人，其中，本科学历6人，大专学历4人，中级职称5人，初级职称2人。平均年龄40岁。

【农业科技】　农业科技示范立项农业科技项目20项。其中国家及省列项目3项，分别是水川镇桦皮川蔬菜协会建设、旱砂地枣树栽培技术研究与枣产业培育、日光温室红提葡萄延后栽培技术研究与示范。市列科技项目有日光温室红提葡萄延后栽培技术研究与示范、日光温室葡萄促成栽培试验示范、农村党员科技带头人示范工程、名优核桃丰产示范园建设、生猪人工授精技术试验示范、应用控冻精技术繁育奶牛、番茄良种繁育与制种基地建设。旱砂地枣树栽培技术研究与枣产业培育项目实施后，建成示范基地1000亩，带动面积5000亩，在武川乡沈家庄、吴家窑、红岘分别建立示范样板园100亩。对武川乡沈家庄、红岘碱沟部分旱砂地枣树实施高接换优技术，更新改良品种3000株；在强湾乡聂家窑、后长川建立日光温室油桃“一边倒”栽培技术示范基地，建成94座日光温室，将油桃成熟期提早到清明季节，筛选出适宜日光温室早熟栽培的优质水蜜桃品种中桃3号；日光温室红提葡萄栽培技术试验示范获得成功，规模达到123座，头年定植翌年结果，果实品质较好，含糖量18%以上，最高达到21~22%。组织实施日光温室通风器示范应用、青贮玉米引进试种、旱砂田枣树滴灌节水技术示范、名优特新蔬菜品种引进试验栽培、鲈鱼引进试验养殖等10个区列科技成果转化项目。

【重点示范推广项目】　红薯引种栽培、薄皮核桃栽培、金银花栽培、苹果套袋、葡萄套袋、日光温室半自动通风器应用、滴灌渗灌技术在林果生产中的应用、日光温室卷帘机应用、奶牛性控冻精应用、猪人工授精等20多项农业新技术；引进茄子、黄瓜、番茄、彩椒、茭白、芦笋、红薯、骏枣、灰枣、大王枣、薄皮核桃、金银花、青贮玉米等80多个农业新品种。其中，果树新品种有骏枣、大王枣、灰枣、鸡心枣、香玲核桃、大金星山楂等18个品种；粮食油料类品种有玉米先玉335、天玉198、敦玉46等11个青贮玉米品种；中药材有金银花2个品种；畜牧水产类品种有鲈鱼、特种野猪等。

【工业科技】　组织实施甘肃康视达有限公司软性清水接触镜系列产品研制、康宝公司新型复合饰面节能墙体保温材料和水性聚氨酯涂料系列产品研制、金奇化工厂新型油田固井减轻剂系列产品研制、永吉科工贸公司ZZB农田节水灌溉组件研制等科技项目，研究开发10多个新产品。甘肃康视达有限公司研制的软性清水接触镜（彩色隐形镜）片薄、佩戴舒适、自然、无异物感、透气性强等优点，填补省内彩色隐形眼镜生产的空白，产品质量达到相关标准，已获准进入市场，年生产量可达到400万副。康宝公司研制的新型复合饰面节能保温板，年生产能力达到50万平方米。永吉科工贸公司研制的ZZB渗灌滴灌节水组件已大面积示范应用于荒山绿化，在日光温室蔬菜、红提、桃树栽培中进行试验。

【科技培训】　2010年举办各类农业科技富民培训班45期，培训农民3600多人次，发放各类科技宣传资料16300多份，针对各企事业单位在科技项目申报中急需解决的难点问题，与白银市科技局生产力促进中心合作举办1期科技项目管理及创新基金专项申报培训班，讲授专利的申请和保护、国家和省市科技计划项目申报指南等内容，参加人员165人。按照省科技厅科技管理网建设要求，做好白银区科技管理网建设工作，逐步规范网站建设，为广大农民提供快捷的新技术、新品种、农产品市场、农资供应等信息服务，推进农业信息化。建成人口与计生、民政、街道社区、城市数字化管理等信息服务平台。

【白银区科技局领导名录】

魏公河　市科协副主席、区政府党组成员、区科技局局长

高松旺　党支部书记（2010.11始任）

来　拓　副局长

姬　鸿　副局长

（祁月霞）

防震减灾

【概况】　1976年2月16日区地震办公室成立，2006年2月28日更名为白银区地震局，为区政府直属事业单位。2010年事业编制3人（参照公务员管理，核定财政全额拨款），当年在编3人，大专以上文化程度3人。设办公室、业务科。

【地震观测】　2010年区地震局制定和完善考勤、值班等岗位职责和“三网一员”工作制度，定期召开各乡镇宏观测报员会议，安排工作，强化职责，实行每季度零报告制度。注意震情，实行24小时全天候震情值班制度。周一、周五进行电台联络，时刻捕捉临震信息。

【地震应急预案】　2010年修订和完善《白银区地震应急预案》。突出实用性和可操作性，以提高地震应急反应能力。借鉴汶川地震应急救援的经验，完善预案体系，强化部门职责，要求各乡镇、街道和相关单位做好地震应急预案的制定和完善。《白银区地震应急预案》经区政府批准下发各有关单位贯彻执行。制定《地震应急检查工作制度》《震情值班制度》、地震工作人员岗位职责、地震应急程序、地震应急实施细则。完善《白银区地震民居保安工程项目》。落实地震灾害紧急救援队伍各项制度及社区地震应急救援志愿者队伍相关制度，组织抗震救灾演练。

【避难场所建设】　地震应急避险场所建设遵循“保障需求，注重实效”的原则，在西区人民广场、全民健身广场、万盛公园、金鱼公园、火车站广场、白银公司体育场和银光体育场7处建立永久性避难场所标志牌。

【平灾结合】　地震应急避险场所平时服务于本身原有功能，在遇有地震、火灾、洪水、爆炸等突发重大灾害时可作为避难、避险场所使用，所配备的救灾设备设施能够发挥应急避险的特殊功能。

【快速畅通】　有相应的疏散通道，疏散通道设置两条以上，宽度符合消防要求，保证快速通畅，使居民可以迅速到达避险场所。

【多灾种综合利用】　应急避险场所应能提供给地震、洪水、火灾、恐怖事件等多灾种共同使用。地震应急避险场所的选址，根据“就近、可通达、易实施、平灾结合”的原则，主要利用区域内广场、公园、绿地、体育场、学校操场、社区空地等空旷场地，作为地震应急避险场所。

【应急救援队伍】　组建成立150人组成的白银区社区地震应急救援志愿者队伍。由各乡镇、街道办事处自愿报名，挑选素质过硬、业务技术熟练、符合条件的人员组成，相当比例的人员具有医疗、消防、水、电、驾驶等相关技能，能够满足应急救援的需要。

【防震减灾宣传】　坚持常规宣传和重点宣传相结合，因地制宜，因势利导地开展防震减灾宣传教育活动。征订《地震知识报》，宣传国家防震减灾工作方针政策、地震科普知识和地震动态，提高市民防震减灾意识。联合市地震局以纪念唐山地震31周年、国际减灾日、“科普周”、“5·12”汶川大地震等重大节日和时段，设立宣传咨询台、制作宣传展板、悬挂横幅、张贴标语、发放宣传资料、举办知识讲座和知识竞赛等多种形式宣传、普及地震防、抗、救等基本知识。

【科普示范学校创建】　经区地震局、区教育局、区科协协调，推荐市一中、区一小为创建市级防震减灾科普示范学校的试点单位；市二中、区五小为创建区级防震减灾科普示范学校的试点单位。订购中小学生防震减灾知识读本，定期到示范学校走访交流，监督检查中小学生的防震减灾知识的穿插学习，提高师生的防震避震意识和应对灾难心理素质。

【规范制度】　完善灾情核查上报制度。定期和市地震局电台联络，研究学习震情会商资料，白银区宏观观测点的宏观情况报告，按照实事求是、科学准确原则，及时向白银区抗震救灾指挥部上报震情会商资料。

【监督管理】　配合市地震局抗震设防科，在工作中学习经验，克服不足，完善工作程序，把抗震设防工作落到实处，建筑工程各项指标符合《规定》参数。

【白银区地震局领导名单】

马峰明　局长

（范馥霞）

气　　象

【概况】　2010年，白银市的主要气候特点是降水偏少，气温偏高，干旱严重。冬季降水偏少，气温偏高；春季降水偏多，气温正常，有春旱，无春寒或倒春寒，大风、沙尘天气接近常年；第一场透雨偏迟；晚霜冻结束于5月中旬，较历年偏迟；夏季降水偏少，气温偏高，有夏初旱和伏旱；秋季降水北部正常南部偏少，南部有秋旱；经综合分析，2010年的气候条件属差年景。全市年平均气温在8.3~9.8℃之间。较历年同期相比，全市平均偏高1.0℃，其中白银区偏高0.6℃。年内仅4月、12月气温偏低，其它月皆偏高，其中7月特高。冬季（2009.12~2010.2）全市平均气温-3.7℃，较历年同期偏高1.3℃，暖冬明显。春季（3~5月）全市平均气温9.5℃。与历年同期持平。中断春季平均气温从1997年至2010年连续偏高现象。各县区晚霜冻结束于5月18日，与常年相比偏迟一个旬，地面最低气温降至0℃以下，其中白银区-3.4℃，由于地面降温幅度大，形成较重灾害。2010年春季冷空气活跃，4月11~12日、24~25日出现寒潮、强降温天气过程，导致刚出苗和发芽待出苗的胡麻、油葵、洋芋、春小麦等农作物受冻，梨、苹果等果树花苞脱落。夏季（6~8月）全市平均气温22.4℃。较历年同期相比偏高1.7℃，从1997年以来连续14年偏高，与2005年持平，仅低于2006年历史最高值23.0℃，位居第二。≥32℃的连续高温日数，北部各县区为8天，南部为5天。极端最高气温，白银区37.0℃，其余三站接近2000年最大值，位居历史第二，持续日数偏多5天。秋季（9~11月）全市平均气温9.3℃。较历年同期偏高1.2℃。全市从1994年以来连续17年偏高。全市年降水量102.3~331.6毫米。其中白银区132.2毫米，与历史同期相比全市平均偏少3.8成，其中白银偏少3.4成。全年各月降水以偏少为主，仅4月、5月、12月偏多，10月正常。全年共出现1~6场透雨，透雨场次偏少一半。冬季全市平均降水量1.9毫米。与历史同期相比全市平均偏少6.5成，其中白银区偏少5.1成。2010年冬季既是一个暖冬，又是一个干冬，近54年干暖冬现象出现6次，分别是1979年、1998年、1999年、2003年、2004年和2010年。春季全市平均降水量59.1毫米。与历史同期相比全市平均偏多2.7成，其中白银持平。由于降水分布不均，3月和5月上中旬降水特少，形成较重的春旱。夏季全市降水量31.0~156.0毫米。与历史同期相比全市平均偏少5成，其中白银区偏少6成。降水白银区位居第三。秋季全市平均降水量41.4毫米。与历史同期相比全市平均降水正常，其中白银偏多1成。

【重大气候事件及其影响】　春夏秋连旱，干旱灾情重。冬季降水偏少，气温偏高。2月下旬墒情普查结果，解冻期全市大部土壤墒情较差，与去冬封冻期比较，各地墒情普遍下降。4月下旬至5月底白银区还未出现透雨。白银市大气干旱指数监测结果，白银区发生春旱，全市平均接近干旱，严重胁迫农作物生长发育，形成较重的旱情。继春旱之后，白银区出现春末初夏干旱。伏期（7月中旬至8月中旬）是白银市大秋作物抽穗、扬花和灌浆时期，作物需水量大，伏期降水将直接影响秋粮产量。白银区从7月11日开始至8月5日，未出现有效降水，白银区出现重伏旱，对马铃薯、玉米等秋作物影响较大。山洪范围小、强度重。受强对流天气影响。其他灾害频发。4月11日至13日，全市出现寒潮强降温天气，导致刚出苗和发芽待出苗的胡麻、油葵、洋芋、春小麦等农作物受冻，梨、苹果等果树花苞脱落，此次灾害共造成农作物受灾面积24万亩，直接经济损失2700万元。全年春季风沙天气较近年偏多，3月14日、3月19日至20日、4月24日、4月27日出现4次区域性沙尘暴天气。5月中、下旬，阴雨日数多，造成日照时间偏少，5月中旬出现低温时段，18日凌晨，全市出现霜冻，小麦、胡麻、玉米和豆类等农作物受冻，据统计，此次低温霜冻灾害共造成全市44个乡镇418村138050户629919人受灾，农作物受灾面积11.98万公顷，成灾9.17万公顷，绝收3.29万公顷，直接经济损失1.09亿元。2010年7月初，白银区武川乡胡麻、豆类等农作物大面积发生斑潜蝇虫灾，减产达40%。导致武川乡7个村2764户10956人受灾，农作物受灾面积496公顷，成灾463公顷，直接经济损失256.86万元。

【气候影响】　受2010年干暖冬、春旱、北部初夏旱和全市伏旱的影响，旱作农业减产幅度较大。利用干旱对农业影响的评估模型计算，全年全市夏、秋粮皆为偏差年等级。气候条件对农业及生态的影响，弊大于利。冬季气温偏高，有利于病虫害越冬繁衍，对农林牧业生产不利；冬季气温偏高，阴雪日数少，有利于供暖、电力等部门节约能源；冬季降雪，地面积雪日数少，对交通运输有利。极端最低气温未超过历史极值，较低气温持续日数少，人体感觉寒冷程度较低，有利于人们室外活动。春季冷空气活动频繁，风速大，沙尘天气较多，气候条件对交通、旅游业、建筑业不利。虽然春季气温正常，但相对近14年来，全年春季气温最低，相对低温时段较多，人体感觉不舒适，对节约能源不利。夏季降水次数少，空气干燥，对人们身体健康不利；南部局地对流性天气比较多，对建筑、交通、旅游业不利；8月降水日数少，高温干旱，不利于水库、水窖的蓄水，也不利于节约能源。晚秋气温异常偏高，天气持续晴朗，人体感觉较舒适，有利于节约能源，同时对建筑、交通、旅游业有利；秋季降水偏少，对水库、水窖蓄水不利。

【气象服务】 发布《白银市春播期气候预测》《白银市解冻期土壤墒情分析》《白银市春播期气象条件分析》等综合性服务材料，为各级党政部门在抗旱生产中提供决策服务，并提出抗旱保春耕的合理化建议。3月12日至13日，白银区出现大风、沙尘暴天气；4月24日至25日，白银区又一次先后出现的沙尘暴和强降温天气；5月25日至26日，全市普遍出现的中雨天气过程，市气象台都提前以《白银重要天气专报》等形式发布预报预警信息，跟踪服务，收集灾情、雨情，上报市委、市政府及相关部门。7月26日至8月2日，全市经历一次大范围、长时间的晴热高温天气。大部分地方出现35℃以上的高温天气。市气象台提前5天发布高温橙色预警信号，并利用白银电视台滚动字幕形式进行提示服务。10月24日，全市出现秋末初冬一次强寒潮天气过程。24小时，白银区降温幅度达12℃以上，市气象台提前3天作出准确预报，并发布寒潮蓝色预警信号。做好重大节日和当地举办的各种重要活动的气象保障和专题、专项预报服务工作。6月4日，市气象台提前制作《白银市高考期间专题天气预报》，并在白银电视台晚间天气预报黄金时段播出。8月13日至17日，白银举办首届美食节，为活动组委会提供滚动天气预测。并通过气象短信、传真、电话等形式将最新天气信息发送给有关领导及相关人员。9月28日，白银举行恢复建市25周年庆祝大会暨文艺演出。市气象局提前3天为组委会制作专题气象服务材料，根据天气变化发布滚动订正预报。3月，特邀市移动公司5名专职气象短信外呼人员参加气象专业知识讲座，就移动气象站业务所涉及的专业知识进行详实的讲解。对白银公司、银光公司、公路段、电力公司等单位开展专业化服务。

【人工影响天气工作】 按照年检技术规范进行高炮、火箭架年检，年检率达100%，按省人影办的要求及时上报作业信息。抓住转折性天气及有利时机，开展人工防雹增雨作业，及时主动地开展雨情、墒情、灾情服务。

【白银市气象局领导名录】

李富洲　党组书记、局长
宋永杰　副局长
杨文科　副局长
任重远　纪检组长
曹治国　副调研员

（李逢春）

技工培训

教　　　育

白银市区红领巾风采展示活动现场

教　育

【概况】　2010年全区有各级各类学校89所，其中完全中学3所，高级中学4所，独立初中6所，小学39所，小学教学点8所，职业中专3所。在校学生43339人，其中，小学在校学生21412人，初中在校学生8992人，高中在校学生6201人，职业中等学校在校学生2022人。有专任教师2531人，其中小学教师1401人，中学教师966人，职业学校教师102人，教师学历合格率小学99.72%，初中98.19%，高中92.47%。小学阶段入学率、毕业率、完成率均为100%；初中适龄少年入学率为100%，毕业率为98%以上，17周岁人口初级中等教育完成率为100%，义务教育中农民工子女入学得到妥善解决，“两基”水平提高。初中教育教学质量稳中有升，城乡差距进一步缩小，初中毕业升入高中阶段学生比例为87.43%。全区有公办幼儿园2所，民办幼儿园24所。白银区幼儿园为省级示范性幼儿园。学前一年入学率83.1%，学前两年入学率76.9%，学前三年毛入学率72.1%。

【普通高中教育】　制定《白银区普通高中新课程实验工作实施方案》；启动并实施普通高中新课程实验工作。市第一中学、市第二中学、区银光中学制定相关配套方案；组织学校管理人员、学科教师参加省、市及国家级相关培训；对全区三所普通高中新课程实施情况进行督查指导。区属普通高中高考二本上线人数667人，二本上线率达到32.7%。

【职业教育】　2010年完成招生712人，毕业学生就业率达到95%；开展各类短期培训1320人次；技术技能鉴定7次，鉴定学员1524人次，一次性过关取证率达90%以上。白银职专为国家级重点中等职业学校。白银职专组织学生参加“甘肃省中等职业学校技能大赛”，焊接技术专业获团体总分第一名，汽车运用与维修专业获团体一等奖，计算机及应用和中餐烹饪专业分获团体二等奖，电工与电气技术专业获团体三等奖，4名教师获优秀指导奖，25名学生获个人奖。3名学生代表甘肃省中职学校参加在天津举行的全国中职学生技能大赛。

【成人教育】　全区857人参加12个专业6856科次的电大考试，毕业273人，其中本科94人，专科179人。开展下岗职工再就业、农村实用技术、“两后生”等各类短期培训，累计培训8000人次。

【民办教育】　对全区民办教育机构重新进行审查、审批，对师资、教学设备、设施等方面进行全面登记，建立健全相关档案资料，停办7所不符合办学条件的民办学校。

【办学条件】　全区教育资源整合和中小学校舍安全工程完成投资6030万元，改、扩建校舍4.8万平方米，排除危房1.1万平方米。筹资238万元装备新建成的教学楼、宿舍楼和餐厅。推进学校布局调整，完成武川乡、强湾乡和水川镇14所中小学及教学点的撤并，基本完成学校布局调整第一阶段工作。当年投入125万元用于学校绿化。

【教育管理】　开展“学校管理年”活动，实施教育教学质量提升工程，逐步实现教育管理的精细化向精致化跨越、教学方法的传统化向现代化跨越，促进全区学校教学质量的提高和教育水平提升。按照国家基础教育课程改革和设置要求，开齐、开足课程，确保学校开课齐全，开课足时。全面推进素质教育，注重学生的终身成长和全面发展。2010年完成30所中小学的综合督导评估及“回头看”督导回访工作，义务教育阶段学校督导比例超过一半。通过省政府对区政府教育工作的督导评估，在全省综合排名第二。当年投入170余万元，为中小学安装摄像监控系统39套，为城区中小学、幼儿园派驻专兼职保安83人。

【队伍建设】　面向省内外重点院校公开招聘硕士研究生3人，通过公开考试形式，择优选拔57名农村小学教师进城任教，招录38名优秀大学生补充到农村中小学。先后组织实施中小学教师各类培训30期，累计安排教师参加各类继续教育培训5000余人次。开展“展教师新风，育时代新人”师德主题教育活动和向全国教书育人楷模学习活动。

【教学改革】　推行校长聘任制和专业技术职务评聘分离制，促进学校管理的科学化、民主化和现代化；在农村中小学全面实施“小班化教学”管理模式，为学生健康发展创造好的教学外部环境；按照“教师配置均衡化、分班抽签制和座位轮换制”原则，在小学、初中、高中起始年级分班中实施“阳光工程”，为教师公平竞争搭建发展平台。开展教师培训和教科研活动，切实改变“教”与“研”相脱节的实际问题。2010年区教研员联系学校32所，送课下校90节，在省级刊物上发表论文12篇，市级刊物上发表论文2篇；申报各级教研课题48项。

【白银区教育局领导名录】

陈万福　局长
李兴国　党委书记(2010.2月始任)
保枢平　副局长
黎树萍(女)　副局长、区政府教育督导室主任
王爱莲(女)　副局长、区招生办公室主任
高启乾　党委副书记（2010.11止任）
高松成　副局长
魏志斌　纪委书记
常　仁　工会主席

（苟　祥）

白银市第一中学

【概况】　2010年，市一中有教学班42个，高一、高二、高三各14个教学班；学生2530人（含甘南籍少数民族学生47人），其中，高一年级838人，高二年级808人，高三年级884人。全校有教职工192人，其中专任教师156人。引进硕士研究生1人，本科生2人，调入1人，硕士学历和学位研究生教师14人，本科学历教师133人。同年学校获白银区教育系统先进集体和白银市体育工作先进集体称号，学校党总支获全市五星级基层党组织称号。

【教育管理】　在教育部门组织的优质课竞赛中有10位教师获奖；有9项课题被省教科所立项，2项课题被市教科所立项，2009申报的4项课题通过省级鉴定；教师在省级刊物上发表论文近30篇；在全省教学教案优秀案例评选活动中5人次获奖；在全国中学生生物、数学、物理、化学、信息技术竞赛中，有58人次学生获奖，第25届甘肃省青少年科技创新大赛中有5项作品获奖；高考成绩继续保持较高水平，白银城区各校文理科总分600分以上学生共有54人,市一中有27人,重点本科上线226人,上线率14.13%，普通本科上线538人，上线率32.14%,高职高专上线率94.19%。

【德育工作】　按照活动内容系列化、活动形式多样化、活动过程规范化的“三化”要求，创新工作机制。逐步形成落实德育“训导制”的育人特色。全面实施感恩激励教育。军训、体育卫生工作受到省教育厅、省军区司令部肯定。

【改善办学条件】　2010年学校自筹资金，争取上级的项目和资金支持，投入资金26.56万元为50间教室全部安装交互式电子白板屏幕；投入资金10.2万元配置电脑、音响、多媒体投影仪等教学设施。投入资金3.07万元为学生食堂配置厨具，为师生饮食卫生健康提供保障。投入资金4.8万元用于校园绿化。投入资金5.6万元对教学楼会议室进行改造，并配置新桌凳。区政府财政下拨120万元改善教育办学条件专项资金对学校校舍暖气和卫生设施进行改造，并自筹资金近10万元对校舍进行防水和维护，提升学校设施和校舍安全水平。区财政化解学校历年银行贷款和教职工借款300万元。全年累计安排教师参加各类继续教育培训近160人次。

【新课改】　2010年秋季，随着全省新课程改革实验的正式启动，学校根据新课改精神，着手健全组织、研定制度、加强培训、研发校本课程。课堂教学常态和师生教与学的理念不断改变。

【白银市一中领导名录】

王学东　校长
马进国　书记

（宋　华）

白银市第二中学

【概况】　2010年，市二中有教职工241人，其中特级教师1人，高级教师56人，一级教师96人；有省级学科带头人1人，省市级骨干教师55人，省市级“青年教学能手”15人。有教学班53个（初中27个班，高中26个班），在校学生3294人（初中1555人，高中1739人）。学校占地面积51416平方米，总建筑面积22400平方米，学校有明远、逸夫教学楼2栋，1栋6893平方米的晨春科技楼，有物理、化学、生物实验室14间，微机教室6间，通用技术教室1间，有美术室、音乐室、体艺排练厅、电子备课室、学术报告厅、科技活动室、心理咨询室，有图书室、教师和学生阅览室、档案室、卫生保健室、健身房、阶梯教室等。3栋学生公寓，有学生宿舍112间，床位1120个，有266个餐位的学生餐厅，有1座面积488平方米的盥洗楼。1个400米八跑道标准塑胶操场。2010年获白银市绿化先进单位称号。

【教学管理】　2010年，学校在管

理中推行校级领导“蹲部制度”“督办制度”、学部主任责任制度、年级组长负责制度、工作目标责任制度、优异成绩重奖制度、毕业年级“月培训制度”，改进并调整竞赛辅导成绩的管理办法和奖罚办法。教育管理由精细化向精致化跨越、教学方法由传统化向现代化跨越。在开齐、开足课程的前提下。推行有效课堂，试行高效课堂的教学模式。

【队伍建设】　2010年，学校从师德师风建设、校本培训和教研活动、骨干教师队伍培养等方面着手，建设一支自身素质好、业务能力强、富有创新精神的骨干教师队伍。学校制定、完善一系列相关制度，推行“名师工程”“青蓝工程”，打造名师团队，促进年轻教师的成长。上半年参加白银区组织的优质课竞赛活动中，12名参赛的青年教师中，7人获一等奖，并代表白银区参加市优质课竞赛，4人获得一等奖，3人获得二等奖。

【新课改】　在实施高一新课程改革实验过程中，逐步形成适合学校实际《课堂教学评价的标准》，完善考评制度。制定新课程改革条件下的各种实施和评价标准。编写2门辅导教材、2门校本教材，供学科教师使用。开发出5类校本课程，供学生选修使用。

【教学成绩】　2010年高考二本上线148人（其中体艺生23人），上线率为20.3%，曾潮阳同学以642分的成绩名列城区学校第二名。学校获白银区教育系统先进集体称号。初中适龄少年入学率为100%，毕业率保持在98%以上，17周岁人口初级中等教育完成率为100%。

【白银市第二中学领导名录】
苏得程　校长
张明君　书记

（王　权）

白银市第三中学

【概况】　市三中成立于1958年，集义教和职教为一体。校园占地面积24037.2平方米，学生实验实习基地20031平方米。2010年有教学楼、综合实验楼、学生宿舍楼、家属楼、食堂、沼气卫生厕所，总建筑面积10980平方米。有正式教职工84人,其中职业课教师13人，16个教学班,学生595人。其中初中12个教学班,学生448人,职高4个教学班,学生147人。

【教育管理】　执行国家课程计划，开足开齐规定课程，特别是综合实践活动课、音体美、劳技、计算机和心理辅导课。落实作息时间、教学活动计划和课程安排。合理安排各学科的作业量。检查登记学生作业收交情况和教师的批阅情况，通过《学生作业收交情况报告单》逐步解决学生抄袭作业或作业拖拉现象。发挥年级组、教研组在管理中的作用，靠实责任，落实奖惩，依靠班组开展工作，解决问题，推进工作。备课做到“三结合”，即课程标准、教材内容与学生实际相结合，基本知识、基本技能与综合运用相结合，德育渗透、知识体系与心理素质相结合。在2010年高中招生考试中，有90名同学达到白银市一中、二中普通高中录取分数线。

【职业教育】　利用国家优惠政策，加大招生宣传，2010届种植专业71名学生合格毕业。学校加强对农职业教师培训，加大对专业课教师培养力度。组织对农村党员干部和农民的适用技术培训7次，印发农业信息4期，每期1600份。

【办学条件】　投资40万元，建成蹲位65个、建筑面积305平方米、容积为80平方米的沼气卫生厕所。2010年9月投资105.3万元，建成面积716.32平方米的学校食堂，学校自购速印机1台，从农委调拨复印机1台，接入8兆光纤，装修音乐室和美术室。

【队伍建设】　落实新《中小学教师职业道德规范》，通过征求意见、座谈、召开民主生活会等方式沟通思想，解决问题，增强教师的责任感和幸福感组织教师学习《义务教育法》《未成年保护法》《教师法》《〈论语〉感悟》《给教师的建议》等，切实做到以德执教，依法治教。以教研活动为载体，提高教师教学研究能力。成立以校长为核心，教务处为主体、教研组为基本单位，人人参与的教研活动。加强教师自我研究和交流意识，提高研究和解决教学实际问题的能力，开展学科间的沟通整合。教研组根据学校安排，做好教师的培养工作。鼓励教师参加各种学习培训，如函授、进修、电大、党校及上级部门组织的各种业务培训；提高学历层次和业务能力。

【白银市第三中学领导名录】
张明君　校长（2010.9止任）
张绪兴　校长（2010.9始任）
苏发明　书记（2010.9止任）
马海春　书记（2010.11始任）

（杜　云）

白银市第四中学

【概况】 市四中始建于1959年7月，时为区属半走读半寄宿制农村初级中学。学校占地面积26708平方米，建筑面积8691平方米。2010年有教职工65人。其中，中学高级教师8人，中学一级教师26人，中学二级教师28人，中学三级教师3人；市级骨干教师4人，区级骨干教师8人，区级教学能手6人，区级教学新秀1人；本科学历43人,大专学历22人，学历合格率100%；教师平均年龄36岁。有12个教学班，在校学生367人，其中住宿生197人。

【教育教学】 按照国家基础教育课程改革和设置的要求，开齐、开足课程，确保学校开课齐全，开课足时。全面推进素质教育，注重学生的终身成长和全面发展。提高课堂教学实效，开展教师培训和教科研活动，切实改变“教”与“研”相脱节的实际问题；在省级刊物上发表论文8篇，市级刊物上发表论文2篇。2010年学校在白银区普通高中招生考试中上线人数83人，上线率达到37.39%。初中适龄少年入学率为100%，毕业率为98%。17周岁人口初级中等教育完成率为100%。

【队伍建设】 2010年学校接受3名本科学历任课教师。主管教学副校长参加市教育局组织的华东师大骨干教师培训，化学、数学科目2名教师参加国培计划甘肃骨干教师培训，14人次参加市教材培训，10人参加网络研修等培训。制定并开始实施《白银四中“青蓝工程”实施方案（试行)》，让新老教师之间取长补短、互相学习。

【教学改革】 2010年全体教师树立“学校工作以教学为中心，教学流程以课堂为中心，课堂教学以学生为中心”的教学质量观，坚持“严”“精”“细”“实”“活”“效”的六字方针，力求实现精细化教学。以微笑每一个，健康每一个，智慧每一个，高尚每一个，创新每一个为小班化教学愿景，以关注每一个为教育策略，推进小班化教学。

【白银市第四中学领导名录】
李永录 校长
张巨坤 书记、纪检员

（宣东民）

白银市第六中学

【概况】 市六中前身为中国有色二十一冶建设公司企业所属完全中学。2004年8月，二十一冶中学移交白银区管理，并与白银市第一中学初中部整合，确定为区属独立初级中学，2004年12月挂牌成立。2010年学校初一至初三共有38个教学班，在校学生2550人，教职工140人。2010年获白银市行风建设示范窗口单位和甘肃省教育系统先进集体称号。

学校占地面积27667平方米，建筑面积15700平方米，校内园林景观—鹿鸣苑，位于学校北侧，面积为1450平方米，校园空闲地方设置花坛和绿化带，栽植各种花草树木，绿化总面积达到2400平方米。2010年装配物理、化学、生物实验室各两间，实验室设施、药品齐全，能满足初中实验教学的所有演示及分组实验；装配信息技术教室4间，配备主流配置的电脑200台，每百名学生拥有计算机10台。当年3月，建筑面积为4500平方米的综合楼竣工。

【建设各项制度】 建设既体现人文特色又富于时代气息的校园文化，制订学校长远发展规划。学校以健全制度、规范政策、落实责任为内容，探索民主管理、科学管理、依法管理、人本管理的新途径、新方法，不断完善管理制度，规范管理过程。制定出台《教学事故认定和处理办法》《教学常规管理制度》《教师奖励制度》《教职工学习制度》《教职工考勤办法》《教职工考核办法》等规章制度。

【队伍建设】 2010年有教职工140人，专任教师117人，占教师总数的86%。其中具备高级专业技术职务27人，中级专业技术职务65人，专任教师全部达到专科以上学历，其中102人达到本科学历，专任教师学历达标率为100%。在全部专任教师中，有省级骨干教师2人，省级青年教学能手6人，有市级骨干教师10人。教职工平均年龄37.3岁，专任教师平均年龄为35.3岁。

【教学质量】 树立“学校工作以教学为中心，教学流程以课堂为中心，课堂教学以学生为中心”的教学质量观。要求任课教师做到把工夫花在备课上，把本事显在课堂上，把巩固放在作业批改和讲评上，把提高落在培优补困辅导上。在精细化教学理念的引领之下，教学质量得到提升，2006至2010年连续5年中考中，各项指标均以较大优势稳居城区各校之首。综合考核成绩一直居于全区学校第一。2010 年有 37 人次获国家级奖励，47 人次获省级奖励，83 人次获市级奖励。

【德育工作】　制定《白银市六中加强和改进学生思想道德建设行动计划》，将学生思想道德教育概括为民族精神教育、理想信念教育、道德品质和文明行为教育、基本素质教育四大专题，13 个方面，46 项具体活动。重点开展 12 项教育活动（“礼仪教育”正行为、“法制教育”明纲纪、“心理教育”润心田、“社会实践”增活力、“潜能生转化”促发展、“责任感教育”显特色、“绿色文明”倡和谐、“综合治理”创平安、“自我管理”强素质、“荣辱观教育”知善恶、“廉洁教育”正品行、“美化环境”造氛围）。

【校本教研】　2010 年，全校教师累计在省级以上刊物发表论文 23 篇。实施省级和市级重点课题 15 项，参与研究的人数达到 98 人，占全校专任教师的 72%。教师参加各级各类教学竞赛活动中有 10 人次获市级以上优质课竞赛奖。

【校园文化】　学校以活动为载体，校园文化生活丰富多彩，“元旦”学生书画美术作品比赛、“五一”全民健身活动、“七一”文艺会演、“国庆”田径运动会已成为学校的常规活动，足球队、乒乓球队、舞蹈队、艺术体操队等常年坚持训练，乒乓球、足球成为学校传统体育项目。校刊《鹿鸣》为学生展示才华提供舞台。

【白银市第六中学领导名录】

吕佐鹏　　校长

高　旺　　书记、副校长

（郁国山）

白银市职业中等专业学校

【概况】　市职专占地 49409.8 平方米，校舍总建筑面积 1.8 万平方米，是一所集高等学历教育、职业技术培训和职业技能鉴定、继续教育培训为一体的综合性职业中等专业学校。2010 年有教职工 107 人，其中外聘教师 22 人，高级教师 16 人，中级教师 54 人，大学本科以上 68 人。开设汽车运用与维修、电工与电气技术应用、焊接技术、中餐烹饪、电脑广告设计与制作、软件与信息服务、酒店服务与管理、电子技术、普通护理、学前教育、现代农艺等 11 个专业，有各类专业技能操作室 16 个，在校生 1545 人，短期培训（含下岗失业人员再就业培训）每年 2000 人次以上。学校为甘肃省劳动就业培训中心白银培训基地、白银市第二国家职业技能鉴定所、白银市下岗职工再就业培训基地、白银市专业技术人员继续教育基地、白银市 SIYB 定点培训机构。

【国家级重点中专学校建设】　2010 年以迎接国家级重点职业学校验收评估为契机，对照“国重”评估指标体系要求，开展自查自评工作，查漏补缺。当年在验收评估大会上，学校创建“国重”工作得到评估验收专家组的肯定。

【队伍建设】　2010 年学校先后派出 4 名教师参加国家级、省级专业课培训；教师在国家、省级刊物上发表职业教育论文 10 余篇。师生参加甘肃省职业技能大赛获团体奖 4 个，个人奖 15 个，优秀指导教师奖 3 个，各项比赛成绩在全省近 200 所参赛学校中，排名第八，在白银市所有参赛学校中排名第一。在校内分期分批举办不同专业、不同年级学生技能竞赛，参赛学生涉及 2008、2009、2010 级学生近 600 人，比赛专业涵盖汽修、幼师、电气、烹饪、计算机、焊接等。

【德育工作】　建立以党总支、政教处、团委、学生会、班主任为骨干的德育工作队伍，形成学校、社会、家庭齐抓共管的德育工作体系。开设《职业道德与职业指导》《哲学与人生》《法律基础》《心理健康教育》等课程，将德育教育引入课堂。加强班级常规管理，开展“争创文明班级，争做文明学生”评比活动，让学生参与学校管理，提高自主管理水平。办好校园广播站和《职苑风采》校报，丰富校园文化生活。聘请法制副校长，定期召开法制教育报告会，增强学生法制观念。每周举行升国旗仪式，通过国旗下讲话，增强学生爱国主义情感。设立心理健康咨询室，开设心理健康教育课，保证学生身心健康。

【招生就业工作】　与各中学签订招生目标责任书；加大宣传力度，在市、区宣传栏、电台、报纸和学校网站等媒体宣传学校，参加省教育厅组织的校企洽谈会，展示学校办学风貌；建立招生目标管理机制，层层分解招生任务，把招生与教师的年终考核、职称评定、年终奖金等挂钩，确保招生任务的完成。在毕业生的就业安置采取与企业签订就业安置协议，争取学生就业预定。

【平安校园建设】　建立安全工作领导责任制和责任追究制。由校长负责，将安全管理工作列入各有关处室的目标考核内容，进行考核，执行责任追究制度，对造成重大安全事故的，追究有关负责人的责任。层层签订安全管理目标责任书。学校与处室和班主任、各任课教师层层签订安全管理目标责任书，明确各自的安全职责，将安全教育工作作为对教职工考核的重要内容，实行一票否决制度。定期检查、维护、维修学校基础设施，排查学校内部的水、电、教学设施、公共活动场所，消除安全隐患。加强学生的法制教育、安全教育和心理健康教育，加强教职工的职业道德和法制纪律教育，创建“平安和谐校园”。

【项目建设】 2010年学校争取省级资金550万元，建成标准化塑胶运动场地一个；争取国家职业教育发展项目资金1260万元，新建培训实训楼一栋；投资260万元，新建学生餐厅1幢；投资30万元，建成电子阅览室2个。

【培训工作】 学校充分利用现有设施设备、师资等有利条件，组织开展了“阳光工程”“雨露计划”“扶贫工程”；创业（SIYB）培训、下岗职工再就业培训、农村劳动力转移培训等技能培训和鉴定工作。2010年组织开展SIYB创业培训103人，工人技术等级培训238人，职业技能、两后生培训181人，大学生三支一扶进村进社岗前培训49人，参训人员共571人。组织焊工、电工、计算机、烹饪、餐厅服务、汽车维修等职业技能鉴定七期，鉴定总人数1524人。

【白银市职业中等专业学校领导名录】

张占武　校长、党总支副书记
王永堂　党总支书记（2010.11止任）
魏金城　党总支副书记
关维兵　副校长
许朝峰　副校长

（王志强）

区银光中学

【概况】 银光中学占地面积47406.7平方米,总建筑面积1.5万平方米,绿化面积1.4万平方米。教职员工139人，其中在岗特级教师1人、高级职称教师36人、中级职称教师63人。在校学生1609人，教学班级31个。学校配有理化生实验室、微机室、多功能报告厅、多媒体教室、交互式电子白板教室、语音教室、图书室、阅览室。学校有校长办公系统，电子监控系统，网络系统，远程教育系统，校园广播系统。学生宿舍、餐厅内部设施配备齐全。

【教育教学管理】 课堂教学中提出“学—教—思—练”主体化教学模式，进行分层教学。开展听课评课活动、师徒结对、青蓝工程等活动，促进教师观念的更新和素质提高。2010年教师在市、区组织的各科优质课竞赛中有7人次获奖；在省市级刊物发表教育教学论文30多篇，5人次获得市区各级各类优秀奖。有170多名学生参加高考，普本上线15人，三本及专科上线68人，中考650分以上的学生有10人，总评成绩明显提高，位列全区第四名。学校获白银市首届“环保杯”征文比赛优秀组织奖，获白银区平安单位称号。

【德育工作】 发挥课堂教学的主渠道作用，寓德育教育于教学中，形成课堂上的问题任课教师管；班级事情班主任管、年级组长管，遇到问题主动管；倾向性问题全校共管，建立全员德育和渗透德育制度。利用晨会、班会、国旗下讲话等教育形式，提高学生的思想认识，帮助他们树立正确的人生观、世界观、价值观。举办“银光中学第41届田径运动会”“广播操比赛”等文体活动。

【教师队伍建设】 开展“展教师新风，育时代新人”师德主题教育活动和向全国教书育人楷模学习活动。从师德、师能建设两个方面，加强教师队伍建设。采取“分层培训，分层考核，分层达标”，进行“新课程理念”“交互式电子白板的使用”等培训。组织教师上常态课（新教师）、研究课（青年教师）、展示课（高级教师）、示范课（骨干教师），为教师搭建教育教学研究、展示的平台。

【安全教育】 每周一集会，根据季节、天气、周边环境等对学生进行安全教育，每周五班会要求老师在班上强调安全，学校和班主任老师在每次对学生进行安全教育后做好教育记录。学校要求有关领导关注教育动向，了解有关学校安全事例，及时组织教师进行学习，增强教师工作的责任心，把学校的安全工作做实,做好;与班主任、任课教师签订安全责任书。校园安装监控设施，配备保安人员，通过学生安全疏散演练，让学生在实际演练中学会求生自救，确保学校安全。

【办学条件】 装备交互式电子白板教室和新的多媒体教室；争取政府投资25万多元，配齐公寓楼和餐厅的各种设施，改善学生的住宿生活条件；新增学生课桌200余套；校园文化建设初具规模。校园雕塑的落成，名人字画和花卉名称牌的悬挂，丰富校园文化，提升学校品位。

【教学改革】　开展课程设置与编排，学生选课指导，教学管理，课程实施，学生发展性评价和学分管理，综合实践活动。校本课程开发，课程资源开发与利用等方面进行探索和实践。

【白银区银光中学领导名录】
朱继智　校长
曹占成　书记、工会主席

（肖　恒）

稀土中学

【概况】　稀土中学始建于1970年10月，原名为甘肃稀土公司子弟学校，办学模式为中小学12年一贯制，2007年5月移交地方管理，为白银区直属中学。占地面积46739平方米，有二栋教学楼，总面积5378平方米。2010年有教学班级22个，学生594人，其中小学329人，初中199人、高中66人。教职工73人。计算机室、多媒体教室、语音室各一间，理、化、生实验室、小学音乐、舞蹈、自然实验室各一间，学生微机室配备电脑35台，图书室藏书5000余册，学生宿舍10间，300平方米体育场及篮球、排球场各1处。驻甘肃稀土公司生活区内。

【教师队伍建设】　学校实行推门课、展示课、开放课、比武课等制度，加强教育教学研究，加强同兄弟学校的学习交流；以全区教育系统“读经典作品、创书香校园”为主题的读书活动为契机，给每位教师配发必读书目《论语》《给老师的一百条建议》等书籍及学习笔记，加强教师的师德修养。

【德育工作】　2010年，以“管理年活动”为契机，突出管理在促进学校中心工作中的核心地位，优化德育体系。在3月“学雷锋，树新风”活动、祭扫烈士墓，5月进行五四“青年志愿者”活动、“捐零钱，献真情”活动、“抗震救灾”；7月“为西南干旱地区捐一瓶水”等多种形式，多角度多渠道对学生进行德育渗透。2次举行“公民道德教育活动”和“养成教育”活动。学生的心理咨询室接受个案辅导的学生总计达到50多人次。坚持每周召开一次班主任工作会议，及时总结经验，发现问题，树立典型，以老带新，做好岗位监督。两次家长会，实现家校联合网络。

【教育教学】　每周四分组进行教案作业大检查，每双周二下午为例行的教研活动时间，每次活动教导处都先提出明确的要求，事后有书面反馈；强化集体备课，通过修订教学质量奖励制度，提高教师的整体质量意识；建立学生监督教师的机制，平时由学习委员记载教师的上课情况及夜自习下班辅导的情况，对教师的教学情况，教导处会同年级组长多次进行学生问卷调查，并及时反馈给教师，期末由全体学生对任课老师进行德、能、勤、绩的问卷调查作为教师年终考核的依据之一。

【教学科研】　结合学校实际引进杜郎口“336”教学模式。由杨启东等4人申报的科研课题《初中学困生心理探索》（批号：BY〔2010〕G159），被列为白银市教育科学“十一五”规划一般课题。5月，学校“少儿艺术月”活动如期开展。

【安全工作】　落实整改责任具体流程，由主管安全的副校长牵头，各处室、年级组配合。每月组织一次全校安全大检查，对防火安全、食品安全、校舍安全、危险化学品安全等一一加以检查落实。学校安全员实行全天24小时值班，政教处、值周教师、值日领导和生活老师等每周对学生晚上在寝室情况实行不定期、不定时检查，确保学生安全。当年，学校获白银区教育目标考核三等奖，参加高考人数40余人，其中有2人成绩突破重点线。65人参加中考，45人分别被市一中、二中、十中、银光中学等学校录取。小学部初步评为“五星级小学”，各项规章制度逐步健全。有3名教师在市、区教学比赛中获获。1名教师获白银区优秀共产党员称号，9名老师参加甘肃省网络研修培训，其中一人获甘肃省优秀教师十佳人物、3人获优秀学员称号。有3篇教学论文在省级刊物上发表，4篇在市级刊物上发表。

【白银区稀土中学领导名录】
杨启东　校长
王福舟　书记

（张全军）

强湾中学

【概况】　强湾中学始建于1976年。占地面积17500平方米，校舍建筑面积4683平方米。2004年建成教学楼一栋，占地面积2980平方米。学校教学设备配套、实验教学仪器达到国家三类标准。图书室藏书5702册。微机室1个，电脑40台，有多媒体教室2个。2010年有教师33人，平均年龄34岁。一级教师13人，二级教师14人，三级教师3人，未评职称教师3人。大学本科学历20人，专科学历13人。30岁以下教师15人；30~40岁11人；40~50岁7人。教师中有中共党员14人。学生146人，其中住校生126人。实行全封闭管理模式。

【基础教育】 2010年升入高中学生人数49人，升学率达到53%。考入高中奥班2人，重点班4人。适龄少年入学率100%，毕业率为100%,17周岁人口初级中等教育完成率为100%。2010年共发放义务教育“两免一补”经费23.87万元，上级部门发放困难寄宿生生活补助88125元，都通过银行办卡交入学生手中。独女领证户和二女结扎户孩子实行免费入学，并且在高中升学考试中加30分。白银职专等学校输送学生23人，教师开展各类短期培训5人次。

【教育管理】 健全各种管理制度。学校立足本校实际，制定和完善一系列切实可行的规章制度和教学工作考核办法，规范师生的思想行为。学校工作做到有章可循、有据可依，推进学校的教学工作，激发教师的工作热情。学校通过领导轮流值班，教师配合管理，增强教师参与管理学校的意识。加强与强湾乡派出所联系，邀请派出所所长为强湾中学法制副校长，加强法制教育，4月邀请区检察院法制宣传组来校进行法制教育讲座。5月开展向西南灾区“捐一瓶饮料”活动，共捐助资金621元。组织全校师生向青海玉树灾区捐款2889元。8月全体教师向舟曲灾区捐款1885元。《博众》刊物已经创刊五年，已办21期，重点刊登校园新闻、教师论文、学生优秀作文及各科知识解疑，《学生天地》以刊中刊形式一次性刊登学校学生作文8篇。

【队伍建设】 每年寒暑假安排教师培训，组织教师进行心理健康教育培训4人次，组织教师参加全区教育技能培训全部合格，班主任培训达到人人过关，赴外地培训7人次。利用开学初集体培训，内容包括培训教师介绍自己的培训项目、观看名师报告光盘、撰写学习心得等活动。

【教学改革】 推行校长聘任制和专业技术职务评聘分离制，促进学校管理科学化、民主化和现代化；完善《强湾中学年终考评制度》。实施“小班化教学”管理模式，为学生健康发展创造良好的教学外部环境；转变教师教育理念，改变教学方式，优化学科课程设计，提高教学效率。

【白银区强湾中学领导名录】
高启天 校长

（孙英钧）

武川中学

【概况】 2010年武川中学有教职工80人,17个教学班。在校学生901人，其中寄宿生716人。学校获甘肃省远程教育项目学校、白银区教育系统先进单位等称号。当年秋，整体搬迁至白银西区新校区办学。学校占地面积46739平方米，规划校舍总面积1.6万平方米，总投资2600万。学校投入20万元用于学校绿化。

【基础教育】 2010年，武川中学初中毕业升入普通高中学生比例超过67.8%。中考、期末质检成绩优异，名列全区第二、全区农村中学第一。开展“学校管理年”活动。提高教学研究实效，学校教研室开展各级各类优质课教学活动。学校教师在省、市级刊物上发表论文10余篇，申报各级教研课题3项。

【教师培训】 学校先后组织教师参加国家、省市级培训，开展校本全员培训，累计安排教师参加各类继续教育培训300余人次。

【白银区武川中学领导名录】
崔正德 校长
李维忠 书记

（高炳文）

区招生办公室

【综述】 2010年，区招办人员编制7人。当年全区参加普通高校招生考试的考生共计5041人。比2009年增加279人，增加比例为5.86%。其中文科1958（文史1714人，音乐文106人，体育文27人，美术文111人），理科3028人（理工2946人，音乐理25人，体育理39人，美术理18人），三校生55人。其中少数民族考生64人。设白银市一中、白银市二中、白银市八中三个考点，共169个考场。全区应届生上线情况是：理科重点上线人数205人，占理科应届生1807人的11.3%，普本上线人数239人，占13.2%。文科重点上线人数52人，占文科应届生1125人的4.6%，普本上线人数131人，占11.6%。全区往届生上线情况是：理科重点上线人数168人，占理科往届人数1139人的13.4%，普本上线人数309人，占27.1%；文科重点上线人数31人，占文科往届生589人的5.3%，普本159人，占27.0%。全区考生录取情况：一本录取人数454人，录取率为9.11%；二本录取人数1134人，录取率为22.74%；三本录取人数491人，录取率为9.85%；专科录取人数323人，录取率为6.48%；高职录取人数847人，录取率为16.99%；三校生录取人数25人，录取率为45.45%。2010年有2名考生被空军航空大学航空飞行与指挥专业录取，有1名残障考生（盲人）被长春大学针灸推拿学专业录取。2010年全区参加普通中专招生考试的考生共计205人，比2009年减少119人。共录取新生147人，录取率为71.71%。2010年7月开始，全省自学考试报名实行网上报名。

【白银区招生办公室领导名录】

王爱莲（女） 教育局副局长、区招办主任

杨玺崇 副主任

（陶晓祥）

区电大工作站

【概况】 2010年，区电大工作站有干部3人。有教职工12人，其中，中学高级教师5人，中学一级教师1人；大学本科5人，大学专科7人。学校有教学楼1栋，其中有微机室1间、多媒体教室2间、教室7间、办公室6间，档案室1间。当年，在校成人生800多名，24个教学班，设会计学、计算机科学与技术、电气工程及其自动化、工商管理、法学、汉语言文学、护理等专升本专业及会计电算化、计算机信息管理、汉语言文学、法律、电力系统自动化、机电一体化、机械制造、护理等专科专业及开放教育本、专科专业。

【招生工作】 通过教育网、学校网站、电视、报刊、公共场所竖牌等载体发布招生信息。采取各种方式把招生信息宣传到社会各个层面，在学校内部加大招生奖励制度。当年共招收新生430人，其中开放教育32人，成人本专科398人，使在校生总数达到846人。

【加强教学管理】 制定出符合成人教育及白银区实际的各项函授教育管理制度，用制度规范和强化教学管理工作，提高学员的到课率，增强班主任和任课教师的责任心。教务处统一管理学生学籍，从学生报到、休学、复学、转学、退学、办证等方面进行严格管理。

【白银区电大领导名录】

李永信 站长（2010.11止任）

李明嵘 站长（2010.12始任）

张进楷 书记

张明全 副站长

（张爱永）

区电教馆

【机构】 2010年区电教馆在编人员8人，其中高级职称1人，中级职称7人。

【争取项目资金，加强硬件建设】 争取项目资金60万元，完成农村远程教育项目，其中模式A学校3所（银光中学、稀土中学、武川中学），模式B学校3所（七校、八校、十五校）；争取市教育局配套资金，采取酬奖结合，为市二中配备理科实验教学器材1套，价值7万元，为武川中学配备标准实验室4间，价值14万元。争取资金6.2万元，完成集会议室、视频会议、教研活动于一体的多功能厅的装备，并争取省电教中心配备资金1万元。

【教师队伍建设】 依托白银区电大工作站培训教师27期，人数达980人，达标率100%，完成年初目标责任书中的培训任务；依托靖远师范白银师训基地对30名小学科学课专职教师进行为期15天的培训。依托靖远师范对6名初中网管人员进行8天的培训。

【举办多项教学教研活动】 4月举办全区农村远程教育三种模式下中小学优质课竞赛活动，通过评比，选送9名教师参加市上竞赛，获一等奖1人、二等奖4人；5月在全市组织的教学多媒体课件、教学设计及整合课例大赛中，全区中学组4名教师获一等奖、7名教师获二等奖，小学组一等奖1名、二等奖1名；6月组织8名教师参加市教育局主办的白银市第四届创新实验优质课竞赛，获一等奖3人、二等奖4人、三等奖1人；7月在全国中小学教师说课展示活动大赛中，李华老师获甘肃赛区二等奖；9月省电教中心举办的智能语音教具大赛中，区八校曾立伟老师获优秀奖；10月组织全区中小学“我与学校图书馆”论文征文大赛；11月在全市多媒体（交互式电子白板）环境下中学物理优质课大赛中，全区获一等奖1名、二等奖2名。

【白银区电教馆领导名录】
金怀揆　馆长

（曾潮春）

区教研室

【机构】　区教研室内设中学组、小学组、幼教组及综合组。2010年有教研员16人。

【教师优质课竞赛】　2010年组织中小学语文、数学、艺术、体育、历史、地理、音乐、美术8门科目优质课竞赛及幼儿教育竞赛课。在学校、学区竞赛选拔的基础上，共有138名教师参加区级优质课竞赛，推荐36名教师参加市级优质课竞赛，获一等奖16名，二等奖18名。举办首届职业教育优质课竞赛，市职专、市三中共有11名教师参加竞赛。评出一等奖4名，二等奖5名。

【学生竞赛】　组织参与中小学英语、数学、化学、生物四门科目的学生竞赛，参加竞赛学生共5017人次，获省级一等奖79人，二等奖115人；获市级一等奖41人，二等奖31人。

【教育与教研】　全区上报立项教研课题66项，立项结果省级重点课题1项，省级规划课题47项；课题鉴定项21项，鉴定结果省级鉴定结题11项，其中优秀1项；科研成果评奖33项。上报省级论文评奖146篇。全国优秀教育论文评选甘肃赛区评选结果：一等奖2篇，二等奖7篇，三等奖12篇。

【教师培训】　组织中小学语文、数学、英语、物理、化学、生物等科目的教师学科培训，共培训7次，参加培训的教师600余人次。

【帮扶与指导】　对民办学校、民办幼儿园进行常规检查。对新整合的四龙学区金山小学、强台小学，武川学区新村小学，水川学区三民小学给予重点的教研帮扶与指导。

【白银区教研室领导名录】
李存军　主任

（郑瑞玲）

区勤工俭学办公室

【概况】　2010年区勤工俭学为有编制6人。其中，专业技术人员4人，高级职称1人，中级职称2人，初级职称1人，均为大专以上学历，工人2人。

【规范管理】　全区各中小学校服、作业本实行规范管理。统一推广使用“勤学”牌健视作业本、备课本。“勤学”牌健视作业本的发放标准严格按照教育局的规定执行，指定专人负责，准确统计价格、各校学生人数，并及时报送生产厂家，工作人员加班加点，每学期准时将作业本发放到各校各班。统一制作各校校服。招标定点服装厂（白银工艺时装厂和白银服装厂），由市勤俭办挂牌并统一发放时装标识；实行定点生产，统一价格，统一质量标准，统一购销。力求每件物品都以低于市场价格进入学校。区勤俭办工作人员对全区各中小学、学区配送的作业本提前进行统计，分发，并送货上门，保质保量。

【校方责任保险】　2010年全区共参保学校33所，参保学生34673人，缴纳保费177154元。2009年9月1日至2010年8月31日共发生校方责任险事故24例，已解决24例，事故发生后保险公司进行调查理赔，共赔付金额89859.99元，学校及家长对保险公司的处理结果基本满意。

【技能基地建设】　全区共确立三所学校为勤工俭学学农基地和技能培训基地。白银市三中、四中为学农基地，提供各种家禽家畜养殖、疾病预防和治疗；农作物种植、病虫害防治等现场学习、操作的机会。2010年学校开展实践活动6次，参加学生人数300多人次。市职专为学生技工技能培训基地。开设计算机应用、现代物流、器乐演奏、计算机信息管理、电工与电气技术应用、幼师、焊接、汽车运用与维修、烹饪、护士等专业的教学班31个，有各类专业技能操作室16个。

【白银区勤俭办领导名录】
李明嵘　主任（2010.12止任）
李朝忠　主任（2010.12起任）

（高　芳）

区教师进修学校

【概况】　区教师进修学校办公场所占地面积约300平方米，有8间办公室和2间教室，学校内设办公室、教务处、总务处和财务室。2010年有教职工9人，其中，中学高级教师5人，中学一级教师1人，中学二级教师1人，小学高级教师2人。购置办公设备3套，台式电脑3台，照相机1台。

【开展培训】　2010年结合教育局学校资源整合项目，对部分教师进行以提高思想政治素质、职业理想和职业道德为重点，强化专业知识，教学技能相结合的师德教育培训；中小学骨干教师及骨干教师培养对象培训；中小学校长、教务主任培训；新教师岗前培训；教育部项目教学交流报告会、全区教育工作者《国学知与行》公修课培训，共培训教师3850人次。

【成人教育】　区教师进修学校通过与陕西师范大学、西北师范大学、兰州商学院等高校联合办学，积极探索以中小学教师继续教育为主，多元的适应时代发展的办学形式，提高学校综合实力。2010年有8个成人教学班，在校成人学生479人。毕业学生129人。利用省内高校教育资源，聘请专家、教授、名师作为学校兼职教师，成立白银区中小学教师培训讲师团。区教师进修学校教师在国家级刊物发表论文3篇。

【白银区教师进修学校领导名录】
罗福林　校长

（张　静）

区青少年活动中心

【基本情况】　区青少年学生校外活动中心占地面积649.7平方米，建筑面积2130平方米，总投资160万元。是白银市区内唯一一所集教育、培训、活动、娱乐、健身、交流为一体的公益性校外教育机构。驻体育街121号。

【管理与宣传】　建立健全用人机制。加强对青少年学生的教育和管理，经常进行爱国主义教育，纪律教育，理想教育，思想道德教育；并与门卫签订安全目标责任书，保证各项活动的有序开展。利用新闻媒体平台，对活动中心招生及开展的各种活动进行宣传；发挥中国校外教育网站的平台作用，选派专人负责网站的维护和管理，在活动中心的“网络社区”内及时公布活动方案、活动情况等，加强同全国校外教育工作者之间的信息交流。

【公益活动】　活动中心对本区青少年及区属中小学校学生开展汽车模拟操作、小机床操作、参观三球仪、星象仪、图书借阅、微机培训等公益性活动，参与人数达5万余人次。组织参加市、区青少年书画大赛、摄影艺术大赛、“金凤凰”少儿艺术大赛、“雏鹰杯”小学生围棋团体比赛，白银区“迎六一、强体魄”“体彩杯”小学生乒乓球团体比赛及白银区“体彩杯”中学生篮球比赛等活动。培训、组织青少年参加文化、艺术、体育、科技等各类校外实践活动。组织参加国家和省、市各类竞赛。

【特长培训】　先后开设美术、电子琴、萨克斯管、小提琴、古筝、钢琴、舞蹈、围棋等项文体艺术专业培训活动，培训对象涵盖6~17周岁的青少年儿童。

【白银区青少年活动中心领导名录】
关福忠　主任

（张陇梅）

区学生资助管理中心

【概况】　区学生资助管理中心，副科级事业单位。至2010年底为家庭经济困难大学生5858人次办理生源地信用助学贷款2956.14万元。当年办理2128人次，贷款金额合计为1088.94万元；全区生源地国家信用助学贷款本金及利息应收401人，本金及利息11.51万元，实际收取395人，收取本金及利息11.3万元，欠息率控制在国家要求的2%以内。

【中等职业教育】　从2007年秋季至2010年秋季，累计下拨中等职业教育国家助学金673.545万元，其中，中央资金538.836万元，省级资金134.709万元。已经全部下拨各学校，3所学校实际发放助学金673.545万元，2011级受资助新生都办理专用的中职学生资助银行卡，并将上述款项全额发放至学生。2009至2010学年度累计下拨免学费资金161.08万元，有2196名中职学生享受免学费补助。

【普通高中资助】　2009至2010学年度，下拨白银区普通高中国家助学金53.8万元，按照每人每年1000元的标准，共计资助家庭经济困难学生538人，其中，高一16人，高二203人，高三119人。资金全部发放到学生手中。下拨白银区普通高中国家助学金107万元，按照每人每学期750元的标准，共计资助家庭经济困难学生1426人，其中，高一627人，高二572人，高三227人。资金全部发放到家庭经济困难学生手中。

【白银区学生资助管理中心领导名录】
李文飞（女） 主任

（曾 钛）

四龙学区

【概况】 2010年有各类学校6所，其中，完全小学2所，幼儿园1所，学前教学点3个。在校学生691人。其中，小学在校学生540人，学前幼儿151人。在职教师95人，其中公办教师88人。

【教育管理】 按照国家基础教育课程改革和设置要求，开齐、开足课程，确保学校开课齐全，开课足时。加强教育督导和学校考核工作力度。年底对各小学、幼儿园及校长、园长工作进行全面考核，并将考核结果纳入评优选先、职称评聘之中。强家台小学六年级一班获市级先进班集体称号。

【德育工作】 开展创先争优活动和“读经典作品，创书香校园”活动，强化师德师风教育，组织教师观看优秀教育影片，倡导团结协作、开拓创新、锐意进取、无私奉献，增强广大教职工的责任感和使命感。构建学校、家庭、社会三结合的德育教育网络。

【改善办学条件】 2010年，为各小学、幼儿园、学前教学点更换课桌椅246套。自筹资金3.5万元，翻建、粉刷幼儿园围墙、教室，搭建四龙候车站点乘车学生避雨棚。协调项目投资276万元，动工新建强台明德小学教学楼。区教育局投资8万多元，搭建活动板房式校车车棚，解决校车在冬季启动困难的问题。学区“留守儿童之家”挂牌成立，投资1万多元，布置“留守儿童之家”活动室、图书阅览室，接通宽带和电话。

【队伍建设】 2010年学区共组织教师参加各级各类、各学科继续教育培训353人次；开展“成功教师的魅力”“实现有效教学的‘十个因素’的研究”和“立足校情，开拓创新”等校本培训。开展“十强”“十好”班子队伍建设和“党员先锋岗”活动。3名教师获区级“园丁奖”，28名教师受到四龙镇政府表彰。

【校本教研】 开展“岗位练兵”活动和说课、赛课、优质课选拔等竞赛活动，鼓励教师钻研业务，研究教学，提高课堂教学质量。协调区教研室开展“送教下乡”活动。组织开展校际交流研讨活动，使每位教师对自己的教学水平有比较清晰的定位，确定发展方向。加强学前教育管理，实施“园—点”交流计划，开展学前教育研讨。2010年说课竞赛中1名教师获市级一等奖，3名教师获区级一等奖；远教优质课竞赛中1名教师获区级一等奖、市级二等奖；教师在省级以上刊物上发表论文6篇，市级刊物上发表论文2篇。2010年四龙学区小学适龄儿童入学率、毕业率、完成率均为100%。

【白银区四龙学区领导名录】
苏维华（女） 校长

（雷天龙）

水川学区

【综述】 2010年有小学13所，其中，完校10所，教学点3所，共设教学班81个。在编教职工160人，专任教师160人。小学生904人，学前班284人，教师学历合格率100%。民办幼儿园3所，教职工12人，班级总数8个，在园幼儿185人。2010年小学入学率为100%，毕业率为100%，12周岁人口小学毕业完成率100%。各村完校利用远程教育设备、资源举办脱盲人员文化知识提高班，举办各类实用技术培训800余人（次）。当年共发放免费教科书1035套，学困生和寄宿生的经费补助及时发放。全学区校舍建筑面积17751平方米，生均14.9平方米。教学仪器配备除学点外全部配齐，计算机151台，图书室藏书量37000册，生均31册。图书室总面积494平方米，阅览室7个，实验室10个，实验仪器3028件，微机室4个，多媒体室2个。筹资7万元为桦皮川小学修建金属围墙72米，砖混围墙51米，修建环形操场150米，新建大门1座，投资1万元，新建门房20平方米。教育局投资20万元为金沟口中心小学安装供暖面积达3205平方米的锅炉1台。民主党派送教下乡活动中，为金沟口中心小学捐赠蓝球4个，展示别开生面的示范课2堂。推进学校布局调整，完成苏家窑、大坪2所小学的撤并工作，优化教育资源。金沟口中心小学通过市教育局五星级学校的达标验收。新增苗木122棵。

【教育管理】　开齐、开足课程，确保学校开课齐全，开课足时。推进素质教育，注重学生的终身成长和全面发展。开展教师培训和教科研活动，改变“教”与“研”相脱节的实际问题。组织学生参加英语竞赛、体育比赛、文艺比赛。开展“百名家长评教”活动，激发广大教师的竞争力和工作积极性，促使教育教学向更加优质化的方向发展。学区申请立国家级课题1项，申报课题4项，通过省级鉴定课题2项、市级鉴定课题1项。教师发表省、市级论文8篇，参加省、市级评奖论文23篇。

【教师培训】　全学区学历合格率达100%。2010年有3人取得本科学历。参加教育部门组织的各类培训49人次，利用浙江爱心基金举办音乐、美术培训学习班九期，每期培训教师66人，共72课时。

【教学改革】　推进各项教育改革措施向常规化、纵深化发展。推行校长聘任制和专业技术职务评聘分离制，促进学校管理的科学化、民主化和现代化；在各校全面实施“小班额教学”管理模式。

【白银区水川学区领导名录】

吴定发　负责人（2010.9止任）

陶维生　校长（2010.9始任）

（张彩红）

强湾学区

【概况】　2010年强湾学区共有完全小学5所，教学点1个，在校学生166人，学前班25人。

【基础教育】　2010年适龄儿童入学率、毕业率、完成率均为100%。“全面落实义务教育经费保障机制，共落实“两免一补”经费48.2万元，免费教科书277套。撤并西沟小学、麻黄滩小学、沙川小学；建成省级留守儿童之家1个，配置价值5万元设备1套；投入22万元，硬化强湾中心小学门前道路200米；修建防洪堤坝1个。教师在省级刊物上发表论文2篇，在市级刊物上发表论文3篇，申报各级课题3项。

【白银区强湾学区领导名录】

强有桐　负责人（2010.7止任）

强生佩　负责人（2010.7始任）

（王毓春）

王岘学区

【概况】　2010年王岘学区有小学4所，在校学生450人。2010年上半年，为崖渠水小学筹措资金4.54万元，用于学校绿化和校园文化建设。学校种植2万多元的花草树木，平整综合实践基地1亩，种植各类蔬菜。东台小学改建项目2010年5月经区发改局批准立项。

【教育管理】　有两个课题通过省级鉴定。在区级优质课竞赛中，有6名教师参赛，3人获一等奖，2人获二等奖，1人获三等奖。在市级优质课竞赛中，1名教师获一等奖；建立教学质量监控与评价制度，定期检查教师教案及作业的批改情况，发现问题及时反馈并进行跟踪检查。制定互相听课制度，达到取长补短、共同提高的目的。7月在市级教育督导评估中受到好评，下半年通过省级教育督导评估。

【德育工作】　各校抓好晨会、班会以及升旗仪式等基本环节，结合学校实际和重大节日、纪念日制定主题教育活动的计划、方案，抓落实；重视以班主任为主体的德育工作队伍建设。东台小学许昭慧所带班级被评为白银区优秀班集体，其本人获白银区优秀班主任称号。

【队伍建设】　加大骨干教师培养力度。组织骨干教师外出参观、学习、培训。鼓励青年教师参加论文、教学设计、优质课评选等各项竞赛活动，促进教师向专业化方向发展。给骨干教师压担子。10月组织教师进行全面体检。并组织教师参加体育比赛、文艺活动。

【安全工作】　学区与各校，各校与各室、班主任层层签订责任书，明确各自的职责。将安全工作作为教职员工考核的重要内容，实行一票否决制。利用班会、活动课渗透安全预防知识的宣传和讲座，通过讲解、演示和训练，对学生开展安全教育，学生接受比较系统的防溺水、防交通事故、防触电、防食物中毒、防煤气中毒等安全知识和技能教育；加强门卫制度，对周边不安全人员进行排查，确保师生安全。

【关注留守儿童】 2010年“六一”儿童节，学区联系团区委和区总工会为东台小学单亲家庭、农民工家庭困难学生赠送价值700元的学习用品、体育用品。联系镇妇联组成“爱心妈妈”“爱心志愿者”团队对崖渠水小学的留守儿童定期资助。

【白银区王岘学区领导名录】
滕泽斌 负责人

（王银梅）

武川学区

【概况】 2010年武川学区有各类学校6所，其中小学5所。在校学生130人，其中小学在校学生130人。有专任教师59人，教师学历合格率100%。小学阶段入学率、毕业率、完成率为100%。争取资金建成西湾小学教学楼，独山小学教学楼，火家台小学教师宿舍，武川新村小学教学楼。2010年9月武川新村教学楼投入使用。浙江姚氏集团投资3万元，在学校建立起震旦爱心图书室。在西湾小学建设留守儿童之家。

【教育管理】 致力于学校领导班子建设和教师队伍建设。按照《中小学教师职业道德规范》开展教师职业道德建设，倡导爱岗敬业，教书育人，无私奉献的精神。实行奖罚激励机制，调动广大教师的积极性。加强政治学习和业务学习，纳入年度工作考核，提高广大教师政治水平和业务能力。建立激励性管理制度。健定《武川学区管理制度》《教职员工考核细则》等规章制度。

【白银区武川学区领导名录】
韩国荣 校长

（王建兵）

区幼儿园

【综述】 2010年区幼儿园有教职工59人，在园幼儿总数470人，共12个教学班。当年共投资17万元，完成教学楼及各种管道的维修等。投入1.5万元用于校园绿化。设施设备总投入4万多元，购置天然气锅炉、桌椅、幼儿玩教具及图书等，更换配置落后的部分计算机。筹措资金14万元，购置交通工具。量化管理任务，完善规章制度，落实目标责任。11月在省政府教育督导评估中获好评。

【队伍建设】 通过业务知识学习、名师培养工程、教研交流、多媒体课件制作培训、“爱岗敬业”演讲活动等多种渠道加强教师队伍建设，提高教师的综合能力。还通过业务上帮助、生活上关怀、作风上要求、使用上突破四项措施，实现青年教师一年上路，两年成型，三年合格，四年后步入骨干教师行列的目标。2010年，有3名教师获得“园丁奖”称号（省级一名，区级两名），在全市幼儿园优质活动竞赛中，有6名教师获得一、二等奖。

【开展活动】 探索分享阅读，大胆尝试“区角”（每天下午幼儿自由活动做游戏场地）活动，努力突出特色活动，倡导课后反思，创新教学模式，优化活动过程。课题“3~6岁幼儿良好行为习惯的培养研究”获甘肃省第八届基础教育优秀成果评选二等奖。

【白银区幼儿园领导名录】
王 霞（女） 园长
付兆香（女） 书记

（冉秀平）

区第一小学

【概况】 2010年区第一小学有教职工132人，专任教师125人，管理人员3人，工勤人员4人。学校有特级教师1人，省级骨干4人，市级骨干14人，区级骨干32人，市级学科带头人3人，省级教学能手1人，市级教学能手1人。有教学班47个，学生2468人。学校有多媒体教室、语音室、微机室、图书室、阅览室、音乐活动室、实验室、器材室、电子备课室、体育馆等能够满足教学需要。图书馆藏书39943册，生均16.18册。

【学校管理】 每周一召开校务会和教职工例会，形成“大事集体讨论，一般事务分工负责，分工不分家”的管理机制。建立和完善学校各方面的管理规章制度，修订《白银区第一小学制度汇编》，在管理中具体落实协调好“六个关系”即“和谐好班子成员关系；和谐好班子与教师的关系；和谐好教师与教师的关系；和谐好学校和家长的关系；和谐好教师与学生的关系；和谐好学生学习与活动（个性发展）的关系”。

【德育教育】　要求教师做到“五个表率”（学习钻研的表率、为人师表的表率、教学创新的表率、爱岗敬业的表率、团结协作的表率），“五入手”（从“小”入手，突出明理性、从“近”入手，突出情感性、从“学科”入手、突出渗透性、从“活动”入手，突出趣味性、从“问题”入手，突出针对性）。开展“读经典作品，创书香校园”活动。筹资1万多元资金为教师购置《论语》《陶行知教育名篇》《教育的秘诀是真爱》等书籍，爱心基金会捐助价值达45000元图书建立爱心图书室。开展“我与好书同行”“我读书、我快乐、我成长”“读书促我智慧教学”活动。教导处和大队部组织学生开展不同年级的诵读活动。六年级“读书心得”展示，五年级“美文经典诵读”竞赛，四年级“读经典书，创书香校园”演讲比赛，三年级“书香伴我成长”主题中队会，二年级“小小故事会”，一年级“制作我喜欢的小书签”等一列活动。以“读经典作品创书香校园”活动为契机，以班级为单位，开展各种形式的读书活动，并在学校范围内评选“读书明星”等活动。5月24日举行“告别不文明行为争做文明市民”校园签字仪式；6月2日上午启动“向国旗敬礼、做一个有道德的人”网上签名寄语活动；6月11日启动“传唱优秀童谣，做有道德的人“网上签名寄语活动。9月19日由白银市科协和白银区科协联合举办的“我的低碳生活——科普大篷车进校园”活动在区一小举行。开展“校园之星”评选等实践活动。“围棋竞赛”活动中，区一小获团体总分第一名，二年级五班张天泽同学获个人总分一等奖。“青少年科技创新大赛”活动中，史欣润同学获一等奖，刘旭麒、李子昂、马天伟获二等奖。舞蹈《阳光蓓蕾》参加白银区庆“六一”节目会演，获好评。

【教育教研】　2010年共开展示范课12节，优质课40节，青年教师过关课84节，教研组活动每周进行一次。白银区举办的优质课竞赛活动中，吴德民、王述和获得一等奖，刘莺莺、陶涛、陈利娟、获得二等奖，王力、马驰获得三等奖。王述和、吴德民老师在白银市举办的优质课竞赛活动中获一等奖。2010年有10多名教师的论文在省、市两级刊物发表，有6名教师论文在省、市级比赛中获奖，出版论文精选集1册。教研理念的体现，落实到课堂教学，提高课堂教学效率，教师重视学生家庭作业量控制和过重负担的减轻。当年学校承担国家级课题1个，省级课题7个，市级课题5个，课题已通过鉴定10个，其中省级课题4个，市级课题6个。其中省级课题“突出个性化教育的学校和谐教育的探索与实践”和“语文课堂教学中如何构建学生个性化发展平台的探究”获白银市第七届基础教育科研优秀成果奖二等奖。

【校园绿化】　4月学校对校园绿化进行重新规划，栽种刺柏38棵，侧柏19棵，国槐40棵，金丝柳40棵，竹子10株，迎春花、丁香、榆叶梅共60株，小叶黄杨3000株。成活率95%。6月学校购买1000多盆草花装扮校门。

【白银区第一小学领导名录】

杨文辉　校长

高惠芬（女）　书记

（沈文功）

区第二小学

【概况】　区第二小学始建于1956年，占地面积7600平方米，建筑面积7147平方米。2010年有教学班24个，学生1561人，教师75人，其中，本科以上学历教师36人，小教高级45人，中教高级2人。学校固定资产464万元。有图书33071册,生均达21册；科学、数学、艺术、体育、电教等仪器设备达标，价值达到122万元；图书室、多媒体教室、电子备课室、微机室、实验室、器材室、仪器室、保健室、阅览室、艺术室、体育达标室等专用功能室齐全。

学校获全国三八红旗集体、中华经典诵读学校、甘肃省中小学德育工作先进集体、甘肃省未成年人思想道德建设家长示范学校、甘肃省留守流动儿童示范学校、甘肃省教育科研实验学校、甘肃省优秀体验教育实验基地等称号。

【教育管理】　实行校长负责制，完善全员聘任制、岗位责任制，实行民主管理。完善校务公开制度，加强财务管理，每月公布一次，推行校务公开。建立督察制度。每天检查教师出勤情况、教育教学活动情况、卫生情况、安全情况、学校内务情况，当天学校大事做记录，及时通报检查结果，对出现问题及时指出，限时责任人改正，做到每天一检查，每周一小结，每月一公布。坚持工作例会制度。制定《教育教学常规管理制度》，坚持推行“四清运动”（堂堂清、日日清、周周清、月月清）；“五抓工程”（抓习惯就是抓质量，抓细节就是抓质量，抓读书就是抓质量，抓过程就是抓质量，抓差生就是抓质量)。每学期有计划的在班级或学校举行写字比赛（低年级铅笔字比赛，中年级钢笔字比赛，高年级毛笔字比赛）。学校各科合格率保持在96%以上，优秀率保持在85%以上。

【留守儿童工作】 二校留守儿童86人，流动儿童478人。学校安排专人负责，到各街道、社区摸清情况，详细建立留守、流动儿童档案资料和信息卡，并成立领导小组，结对帮扶，定期家访。学校少先大队部先后组织开展“我的童年 感谢有你”“共享蓝天 健康成长”等主题活动。学校24名代理妈妈为班上的留守、流动儿童买书包、赠书本，和他们一起做游戏、交流谈心。2008年7月区二校被确定为甘肃省留守儿童示范学校。2009年4月27日省妇联徐亚荣主席带队再次来校调研留守、流动儿童工作情况。

【课外活动】 校内外结合建立“大合唱”“绘画”“舞蹈”“乐器”“书法”等多个艺术类兴趣小组。在甘肃省首届中小学师生书画展评中1人获得一等奖，2人获得二等奖，6人获得三等奖；在白银市教育局举办的“我爱祖国语言美”中华经典诵读比赛中，学生诵读的《春江花月夜》获得一等奖，《三字经》获得二等奖；在白银区第三届“展望杯”师生书画比赛中有1人获得一等奖，2人获得二等奖，13人获得三等奖；在白银区“纪念改革开放30周年”征文比赛中有5名同学分别获得一、二、三等奖；在科技创新大赛中，有三人获一等奖，四人获二等奖；白银金凤凰少儿艺术大赛中，分别获得声乐组、绘画组金奖2个，银奖2个，铜奖3个。

【队伍建设】 抓学习，为师德建设奠定良好的理论基础。抓活动，把师德教育渗透到各项活动之中。抓导向，用先进典型推进师德建设。看师生关系，构建融洽、和谐、平等、友好的师生关系。

【教学改革】 组织学生学习《小学生守则》和《小学生日常行为规范》，坚持开展雏鹰争章活动。组织开展“争先进班级，做文明学生”活动。结合重大节日，纪念日，开展各种主题实践活动，如“学雷锋爱集体”“法律的春天”“心系灾区小伙伴，爱心奉献我行动”“远离不良读物”“给妈妈的惊喜”等。教学中采取集体培训与教师自我学习、专题培训与系统培训、校内培训与校外学习等形式对教师进行培训。开足开齐课程，禁止以提高质量为名随意增减课程和课时。加强教师的备课、讲课、批改作业、课后辅导和质量检测五环节的督促检查，开展听课、评课活动。定期开展教师课堂能力评价活动，提高课堂教学效率。定期开展教学工作检查，实施教师备课“周检”“月评”制度，按照“严”“精”“细”“实”“活”“效”六字要求，全面强化过程管理。

【白银区第二小学领导名录】
张克功 校长
高启让 书记

（王银凤）

区第三小学

【概况】 区三小始建于1957年，校园总占地面积12249.5平方米，教学楼占地面积1528平方米。学校总建筑面积为7490平方米。各学科均以一类标准配备。2010年有教学班24个，学生1525人，教师77人。其中，中学高级教师3人，小学高级教师45人，省级骨干教师3人，省级教学能手1人，市级学科带头人2人，市级骨干教师18人，本科学历教师27人，大专学历教师43人，教师平均年龄39.5岁。学校获全国作文教育先进学校，甘肃省教育系统先进集体，白银市教育系统先进集体、白银区教育系统先进集体等称号，曾先后被命名为全国青少年科普基地、省级素质教育试点学校、省级课改实验学校，省级无烟学校，省级家长示范学校、省级综合实践活动基地，市级五星级学校、市级绿色学校，市级语言文字先进学校、市级廉政文化建设示范学校等。

【教育教学】 致力于“教学生六年，想学生一生”的教育理念，实施“对每个学生负责，对学生的一生着想”的教育，坚持“一切为了学生的发展，一切适应学生的发展，一切促进学生的发展”原则，争创“四个一流”（创建一流的育人环境，追求一流的学校管理，培养一流的师资队伍，争创一流的教学质量)，全面激活教师的智慧，全程培养创新的人才，全力打造学校品牌，构建“为学生的人生打好底色”的教育模式。

【德育教育】 教师用“爱”与“智”唤醒学生求知的欲望，用“趣”与“活”点燃孩子思维的火花，让校园文化濡染孩子的心灵，让知识积累、活动陶冶，给学生理性的启迪。

【白银区第三小学领导名录】
高月桂（女）　校长
常丽红（女）　书记

（寇明亮）

区第四小学

【综述】　2010年，区四小有34个教学班（学前班4个），在册教师96人，在校学生1638人。有专任教师88人。其中，副高级职称2人，小学高级教师60人，县、市、省级以上骨干教师31人，大专学历63人，本科学历25人，学历达标率100%。学生入学率、毕业率、完成率均保持在100%。这校铺设人造草坪操场、新建水冲厕所、粉刷教学楼；装修音乐室、舞蹈室；布控网络线路、增加办公桌椅、学生桌凳；购置电脑、打印机、照相机、速印机、钢琴、电子琴、图书、电热水器；建立电子备课室、多媒体教室，安装报警、监控设备；建立教职工活动之家、留守儿童之家、心理咨询室、图书阅览室、少先大队室、开通学校网站，并对教室、办公室、校门、宣传栏、教学楼进行美化维修。

【教育管理】　开齐开足开好规定课程，开发建设以经典诵读为重点的校本课程。按课表安排上课，按教学进度备课上课，不开无轨电车，提前进课堂，准时下课，每天按时批阅学生作业。控制学生在校时间，确保学生在校活动与体育锻炼时间，全面推进素质教育。通过网络交流，设置校长信箱等多种形式，全体教职工和学生家长参与学校管理。

【队伍建设】　2010年筹措资金3万多元，订阅报纸杂志30多种、购买《教师的20项修炼》《教师一定要知道的99个健康细节》《李吉林文集》《苏霍姆林斯基给教师的100条建议》等教育教学书籍千余册，学生读物3000余册。开展各类“评先评优”活动，挤出资金改善教师办公条件、提高福利待遇、慰问退休老教师、关心教师身心健康、鼓励教师强身健体。学校组织教师赴兰州、天水、北京、江苏学习和参加171期希望工程培训。2010年有328人次参加培训。

【教学改革】　落实“骨干教师教学展示”“课堂教学竞赛”“常态教学抽查”等制度，构建切合实际的“有效教学”模式，“聆听专家讲座、观看名师录像、举办研讨会议”等活动，探索新颖的教学方式。培养班级优秀“小老师”，与学困生建立“一帮一”的辅导机制，探索“减负增效”的途径。开展骨干教师展示课和青年教师汇报课活动。发挥骨干教师的带动与引导作用，让骨干教师在学年工作中落实“五个一”任务（举办一次教学讲座、展示一堂风采课、发表一篇高质量论文、指导好一位年轻教师、取得一份明显的教学业绩）。以诵读、体艺特色教育为突破口，培养兴趣特长生，组织参加各级各类展演竞技比赛活动，特色教育之花现已开满校园。控制学生作业量，布置探究性、实践性的家庭作业，促进学生全面、健康、和谐发展。

【白银区第四小学领导名录】
寇翠香（女）　校长
李建新　书记

（祁生祥　武发政）

区第五小学

【概况】　2010年区五小有教学班24个，在校学生1266人，教职员工73人，其中，小学高级教师42人,小学一级教师30人，小学二级教师1人。学校普及九年义务教育“四率”达标。学校筹措资金置换新篮球架、乒乓球台，增加图书量，更换和添置会议桌、办公文件柜、图书架、打印机、复印机、摄像机、计算机、科学教学实验仪器等多种办公设施、设备和仪器。

【德育工作】　组织教师学习《中小学教师职业道德规范》《白银区五校教师十要十不要》，倡导教师树立高尚的职业道德和良好的师表风范。召开班主任工作例会，完善班主任岗位职责，工作条例、考核制度，做好班主任工作的月查，加强班主任工作的过程化管理。

【教学管理】　学校以“五校讲坛”和“名师工程”活动为载体，通过特长教师示范课、达标课等，进行讲、听、评、议、反思与交流，推进课堂教学，提高教师驾驭课堂的能力。在市级说课竞赛中，语文教师苏晓婧，数学教师牛中华，英语教师曾晓梅取得“三个第一”的成绩。在白银市区优质课竞赛中，教师陈慧和苏晓静、张春燕分别获一个市级一等奖和一个区级一等奖、区级二等奖。教师的教育教学理论有新的突破。2010年有22名教师的近30篇教学论文发表在省市级教育教学刊物上，6名教师的教育教学论文获省市级奖励，

2名教师主持的课题经过省级鉴定，牛中华教师的科学实验录像课获市级一等奖。2010年共派出60多人次赴靖远师范、景泰、兰州等地培训学习。

【教学改革】 开展“读经典作品，创书香校园”活动。开展“桃李杯读书”演讲比赛；“六一”儿童节，开展“创意读书卡”展示活动，表彰24名“阅读之星”，6个“书香班级”，以系列活动展示师生读书成果。

【白银区第五小学领导名录】
赵将国 校长
李玉英（女） 书记

（吴迎兄）

区第六小学

【概况】 2010年，区六小有教学班 个，在校学生 人，教职工 人。在校学生均享受“两免一补”政策。适龄儿童入学率100%，毕业率100%，完成率100%。新增绿化面积300平方米，校园绿化效果明显。接受白银市慈善基金会捐助电脑22台，增设爱心电脑室1间。学校新装摄像监控系统1套，并增设兼职保安人员1人，加强学校安全保障能力。

【教育管理】 开齐、开足课程，确保学校开课齐全，开课足时。推进素质教育，注重学生的终身成长和全面发展。提高教学研究实效。开展教师培训和教科研活动，改变“教”与“研”相脱节的实际问题；教研成果丰硕，其中有3项课题通过省级签订；三篇论文在省级刊物上发表；参加省级论文评比四篇，获得一等奖，二篇获得二等奖;参加全区数学优质课竞赛获得二等奖。

【队伍建设】 2010年组织实施教师各类培训，累计安排教师参加各类继续教育培训100余人次。开展“展教师新风，育时代新人”师德主题教育活动和向全国教书育人楷模学习活动。

【白银区第六小学领导名录】
王如平 校长（2010.9止任）
潘鸿伟 校长（2010.9始任）
王颖慧（女） 书记

（王 辉）

区第七小学

【综述】 区七小原名甘肃银光化工集团有限公司职工子弟小学，始建于1963年8月。驻白银区银光路229号。2006年11月，整体移交白银区政府管理。学校占地面积37500平方米，绿化面积22875平方米，建筑面积5764平方米。2010年在册教职工58人，其中专业技术人员57人，中共党员26人，中学高级教师1人，小学高级教师31人，初级25人，市级骨干教师13人（其中学科带头人1名），区级教学能手1人；大学本科以上学历37人（其中取得硕士学位者1名），大专17人，中专3人。专任教师学历合格率为100%。校园有花木86科319种，是甘肃省绿色学校。2010年有教学班19个，在校学生761人。当年争取到中宣部西部教育资助电脑5台，争取到爱心图书3000余册，完成校园绿化滴灌工程，由白银市教育局资助4万余元的农村远程教育网设备到位并安装完工，完成校园网光纤铺设工程，维修粉刷水冲式厕所，安装校园安全监控系统，调整阅览室、图书室、教学仪器室、计算机室、多媒体教室、会议室、工会活动室、艺术教室等功能教室的布局，建立健全电子备课室和科学实验室及远程教育网络平台等。

【教学管理】 2010年，在省级刊物上发表论文2篇，市级刊物上发表论文3篇，22篇教学案例、教学设计、教育教学论文在省级教育教学论文评比中分获一二三等奖；申报三项省级教育教学课题立项。

【德育建设】 2010年主要围绕“八个一”开展工作，找好一个支点，加强教师队伍建设；抓好一条主线，坚持常规教育；突出一个重点，继续强化行为习惯养成教育；树好一面旗帜，坚持深化校园文化建设；拓宽一个空间，形成家校共建和谐局面；找好一个切入点，加强特殊学生的教育转化和管理工作；确定一个德育课题，加强德育科研，努力实现科研兴校；搭建一个平台，为师生提供一个发展空间。2010年获全区社会治安综合治理平安单位称号。

【校本教研】 2010年在巩固合唱、绘画、书法、篮球、足球、田径、写作、数奥、英语、自然、科技等20个兴趣活动小组（队）的基础上，学校利用绿色资源开发校本课程《七星花圃》（10万余字），并与9月投入使用。加强校本培训，推行“一师一课”展示交流活动，当年参与听课人数达1500人次。

【白银区第七小学领导名录】
曹占伟　校长
苏炳礼　书记

（张效进）

区第八小学

【概况】　区八小位于中科院白银市高技术产业园强湾小区。2006年开始建设，2008年8月建成并投入使用，占地面积23345平方米，校舍建筑面积3659平方米。2010年有学生717人,教学班17个，教职工44人。学校生均校园面积34平方米，操场面积6000平方米。校舍建筑物安全、牢固，无危房。有符合标准的教学楼，17个教学班，课桌凳配置齐全。有图书室、图书阅览室、仪器室、档案室、多媒体电教室、微机室、教职工活动室、少先队室、广播室、体育器材室、美术室、医务室等。

【制度建设】　编写《第八小学规章制度汇编》，各种制度涵盖学校管理的七个部分（岗位职责，校务管理、教学管理、后勤管理、功能室管理、安全教育）。加强学校工作的常规管理，细化岗位职责，做到管理体制健全，程序到位，项目细化，管理过程严格。按照国家有关规定，控制学生作业量。组织教师系统学习《教育法》《教师法》《教育部关于进一步加强和改进师德建设的意见》《中小学教师职业道德规范》《中小学班主任工作规定》等法律法规，提高教师的法律意识，牢固树立“依法治校、依法施教”的思想。

【德育工作】　2010年制定《白银区第八小学养成教育实施方案》《白银区第八小学一日常规》，将养成教育作为工作重点，成立红领巾监督岗，各班制定班级公约，切实将学生的养成教育落实到学校工作的各个环节中。以各重大节日、纪念日为契机积极开展各项活动；举行“八个一”活动；开展评优选星活动。

【教学改革】　在新课改中，既重视学生整体素质的培养，也注重学生“两基”能力的培养。通过大力实施“规范办学行为”“新课程改革”“阳光体育”“诗文诵读周”“开辟学生自由阅览角”等活动。开展兴趣小组活动8项，各项活动有计划、有措施、有检查。兴趣活动人数537人。占全校总人数的75%。毕业班学生每人都有一种爱好特长。

【白银区第八小学领导名录】
刘　静（女）　校长
张文裕（女）　书记

（柳力玮）

区第九小学

【综述】　2007年8月，区九小成立,原名武川新村小学，2008年8月，更名为白银区第九小学，地处白银西区经济开发区，坐落于武川移民小区西南侧。学校占地面积46690平方米。其中，校舍建筑面积3397平方米。能同时承担24个教学班的教育教学任务。六年制寄宿小学。2009年8月新教学楼建成并投入使用。2010年学校有11个教学班，附设1个学前班。在校学生357人，其中，小学生334人，学前班23人。学校有住校生54人，教职工41人。其中，专任教师39人，行政管理人员2人。教师中有中共党员8人。教师学历合格率达100%，其中，本科学历15人，大专学历26人。有中学高级教师1人，小学高级教师12人，小学一级教师26人；小学二级教师2人。教师队伍素质高，业务能力强，其中，省级骨干教师1人，省级青年教学能手1人，市级青年教学能手1人，区级青年教学能手1人，区级学科带头人1人。公开课竞赛中有1人获省级二等奖，3人获市级一等奖，6人获区级一等奖。2010年筹措资金完成14000平方米的校园硬化工程，修建1个花园，1座旗台，改建4个面积达96平方米的办公室。加大对教学设备、器材的投入，改善办学条件。自筹资金，为各办公室配备挂衣架、师容镜、作业架、办公桌玻璃等用品；为教学楼内大厅、走廊等处悬挂名人字画、摆放花卉，制作校情校貌展示牌；为各班级张贴名人、名句宣传牌。完成7个功教室、12个教学班以及15个办公室的装备。筹资30万元用于学校绿化，绿化面积达5000平方米。

【教育管理】　学校以“三特”（办学有特色、教学有特点、育人有特长）、“四园”（精神文明的校园、自主发展的学园、张扬个性的乐园、陶冶情操的花园）、“五化”（学校环境人文化、教育理念超前化、教师发展专业化、教学设备现代化、办学效益一流化）的办学目标。制定学校各项规章制度，抓制度落实，明确广大教职工的岗位职责。学校工作分配合理，责任明确，建立健全各种监管和评价机制，确保各项工作落到实处。搭建学生成长和教师发展平台，采用结对子帮扶、“走出去，请进来”等方式促使教师快速成长，鼓励教师参加各级各类优质课竞赛、说课、评课等活动，选拔和培养一批骨干教师。开齐课程、开足课时。加强德育，促使学生德、智、体、美全面发展，发现和培养学生的个性。重视课堂教学环节，明确教学目标，利用先进的教育理念，采用科学的教学方法，因材施教。学校先后组织开展“小班化教学”“怎样培养数学学习兴趣”等课题研究。2010年获白银区教育局教育目标管理二等奖。

【教学改革】 在教学中，开展各项改革,先后实行“代课教师侯课制度”“班主任工作目标管理”“教学常规管理基本要求”等具体措施；推行“小班化教学”管理模式，为促进学生全面发展、个性发展，培养学生的创新思维能力、动手操作能力创造良好的育人条件；全面实施“家长学校制度”，建立长期稳定的家校联系机制，搭建学校与家长之间、教师与家长之间、教师与学生之间良好的沟通平台；引进“竞争机制”，推行绩效工资考核，在全校范围内开展以优质课竞赛、优秀论文评比、教学成果展示等为主要方式的竞赛活动。

【白银区第九小学领导名录】

王锦霞（女） 校长

罗崇贤 书记

（李祯年）

区第十小学

【概况】 区十小占地10670.2平方米，建筑面积2142平方米，两层教学楼，教室14间，教师办公室7间。2010年有教学班7个，学生281人，教职工27人，教师学历达标率100%。

【德育工作】 坚持利用晨会、思想品德、队会、国旗下讲话等各种大型活动为德育教育主阵地，多种形式地进行宣传教育，发挥它们的长效教育功能，把思想道德教育渗透到课堂教学中，溶解于行为习惯中，帮助学生树立正确的人生观、世界观和价值观。

【教学工作】 以常规落实为重点，以提高教学质量为中心，以培养合格学生为目标，抓教育教学。开展“学校管理年”活动，实施教育教学质量提升工程，实现教育管理的精细化向精致化的跨越、教学方法的传统化向现代化的跨越，促进教学质量的提高和教育水平提升。把班子作风建设放在首位，要求班子成员讲团结，谋事业，争做师德的模范、工作的先锋。通过安全教育，增强学生的安全意识和自我防范能力。抓好教师队伍的质量建设。

【白银区第十小学领导名录】

王如苹（女） 校长

袁天林 副书记

（张 玉）

区第十一小学

【综述】 区十一小原名白银公司第五小学，始建于1966年9月，属企业办学。驻区友好路281号。2007年4月移交地方政府，隶属区教育局管理，2008年3月更名为白银区第十一小学。学校占地面积6950平方米，建筑面积5063平方米，校园绿化面积达1100平方米。2010年在校学生1305人，设23个教学班，附设3个学前班，在职教职工73人，其中大专以上学历55人，学历合格率达100%，小学高级教师44人，省、市级骨干教师及青年教学能手11人。2010年投资80余万元对校门和值班室进行改建，并新建1栋两层水冲厕所。安装电子红外线监控及安全饮水设备，办学条件改善。

【德育工作】 2010年以学校阅览室和班级图书角为平台，以走廊文化、楼道文化、教室文化为核心，以演讲及读书竞赛为模式，开展“品读国学经典、传承中华文明”的主题系列活动，营造书香校园氛围。利用各种纪念日及学校月活动主题，运用黑板报、“红领巾广播站”、手抄报等多种形式，培养学生的良好的道德情操。“三八妇女节”感恩母亲书信比赛、“清明节”缅怀先烈主题队会、义务植树劳动、消防演练、“情系玉树”纪念地震受难同胞悼念和捐赠活动、六一庆祝表彰活动等。

【教学管理】 建立学年教育目标责任、教学常规日巡查制度，严格教师课堂规范，按照教职工奖惩细则对教师工作实行细化、量化考核，与年终考核、岗位设置、评先选优挂钩。2010年白银市“五星级学校”督导组对学校进行全面的督导复评。按照新课程标准要求开足开齐各学科课程，将德育教育全方位渗透各科教学之中，注重体育艺术教学，普及信息技术和科学教学，推行健康教育校本课程，精心组织综合实践课。在全国小学生英语能力竞赛中，参赛学生获奖层次和比例在全市名列前茅；多名学生参加全国书信大赛取得好成绩，获白银市优秀组织奖。

【教研教改】　教研工作突出“以校为本”，注重“自我反思，同伴互助，专业引领”的教研指导思想，完善“团队互助，协调发展”的教研方式，形成“发现问题——研究问题——解决问题”的教研工作模式，制定相关校本教研制度，完善教师激励机制，在推动校本教研方面进行探索与实践。高丽萍老师获白银市数学学科优质课竞赛二等奖、姜新利老师获白银区语文学科优质课竞赛二等奖、靳赵斌老师获白银区综合学科优质课竞赛二等奖。学校一项市级课题通过鉴定。

【白银区第十一小学领导名录】
王爱文　校长
张惠玲（女）　书记

（庞　军）

区第十二小学

【概况】　区十二小是1957年由八冶公司创建。1962年八冶公司迁往金川，学校移交白银公司管理，更名为白银公司第四小学。1970年白银公司实行厂管学校，学校划归于机械厂，更名为白银公司机械厂小学。1992年3月白银公司成立教培中心，对教育进行集中统一管理，学校复称白银公司第四小学。2007年5月企业学校移交地方政府管理后，2008年3月更名为白银区第十二小学。学校占地面积4477平方米。2010年设14个教学班，在校学生650人，教职工39人，其中，小学高级教师18人，小学一级教师13人。省级教学能手1人，市级骨干教师4人，市级教学新秀1人，市级教学能手1人，本科学历9人，大专学历23人，教师学历合格率达100%。35岁以下的中青年教师占全校教师人数的三分之二以上。2010年新教学楼落成使用。配备先进的教学设备。框架结构5层，新教学楼建筑面积3385平方米，专用教室20间，设有多媒体教室、艺术教室、图书室、阅览室、计算机教室、实验室、仪器室、红领巾广播站、体育器材室、校医室等辅助教室，教学设施先进，功能完备。

【教育教学】　开展校园文化活动，培养良好的思想品德和文明的行为习惯。重视教育教学思想、方法、手段的探索和创新，建成融智能数字广播系统、卫星远程教育接受系统与课堂电化教学为一体的校园网络，开展教研活动，促进教研成果与教学实践的结合。学校坚持以教学为中心，对教育教学质量坚持全程管理，注重细节，严格考核，科学评价。

【教学改革】　以“办学品牌化、校园生态化、教学特色化、管理人性化”为办学目标，按照全力把学校打造成为政府放心、社会认可、学生自豪、家长满意的优质精品小学的办学思路，注重培养学生良好的思想品德、文明的行为习惯和健康的生活方式，让每一个学生得到充分、优质的教育。

【白银区第十二小学领导名录】
刘雪泽　校长
赵国贤　书记

（高国梁）

区第十三小学

【概况】　区十三小原名白银公司第七小学，创建于1963年，原属白银有色金属公司办学，驻白银区康乐街48号。2007年4月移交地方政府管理。学校占地面积7922平方米，建筑总面积7983平方米。2010年有教学班31个，学生1500人。教职工91人，其中，小学高级教师52人，本科学历24人，大专46人，市级骨干教师12人，省级青年教学能手1人，市级青年教学能手2人，区级骨干教师1人。学校配有多媒体教室、实验室、图书室、会议室、微机室、电子备课室、卫生保健室、心理咨询室、档案室、复印室、书法室、绘画室、体育室等十多个专用功能室。学校下设校委会、教职工代表大会等机构，协助、监督学校的各项工作。2010年新建综合教学楼4500平方米，配备学生课桌凳1500套，教师办公桌椅100套，讲桌47张，学生用计算机60台，教师用计算机15台，多媒体教室设施1套，配有文件柜、图书架、阅览桌凳、会议室桌椅等等。学校图书阅览室有藏书15000多册，生均图书10册。

【教师队伍建设】　建立健全教师岗位责任制，建立师德、教学、科研等综合素质量化考核评价制度和评价办法。教师年终考核合格率达100%。让骨干教师上好“三课”，即示范课，研讨课，精品课；让青年教师过“三关”，即普通话关，写字关和计算机关；对新入校教师进行岗前培训，从教师修养、职业道德、教师职责、教师应具备的基本功等方面进行教育；让每一位老师精读一本教育理论专著，参与一项教研课题，练好一项基本功，发表一篇有质量的教育教学论文。着眼于教师专业的引领，为教师开辟专业成长的途径，为教师提供培训学习机会，加强远程网络研修培训，促进教师专业成长。

【德育工作】 建立健全德育工作制度和少先队组织机构，形成良好的班队集体。成立德育研究小组，分阶段布置研究课题。将德育渗透于思品课及各科教学之中。利用开学典礼、综合实践活动课、周五的班队活动课等，使学校制定的各种常规教育制度践行于学生的实际行动中。寓德育于各种活动之中。国旗下演讲、中队主题队会、小队观摩比赛等各种活动，对学生进行思想品德教育，教育学生自觉遵纪守法，从小养成良好的行为习惯。建立学校、家庭、社会三结合教育网络。定期召开家长会，根据学校情况、社会现象及时与家长交换意见，探索有效的教育途径。

【校园文化建设】 举办“向陋习挑战，告别不文明行为”千名学生宣誓签字活动；“六一”前夕，编排的舞蹈《草原恋》参加白银区团委主办的“校园风采展示”节目会演，受到各级领导的好评。学校启动“读经典作品，创书香校园”活动。要求每位教师读《论语》《给教师的100条建议》等书籍，要求教师做好读书笔记，撰写出心得体会。开展全校学生读书活动，要求学生做到“四个一”，每日一名言，每周一名诗，每月一名篇，每学期一名著。

【教育教学】 建立良好的教学秩序。新学期开始，学校教导处、年级组、教研组、教职工分别制订工作计划，期末各部门检查计划落实情况，并写出相应的工作总结。学校制定健全的教学常规和课堂常规。教师根据学校安排，正常组织班级晨读、课间活动、午间管理和放学管理等。创新教研活动，强化教学的过程化管理。在教学上，注重面向全体学生，因材施教，培养学生良好的学习习惯；在教研上，引导教师牢固树立“科研兴校”的思想。抓教师备课、上课、批改作业、课后辅导和质量检测五大教学关键环节，在“严”“精”“细”“实”“活”“效”“新”七字精细化过程管理上下工夫。抓教学管理工作的“三落实”，即教研落实在每一位老师的身上，落实在每一天的教学工作中，落实在每一节课堂教学中。把每周三下午4：30定为教研时间，教师们把教学中发现的问题记录下来并进行“集体会诊把脉”，寻求解决策略和途径。重视体育、美育、卫生工作。学校坚持召开每年一次的大型田径运动会，参加各级田径运动会、球类比赛，在参加白银区教育局组织的“体彩杯”球类运动会上，排球和羽毛球比赛取得“两个第一”的成绩。重视美育工作，举办心理健康讲座，培养学生的创新意识和创造能力。学校建立健全卫生保健制度，工作有计划，防病有措施，体检有记录。及时为师生体检，接种疫苗，及时宣传卫生常识，及时督导两操工作，学生近视每年新发病率在1.5%以下。定期给教室消毒、通风，制定出各种应急预案，做好疾病预防工作。

【教学改革】 坚持“科研兴教”的办学理念，开展扎实有效的教研活动。有“集体备课”“教师培训”“专业引领”“教学探讨”“经验交流”“课题研究”“成果展示”等，引领教师走专业成长之路，推动新课改进程。重视艺术教育的培养，举办书法班、美术班、舞蹈班、组建乒乓球队等。加强校园文化建设。对新建教学楼、各室展板都做精心安排和布局。开通“红领巾广播站”，营造浓厚的校园文化氛围。学校获国家、省、市级和中国有色金属总公司、兰州公司、白银公司等各级荣誉。先后被命名为白银市“示范学校”“五星级小学”“体育传统项目学校”和白银区“绿色学校”“无烟学校”等。2010年获白银区先进集体称号。

【白银区第十三小学领导名录】

戚朝新　校长

李晓霞（女）　书记

（余景霞）

区第十四小学

【概况】 2010年，区十四小有教学班27个，学生1556人，教师74人，其中大专以上学历48人，中级以上职称46人，教师学历达标率100%，学生的入学率、毕业率、完成率均保持在100%。学校占地面积9177平方米，建筑面积3294平方米。微机室2间，共有学生用机60台，服务器2台；多媒体室1间；语音室1间，能同时容纳60人上课；校医室1间；图书室1间，拥有图书6000余册；有各类教学设备、仪器、标本200余件（套）。2010年10月，重建教学楼，面积为6788平方米，整体造价980万元。2010年获全区教育先进单位称号。

【教育管理】 贯彻“以学定教,自主学习,当堂训练”的课堂教学模式。提高课堂教学的有效性，培养学生乐思、善思的学习习惯。并实施“青蓝工程”，加强对青年教师的培训,指导青年教师钻研教材、教法、进行教学改革,提高业务能力。完善和修订教学常规的要求，以加强教学工作的常规管理为重点，规范教师的教学行为，将教学常规工作落到实处。

【德育工作】 以德育创新为动力，以学生行为习惯养成教育为核心，以加强班主任队伍建设为重点，以强化班级管理为突破口，以开展丰富多彩的活动为平台。培养学生基本道德品质。落实德育的课程渗透，将德育工作具体化，把德育渗透于学校教育、家庭教育、传统教育和社会教育的各个方面。有步骤、有组织地开展民族精神教育、爱国主义教育、革命传统教育、中华传统美德教育、诚信教育、养成教育、民主法制教育等主题活动。

【教学改革】 讲求课堂实效，提高教学质量。在课堂40分钟求实效上下工夫。坚持“深挖教材、强化预习、共享资源、精心设计、教有所得、学有所获、突现实效、全面提高”的学导宗旨，构建高效课堂，满意课堂、精品课堂。开展集体备课和走近名师活动，强化集体备课，集思广益，以达到教学上的互补。在备讲批辅等教学环节上大胆探索，一切从促进学生发展出发，教案变学案，开发学生中的教学资源，引导学生探究式学习。

【队伍建设】 重视对青年教师的培养，对青年教师的文化修养、学历提高、教研能力进行全面的教育和培训。2010年在白银区优质课竞赛中，学校3名年轻教师均获一等奖，在白银市优质竞赛中，1人获一等奖，2人获二等奖。在甘肃省中小学教师才艺大赛中，青年教师姜方莉获二等奖。

【白银区第十四小学领导名录】
李　奇　校长
仝治梅（女）　书记

（雒军霞）

区第十五小学

【概况】 区十五小位于新建东路12号，占地面积21321平方米，有3层教学楼1栋，建筑面积2397平方米，平房面积500平方米。2010年有教职工27人。其中大专以上学历18人，中师学历9人，专任教师学历达标率100%，小学高级教师13人。2010年9月白银区教育局投资安装摄像监控系统，派驻2名保安员，2010年5月白银区电教馆投资4万元建造多媒体远程教育接收设备一套。2010年有7个教学班，在校学生第一学期405人，第二学期246人。

【教育教学】 配齐学校专任教师,有专职的电脑、音乐、美术和体育教师，有兼职实验员和卫生保健教师，开齐开足课程，重视学生终身成长和全面发展。完成义务教育阶段督导评估工作、完成白银市“五星级学校”验收工作，参加省市组织的教学培训工作。

【德育工作】 德育教育渗透在智育、体育、美育和劳动教育中。请交警大队警官来校讲交通安全的有关知识；请白银区检察院检察官作禁毒知识专题讲座。同时以《小学生日常行为规范》和《小学生守则》为重点，开展“路队、纪律、卫生、礼仪”为内容的常规评比，促进学生学习习惯和生活习惯的养成。通过“国旗下的讲话”、班队会、黑板报和各种主题教育活动，培养学生优秀的思想品德。

【教学改革】 在教师中开展研讨课、示范课、优质课、汇报课、每学期至少撰写一篇体会文章为主要内容的“四课一文”活动。其中孙芳兰老师的论文《让口语交际充满活力和想象力》在《时代学刊》发表；时有力、陈静的论文《新课程下语文教师的观念更新》在中国基础教育研究会主办的“第六届全国中青年教师（基教）优质课大赛”活动中获三等奖。2010年3月调整充实各学科教研组，制定学校和各学科教研计划，做到时间、人员、地点、人物四落实。

【白银区第十五小学领导名录】
李维楷　校长
岳建伟　书记

（董瑞霞）

区大坝滩小学

【概况】 大坝滩小学是一所农村小学，2008年获得明德项目支持，共筹措资金412万元，规划审批用地13835平方米，异地兴建建筑面积3820平方米的明德教学楼1栋。2010年9月正式搬入新教学楼，学生175人，生均占地面积65.88平方米，生均建筑面积18.19平方米，达到国家所制定的标准。图书、音乐、数学、科学教学仪器设施已达标。2010年有教师28人，其中大学本科10人，专科15人，中专3人。有专职音乐、美术、体育、英语、科学、思品教师，组织参加上级部门各类培训。教师撰写教科研论文、教学案例、教学反思、教学心得达100多篇，3人参加区讲课比赛分获二、三等奖。鼓励教师参与课题研究，有2项通过课题审报。

【办学条件】 2010年学校投资85万元建设东、南两侧围墙等室外工程。投资24.4万元购置电脑50台，装备微机室1个，投资4.5万元建成电子备课室1个，投资5.4元新添铁制文件柜19个,阅览桌6个，广播系统1套，投资10余万元装配各室窗帘、门牌及办公室桌椅、会议桌椅等，投资2万元用于校园绿化。

【教育管理】 编写《学生理解歌》、学生养成教育《三字歌》，从学生的体、德、仁、道等几方面确立学生做人的标准；加大中华经典文化诵读，培养学生明理厚德的操守。在教育教学方面加大常规管理，结合“科学发展观”回头看活动、“争优创先”和“政风行风”评议等活动，加强教师队伍建设，修订和完善学习管理制度，重新审视和确立“重德重才、尚真尚美”的校风，“善教善管，求真求精”的教风，“克勤克谨、创新创优”的学风，描绘出凸现学校特色、提升学术内涵、强化内涵发展、让校园洋溢书香气息，让课程富有文化意蕴，让师生成为“学习共同体”的追求。

【德育工作】 以政教处为中心，成立德育工作小组，全面规划、组织实施全校的德育工作，学校领导、班主任、任课教师都是德育工作者。发挥课堂主渠道作用，强化德育的学科渗透。加强学科教学渗透德育的研究，挖掘教学内容的德育因素。以活动为载体，注重体验，提高学生道德素养。以新版《中小学生守则》《小学生日常行为规范》为准则，抓学生健康心理教育和文明养成教育。在班级建设中加强对学生学习目的性、学习态度的教育。在校风建设中，开展各类文体活动，以活动为载体，规范品行养成教育。建立学校、社会、家庭三结合的联系网络。班主任调动家长的积极性，及时与家长沟通，协同教育，形成共同抓德育工作的合力，提高德育教育效果。

【白银区大坝滩小学领导名录】

魏正文　校长

（刘生剑）

区民族小学

【概况】 区民族小学创办于1997年3月，驻银城巷3号是白银区唯一一所全日制私立小学，学校占地面积10000平方米，篮球场一个。2010年有教学班7个，在校人数180多人，学生以回族为主；有教职工13人，其中男教师2人，女教师11人。老师均为学校招聘的师范类院校毕业生，且均获取教育资格证。学校有电子琴1架，电脑4台，图书3000册。租赁教室10间。

【主要工作】 学校建立好和孩子们的关系，把更多的爱给学困生。教师用一颗平常心更多地倾注于学生。2010年6月1日由白银市区政协、市区统战部组织有关部门及大西洋电子公司企业，德诚商贸有限责任公司在学校开展“白银区统战人士助学支教捐赠仪式”。9月30日由白银区政协，统战部门组织白银区少儿图书馆为学校建立“流动图书室”。学校举办首届体育之秋运动会，师生参与分享体育、舞动青春。

【白银区民族小学领导名录】

冶海霞（女）　校长

王　丽（女）　副校长

（冶海霞）

白银阳光高级中学

【概况】 白银阳光高级中学成立于2002年，驻白银市委党校院内。原名白银阳光辅导学校，多年来为各高校输送近800名学子。2009年春，经教育局考察合格，批准成为“白银阳光高级中学”进行学历教育，并颁发高中毕业证书。举办过8年高三补习班。2010年有专兼职教师共32人。其中，省特级教师2人，中教高级教师5人；教学班8个，学生400多人；学生公寓楼1幢，房间85间，6人间宿舍教学楼1幢，多媒体教室3个，微机室1个（电脑55台）。

【教育教学】 制定《阳光高中学生一日常规要求》《阳光高中师德标准》《学生奖惩制度》等规章制度。发挥多媒体的优势，通过直观的方式，为学生们展示学习信息，达到优化教学的作用，微机室可以满足学生对计算机学校应用，使学生能够保证各科内容的熟练掌握。课堂讲解知识，辅以课外的活动丰富学生的学习生活。激发学生的学习兴趣，走因材施教的教学之路。在周末影院中，学校挑选一批爱国、励志方面能引发思考的影片，定期为学生免费播放。学校的下午课外活动时间，为学生们准备特色的兴趣活动小组。喜欢文学、语言的学生可以参加由语文组开展的《诗歌小筑》文学社、绕口令、辩论赛等各种竞赛活动，让语言的文化魅力散发，让学生的表达能力有所提升。喜欢体育活动的同学们，可以参加体育组开展的拔河、篮球、羽毛球、乒乓球比赛等活动。学校的歌咏活动让爱唱歌的孩子们放声飞歌，为生活添加色彩。英语角给爱好英语的学生提供一个进步的机会。

【学生管理】　制定大量的行为准则。学校团委组建学生会进行学生自主管理。学校通过自我推荐和班级评选方式选出候选人，全体同学票选的方式选出能够为大家服务的学生干部。学生会下设卫生部、学习部、纪律部、体育部、文艺部，协助各科老师开展教学活动。通过学生自治的方式可以让从事服务工作的同学锻炼自己，也可以让所有的同学在他们自己的监督下，全心全力学习。定期、不定期检查卫生，对表现优秀的宿舍进行表彰奖励，对不讲卫生的宿舍全校公开批评教育并予以处罚，借以督促他们养成良好的生活习惯，并且在休息时间由学生干部配合值班老师进行人数清查，保证住校学生在宿休息，防止外来人员进入学校，防患于未然。学校聘请保安公司的专业人员进行24小时值班。特聘从事餐饮业多年的厨师为学生们提供合理的饭菜。

【白银阳光高级中学领导名录】

韩廷贵　校长

韩昊生　教导主任

刘伟娟　教务主任

（张　华）

第四届九九重阳白银四龙剪金山民俗文化旅游节

文化体育

白银市第三届“金凤凰”少儿艺术大赛书画赛场

文化体育

【概况】 区文化体育局设旅游局（正科级）、区文化馆（正科级）、区少儿图书馆（副科级）、区文化活动中心（副科级）、区广播影视事业中心（股级）、区文化市场稽查队（副科级）、区业余体育学校（副科级）7个事业单位。2010年有在职人员62人。其中局机关9人，旅游局3人，文化馆15人，少儿图书馆5人，文化活动中心10人，广播影视事业中心7人，文化市场稽查队9人，业余体育学校4人。有各类专业技术人员21人，占事业单位干部职工人数的40%（高、中级职称6人，占专业技术人员的29%；初级职称15人，占专业技术人员的71%）。专业技术人员中大学本科9人，占专业技术人员的43%；大专12人，占专业技术人员的57%。有中共党员33人。

【基础设施建设】 2010年6月区文化中心（文化馆、图书馆、博物馆）和全民健身馆建设项目在市发改委立项。当年建成1个乡镇综合文化站、1个农村文体广场，整合农村闲置学校建成四龙镇双合村、王岘镇三合村2个文体大院，水川镇桦皮川村农民文化大院被评为全省先进农民文化大院。修建水川镇大川渡村、强湾乡白崖自村和武川乡武川新村社区3个乡镇农民体育健身工程，完成10个村级标准篮球场建设。建成33个村级标准篮球场，行政村覆盖率达73%。投入资金80余万元，建成文化信息资源共享工程区级支中心1个，村级服务点45个，实现农家书屋和文化信息资源共享工程行政村覆盖率100%，区政府为农家书屋购置18万多元的图书。在建成9个“流动图书室”基础上，市区两级图书馆联合在水川镇桦皮川村建立第10个“流动图书室”，配备书刊3000余册、配套书架10个、阅览桌4张和读者坐椅30把。市区两级图书馆组织专业人员对各“流动图书室”管理人员分别进行业务辅导和专业知识讲座。并对“文化信息资源共享工程”实行全方位免费开放。7月15日副省长咸辉，省新闻出版局党组书记、局长张余胜，在市、区领导肖庆平、吴仰东、梁蓉兰、吕林邦、安进宝、李兰宏、刘正亮、张维学的陪同下，和来自全省各市州的与会者一同进行观摩考察白银区农家书屋建设。

【群众文化】 2010年农历正月初一开始，各乡镇、街道开展社火表演、文艺活动。举办社火表演和秧歌比赛，秦腔演出，举办五街道一乡镇社火大拜年活动。正月十五社火环城表演、迎新春灯谜竞猜、新书展销等活动，在全民健身广场举办秦腔大会演活动。当年送文化下乡10次，在武川乡、水川镇、四龙镇为当地农民现场书写春联、创作书画、访问贫困户。为喜迎建党89周年、白银恢复建市25周年和建国61周年举办社区“颂红旗·唱红歌”活动。7月31日为庆祝中国人民解放军建军83周年，组织白银部分书画家、声乐、器乐、舞蹈等艺术家，与中国人民解放军68073部队共同举行“庆八一、进军营”军民互动慰问活动，现场作画、书法近40幅，举办庆祝中国人民解放军建军83周年文艺晚会。当年共组织大型文艺演出2场，节庆专场演出10场。区文化馆获白银市“颂红旗　唱红歌”优秀组织奖。

【文物普查】 2010年共普查全区5个乡镇，45个行政村，调查走访群众1000多人次，实地文物调查行政村覆盖率100%，自然村到达率100%，发现有价值的文物，复查、新发现不可移动文物46处，第三批公布县级文物保护点36处（大川渡黄河水车、剪金山天梯、桦皮川古柳树、白银露天矿一采场旧址、白银露天矿二采场旧址、靖丰渠、排路沟堡址、铜城开拓者纪念碑、白茨滩忠字楼、永丰古道遗址、车路沟驿站遗址、永丰驿站遗址、莲花山驿站遗址、车路沟烽火台遗址、红岘堡子遗址、黄茂井堡子遗址、工农渠、雷声山墓群、苏家湾石窖址、大川渡古柳树、沙坡岗战役旧址、狄家台墓群、吴家窑红九军宿营地旧址、独山子红九军宿营地旧址、大船古渡遗址、窦家沟烽火台遗址、永兴窑洞旧址、永兴四圣母殿、西湾烽火台遗址、红砂岘战斗旧址、西湾金厂遗址、涝池墓群、雷声山庙、鹁鸽堂战斗旧址，确定县级文物保护单位8处（大川渡黄河水车、剪金山天梯、桦皮川古柳树、白银露天矿一采场旧址、白银露天矿二采场旧址、靖丰渠、排路沟堡址、铜城开拓者纪念碑）。完成《第三次全国文物普查不可移动文物登记表》等各类普查纸质和电子表格，初步建立全区文物保护单位和不可移动文物基本数据库，通过国家级、省级验收。

【非物质文化遗产保护】 《曲子戏》又名《西厢调小曲》申报为国家级非物质文化遗产保护项目，《五穷鼓》申报为省级非物质文化遗产保护项目，《曲子戏》和《黄河战鼓》两个非物质文化遗产成为白银区特色文化品牌。水川镇桦皮川村征集农耕文明博物可藏器具100余件。《白银民间民俗》（文化集）、《白银民间民俗》（故事集）正式出版发行，并获白银市第二届凤凰文艺奖三等奖和白银市第六届哲学社会科学优秀成果奖优秀奖。

【文化市场管理】 整顿和规范文化市场秩序，打击各种违法违规经营行为。当年共组织文化市场检查200多次，出动500多人次，检查各类文化经营场所3000多家次，收缴非法书报刊400多本，音像制品500余张（盒）。对未成年人进入网吧和超时经营等突出问题进行重点治理。开展“扫黄打非”和“消防安全”专项治理工作，同时加强对娱乐、音像、印刷和出版物市场的管理。高、中考期间，对各类文化经营场所特别是卡厅、歌厅、大众舞厅、棋牌娱乐室、酒吧等场所进行专项整治，杜绝噪音扰民现象。文化市场稽查队联合公安、工商、消防等相关单位举办文化市场管理人员法律法规、管理常识、禁毒、消防知识宣传教育培训班5期。全区棋牌娱乐、网吧、图书报刊、打字复印、印刷、茶座、酒吧等300余家文化经营场所的500多名管理人员参加学习培训，发放宣传教育材料4000多份。以社会治安综合治理宣传月活动和“3·18”知识产权日、“5·18”国际博物馆日、“6·26”禁毒日和“12·4”法制宣传日活动为契机，在城区主要街道悬挂标语，现场设点接受群众咨询，分发赠送宣传资料10000多份，并利用广播电视的优势，报道宣传活动的开展情况。

【全民健身】 开展“体彩杯”各种赛事活动。春节期间，以“我运动、我健康、我快乐”为主题，举办“体彩杯”台球、乒乓球对抗赛和“精益眼睛杯”象棋争霸赛，强湾乡白崖子村农民运动会，水川镇桦皮川村农民运动会，城乡篮球联谊赛。举办“白银春杯”街道及辖区单位篮球联谊赛，“体彩杯”小学生庆“六一”乒乓球比赛，“体彩杯”中学生篮球赛，白银市第二届“银光杯”少儿乒乓球赛，“庆祝省十三届全运会申办成功暨全民健身走”活动，庆“全民健身日”暨“2010年中老年人健身项目展示活动”和庆“全民健身日”全国棋牌项目万人同赛“移动杯”白银市分会场活动。文体局为指导群众科学锻炼，组织开展中国体育彩票“大爱无疆　关注健康”国民体质监测活动，参加白银市迎新春“体彩杯”农民篮球赛和白银市“庆祝恢复建市25周年”中老年人体育健身活动展示赛以及乒乓球、羽毛球等各种赛事，取得好成绩并获农民篮球比赛第三名。同时获得白银市迎新春“体彩杯”农民篮球、乒乓球、象棋比赛优秀组织奖和全省推广健身气功先进单位称号。

【组织网络】 开展市区社会体育指导员培训工作，全区5街道40名社会体育指导员参加培训学习，发放印有白银区社会体育指导员明显标志的服装，并给优秀站点配备了音响等设备，鼓励更多的人积极参与到全民健身行列中来。至2010年底全区共有晨、晚练点30多个，登记在册7个，主要分布在全民健身广场、金鱼公园、万盛公园、西区人民广场等群众活动较为集中的场所，登记在册气功站点9个。

【竞技体育】 2010年全区有省、市、区级传统项目学校16所，与区业余体校、青少年体育俱乐部共同培养体育后备人才，为国家输送体育后备人才20多人。参加白银市第二届中学生球类运动会，白银区代表团获男子篮球比赛第一名、男子乒乓球比赛第一名和男子排球比赛第五名，完成参赛目标任务。参加甘肃省第一届中学生运动会，男子4×400米第一名、男子跳高第二名和男子篮球第四名。白银市一中代表白银市参加甘肃省第七届少数民族运动会。

【广播影视】 开展日常宣传报道工作的同时，做好重大题材的筹划、宣传和报道工作，有计划、有重点地开展资源型城市转型、“兰白都市经济圈”建设、棚户区改造、“基层组织规范化建设年”“迎接建党89周年”“精神文明建设推进年”“创先争优”“惠民政策落实年”报道等较为集中的宣传活动。《今日白银区》栏目全年共播出307期。9791套广播电视“村村通”正常运行，落实农村电影“2131”工程，为全区45个行政村放映电影540场。《今日白银区》栏目主持人吕宜轩获甘肃省首届县（市、区）级台播音与主持一等奖。制作的专题片《甘肃省白银市远程教育助推新农村建设》获白银市农村党员干部现代远程教育优秀课件A类一等奖；系列报道《小城镇建设日新月异》《设施农业促农增收》《移民搬迁原农民进城梦》，在白银广播影视奖广播电视节目评选中获电视新闻二等奖，长消息《小额担保贷款圆农村妇女创业梦》获三等奖。

【文体产业】 全年文化产业收入

50余万元。体育彩票销售坚持“安全运行，健康发展”的工作方针，在规范管理上下工夫，加大宣传力度，改进运营机制和管理模式。当年完成体育彩票销售1385.6万元，比上年增长7.35%，新增体彩网点11个。白银区4个销售网点获2010年度全国体育彩票优秀销售网点。

【创先争优】 区文化馆适时增加广场演出、节假日送文化下乡等活动场次，对社区、村社、民间艺人进行点对点指导，使一批群众自编自演的文艺节目上档次、正规化，提高群众参与文化活动的积极性。区少儿图书馆改变以往等人来读书的陈旧思想，组织一批优秀图书进社区、进学校，群众在家门口就能读到书、读好书，激发阅读热情，培养阅读习惯。举办“4·23”世界读书日征文活动和小学生书画展览，征集稿件500余篇。区少儿图书馆现有藏书6万余册，当年共接待读者6万多人次。区文化活动中心，开展“手拉手·一起走——农村学校流动图书室”、传统体育项目推广活动，并多次组织城乡少年儿童联谊。区文体局以“4·23”国际读书日为契机，举办主题为“我的书屋 我的家”农家书屋阅读讲演活动。全区各乡镇选拔出20名优秀选手参加本次讲演活动，评选出的5名优秀选手参加白银市农家书屋阅读讲演活动，获一等奖1名、二等奖2名和三等奖1名。白银区选手韩文娟代表白银市参加全省农家书屋阅读讲演比赛。完成“十一五”计划执行情况总结及“十二五”发展重点编制工作。2010年，共承办代表建议和委员提案7件，按时办结率和直接走访率达100%，人大代表、政协委员对办理结果满意率达100%。完成信息报送任务，编发简报28期，及时答复各种网上留言。

【白银区文化体育局领导名录】

顾振邦 局长
关振堂 党总支书记(2010.2止任)
高启乾 党总支书记(2010.11始任)
岳东升 副局长 区业余体校校长(2010.8止任)
张彩玲(女) 副局长(2010.8始任)
李爱琴(女) 副局长(2010.8止任)
张国卿 副局长(2010.2始任)
胡朝亮 副局长(2010.8始任)
赵成勇 副局长 广电中心主任(2010.2始任)
邹 瑛(女) 纪检员
张自明 文化市场稽查队队长
张 红(女) 文化馆馆长
巢玉凤(女) 文化馆党支部书记(2010.2始任)
王亚婷(女) 文化馆副馆长
马 铃(女) 少儿图书馆馆长
张明权 文化活动中心主任
金俊厚 文化活动中心党支部书记(2010.11始任)
杨炳荣 影剧院副经理(2010.8止任)

(狄国云)

白银日报

【政治学习】 2010年，白银日报社党委组织学习十七届四中、五中全会精神和《党员领导干部廉洁从政若干准则》，学习国务院办公厅《关于进一步支持甘肃经济社会发展的若干意见》和本报八篇评论员文章，将学习成果及时准确地运用到新闻实践中，用科学的理论指导工作，达到学以致用的目的。

【舆论宣传】 开设“学习五中全会精神、加快白银科学发展”栏目，反映全市上下学习贯彻十七届五中全会精神的好经验、好做法，把学习贯彻十七届五中全会精神引向深入。对关于西部大开发和国务院办公厅支持甘肃经济社会发展的有关政策及时进行报道和解读，为干部群众学好用好政策提供媒体支持。转载大量新华社稿件，大篇幅报道世博会、亚运会、亚残运会筹备情况、开幕盛况及重要活动、赛事，营造浓厚气氛。反映玉树、舟曲灾情，声援抗灾救灾。在青海玉树发生地震、舟曲发生特山洪大泥石流灾害后，报纸对玉树、舟曲灾情、救援和全市各界捐款支援灾区等详细情况进行全面反映。形成众志成城、抗灾救灾的社会氛围。开办栏目，刊发言论、消息等稿件共计130多篇，反映第三批学习实践活动情况，总结学习实践活动的经验和成果。反映在“兰白都市经济圈”建设中与白银市的互动的策略、做法。分析各县区经济社会发展趋势及问题；报道兰洽会招商引资、全膜双垄沟播技术推广、白银国家高新技术产业园区建设等方面的情况，反映全市工业生产、农业和农村经济发展、项目建设、园区建设、招商引资等各个领域取得的经验和成就。宣传棚户区改造、保障性住房建设的相关政策措施和工作进度。报道为群众办实事、办好事的情况和群众关注的热点、难点问题，切实关注群众关心的住房、就业、教育、医疗、卫生、社会保障等方面的政策和信息，提高民生新闻的数量和质量，推动和谐白银建设。推动精神文明建设推进年活动的开展。开设“开展精神文明建设推进年活动、推动新一轮经济社会全面发展”和“军民结同心、共建双拥城”等栏目，发表各类稿件340多篇，宣传“精神文明推进年”活动的主要要求和具体措施，反映活动中的新经验、新做法，推动全市创建全国精神文明城市和全国卫生城市活动的持续开展。开设“创先争优、科学发展”栏目，报道各行各业开展创先争优活动的动态、做法、经验和取得的实效；开设“白银先锋”栏目，宣传一批先进基层党组织和优秀共产党员的典型事迹。搞好恢复建市25周年的宣传工作。从8月份起，开设“白银—辉煌的脚步”栏目，报道恢复建市25年来全市工业、农业、三产、教育、卫生、文化等各行各业和各项事业的发展业绩和辉煌成就；庆典之日，出版《白银日报·庆祝恢复建市25周年特刊》，刊登恢复建市25周年庆典的消息，发表《艰苦奋斗谱辉煌、再创辉煌向未来》的社论，营造浓厚氛围。总结“十一五”成就，宣传“十二五”规划。开办“回眸‘十一五’、展望‘十二五’”栏目，全面总结回顾“十一五”期间全市政治、经济、社会、文化等各项事业的建设成就，反映“十二五”规划的研究、制定和相关内容。

【效能建设】 创新办报理念，解决报纸“内容”方面的问题。让新闻“喜闻乐见”。记者写稿，编辑选稿，集体策划，都强化市委、市政府中心工作报道，强势处理市内政经要闻，侧重刊发有较强吸引力的热点新闻，注重国内、国际重大新闻，增宽服务性新闻的报道幅面；改进和规范会议和领导活动报道；加大言论、政策解读、深度报道、追踪报道的力度。重新规划版面内容和报道重点。经过重新界定：一版为政经要闻版，主要报道中央、省、市重大活动，以市上为主。二版为经济新闻版，主要报道全市经济活动新闻，侧重刊发有较强吸引力的热点新闻。三版为国际新闻版和理论版，以国际国内热点新闻为主，每周刊发一期理论文章。四版为副刊、文体、娱乐及生活服务性新闻版。《铜城周刊》以大众类、都市生活类、休闲阅读类为主。解决报纸“形式”方面的问题。凝练标题，转换党报语言风格。在活动中，采编人员共同努力，使标题准确、精练、直奔主题；文字语言生动、易懂、富有感染力。标题和文章的语言让读者愿意看、记得住。形成有白银日报特点的版式规范。借鉴学习兄弟党报和都市类报纸的编排方式。制定《白银日报新闻版基本规范》，对各版面基本版式、字体字号、色彩、图片、线条等进行规范，版面视觉效果为之一新。加强对重要政策、重要活动、重大新闻宣传的策划。定期召开业务策划会，针对不同时期的宣传重点,及时确定热点或重大新闻、深度报道选题，安排记者或组织通讯员深入采访。编采队伍业务素质、采编水平有新进步。采取“走出去、请进来”的办法，与兰州日报社建立媒体交流合作机制，分两批派出人员到兰州日报社学习交流；分三批参加由省报协组织的东北、东南地区报业学习考察活动；开展岗位练兵活动，以开展“提高质量年”活动为载体和契机，给采编人员给任务、压担子，培养“在干中学、在学中干、边干边提高、边学边提高”的学习和工作习惯。改进工作流程和评报制度，报纸差错率低于上年。合理调整人员，完善岗位职责，明确工作要求，靠实工作责任，改进和优化采、编、校、审、印等各个环节的流程，使工作流程科学、严密、有序、流畅。完善社会评报与社内评报相结合的评报制度，加强编校质量，报纸差错率控制在万分之三以内，重大报道差错率控制为零。报纸发行量有新的增长。扩大报纸的社会影响力和市场竞争力，加大报纸发行工作力度，拓宽发行渠道。2010年，报纸发行量超过1.97万份。改进网页制作水平，拓展信息传播渠道，聚焦放大正面舆论，形成网上舆论强势；与移动公司协调，扩大手机报的订阅量；与市电信公司合作开办“铜城手机报”。提高新闻网和手机报的质量和影响。2010年，推出一批有影响的稿件，在全省新闻评选中，1篇获全省好新闻一等奖，2篇全省好新闻二等奖，2篇获全省好新闻三等奖。

【党风廉政建设】 2010年，班子成员之间经常性开展谈心活动，相互交流意见建议，自觉开展批评与自我批评，增进团结和友谊，促进工作。在落实党风廉政建设责任制各项规定方面，报社党委贯彻“党要管党，从严治党”的方针，落实《中共中央关于建立健全教育、制度、监督并重的惩治和预防腐败体系实施纲要》、省委《实施意见》、市委《具体办法》，在领导班子和全体职工中经常进行党章、党规、党纪的宣传教育和警示教育，切实加强对领导干部的管理和监督。班子成员能严格要求自己，自觉增强党性修养和自律意识。

【白银日报社领导名录】

张富强　党委书记、社长

栗治平　总编辑

徐长峰　副总编辑

周益平　副总编辑

王汉敬　纪委书记

（白银日报社办公室）

档案管理工作

【概况】 区档案（局）馆为白银区委直属事业机构，参照公务员管理单位，区档案局与区档案馆合署办公，两块牌子，一套班子，内设办公室、指导室、管理室、编研室。2010年档案（局）馆有工作人员11人，其中大专以上文化程度11人；档案馆安装档案密集架21列105组，五节档案柜106组，配备计算机9台，扫描仪2台。全区已形成一个以区档案局为主体，以区档案馆为中心，以228个区属机关、团体、企事业单位、行政村、社区、城乡中小学等档案室为基础的全区档案工作网络体系。当年获全市档案工作先进单位和全市档案宣传工作先进集体称号。

【基础业务建设】 2010年全区档案工作推行档案整理年度立卷制度，加强对机关档案基础业务建设的监督指导，使机关档案工作监督指导经常化、制度化，确保机关为区档案馆积累输送齐全完整、标准规范的档案信息资源。各机关单位以注重文书档案立卷归档改革，重点加强科技档案、会计档案、实物档案、声像档案等归档整理工作。抓文书档案保管期限改革工作，开展本机关文件材料归档范围和文书档案保管期限表的编制工作。区检察院通过省一级档案管理规范化考核认定。围绕城市经济转型中的项目建设，区档案局对各重点项目档案工作依法进行管理监督指导和验收。引导建立“提前介入、全程监控、同步管理、严格验收”的项目档案管理工作机制，积极主动地做好重点项目文件资料的收集、整理、管理、利用，为白银区经济转型提供档案信息支撑。已完成紫灵山陵园殡仪馆建设项目、区检察院办公楼建设项目、市二院综合楼建设项目的建档工作。把民营企业建档作为档案部门为经济建设服务的切入点，上下联动，主动服务。遵循自主管理、高效适用、先易后难，因企制宜的指导原则，创建长效服务机制，促进民营企业档案工作发展。王岘水泥有限责任公司、白银启胜工贸有限公司等2家民营企业建档并通过示范单位评估认定。贯彻落实《甘肃省城市社区档案管理办法》，在社区全部建档的基础上，继续加强档案管理示范化社区的考评认定，提高社区档案为社区建设服务的水平。区档案局注重落实、因地制宜、讲求实效、贴近百姓、服务大众的建档理念，除建立传统的文书、会计、基建、声像档案外，根据社区工作重点、社会热点和居民需求，建立翔实完整的城市居民最低生活保障、计划生育、再就业、综合治理、三产服务、居民卫生健康等民生档案。白银银西社区、纺织路社区等2个社区完成档案管理示范化社区认定工作。全区34个社区全部建档，建档率100%。根据国家档案局、民政部、农业部《关于加强社会主义新农村建设档案工作的意见》，区档案局以全面推进社会主义新农村建设为契机，在全区各村委会普遍建档的基础上，启动新农村建设档案管理示范乡镇村创建活动，通过典型示范，整体提高乡（镇）、村档案工作水平。5个乡镇45个村在指导收集整理组织建设、土地承包、扶贫济困、计划生育、财务税费、农业科技、宅基地管理、小城镇建设等档案的基础上，加强和完善种植养殖专业户档案、现代农业经营档案、农村社会保障档案、村镇规划和历史文化遗产保护档案的收集管理工作，加强档案库舍建设，配备档案装具，保护乡村历史文化遗产。王岘镇雒家滩村、强湾乡强湾村等档案管理示范通过评估认定。

【乡镇村档案建设】 2010年区档案局规范新农村建设档案工作。区档案局做好乡镇机关档案归档范围与期限的修订工作，注重解决党政文件与业务文件、文书档案与科技档案、纸质档案与其他载体档案的问题，按照“人的档案最重要”的要求做好档案保管期限划分，确保乡镇机关文件材料应归尽归，全面完成全区乡镇机关文件归档范围和保管期限表的修订工作，2010年度乡镇机关归档文件整理实行新的归档范围和保管期限。全面开展民生档案建档工作。加强与民政、社保、医保、卫生等部门的协调联系，以“方便管理、方便利用”为原则，开展社会保障体系的建档管理，民政救助、最低社会保障、职工医疗保险、新型农村合作医疗等领域档案资源体系建设。根据形成涉民档案的部门多、保管分散、利用不便的客观情况，加大涉民档案信息资源整合，发挥各部门信息资源的功能。至2010年底共整合45个行政村合作医疗、移民搬迁新居工程和小城镇建设档案2280卷、1710件，全区第二轮村级归档整理工作全面完成。

【档案馆库建设】 编制改扩建档案馆项目资金约500万元，已审核列入国家档案局项目库，筹划新建符合标准规范、具有多种功能的新型档案馆，为国家档案的安全保管和有效利用提供基本保障。核准国家重点档案抢救保护补助费项目资金2万元。区财政落实档案管护费3万元，汽车购置费7万元购置汽车1辆。

【档案资源整合】 挖掘、开发档案信息资源。共收集征集具有历史佐证作用的领导题词、公务礼品、牌匾证杯、徽章印记、家谱、名人手迹、开发白银的资料等共92件，筹建档案展览；鉴定仿真复制“中华民国”珍贵资料18件，接收各类档案资料443卷、2054件，接收改制企业档案982卷。2010年年底，馆藏92个全宗的各类档案资料85545卷（册），其中文书档案18016卷册、28314件，诉讼档案21131卷，会计档案9422卷册，声像档案1153盘（册），图书资料6003册等，另有唱片档案、照片档案、印章档案等；搭建政务信息公开场所档案资源建设平台，提升现行文件查阅服务水平。利用档案为政府信息公开场所这个载体，开展现行文件的接收、整理工作，提供来人查阅、电函代查、预约查阅等形式的服务，为百姓提供特岗待遇、医疗保险、房屋产权、伤残待遇、退休待遇、征地农民保障、下岗生活保障、住房补贴、取暖补贴、收费标准等方面的政府信息62人次，发挥档案部门及政府信息公开查阅服务中心的桥梁纽带作用；联合农牧、民政等部门，为基层服务。

【开展城乡百户家庭建档活动】 争取工、青、妇、民政、教育等部门的支持，发挥社区、学校等基层组织的作用，把家庭建档融入文明家庭、五好家庭、星级户评选等工作中；加强家庭建档宣传引导，发挥档案工作者的示范带头作用，率先在区档案局13名干部职工中推行家庭建档。收集整理各类资料1200多件，建立6大类36盒的家庭档案，为白银区家庭建档工作起步带好头。协同有关单位对改制企业档案整理工作进行监督指导，及时正确处理档案归属，避免档案流失。区档案馆腾出1个库房并安装密集架55组，作为改制企业档案专库，用于集中保管区属改制企业档案，至当年底，共接收30家改制企业各类档案33736卷（册）、314件。区档案馆积极调整档案资料收集策略，把能反映白银区情、民族特色和地方特色的诸如城建、民族、矿产资源、自然资源、文化遗产等档案资料列入重点收集的范围。接收的有任震英工作手迹2件，李树祥革命历史资料18件，曾氏、山氏、张氏、关氏家谱13册，白银地方小曲新编3册，青城记1册，解放初期土地房产档案3卷等。区档案馆改变以往坐等上门、僵硬保守的接待利用方式，开展电话查询，预约查阅、逐电代查、网上代查、委托代查等形式的多种服务。当年接待来访查阅人员356人次，查阅档案946卷，复制档案416页。结合工作实际，积极开发档案信息资源，为市档案局编写选送典型效益事例38例，编纂《白银区突发公共事件应急预案汇编》。

【档案信息化建设】 2010年档案信息化建设以实现档案数字化管理为目标，完善办公自动化网络、目录数据库建设、全文数据库建设、电子文件管理，推进馆藏档案信息化建设，改善档案提供利用的现代化条件。区档案馆启动全文数据库建设。当年底共录入案卷级目录数据库14873条，文件级目录数据库70514条，扫描全文数据库1.3万幅，基本建成馆藏1985年以来文书档案案卷级数据库、文件级数据库。区档案馆基本建立手工和机读并举的档案利用检索体系，利用档案检索途径发生根本转变。

【档案法制建设】 把机关档案管理、重点项目建设、社区、行政村、专业档案管理纳入行政执法检查范围，进行依法监管。采取执法检查与业务指导相结合的形式，本着执法检查发现问题、服务指导整改问题的执法理念，听取汇报，现场察看，座谈交流的方式，坚持法规业务规范培训与查处整改问题相结合，依法解决问题与针对问题讲解法律法规相结合，引导相关单位从法律的规范性上发现问题，从法律的严肃性上认识问题，从法律的强制性上整改问题，提高各机关单位依法履行档案法律义务的自觉性。档案法制宣传注重宣传内容，优化宣传方式，围绕增强法制观念，推动依法治档这一主题。4月20日省档案局副局长张蕊兰带领省档案执法检查组对区档案工作进行档案执法检查;4月初举办档案法规知识竞赛一期,参赛372人,同时开展座谈会、讨论会、培训班和印发宣传材料；被各级新闻媒体采用投稿18件次,征订《档案》杂志50份,广泛深入地宣传档案法律法规,档案事业发展成就。按照“三集中”方法把每年3至6月确定为机关档案集中整理时间，按照完整系统，规范统一，符合质量要求整理区属机关等单位档案8879件。开展机关文件材料归档范围和文书档案保管期限表的编制工作，夯实机关档案基础业务建设。

【白银区档案局（馆）领导名录】

杨菊梅（女） 局（馆）长

王守廉 副局长（2010.11止任）

梁志贤（女） 副馆长

（滕焕君）

党史（地方志）工作

【概况】 1981年9月1日白银区委党史资料征集小组成立，1986年10月更名为区委党史资料征集委员会办公室（简称党史办公室）。1986年6月第一届区地方志编纂领导小组成立。1987年，第二届区地方志编纂领导小组成立，设办公室（简称地方志办公室）。1993年7月，区委、区政府成立区第三届地方志编纂委员会。1994年3月成立第四届地方志编纂委员会。2002年区地方志办公室与党史办公室合署办公，两块牌子，一套班子，为区委直属事业单位，正科级建制，编制3人。2010年实有工作人员3人。围绕中心，服务大局，推进工作。按照年初确定的工作目标，做好《中国共产党白银区简史》和《白银区志（1996~2008）》编撰工作。

【党史工作】 认识和把握党发展的历史进程、历史经验和历史地位，明确党史工作的重要性，增强做好党史工作的责任感、使命感，增强服务党的先进性建设、执政能力建设的自觉性。着眼于党史工作更好地履行资政育人的根本任务，结合中办发［2006］23号文件精神和2010年省、市党史工作会议精神，采取召开座谈会等多种形式，学习研究科学发展观对党的建设提出的新要求，推进党史工作。

【党史正本和史稿资料征研工作】 以《中国共产党白银区简史》的编撰工作为重点，做好党史史稿的编写工作。在编写过程中，编纂人员入乡镇、社区，走访了解当事人，撰写资料长编。先后五次到皋兰、靖远等地档案馆、党史办查找资料，翻阅档案。共翻阅案卷300余卷，复制文字资料800余张，共集资料10多万字。年底，基本完成党史正本第一章《民主革命时期的白银区历史》初稿。组织人员对扎巴子岗遭遇战遗址、西北义勇军鹁鸽堂战斗遗址、红砂岘革命战争遗址进行普查。按照省、市党史部门提出的撰写党史专题的要求，结合白银区实际，拟定《白银区社教运动》等6篇专题，并将任务分解到人，落实责任，当年完成党史专题调研和撰写成稿4篇。

【地方志工作】 学习宣传、贯彻落实《地方志工作条例》《甘肃省地方志工作规定》和市委、市政府主要领导对全市地方志工作的批示。召开由全体地方志编修人员参加的学习座谈会，领会精神实质和主要内容；逐步将地方志工作纳入法制化轨道。9月25日《白银日报》刊登市委书记、市人大常委会主任肖庆平，市委副书记、市长吴仰东对地方志工作作出的批示。区志办组织全体工作人员，学习原文，同时开展多种形式、不同层次的学习活动，全面理解、深化认识，把地方志工作摆上重要的议事日程。利用多种方式开展宣传活动。用科学发展观指导地方志工作，地方志工作服务科学发展的思路，抓好修志工作的各个环节。1月完成《白银区志》（1996~2008）初稿，共8编57章284节，110万字左右，共收录入志人物680人，图照210余张。初稿完成以后，地方志办将成型志稿附上区志办的征求意见通知，分送各承编单位进行修改审定，并要求主要负责人签字、加盖单位公章后返回区志办。针对一些单位征集资料困难的问题，细化篇目，将撰稿任务分解到人，蹲点守候，具体指导、催促各部门资料编写工作。同年5月底，160余份白银区志初稿征求意见稿全部收回，对提出的意见集中归纳，对志书结构进行调整修改，在内容上进行压缩删减。9月开始，对区志征求意见稿进行修改，主要是完善补充区志内容，对彩页、插图、内容空虚单薄、短缺的编、章、节、目等进行资料的收集补充，对于志稿的整体内容进行全面、合理地调整修改。此后，针对区志稿中存在的许多篇章内容缺乏或章节不平衡的问题，地方志办根据上级修志部门和第二轮修志体例的要求，并借鉴外省、市、区优秀志书的亮点和优点，对区志稿的篇目及内容进行再调整。至年底，评审稿进行人物编和相关章节的校对，评审稿设8编、57章、286节。有地图、示意图9幅，彩色插页照片100帧，串文照片275帧，表格133张。12月30日召开评审会。

【重视《白银市志》发行工作】《白银市志（1991~2005）》出版发行后，区委、区政府重视《白银市志（1991~2005）》发行工作，区委领导作出批示，以（区委办发[2010]90号）文件转发市委办、市政府办[2010] 104号文件，并对各单位征订任务进行分解。通知要求各学校、企事业单位、乡镇、街道、科级以上机关单位等原则上做到每个单位两本。共分解任务186册。

【中共白银区委党史办（地方志办）领导名录】

李作华（女） 主任（2010.9止任）

王树吉 副主任（2010.9起主持工作）

梁月梅（女） 副主任（2010.11始任）

（王树吉）

卫　　生

白银全民健身广场晨练的老年人

卫　生

【概况】　2010年卫生局行政编制6人，实有人员6人（党委书记、纪委书记不占编）。挂靠事业单位4家（爱卫办、地病办、农合办、红十字会办公室），编制13人，当有工作人员11人。全区有医疗卫生机构19家，区政府办社区卫生机构9家。全区卫生医疗机构有专业技术人员、管理人员、工勤技能人员632人。其中卫生专业技术人员558人。有大学本科学历202人，专科学历248人，中专学历89人，高中及以下19人。高级职称52人，中级职称202人，初级职称296人，未聘任专业技术人员8人。35岁以下255人，36~40岁117人，41~50岁151人，51岁以上35人。

【启动医改】　2010年年初全区医改工作启动，当年5月《白银区深化医药卫生体制改革实施方案》《白银区基层医疗卫生机构绩效考核办法（试行）》等7项医改配套措施下发执行。基本药物制度和公共卫生服务均等化工作稳步实施。5所乡镇卫生院、47所村卫生室、4所政府和事业医院举办的社区卫生服务机构全部实行基本药物零差率销售，占全区基层医疗卫生机构的79%。各基层医疗卫生机构积极探索为社会群众免费开展“九项基本公共卫生服务”，主要是居民健康档案建档率城市社区达89%，农村卫生院达到75%。孕产妇、1~3岁以下婴幼儿、65岁以上老年人、重性精神疾病患者及高血压、糖尿病等慢性非传染性疾病在社区和农村都能得到规范管理和卫生保健服务。

【重点项目建设】　争取国家、省、市资金，累计投资5238万元，新建或改扩建区人民医院急救门诊楼、4所乡镇卫生院、6所社区卫生服务中心、36所村卫生室，建筑面积达28422平方米。乡镇卫生院和社区卫生服务中心新建率达100%，标准化村卫生室达标率达到82%。

【重大传染病防治】　人禽流感、手足口病、甲型H1N1流感、不明原因肺炎、结核病、乙肝等重大传染病得到有效控制；传染病监测网络不断完善，乡以上医疗机构网络直报覆盖率达到100%；扩大免疫规划工作有序开展，疫苗接种率提高，均达到规定指标；性病、艾滋病监测工作取得突破。

【卫生应急处置】　重大突发公共卫生事件实行网络直报，卫生应急管理机构和专业队伍逐步健全，成功应对三鹿奶粉重大食品安全事故、禽流感、甲型H1N1流感、手足口病等突发公共卫生事件。

【地方病防治工作】　重点监测武川乡布鲁氏杆菌病疫情，同时对辖区屠宰、饲养、皮革、乳肉加工等单位重点人群进行人间布病的监测。开展碘缺乏病防治工作，居民合格碘盐食用率保持在94%以上。改水防治地氟病效果明显。

【妇幼保健工作】　推进孕产妇和儿童系统管理，管理率分别达到95.76%和86.76%，住院分娩率为99.8%，孕产妇死亡率、婴儿死亡率均控制在目标之内。农村妇女住院分娩艾滋病母婴阻断项目顺利实施。免费婚前医学检查工作全面启动，婚检率达到98.5%。

【爱国卫生工作】　2010年白银市第二人民医院被省卫生厅、省爱卫会命名为“无烟医院”；先后完成1800座卫生厕所的建设和改造任务。

【社区卫生工作】　社区卫生服务网络基本健全。先后成立社区卫生服务机构18家，其中服务中心6家，服务站12家。“小病在社区、大病进医院”的格局基本形成；九项基本公共卫生服务工作在社区全部免费开展。信息化管理工作逐步推广。创建“白银社区卫生信息网”，实现社区卫生工作网络管理、网络监测、网络考核。

【农村卫生工作】　2007~2010年，农民参合率由86.76%提高到96.5%、基金筹集标准由60元/（人·年）提高到150元/人/年，住院报销比例由45%提高到48.87%。农村孕产妇住院分娩补助、门诊统筹、中医药提高报销比例等优惠政策全部落实。

【中医药工作】　2010年，市二院成功创建“全省综合医院中医药工作示范单位”和“全市中医药工作示范单位”，有3名乡镇卫生院中医人员先后被省、市卫生行政部门评为乡村名中医。

【食品安全】　建立健全食品安全领导机构和相关制度，明确各成员单位的职责，制定目标责任书，对各成员单位目标责任落实情况进行集中统一考核和评价。开展食品安全专项整治活动。

【医疗服务质量】　全年通过组织开展“以病人为中心，以提高医疗质量”为主题的医院管理年活动，加强医院核心制度建设，建立健全医疗质量、医疗安全监控体系和医疗纠纷防范预警机制。落实省卫生厅制定的22项医院管理制度。开展“百姓放心医院”创建活动。市二院创建“三级乙等”医院并完成自查自评。卫生院等级评审工作于2010年底通过省卫生厅复核。

【学历教育】 开展学历教育先后组织40余名村级卫生技术人员参加中专学历教育，其中6人已经考取中医助理医师资格证。乡镇卫生院大专以上学历人数达85%以上。

【建立人才交流培训机制】 每年选派10余名业务骨干到省级以上医疗卫生机构进修学习。市二院多次邀请德国、以色列等国骨科、妇产科、糖尿病专家开展学术交流、技术指导活动，引进国外先进技术和管理理念，同时，和多家三级以上医院建立技术合作关系，建成远程会诊系统。

【人才引进和选聘】 2009年、2010年为乡镇卫生院新招考录用大学生50人，2010年底对29名乡镇卫生院卫生技术人员做内部调剂，卫生人才匮乏和专业结构不合理的现状初步改善。

【行业作风建设】 医务人员廉洁行医的自觉性进一步增强。白银市第二人民医院获白银市2009年度行风建设先进示范窗口和甘肃省卫生行业精神文明建设先进单位称号。区妇幼站获2010年白银市三八红旗集体。

【白银区卫生局领导名录】

刘柏权　局长(2010.8止任)
周启成　局长(2010.9始任)
高兰华(女)　党委书记、副局长
王跃兵　副局长
齐宏斌　副局长、地病办主任
金　焱　纪委书记
王志天　爱卫办主任

（张德强）

白银市第二人民医院

【概况】 市二院始建于1956年，占地面积3.8万平方米，建筑面积3.66万平方米，是甘肃省中医学院附属医院、兰州大学临床医学院教学医院、兰州大学第二医院协作医院、中国健康扶贫工程定点医院。驻公园路509号。2010年有职工653人，其中高级职称70人，中级职称186人，硕士研究生3人。编制总床位604张，开放502张，设置33个临床和医技科室，年门诊量15万人次。先后获甘肃省职工职业道德建设先进单位、甘肃省爱国卫生先进单位、甘肃省卫生行业精神文明建设先进单位、甘肃省综合医院中医药工作示范单位、甘肃省卫生行业精神文明建设先进单位、甘肃省综合医院中医药工作示范单位、甘肃绿化模范先进单位等称号。被白银市委、市政府确定为白银地区唯一一家博士、硕士研究生实习基地。

【整章建制】 2010年修订完善各种工作制度，制定《白银市第二人民医院2010年综合目标考核评价标准实施细则》，修订《白银市第二人民医院管理制度》《白银市第二人民医院岗位职责》《白银市第二人民医院护理管理制度》《白银市第二人民医院各项抢救程序、操作规程、应急预案》，编辑《医疗法规文件汇编》等多项规章制度。

【医院综合业务】 宣传动员，考察学习　医院召开医院评审工作动员大会。2010年5月7日派员赴兰州市第一人民医院考察学习，设计并美化记录本封面，规范记录本631种，数量2175个。将《三乙评审标准》进行细化、分解，层层签订目标责任书，使全院职工都成为评审活动的参与者和见证者，推进评审活动深入开展。

自查自纠，完善管理　各科室成立创建工作小组，落实各项规章制度，自行开展创建工作的模拟检查。

整改提高，申报评审　对查找出来的问题，归纳整理，针对热点、难点问题，由创建领导小组召开专题会议，重点解决、重点落实问题。2010年8月12日市卫生局对二院创建三级乙等医院进行初评，总分为843分，达到三级乙等医院标准。

【健全组织机构，落实核心制度】 建立健全质控、科教、投诉接待、纠纷处理、信息统计、病案管理、司法鉴定等机构，强化管理监督职能。开展医院管理年活动，督促各项医疗制度、诊疗常规、技术操作规程的落实，进行医疗质量监控，提高医疗质量，主动防范医疗事故的发生。执行医务人员准入制度及技术准入制度，对危重症患者重点督查，高度负责，及时了解患者病情，安排具体时间，组织相关科室主任会诊，确保会诊质量，提高救治危重患者的成功率。

【持续质量改进，提升医护质量】 2010年行政业务查房37次，医疗质量查房48次，检查病历1062

份，督查结果汇总为《医疗质量控制简报》，进行医疗质量月分析会分析评议，提高思想认识，提升医疗质量，主持院内会诊、疑难病例讨论18次，确保患者安全。按照卫生部《病历书写基本规范》要求，住院病历书写，规范病历书写，编写常见危急重症诊疗手册，印制医疗质量控制手册和病历质量评分表，在病历考核中实施。加强夜班、双休日、节假日的护理技术力量，科学排班，合理调配科室护理人员，增设二线班，应对急危重症患者的抢救及突发公共事件。安排护士长督查夜班、休假日护理查房，保障护理安全。

【组织病历大赛，强化技能培训】 增强医疗安全防范意识，提高病历内涵质量，保障医疗质量与医疗安全，随机抽取病历142份，以住院终末病历检查评分标准为依据进行评审，对得分在97分以上（包括97分）的优秀病历进行展览，并对病历大赛优胜者进行表彰。召开护士长管理述职会、护理质量管理委员会会议和护士长月例会，对护理质量检查中存在问题进行分析，讨论护理质量管理配套措施，推广护士长管理工作中的亮点，提升护士长的管理能力，推动护理工作不断向前发展。抓临床护理环节质量管理，完善服务细节，成立护士长护理质控督查组，提高护理服务质量。提升专科护理技能，开展个案查房、教学查房，提高危重患者护理质量。采取“护士长考核小组互查、护理部每月护理质量轮查”的方式，分析临床护理现状，提出解决办法，结合月质量检查结果，每季汇总《护理质量安全报告》，规范护理质量管理。

【加强组织领导，推动中医工作】 成立创建工作领导小组和中医药工作领导小组，制定中医师参加西医临床科室三级查房制度、中医师会诊、转诊制度，开展“中医学经典，西医学中医”活动，派出西医师赴甘肃省中医院“西学中”培训班学习。2010年9月二院全省综合医院中医药工作示范单位称号。

【提高科教能力，创新人才机制】 成立教学培训中心，组织“三基三严”理论考试，加强“三基”基本功的训练和心肺复苏等内容的急救实践技能培训，提高急救医疗质量，参培人数598人次。举办省级项目消化系统疾病和呼吸系统疾病新进展学习班，举行全院学术讲座5次，组织开展“西学中”活动2次，每季组织观看警示教育、法制教育片。接收、安排实习生76人，申报25项市级科技项目，1项省级科技项目，建立医技人员专业技术档案。组织护理岗位技能竞赛，选拔3名优秀选手参加全市护理岗位技能大赛，获团体三等奖。护士理论考试15场，参加考试1029人次。对20名护士长进行两项护理操作技能考试，根据专科特点设置应考场景，锻炼护理人员的应急反应能力、观察及评估患者病情的能力，全院198人参加护理技术操作考试。创新人才建设机制，共派出医护进修人员35人，赴省内外医院进修学习。引进中级以上专业人才、硕士研究生、本科生29人。

【发挥公共职能，预防院内感染】 整合公共卫生职能，做好疾病谱排序及流行病学调查分析，调整工作思路，拓展公共卫生服务业务，搜索急性迟缓性麻痹病例2620人次，完成计划免疫任务，各类疫苗接种5874人次，网络上报乙类、丙类传染病1048例，肝炎、肺结核占前两位，对住院及门诊患者疾病负担调查及分析排序，做好职工健康体检工作，完善职工的健康档案。创办《医院感染通讯》，规范和完善消毒监测记录，进行医院感染知识培训，开展细菌耐药性目标性监测、围手术期抗菌药物应用监测、常见标本感染菌谱统计分析和无菌切口手术统计，解决血透中心医院感染管理的难题，完成医院感染管理预定的目标。

【保障用药安全，完成指令任务】 开展临床药学工作和药学情报通报工作，编印《安全用药通讯》《医院药讯》；开展国家基本药物、抗菌药物应用培训工作，规范临床医师合理应用国家基本药物，收集整理全院药品不良反应报告，保障患者用药安全，甘肃省第二届全省抗菌药物知识竞赛中获个人三等奖1个，团体获优秀奖；组织高考体检5005人次，国家执业医师实践技能考试339人，司法鉴定104例，残疾人评定审核约3700人，组织人员参加会议医疗保健及义务宣传活动5次。

【整顿医德医风】 制定《白银市第二人民医院医德医风整顿活动实施方案》和《白银市第二人民医院医德医风考评实施办法》，建立三级医德医风建设领导组织，着力解决医德医风、服务态度、劳动纪律等方面存在的问题。

【加强采购监管】 设备及物品采购工作，5万元以上按照医院印发的《招标采购工作管理办法》上报区采购中心进行政府集中招标采购；5万元以下实行阳光采购，经院务会研究同意，按采购程序进行，由监督、内审、采购办、设备科、使用科室和专家六方通过询价的采购模式进行。药品实施集中招标采购，通过甘肃省药品集中招标采购平台点击采购，区卫生局进行二次议价，在省卫生厅招标基础上下调10%。对医院在建项目招投标采购、财务运行情况定期公示，实行医疗价格公示制度和住院费用一日清单制，促进医院院务公开。

【对口服务支援】 选派1名职工赴马达加斯加参加对外援助工作，派遣3名医生赴水川、四龙卫生院进行支农帮扶工作，对青城镇卫生院继续进行对口帮扶。

【爱心援助灾区】 青海玉树发生7.1级地震和甘南舟曲发生特大泥石流灾害后，全院干部职工向灾区“送温暖、献爱心”，共捐款43770元。

【实施示范工程】 成立实施医疗卫生工作示范工程领导小组，制作院园文化宣传牌50余张，印制宣传手册15000份；13名护士长赴省人民医院学习参观优质护理服务示范病房，确定普外科、内分泌科为优质护理服务试点科室；规范档案建设，整理人事、个人档案300余份；加强重点学科建设，根据医院发展的需要，将产科、急诊医学科确定为市级重点学科。

【创先争优活动】 医院党总支召开创先争优活动安排会议，制定《白银市第二人民医院在创先争优活动中深入开展“四项活动”实施方案》。分阶段、有重点地对各支部开展活动情况进行督促检查，及时总结经验，解决存在的突出问题。

【在建项目如期进行】 项目投资1950万元，完成投资1858万元，至年底除手术室和重症监护室正在装修外，土建及其他项目已基本完成。

【内部改造稳步推进】 投资80万元，对神经外科、感染疾病科、供应室、产科产房、五号楼卫生间全面改造、装潢、维修；引进资金50余万元，改造职工食堂、患者食堂；投资30万元，对全院上下水管道和供暖供水管道进行更换，确保供水供暖质量。

【财务管理】 加强库房管理，百元消耗比降低，成本得到控制。合理安排资金，严格控制招待费、办公费、电话费等日常一般性费用支出，使经费向人员培训、重点科室建设支出倾斜，保证门诊急救大楼建设进行。

【白银市第二人民医院领导名录】

李维义　院　长
陶明洲　党总支书记
张义全　副院长
周福安　党总支副书记
李　普　副院长
王永琳　副院长

(强生毅)

妇幼及社区卫生服务

【概况】 区妇幼保健站成立于1976年4月。2010年在职职工40人，正式在编34人，长期聘用6人，其中卫生技术人员34人，高级职称3人，中级职称16人。设有门诊儿保科、妇保科、检验科、放射科、B超室、眼保健科、口腔科、预防接种室、住院部妇科、产科、内儿科、婴儿游泳抚触中心、婚姻服务中心等10多个临床和保健科室。有全自动血液生化分析仪、迈瑞DC-6全数字彩色超声诊断仪、红外线乳腺诊断仪、新生儿蓝光治疗仪、多功能微量元素检测仪、妇科射频治疗仪、青少年医学配镜全套设备、儿童智力评估系统仪、儿童斜弱视治疗系统等先进的医疗设备。

【妇幼保健】 2010年全区全年活产数2845人，孕产妇数2833人，保健管理2750人，管理率97%，住院分娩2833人，住院分娩率100%，孕产妇死亡1人，死亡率35.29/10万，高危孕产妇筛查出518人，管理518人，住院分娩518人，管理率为100%，5岁以下儿童死亡14人，死亡率5‰，婴儿死亡14人，死亡率为4.9‰。同时做好城乡托幼机构的保健工作，提高高危儿童的管理质量。当年，共完成50所学校，25所幼儿园学生的普查。检查学龄前儿童7500人，患病儿童1809人，患病率为24%。完成农村妇女病普查1500余人，患病573人，患病率38%，对查出的各种妇科疾病的患者及时进行不同程度的治疗。

【免费婚检】 2010年3月全区婚姻服务中心在区妇幼保健站挂牌成立。自筹资金8万余元，改造装修婚姻服务中心各部门工作环境，购置检验仪器及办公设备，按照区政府婚前医学检查实施意见规定的检查项目及硬件设施全部配齐。组织实施婚前医学检查，执行免费婚前医学检查项目，完善婚前医学检查与婚姻登记一站式服务，做到上午检查，下午出结果，一天领证。至当年9月30日，登记结婚人数835对，婚检

816对，婚检率为97.7%，检出患病60人，其中乙肝表抗阳性50人，梅毒3人，结核1人，其他妇科疾病6人，对于检出患者均给予医学健康指导。

【项目开展情况】 开展“村孕产妇住院分娩补助项目”，围绕所有农村孕妇、产妇，有计划、有步骤地开展工作。审批、管理好项目专项资金，做到专款专用。2010年共救助农村孕产妇369人，发放补助资金14.82万元,2009~2010年共补助607人，补助资金近25万元。新生儿疾病筛查工作。按照疾病筛查的要求，建立各项规章制度，做好原始登记和血片采集，对疾病筛查阳性的患者及时采取干预措施进行早期治疗。2010年，有7家助产医疗保健机构开展此项工作，当年新生儿甲状腺功能低下和苯丙酮尿症筛查1765人，筛查率为62%，听力筛查1661人，筛查率为58%。其中，苯丙酮尿症阳性1例，听力筛查未通过2例。开展艾滋病母婴阻断传播项目。以城区保健机构为主，对所有孕产妇按照自愿、免费的原则，提供艾滋病病毒抗体检测和咨询。在充分告知和保密的原则下，填写《艾滋病病毒抗体检测知情同意书》，2010年艾滋病病毒抗体检测1724人，阳性2人，筛查率为61%，阳性发生率为7/万，对HIV可疑的孕产妇，联系疾控中心进行确诊，在有效时间内确保母婴阻断和安全分娩。业务培训，提高职工业务能力。加强站内业务培训，完善各项业务培训制度；有计划地输送专业技术人员到省、市级医院进行业务学习和进修，掌握最新的保健发展动态。先后参加省级业务学习班5人次，省级医院进修2人次。

【城市社区卫生服务】 强化社区卫生服务体系建设。全区社区卫生服务机构18个。其中，服务中心6个、服务站12个，国有办社区卫生服务机构6家，其中，社区卫生服务中心4家，社区卫生服务站2家；企业办社区卫生服务机构7家，其中，社区卫生服务中心1家，服务站6家；社会力量办社区卫生服务机构5家，其中，社区卫生服务中心1家，社区卫生服务站4家。完成了规划设置的100%。全区社区卫生服务覆盖城镇人口22万，占应覆盖人口的95%。社区卫生公共卫生服务功能不断扩大。全区社区卫生服务机构建立健康档案18.4万份，建档率达到95%以上。

【老年保健、慢性病管理、精神卫生服务和康复服务工作】 区妇幼保健站管理辖区老年人31534人，规范化管理16532人，管理率53%，高血压人员达9035人，规范化管理7318人，管理率81%，糖尿病患者1756人，规范化管理1577人，管理率90%，冠心病患者352人，规范化管理350人，管理率99%，脑卒中患者1882人，规范化管理1535人，管理率82%，肿瘤患者122人，规范化管理105人，管理率86%，精神病患者176人，规范化管理153人，管理率87%。

【健康教育宣传】 全区开展慢性病、季节性疾病等有关方面的健康教育宣传工作，共进行健康教育讲座168次，听课人员达15余万人次，并在人员繁华的公共场所进行大型健康宣传20余次，宣传人口达10余万人次，2010年发放各类健康资料30余种，发放各种宣传材料20余万册。

【社区卫生队伍】 全区城市社区卫生服务机构工作人员共221人，其中，社区卫生技术人员204人，占92%。全区共培训社区卫生服务骨干人员、师资18人，社区适宜技术培训18人，岗位培训81人（全科医师）、社区护士77人。

【惠民医疗服务】 落实五免、五优、三公开的社区优惠政策。全年免费检测血压10余万人次，免费出诊1000余次，为下岗困难职工和低保户减免部分医药费。

【项目建设情况】 工农路街道社区卫生服务中心新建4层框架结构业务楼1栋，配套建设固体垃圾处理和污水处理等附属工程，建筑面积1675.32平方米，计划投资266万元，其中中央专项资金200万元，配套及自筹66万元。项目于2010年10月动工实施，到位资金200万元。四龙路街道社区卫生服务中心新建5层框架结构业务楼1栋，配套建设固体垃圾处理和污水处理等附属工程，建筑面积2143平方米，计划投资380万元，其中，中央专项资金280万元，配套及自筹100万元。项目于2010年10月动工实施，到位资金280万。人民路街道社区卫生服务中心新建6层框架结构业务楼1栋，配套建设固体垃圾处理和污水处理等附属工程，建筑面积1559.37平方米，计划投资280万元，其中中央专项资金210万元，配套及自筹70万元。项目于当年10月动工实施，到位资金210万。

【白银区妇幼保健站领导名录】

张连成　站长

（关相国）

疾病预防控制中心

【概况】 区疾病预防控制中心成立于2004年10月，前身为白银区卫生防疫站。占地1400平方米。2010年有正式职工26人，其中卫生专业技术人员21人（副高级职称2人，中级职称8人，初级职称11人），其他专业技术人员1人，技术工人4人。中心驻王岘西路39号。设传染病防控科、结核病防治科、性病、艾滋病防治科、职业病防治科、地方病与慢性病防控科、健康教育与信息管理科、检验科、监测科、办公室等9个科室和1个国家社区药物维持治疗白银门诊部。

【思想政治教育】 组织党员干部职工学习《党章》以及《党建》《求是》等文件刊物，撰写学习笔记。5月在单位组织开展创先争优活动。制定《开展创先争优活动实施方案》《在创先争优活动中深入开展四项活动实施方案》，成立领导小组，组织党员干部学习《白银日报》8篇社论，每个党员都向组织递交党员个人公开承诺书。2010年中心支部发展1名业务骨干加入党组织。

【制度及党风廉政建设】 区疾控中心制定《白银区疾病预防控制中心突发公共卫生事件应急预案》，成立疫情处理小组，建立完善疫情报告、流行病调查、疫情值班等规章制度，做到分工明确、责任到人。执行廉洁自律的各项规定，全体党员领导干部坚持以自律为本，以廉洁为起点，处理“自律”与“他律”的关系，带头执行国家法律法规和各项制度。

【参加舟曲抗洪救灾】 8月7日舟曲发生泥石流灾害后。组织党员干部职工向灾区捐款1450元，抽调专业人员3人，汽车1台，加入白银市卫生防疫队赴舟曲灾区参加卫生防疫援救工作。从2010年8月18日到25日历时8天。期间主要承担灾区卫生防疫和环境消毒工作任务，共完成环境消毒45000平方米，消毒临时安置点帐篷50多个次，消毒垃圾堆、厕所80余个次，向群众散发防病知识资料1000多份，完成卫生防疫工作任务。吕昭在抗洪救灾第一线加入党组织。

【综合楼建设】 5月区疾病预防控制中心实验综合楼立项，建设地点为白银区工农路331号，建筑面积3000平方米，框架结构，抗震设防烈度为8度，总投资390万元。当年底，项目完成地质勘查、建设用地审批、施工图纸设计和审查、工程施工和监理招标等工作，建设资金350万元已经到位，当11月开工建设。

【结核病防治工作】 2010年1~10月共接诊肺结核可疑症状者756人，初诊查痰735人，初诊查痰率为97.2%，发现并管理治疗活动性肺结核病人173例，其中新发涂阳患者77例，复治涂阳患者14例，涂阴患者82例。区疾控中心不断加强对肺结核病人的督导管理，病例系统管理率达100%，DOTS策略覆盖率达到100%。对辖区各级医疗卫生单位督导8次，访视病人300多人次。当年5月，人民路街道被确定为全国第五次结核病调查176个普查点之一。全区抽样人口为2616人，确定应检人口1497人。区疾控中心编印《致白银区人民路街道居民的一份公开信》，向每一户居民发放；工作人员放弃周末休息时间，加班加点连续工作；对行动不便无法到现场进行x线检查的人员，上门采集痰样，进行检查。并向每位接受体检调查的群众赠送1份价值10元的礼品。5月6日至6月16日，经过40多天连续奋战，全面完成工作任务，通过国家和省级验收。

【性病、艾滋病防治工作】 2010年1~10月全区报告艾滋病病毒感染者和艾滋病病人共6例。对在本区长期居住的19例艾滋病病毒感染者和病人实施规范化管理，定期随访、检测，按时足量发放药品进行治疗。当年3月，全球基金艾滋病项目启动。4~6月对辖区内143家娱乐场所、1个暗娼站点的400名FSW，开展行为学问卷调查和HIV、HCV、梅毒抗体检测。1~10月累计开展暗娼人群行为干预3542人次；对白银戒毒所强戒人员监测4次110人；对白银看守所羁押人员进行行为干预5次,干预161人；开展建筑工地工人行为干预活动3次，干预1000人次;接受艾滋病自愿咨询检测682人次；进行艾滋病病毒初筛检测1200例。国家社区药物维持治疗白银门诊累计入组治疗患者714例，在治363例，在治率67%，门诊开展患者行为干预活动6次。

【手足口病监测防治】 全区手足口病防治按照《白银市手足口病防控工作方案》进行。1~10月全区共报告手足口病148例，经及时诊治，均已治愈，无重症和死亡病例。区疾控中心对病例及时调查、采样检测，并将结果上报。

【规范传染病管理】 2010年全区

医疗卫生单位网络直报覆盖率保持100%，传染病和突发公共卫生事件报告率、及时处理率均达到100%。1~10月全区共报告法定传染病1468例，报告发病率为511.33/10万。报告处理传染病暴发疫情3起，经采取病例监测、传染源隔离、应急接种、环境消毒等防控措施，疫情均被有效控制。11月，区疾控中心组织开展全区医疗卫生机构法定传染病漏报率调查，全区医疗卫生机构法定传染病漏报率为0.48%。当年区疾控中心组织单位内疫情应急处置演练2次，组织全区业务人员传染病防治、疫情报告、疫情应急处置等业务培训班4期，培训基层业务人员259人次。

【免疫规划工作】 2010年全区儿童基础免疫报告接种率分别为：BCG97.37%、0PV3 98.03%、DPT3 98.31%、MV 97.23%、HepB1及时99.91%、HepB3 97.91%，均达到97%以上。全区冷链系统实行每月运转，做到疫苗及注射器数量月清月结，保证疫苗质量和供应。当年共为3000余人提供疫苗接种服务。完成白银区15岁以下人群补种乙肝疫苗项目年度接种工作任务，接种4646人。9月对辖区57所学校和45个托幼机构进行预防接种证查验，查验目标儿童7046人，调查率100%，对查出的疫苗漏种儿童及时进行补种。2010年8月30日至9月25日组织开展全区8月龄至4周岁儿童麻疹疫苗强化免疫活动，累计对10237名适龄儿童接种麻疹疫苗，实现任务目标，通过省级和市级评估。全区报告5例疑似预防接种异常反应病例，区疾控中心及时进行调查并按照规定进行报告，报告及时率、调查及时率均达到100%。加强免疫规划疫苗针对传染病监测工作，全区未发生AFP、麻疹、乙肝暴发疫情。当年区疾控中心组织白银区2010年预防接种人员资质认证培训班、预防接种副反应监测培训班、2010年麻疹疫苗强化免疫活动业务培训会、流感疫苗接种培训班等免疫规划业务培训5次，对辖区各医疗卫生单位免疫规划管理人员、各预防接种门诊（点）接种人员进行业务培训，累计培训211人次。

【地方病和慢性病防治】 开展辖区居民户碘盐半定量检测工作，全区碘盐覆盖率100.00%，碘盐合格率98.10%，合格碘盐食用率98.10%。完成全区碘盐示范村监测、调查和宣教工作。对辖区养羊、养牛户以及从事屠宰、皮毛乳肉等畜产品收购加工和销售、畜牧、兽医和与牲畜及畜产品接触密切的人员进行流行病学调查，共调查1201人，血清学检测264人，阳性6人，阳性率2.27%。从调查和监测结果来看，全区仍然存在布鲁氏杆菌病流行隐患，须加强布鲁氏杆菌病监测和防治工作。区疾控中心进行乡村医生鼠防知识培训。在全区14个社区卫生服务中心实施高血压社区规范化管理项目，促进全区慢性病防治工作的开展。开展中央补助地方公共卫生重性精神病防治项目工作，摸底调查600余人，确诊病人280人，并将病人信息全部录入国家监测网络数据库，对病人实行实时管理。

【健康教育宣传】 区疾控中心利用在"3·24"世界防治结核病日、"4·25"全国儿童预防接种宣传日、"5.15"碘缺乏病宣传日、"12·1"世界艾滋病日、四龙剪金山庙会等时段，以传染病防治法宣传为主要内容，采取街头咨询义诊、流动宣传车、散发传单、巡回展出健康教育展板、播放电视广播公益广告等方式。当年制作疾病预防控制知识展板30块，悬挂宣传横幅80多条900米，更新彩喷写真公益宣传广告画栏200平方米，印制纸质宣传材料30万份，制作健康教育促进品3种，累计投入人员200余人次，机动车30台次。

【白银区疾控中心领导名录】
任永伟　主任

（邵　飞）

四龙中心卫生院

【概况】 四龙中心卫生院前身为金山卫生院，始建于1956年。占地面积3432平方米，建筑面积2250平方米。2010年有专业技术人员25人，卫生专业技术人员22人，其中，主治医师2人，医师4人，主管护师1人，护师9人，药剂师2人。医疗技术工人1人，财务人员2人。有外科、内科、儿科、中医科、妇科、预防保健科、公共卫生科，医技科室有B超、X光室、心电图室、化验室等，配有较先进的B超仪、200毫安X光机、12导联心电图、半自动生化分析仪、血球分析仪、红外线诊断仪、自动洗胃机、心电监护仪、120健康服务车等设备。

【工作目标】 制定《四龙卫生院2010年卫生工作实施方案》，把卫生工作的各项任务具体分解到科室和个人，成立监督小组，确保各项工作完成。当年四龙卫生院业务收入44万元。在门诊、住院已设立四龙卫生院医生基本情况公示牌，挂牌服务，方便病人选择医生。实行住院费用清单制和一日清单制。实行收费项目及药价公示。药品正规渠道采购，杜绝假劣药品，定期或不定期自查过期和变质药品，保证药品质量和用药安全。执行国家药品零差价销售，杜绝乱收费，公开粘贴服务项目及收费标准，明码标价，接受群众监督。

【医德医风建设】 组织干部职工学习中央及省、市、区卫生改革的方针、政策，当年政治学习6次；加强医德医风再教育。当年医德医风教育4次；三是由支书负责开展好廉政廉医建设活动。不设小金库、不收病人红包、不吃药品回扣。当年开展廉政廉医建设活动2次。

【农村卫生工作】 院领导年内有三分之一的时间从事农村卫生工作，防保人员下村指导工作时间全年不少于三分之一。卫生院及卫生所要健全和完善各种上墙的规章制度，坚持使用门诊日志，防止疫情漏报。做到清洁卫生、有医、有药、有人值班，按照五统一的要求，进行“乡村一体化管理”，档案资料齐全、规范，账务收支每季度向区卫生局上报1次。每个卫生所已有1名村医。制定村医培训计划，建立村医培训制度，定期对村医进行适宜技术培训。巩固农村初级卫生保健工作及卫生项目工作成果。利用各种宣传方式方法，宣传居民卫生知识及艾滋病防治知识，提高农村居民卫生知识知晓率及艾滋病防治知识知晓率。

【临床业务】 2010年建立中医科室4个，引进颈腰椎牵引仪2台、按摩床2张、理疗仪8台、电针仪6台、TDP神灯1台、紫外线灯1台。开展中西医结合对内、外、妇、儿、皮肤科常见病、多发病和外伤的正确的诊断和处理。开展常见病的中草药及针灸、推拿、火罐、火针、艾灸、刮痧、穴位贴敷、穴位注射及药物熏洗等中医药适宜技术。加强医疗文书的规范化书写，提高医疗业务水平。组织各医务人员认真学习门诊病历、住院病历、处方、辅助检查申请单及报告单的规范化书写，不断增强质量意识，切实提高医疗文书质量。及时督导住院医师按时完成各种医疗文书、门诊登记、传染病登记肠道门诊登记、发热病人登记。完善各项规章制度，建立医务人员“四个排队”（临床医师用药量、抗生素使用量、抗生素中青霉素使用比例、患者自费药品比例）、“八个排队”（医疗机构中医药收入占总收入比例、门诊输液人次占门诊总人次比例、平均住院费用、平均门诊费用、平均单病种费用、平均住院自费比例、大型设备检查阳性率、患者满意率）、“医务人员不良执业行为登记表”，加大督导检查力度。执行卫生部《医院感染管理规范》和《消毒隔离技术规范》，合理使用抗生素，加强一次性医疗用品的使用管理，按要求消毒、毁形、焚烧处理，把院内感染控制在最低限度。

【新型农村合作医疗】 卫生院成立进药领导小组，抵御假劣药品进入境内。按药品采购要求进行，检查验收、做好购进记录、定期或不定期进行检查，避免过期、变质药品的使用，做好一次性医疗器械毁形销毁，毒麻精神药品保险柜存放，专人管理。2010年1~11月住院人数246人次，报销费用为61685.3元。6~11月实行药品零差价以来，销售药品总额121933元，让利患者37644元。

【防疫工作】 2010年1~10月共发生传染病82例，其中肺结核7例，细菌性痢疾24例，手足口病12例。完成计划免疫建卡建册率100%。卡介苗疫苗2010年1~11月接种7人。麻疹疫苗2010年1~11月接种408人。脊灰疫苗2010年1~11月接种274人。百白破2010年1~11月接种274人。流脑疫苗2010年1~11月接种297人。乙肝疫苗2010年1~11月接种150人。乙脑疫苗2010年1~11月接种149人。甲肝疫苗2010年1~11月接种73人。麻腮风疫苗2010年1~11月接种97人。白破疫苗2010年1~11月接种70人。接种率均为100%

【妇幼工作】 2010年辖区累计活产数112人，辖区已接受访视的新生儿数98人，辖区应管理的0–36个月儿童数531人，辖区已纳入规范管理的0–36个月儿童数531人，按规范要求在孕期接受相应频次产前随访的人数112人次，产后28天内接受过产后访视的产妇人数112人次。当年卫生院共检查育龄妇女人数986人，查出妇女病人数296人,患病率30.0%。

【精神疾病患者管理】 专人负责精神病人防控管理。做好精神病人信息收集工作。做好精神病人入户访视工作。2010年对全镇精神类疾病患者进行检查，共检查23人，给予健康指导，并相应的建立档案，随时跟踪调查。

【慢性病管理及健康教育】 当年辖区登记的高血压患者159人、

糖尿病患者24人，为慢性病患者提供防治指导服务124人次，开展健康教育宣传，免费发放健康宣传资料3000余份。为鑫昊公司工作人员开展健康培训1次。在碘缺乏病防治工作方面，采样32份民用食盐送区疾控中心检验，在小学开展碘缺乏病防治资识，加强传染病的预防宣传工作。在布病防治期间共完成热血片74张，发现阳性2人；2010年为全镇育龄妇女体检986人，免费为学龄前儿童体检868人次，体检率96.1%，免费为四龙村65岁以上群众体检47人。

【白银区四龙中心卫生院领导名录】
俞海峰　院长

（胡昭晖）

水川中心卫生院

【综述】　水川中心卫生院前身为水川地区卫生院，创建于1950年。占地面积26.3亩，建筑面积2030平方米。2010年有职工30人，其中副主任医师1人，主治医师3人，主管护师1人，其他技术人员25人。开放病床25张。主要设备有200毫安X光机、麻醉机、B超机、心电图机、口腔综合治疗台、半自动生化仪、多参数监护仪，多功能治疗仪、中医汗蒸房、中药熏蒸床、远红外按摩床、多功能颈腰椎牵引床等，能开展内、外、妇、儿、中医、皮肤、口腔等常见病、多发病的诊断和治疗，服务半径5公里，服务人口5万人左右，基本能满足辖区群众的一般防病治病要求。卫生院驻水川镇金锋村鹰嘴崖湾。2008年至2010年，卫生院先后争取中央预算内专项和扩大内需项目，相继建成门诊综合楼，住院部，建筑面积1500平方米，投入资金700万元。卫生院规划科学，布局合理，环境优美。设门诊综合楼、规范化预防接种门诊、中医康复理疗中心。被省卫生厅命名为一级甲等卫生院。

【管理运行机制】　卫生院重大事项都实行领导班子集体讨论决定，民主决策，发挥科室负责人的骨干作用，增加团队凝聚力。制定和完善科室领导带班制度等22项制度。杜绝生、冷、硬、顶、推现象，患者满意率在98%以上。全区卫生工作先进集体，获2010年度全市精神文明工作先进集体和医院文化建设示范单位称号。

【中医药工作】　卫生院针对本镇及附近乡镇农民长期在高温潮湿的蔬菜大棚环境中劳作，风湿病、皮肤病、妇科病发病率较高的特点，推广中医药适宜技术，利用中医药在这些疾病方面的治疗优势，开展中药、针灸、推拿等业务。卫生院注重中医人才队伍的培养，8名中医人员分批派赴武山、兰州、景泰、武威等地学习取经，选拔4名临床西医参加市局举办的“西学中”培训班。

【开展中医药知识师带徒活动】　当年从事中医专业技术服务的人员18名，占全院29名职工的62%。卫生院多方筹资146万元新建500平方米的中医康复理疗中心，内设理疗室3个，病房3间，示教室和营养膳食厅，购置中药药浴桶，中药熏蒸床，多功能颈腰椎牵引床，神灯，远红外按摩床、多功能理疗仪等中医药理疗设备。编印《白银地区民间中医药验方选编》一书。中医主治医师魏其龙撰写的《医学发展主流方向的思索》《经穴未分工论多方论证问题及解读方法》两篇论文分别获“第三届全国卫生系统优秀论文评选活动”一等奖、二等奖。有2名中医师获得国家中级按摩师资格。李万海参与《白银区地产中医药材和常见病适宜技术治疗》的编撰工作，并评为“2010年度白银区劳动模范”。用荆防败毒散加减治疗时行感冒，止嗽散加减治疗咳嗽，柴葛解肌汤加减治疗小儿外感，香砂六君子汤加减治疗胃脘痛等。四妙散合芍药甘草汤加减治疗湿痰为主的关节疼痛，黄芪桂枝五味汤治疗风痹血痹（肩周炎，风湿性关节炎，坐骨神经痛），疗程短、见效快。在中医传统理论的基础上结合现代科技，探索出三步治疗为主的中医理疗方法：第一步开腠理（电气石汗蒸），为祛邪打开门户；第二步祛邪气（中药熏蒸、中药药浴等），驱邪外出；第三步调阴阳（中药、针灸等），整体调节人体阴阳、气血津液的平衡，达到阴平阳秘，起到防病治病的作用。冬病夏治。在三伏天运用铺灸，穴位贴敷，耳穴治疗等手段，治疗哮喘、久咳等冬季好发疾病，做到未病先防。推广应用中医蜡疗技术治疗小关节疼痛和修复瘢痕，消除炎症肿胀，镇痛，松解粘连，软化瘢痕。

【业务工作】　2010年，卫生院门诊量11000余人次，中医就诊人次3800余人次，占门诊人次的35%，门诊药品收入72076元，中药收入36758元，占药品总收入的51%，门诊医疗收入20768元，中医门诊医疗收入8310元，占门诊医疗收入的40%；住院患者药品收入205984元，其中，中药收入67974元，占住院药品收入的33%，住院医疗收入137266元，中医医疗收入46682元，占医疗收入的34%，推广使用省卫生厅中医药院内制剂14种，实现省卫生厅开展以3个1/3的中医药指标。

【提高农民健康水平】 2010年完成健康档案22829人，管理糖尿病62人，管理高血压729人，免费为65岁以上老年人体检1202人，管理重性精神病10人，系统管理孕产妇182人，管理率100%，系统管理0~3岁儿童394人，管理率98%以上。

【环境建设】 卫生院占地面积近30亩，可绿化空间多。党员职工利用休息时间，自己动手对院内环境进行美化亮化，平整土地，种植树木，栽培花卉和草坪。当年医院院内绿地覆盖面积达50%以上。

【白银区水川中心卫生院领导名录】

李万海　院长

（王玉彦）

强湾乡卫生院

【概况】 1965年成立湾卫生院。1993年新建，2008年扩建，占地2123.7平方米。2010年有门诊部、住院部2栋，建筑面积约1100平方米。辖7所村卫生室、1所强湾移民新村卫生室。医院有职工23人，其中大学本科学历6人，专科17人；中级职称2人，初级21人，乡村医生11人。设有公共卫生科、健康咨询室、妇幼保健室和内、外、妇、产、儿、口腔、中医骨伤等临床科室，检验、B超、放射等辅助科室。配备有300毫安X光机、B超机、心电图机、母婴监护仪、骨科牵引床、口腔设备、生化分析仪、血细胞分析仪、血糖检测仪、尿分析仪、口腔治疗仪等，救护车等大中型医疗设备15台件。开设病床25张，年门诊0.8万余人次，年住院病人约380余人次，年业务收入40万元。中医骨伤临床科室，是医院的特色科室，辐射周边乡镇人口3万人。

【基础设施建设】 2010年乡卫生院配备价值两万元医疗设备。新建月亮湾卫生室和川口卫生室，配备医疗设备价值两万元，使用面积在30平方米以上。坚持24小时值班制度、岗位责任制、挂牌上岗制度、会议学习制度、财务管理制度等各种制度，建立健全技术规范、操作规程、工作质量标准、管理办法，做到有章可循，有规可依，注重人才培养，采取传帮带、送出去学习的办法提高乡卫生院医务人员业务素质。制定会议、学习制度，结合“创先争优”活动、医德医风行风建设和深入学习实践科学发展观集中活动，制订学习计划，组织职工进行定时的政治和业务学习，采取以会代训、专题培训、集中学习和自学相结合的形式。

【基本医疗服务】 转变作风，改善服务，维护患者利益。在诊疗服务过程中，合理检查，合理用药，调整就医流程，缩短就医时间，规范导诊服务，制作医务人员简介栏、药品价格公示栏、收费标准公示栏、就诊流程宣传栏、合作医疗宣传栏，让病人选择医生。推广中医药适宜技术，为人民群众减负。卫生院设有中医科、中药房、中药库房，依照“发挥中医优势、中西结合的”方针，运用中医的理、法、方、药，为辖区广大群众服务。中医诊室1间，面积15平方米，配有检查桌、椅和检查床，并开设中医骨伤科，采用手法闭合复位和小夹板外固定术治疗骨伤科病人，花费低，疼痛少。乡卫生院设有中药库房1间30平方米，中药饮片数达250种，中成药品种80余种。卫生院积极推广常见病、多发病中医药适宜技术，运用针灸、推拿、拔罐等等非药物治疗方法常见病、多发病的治疗，操作简单，效果良好。

【把好药品的计划采购关】 药品的验收入库关、药品的领发关等环节，为临床医疗需要提供质量合格的药品。落实“住院费用一日清单制度”和“住院费用结算清单制度”，要求医务人员因病施治、合理用药、合理收费、减轻患者医药费用负担。从2010年6月21日起施行药品零利率销售，向社会详细公布医疗服务价格和药品价格，接受群众和社会的监督。对毒麻精神药品严格按专人、专柜、专用账册、专用处方、专册登记“五专”管理，对癌症病人使用麻醉药品，及时回收使用后的空安瓿，严格麻醉卡管理，防止他人冒领使用。开展透视、拍片、B超、心电图，血尿便常规、肝功五项、血糖、谷丙谷草转氨酶等业务，坚持以病人为中心，以医疗质量为核心的服务宗旨，努力做好各项医护工作。10月底接诊门诊病人8100余人次，住院病277例，其中新农合住院病人215例，业务收入24万元。

【做好免疫规划和传染病防治工作】 2010年10月底，接种卡介苗 4 人次、糖丸 92 人次、百白破 90 人次、麻苗 212 人次、乙肝疫苗 51 人次、白破 27 人次、甲肝 40 人次、A 群流脑 40 人次、A+C 群流脑 64 人次、麻腮风 46 人次、乙脑 51 人次，各苗接种率均达 98%以上。根据区疾控安排，开展流感疫苗接种活动，接种 246 人次，无不良反应发生。执行《传染病防治法》和《实施办法》，参加卫生局组织、区疾控中心指示的传染病知识培训，加强传染病报告、档案资料、门诊日志等方面的管理，执行 DOTS 策略，进行结核病防治。至 10 月底，共报告传染病 8 例。

【妇幼保健工作】 至 10 月底，孕期检查 62 人次，住院分娩 3 例。儿童体检 231 人次。

【建立健康档案】 从 2009 年起，卫生院为辖区内居民建立健康档案。医务人员走村入户，做健康体检，同时建立电子健康档案。慢性病管理，精神疾病管理，65 岁以上老人体检等工作积极有序开展。至 10 月底建立健康档案 8600 人，65 岁以上老人免费体检 75 人次。

【新型农村合作医疗】 医院制作合作医疗病人就诊流程和报销程序，农合补偿宣传栏，张贴每月住院补偿明细。在醒目处张贴住院患者须知、温馨提示等，使参合群众能熟悉农合的住院流程，报销手续。10 月底新农合门诊报销医药费 17846 元，住院报销医药费 78228.81 元。

【白银区强湾乡卫生院领导名录】
张明岳 院长

（强芸霞）

王岘卫生院
王岘路社区
卫生服务中心

【概况】 王岘卫生院与王岘路社区卫生服务中心合署，两块牌子，一套人员。2004 年 11 月王岘路社区卫生服务中心成立。2010 年有管理及业务人员 33 人，其中副主任医师 1 人，中级职称 14 人（其中，主治医师 6 人，主管护师 7 人，主管检验师 1 人），大学本科学历 9 人，大专学历 23 人。有四层综合楼 1 栋，建筑面积 2043 平方米，床位 30 张。开设全科医疗、内、外、妇、儿及痔瘘、口腔、皮肤等临床专科，并设检验、X 光、心电图、B 超等辅助科室。有 200 毫安 X 光机、心电图机、B 超机、心电监护仪、高频电刀、半自动生化分析仪、尿液分析仪、前列腺治疗仪、多功能电子治疗仪、运动理疗等设备。至 2010 年 10 月门诊服务 19565 人次，住院 64 人次，共完成业务收入 96 万元，比去年同期增长 7%。2010 年获全市卫生工作先进集体称号。

【医改】 2010 年 6 月 21 日起,药品实行零差率销售。卫生院在门诊大厅安装电子显示屏，宣传国家基本药物制度，公布基本药物、非基本药物价格以及医疗服务收费价格，增强医院社会服务透明度，接受群众监督。卫生院药品销售价格降幅达 30%；同期开展的对辖区 65 岁以上老人进行免费体检活动，对辖区 65 岁以上老人提供价值 160 元的免费体检，共体检 316 人，随后根据体检情况有针对性地开展健康教育巡讲活动。

【医疗质量与安全】 卫生院抓医疗质量与安全，推动医院各项工作的发展，完善各项规章制度，建立健全技术规范、操作规程、工作质量标准、管理方案、管理办法。医院每月组织对全院进行一次安全检查，查找安全工作薄弱环节，并且每季度召开一次全院职工以“安全第一，预防为主”的工作会议。执行卫生部《医院感染管理规范》和《消毒隔离技术规范》，合理使用抗生素，加强一次性医疗用品的使用管理，按要求消毒、毁形、焚烧处理，把院内感染控制在最低限度。坚决执行药品采购政策，保证药品的质量和安全。

【疾病预防】 疾病预防控制。至 2010 年 10 月，共计发现并报告各类传染病 107 例，其中法定传染病 74 例。转诊结核病 1 例，追踪管理结核病人 4 人。开展碘缺乏病防治与布鲁氏菌病防治工作，共计入户发放宣传资料 2000 份，问卷调查 20 份，碘盐检测 20 份（经检测均为合格碘盐）；在布鲁氏菌病防治项目实施中，配合区疾控对重点人群（牛、羊养殖户）做布鲁氏菌病血清抗体水平检测，共计采血 50 份（其中阳性 3 人，2 人为原感染者）。每月对疾病谱进行认真统计排序，并按照区疾控要求上报排序报表及疾病谱分析总结。免疫规划工作有序进行，共计建卡 116 张，建卡率 100%，共计接种各类疫苗 5321 针（剂）次，（其中，乙肝疫苗 384 针次、卡介苗 91 针次、百白破 563 针次、糖丸 466 剂次、麻苗（麻风疫苗）89 针次、乙脑疫苗 385 针次、甲肝疫苗 229 针次、流脑 A 群 318 针次、麻腮风 189 针次、

A+C 流脑 163 针次，麻苗强化项目接种麻苗 826 针次、流感疫苗 1200 针次，15 岁以下乙肝补种项目接种乙肝 418 针次。完成麻苗强化免前及免后血样采集共计 10 份，人群免疫水平检测血样采集 20 份。五苗接种率 100%,扩免疫苗接种率均达 95%以上，乙肝全程接种率 100%。完成对辖区重性精神病的摸底调查，共计上报 35 人，后经白银市精神卫生中心复核确诊并纳入管理 27 人。

【妇幼保健工作】 当年辖区孕产妇 106 人，住院分娩 106 例，无孕产妇死亡，围产儿死亡 3 例，5 岁以下儿童死亡 2 例，实行各项计划生育手术 89 例。5~8 月卫生院与区妇幼保健院及镇计生站配合，对已婚妇女进行妇女病普查，共查 845 人次，其中查出慢性宫颈炎 270 人，子宫肌瘤 31 人，乳腺增生 94 人，阴道炎 25 人，其他疾病 46 人；0~3 岁儿童“421”体检 313 人，孕产妇保健 106 人，较好地完成了妇女、儿童保健任务。定期进行业务培训学习和业务督促。依照《母婴保健法》开展孕产妇、儿童系统保健及生殖保健，做好婚前咨询、检查及卫生知识宣传。

【乡村一体化管理】 负责传染病疫情和突发公共卫生事件的登记、报告；负责孕产妇保健系统管理，协助做好儿童保健系统管理；开展健康教育，向村民宣传卫生保健知识；参与农民健康档案的建立与更新，高血压、糖尿病、精神疾病等慢性非传染病的随访；协助做好儿童免疫规划疫防接种，老年人保健，结核病、艾滋病等传染病防治，村级爱国卫生运动实施；宣传新农合政策。

【业务学习】 组织党员干部和医护人员学习《党员干部十不准》《医务人员十不准》《中华人民共和国执业医师法》《传染病防治法》《中华人民共和国献血法》《医疗事故处理条例》《医务人员职业道德规范》等法律法规知识，要求每个职工做好学习笔记。5 月 11~13 日卫生院 20 名医务人员和 10 名乡村医生参加区卫生局组织有中医适宜技术及常见病、传染病、慢病防治知识培训，组织临床医师、护师进行“三基”考试，结合临床，以病案分析为主，达到理论指导实践的目的，综合合格率达 98%以上。组织全院医、技、药人员学习卫生部发布的《处方管理办法》，培训结束后对 24 名医、药剂人员进行有关知识的考试，合格率 100%。选派业务骨干赴上级医院学习 12 人次。

【中医工作】 新配备中药煎药、多功能牵引床、神灯治疗仪等 8 台（件）；中医康复理疗科引进纯中药离子导入仪，治疗颈、肩、腰、腿痛取得显著疗效，门诊开辟甲流中医药防治宣传专栏并在药房开设专门窗口出售防治甲流中药；医院根据辖区工作设立运动理疗室，购置跑步机、运动设备 5 台（件），向社区居民免费开放。

【新型农村合作医疗】 至 2010 年 10 月共补助 1510 人次，补助资金 103740.9 元。其中门诊补助 1349 人次，总费用 27143.6 元，报销 21657.3 元。住院补助 161 人次，总费用 116080.6 元，报销资金 82083.6 元。参合农民对合作医疗服务满意率达 98%，实现新农合零投诉。

【社区卫生服务】 10 月底共为社区居民提供门诊服务 19565 人次，系统管理高血压患者 221 人，管理糖尿病 63 人；共开办健康教育专栏 32 期；对不同年龄段、职业的人群，举办 7 场健康教育讲座，义诊、咨询 27 次，还通过多媒体技术播放健康教育录像 20 余次，参加健康教育活动总人数达到 6000 余人。免费为辖区居民发放健康教育宣传资料（健康教育处方，健康知识折页、宣传材料、书籍，限盐勺、控油壶）12 种 10000 余份，使居民提高自我防护意识和自我保健能力。充分利用“结核病日”“世界卫生日”“世界无烟日”“全国爱牙日”等卫生日开展宣传活动 10 次，共计发放各类宣传资料 5000 余份，悬挂横幅 10 余条。

【白银区王岘卫生院（王岘路社区卫生服务中心）领导名录】

魏立君 院长

（魏立君）

武川乡中心卫生院

【概况】 武川乡卫生院始建于 1956 年。1992 年迁至西湾村，占地 3200 平方米。2010 年有门诊部，住院部及办公用房 1200 平方米，设内儿科、外科、妇产科、中医科、公共卫生科、中西药房、放射科、化验室、B 超室、心电图室、健康教育室等科室，是集预防保健、计划生育、公共卫生、健康教育为一体的一级乙等卫生院。辖 7 所村级卫生室，村医 7 人。编制床位 20 张，实际开放 14 张。有 200 毫安 X 光机、便携式 B 超、便携式心电图机、12 孔手术无影灯、纳米消毒机、全自动洗胃机、全自动血球仪、全自动尿液分析仪、制氧机等20余台件医疗设备。当年，有职工20人，本科学历4人，在职本科学历6人，大专学历6人，在职大专学历3人，中专1人。中级职称1人。

【医疗质量管理】 卫生院结合实际，贯彻执行《传染病防治法》《执业医师法》《医疗机构管理条例实施细则》《乡村医生管理条例》《护士管理条例》等相关的法律法规。到村居、企业、机关等进行调查研究，通过聘请社会监督员、召开座谈会、公布监督电话、进行满意度调查和服务回访等各种形式，征求群众意见。共征集到合理化建议10余条。加强医院管理和职业道德教育。组织干部职工学习岳中瑾、黎秀芳、王万青等人的先进事迹。落实各项医疗质量核心制度，执行各科室诊疗规范。实行住院病历、处方点评制度，规范医疗护理文书的书写。组织实施全员“三基”训练培训，定期进行考核，开展急救知识比赛和护理操作技能竞赛。全面推行院务公开制度。新农合报销的服务流程、报销医药费人员花名册、收费标准、行风建设等向社会公开；医院的重大决策、重大项目安排、大额资金使用、大额设备和药品采购、岗位设置、财务收支等向院内职工公开。落实住院患者费用每日清单制和各项知情同意制度，不超标准收费，规范医生用药，杜绝“开单提成”和“大处方”现象发生。

【公共卫生】 至2010年10月底，实现业务收入27.8万余元，门诊人次达到7788，住院病人达到120人。2010年1~10月累计培训18次，参加培训人员累计385人次。每半月对院内的宣传栏内容进行更新，共24次。不定期进行相关知识健康教育活动，制作宣传条幅30余条，张贴宣传画30余幅，出动宣传车83次，印发宣传资料7540余份。完成每月的计划免疫疫苗接种工作。其中脊髓灰质炎疫苗应种人数272人，实际接种271人。百白破三联混合制剂应种266人，实种266人。麻疹疫苗应种60人，实种60人。百破二联应接种5人，实接种5人。乙肝疫苗接种应种154人，实种154人。A群流脑疫苗应种118人，实种118人。乙脑疫苗应种151人，实种151人。甲肝疫苗应种72人，实种72人。麻腮风疫苗应种44人，实种44人。9月底，开展1996~2001年出生15岁以下儿童乙肝疫苗补种工作。先期对全乡15岁以下适龄儿童进行摸底统计，开展第二轮乙肝疫苗第一针补种。摸底应种人数260人，实种人数162人。10月开展第二轮乙肝疫苗第二针补种工作并完成资料汇总分析。同时，于9月11日~20日对全乡范围内8月龄~4周岁儿童开展麻疹疫苗强化免疫工作。9月开始，下村入户进行儿童摸底调查，共摸底发放接种通知单225人，累计接种267人。当年，共发现管理并免费治疗结核病人13例，无甲类传染病发生，进一步完善传染病门诊建设，并发挥作用，共报告34例传染病病例。2010年共管理高血压病人154人。当年，对全乡孕产妇开展产前检查和产后访视，对婴幼儿规范化保健管理。对全乡孕产妇和婴幼儿的两个系统管理率分别为92%、87%以上，积极组织孕妇住院分娩，住院分娩率达100%，全年无孕产妇死亡，广大儿童的健康保健水平得到提高。向孕产妇及其家属充分宣传“降消”项目和“新农合”的优惠政策。

【新农合】 2010年共为105位住院患者共报销医药费3.3万元，报销比例达到63%，门诊报销医药费3.8万元。

【中医药】 组织开展“中医学经典，西医学中医”活动，要求全院职工采取自学和参加集中培训的形式学习应用中医经知识，当年派出1名临床执业医师参加省、市级举办的为期3个月的“西学中培训班”。

【学历教育】 2010年共有4人通过在职教育取得大学本科学历，共有2人通过在职教育取得大专学历。当年派出各类进修、短训人员2人次。

【白银区武川乡中心卫生院领导名录】

吴正寰　院长

（雒文涛）

社会事务

白银市区“告别一切不文明行为”誓师动员大会现场

社会保险

【概况】 1988年白银区社会保险和就业服务局成立，隶属区劳动和社会保障局，参公管理事业单位。2010年9月更名为白银区社会保险局。2010年有干部职工13人，其中本科学历6人。领导职数3人。至2010年底全区各单位参加城镇职工养老保险7248人，失业保险8695人，医疗保险11412人，工伤保险7739人，生育保险6514人，参加养老保险社会统筹的企业退休人员2665人。参加城镇居民基本医疗保险72107人，其中居民15048人，学生37620人；城市低保人员基本医疗保险19439人。参加失地农民养老保险1690人；参加村干部养老保险152人；农村计划生育家庭参加养老保险112人。

【目标任务】 2010年，全区城镇参加基本养老保险职工8093人，完成市级下达全年任务的114.83%，其中新纳入参保缴费人数1300人，完成市级下达全年扩面任务的100%；城镇参加失业保险人数达8645人，完成市级下达全年任务的101.71%，其中新纳入参保缴费人数572人，完成市级下达全年扩面任务的114.4%；城镇职工参加基本医疗保险人数达11506人，完成市级下达全年任务的100.05%，其中新纳入参保缴费人数1501人，完成市级下达全年扩面任务的100.07%，灵活就业人员参加基本医疗保险人数230人，完成任务的104.55%；城镇居民参加医疗保险人数达82246人，完成市级下达全年任务的111.58%；参加工伤保险人数达6682人，完成市级下达全年任务的111.37%，其中新纳入参保缴费人数680人，完成市级下达全年扩面任务的226.67%，农民工参加工伤保险人数2503人，完成任务的100.12%；参加生育保险人数达6514人，完成市级下达全年任务的100.22%。

【社会保险】 2010年把城镇个体工商户、灵活就业人员、私营企业、民营企业、城镇失业职工、农民工和被征地农民作为扩面工作的重点和突破口，采取各种措施，做好扩面续保工作。落实社保扩面目标责任制。年初在市下达扩面任务指标的基础上，自加压力，上调指标数，将扩面任务按领导、股室、人员层层分解，责任到人，逐级落实。做好失业、买断职工的续保和档案托管工作，解决好因企业改制而导致参保职工中断社会保险缴费、养老保险关系接续不上的问题。利用社区社保平台，举办社会保险相关政策培训班，培训社保专干186人次。利用执法手段强制扩面征缴。社保部门对应参保未参保单位强力稽核，将其应参保缴费基数金额传到地税部门，由地税部门强制征缴。在管理服务上将领取待遇被征地农民完全纳入全区统一的社会化管理服务体系中，建档立户、生存认证、社会化发放等都和城镇退休职工一样，被征地农民享受社会保障发展成果。采取措施，当年全区养老、失业、医疗、工伤、生育保险分别较去年同期有所增长。当年全区共有企业退休（职）人员2726人，发放企业退休（职）人员基本养老金3620万元；领取待遇被征地农民1335人，发放被征地农民养老金606万元，没有拖欠现象，社会化发放率达100%。按时完成企业退休（职）人员基本养老金调待工作。2010年1月为退休（职）人员办理正常增资，共为2607名企业退休（职）人员增加基本养老金，全区企业退休职工月平均养老金由2009年的1001元提高到1172元。

【村干部养老保险】 当年底全区共有158名在职村干部参加养老保险，共征缴养老保险费15.8万元，其中个人缴纳4.74万元，政府补贴11.06万元。为武川、四龙两乡镇落实节育措施的一孩户（女）或二女结扎户共112人办理养老保险手续，建立个人账户，筹集养老保险费16.8万元，其中个人缴纳5.6万元。出台《白银区被征地农民养老保险实施细则》，对参保的步骤、程序、缴费标准、资金的筹集、管理和待遇发放等方面都作出详细规定，至当年底全区1942名失地农民办理参保手续，筹集养老保险费7023万元，其中政府补贴5035万元，个人缴纳1988万元，已享受待遇发放1335人，月发养老金68万元。

【失业金和所得金贴】 对符合条件的1769名失业人员及时办理失业救济金申领手续，共发放失业救济金584万元，门诊医疗费24万元。对2010年领取失业救济金期间个人缴纳养老保险费、医疗保险费的人员，按领取失业救济金的月数每人每月300元标准办理社保补贴手续，共接受办理1321人。

【医疗保险体系建立】 由区属机关事业企业单位在职和退休人员，

破产、关闭、改制企业退休人员和灵活就业人员参加的市级基本医疗保险（包括门诊和住院）；城镇居民（包括城市低保人员）参加的市级基本医疗保险；由离休人员、老红军、二等乙级以上伤残革命军人和建国前参加革命工作的退休人员参加区级特殊医疗保险。城镇职工基本医疗保险运行良好，生育保险实现“三统一”标准，困难群众的基本医疗保障得到解决，城镇居民、低保人员基本医疗保险并轨运行，实行统一的征缴标准、统一的报销比例，降低起付标准，提高报销比例，建立个人账户。

【书面稽核与实地稽核相结合】 采取日常稽核、重点稽核、举报稽核等灵活多样的稽核方式，将可能发生社保费少报、漏报及虚报、冒领和套取社保待遇的各种情况及行为，列入年度稽核工作的重点范围，加大稽核工作力度，至当年11月底全区养老保险书面稽核8093人，实地稽核7688人；失业保险书面稽核8666人，实地稽核8317人，医疗保险书面稽核11506人，实地稽核10931人，工伤保险书面稽核6682人，实地稽核6348人，生育保险书面稽核6514人，实地稽核6189人。核查享受养老保险待遇2726人，有效控制社会保险基金的流失。稽核率达95%以上，超额完成市下达稽核任务，经省、市、区有关部门联合检查审计，白银区各项社会保险基金未出现违规违纪和流失现象。开展生存认证工作。利用每年6、7月份集中认证月，通过社区平台，采取当地面对面认证与外地相片、电话相结合的形式对城保企业退休人员、遗属人员、工伤残人员和被征地农民享受待遇人员全面开展生存认证工作，当地认证率达100%，被征地农民认证率达100%，外地认证率达90%以上，未出现死亡冒领社会保险待遇现象。

【基金监管】 建立健全内部控制制度，加强社会保险基金使用和管理。2010年执行收支两条线，基金支出一支笔制度，严格支付程序，按照《社会保险基金会计核算办法》对各项社会保险基金进行规范准确核算。用制度管人、管事、管钱、管权，把严守规章制度作为维护基金纪律的重要手段，树立基金是“高压线”意识。针对基金运行的薄弱环节，建立由信息系统控制、基金财务控制、人员岗位控制的内部监控体系，从源头上防范风险和堵塞基金漏洞。细化各股室工作流程，严格内部审计对账制度，做到银行与财政部门的账务核对相符。建立监督检查制度，从参保、登记、缴费、建账、运行、管理等整个收支运转全过程都实行双人双控，做到事前、事中、事后的监督检查制度。2010年全区企业离退休人员养老金支出2726人3620万元，被征地农民养老金支出1335人606万元，失业救济金支出1769人584万元，门诊医疗补助支出24万元，失业人员社保补贴支出1321人约50万元，职工医保支出12691人930万元，居民医保支出1506人398万元，工伤保险支出5人18万元，生育保险支出50人12万元。

【提高效率】 2010年将业务股室进行调整。把原先分散的业务股室集中在一处办公，对原先2~3人用一台电脑办公配备为人手一台，各办公室工作人员岗位职责、门牌上墙，将五大社会保险政策和办事程序制作成大型宣传画形式张贴在办公楼前。强化内部管理，改变机关作风建设。制定《学习制度》《考勤制度》《请休假制度》《人事档案管理制度》《财务管理制度》《退休审批制度》《基金支出审批制度》《稽核制度》《领导管理制度》《工作人员岗位职责》等十项内部管理制度。

【白银区社保局领导名录】

张生辉　局长（2010.9止任）
李得伟　局长（2010.9始任）
邹耀荣　副局长
崔正洲　副局长
强生奋　纪检员

（韩彩霞）

人口和计划生育

【概况】 区人口和计划生育局前身是白银区计划生育领导小组，2005年5月更名为白银区人口和计划生育局，下设人口和计划生育流动人口管理站、人口和计划生育药具管理站、人口和计划生育服务站、白银区人口和计划生育协会4个单位。2010年有工作人员33人。2010年全区出生人口2286人，人口出生率7.72‰；计划生育率98.56%，其中农村95.05%；出生人口性别比104:66；完成二女户节育61例，其中新增二女户节育47例；落实各项计划生育奖励扶助资金192.39万元；查处违法医疗机构12家，处罚3.1万元，没收非法所得368.6元，落实举报奖励金1万元，完成市上确定的各项目标任务和工作指标。在全省“十一五”时期86个县区人口和计划生育工作综合评定中，白银区排序第10名。当年在全市人口和计划生育县区年终考核中，白银区综合排名第一，获全省创新奖；获国家人口计生委与中国计生协全国人口和计划生育基层群众自治示范村（居）中国计生协全国计划生育协会先进单位和获国家人口计生委全国计划生育优质服务示范站”等称号；区人口计生局统计李明孝获国家人口计生委全国人口计生阳光统计之星称号；水川镇桦皮川村人口文化广场获省人口委宣传教育示范基地；王书等2人分获全省人口和计划生育系统优秀工作者、全省优秀技术服务人员称号。

【落实工作责任】 2010年3月18日全区人口和计划生育工作会议召开，回顾总结2009年人口和计划生育工作，对2010年人口和计划生育工作进行全面安排部署，兑现2009年度目标责任奖惩，区政府与各乡、镇街道签订2010年人口和计划生育目标管理责任书。

【宣传氛围】 2010年强湾乡、王岘镇等5个乡镇陆续举行集计划生育奖励金发放和生殖健康专题讲座、技术服务、宣传教育为一体的大型活动。武川乡新村社区、人民路街道西村社区和五一街社区等10个村社创建了宣传教育示范基地。2010年7月13日开展纪念《公开信》发表30周年活动。

【人口信息化建设】 2010年筹资50余万元，加强信息装备建设，为育龄妇女办理阳光服务卡。对现有的人口信息系统资源进行整合，在修整完善人口育龄妇女信息系统（P&WIS）和流动人口服务管理系统（GPL）的基础上，建成全员人口个案信息系统，基本实现“两网合一”和“三化”目标。使人口信息“一次采集、多次使用”“源头采集、多方使用”，提高系统兼容性和信息准确性。

【优质服务】 当年全区共投入78万元，组织开展环孕情服务、产术后随访、妇科病普查、“孕前优生健康检查”等计划生育技术服务项目，推动优生促进工程，降低生育缺陷的发生。共为3.7万名育龄群众开展了妇科病普查，体检计划怀孕人员1186人。依托区婚姻服务中心，设立专门的服务窗口，参与全区免费婚前医学检查预防出生缺陷工作，提高婚前医学检查率。

【优惠政策】 2010年对城镇无业且已领取独生子女父母光荣证的居民，足额发放独生子女父母奖励费和退休（职）时不低于1000元的一次性奖励。共集中为6783户城镇无业居民发放独生子女父母奖励费80.63万元，为158户居民发放1000元的一次性奖励15.8万元。把农村贫困“两户”作为优先解决的对象，全区累计完成农村贫困“两户”的危房改造工程109户（2010年33户）。探索建立农村二女节育户家庭养老保障机制，在总结推广武川乡先行试点经验的基础上，扩大试点范围，在四龙镇开展农村养老保障试点工作。2010年全区为计生户累计发放各项优惠政策资金192.39万元。

【依法行政】 2010年区计生局与相关部门签订依法行政执法责任书，规范人口计生行政执法程序，公布便民维权咨询电话和有奖举报电话，对各种人口计生矛盾纠纷及时排查处理，当年共受理群众举报385人次。依法征收社会抚养费，当年累计征收40.19万元，历年征收面达到100%。规范计生药械市场秩序，严厉打击“两非”，共受理案件12起，罚款3.1万元，没收违法所得368.6元，落实举报奖励金1万元。

【白银区人口和计划生育局领导名录】

王继伟　局长
张国凯　副局长
张之阔　副局长
强春霞(女)　副局长(2010.11起任)
寇世军　计生协会专职副会长
韩国浩　计划生育服务站站长
曾俊武　药具管理站站长
李成良　流动人口管理站站长

（张乾明）

民　政

【概况】 区民政局内设办公室、财务股、救灾救济股、优抚安置股、基层政权股、社会组织管理股，婚姻登记服务中心。设区城乡社会救助保障局、白银紫灵山陵园管理处、区老龄办、区社会福利院、区收容戒毒所。2010年实有人员24人，其中行政编制7人，事业编制17人。驻人民路89号。

【社会救助】 2010年全区共保障城市低保对象15455户39564人，占全区非农业人口的18.8%，年发放资金8974万元（含物价补贴），人均补差达到125元；农村低保逐步规范，结合城乡低保“调、减、免”工作，纠正城乡低保工作中存在保障面不平衡、档差设置不科学等突出问题。全区共保障农村低保对象3274户8576人，占全区非农业人口的12%，年发放资金707万元，人均补差达到65元；有农村五保供养对象334人（集中供养36人，分散供养298人），年发放供养金53.93万元；为城乡低保、农村五保和重点优抚对象发放一次性临时物价补贴449.615万元；城乡医疗救助困难居民4118人，支出医疗救助资金438.5万元；其中对常年患病的1800名救助对象每人发放500元的门诊救助卡，共支出资金90万元；院前院中救助791人88万元，资助低保一、二类对象783人参加城镇居民基本医疗保险，代交参保费1.56万元；联合白银区教育局为50名城乡困难学生发放教育救助金2.5万元。

【防灾减灾】 2010年全区境内频繁遭受干旱、洪涝、风雹、病虫害、其他灾害等自然灾害，其中干旱灾害最为严重。全区受灾总人口66278人，农作物受灾总面积5400公顷，其中绝收面积343.7公顷，造成直接经济损失8468.61万元,其中农业直接经济损失6763.36万元。民政局核查摸底，下乡镇、进村社、入农户、查灾、核灾及时掌握受灾情况，提出救助方案。争取救灾资金232万元，下拨救灾资金60万元、发放取暖煤229.07吨，下拨临时救助资金73.71万元、解决灾民的燃眉之急。开展以“减灾从社区做起”为主题的防灾减灾宣传周活动。完成《白银区自然灾害救助应急预案》修订工作。并在“两节”期间，组织开展慰问和送温暖活动，发放慰问面粉4451袋,大米1277袋，清油14310斤,棉被945床，棉褥300床。

【基层组织建设】 2010年区第七次村（居）委会换届选举工作全面启动。与区法制局联合共同在各乡镇进行换届前专题培训。提高现任村干部、在职社区干部、离职社区干部工资待遇。提高村级办公经费。投资160万元，完成8个社区办公阵地建设。开展和谐示范社区创建活动，兰包路社区被确定为全省示范社区。完善村务公开民主管理规章制度，全区村务公开率达到90%以上。在原有的10个农村社区的基础上，其余35个村农村社区建设全面推开。开展村务公开民主管理“难点村”专项治理摸底工作。

【双拥工作】 为部队培养军地两用人才32人；为10个“拥军图书室”新赠送科技图书4000余册；为驻区部队赠送价值10万元的电脑、打印机等科技产品。解决民兵应急分队演练训练经费10万元；拨付13.4万元，支持武警中队正规化建设，解决执勤经费不足困难。投入15万元，支持消防中队购置装备器材，完成营房、车库、训练塔粉刷和洗澡堂的维修和改造项目。

【优抚工作】 执行国家优抚政策和标准，落实地方财政配套资金，按时足额发放优抚对象抚恤和生活补助金，农村义务兵家庭优待金达到当地上年度农民人均纯收入标准，最高的达到5191元，优待面达到100%。及时调整各类优抚对象抚恤补助标准，2010年底老复员军人定补标准达到355元/月，带病回乡退伍军人定补标准达到223元/月，“两参”人员定补标准达到220元/月。重点优抚对象参保参合率达到99%以上，先后两次按人均800元的标准发放医疗补助50余万元。2010年培训退役士兵80人，为退役士兵自谋职业创造条件。做好2009年冬季退役士兵、伤病残退役军人和军休人员接收安置工作。扎实做好军休工作，提高军休管理服务水平，落实军休干部“两个待遇”问题。

【社会福利事业】 完成白银区社会福利院二期建设项目，扩大占地面积3300平方米，总投资511.4万元，增加建筑面积2734平方米，增设床位100张，2010年8月底竣工并交付使用。福利院硬件设施齐全，管理服务到位，入住五保老人45人，社会弃婴15人。白银区爱心护养院项目一期工程全面完工，完成投资1300万元。

【老龄事业】 2010年区民政局开展重阳节系列庆祝活动，组织慰问特困老人、百岁老龄。开展“银龄行动”，发挥老年人中专业技术人才的余热。组织老教协、老体协、老干部艺术团等团体，开展知识讲座和送文化艺术下乡活动。落实老年人生活补贴和优待政策，为763名70岁以上农村残疾老人发放特殊生活补贴22.89万元，发放高龄老人特殊生活补贴9.26万元。开展居家养老服务工作，服务对象为60岁以上日常照料存在困难的特困老人、重点优抚对象，“三无”老人、革命伤残军人、老红军、老八路、老劳模、空巢老人等，服务内容以生活以生活照料为主，为老年人提供家政服务、购物、饭菜配送、陪同看病等一般性生活照料，提供医疗保健、精神慰藉、法律维权、文化教育、体育健身等专项服务，采取无偿、低偿、有偿、义工等形式为老服务。开展“孝亲敬老之星”评选活动，王岘镇三合村张秀梅获全国“孝亲敬老之星”。

【社会事务管理】 2010年完成27所民办幼儿园社会评估工作，培育发展行业协会、农村专业经济协会和公益慈善类、社区服务类社会组织，社会组织达到103个。成立“白银区婚姻服务中心”免费婚检、登记集中，设立“一站式”便民服务大厅，达到婚姻登记机关的规范化和标准化。紫灵山陵园及殡葬服务市场建设经济与社会效益提升。下发《白银区规范殡葬服务市场实施方案》。

【白银区民政局领导名录】

张世平 支部书记、局长、双拥办主任(2010.11止任)
郝学熙 局长、双拥办主任(2010.11始任)
张占君 支部书记、副局长(2010.12始任)
张兰浩 副局长、紫灵山陵园管理处主任(2010.8止任)
罗志海 副局长、紫灵山陵园管理处主任(2010.8始任)
李得伟 副局长、低保局局长(2010.8止任)
魏存刚 副局长、低保局局长(2010.12始任)
高夏梅(女) 双拥办副主任
陈其珍(女) 低保局副局长

（李俊涛）

白银区残疾人联合会

【概况】 1990年区残联成立。2010年全区有各类残疾人1.91万人，占全区总人口的6.8%。各乡镇（街道）、行政村（社区）均建立基层残联（残协）组织，配备残疾人专职委员。区残联正科级建制。设办公室、组联康复室、扶贫教就室、维权信访室、多功能培训室、康复文体活动室等。其中理事长1人，党支部书记1人，副理事长2人。

【残疾人帮扶】 2010年全区兴建小水工程、铺设输水管道、新建泵房、安装更换机电设备、新修乡村公路、维修农村小学、建成农村文化卫生培训设施、有计划、有组织地安置区内移民等。通过实施以上基础设施建设项目，325名农村残疾人从中受益，生存发展环境得到改善。全区扶持120户450名农村残疾人，发展种植业和养殖业。通过产业扶贫，300多名农村残疾人实现脱贫。29个整村推进项目的实施，有210名农村残疾人参与扶贫项目的实施并从中受益。为13名计生残疾人贫困户投入扶贫资金3.7万元，扶持发展种植、养殖项目13个。培训集团成员单位为全区农村劳动力输转培训基地，培训农村残疾人130人，年人均收入达到8000元以上；依托区农牧局、区科技局、区农广校等单位，举办各类农业科技培训班22期，培训农村残疾人技术员120人，发放农业科技资料500份，引进新品种46个。通过区、乡镇街道残联推荐，180人参加省、市残联和有关部门组织的职业技能培训。

【社会保障】 对符合城乡低保条件的残疾人全部纳入低保范围，贫困残疾人享受低保实现“应保尽保”,将符合条件的城乡贫困残疾人纳入医疗救助范围，建立健全残疾人应急救助机制，对遭遇突发事件致贫的残疾人家庭给予应急救助。2010年全区有因残致贫的1470户3280人纳入城市低保,127户2781人纳入农村低保,保障残疾人的基本生活。每年医疗门诊救助困难残疾人300人次,大病医疗救助残疾人200人次，极大地缓解残疾人家庭因病返贫、致贫的问题。利用助残日、新闻媒体进行广泛宣传，号召全区党员干部大力开展扶残助残活动，帮助残疾人家庭，扶助残疾人，每年捐助钱款、引进小项目，帮助他们摆脱贫困。春节期间，慰问残疾人380人，发放慰问救助金10万元。助残日期间，为农村50户贫困残疾人赠送秸秆气化炉50台，捐赠各类物资。多路并举安置残疾人就业，有7家民政福利企业，安置各类残疾人187人。

【残疾人创业】 当年全区有各类残疾人自主创业店面18家，2010年，为其中的13户各发放一次性创业补贴2000元；全区有盲人按摩诊所15家，实现20名盲人就业，有4名盲人到省残联盲人按摩指导中心接受创业培训，发放盲人机构创业援助资金5000元。做好阳光家园居家托养项目。为112名智力、精神、肢体（一级）残疾人，每人发放500元居家托养补贴，共5.6万元。为350名残疾人困难户给予生活补贴10万余元。

【社会服务】 全区残疾少年儿童实行随班就读，入学率82%；残疾教职工16人。对城区义务段教育残疾少年儿童和残疾人家庭子女，按照农村义务段教育学生全面落实

“两免一补”政策。为120名残疾少年儿童和残疾人家庭子女减免杂费2.6万元，减免书费1.6万元。对于残疾教职工按照1:70比例免除残疾教职工所在学校的残疾人就业保障金，将这部分经费用于残疾教职工生活救助、岗位补助以及学校残疾学生救助。各学校在食堂、宿舍、厕所等公共设施设计建设中，设置残疾人专用通道，方便残疾人人使用。残疾学生助学19人，助学资金7000元。对被大专以上院校录取的3名残疾学生给予一次性助学补贴，共计6000元。

【残疾人康复工作】 2010实施白内障复明手术229例，为70名贫困白内障患者每人减免手术费用800元，配用助听器10人，低视力家长培训3人，聋儿康复训练和家长培训6人，普及型假肢装配8例，配发残疾人轮椅52辆，残疾人用品用具150件，肢体残疾人康复训练8人，智力残疾儿童康复训练2人。贫困精神病患者免费住院治疗6例。完善残疾人基础服务设施，建成集残疾人康复训练、文化活动一体的多功能服务大厅，配置康复训练器材21件，购置6台电脑成立电子阅览室。区城建局在办理各类临时摊位审批手续时，对持有残疾证明，符合条件的残疾人给予照顾，根据残疾程度在费用上给予减免。对残疾程度较为严重，就业愿望较为强烈的残疾人全部实行免费，为残疾人减免各种费用5000多元。2010年，为四龙镇民乐村、水川镇桦皮川村残疾人危旧房改造、新建50户，每户补助7500元，共整合资金37.5万元。

【基层组织建设】 当年全区31个社区、45个行政村全部成立残疾人协会，区残联为社区和村残协统一制作铜牌和各类表册，建立培训、信访、台账资料等一系列制度。

【白银区残疾人联合会领导名录】

张盛实　理事长（2010.8止任）
李政民　理事长（2010.8始任）
张盛实　支部书记
刘丽珍（女）　副理事长
李政平　副理事长

（张建国）

关心下一代工作

【概况】 白银区关心下一代工作委员会设顾问2人，主任1人，副主任3人，委员16人。办公室设在区老干局。区上成立关心下一代工作委员会领导小组，区委副书记潘延恩担任关工委主任。按照“横向到边，纵向到底”的原则，全区5乡镇、5街道和城区中小学校全部建立关工委组织，部分村、社区、企业和农村学校成立相应组织。2010年全区共建立关工委组织104个，其中乡镇、街道45个，学校（学区）58个，幼儿园1所，580人直接参与关心下一代工作，为开展关心下一代工作提供组织保障和人力支持，全区1968名“五老”人员，有501人参与关心下一代工作的各项活动。

【强化三个到位，形成工作合力】 组织领导到位，关工委制定下发《关于推进未成年人思想道德建设重点工作方案》，明确任务，靠实责任。加强中小学及幼儿园教师队伍、文化市场管理队伍、青少年活动中心和爱国主义教育基地等各类文化教育辅导员队伍以及老干部、老战士、老专家、老教师、老模范“五老”队伍等四支队伍建设，为做好未成年人德育工作提供组织保证。目标责任到位，结合白银区实际，提出加强和改进未成年人思想道德建设要遵循的“四项原则”“四项任务”“十件实事”，明确各相关部门应该履行的职责、需要完成的任务。齐抓共管，把未成年人思想道德建设纳入全区精神文明建设总体规划之中，建立健全“党委统一领导、党政群齐抓共管、文明委组织协调、有关部门各负其责、全社会积极参与”的领导体制和“学校—家庭—社会”相互配合、齐抓共管的工作机制。

【着眼三个环节，完善教育网络】 注重以德育为重点的学校教育工作。各中小学以课程改革为契机，把公民道德建设的基本要求融入教学之中，把德育评估纳入学校考核体系。9月23日市一中举行“感恩励志教育报告会”，邀请曾在五个专业六所大学深造。20多年痴心钻研青少年心理教育工作的北京师范大学心理健康教育高级访问学者、北师大博士生金玉龙教授为全校师生做一场报告会。区三校《安全教育》读本独具特色，广泛推广；市二中“青少年读书工程”，广大学生受到精品书籍的滋养。组织以重大节日为重点的实践活动。各学校德育活动周周有计划、月月有主题。利用每周一升旗仪式，在国旗下轮流演讲，弘扬民族精神，增强爱国情感。利用节日，开展“三八”节敬母亲、清明节悼念先烈、“七一”颂党恩、“十一”讲爱国等生动活泼、主题鲜明的教育活动，做好育人大文章。全区各中小学广泛开展20字基本道德规范教育，积极开展综合实践活动课，陶冶情操，锻炼意志。开展国学道德经典诵读活动。各中小学对参赛人员的选拔，对优胜者进行录像，并刻制录像光盘报送区组委会办公室。7月由区组委会办公室对参赛节目进行审核，有6名参赛人员光盘上报白银市关工委。认真开展以基地建设为依托的课外活动。白银区青少年学生校外活动中心自2005年6月成立至2010年，开设美术、书法、电子琴、萨克斯管、小提琴、古筝、钢琴、舞蹈、围棋、微机培训、多媒体教学及图书借阅等十余项文体艺术教育活动。各学校普遍建立学校荣誉室、电教室、图片展览室等爱国主义教育阵地。铜城开拓者纪念碑、中科院白银高技术产业园、矿山公园成为白银区爱国主义教育示范基地。

【实施两大工程，优化成长环境】 实施校园周边净化工程，营造良好的育人环境。组建综合治理机构，大力整治学校周边交通、文化娱乐场所和社会治安秩序，取缔游商游贩多家，清理一批非法出版物，有力净化校园周边环境。

【实施文化环保工程，创造良好的文化氛围】 加强对网吧等游戏娱乐场所的监督和管理，公开举报电话，给每个网吧安装“净网先锋”远程管理软件，实行警示牌制度和公示制度，同时停止审批新网吧等服务营业场所。在区校外活动中心、区少儿图书馆、工农路街道“留守儿童之家”建立“绿色网吧”“绿网教室”，引导学生自觉抵制和防范各种有害信息的传播。在白银区网站上开辟德育专栏，部分学校还开设德育网页，为学生健康成长创造好的网络环境。发挥网吧义务监督员的监督职能作用，网吧“五老”义务监督员依法监督、科学监督、文明监督，对网吧、文化娱乐等场所随时进行监督，并将发现的问题及时反馈有关主管部门，为巩固和确保净化社会文化环境工作作出积极贡献。2010年区关工委组织“五老”义务监督员深入白银区繁华路段的“跨时代网络俱乐部”“宏科”网吧等进行现场检查，查看网吧记录。

【实施法制教育工程，营造良好的舆论环境】 宣传《中华人民共和国预防未成年人犯罪法》《娱乐场所管理条例》《中华人民共和国出版物管理条例》等法律法规，发放宣传资料，营造良好舆论环境。全区各中小学校都聘请法制副校长、法制辅导员，配备率达到100%，其中2名法制副校长获甘肃省优秀中小学法制副校长称号。通过举办讲座、报告、校外辅导、指导实践等活动，对学生进行法制、安全、预防未成年人犯罪、禁赌、反邪教等多方面的教育，帮助师生树立科学、健康、积极向上的人生观、世界观。

【示范家长学校和小公民思想道德先进班级】 开展以“争做合格家长、培养合格人才”为主题的“双合格”家庭教育实践活动。当年，新创建示范家长学校5所。在全区城乡各学校全面开展“小公民思想道德先进班级”创建活动，创建“小公民道德建设示范学校”2所，示范班4个，有18个班集体被推荐为市级“小公民思想道德先进班级”，两年共有32个班集体被推荐为区级“小公民思想道德先进班级”。有31个班集体被推荐为市级“小公民思想道德先进班级”。

【关爱留守流动儿童】 农村“留守儿童”成为社会关注的热点问题。区上成立由区政府副区长为总召集人，教育、公安、民政、司法、文化、卫生、妇联、团委等16家单位为成员的《白银区农村留守流动儿童工作联席会议制度》，制定《白银区农村留守儿童工作实施方案》，与各乡镇签订留守儿童之家目标管理责任书，制定联席会议工作职责、办公室工作职责以及成员单位工作职责等制度。成立“乡镇留守儿童工作领导小组”，筹集资金14万元，在工农路街道建成全省首家街道“留守儿童之家”；在留守儿童较集中的5个乡镇中心小学创建留守儿童之家，制定创建留守流动儿童之家工作方案，建立工作制度。区第二小学制定“一个也不能少”的工作原则，建立流动儿童工作管理制度、检查制度等，把学校关爱留守、流动儿童工作制度化、常态化，学校充分发挥环境育人的作用，让墙壁说话，用画面育人。开展“留守心声”“同在蓝天下”“友爱、互助、进步”等主题板报,学习园地、班队活动、“红领巾广播”等活动。2010年6月由白银市关心下一代委员会组织开展的移交学校《家长学校优质课》竞赛活动中，区二校肖红老师的《家庭教育中的批评与表扬》一课荣获小学组第一名。市六中学生参加庆祝中华人民共和国建国六十周年第三届“展望杯”师生书画大赛两名学生获得一等奖（赵博文和刘洋子丹），1名学生获得二等奖（魏好芯）。区二校还开展“同在蓝天下”“手拉手”结对帮扶系列活动两次，省、市、区领导以及学校教师和留守流动儿童结成帮扶对子34对，被确定为“甘肃省留守儿童示范学校”。当年全区共成立留守儿童之家8所，其中农村留守儿童之家5所，街道留守儿童之家1所，城区小学留守儿童之家2所。

【办实事】 结合全区实际，发动各方面力量，兴办实事好事，促进青少年健康成长。动员“五老”人员为青少年办实事做好事。发挥他们的政治优势，用正确的观点，用党和国家的政策，用他们亲身经历的战斗实践和切身体会，为青少年进行革命传统教育。在“老少共建和谐社区”活动中，各社区关工委组织“五老”人员，采取措施，对有劣迹和失足青少年进行帮教，对贫困生、失亲生进行资助，形成“大手牵小手”、老有所为、幼有所教的社会氛围。

【白银区关心下一代工作委员会领导名录】

杨振安　顾问
寇自嘉　顾问
潘延恩　主任
何永有　副主任
张维学　副主任
曾　宇　副主任
魏丽霞(女)　办公室主任

（董建海）

白银有色集团股份公司吸收合并白银有色金属（集团）有限公司签字仪式

乡镇街道

白银金鱼公园西大门

强 湾 乡

【概况】 2010年设党政综合办公室、经济发展办公室、社会发展办公室、计划生育办公室、人民武装部，团委、妇联、司法所、监察室。当年有行政编制21人，实有15人。其他行政编制人员8人。事业机构单位设置改革合并为农业服务中心、文化服务中心、计划生育服务中心、财政所。事业编制40人，实有30人。无编人员33人，大学生“村官”8人。强湾乡位于白银城区南郊，距城区14千米。东邻四龙镇；西与皋兰县黑石川乡、石洞乡毗邻；南依水川；北靠王岘。东西长约24千米，南北宽约15千米。乡政府驻强湾村上强湾182号。辖白崖子、强湾、麦地沟、西沟、川口、聂家窑、月亮湾7个行政村，44个村民小组。2010年全乡有3080户9669人。有劳动力4885人，耕地面积27764亩，人均耕地面积2.87亩，有效面积12618亩，保灌面积9100亩，人均水地1.3亩。其中旱砂地5801亩，旱土地9345亩。2010年粮食播种面积2.19万亩，粮食总产量470万千克。全乡社会生产总值完成35888万元，同比增长9.5%，其中农业总产值完成4128万元，同比增长6%；乡镇企业总产值完成31760万元，同比增长10%；粮食总产量470万公斤；农民人均纯收入达到5385元，比上年净增555元；人口自然增长率2.3‰。

【支柱产业做大做强】 至2010年底全乡日光温室和露地蔬菜种植面积2680亩，优质无公害红葱种植面积153亩，大棚油桃种植面积达到120亩，红枣种植面积2300亩。推广双垄沟播玉米种植1000亩，建成红提葡萄示范日光温室大棚24座。养殖业实现从粗放型向精细化转轨，产业化进程加快，区昌茂养殖合作社投资1200万元发展肉牛养殖，进一步丰富养殖品种，扩大养殖规模，增强龙头企业的辐射带动作用。全乡生猪存栏达10200头（不含养殖企业），羊存栏13600头，鸡存栏36012只。以华都养殖有限公司为基地，成立强湾乡养殖合作社，通过协会与市场对接，促进农民增收致富。加大劳务输出工作力度，当年累计发布各类用工信息24条，培训劳动力102人，发放小额贷款740万元，扶持148名妇女实现创业，登记认定回乡创业带头人41人，输转劳动力2962人次，创劳务收入2632万元。

【农业生产基础设施建设】 以小水利工程建设为重点，多方争取列项，多渠道筹措资金。维修加固小水利工程4处，衬砌渠道4100米，延伸倒虹吸管道230米；实施金沟治理建设项目，完成强湾村河道护岸工程3处232米；实施麦地沟村粮田建设项目，衬砌渠道3500米，建分水口3座；实施白崖子东坪水利工程维修项目，改建泵站1座，延伸输电线路420米；完成白崖子东坪渠道衬砌4000米，铺设输水管道500米；完成砂川支渠渠道衬砌3000米。

【林权制度改革工作】 全乡4个村的林改任务（22970亩林地），本着“均山、均股、均利”的原则，签订承包合同664份，发放林权证664本，使林地产权明晰、经营主体到位、责权利划分明确。

【城乡一体化建设】 2010年投资7846万元，实施农村新居二期工程项目，在中科院白银高技术产业园创业大厦以北区域占地63.67亩，新建住宅楼6栋312套。当年，工程主体已完工。投资950万元，实施强湾新村社区服务中心建设项目，在强湾小区建设建筑面积6788.25平方米的集医疗卫生、文化活动、物业管理等功能为一体的社区综合服务中心。是年，工程主体已全部完工。

【开展“惠民政策落实年”活动】 2010年为2814户农户发放粮食直补11万元，农资综合补贴114万元；为2674户农户发放良种补贴19万元；为80户农户办理汽车下乡补贴7万元；为527户低保家庭发放低保金100万元；为52户五保户发放五保供养金8.3万元；为14名90岁以上高龄老人发放生活补贴4400元；为122名70岁以上残疾老人发放生活补助3.7万元；为29名大病患者发放大病救助金8万元，发放临时医疗救助金6万元，为100户农户发放门诊救助卡4万元；为受灾群众发放救灾资金8万元，救灾面粉200袋，棉被160床，大米48袋，清油40桶，有效保障受灾群众的生产生活。积极动员群众参加新型农村合作医疗，2010年全乡享受新农合住院报销586人次，报销医疗费用80万元，发放农村特困家庭医疗救助补贴11万元，有效解决农民群众看病就医难的问题。

【人口和计划生育工作】 2010年全乡共出生85人，人口出生率为8.48‰，农村计划生育率为94.12%。完成一孩放环49例、二孩节育28例、二女户节育11例、人流6例、引产2例，征收社会抚养费5万元，发放各类奖励、补贴17万元。

【社会治安综合治理工作】 2010年共受理群众来访13次138人次，受理来信2件，均进行答复，成功调处各类纠纷77起。

【白银区强湾乡领导名录】

郝尊钢 书记

孙岁芳(女) 人大主席

张朝梁 乡长

王振朝 副书记

李江利 纪委书记（2010.8始任）

张维峰 武装部长

郝学春 副乡长

李世贤 副乡长（2010.8始任）

宋仁增 经委副主任

张照明 司法所所长

祁万泽 计生服务中心主任

李香林(女) 综治办专职副主任（2010.12始任）

强新颜 党委委员

（狄晓伟）

武川乡

【概况】 武川乡位于白银区西北部，东临靖远县刘川乡，西接皋兰县黑什川乡，南连白银市区，北通景泰县中泉乡，兰包铁路和白景公路纵贯全乡。辖行政村7个，社区1个，村民小组49个，自然村52个，有农户3445户12985人。总土地面积481平方千米，耕地面积52727亩，其中水浇地13989亩，旱地38738亩。东西长约37千米，南北宽约28千米，平均海拔1900米。境内沟壑纵横，交通不便，干旱少雨，是自然条件较差的乡镇之一。2010年全乡工农业总产值39870万元，其中工业总产值37827万元，农业总产值2043万元；人均纯收入4210元；粮食总产量470万千克。武川乡设党政综合办公室、经济社会发展办公室、人口和计划生育办公室、社会治安综合治理办公室，农业综合服务中心、社会事务综合服务中心、农村文化服务中心、人口和计划生育服务中心、村镇建设和环境卫生管理中心。2010年乡机关有干部86人，其中，本科以上学历43人、大专34人。乡党委设12个党支部。乡属单位有农村信用社、公安派出所、卫生院、化工厂、水泥厂等。全乡有学校5所，其中，初级中学1所，教师81人，在校学生978人；小学4所，教师63人，在校学生160人，适龄儿童入学率100%；15至50周岁青壮年全部脱盲。

【新农村建设】 稳妥推进新农村建设，投资4000多万元，完成移民搬迁三期工程建设任务，建成住宅楼9栋38000平方米，搬迁农户387户1740人；投资80万元，完成独山村旧村庄改造工程，建成一户一院式住宅9套。

【基础设施建设】 投资1956.71万元，实施农业综合开发、扶贫开发、小型水利、乡村道路建设、土地开发整理等一批基础设施建设项目，完成硬化乡村道路32千米，砂化道路40千米，衬砌渠道45千米，修建机耕路12千米，改良土壤1100亩，营造农田防护林100亩，新增水地面积1000多亩。

【项目建设】 共争取资金691.71万元，其中百万元以上项目有宋梁村农业综合开发、独山村土地开发整理、农村公共卫生改厕和新能源沼气池建设项目，相继完成红岘村村级阵地建设、红岘村旱砂田枣林滴灌工程、武川村包兰铁路火家台段人车通行涵洞工程和武川移民小区人饮工程建设项目。

【产业结构调整】 投资40万元，栽植枣树、薄皮核桃6万株，发展林果产业1600亩；红岘、武川村发展玉米制种2000亩；新安、中山、崖渠、独山、武川等村种植优质商品洋芋3000亩。全乡主要农产品有和尚头小麦、胡麻、洋芋、玉米、豌豆等，其中，“和尚头”小麦和胡麻油已成为武川乡农产品特色品牌。

【保障和改善民生工作】 2010年发放低保金187.29万元，为80户五保户发放各类补助资金16.8万元，为153人发放临时救助资金20.75万元，落实医疗救助资金35.37万元，发放优抚资金12.31万元，发放救灾资金36万元，并为不同年龄段老人建立电子档案。

【培训工作】 当年组织开展引导性培训1610人次，技能培训100多人次，输转富余劳动力3400人次，实现劳务收入3006.6万元；为93户规模养殖户、商铺和农业加工合作社发放妇女小额担保贷款477万元。

【绿化工作】 当年完成公路造林、农田防护林网和新农村绿化任务，栽植国槐、刺槐和杨树等苗木2.6万余株。

【卫生文化工作】 2010年新型农村合作医疗参合人数11488人，参合率95.88%，共计缴费金额25.78万元。新建卫生厕所1000户，新能源沼气池100座。组织开展全乡农民运动会等群众性文化体育活动，丰富群众文化生活。投资10万元，完成武川新村社区农民健身广场，投资13万元，配备文化信息资源设备8套，投资3.2万元，完成红岘、独山村篮球场新建项目，并配备健身器材。

【社会治安综治治理工作】 2010年共接群众来信来访15件，已调解处理15件，摸排各类纠纷56起，成功调处56起，调解率100%。

【安全生产工作】 当年投入0.8万多元，先后出动消防安全车2辆，张贴宣传标语55幅，设置固定宣传栏7处，发放宣传材料2000余份，组织培训相关人员335人。采取爆破关井和装载机强行拆除的方式，爆破关闭非法采金斜井3个，拆除非法洗金设备19台。

【计划生育工作】 2010年计划生育率96.36%，出生率7.57‰，人口自然增长率3.03‰；制作宣传版面15个，书写固定标语160条，巩固完善人口文化一条街1处，制作村级政策宣传、政务公示栏16个；为育龄妇女免费制作、发放阳光计生服务卡2757张；提供宣传咨询服务13895人次，为2762名已婚育龄妇女提供查病治病服务，1800名男性参与生殖保健服务活动；流出成年育龄妇女155人，办证152人，发证率98%，流入人口验证率100%；及时落实各项优惠政策，累计兑现各类资金41.93万元。

【精神文明建设】 2010年评选出“十星级文明户”120户；组织机关干部抗旱救灾、抗震救灾捐款3次；在世界读书日举办农民文艺会演1次，开展“庆祝建党89周年暨表彰大会”和“庆七一·创先争优铸辉煌”文艺会演为重要内容的“五个一”活动1次，举办农民运动会1次，举办机关干部趣味文体活动1次，举办精神文明建设专题讲座1次；开展“双学双比女能手”“巾帼创业带头人”评比活动，选出“双学双比女能手”6人，“巾帼创业带头人”6人，区妇联表彰“十大孝子”“十大和谐家庭”各1人。

【党的建设】 2010年有3个党支部完成“五星级基层党组织”创建工作；“五规范两公开”和“四议两公开”制度有力推进，进一步规范村级民主决策程序、民主管理机制和民主监督机制；在“创先争优”活动中，共梳理出制约发展问题2项12条，547名党员参加公开承诺，通过领导点评、组织点评，制定整改措施12条，限时整改问题12个，公开423份党员承诺书；开展26次由联系点领导、村（社区）两委成员、党员代表和群众代表参加的承诺评议会；全乡7个村完成“两委”换届工作；开展“联帮带”“结对子”“党员帮群众”活动，全乡参加“三定”的农民党员258人，结成各类帮扶对子50对，帮扶贫困党员70人，帮带农民200人。

【白银区武川乡领导名录】

王月萍（女） 书记
张德胜 人大主席（2010.11止任）
吕生斌 副书记、乡长
高 斌 副书记（挂职2010.11止任）
张生剑 副书记（2010.2止任）
张真君 副书记（2010.2始任）
强春霞（女） 纪委书记（2010.11止任）
李明杰 副乡长
李晓成 副乡长
李江利 副乡长（2010.8止任）
强建民 武装部部长（2010.8始任）
韩国佩 党委委员

（王 伟）

四龙镇

【综述】 四龙镇位于白银市区东南23千米，地处黄河西北岸，西北与王岘镇毗邻，东与靖远县北湾镇、刘川乡相连；东南以黄河为界、与靖远县平堡乡隔河相望；西与强湾乡、水川镇接壤。辖区南北长约11千米，东西宽约9千米，面积99平方千米。2010年全镇耕地总面积17089亩，农田水利基础设施完善。辖8个行政村，28个村民小组，农户2965户10498人，农民人均纯收入达5771元。靖白公路贯穿全镇，新年开始，元月一日城乡公交线路开通，交通十分便利。中国电信、中国移动、中国联通、闭路电视、通信网络全面覆盖。境内建有110千伏变电站一座，日供水能力4500吨水厂一座。有樊氏祖影谱、靖丰渠石刻、李台黄河战鼓、剪金山庙会、白银地方小曲、四龙清蒸鱼、剪纸等非物质文化遗产；有造型别致、吃住游乐为一体的四龙度假村、绿色农业示范园、黄河旅游码头、陇右名山剪金山等旅游资源。每年九九重阳日白银四龙剪金山民俗文化旅游节吸引数万游人登山朝拜。建成优质红富士基地4980亩，日光温室大棚种植基地6001亩。白银鑫昊公司车路沟奶牛养殖示范园、白银红牛产业化养殖基地、白银福轮家禽养殖有限公司等10家标准化规模养殖企业落户四龙镇。建成鱼水情、苹果人家，大福源等集休闲娱乐、采摘、垂钓、餐饮、住宿为一体的农家乐28户。当年完成社会总产值147816万元，同比增长10.05%；工农业总产值达到63200万元，同比增长10.09%。其中，工业总产值达到4，8000万元，农业总产值达到15200万元；乡镇企业总产值达到132616万元，同比增长10%；粮食总产量达到540万公斤，蔬菜总产量达到2754万公斤，果品总产量达到2920万公斤；农民人均纯收入达到5771元，同比增长11.5%。先后获全国创建文明村镇工作先进村镇、全省发展改革试点镇、全省平安农机乡镇、全省五四红旗团委标兵等称号。

【抓支柱求规模，特色产业协调推进】 种植业以引进实验成功的新品种、新项目示范推广为主，继续扩大种植面积。引进优质脱毒红富士苹果苗木2.2万株，在永丰村集中连片栽植400亩。引进矮化密植山楂新品种苗木5500株，在双合村集中连片栽植100亩。购置覆膜机3台，在车路沟推广地膜玉米双垄沟播种技术1000亩。在民乐村推广日光温室秸秆生物反应堆技术56棚112亩。在全镇试验示范种植日光温室葡萄延迟栽培技术4棚。抓好车路沟奶牛养殖示范园区、白银市红牛产业化养殖园区和金山万头生猪养殖小区续建项目。当年全镇生猪存栏达1.4万头，当年出栏达2.55万头；奶牛饲养量达1980头，奶产量达4880吨；羊饲养量达1.93万只；蛋鸡存栏达13.2万只，禽蛋产量达590吨。加强畜牧防、检疫队伍建设，提高技术人员的专业素质，发挥镇畜牧兽医站的职能作用，开展季节防疫和联合防疫工作。旅游业从扩大内需、刺激消费和确保经济平稳增长的实际出发，发挥本镇资源优势，采取部门单位帮扶、政府引导、市场化运作的方式，发展以观光农业、休闲垂钓、果实采摘体验、黄河农耕文化展示为主要内容的农家乐旅游产业。完成区上确定的5户农家乐示范户建设任务。至当年底全镇开门营业的农家乐达28户，共接待游客7.67万人次，创旅游收入240.2万元。

【打基础创环境，打造经济转型平台】 投资1200万元，实施四龙车路沟奶牛养殖示范园二期工程建设项目。建成牛舍3栋、青储窖3座、1万立方米的蓄水池2座、500立方米的水窖1个。投资200万元，实施白银鑫昊工贸有限公司乳制品分公司建设项目。对原四龙食品厂旧厂房进行维修改造，引进日处理10吨鲜奶的生产设备，建成白银鑫昊工贸有限公司乳制品分公司，10月正式投产运营。投资1800万元，实施白银市红牛产业化养殖园建设项目。平整土地1160亩，修整沙化简易道路3千米，架设供电线路3千米，埋设供水管线2.6千米，修建供水泵站1座，建成牛舍10栋、饲料库1座、防疫消毒室1座、蓄水池1座，生活区、办公区主体工程也已完工，栽植国槐300株、刺槐300株、柳树200株。配合区交运局实施四龙民乐黄河旅游码头建设项目。完成投资850万元，建成索架2座，购置索渡船1艘，建成三合院2座、六角亭2座、大门1座，开挖鱼塘4座600平方米，修建绿化带4条，安装鱼塘围栏和太阳能路灯。配合市、区交运局实施靖白公路改、扩建工程建设项目。当年靖白公路四龙段改扩建工程全面完工，9月正式投入使用。投入11.6万元，实施车路沟、剪金山绿化补植补栽项目。其中在车路沟补植补栽沙枣1000株、刺槐3000株；剪金山补植补栽沙枣1000株、刺槐1000株、紫穗槐30600株，扩大绿化面积30亩。投入270万元，实施民勤村环山渠道衬砌、民乐村文化广场等9个村级公益事业“一事一议”财政奖补项目。⑧投入30多万元，建成四龙剪金山山门。

【新农村建设】 投资808万元，实施小城镇基础设施建设项目。完成民乐村委会办公楼整体维修和2479平方米文化广场建设工程；建成950平方米超市及文化活动中心大楼；硬化12米宽主干道566米、10米宽主干道1657米、4.5米宽支路966米、3米宽入户巷道3712米，铺设彩砖512米；建成景观凉亭1座；修建金属栏杆围墙426米；安装景点导向牌4个、立式看牌3个、新农村建设宣传栏30个、路灯杆宣传牌210个、路口指示牌12个、巷道标示牌16个、草坪警示牌6个；建成民乐村标志性大门1座；在靖白公路沿线设立大型宣传牌20块。投资54.4万元，对镇政府办公楼进行全面修缮，完成屋顶防水处理、室内外墙体粉刷、办公楼过道封闭及地板砖铺设等工程，并对办公楼后面废弃的小平房进行拆除，衬砌护坡。投资15.8万元，对教育资源整合后闲置的原李台小学教学楼进行整体维修改造，建成双合村村级组织活动场所。投资269万元，实施明德小学教学楼工程建设项目。当年底，教学楼一层主体工程完成。投资96万元，建成四龙水厂净水车间主体工程、加压泵房基础工程和7.3千米供水管道的铺设。

【民乐旧村庄改造】 当年投入1613万元，拉动群众投入421.3万元，完成7条主干道、2条支路、8座桥涵及5.4千米给排水工程建设，新建、改建农宅129户（其中：新建26户，改造103户），铺设通户巷道3712米，安装太阳能路灯105盏。对村容环境卫生综合整治力度，投入12万元，在民乐村主干道两侧种植槐树、香花槐、金丝柳等树林4800株，栽植鲜花2000盆，种植草坪1496平方米；安排专人对村内道路进行清扫，配置垃圾桶6个。

【农田水利设施建设】 实施四龙万亩灌区节水灌溉工程续建项目。投入497万元，新建泵站1座，更换水泵11台套，铺设管线702米，衬砌渠道26.5千米，建设干渠渠系建筑物5座。实施民勤村新开发平整土地水利配套设施建设项目。投入30万元，新建供水泵站1座。至年底部分工程建设完工。

【打防结合保稳定】 开展“大下访、大回访、大调处”活动，成功调处纠纷隐患69起，化解群体性矛盾3起，化解上访问题6件。2010年发生刑事案件17起，侦破6起；发生治安案件26起，处理完结26起，实现，“民转刑”案件减少、刑事发案稳中有降的目标。落实平安建设各项措施，强化中小学、幼儿园完全保障工作，加强对学校周边、水源重要部位、交通要道等特殊敏感区域的监控，安装视频监控系统26台套，在交通要道和路口设立警示标志牌42块、防护栏3处。

【齐抓共管做计生】 2010年全镇共出生100人，出生率9.07‰，计划生育率95%，人口自然增长率3.99‰；落实节育手术99例（其中二女户节育9例）；征收社会抚养费9.96万元；查处“两非”案件3起，优惠政策落实率达100%，各项责任指标全面完成，全区综合考核评估排名第三。

【强化措施抓安全】 推进“安全生产年”活动，开展安全隐患排查和专项整治，查处非法采沙等各种非法生产经营行为，集中开展专项整治活动6次。落实安全生产责任制，抓好日常安全生产工作，对镇内的加油站、纸箱厂、烟花爆竹经营店、网吧等重点单位开展安全产生督察和消防安全整治活动，配合工商部门开展食品、药品执法大检查活动。通过综合整治，全镇存在的安全隐患基本得到消除，安全生产形势稳定好转。

【综合整治改面貌】 开展市级环境优美乡镇创建活动，组织开展环境卫生综合整治活动5次，出动车辆1380台次，雇装载机135台次，发动群众3800多人次，清除垃圾死角60余处，清理乱堆杂物80余处，清理道路两侧、东大沟沿岸以及92千米的渠道垃圾约5890立方米，镇村面貌得到改观。在金山、民乐、永兴等养殖户较为集中的村社开展养殖污染专项治理活动，在民乐村率先开展省级环境生态村创建活动。

【以人为本保民生】 开展“惠民政策落实年”活动，贯彻落实各项强农惠农政策，将28项惠民政策的具体内容、实施范围、操作规程、政策标准等进行全面公示，农村转移支付、粮食直补资金、家电下乡补助资金、农村低保资金等足额发放到位。通过“一折统”为2634户农户发放粮食直补金7.82万元，农资综合补贴80.05万元，良种补贴12.84万元；为52名大病医疗对象发放救助金14.98万元；为28名离任村干部发放补助金2.81万元；为15名老复员军人发放补助金5.67万元；为1名伤残军人发放抚恤金0.79万元；为5名带病回乡军人发放补助金1.21万元；为14名参战涉核人员发放补助金3.36万元；为13名现役军人发放优抚金6.73万元；为155名寄宿生发放补助金7.75万元；为107名残疾人发放补助金3.21万元；为650户危旧房改造户落实补贴资金260万元；为19名五保供养对象发放五保供养金3.94万元、煤炭25吨；为530户1382名低保对象发放低保金112万元；为95户农户落实“汽车、摩托车下乡”补贴35.21万元；为14户农户落实退耕还林补贴7.21万元；为15户农户发放农机补贴11.9万元。当年全镇共发放救灾款9.02万元，面粉550袋，大米33袋，清油49桶，被褥96套；慰问优抚对象60户，发放生活补贴0.59万元。

【统筹协调促发展】 学龄儿童入学率达100%，“两基”成果得到巩固，通过市、区“两基”检查和教育督导评估工作验收。医疗卫生条件得到改善，村卫生室调整工作完成，村村有村医，传染病防治措施得力，群众基本医疗条件得到有效保障。全镇2483户9556人参加新型农村合作医疗，参合率达95.56%，核准报销86.19万元，报销比例32.61%，农民看病难、医疗费用高的问题得到初步解决。农村妇女小额担保贷款工作进展顺利，提出贷款申请的102户妇女中有69户通过审核审批，348万元贷款全部发放到位。为8名困难家庭大学生发放“金秋助学金”1.6万元。为8个村“农家书屋”新添置图书2千余册，配备文化共享工程设备各1套；新建双合村篮球场1处，配备篮球架1付、健身器材8件套。重大节日期间，精心组织开展主题征文、演讲比赛、知识竞赛、秧歌表演、书画展览等活动，举办“第四届九九重阳白银四龙剪金山民俗文化旅游节”，评选表彰“孝亲敬老之星”10人。开展农民技能培训，共举办各类技能培训班8期，受训群众1712人次；开辟农村富余劳动力转移就业之路，输转富余劳动力2804人次，创劳务收入2736万元。

【干部队伍建设】 镇政府及各站所、村委会廉政勤政建设，坚持依法行政，强化执法监督，行政责任。开展调查研究活动，努力践行“权为民所用、情为民所系、利为民所谋”的宗旨，为群众办实事、办好事。强化行政监督和审计监督，推行政务、村务公开和村级组织“五规范、两公开”制度暨“四议两公开”民主决策程序，接受群众监督。通过落实首问负责制、限时办结制、责任追究制、督办纠正制、服务承诺制等“五项制度”，纠正工作中的不正之风。加强政风建设，开展“学习型、创新型、效能型、服务型、廉洁型、和谐型”机关建设活动，实行重大事项通报和公示制，规范从政行为。

【白银区四龙镇领导名录】

葛文林　书记
刘　军　人大主席（2010.3始任）
王毓亮　镇长
张乾兵　副书记
魏世华　纪委书记（2010.2止任）
王明德　纪委书记（2010.2始任）
高　发　副镇长
强　伟　副镇长（2010.8始任）
王春福　武装部长（2010.2始任）

（何金颖）

水川镇

【综述】 镇党委设2个党总支，22个党支部，其中，村党总支1个，村党支部13个，合作社支部1个，机关、企事业单位党支部8个。有中共党员906名，其中农村党员863名。2010年有工作人员111人，其中行政编制25人；机关后勤事业编制2人。事业编制46人。水川镇地处白银市南郊，距城区23千米，东邻四龙镇及靖远县平堡乡金峡村、西接皋兰县什川镇，北与强湾乡相连，南与榆中县青城镇隔河相望。土地总面积97平方千米，总耕地面积2200亩，地势自西向东南倾斜，平均海拔1544米，年平均气温9.5℃，年降雨量204毫米，属典型大陆性气候，黄河沿镇南缘呈“S”形自西向东流过，流程28.5千米。全镇辖13个行政村，67个村民小组，2010年共有农户6486户25359人，当年完成生产总值6.3亿元，增长16.1%；农业增加值达到1.5亿元，增长10.91%；第三产业增加值达到2.3亿元，增长18.9%；固定资产投资完成5817万元，增长22%；农民人均纯收入达到5788元，增长11.5%。

【城镇化建设】 2010年水川镇桦皮川村被列为白银区城乡一体化建设试点，镇政府科学规划、整合资源，投资1433.15万元，修缮农宅96户，拆除重建农宅40户，新建农家乐15户；硬化村社道路3800米，美化整修巷道2250米；铺压排水主管道1530米，支管道8116米；完成全村电网改造，安装高杆立柱式太阳能路灯83盏；栽植各类苗木、花卉3968株，绿化主干道路8740米。11月12日全市新农村建设现场观摩会在桦皮川村召开。当年共接待省、市和各县区观摩活动50余次。

【产业结构调整】 2010年抓产业结构调整，全镇蔬菜种植规模扩大至16700亩，蔬菜总产量达1.4亿千克，其中，日光温室种植面积12841亩，日光温室秸杆生物反应堆技术推广应用棚300座600亩；在重坪、桦皮川村、顾家善村、蒋家湾推广种植“红提葡萄”棚40座80亩；在小坪、大坪引进推广种植薄皮核桃180亩；在重坪科技示范园区新建“工厂化”育苗试验棚1座，新品种对比试验棚10座，引进新品种71个，育苗9万株，栽植面积达50亩。

【基础设施建设】 当年完成安全饮水工程项目、小水工程及整村推进项目、乡村道路建设项目、林业建设项目、重坪新（安）居工程、村级阵地建设项目、大坪贵林生态园建设项目、农村危旧房改造项目、莺鸽湾养殖小区项目等9大项目工程，基础设施建设得到改善。

【抗洪】 5月28日晚水川镇遭受特大暴雨袭击，受灾农户1131户3987人，农作物受灾面积达14318.1亩，损毁房屋505间，猪舍679间，造成直接经济损失1727万元。

【生态园建设】 成立桦皮川村大坪贵林生态园，引进广西铁脚麻鸡、泰和乌鸡等优质品种，新建占地20亩养殖场1处，养殖圈舍4座70余间，购置各种养殖设备10台套，新建蓄水塘坝1座，配备喷灌、滴灌等节水设施，栽植幼苗3600株。

【蔬菜购销组织】 筹集资金50余万元，建成重坪蔬菜配送中心1处，成立白银重坪蔬菜专业合作社，实行蔬菜统一购销，分级包装，产、供、销一体化，蔬菜档次提升，市场竞争力增强。

【养殖小区建设】 当年在全镇生猪规模养殖户中，年出栏500头以上的15户，300头以上的22户，100头以上的70户，年出栏生猪达3.7万头。办理能繁母猪保险4226头，保额达42.26万元，兑付能繁母猪保险资金17.3万元。其他优势品种养殖得到发展，五柳村发展梅花鹿养殖5户，存栏数达102头；顺安村发展金定平鸭养殖7户，存栏数达2万只；金锋、桦皮川、张庄三村发展渔业养殖11户，鱼存养量达1万千克；桦皮川、熙春两村发展肉牛养殖13户，存栏数达500头。

【启动湿地公园建设项目】 水川湿地公园项目占地规划东至桦皮川村大泵提灌站取水口，南沿滨河路，西接动力厂西路，北至金锋-蒋家湾乡村公路，景区总面积138.7公顷，计划分3期建成。年底项目初步设计完成，并委托设计院进行勘测设计，成立水川镇湿地公园建设协调小组，制定水川湿地公园建设实施方案（草案），前期工作有序推进。

【乡镇专职消防队】 12月13日水川镇专职消防队挂牌成立，系全市第一支乡镇专职消防队，有队员10人，专用消防场地130平方米，配有消防车1辆，消防摩托车2辆，专用消防水泵4台。

【白银区水川镇领导名录】

年　平　书记
王春和　人大主席（2010.2始任）
李德泉　副书记、镇长（2010.2始任）
李德聪　副书记
陈铁成　纪委书记（2010.2始任）
李子和　副镇长
高光煜　副镇长（2010.9止任）
曾汉文　副镇长（2010.9止任）
梁海森　副镇长（2010.9始任）
魏志强　武装部长（2010.02~2010.06）
张立琪　武装部长（2010.11始任）
吴明广　党委委员

（马保景）

王岘镇

【概况】 2010年农业增加值完成4650万元，比上年增长7.5%。全镇经济总收入32180万元，当年固定资产投资560万元，农林牧渔业总产值4650万元。农民人均纯收入达到5732元，比上年增长11.5%。当年底王岘镇辖7个行政村，25个村民小组，有农户3172户，农业人口8290人。耕地面积11679亩（其中水地5454亩，旱地6225亩）。镇党委下设15个党支部、37个党小组,有中共党员572名。有各类民营企业128家。

【征地拆迁工作】 2010年全镇共承担征地拆迁项目14个，涉及5个村18个社，累计登记丈量土地1560.471亩，拆迁65户。

【中低产田改造项目】 投资280.5万元，衬砌渠道15千米，维修渠道2千米，铺压供水管道2千米，修渠系建筑物488座，修机耕路15千米，深松土壤2000亩，营造防护林200亩。沼气池建设项目上报全镇沼气池维修人员基本情况（雒家滩村、三合村、崖渠水村各1人），申报建设沼气池服务网点2处（崖渠水、三合），并挂牌工作。配备沼气服务车1辆，发放沼气灶具35套。

【崖渠水生猪养殖小区建设项目】 投资150万元，新建猪舍、库房、饲料加工房、锅炉房、消毒防疫间，购置饲料加工搅拌机械和产床等相关设备，先后引进良种母猪100头，公猪4头。当年该养殖小区猪出栏900头，存栏700头。白银王岘水泥有限公司2000T/D新型干法水泥生产线项目投资2.68亿元，在白银王岘水泥有限公司建成年产高标号熟料80万吨、水泥100万吨新型干法水泥生产线。项目于7月建成并投入生产。

【粮食丰收】 通过节水灌溉、推广优良品种和先进实用栽培技术等多种措施，有效降低旱情损失。2010年，全镇粮食产量完成360万公斤，蔬菜产量完成10200万公斤，油料产量完成20万公斤。

【养殖业规模化】 发展以猪、牛、羊、鸡为主的养殖业，全镇猪存栏1.4万头，鸡存栏11.3万只，羊存栏1.2万只，牛存栏990头，肉禽蛋奶产量3160吨。

【夯实基础设施】 完成雒家滩特困安居、新居工程水、电、路等基础设施建设。在雒家滩村移民基地建成5.4万立方米蓄水塘坝1

座，并完成配套农电线路300米，泵站1座，变压器1台套，机电设备2台套，铺设管道500米。投资81万元，硬化道路4.2千米（其中，三合村2千米，东台村1千米，雒家滩村1千米，红星村0.2千米）。

【农业科技推广】 引进红提、青提、芹菜、非洲菊等瓜果、蔬菜、花卉新品种12个，示范推广红提葡萄延后栽培技术25棚50亩，成立城郊专业种植合作社1个。推广农田节水灌溉技术0.05万亩，瓜菜垄膜沟灌0.02万亩，膜下滴灌0.03万亩。培训农民800余人次。

【生态环境改善】 完成白银城郊农业科技示范基地防护林绿化3千米，栽植林木1300株。为巩固退耕还林成果，共补植补造1153亩，改造低效经济林450亩，其中种植核桃50亩，杏树400亩。

【计划生育】 投资5万元，新建计生服务大厅一处。至9月底全镇总出生104人，出生率10.76‰，计划生育率97.12%，自增率5.48‰。常住人口中，完成一孩放环30例，二孩结扎27例，完成人流5例，社会抚养费征收2.82万元；流动人口共完成二女户节育任务4例，市内两有户结扎6例。计划生育工作在当年全区年终考核中位列第一名。

【法制建设】 结合“五五”普法终期验收，开展普法宣传和依法治理活动，增强公民知法守法意识，开展人民调解，启动社区矫正工作，加大对两劳人员的安置帮教，解决群众的实际困难。

【信访工作】 落实科级领导公开接访制度和信访包案制度。以开展“社会矛盾积案及两访治理化解年”活动为契机，对历年积案进行梳理和排查，建立台账。明确责任领导、责任部门和工作目标。2010年共排查出各类矛盾纠纷42起，成功调处40起，化解率达到95%。

【社会治安综合治理】 成立综治维稳工作中心，投资2万元，建成王岘镇综治维稳及信访接待大厅。在“百日会战”专项行动中，对全镇流动暂住人口和出租房屋进行调查登记，对辖区内各小学进行安全检查，督促落实各项防范措施；安全生产工作贯彻落实“安全第一、预防为主”的方针，开展“安全生产年”活动，加强安全知识宣传，加大安全检查力度，做好安全生产监管工作，消除事故隐患。

【科教文化卫生工作】 从优化教育环境、强化学校管理、加强师资队伍建设和提升教学水平入手，促进教育和教学质量的提高，切实做好“两基”相关工作。改善全镇医疗基础设施建设，为群众创造良好的医疗环境。当年全镇农村新型合作医疗参合率97.8%，住院报销496人次，报销医疗费用80.43万元，门诊报销7.35万元。并组织全镇65岁以上老人进行免费体检。加强文化体育设施建设，开展各类文化体育活动。完成东星村、红星村广播电视“村村通”工程的申报工作，共申报卫星接收设备1450套。完成文化资源共享工程村级服务点建设任务，为各村配备投影机、EVD、幕布、数字接收机等设备。投资38万元建成三合文化大院。

【推行失地农民养老保险制度】 做到失地农民应保尽保。当年，为1045人办理养老保险，月发放养老金46.24万元。完成劳务输转2471人，劳务收入达到2198.6万元。

【实施“民生工程”】 保障困难群众基本生活。不断加强救灾救济工作，共发放救灾面粉150袋，救灾款6.87万元。全面完成全镇城乡低保提标扩面工作。2010年全镇有921户2189人享受最低生活保障，累计发放低保资金289.43万元，发放五保资金5.59万元，特困医疗救助资金18.31万元，高龄老人和残疾老人补助金3.51万元，抚恤金12.01万元。

【开展“惠民政策落实年”活动】 落实各项支农惠农政策。2010年共发放汽车下乡补贴资金33.02万元，计划生育各类补贴资金18.9万元，粮食直补资金5.2万元，农资综合补贴资金53.4万元，良种补贴资金11.75万元。

【白银区王岘镇领导名录】

郝学熙　书记（2010.11止任）
杨　虎　书记（2010.11始任）
张明生　人大主席
董　平　副书记、镇长（2010.11止任）
张德胜　副书记、镇长（2010.11始任）
张雅兰（女）　副书记
魏世华　副书记
宣立龙　纪委书记
李自桥　副镇长
王永生　副镇长
耿国明　副镇长
金有宝　武装部部长
魏学祥　党委委员

（刘　伟）

人民路街道

【综述】 人民路街道东至公园路，西至西山公园，南至国道109线，北接四龙路。下设中心街、五星街、水川路、西村、人民路、五一街6个社区居委会。驻辖区科级以上单位108家，2010年有常住人口19315户43785人。街道社区在编人员95人。街道办事处有建筑面积1620平方米集办公与服务为一体的综合办公大楼1栋。6个社区各建成“四室一厅一中心”（均200平方米以上）办公场所；投资13万元，配备有先进的办公设施，开通政务协同办公系统，建立数字民政和数字城管信息平台；投资39万元，建成社区综合服务中心6个，老年服务站5个，居民室外健身、休闲场所16处，文化图书活动室6个，党员活动室6处，组建6支社区文化演艺队；投资20万元建成200平方米的街道服务大厅，设置13个对外服务窗口，公开28种办事程序；建成辖区绿地11500平方米。街道获全国拥军优属先进单位称号；获全国经济普查先进单位称号；获甘肃省文明街道、先进基层党组织、双拥工作先进单位、社会治安综合治理先进集体、省级文明街道标兵称号。五星街社区获全国百佳读书社区、省级文明社区、省级文明社区标兵称号。

【党建工作】 2010年街道党委按照“基层党组织规范化建设年活动”的要求，抓好“五规范两公开”“五星级基层党组织创建”“五好班子创建”等项活动。细化街道党委班子成员、社区党支部成员及全体党员干部的学习制度，通过反复学习《白银日报社》八篇评论员文章，掀起创建学习型机关的热潮。针对党员活动的新特点，建立党员分类管理制度，推进“三知五管”。当年，发展党员14人，培养入党积极分子28人，举办培训班2次。加强队伍建设。推荐街道“80后”年轻干部9人参加市后备干部考试，推荐年轻干部入区正科后备库4人，15人入副科后备库。锻炼年轻干部，适时对机关及社区干部进行岗位交流。

【围绕主题，开始创先争优活动】 把创先争优活动与搭建党员发挥作用的平台结合起来，设计活动主题，丰富实践载体，突出活动实践特色，形成主题鲜明、亮点纷呈的生动局面，推动全街道创先争优活动开展。在开展创先争优活动中，街道机关开展以“打造阳光政务大厅，创建和谐‘五型’机关”为主题的创建活动，把“五型”机关创建活动作为一项提高窗口审批工作档次、提升工作人员道德修养、增强街道工作中心创新发展能力的基础工程，引导党组织和党员创先争优，提升部门窗口形象，把街道机关打造为学习型机关、服务型机关、高效型机关、廉洁型机关、节约型机关。各社区创新丰富活动载体，如中心街社区“我是党员我带头”；人民路社区“真情1+1”；五一街社区“支部+协会”；西村社区“一站式居务”服务大厅；水川路社区“居民连心卡”；五星街社区“民情流水线”为活动载体，开展活动。

【社区“两委”会换届选举工作】 按照区委选举产生政治强、业务精和办事公道、结构合理、居民群众拥护的社区“两委”会委员及班子成员，完成社区“两委”会换届工作，“两委”会成员平均年龄35.9岁，大专以上占45.6%；社区书记、主任平均年龄34.6岁，文化程度大专以上占83.3%；4个社区实行党政“一肩挑”和部分班子成员“交叉”任职。

【项目建设工作】 抓住白银城市转型的良好机遇，结合街道实际，申报街道计生服务中心与春天老年公寓项目建设，主动与上级有关部门汇报、衔接。至当年底，在西村联合大院棚户区改造区内设街道社区卫生服务中心，项目得到省上批复，工程开工。

【人口和计划生育工作】 当年9月底全街已婚育妇综合节育率83.64%，独生子女领证率74.5%，出生294人，落实“二女户”结扎8例，“两有户”8例，超额完成目标任务。为6个社区各配备电脑及投影仪。发挥人口与计划生育信息协作平台的互动管理作用，流动人口持证率、发证率均达到95.2%，流动育龄人口协查通报率、函复率达100%以上。流入人口当年出生节育措施落实率96.4%。完成党员干部职工提拔晋升审核504人次，发放计划生育特殊困难救助金36240元。

【健全就业信息服务平台】 为辖区1836名灵活就业人员发放2009年度社保补贴资金192.05万元，为210名下岗失业人员办理小额担保贷款。为公益性岗位人员发放工资补贴190多万元，新增城镇就业3040人，有组织输出376人，自谋职业481人，实现劳务收入600多万元；引导培训463人、技能培训370人、创业培训

75 人。培训下岗失业人员 25 人；组织下岗失业人员 300 余人参加全市民营企业招聘周活动，进行双向选择，促进就业。人民路社区获市级构建劳动关系和谐社区称号。

【市容环境卫生】 以建立城市管理长效机制为目标，以数字化城市管理信息平台为依托，以净化、绿化、美化为重点，开展环境卫生综合整治工作。2010 年街道新增“认种认养”绿化面积 7052 平方米，全街道“认种认养”绿地 18495 平方米。共栽植乔木 396 株，花灌木 100 株，小灌木 668 株，绿篱 50 平方米，花草 3756 平方米。签订目标管理和“门前四包”责任书 1510 份，定期开展卫生检查考核评比，检查结果每月进行通报。开展流行性病普查（结核病普查）工作及除“四害”、禽流感动物防疫等工作。

【推进平安创建工作】 动员辖区 73 家单位，63 家安装技防设试，6 家住宅小区安装技防设施。完善社会治安防控体系建设工作。2010 年，辖区内共发生刑事案件 414 起，同比下降 3.5%，治安案件 169 起，同比下降 4.6%，可防性案件 256 起，同比下降 1.5%。集中开展禁毒重点整治工作，加大对外流下落不明吸毒人员的查找力度。开展反邪教警示教育宣传活动，在 6 个社区对原涉法轮功人员逐人建档，开展帮教转化工作。组织开展矛盾纠纷排查化解工作，排查出矛盾纠纷 19 件，化解 18 起，化解率为 94.7%。

【解决民生问题】 2010 年为 3596 户 8434 人，发放城市居民最低生活保障金共计 943.72 万元，发放物价补贴 334.25 万。大病医疗救助总计 46 户，发放医疗救助金 40477 元。救助低保户 46 户（人），救助资金 40477 元。申报、发放廉租住房补贴 422 户 987400 元。发放老龄补助 1.1 万元。

【安全生产工作】 当年共办板报 12 期；对 848 家的“六小”门面进行 4 次检查，将检查记录整理归档。在工程建设领域突出问题检查工作中，街道对辖区涉及项目进行全面检查，通过检查。从业人员的培训和教育同步开展，做到岗前培训、岗中教育的工作机制，排除安全生产事故隐患。

【应急队伍建设工作】 协调市第二人民医院、白银供电局、白银区城建局和环卫局等单位，整组民兵队伍。其中担架护理分队 52 人，对空侦察连 30 人，应急通信连 46 人，装备维修分队 36 人。街道人大工作发挥职能监督作用，对街道办事处的重点工作进行评议，对存在的问题进行督促整改。在民族宗教工作中，街道探索工作方式方法，开展民族团结月系列活动，并获全区民族宗教团结先进集体称号。

【精神文明、司法及工会工作】 街道筹措资金成立“职工书屋”，协调市区两级总工会、文化局解决图书 1050 多册，职工捐赠图书 150 多册，藏书 1200 册，职工书屋通过上级有关部门检查验收，并给予奖励。做好“五五”普法总结验收工作。街道组织干部职工参加“庆五一”拔河、篮球等比赛，开展丰富多彩的文体活动。街道腰鼓队，秧歌队、太平鼓队开展具有社区特色的群众性文化活动。2010 年，街道篮球队在全区篮球比赛中获第一名。人民路社区工会获区级模范职工之家称号。

【白银区人民路街道领导名录】

廖永安　书记（2010.11 止任）
李子惠　书记（2010.12 始任）、主任（2010.11 止任）
狄生虎　人大工委主任
董　平　副书记、主任（2010.11 始任）
刘　军　副书记（2010.2 止任）
魏永霞(女)　副书记(2010.2 始任)
刘保军　纪委书记
刘炳仁　副主任（2010.2 始任）
高仕春　副主任
魏家鹏　武装部部长（2010.2 始任）
刘永昌　副主任

（刘克进）

公园路街道

【概况】 公园路街道位于白银城区东南部，北至四龙路，西至公园路，东南至银光公司。街道设党政综合办公室、财务室、民政保障管理服务所、劳动保障事务所、综治办、司法所、安监站、城管所、计生站（含计生服务所）等 9 个站、所、室；1 个便民服务大厅。辖 7 个社区居委会，31 个居民小组，有常住居民 2.7 万户 59367 人，流动人口 6942 人；党委设党总支 5 个，党支部 23 个，有中共党员 1412 人；有综治员 43 人；有中央、省、市属科级以上单位 67 家。

【创先争优活动】 2010 年 4 月以“抓落实、求突破、塑形象、强服务、提升党员队伍素质、强化基层组织建设、推进和谐社区建设进程”为主题，以“五星级”党组织和“五好班子”创建活动、

"党员楼栋长服务""双服务"等活动为载体，按照"重在持续、重在提升、重在统筹、重在为民"的要求，在全街党员中开展创先争优活动。

【三个结合】 把创先争优活动与"惠民政策落实年"活动相结合，增强基层党组织的凝聚力和创造力，从组织上保障"惠民政策落实年"的开展。通过"设置党员先锋示范岗""党员楼栋长服务""社区先锋行"党员义工服务、党员责任区、党员攻关项目等活动，提高党员服务群众的主动性和自觉性，提高党员在群众中的良好形象。把"创先争优"活动与"行政效能落实年"活动相结合。街道印发《服务日志》《民情日记》，并在全街各社区推行。同时街道实行首问责任制、限时办结制、服务承诺制，确保每项工作都有专人负责，有明确办结时限。加强监督检查，设立效能投诉中心，做到有诉必理、有理必查、有查必果、有果必复。把创先争优活动与精神文明推进年活动相结合。街道以"精神文明建设年"活动为着力点，以"人的素质提高推进工程"为切入点，增强党员干部落实各项惠民政策和加强自身思想道德素质建设的自觉性和主动性。

【四个注重】 注重营造氛围。首先街道充分运用简报、板报、广播、电视、网站、报告会等多种方式，大力宣传各层面、各类型的先进典型，用身边事教育身边人，用身边人激励身边人。其次，发现、培育和宣传"创先争优"活动的典型人物、先进基层党组织的模范事迹。推选上报3个先进基层党组织，3名优秀共产党员。以点带面，典型引路，带动整个创先争优活动富有生机地开展。再次坚持"党建带工建""党建带团建""党建带妇建"，以街道社区党组织和党员创先争优活动，带动工会、共青团、妇联等群团组织广泛开展创建先进集体、争当先进个人活动，形成合心、合力、合拍推进创先争优活动的良好氛围。二是注重制度完善。制定《关于在街道党组织和党员中深入开展创先争优活动的实施方案》，实现责任明确化、工作具体化、主管领导亲自抓、分管领导具体抓、其他领导协助抓的工作格局。建立创先争优活动科级领导干部联系点制度，每名科级干部联系一个党（总）支部。并坚持每月至少深入社区2次，切实加强对联系社区活动开展情况的调研和指导，解和掌握社区活动进展情况，加强督促检查，听取社区意见和建议，帮助分析解决存在的突出问题。注重解决实际问题。结合"惠民政策落实年"活动，研究制定街道《来信来访登记表》《求助登记表》，对一些群众上访、求助的问题及时登记并入户核查，对于开展的一些重点活动及时做好登记，努力做到"事事有人管，件件有着落"，办事重效率，政策重落实。上半年街道辖区内相继发生的5起停水事件，街道主要负责人协调白银市建委、白银市房产局等多家单位，多方协调管道改造资金22万余元。街道社区党员干部加班加点，入户做工作，代收代缴部分居民拖欠的水费和漏水造成的公摊水费近25万余元，缴清拖欠水费。并坚持为停水楼栋内年老体弱的住户每天送水。注重关注弱势群体。

【"先锋红旗"关爱特困老人】 街道各社区成立以党员为主体的"先锋红旗"志愿者队伍，定期探访特困老人、空巢老人，与他们谈心，帮助他们整理家务、购买日常生活用品等。

【"阳光鲜橙"帮扶弱势群体】 街道组织年轻党员为社区下岗失业人员、贫困家庭、残疾人等弱势群体提供帮助。

【"向日葵"残疾人自强自立】 组织社区内有一定劳动能力的残疾人参与力所能及的义务便民利民服务，帮助他们树立自立自强和乐观向上的人生态度。

【"绿叶"青年志愿者服务社会】 组织社区青年党员、共青团员不定期开展义诊、计生法律消防等知识宣传、文艺表演等活动，为社区居民服务。在科技周期间，街道计生服务所工作人员在嘉垣广场举行大型义诊活动。在"6·26"国际禁毒日期间，街道通过开展座谈会、张贴宣传画、举办图片展、开展禁毒知识讲座、开展集中宣传等活动。11月1日，组织青年志愿者佩带绶带在辖区内开展以"学消防、送平安、促和谐，119消防志愿者在行动"为主题的消防进社区宣传活动。

【"万年青"老党员发挥余热】 街道组织综治员、离退休老党员、"楼栋长"成立义务执勤队。

【"同一片蓝天"关爱留守儿童】 街道将暑期在家的大学生组织起来，成立义务教师队。如银水巷社区将低保户子女、留守儿童、单亲家庭子女中的小学在校生集中起来，安排临时教室，由大学生党员曹占花同志义务担任小学生辅导班的数学老师，张霞同志义务担任语文老师为他们辅导功课。2010年暑假，社区共辅导小学生26人。

【“紫罗兰”丰富居民文化生活】 完善社区文化体育活动阵地，实现每个社区有固定图书阅览室、乒乓球、棋类、健身等活动场地的目标。同时，利用嘉垣广场、全民健身广场等场所，组织开展群众性的广场文化活动。储备社区文体人才资源，先后组建文艺表演队7支、自乐班3支、健身文体活动队伍16支，参与面达到35%，并吸引单位在职干部职工在“8小时”以外参与。

【推进社区服务工作水平】 以社区换届为契机，围绕三支队伍建设（党务工作者队伍、社区服务者队伍、社会管理者队伍），采用机关选派、社会选聘等方式，大力推进社区工作人员的年轻化、专业化、知识化，为社区发展、社区服务提供组织保证。至2010年底社区党组织换届后选举产生社区党组织委员平均年龄由43岁降到35.7岁,文化程度由大专学历占67.3%提高到73%；加大社区干部培训力度，先后选派31名社区工作人员参加省市区相关培训。街道自己培训社区工作人员400余人次，平均每位社区工作人员培训4次以上。

【建立党员管理教育的长效机制】 首先，根据社区党建发展需要，调整社区党组织设置。将兰包路社区等4个党支部改设为社区党总支，下设离退休党员党支部、下岗失业党员党支部、纯居民党员党支部、机关党支部等个性党支部，对离退休党员和居民党员实行“能动式”管理，流动党员实行“跟踪式”管理，下岗无业党员实行“帮扶式”管理，机关党员实行“强化式”管理，实现基层党员的分类管理。其次，对离退休党员，教育引导他们为社区建设、社区服务、社区管理发挥余热。2010年有350多名党员参加党员设岗定责活动；对下岗无业党员、纯居民党员，帮助引导他们提高技能、带头就业，并带领下岗无业人员再就业。当年对200名下岗职工党员进行再就业培训，推荐就业党员56名；对流动党员，建档立卡，统一管理。2010年，共登记管理73名流出党员和6名流入党员。对流出党员做到“四清楚”（流出时间清楚、去向清楚、联系方式清楚、思想动态清楚）。再次，建立关爱党员和关护生活困难党员工作制度。社区党组织和组织负责人除做到日常的工作走访之外，还做到五必访（党员生病住院时必访；党员家庭生活困难时必访；党员政治生日时必访；党员家庭出现重大变故时必访；党员来信来访时必访）。党员去世党组织送花圈表示慰问。2010年共走访党员763余户，慰问困难党员193余人，对19名特困老党员开展结对帮扶活动。

【扩大社区党建工作的覆盖面】 全面开展党员“楼栋长”服务活动。2010年选定楼栋长213人，覆盖辖区楼栋81%以上，在政策法规宣传、社会治安维护、社情民意收集、矛盾纠纷调解、环境卫生监督、便民利民服务等方面发挥着积极作用。如家住东山路232-4-1的楼栋长李素芬，在担任楼栋长以来，利用周末、晚上休息时间，在小区内向周边邻居积极宣传社区正在办理的事项，在她的建议下，社区开设小学生辅导班。抓点带面，创建特色社区。街道按照一社区一特色的要求，开展创建特色打造品牌社区活动。

【社区服务】 建设公园路街道社区综合服务中心位于王岘东路149号院内，建筑面积5400平方米，五层框架结构，总投资638万元。2008年9月动工建设；10月底投入使用。

【春季绿化】 与辖区单位、各社区分别签订《目标管理责任书》，与1300家商业门店签订“门前四包”责任书；组建130人的社区专业卫生保洁队、86人的街道环卫队。组织开展“周五环境卫生突击日”和“市容环境卫生综合整治”活动，对辖区内市容环境卫生进行集中清理。2010年上半年完成新增“认种认养”16695平方米，街道“认种认养”总面积达到19693平方米。开展除“四害”和疫情防控工作。排摸登记辖区家禽养殖情况，组织人员对辖区14576只（头、条）家禽家畜全面免疫。

【计划生育】 至2010年11月底辖区总人口61300人，其中已婚育龄妇女12875人，包括无孩700人，一孩10179人，二孩1684人，多孩312人。当年出生416人，其中一孩387人，二孩29人。独生子女领证9485户，独生子女领证率93%。共管理流动人口8593人，其中流入人口6846人，流入育龄人口4703人，其中已婚育龄妇女1386人，包括无孩58人，一孩423人，二孩709人，多孩196人。当年出生21人，一孩15人，二孩6人；流出人口1747人，流出育龄人口123人,流出成年育龄妇女248人，发证248人。流动人口综合节育率93.58%。

【维护辖区社会平安稳定】 矛盾纠纷定期排查。发挥534名综治信息员、213名“楼栋长”、153名志愿者队伍作用，坚持每月进行一次矛盾纠纷排查与不定期排查相结合，与居民谈心、入户宣传，及时掌握各种影响社会稳定的苗头性问题，做好预防，防止形成矛盾纠纷。至2010年11月底排查出各类矛盾纠纷45件，调处44件。落实矛盾纠纷包案调处。对一些比较突出的矛盾纠纷，落实领导包案销案制，集中时间人力，着手解决处理。落实矛盾纠纷联合调处。11月协调市城建局、市房产局、动力厂，联合调处胜利街等处5栋居民楼，334户居民的供水问题。开展邪教人员教育转化工作。经过排查摸底，未发现“血水圣灵”“全范围教会”邪教组织的活动迹象。开展定期回访帮教，成立巩固帮教组织12个36人，通过对排查确定的巩固对象定期2个月进行一次回访，对他们的生活、工作、社交、思想动态进行跟踪了解，有针对性开展帮教。开展吸毒帮教、两劳人员安置工作。开展对295名吸毒人员的帮教工作，加大刑释解教人员安置帮教工作。1至11月，有“两劳”人员19人，全部开展接茬帮教。

【保障和改善民生】 解决一批群众反映强烈的突出问题，确保各项惠民资金落实到位。至第三季度末保障3590户8937人，发放保障金8031452元，为129户符合条件的重大疾病特困家庭提供院后救助，救助金额289422元；享受定期定量补助优抚对象14人，定期补助金额为99751元，粮油补贴5226元，对36名参核参战人员发放生活补助86400元。

【开展劳动保障工作】 通过无业人员再就业培训、输出劳工等渠道，降低辖区失业率。2010年新增就业人员3108人，完成全年任务的119.5%。特困生培训14人，下岗失业人员再就业培训278人，分别完成全年任务的140%、100%。同时，办理下岗失业人员小额贷款140人，每人5万元。

【建立健全安全及消防工作的长效机制】 以白银区实施“质量兴区”为契机，开展安全生产隐患百日督查、冬季防火等专项行动，做到有实施方案和整治措施。排查辖区单位50家，企业79家，个体户677家，“九小场所”454家。对辖区513户危房（约1252人）都逐一进行登记建档；对辖区危房进行摸底登记分类建档，原有危房513户，其中空房44户（空房中有年久失修5户），自盖危房16户，房屋不规则1户。当年拆迁危房374户，新增32户。

【白银区公园路街道领导名录】

李双虎　书记（2010.2止任）
达朝杰　书记（2010.2始任）
李幸海　人大工委主任
冯树川　副书记、主任（2010.8止任）
李存才　副书记、主任（2010.8始任）
王守罡　副书记
许立龙　纪委书记（2010.8始任）
田　斌　副主任
马玉玲(女)　副主任
强萍兰(女)　武装部长

（高来军）

四龙路街道

【概况】 四龙路街道位于市区东北部，东至矿山东大沟，南至四龙路，西临中学巷，铁路货场，北至露天矿。辖区常住居民1.5万户4.6万余人。街道党委下设1个党总支，11个党支部，有中共党员534人；设8个社区居委会，38个居民小组。驻辖区科级以上企事业单位28家。

【项目建设】 新建社区综合服务中心。四龙路街道社区综合服务中心总投资400万元，建筑面积3100平方米，六层戴帽框架结构。至当年底，主体工程完工，完成投资280万元。建成大型社区综合服务楼。投资39.6万元，建成建筑面积330平方米，二层框架结构的大型社区综合服务楼，投资15.6万元，对其进行装修及办公设施配备，当年5月投入使用。街道投资17.7万元，完成500平方米的四龙路社区阵地建设任务，当年5月投入使用。建成“居家乐”虚拟养老院。虚拟养老院位于友好路76号，建筑面积200平方米，投资10万元，完成改造装修任务，6月投入使用。内设信息咨询指挥中心、接待中心、老年服务中心和红白理事会4个服务机构。打造十字街绿色精品社区。年初投入资金5600元、劳动力300多人次，在十字街社区中心地带修建成占地300平方米的精品花园绿地景观，绿地周围修建仿玉石围栏。同时，在小区健身广场为居民安装健身器材17件组，丰富居民文化娱乐活动。向阳村棚户区改造项目顺利进行。小区北区全面竣工，共建成回迁楼26栋9.6万平方米，安置回迁居民1040户。对小区绿化地进行平整。至年底，8个社区中有5个社区办公面积达到300平方米，不断提升街居形象，建成“一站式”服务大厅，实行“一条龙”服务。

【开展“一社区一特色”创建活动】通过打造红卫村流动人口管理示范化社区、十字街精品绿化示范社区、大型双拥和谐示范化社区、建设路廉政文化示范化社区、矿山路信访维稳示范化社区、友好路阳光服务等示范化社区的建设，提升社区管理和服务水平。

【实行楼栋单元长居民管理方式】为实现居民自我管理，在每个小区各单元设立楼栋长，根据小区居民推荐，以无记名方式选举自己心目中的楼栋长。楼栋长主要负责并协调各自单元的卫生、安全、邻里纠纷调解等方面的工作。当年辖区纳入管理的楼栋数共332栋，设立楼栋长260人。

【民生保障工作】 规范程序、严把关，推行“阳光操作”，实行动态管理，做到应保尽保。对孤寡老人、残疾人及优抚人员的救助率达到100%；落实优抚对象的各种优惠政策。符合条件并享受低保的对象共2371户5704人，覆盖面达总户的15%。

【老年事业】 街道完善养老、救助体系，本着“为老人尽一份爱心，为社会添一份和谐”的宗旨，按照“六个老有”（老有所养、老有所乐、老有所医、老有所教、老有所学、老有所为）的目标，不断加大老年人事业。当年登记60岁以上服务对象5650人，登记建册提供无偿服务对象30人，提供有偿服务对象的20人；开展帮扶解困工作，做到全覆盖。其中为张刘氏等16位老人申报享受高龄补贴。帮助董美英老人做白内障切除手术，协调解决医疗费2000余元，并派专人照顾。街道筹资2000余元，将精神病患者杨某送到平川医院接受治疗。当年共解决80岁以上老人实际困难10户；精神病患者5人；长期上访户5人。

【劳动保障】 实施就业政策，推进以创业带动就业工程，采取“走出去，引进来”的办法，提高就业质量；对城市居民及低保户的医疗保险登记、收费，办理及报销等工作严格审核。落实小额担保贷款政策，为困难家庭排忧解难。

【落实惠民政策】 街道重视“惠民政策落实年”活动，根据确定的民政保障、法律援助、劳动保障、计划生育、养殖业5个方面29项惠民项目，采取“一册明、一折通”的发放办法，做到各项惠民资金落实“零误差”“无折扣”。

【开展环境卫生综合整治活动】通过开展环境卫生综合整治、市容环境卫生突击月等活动，解决城市管理工作中的一些热点、难点问题，辖区内环境卫生明显改善。开展综合整治活动5次，出动车辆20余台次，出动人员500余人次，清理清运垃圾1200多吨，处理案件1686件，结案率达98.8%。

【马路清扫保洁工作】 做到路面洁净，配套设施定时擦洗。抓好各社区内个体经营店铺“门前四包”责任落实工作。督促社区管理好辖区卫生清扫保洁工作，并在辖区内设立公共信息栏25块，有效改善广告的乱贴乱画现象。

【绿化工作】 新增“认种认养”面积28250平方米，种植树木24503棵，花灌木及花卉4204平方米；围装铁篱笆护栏2500余米；当年底社区绿化总面积43064平方米。

【建立健全治安防范组织机构】成立街道综治稳定中心，社区和辖区单位也相应配齐配强综治工作人员。在治安防范体系模式上，通过签订责任书、检查监督、协调沟通等，构建立体化的“大防控”格局。辖区28家单位已落实安装技防设施，建立治安卡口10个，设立社区警务室8个。

【禁毒工作】 当年在网管控吸毒人员407人，建立戒毒康复档案366份，全部接茬帮教，完成任务的100%。

【信访接待和矛盾纠纷排查调处工作】 当年，共受理群众来信来访6件，信访结办率100%，排查民间纠纷58起，化解53起，化解率达91.4%，没有发生民转刑案件。

【白银区四龙路街道领导名录】

郝文军 书记（2010.8止任）
张 翀 书记（2010.11始任）
郝清兰（女） 人大工委主任
张玉珀 副书记、主任
曾朝俊 副书记
寇琴艳（女） 纪委书记
朱 涛（女） 副主任
高云龙 副主任（2010.8始任）
曾朝元 武装部长

（张 翀 张玉珀）

工农路街道

【概况】 2010年街道内设党政办公室（信访接待室、精神文明办公室）、社会治安综合治理办公室、武装部、司法办公室等机构，下设城管所、计生站、劳动保障所、民政保障管理服务所等4个事业单位，在编干部职工90人。街道党委设1个党总支、9个党支部，有中共党员480人。辖西铜、火车站、盘旋路、永丰街、长通、工农路6个社区居委会。驻有23家中央、省、市、区属企事业单位。有居民1.38万户3.73万人。

【创先争优活动】 街道党委确定主题，召开街道创先争优活动动员大会，创先争优“四项活动”安排会；成立创先争优活动领导小组、督查点评领导小组，对各社区党（总）支部的创先争优活动进行督查、点评、指导；召开党委会安排部署，印发《工农路街道创先争优活动实施方案》《工农路街道在创先争优活动中深入开展“四项活动”的实施方案》《关于在街道社区党组织和党员中开展创先争优活动的指导方案》。当年8月起街道党委集中时间、集中力量对学习实践活动整改任务落实情况进行一次“回头看”，开展集中核查工作，对于征求到的42条意见建议，解决41条，待解决1条，整改率为97.6%。通过入户走访，发放征求意见表，设置征求意见热线电话和意见箱，召开由辖区人大代表、政协委员、党代表、辖区单位负责人、党员代表、居民代表共同参与的座谈会等方式征求意见建议，依据征求到的意见建议，街道党委作出承诺9项，办事处作出承诺9项，班子成员作出承诺25项，各站所室作出承诺53项，机关、各社区党（总）支部作出承诺54项，409名党员立足本职，承诺1152项。在点评和满意度测评中，评价结果满意率均达到100%。街道党委、火车站社区党总支被市委组织部命名为“五星级”基层党组织。

【阵地建设】 工农路综合福利服务中心项目。项目总投资620万元，建筑面积4500余平方米，至年底，大楼建设全部完成投入使用。为辖区居民提供托老服务、居家养老服务、家政服务、技能培训、洗理服务、健身、娱乐等综合性服务。盘旋路社区阵地建设。在白银区第十一小学西南角处投资70多万元，新建面积600平方米的4层框架盘旋路社区办公阵地。长通社区阵地建设。在街道综合福利服务中心内建设长通社区阵地，当年竣工投入使用。划转永丰街社区阵地（原白银区供销联社一、二、三楼），当年底完成暖气改造。扩建西铜市场。投资7万余元，新建13间商铺。启用工农职业培训学校。免费为辖区400名年龄在22~52岁之间，初中以上文化程度，身体健康、愿意从事家政服务工作的困难职工、下岗失业人员、无业人员进行技能培训，其中有320名学员通过国家职业技能鉴定考试。开通便民服务网站。街道以建立统一的信息化服务平台为目的，通过整合各类信息资源，当年11月开通便民服务网站。

【精神文明建设】 利用街道自办的《工农社区简报》广泛宣传“兰白都市经济圈”“棚户区改造”“精神文明建设推进年”“惠民政策落实年”等最新时政，营造出和谐的社会氛围。至年底《工农社区简报》已编发39期78000余份。以“精神文明建设推进年”活动为契机，采取多种方式开展宣传教育和“三整治、三倡导”活动。街道举办读书演讲会。作为社科联文化联系点，省委常委、宣传部部长励小捷亲临街道检查指导精神文明建设工作。围绕街居发展，建设学习型、务实型、创新型、先锋型党组织。开展群众文体活动。各社区结合自己的特点，组建文化活动队伍22支，800多人踊跃参与，基本形成“一居一品一特色”。由街道组建的社火队在春节期间为全区百姓献上太平鼓、舞龙舞狮、腰鼓、秧歌、健身球等文化表演；盘旋路社区的广场踏歌舞蹈《丁香花》参加白银区全民健身日中老年人健身项目展示活动；西铜社区自排歌舞《十送红军》《西部放歌》参演白银市“颂红旗、唱红歌”文艺会演；与市区级相关单位共同承办《和谐之声进社区》大型文艺晚会。开展文明单位创建活动。街道获省级文明单位，火车站社区获市级文明单位。

【开展“爱心守望”活动】 开展“爱心守望”活动，为独居老人制作“爱心守望卡”，把社区党员、社区工作人员、公益性岗位人员、志愿者及其子女亲属、邻居联系起来，方便独居老人在生病或发生其它紧急情况时及时得到帮助。

【开展关爱“留守儿童”服务工作】 建成全省首家城市街道“留守儿童之家”，选派4名有专职教育特长干部进行免费专职服务，至当年底，已免费服务4500多人次，有34名留守及流动儿童在这里接受课业辅导，15 名儿童参加特长班。

【开展“认种认养、认管认护”绿化社区活动】 投入资金 8.2 万余元着重在永丰街社区、工农路社区开展“认种认养、认管认护”活动，先后动员机关干部、社区干部、公益性岗位人员、低保户、中共党员、辖区居民、志愿者共计 8000 余人参与绿化活动。当年，绿化新增“认种认养”户 175 户，新增绿地 23 块，新增绿地面积 24700 平方米，全街共有“认种认养”户 428 户，绿地 84 块，面积达到 43300 平方米。

【实行计划生育奖励政策】 率先创建人口与计划生育工作奖励制度。即对查证属实的“两非”案件举报人，在区上奖励 2000 元的基础上，街道再奖励 5000 元。对社区动员教育的二女户家庭，每落实一例节育手术，奖励社区 3000 元。对辖区困难企业女职工的孕环情服务费用由街道承担，无业育龄妇女的孕环情服务费用全部减免后，街道同时给予一定的物质奖励。当年街道共落实计划生育工作奖 13000 元，为辖区育龄妇女进行免费孕、环情服务 6174 人次，减免费用 18522 元。

【实行城管卫生奖励政策】 在城管工作中除抓好日常管理工作外，经过不断探索，重点推行“重奖重罚”激励机制。对出色完成任务的社区、班组、个人给予重奖，累计已落实城管工作责任奖 65000 元，处罚 2920 元。

【实行维护社会治安贡献奖】 为提高群众参与综合治理工作的积极性，继续发挥好“维护社会治安贡献奖”的作用。奖励金每次每件最低 500 元，最高 3000 元。2010 年，共奖励 5 人次、4700 元。

【实行宣传报道奖励】 2009 年 6 月设立宣传报道奖励，即年初分解宣传报道任务，年终兑现奖励。2010 年，共奖励,8 个站所室、6 个社区，奖金 2885 元。

【新建“党委议事规则”】 贯彻执行党的民主集中制，健全集体领导和个人分工负责相结合的制度，提高科学议事决策水平，街道新建党委会议议事规则，将重大事项都交由党委会，广泛听取班子成员的意见，2010 年共研究解决重大问题 16 项。

【新建党委中心组（扩大）学习会议制度】 新建由班子成员、副科级以上干部、各站所长、机关干部、社区支部书记、居委会主任参加的党委中心组扩大学习会议制度，当年共学习 9 次。

【健全党内关爱帮扶制度】 成立困难党员救助会，至年底救助会救助 6 人次，发放救助金 6500 元。同时，对生活困难党员给予帮扶，为特困党员购买医保，对住院党员组织看望，对去世党员前往吊唁并送去花圈。

【坚持“民主评议低保”制度】 每季度召开由社区各界代表、申请人及邻居共同参加的低保民主评议会，采取申请人陈述理由，邻居证实家庭生活状况，社区低保专干通报入户情况，参会人员发表意见，民主评议小组当场决定并公布结果的制度，保证低保工作的公开、公正、公平。街道开展“惠民政策落实年”活动，弱势群体得到救助。至年底，辖区有低保对象 1924 户 4766 人，共发放低保金 5731332 元；发放物价补贴 3222132 元；发放大病医疗救助金 104045 元 51 人次；发放廉租住房补贴 1086228 元 422 户；为优抚对象发放各种补助 173040 元；为 27 名城镇退役士兵发放生活费 49800 元；院前、院中共救助困难群众 25580 元（27 人次）；为 733 人发放门诊医疗救助 10 万元。

【推行民事纠纷“五调解”机制】 推行民事纠纷“五调解”机制，即发生民事纠纷时，由社区专干、社区分管领导、社区书记主任、街道包片领导及街道党政主要负责人、派出所所长分层次逐级调解。发挥好“工农路街道三八维权驿站”的作用，为妇女提供婚姻家庭、维权指导、心理疏导等法律咨询服务和信息服务 26 人次。对辖区不安定因素及时排摸，做到早发现、早解决。当得知辖区精神病患者颜某实施破坏公司财物行为被派出所带走时，街道多次与民政局协调解决，最终妥善解决颜某的治疗费用问题。工农路社区永丰街 206 号、208 号、210 号、230 号四栋楼 168 户住户供水问题长期无人管理，居民正常生活严重受影响，街道协调成立业主委员会，多次向白银市房管局反映，数次上门入户与居民沟通，最终解决水费 22159.35 元，污水处理费 15268.4 元，争取市房管局协调解决资金 8 万元，更换管道、安装卡式水表，规范物业管理，解决困扰居民一年多的用水问题。排摸上报区综治维稳中心稳控对象 20 人，并采取家人、社区、街道三级监护措施。做好甘肃长通电缆（集团）有限公司对越参战人员的劝访工作。当年共参加矛盾纠纷排查人员 120 人次，排查矛盾纠纷48起，调处48起，调解成功率达100%。

【打造服务居民的“阳光家园”】 完成社区“两委”换届选举工作。49名群众认可、热心社区工作的、年轻党员、干部走上社区党组织、居委会班子成员的岗位，换届后，年龄结构、文化程度都较上届有较大幅度的提升。街道在争取各级财政支持的同时，力争社区筹一点、共建单位帮一点，解决社区办公经费不足和党员活动难开展等问题。所有社区的办公用房均不少于100平方米。至年底街道社区全面达到“八有”标准（有人员、有制度、有办公用房、有户外活动场所、有党员活动室、有远程教育设备、有图书阅览室、有工作制度）。

【打造服务居民的“爱心家园”】 创新开展“认种认养、认管认护”活动，破解旧城区绿化难的问题。当年共有“认种认养、认管认护”居民438户，绿化面积达43300平方米，改变黄沙漫天飞的荒芜景象，实现硬化、亮化、净化、绿化、美化的“五化”环境。

【打造健康向上的“康乐家园”】 把“层级动态管理”和利益导向机制相结合，落实街道科级干部包社区、包片，一般干部包重点对象、包楼栋、包户责任制。依托白银职专、白银公司技校、创意电脑等职业技术学校，分批对辖区内有就业愿望的下岗失业人员、特困家庭人员、残疾人、“两后生”等717名免费进行技能培训。依托工农职业培训学校，当年分四期培训下岗失业人员、困难职工400名，其中有320名通过国家职业技能鉴定。开展就业、失业登记工作，至11月共有2898人通过私营企业、个体经营、公益性岗位等实现就业、再就业。采取咨询服务、参加用工现场会等方式，开展职业介绍、就业指导，咨询服务600多人次，张贴信息90多条、组织参加用工招聘会2次、电话联系120多人次、参加省级就业创业评选活动1次。督促指导34家用工单位签订劳动合同277份。为下岗失业人员办理《甘肃省就业失业登记证》624本。及时为2009年实现灵活就业的下岗失业人员办理社会保险补贴83.3460万元、为1153名灵活就业的下岗失业人员登记办理2010年社会保障补贴。开展城市居民基本医疗保险工作，当年，登记参保居民7247人，核销门诊费9.4410万元。为69名自主创业的下岗失业人员办理小额担保贷款。

【打造服务居民的“红色家园”】 重视民生制度建设。为确保低保申报审批程序的公正到位，街道探索、创新民主评议低保制度，促进低保申报审批的公开、公正、公平。构筑医疗救助体系。按照门诊救助与住院救助、大病救助与常见病、医后救助与医前救助相结合的原则，主动为因病致贫、返贫困难群众解决实际困难。完善党务、政务公开制度。11月开通便民服务网站，加大街道社区党务、政务公开力度，在街道及各社区搭建阳光服务阵地，打造阳光家园党建工作平台，建立阳光服务大厅，开通阳光热线，面向居民实施一站式办公。加强党内民主建设，定期将办事程序及结果、社区党务、居务等涉及居民切实利益的工作向居民公开。

【打造勤学苦练的“学习家园”】 坚持从提升广大党员干部的学习能力、知识素养、工作本领和增强党组织的创造力、凝聚力、战斗力出发，用建设四型党组织（学习型、务实型、创新型、先锋型）推动创先争优活动开展。共组织街社广大党员干部撰写各类读书心得282篇，举为读书演讲话1次，副科以上干部撰写学习笔记10000字，一般干部撰写学习笔记5000字，营造,深厚的学习氛围。团结党员居民，打造安居乐业的“和谐家园”影响辖区稳定的源头性、根本性、基础性问题，团结党员居民，力促和谐。为做好吸毒人员、两劳人员、重点人员的帮教和安置工作，街道通过党员帮、干部帮、群众帮、亲属帮、朋友帮的“五帮”工作机制，避免吸毒人员和两劳人员再次犯罪和对社会、家庭的危害，靠实帮教工作，创建“无毒街道、无毒社区”，“无邪教街道、无邪教社区”。

【廉政建设】 制定下发《工农路街道纪检监察工作要点》，要求机关各部门、各社区党（总）支部、居委会贯彻落实。并就班子成员“一岗双责”进行明确分工。11月22日召开以“贯彻落实《党员领导干部廉洁从政若干准则》切实加强领导干部作风建设”为主题的党员领导干部民主生活会，开展批评与自我批评，提高班子成员的廉洁自律意识。励干部参加区纪委组织的廉洁从政党纪政纪法规考试，督促干部提高廉洁自律意识，4名科级干部、36名一般干部报名参加考试。组织分管民政的领导全程监督二、三季度的低保民主评议会，对民主评议低保程序不完善、不规范的，提出整改意见。

【制度建设】 街道以制度建设为基础，推行首问责任制、限时办结制、责任追究制等管理制度，规范工作流程，解决街道社区干部纪律松散、办事拖沓、推诿扯皮、服务意识不强、服务态度不好等突出问题。街道不断加大督查力度，对机关各部门、各社区效能建设工作不定期暗访16次，对各社区效能建设工作定期督查12次。街道党委获市级“五星级”基层党组织称号，街道党委获区级“五好班子”称号；获全省精神文明建设工作先进单位称号；综合治理基础工作得到肯定，作为全省唯一代表在全国经验交流会上发言；“爱心守望”、“关爱留守儿童”工作得到中央、省、市、区及居民的充分赞同和肯定；街道司法所获全省优秀司法所称号。

【白银区工农路街道领导名录】

金　鑫　书记（2010.8止任）
冯树川　书记（2010.8始任）
张世祺　人大工委主任
韩继国　副书记、主任
魏春霞（女）　副书记
魏振苍　副主任
朱自刚　副主任
张　莉（女）　纪委书记
陶鸿平　武装部部长

（狄春莲）

纺织路街道

【概况】 纺织路街道位于白银西城区，东起西山公园，与工农路接壤，西至紫灵山管理处，南起白银市农科所，北到瞭高山。国道109线、白兰高速公路横穿腹地，交通十分便利。2002年10月筹建，2003年3月27日办事处挂牌成立。街道办事处驻天津路203号。街道党委设9个党支部（机关党支部、银西社区党支部、育才路社区党支部、狄家台社区党支部、警苑社区党支部、长安路社区党支部、大坝滩村党支部、黄茂井村党支部、大井子村党支部），有中共党员340人。办事处内设党政办公室（人大代表联络工作站）、社会治安综合治理办公室（精神文明办公室）、武装部、司法所、社区事务办公室，并设城管所、计生站、劳动保障事务所、安全监督管理站、民政保障管理服务所5个事业单位。在编干部79人；有村、社区工作人员40人。辖银西社区、育才路社区、狄家台社区、警苑社区、长安路社区5个社区居委会；大坝滩村、黄茂井村、大井子村3个村民委员会。至2010年，有居民8548户22076人。驻有科级以上单位45个，文明单位29个。

【城乡一体化建设】 2010年街道重点项目征地拆迁工作任务重、时间紧、难度高。街道抽调农村工作经验丰富、有工作魄力领导干部成立3个征地拆迁工作组。工作组成员坚持阳光操作，规范操作，按照“政策交底、方案公开、及时兑现、妥善安置”的原则，坚持征地拆迁政策，严格征地拆迁程序，帮助失地农户解决实际困难，保障农民合法权益。当年街道征地拆迁工作涉及市、区重点项目6宗929.6亩，需要拆迁122户，全部按期完成征地任务；完全拆迁94户，占总任务的77%。解决被征地农民的后续安置工作，按照“先安置后拆迁”的原则，继续推进城乡一体化建设工作。完成大坝滩二期安居工程2栋108套，其余2栋主体框架建设完成。完成大坝滩村狄家台社安居小区、黄茂井村安居工程、大井子村二期安居工程前期手续办理，工程正式开工建设。至当年底，安置102户408人。

【计划生育工作】 与辖区81个单位和3个村、5个社区签订目标责任书、行政执法责任书等，按照《纺织路街道关于进一步加强人口与计划生育工作责任制的实施方案》的要求，落实包村、包居责任制，层层落实计划生育层级动态管理机制，加大奖优罚劣的力度，严格兑现奖惩；与派出所、建设局、劳动保障、民政等部门联合定期联系，实现信息资源共享。当年在白银市区计生网站等媒体共发表稿件46篇；发放宣传单7000余份；发放药具1655盒；组织3场专题讲座。与公安、工商等部门配合，在各市场、商场、商铺、建筑工地等重点区域，对外来人口进行清理清查，逐人登记，建立健全流动人口、常住人口服务管理台账，做到账、表、卡、册齐全规范。一周一摸底，一月一运转，做到底数清、流向清、情况明。完善社区人口和计划生育电子档案，切实提高办公效率，方便居民办事，实现人口计生管理信息化，为“数字计生”奠定基础。

【城市管理工作】 修订完善《纺织路街道市容、环境卫生及绿化管理办法》《纺织路街道市容、环境卫生及绿化考核办法》等规章制度。以宣传工作为抓手，组织开展“城管法律、法规进万家”宣传教育活动和“告别不文明行为，争做文明市民”誓师动员大会暨迎“两节一庆”市容环境卫生综合整治活动和迎“三项活动”市容环境卫生综合整治活动，组织开展一系列的宣传教育活动。累计在各种媒体上播发报道32条

(篇)，白银日报上刊发1条。上报《街道城市管理工作信息》32期，办板报16块，各社区悬挂宣传横幅共21条，发动辖区单位悬挂宣传横幅13条。设立宣传咨询点5处，发放各类宣传材料1300余份。联合白银职专大力开展“城管法律法规宣传”互动活动1次，组织开展街道城管综合执法中队行政执法培训会1次，开展环境卫生监督员业务培训1次，组织辖区单位及社区居民、街道全体干部、志愿者及社区公益性岗位人员2080人参加大型环境卫生集中整治9次。同时，街道城管工作以“打造精细化城管、全面提升城管水平”为目标，以“绿化、美化、亮化”为重点，发挥数字化城市管理工作职能，当年办理数字化城管案件242起，结案率达到97%，受理群众来访结案率达到100%；开展环境卫生综合整治，取缔铝厂福利区门口的市场，辖区居民的生产生活环境得到改善。

【民政工作】 以发放低保、医保及各类社会保险补贴、扶贫帮困、慈善救助为重点，开展“惠民政策落实年”活动。街道专门成立提标工作领导小组，并根据街道实际情况召开低保提标专题工作会议，以会代训形式对工作人员进行业务知识培训，有低保对象2218户5682人，累计发放低保金712.2924万元，物价补贴389.7774万元。为辖区200户低保特困家庭发放医疗救助金10万元。为88户大病医疗救助对象申请院后救助，救助金额23.7万元。全年共发放和收集民政信息和民情日记70余篇。

【劳动保障工作】 以再就业援助、失地户养老保险办理为重点，全面落实市、区各项政策，开展职业介绍、城镇居民医保、社会保险补贴、企业离退休人员领取养老金认证等工作。当年共组织各种用工招聘会5次，职业介绍成功302人，审查办理小额贷款78人，协助金融机构审核发放小额贷款390万元。共办理失地农民养老保险108人。

【白银区纺织路街道领导名录】

李应伟　书记
张旭升　人大工委主任
梁　龙　主任
邓　宏　副书记
高岳魁　纪委书记
刘志新　副主任
杨桂萍(女)　副主任
张志生　副主任
罗继刚　副主任
赵永康　副主任
李武学　武装部部长

(张文全)

人　　物

白银西区人民广场焰火夜景

领导干部

梁蓉兰 女，1962年3月生，四川省成都市人。中共党员，在职研究生学历。1983年8月至1986年10月甘肃省财政厅办公室秘书；1986年10月至1993年10月甘肃省财政厅办公室副主任科员、主任科员（期间：1992年3月至1993年11月，挂职任兰州市七里河区财政局副局长）；1993年11月至2001年4月甘肃省财政厅办公室副主任（期间：1993年8月至1995年12月，在中央党校函授学院本科班经济管理专业学习；1998年9月至2000年2月，在财政部科研所财政学专业研究生结业）；2001年4月至2002年4月甘肃省财政厅办公室副主任兼信息中心主任（正县级）；2002年4月至2005年4月甘肃省财政厅办公室主任；2005年4月至2006年11月甘肃省教育厅纪检组组长、党组成员，甘肃省高等学校工作委员会副书记、纪工委书记；2006年11月至2008年5月白银市政府党组成员、副市长；2008年5月至2008年7月中共白银市委常委、市政府党组成员、副市长；2008年7月至2009年8月中共白银市委常委、市委宣传部部长；2009年8月至今，中共白银市委常委、白银区委书记。

张润苍 1952年12月生，甘肃省榆中县人。中共党员，在职大专学历。1970年12月，在步兵四一八团服兵役，记三等功1次，1975年5月先后在榆中县青城公社任水保员、武装干事、副乡长；1984年4月任榆中县上花乡党委书记；1988年12月任白银区强湾乡党委书记；1991年1月任白银区委宣传部部长；1994年8月任白银区委常委、宣传部部长；1995年8月任白银区委副书记、政法委书记、区委党校校长；2002年12月任白银区人大常委会主任。甘肃省第十届人民代表大会代表。

李兰宏 1966年9月生，甘肃省靖远县人。中共党员，中央党校大学学历。1989年7月白银市平川区种田乡政府科员；1990年5月白银市平川区政府办公室科员；1993年5月，平川区体改办副主任；1998年3月平川区体改办主任；1998年11月平川区陡城乡党委书记；2000年2月白银市房地产交易中心主任；2002年4月，白银市城市房屋拆迁办公室主任；2003年8月白银市城市房屋拆迁办公室主任兼市鸿翔集团公司总经理；2005年12月白银市房地产管理局局长、党组成员；2006年7月，白银市房地产管理局局长、党组书记；2009年12月白银区委副书记、白银区政府代区长；2010年1月白银区委副书记、白银区政府区长。

陈　忪 1953年6月生，甘肃省靖远县人。中共党员，在职大学学历。1969年3月甘肃省靖远县共和公社广播员；1972年10月经中共定西地委批准录为国家干部，同年分配靖远县种田公社工作，任农业技术专干、保卫干事、公社铜矿革命领导小组组长；1974年4月任靖远县复兴公社文书、团委副书记；1979年12月任靖远县共和公社党委秘书；1982年9月靖远县委办公室秘书；1983年6月任靖远县宝积乡党委副书记、平川区宝积乡乡长；1990年1月任平川区委办公室主任；1996年5月任平川区委宣传部部长、区文联党组书记；1996年8月任平川区委常委、宣传部长（1995年6月至1997年7月，中央民族大学行政管理专业在职学习）；2001年11月任平川区委常委、纪委书记（期间：2001年3月至2003年3月在甘肃省委党校经济管理专业大专班在职学习）；2002年3月任白银区委副书记、区纪委书记（期间：2004年3月至2006年1月，甘肃政法学院大专班法学专业在职学习）；2006年9月政协白银区第七届委员会主席候选人；2006年11月政协白银区委员会党组书记、第七届委员会主席候选人；2007年1月任政协白银区第七届委员会主席（2007年1月至2009年1月在中央广播电视大学法学专业本科班学习）。

2010年全国劳动模范先进个人称号获得者

魏学祥 1955年9月生，王岘镇红星村人，中共党员，大专学历。1974年2月在白银区王岘水泥厂参加工作，先后任上料工、保管员、汽车维修工、财务出纳员、财务会计；1992年3月王岘水泥厂副厂长；1994年3月任王岘水泥厂厂长兼党支部书记；1997年5月被白银区政府任命为王岘乡经济联合委员会副主任（兼）；2003年9月至今任白银王岘水泥有限公司董事长。区工商联第三届执委会副会长、区工商联第四届执委副主席、王岘镇党委委员、区慈善会副会长，区第十次党代会代表、甘肃省水泥协会副会长。2010年底，王岘水泥厂企业产能达到120万吨。年实现销售收入1.7亿元，利税 3767 万元，常年解决当地劳动力就业 500 人次，有职工 420 人，各类专业技术人员 120 人。近年来，企业为抗震救灾、金秋助学、农田水利建设、新农村建设共捐助资金 100 万元，水泥 2000 余吨。企业经济效益综合指数在白银市、区非公经济中名列前茅。公司生产的“火焰山”牌水泥自 1997 年以来连续四届被甘肃省评为甘肃省名牌产品，“火焰山”商标被评为“甘肃省著名商标”。企业于 2011 年晋级为“甘肃省私营企业 100 强”。2010 年 1 月他本人获中国优秀民营企业家称号；2010 年 6 月被中国农村劳动力资源开发研究会、中国扶贫基金会、国务院发展研究中心表彰为第九届全国“创业之星”。

王月萍　女，1967 年 4 月生，靖远县刘川乡人，中共党员，大学学历。1986 年 9 月甘肃农业大学果树蔬菜专业学习；1990 年 6 月甘肃省五大坪农场生产科干部；1992 年 7 月白银市白银区农业广播电视学校任教；1996 年 1 月白银市白银区农业广播电视学校任副校长，主持工作。2005 年 3 月白银市白银区农业广播电视学校任校长。2008 年 5 月白银区武川乡任党委副书记、政府乡长。2009 年 3 月白银区武川乡任党委书记。2010 年 8 月白银区武川乡正科级干部；2010 年 10–至今白银市妇联任副主席、党组成员。2010 年获全国城乡妇女岗位建功先进个人称号。

吴玉华　女，1967 年 12 月生，白银区王岘乡人，中国民主建国会会员。1988 年 7 月参加工作，1991 年调入人民路街道办事处，在 2008 年全国工作第二次经济普查工作中，作为经济普查小组负责人，她精心组织，积极协调，有条不紊地工作，以满腔热情投入到普查工作中。她负责的普查区法人、产业活动单位 900 余家、个体工商户近 400 家。她遵守工作纪律，不迟到、不早退，放弃休息日。她白天入户调查，晚上将一天的工作进行总结，提高工作效率，找出清查入户的最佳方法。在连续一周的工作之后，她嘴上上火起泡，晚上回家累得腰酸背痛，但她仍然坚持在第一线。严把质量关、时效关、依法统计关、协调关。2010 年 4 月获第二次全国经济普查先进个人称号。

高　科　1971 年 5 月生，强湾乡川口村人。中共党员，初中文化。1989 年 9 月始，先后任强湾大理石厂车间主任，强湾工业瓷厂副厂长；1995 年 6 月，被聘为乡镇企业干部；2000 年后，任白银区生态办绿化队副队长；2005 年 4 月，获甘肃省劳动模范称号；2010 年 4 月获全国劳动模范称号。

2010 年全省先进工作者称号获得者

李作华　女，1956 年 2 月生，大学学历，强湾乡白崖子村人。1992 年 5 月至 2010 年 8 月白银区委党史办主任。她热心党史工作，克服生活和工作的重重困难，挖掘和研究 1949 年以前中国共产党在白银的革命活动，研究共产党领导下的西北抗日游击队、西北抗日义勇军在白银区境内进行的两次浴血奋战，取得好的研究成果。收集整理在社会主义革命和建设中在党的领导下白银区取得的伟大成就。为纪念建党 80 周年，经过两年的努力，由她参与编辑的社会主义时期白银区党史资料《回顾与思考》一书，于 2001 年 6 月出版发行，全书共 24 万字。从 2001 年至 2005 年，在省、市党史系统组织的学习班、研讨会上发表和交流学术论文 4 篇，获奖 2 篇。在她主持下，历时 10 年，《白银区志》于 2002 年出版发行，全志 85 万字。2010 年 4 月获全省党史系统先进工作者称号。

杨　虎　1966 年 10 月生，白银市靖远县人。中共党员，本科学历。1990 年 9 月白银区业余体校教练；1997 年 5 月白银区业余体校校长；2001 年 6 月白银区体育运动委员会主任；2002 年 11 月白银区强湾乡党委书记；2006 年 8 月白银区交通局局长；2010 年 11 月白银区王岘镇党委书记；2011 年 5 月白银区动迁安置服务办公室主任。2006 年获全省优秀社会体育指导员称号；2010 年获全省先进工作者称号。

段淑荣　女，1967 年 8 月生，土家族，湖南省吉首市人。大专学历，小学高级教师。白银市白银区第十三小学教师。1982 年 7 月白银市白银公司第一小学任教；1988 年 7 月西北师范大学就读英语专业。从教 20 年以来，一直在学校担任英语教研组长，在教学第一线担任校中、高年级英语教学工作，在教学实践中摸索出一套独特的教学方法。她钻研教材，精心备课，目标明确，重、难点突出，课堂上教法独特，激情点拨，巧妙导入，使重、难点分散介入教学，由浅入深，使学生轻松接受新知识。在市、区各项英语竞赛中担任评委。连续十几年担任毕业班英语教学任务。组织学校的“英语角”活动。2003 年获“英语优质课”竞赛一等奖；2004 年获“全国首届小学英语教师技能展评”个人二等奖及“教学设计”二等奖；2004年辅导李蝉老师获“全国英语技能展评”二等奖；2001、2006、2008、2009、2010、2011年辅导学生参加全国竞赛获“优秀辅导员”称号。2010年获“全国公开课电视展评”一等奖；2000~2011年学生在各类比赛中获奖，王凯文、樊新妤、姜东儒等多名学生获一、二等奖；2011年辅导邓文英老师获白银市“英语技能竞赛”一等奖、省“三等奖”和“优秀辅导奖”。2005年她获省级“青年教学能手”称号；2011年获“首届全国中小学外语教师教学能手”及“外语教师名师”称号。2001年5月在《西北师范大学学报》上发表论文《谈小学外语目标化教学》；2000年论文《不断引发兴趣保护学生积极性》获省论文评比二等奖；课题《关于小学英语趣味教学创新的研究》已被列为白银市教育科学“十一五”规划课题；《校本英语课程的开发与教师角色转换研究》已被列为甘肃省教育科学“十一五”规划课题。

李　普　1968年2月生，白银市平川区人。中共党员，本科学历。1991年，白银市第二人民医院工作；1999年9月，任市二医儿科主任；2006年8月，任市二院副院长兼儿科主任；2008年10月，聘为儿科主任医师；2010年4月，获省委、省政府授予甘肃省先进工作者称号。2010年11月，入选甘肃省卫生厅系统领军人才，同年，获全省先进工作者称号。

高松旺　1962年5月生，王岘镇东台村人，大专文化。1984年分配到白银区水利局工作，1997年加入中国共产党，2002年起任白银区生态建设办公室副主任。2000年，高松旺投身到生态环境建设一线，与同事们一道加班加点，埋头苦干，进行前期踏勘和规划工作。他提出“生态建设，水利先行”的工作思路，把供水工程建设作为造林工作的首要环节来抓。他发挥自己的专业特长，上山多次考察，细心钻研。水坝施工期间，他白天晚上都在现场，紧盯施工程序，保证施工质量。几年来，他负责先后建成库容4~8万立方米的蓄水塘坝4座，供水泵站4座，倒虹吸2处2156米，开挖加固隧洞5座和衬砌渠道3917米，安装供水管道85000米。抓造林质量，严把“整地、苗木、栽植、灌溉、管护”等5个关口，抓好浇水、施肥、修剪、病虫害防治、除草及防火、防冻等日常管理各个环节。他身上总也离不了三样东西：笔记本、笔和一把尺子，笔记本上记满林木的各种数据。长年累月的工作，他总结出一套检验荒山林木滴灌需水的经验。2000年以来，由生态办组织实施的绿化造林面积达3万亩，栽植各类树木300多万株，造林成活率达92%以上，保存率达85%以上，创造“当年植树，当年成林”的荒山造林经验。2010年7月获省委授予优秀共产党员称号。

2010年白银区劳动模范和先进工作者称号获得者

李炳忠　1959年3月生，强湾乡川口村人。中共党员，大专学历。强湾乡川口村村委会主任。李炳忠自2003年被村民推选为村主任后，与村“两委”班子成员一起，争取资金，对渠道进行改造维修，2006年、2007年共改造14千米，初砌渠道29.8千米；争取供电项目，解决日光温室用电困难的问题；联系驻银某部队修通全村的自来水管线，让群众喝上放心水。他多方争取资金，对本村道路进行硬化，2004年沙化109线至各社路面14千米；2005年硬化红拐子至川口道路3.6千米；2008年沙化红丰至川口，榆树庄道路12千米；2009年硬化榆树庄、红丰道理4.2千米，同时完成道路绿化3.5千米。李炳忠工作负责、思路清晰、一心为民，是个为村民称道的“村官”。2003年、2009年连续获强湾乡致富能手称号。

杨晓兰　女，1962年12月生，甘肃皋兰县人，中共党员，大专学历。白银区少儿图书馆图书资料馆员。1980年参加工作，在工作中任劳任怨，一丝不苟，具有良好的职业道德和真诚服务读者的敬业精神。2006年组织参加北京“宋庆龄基金会”举办的“曙光杯”中小学书法作文大赛，组织选送作文及书法作483篇，其中有148篇作文、43件书法作品获得不同奖项；2007年组织参加中国图书馆学会举办的全国“绿色阅读”少儿活动，共征集“绿色奥运　环保健康”为主题的儿童绘画作品117幅，选送40幅作品寄往北京参加全国巡展活动。杨晓兰多年来对工作兢兢业业，对自己严格要求，对同事真诚善待，对读者热情服务，多次被区文体局、少儿图书馆评为优秀共产党员、先进工作者；2009年获甘肃省文化厅“从事图书馆三十年奉献奖”称号。

许承军　1963年3月生，大学学历，现任甘肃中泰万盛房地产开发集团有限公司工程部部长。1984年参加工作，先后取得助理工程师、工程师、项目经理、甘肃省造价专业人员资格、全国造价员资格、甘肃省造价工程师资格、全国注册二级建造师任职资格。在工程施工过程中，他和同志们不怕苦不怕累，加班加点，精心组织，周密安排，把200多吨台机械设备，400多名施工人员组织的井井有条，用严明的纪律，过硬的作风，抢时间、比进度、抓质量、搞竞赛，每天拉土300多车，填土25000多方。许承军严格要求自己，以身作则，遵守国家法律法规，爱岗敬业，无私奉献，开拓创新，在工程项目管理实践中取得了优异成绩。2006年度被评为甘肃中泰万盛房地产开发集团有限公司先进工作者，2008年获全市统计工作先进个人称号。

李万海　1963年8月生，甘肃靖远人，中共党员，大学本科学历，现任白银区水川中心卫生院院长。1986年参加工作后，一直在乡镇卫生院从事医务工作。1994年任强湾乡卫生院院长，2008年10月任水川中心卫生院院长。几十年来他严于律己，廉洁行医，具有良好的医德医风、职业道德和敬业精神，在医院管理岗位上以身作则，任劳任怨。他事业心强，好学肯钻，推广应用纯中药和中医针灸疗法治疗慢性顽固性湿疹等疑难杂症，治愈病例600余例，临床好转率90%以上。2004年，卫生院获全市先进卫生院称号；他本人先后获甘肃省红十字系统先进个人称号、白银区卫生系统先进个人称号、多次获先进工作者、优秀共产党员称号，2009年获甘肃省乡村名中医称号、甘肃省农村卫生工作先进个人称号。

李　荣　1963年10月生，大专学历，中共党员，白银区农技中心主任。1996年担任区农技中心主任后，亲手规划和组织建设重坪、城郊等农业科技示范园。主抓设施农业建设，日光温室面积由1995年的3965.6亩发展到2010年的2.64万亩，总产量达到1.66亿公斤，总产值达到2.64亿元，全区人均从日光温室蔬菜生产中获纯收入达到2019元。每年引进新品种都在100个以上、新技术5项以上，培训农民5000人次以上，2009年组织秸秆生物反应堆全国现场会示范点的建设。争取并落实完成省财政厅林果反季节栽培等多个项目。组织认定无公害蔬菜生产基地2.5万亩，认证绿色食品2个、无公害蔬菜2个。2006年白银区被省农牧厅确定为无公害蔬菜生产示范基地县。严格投入品监管和农产品监测，推行标准化生产技术，开通“绿色通道”，区内多年来未发生植物疫情。1998年获全省农技推广先进个人称号，多次受到省市农业部门表彰奖励，获得市级科技进步奖3项。

贾登岳　1966年3月生，甘肃临泽人，中共党员，大学学历，现任白银区银光中学副校长。1989年参加工作后，一直在教学第一线从事教学及研究工作。从教20余载，教学成绩优异，教学特色分明，教育眼光独到，教育思想先进，是学生喜欢、家长称心、领导放心、同事称赞的好老师。实施素质教育，热爱学生，促进学生的全面发展，教书育人，为人师表，有多篇论文获奖，其成功经验在银光中学广泛推广。在培养青年教师和培养学生方面均有突出成绩。由他指导培养的青年教师王勇、文昱、王萍、夏冬梅等在市区优质课比赛中多次获奖。他担任语文任课教师、年级组长和教研组长期间，银光中学张林同学考入清华大学，班级参加高中会考合格率均为100%，高考成绩多年名列全市前茅。贾登岳多次获得学校青年教师教学比赛一等奖、优质课竞赛一等奖；多次获得银光公司优秀教师称号；1999年全市首批中学骨干教师称号；1999年获银光公司教育奖励基金一等奖；多次受聘为优质课竞赛评委。

高　峰　1966年9月生，甘肃白银人，中共党员，大学本科学历，水利工程师，现任白银区工农渠管理处主任。1988年参加工作，先后在四龙靖丰渠改建工地、武川引大工地、区水利局工作。多年的基层工作磨砺他脚踏实地、甘于吃苦、乐于奉献的品格。2003年任工农渠管理处主任后，他面对工程设施老化严重、效益下滑、运行困难的局面。一手抓管理，一手抓项目争取和建设，努力改变工程困境，先后争取项目资金2200多万元，实施主干四泵站重建、九泵站出水管道改线、水权转让节水改造、光彩白银生态园供水、王岘东西支渠铝厂段改造等工程项目，使工程设施状况得到一定改善。2009年，抓住机会争取到总投资1.34亿元、分三年实施的工农渠大型泵站更新改造项目，投资4690万元的第一年度项目计划已于2009年9月批复实施，总干一至四泵站土建工程和设备安装工程正在紧张有序地进行。项目全部实施后，工程设施状况将得到较大改观，新增有效灌溉面积3000亩，改善灌溉面积50000亩，能源单耗由6.2千瓦/千吨·米下降到5.5千瓦/千吨·米，降低供水成本，减轻农民负担，提高工程运行效益。

王　虎　1966年9月生，山东烟台市人，中共党员，大学学历，白银公安分局西区派出所所长。1985年参加公安工作后，积极探索，努力工作，履行公安机关打击犯罪、保护人民职责，确保辖区群众安居乐业。2008年1月，王虎受命担任西区派出所代所长、所长后，组织和带领全所民警深入大坝滩、黄茂井、大井子等三个“城中村”入户调查，登记出租房屋1800多间，登记暂住人口2600人，与房主签订租赁房屋责任书1000余份。几年来，共参与破获各类刑事案件86起，抓获犯罪嫌疑人127人，破获贩毒案件7起，强制隔离戒毒42人，查处治安案件331起，治安处罚360人，抓获网上逃犯11名。他先后7次获白银公安分局优秀党员称号，2000年荣立个人三等功。

张国凯 1967年10月生，中共党员，大专学历，白银区人口和计划生育局副局长。自1991年9月至2010年一直在区人口计生局工作。在工作中兢兢业业，任劳任怨，履行一个计生干部的神圣职责，尤其在他任副局长期间，无私奉献，情系计生国策，心系人民群众，白银区的人口计生工作“芝麻开花节节高”，整体工作迈入省、市的先进行列。2006年至2009年，连续四年在市上组织的年终考核中综合排名第一；2007年，获全省政策落实奖；2008年，白银区获全国计划生育优质服务先进单位；2009年，白银区全省机制建设创新奖。张国凯以求真务实、吃苦耐劳的精神，为全区计生工作倾注大量心血，他自己也得到各级部门的充分肯定，多次被市、区评为人口和计划生育先进工作者。

张文英 女，1967年10月生，甘肃白银人，大专学历，甘肃星驰建设监理有限责任公司招标代理部部长。2004年招聘进入公司后，工作以身作则，严格要求，爱岗敬业，无私奉献，尊重领导，团结同事，在近三年的整理、管理工程监理资料工作中，完成近100项工程资料的整理工作，确保各项工程监理资料完整、规范、准确。在工程建设项目招标代理工作中，严格执行国家招标投标法和国家相关法律、法规，对尚不符合条件准备参加招标工程的业主，做好耐心细致地解释工作，主动帮忙，让业主准备、完善前期资料，争取使招标工作合格率达100%。张文英在2004年-2009年期间，先后为兰州、甘南、敦煌、白银、平川、靖远等地的245家单位招标代理工程项目326项，每一项工作都能做到认真负责，资料规范，严谨细致，保质保量，得到公司领导和广大业主的肯定。2009年获公司先进工作者称号。

张安麒 1968年10月生，甘肃省景泰县人，大学本科学历，甘肃海天鼎盛汽车贸易集团有限公司董事长。自2001年成立甘肃海天鼎盛汽车贸易集团有限公司后，始终坚持“诚实守信、务实创新、合作共赢”的经营理念，紧跟时代脉搏，抢抓历史机遇，目前集团公司形成坚实的发展基础和网络化发展格局。在集团公司多年的发展过程中，他注重企业文化建设，以“海纳百川、天道酬勤”的企业精神，最大限度发挥企业文化的导向和激励作用，为集团公司持续发展、健康发展提供坚实的文化支撑，塑造海天人文明服务、真诚服务的企业服务新形象。集团公司在不断发展壮大过程中，他参与扶贫救济、捐资助学等社会公益活动，为社会公益事业做出应有贡献，创造就业岗位300多人，实现利税2000余万元。2008年被兰州商学院聘为学院副教授，同年任白银区工商联副主席。

李小军 1969年7月生，甘肃宁县人，中共党员，大专学历，现任白银区地方税务局征收分局局长。他当过专管员，担任过指导员和分局长等职务。他热爱税收工作，对税收工作负责，兢兢业业，一丝不苟。自分管办税服务厅以来，创造性地开展纳税服务和税收管理工作，磁卡报税、叫号等待、纳税评价系统在全省率先研发使用，成功运行创新式纳税服务管理方式，为全省办税服务厅提升纳税服务水平、构建地税和谐提供典范，受到省市的表彰和奖励。2008年、2009年征收分局获市、区政府“巾帼文明岗”“巾帼文明示范岗”称号,2009年征收分局被区地税局评为“先进集体”;李小军同志多次获“优秀公务员”“先进工作者”“优秀党员”称号;2009年获全市“扶残助残”先进个人称号、全市勤政廉政先进个人称号。

王卓恩 1970年2月生，甘肃白银人，中共党员，高中文化程度，白银区四龙镇民乐村农民。他是一名普普通通的农民，为提高生活水平，当过工人，做过生意，开过农资商铺，当过管理人员。1997年开始自己创业，办起四龙纸箱原料生产厂，为农业生产提供优质化肥和种子，使农民种植产量大幅度提高，增加了农民的收入。2009年，他购买自己的运输车，经营蔬菜和果品的购销，带动了村民种植的积极性，增加了农民的收入。2010年，他已经对外运输果品和蔬菜800多吨，送达城市24个，为家乡的5998亩大棚蔬菜和4980亩果品畅通销路，开拓市场，成为“让村民们劳动成果换来较高收入”的新型农村致富带头人。在搞好自家致富的同时，他并没有忘记带领周围群众脱贫致富，用他自己的话说："自己富不算富，共同富才是小康路"。

许小兵　1972年3月生，内蒙古呼和浩特人，中共党员，大专学历，甘肃城通物流危货汽车运输有限公司汽车队队长。他自任城通物流公司汽车队队长后，严于律己，兢兢业业，任劳任怨，恪尽职守，把全部精力投入到车队的工作管理中，使每台车辆取得最大运输效率。在车队安全管理上，他始终坚持"居安思危、警钟长鸣"的工作方针，加强安全管理，确保安全运输。严格车辆管理制度，确保公司多年来安全无事故。在日常管理工作中，发现问题，从不护短，绝不讲情面，严格按照规章制度办事。他坚持学习交通法律法规等相关书籍，使管理水平和政治素质不断提高。他所管理的车队，连续多年被公司评为先进集体，并多次受到市交警大队、市运管处的高度评价。他所形成的一整套车队管理经验，在省运管局企业工作交流大会上进行了交流推广，在白银市电视台《铜城法制》栏目上进行了专题报道。几年来，许小兵同志在自己平凡的岗位上忘我地工作着，2009年完成货物运输量39.33万吨，完成货物周转量11793.3万吨千米。

刘东海　1972年10月生，中共党员，大专学历，白银区水川镇桦皮川村村委会主任。他2007年成立桦皮川村第一家民营企业——白银晴宏养殖有限公司。2008年，率先在全镇引进野猪种猪10头，扩大养殖规模。经过两年的经营发展，他的公司已发展为具有猪舍24栋240间，年均肉猪出栏5000头的养殖基地，并在他的带领下，村里300多农户也走上致富道路。自2008年当选为桦皮川村委会以来，先后组织实施整村推进扶贫开发、村级文体设施建设和阵地建设等7个项目。完成渠道衬砌2.5千米，整修村社道路1.2千米，建成标准化猪舍20座；投资49万元，新建4900平方米的健身广场1处，修建八角亭1座；投资135万元，新建1502平方米的村委会综合办公楼1栋；完成全村自来水管道铺压及入户工程；硬化村社主干道3.85千米；完成危旧房改造44户。2008年获水川镇抗震救灾先进个人称号，2009年获白银区"体彩杯"农民运动会优秀组织奖。

薛晓天　1974年7月生，甘肃靖远县人，中共党员，大学学历，现任甘肃新新地房地产开发公司董事长、总经理、党支部书记。他先后开发建设山南住宅小区、新地花苑小区、新地阳光佳苑小区、天润园节能示范商住小区等领先城市居住品质的商业住宅开发项目，开发建设总面积26万多平方米，完成总产值4.16亿元，累计上缴国家利税2300多万元；公司自2001年起每年都被白银市工商局评为"守合同重信用"企业，2004年获全市建筑管理先进单位、建筑施工质量管理先进单位称号，2005年4月公司入选人民日报社全国诚信单位光荣榜，获第三届"全国诚信单位"称号，2005年起连续5年获省级"守合同重信用企业"称号。薛晓天热爱社会公益事业，关心困难群众生活，关心公共设施建设，公司累计为校园建设、乡村道路、救助特困家庭、资助贫困大学生等社会公益事业捐赠资金260多万元；2008年四川汶川地震发生后，他交纳特殊党费1万元，2009年又为全市抗旱捐赠衣被30多件，为白银区慈善会捐款2万元，为全市抗旱救灾捐款10万元。

冯小琴　女，1976年2月生，大学本科学历，无党派代表人士，白银区城市绿化所所长助理。她从事绿化管理工作十多年来，坚持奋战在城市绿化第一线，以润物细无声的模范言行，感召和带动着周围的同志努力工作，为白银区获"甘肃省园林城区"作出贡献。多年来，她凭着对工作的满腔热情，潜心钻研和刻苦学习业务知识，练就一身过硬的本领，为做好全区城市绿化工作打下坚实的基础。面对白银区自然环境恶劣、土质盐碱化高、经费短缺、绿化工作难度大的实际。她凭借过硬的业务技术和严谨的科学态度，寻求解决办法，及时提出铺设滴灌和用水管网，解决白银城区人力拉皮管浇水的突出问题，并不断提出园林绿化改造方案，引进驯化新品种金叶女贞、金叶莸、柽柳等，使白银城区每年植树、种草的绿化成活率由50%提高到90%以上。在管理工作中，她更是创新管理思路，结合实际，细化分工，靠实责任，实施人性化管理，极大地提高工作效率和职工的工作积极性，得到上级领导和群众一致好评，她本人连续多年在园林绿化工作年度考评中排名第一。

张爱花　女，1976年11月生，甘肃白银人，中共党员，大学本科学历，白银区第四小学教师。1996年参加工作，从事教育教学工作十四年来，在教师平凡的工作岗位上，取得可喜成绩。2005~2006学年度小学毕业班数学考试成绩荣获全学区一；2000年在全区小学数学优质课竞赛中荣获三等奖；2008年在全区小学数学优质课竞赛中荣获二等奖；2008年全市小学数学优质课竞赛中荣获二等奖；2004年全市小学数学论文交流评选中，她的论文《浅谈在小学数学教学中如何对小学生进行评价》荣获二等奖；2008年，案例《认识分数》在甘肃省小学数学优秀案例竞赛中荣获一等奖；教案《倍数和因数》在全市小学数学教学设计大赛评比中荣获一等奖。她的论文《用爱托起明天的太阳》被评为国家级优秀论文一等奖，并入选国家级刊物《烛光——教育改革前沿》。2001年4月被评为白银区“教学新秀”；2004年9月获全区优秀教师称号；2009年在网络研修中被评为优秀学员，曾多次获学校“优秀辅导员”和“优秀班主任”称号。

曾艳阳 女，1976年4月生，甘肃白银人，中共党员，大学学历，四龙路街道建设路社区党总支书记、社区居委会主任。自1997年8月参加工作后，一直在四龙路街道党政办公室、建设路社区工作，结合社区工作特点，针对下岗失业人员多、老年人多的实际，拓宽服务领域，创新服务模式，开展一系列服务活动，帮助解决社区居民的诸多困难，同时想尽一切办法改善居民的生活环境，并以社区教育为重点，逐步提高居民整体素质，引导居民进行自我管理、自我教育和自我服务，逐步形成一个管理有序、服务便利、环境优美、人际关系和谐的新型文明社区。在社区工作的10年中，她以执著的追求、创新的理念、真诚的服务和出色的业绩，得到居民的好评和群众的尊重。建设路社区先后被甘肃省司法厅、民政厅评为全省“民主法治社区”，被中共白银市委评为“市级文明社区”，获全市“先进基层党组织”等称号。2009年她本人获白银区人口与计划生育先进个人称号。

张晓峰 1978年9月生，甘肃会宁人，中共党员，大专学历，白银区公路管理站助理工程师。自2000年参加工作后，始终保持兢兢业业的工作态度，一丝不苟的工作方法，把自己人生最美好的时光奉献给公路建设事业。尤其在白银区农村公路通畅工程建设中，更彰显这位“马路技术员”风采，体现他以路为家的强烈事业心。公路勘测时，他白天顶烈日酷暑步行测量，晚上加班熬夜在灯下整理数据、设计图纸。施工期监理工作中，他廉洁奉公，严格监理，耐心指导，手把手教施工队规范施工工艺，把施工中遇到的质量问题及时消除在萌芽状态。伴随着农村公路事业的迅速发展，有许多内业与外业的工作要做，他无怨无悔地将自己投身于白银区农村公路建设中，对家庭却很少顾及。为提高工作效率与工作质量，他又挤出大量时间用于学习和钻研业务，并将所学知识及时运用到日常工作中。2007年、2008年连续两年获全市交通工作先进个人称号。

先进个人名单

市级先进个人名单

董志强　滕泽斌　陈　浩　吕佐鹏　魏玉海　李学海　李建芳　张明忠
周西人　张治堂　高学香　曾海菊　滕立新　张晓峰　何春兰　李　爱
张占君　高夏梅　吴正寰　王月萍　郝爱荣　巩英洲　陶作武　关统国
阎风琴　高　海

县（区）级先进个人名单

姜　大　李海珍　王　辉　李焕东　刘家良　何英杰　王学香　魏常东
吴芝娟　李　华　刘金花　曲炜珺　张凤玉　梁晓宇　王福舟　郁国山
张国福　蒋国栋　高国玉　焦桂菊　谢燕华　李　奇　全治梅　李　艳
李雨桐　张顺香　徐伟兵　王　敏　保枢平　张晓峰　王锦霞　高丽琴
高丽荣　张　诚　胡家琪　张佳琴　郝志红　陶鸿平　强晋生　李东元
魏存刚　关赢秀　李俊涛　王树吉　李建军　陶维礼　李金霞　周　乾
柴淑兰　蔡滨阳　王子平　郭　丽　年　平　李德聪　刘保军　狄国云
李兴彩　杨菊梅

区级优秀教师名单

李维杰　贾存志　刘甫硕　薛丽霞　何书明　沈玉林　王金凤　魏兰花
王艳菊　郝东红　李作伟　张世学　刘存德　王志强　魏家发　张世晟
狄海燕　王述和　张志坚　吴德民　曾郦萍　张永霞　张建英　高秀娟
张进强　王　娜　魏　芸　李开成　肖　红　杨智军　刘雪泽　王子萍
郭　莉　李　艳　王丽萍　高　丽　陶志霞　焦淑玲　王文玲　王海燕
郝玉凤　李　丽　魏兴菊　李彩霞　张德军　张晓燕　韩国岩　高忠和
何正彦　刘　冬　张延军　李丽荣　顾振丽　李　迟　吕爱丽　杨紫涵
贾存志　魏玉海

区级师德先进个人名单

马继军　刘万林　张少英　王举元　姚　琰　刘晓丽　宋爱华　王玉义
强　丽　曾小燕　阎风琴　苏生国　顾建权　许昭慧　何春喜　崔　进
万玉兴

区级优秀教育工作者名单

魏玉海　徐伟斌　年承泽　魏晋海　李兴刚　欧　涛　苏炳礼　吴永民
胡家琪　潘鸿伟　李雨桐　李永信　高翠香　王万花　曾　潇　高　芳
达晓庆

2010年区属事业单位副高级专业技术人员名录（本籍）

姓　名	性别	民　族	出生年月	籍　　贯	参加工作时间	文化程度	政治面貌	工作单位及职务	职称
高佑华	女	汉族	1956.11	强湾乡强湾村	1978.1	大专		强湾中学	中学高级教师
雒焕文	男	汉族	1957.04	王岘镇雒家滩村	1985.07	本科	中共党员	白银市第二人民医院	副主任医师
曾海菊	女	汉族	1962.11	王岘镇东台村	1982.08	本科	民盟	白银市第二人民医院	副主任医师
刘其展	男	汉族	1964.01	强湾乡白崖子村	1981.08	大专		强湾中学	中学高级教师
李维义	男	汉族	1965.06	武川乡中山村	1990.07	本科	中共党员	白银市第二人民医院	主任医师
张乾科	男	汉族	1966.04	水川镇张庄村	1989.08	本科		白银市第四中学	中学高级教师
郝玉香	女	汉族	1966.1	王岘镇雒家滩村	1989.12	大专		白银市第二中学	中学高级教师
陈海江	男	汉族	1966.1	水川镇大川渡村	1987.08	本科	中共党员	白银市第二中学	中学高级教师
许朝峰	男	汉族	1966.11	四龙镇永兴村	1990.08	本科	中共党员	市职业中等专业学校	中学高级教师
高翠平	女	汉族	1968.09	水川镇均安村	1992.07	研究生		白银市第一中学	中学高级教师
李玉兰	女	汉族	1968.1	王岘镇崖渠水村	1989.12	本科	民盟	白银市第六中学	中学高级教师
陈其明	男	汉族	1969.05	武川乡宋梁村	1988.07	本科	中共党员	武川初级中学	中学高级教师
刘延丽	女	汉族	1969.06	武川乡红岘村	1990.08	本科		武川初级中学	中学高级教师
张　静	女	汉族	1970.03	水川镇顺安村	1991.03	本科		区教师进修学校	中学高级教师
周涛云	男	汉族	1970.09	四龙镇民乐村	1992.08	本科	中共党员	白银市第三中学	中学高级教师
韩国阜	男	汉族	1971.03	武川乡崖渠村	1995.07	本科	中共党员	白银市第一中学	中学高级教师
曾贤明	男	汉族	1971.07	水川镇大川渡村	1997.04	本科	中共党员	白银市第二中学	中学高级教师
郝宗兰	女	汉族	1971.1	水川镇白茨滩村	1992.07	本科		白银市第六中学	中学高级教师
马金兵	男	汉族	1971.12	王岘镇东星村	1992.07	大专	中共党员	区第二建公司	高级工程师
刘　炜	男	汉族	1972.12	水川镇桦皮川村	1996.08	本科	中共党员	白银市第二中学	中学高级教师
邹海峰	男	汉族	1973.01	水川镇金锋村	1992.08	本科	中共党员	白银市第四中学	中学高级教师
李金荣	男	汉族	1973.1	武川乡新安村	1994.08	本科	中共党员	白银市第一中学	中学高级教师
魏秀花	女	汉族	1973.12	水川镇顺安村	1992.08	本科	中共党员	白银市第二人民医院	副主任护师
崔正德	男	汉族	1974.12	水川镇均安村	1997.08	本科	中共党员	武川初级中学	中学高级教师
陶国荣	男	汉族	1976.01	水川镇五柳村	1995.07	本科	中共党员	白银市第四中学	中学高级教师

2010年区属事业单位副高级专业技术人员名录（客籍）

姓　名	性别	民　族	出生年月	籍　　贯	参加工作时间	文化程度	政治面貌	工作单位及职务	职称
李延凤	女	汉族	1959.06	景泰县	1976.03	大专		区教育督导室	中学高级教师
王　俊	男	汉族	1962.1	榆中县	1981.03	本科		白银市第二中学	中学高级教师
徐　英	女	汉族	1963.01	天津市	1984.01	本科		银光中学	中学高级教师
王　波	女	汉族	1963.08	浙江省	1987.1	本科	中共党员	白银市第二人民医院	副主任护师
余克玲	女	汉族	1963.09	江西省波阳县	1982.07	本科		银光中学	中学高级教师
宁　华	女	汉族	1964.04	辽宁省北镇县	1986.07	大专		白银市第六中学	中学高级教师
苏晓华	女	汉族	1964.06	皋兰县	1991.09	本科		白银市第六中学	中学高级教师
王秀丽	女	汉族	1965.06	安徽省凤台县	1987.07	本科	中共党员	区委党校	高级讲师
周　华	女	汉族	1965.06	武威市凉州区	1989.07	本科	中共党员	白银市第二中学	中学高级教师
曾桂芳	女	汉族	1965.07	榆中县	1989.07	大专		稀土中学	中学高级教师
张　桂	女	汉族	1965.08	靖远县	1988.09	本科		白银市第二人民医院	副主任医师
王三多	男	汉族	1965.09	陇南市	1984.08	本科	中共党员	银光中学	中学高级教师
韦存生	男	汉族	1966.01	靖远县	1989.06	大专		白银市第二中学	中学高级教师
曹志红	女	汉族	1966.04	上海市	1988.07	本科	中共党员	王岘镇卫生院	副主任医师
张治堂	男	汉族	1967.1	景泰县	1992.09	本科	中共党员	白银市第二人民医院	主任医师
曲玮珺	男	汉族	1967.1	会宁县	1989.07	本科	中共党员	白银市第一中学	中学高级教师
魏文芳	女	汉族	1967.11	平川区	1988.07	本科		白银市第六中学	中学高级教师
赵艳萍	女	汉族	1967.12	山东省海阳市	1991.07	本科	民进	白银市第一中学	中学高级教师
王彩霞	女	汉族	1968.03	山东省即墨市	1991.07	本科		白银市第一中学	中学高级教师
董雅军	女	汉族	1968.08	山东省东平县	1989.07	本科		白银市第三中学	中学高级教师
王　应	男	汉族	1968.09	会宁县	1991.07	本科	中共党员	市职业中等专业学校	中学高级教师
杨永红	女	汉族	1968.11	景泰县	1991.07	本科		白银市第二中学	中学高级教师
冯宜德	男	汉族	1970.02	景泰县	1991.07	本科	中共党员	武川初级中学	中学高级教师
马杰德	男	汉族	1970.06	景泰县	1996.01	本科		白银市第二人民医院	副主任医师
常丽红	女	汉族	1971.06	辽宁省新民市	1991.07	本科	中共党员	区三小学	中学高级教师

续表

姓　名	性别	民　族	出生年月	籍　　贯	参加工作时间	文化程度	政治面貌	工作单位及职务	职称
顾文娟	女	汉族	1971.11	靖远县	1995.07	本科		白银市第二中学	中学高级教师
张剑文	女	汉族	1971.11	云南省昭通市	1992.07	本科	中共党员	市职业中等专业学校	中学高级教师
刘志跃	男	汉族	1971.12	平川区	1997.01	本科		白银市第二人民医院	副主任医师
曹　华	女	汉族	1972.06	甘肃岷县	1995.07	本科		银光中学	中学高级教师
张登花	女	汉族	1972.09	靖远县	1992.09	本科		白银市第六中学	中学高级教师
武元平	男	汉族	1972.12	靖远县	1996.08	本科	中共党员	白银市第一中学	中学高级教师
梁晓红	女	汉族	1973.02	甘肃定西市	1993.07	本科		白银市第六中学	中学高级教师
康　贵	男	汉族	1973.1	会宁县	1994.08	本科	中共党员	白银市第六中学	中学高级教师
冯国钰	男	汉族	1974.02	庆阳市	1996.11	本科	中共党员	白银市第二人民医院	副主任医师
何继军	男	汉族	1974.07	泾川县	1997.09	本科	中共党员	白银市第六中学	中学高级教师

“十大和谐家庭”事迹简介

狄长东家庭 水川镇白茨滩村村民，父亲患有老年痴呆症，母亲肠胃长期不好，夫妻二人除经营农资店外，精心照顾两位老人，让二老安度晚年。狄长东夫妻互敬互爱，子女尊老好学，全家和谐美满。

樊银华家庭 四龙镇金山村村民，赡养90岁高龄老母亲40年，夫妻二人相敬如宾，尊老爱幼，教子有方，邻里团结，生活方式健康文明，在“和谐家庭”创建活动中为广大村民树立了榜样。

刘儒章家庭 王岘镇崖渠水村村民，他们一家三代同堂，敬老爱幼、科技致富的事迹一直被当地群众所称赞，一家人用真情谱写了一曲曲尊老爱幼的动人之歌。

李巨红家庭 强湾乡川口村村民，一直是村里的模范家庭，一家人用勤劳、朴实的双手创造着美好和谐的生活，在邻里关系中搭起了和谐的桥梁，把一颗颗热爱公益事业的心播撒在新农村建设事业上。

王富莲家庭 武川乡红岘村村民，多年来，精心护理瘫痪在床的老人，想方设法为老人治病，一家人和睦相处。多次获得“五好文明家庭”、“十大和谐家庭”、“致富女能人”、优秀共产党员等荣誉称号。

肖国祯家庭 公园路街道兰包路社区居民，家里有90高龄的岳母，是一个四世同堂家庭，全家人遵纪守法，互敬互爱，积极进取、爱岗敬业、乐于助人，家庭和睦，深受邻里、单位和社会的好评。

曾玉梅家庭 人民路街道中心街社区居民，她与丈夫下岗多年，生活并不宽裕，但他们用善良和孝心为多病老人的晚年撑起了一片爱的天空，对文明和谐家庭作出了最简单、最动人的诠释。

杨东丽家庭 工农路街道永丰街社区居民，一家4口人，上有体弱多病的70岁婆婆，下有正在上学的女儿，生活并不宽裕，但她们相亲相敬、真诚相处，热心助人、邻里和睦，赢得了周围人们的赞美。

徐义兰家庭 四龙路街道向阳村社区居民，结婚23年以来，一直敬老爱老，精心照顾近七旬因脑血栓瘫痪在床、生活不能自理的公公。夫妻二人互敬互爱，子女尊老好学，整个家庭和谐美满。

顾鸿苹家庭 纺织路街道大坝滩村村民，在他们的家庭里，我们看到的是老有所养，幼有所教，事业上有成就，学业上有进步，每个人都努力用自己的实际行动，创造和谐美满的幸福之家。

白银区"十大孝顺子媳"事迹简介

宋桂芳 女，1946年生，公园路街道银水巷社区居民。俗话说"久病床前无孝子"，但她40年如一日悉心照顾瘫痪在床的婆婆，用实际行动将这个俗话击得粉碎。生活再艰辛也没有让她退缩，宋桂芳对自己的选择无怨无悔。

刘宗国 1954年生，中共党员，水川镇大川渡村主任，30多年来，作为儿子，在家中勤勤恳恳孝敬母亲；作为丈夫，与妻子相敬相爱，平等互助，互相关心；作为兄弟，他将生活不能自理的哥哥照顾至今。

强加玉 女，1957年生，四龙镇永兴村村民，20多年来，一直与公婆生活在一起，悉心关照老人生活起居，默默付出，一家人互敬互爱、和和睦睦，奏响一曲和谐家庭的动人乐章。

张秀梅 女，1963年生，王岘镇三合村村民。28年来，她尊老爱幼，乐于助人，是村民公认的好乡邻；已经93岁的公公和83岁的婆婆在她的悉心照顾下，幸福的安度晚年。她本人连续三年获三合村尊老爱幼好媳妇称号。

张桂萍 女，1964年生，纺织路街道警苑社区居民，作为白银监狱干警的家属。几十年如一日，一边工作，一边操持家务，以自己的爱心在平凡生活中演绎着不平凡的人间真情。她们家庭连续多年被评为"五好家庭"，她本人多次被监狱工会评为先进家属。

高子莲 女，1969年生，武川乡武川村村民，16年里，她任劳任怨，细心照顾75岁高龄的公婆。她用勤劳的双手和辛勤的汗水换来整个家庭的幸福，默默无闻的创造属于自己的人生价值。

王秀菊 女，1970年生，18年来，悉心照顾公公和患有先天性心脏病、疾患缠身的婆婆，还有4岁的脑瘫的儿子。为这个家尽心尽力，营造了美满和谐的家庭氛围。

李元玲 女，1974年生，工农路街道火车站社区居民，她十几年如一日，精心照顾因患高血压导致半身不遂、生活完全不能自理的婆婆。在她的身上，散射着中华民族的传统美德-孝道，她以最朴实的方式看守着这个民族的精神家园!

张瑞花 女，1977年生，四龙路街道大型社区居民，多年来，照顾患有老年肥胖症的公公和行动不便的婆婆，与两位老人朝夕相处，两位老人逢人就夸："儿媳妇比亲生女儿还亲、还可靠。儿子真的没有看错人，娶这么个好媳妇。"

姚　芳 女，1985年生，强湾乡强湾村人，家有5口人。丈夫长年在外务工，她一人照顾家庭、老人，并且常年照料邻居李凤珍老人，靠勤劳的双手在致富路上实现着自己的人生价值，谱写一曲可歌可颂的赞歌。

获得荣誉的单位

全国性荣誉称号获得单位

全国城乡低保规范化建设示范区
　　白银区
第六次全国人口普查先进单位
　　区统计局
第二次全国经济普查先进单位
　　区统计局

省部级（条线）以上荣誉获得单位名单

全国清明节文明祭祀示范点
　　区民政局
全国计划生育优质服务示范站
　　水川镇政府
全省扶贫开发工作先进县
　　区扶贫办

地（市）级荣誉获得单位名单

全省"明德小学"建设项目先进单位
　　区教育局
全市学校体育工作先进集体三等奖
　　市一中
2010年甘肃省学科竞赛优秀组织单位
　　市一中
全省引进国外智力先进单位
　　市第二人民医院
全市卫生工作先进集体
　　市第二人民医院儿科
全市教育系统先进集体
　　第九小学
全省机构编制工作先进集体
　　区机构编制委员会办公室
全市扶残助残先进单位、全市城乡社会救助工作先进县
　　区民政局
全市拥军优属工作先进单位
　　区民政局
全市人口和计划生育基础工作综合奖
　　武川乡政府
全省统计工作先进集体
　　人民路街道统计站
甘肃省"工人先锋号"
　　人民路街道环卫队
全市人口和计划生育工作机制建设创新奖
　　水川镇政府
全市造林绿化先进单位
　　水川镇政府
全市社会治安综合治理平安镇
　　水川镇政府
全市人口和计划生育信息化建设奖
　　公园路街道办事处

县级荣誉获得的单位名单

全区"六项考核"先进单位
　　区教育局
全区社会治安综合治理平安单位
　　区幼儿园
　　区第十二小学
　　第十五小学
全区教育系统先进集体
　　市一中
　　第十四小学
　　第十三小学
全区2010年两会建议提案办理工作先进单位
　　区民政局
甘肃省中等职业教育招生就业工作先进单位
　　白银职专
白银市绿色学校
　　第十小学

全市关心下一代工作先进单位

工农路街道

全市“五星级”基层党组织

工农路街道党委

火车站社区

武川乡党委

全区城市绿化先进社区

永丰街社区

全区模范职工小家

长通社区

全区民族团结进步先进集体

西铜社区

全区造林绿化先进单位

武川乡政府　　水务局

全市先进示范窗口

人民路街道政务大厅

全市劳动关系和谐社区

人民路街道人民路社区

全区社会治安综合治理平安社区

人民路街道五星街社区

全市五四红旗团委

水川镇团组织

全区教育系统先进集体

市一中　市二中

强湾中学　武川初级中学

区三小　区五小

区十三小　区十四小

武川学区　区招生办公室

金钥匙幼儿园

红星数学化幼儿园

附　　录

楼房沟绿化带

中华人民共和国国务院令

第467号

《地方志工作条例》，自公布之日起施行。

总　理　温家宝

二〇〇六年五月十八日

地方志工作条例

第一条　为了继承和发扬中华民族优秀文化传统，全面、客观、系统地编纂地方志，科学、合理地开发利用地方志，发挥地方志在促进经济社会发展中的作用，制定本条例。

第二条　中华人民共和国境内地方志的组织编纂、管理、开发利用工作，适用本条例。

第三条　本条例所称地方志，包括地方志书、地方综合年鉴。

地方志书，是指全面系统地记述本行政区域自然、政治、经济、文化和社会的历史与现状的资料性文献。

地方综合年鉴，是指系统记述本行政区域自然、政治、经济、文化、社会等方面情况的年度资料性文献。

地方志分为：省（自治区、直辖市）编纂的地方志，设区的市（自治州）编纂的地方志，县（自治县、不设区的市、市辖区）编纂的地方志。

第四条　县级以上地方人民政府应当加强对本行政区域地方志工作的领导。地方志工作所需经费列入本级财政预算。

第五条　国家地方志工作指导机构统筹规划、组织协调、督促指导全国地方志工作。

县级以上地方人民政府负责地方志工作的机构主管本行政区域的地方志工作，履行下列职责：

（一）组织、指导、督促和检查地方志工作；

（二）拟定地方志工作规划和编纂方案；

（三）组织编纂地方志书、地方综合年鉴；

（四）搜集、保存地方志文献和资料，组织整理旧志，推动方志理论研究；

（五）组织开发利用地方志资源。

第六条　编纂地方志应当做到存真求实，确保质量，全面、客观地记述本行政区域自然、政治、经济、文化和社会的历史与现状。

第七条　省、自治区、直辖市人民政府制定本行政区域地方志编纂的总体工作规划（以下简称规划），并报国家地方志工作指导机构备案。

第八条　以县级以上行政区域名称冠名的地方志书、地方综合年鉴，分别由本级人民政府负责地方志工作的机构按照规划组织编纂，其他组织和个人不得编纂。

第九条　编纂地方志应当吸收有关方面的专家、学者参加。地方志编纂人员实行专兼职相结合，专职编纂人员应当具备相应的专业知识。

第十条　地方志书每20年左右编修一次。每一轮地方志书编修工作完成后，负责地方志工作的机构在编纂地方综合年鉴、搜集资料以及向社会提供咨询服务的同时，启动新一轮地方志书的续修工作。

第十一条　县级以上地方人民政府负责地方志工作的机构可以向机关、社会团体、企业事业单位、其他组织以及个人征集有关地方志资料，有关单位和个人应当提供支持。负责地方志工作的机构可以对有关资料进行查阅、摘抄、复制，但涉及国家秘密、商业秘密和个人隐私以及不符合档案开放条件的除外。

地方志资料所有人或者持有人提供有关资料，可以获得适当报酬。地方志资料所有人或者持有人不得故意提供虚假资料。

第十二条　以县级以上行政区域名称冠名、列入规划的地方志书经审查验收，方可以公开出版。

对地方志书进行审查验收，应当组织有关保密、档案、历史、法律、经济、军事等方面的专家参加，重点审查地方志书的内容是否符合宪法和保密、档案等法律、法规的规定，是否全面、客观地反映本行政区域自然、政治、经济、文化和社会的历史与现状。

对地方志书进行审查验收的主体、程序等由省、自治区、直辖市人民政府规定。

第十三条　以县级以上行政区域名称冠名的地方综合年鉴，经本级人民政府或者其确定的部门批准，方可以公开出版。

第十四条　地方志应当在出版后3个月内报送上级人民政府负责地方志工作的机构备案。

在地方志编纂过程中收集到的文字资料、图表、照片、音像资料、实物等以及形成的地方志文稿，由本级人民政府负责地方志工作的机构指定专职人员集中统一管理，妥善保存，不得损毁；修志工作完成后，应当依法移交本级国家档案馆或者方志馆保存、管理，个人不得据为己有或者出租、出让、转借。

第十五条　以县级以上行政区域名称冠名的地方志书、地方综合年鉴为职务作品，依照《中华人民共和国著作权法》第十六条第二款的规定，其著作权由组织编纂的负责地方志工作的机构享有，参与编纂的人员享有署名权。

第十六条　地方志工作应当为地方经济社会的全面发展服务。县级以上地方人民政府负责地方志工作的机构应当积极开拓社会用志途径，可以通过建设资料库、网站等方式，加强地方志工作的信息化建设。公民、法人和其他组织可以利用上述资料库、网站查阅、摘抄地方志。

第十七条　县级以上地方人民政府对在地方志工作中作出突出成绩和贡献的单位、个人，给予表彰和奖励。

第十八条　违反本条例规定，擅自编纂出版以县级以上行政区域名称冠名的地方志书、地方综合年鉴的，由县级以上地方人民政府负责地方志工作的机构提请本级人民政府出版行政部门依法查处。

第十九条　违反本条例规定，未经审查验收、批准将地方志文稿交付出版，或者地方志存在违反宪法、法律、法规规定内容的，由上级人民政府或者本级人民政府责令采取相应措施予以纠正，并视情节追究有关单位和个人的责任；构成犯罪的，依法追究刑事责任。

第二十条　负责地方志工作的机构的工作人员违反本条例第十四条第二款规定的，由其所在单位责令改正，依法给予处分。

第二十一条　编纂地方志涉及军事内容的，还应当遵守中央军委关于军事志编纂的有关规定。

国务院部门志书的编纂，参照本条例的相关规定执行。

第二十二条　本条例自公布之日起施行。

甘肃省人民政府令

第53号

《甘肃省地方志工作规定》已经2009年1月9日省人民政府第20次常务会议讨论通过，现予公布。自2009年3月1日起施行。

省长　徐守盛

二〇〇九年一月十四日

甘肃省地方志工作规定

第一条　为了规范地方志工作，根据国务院《地方志工作条例》及相关法律法规，结合本省实际，制定本规定。

第二条　本省行政区域内地方志的编纂、管理和开发利用工作，适用本规定。

第三条　本规定所称地方志，是指省、市州、县市区编纂的地方志书、地方综合年鉴。

地方志书，是指全面系统地记述本行政区域自然、政治、经济、文化和社会的历史与现状的资料性文献。

地方综合年鉴，是指系统记述本行政区域自然、政治、经济、文化、社会等方面情况的年度资料性文献。

第四条　县级以上人民政府应当加强对地方志工作的领导，将地方志工作纳入国民经济和社会发展规划，编纂地方志所需经费由本级财政予以保障。

第五条　县级以上人民政府地

方志工作机构负责本行政区域的地方志工作，履行下列职责：

(一) 贯彻执行国家法律法规和政策；

(二) 组织、指导、监督检查本辖区地方志工作；

(三) 拟定地方志工作规划，制定业务规范；

(四) 组织编纂地方志书、地方综合年鉴；

(五) 收集、保存地方志文献和资料，整理旧志，推动方志理论研究和开展学术交流；

(六) 开发利用地方志资源，宣传推广地方志成果。

第六条 市州、县市区人民政府应当按照省人民政府制定的地方志规划制定本行政区域的地方志工作规划，并报上一级地方志工作机构备案。

第七条 地方志编纂人员实行专兼职相结合。专职编纂人员应具备相应的专业知识和学识水平。编纂地方志应当吸收有关专家、学者和少数民族人士参加。

第八条 承担编纂任务的有关机关、社会团体、企事业单位和其他组织，应当按照本级人民政府工作规划和地方志工作机构的要求，组织完成工作任务。

第九条 地方志书每20年左右编修一次。地方志工作机构在编辑地方综合年鉴、编写有关资料性文献的同时，做好资料准备工作，适时启动下一轮志书的编纂。

第十条 编纂地方志所需资料由地方志工作机构向有关机关、社会团体、企事业单位、其他组织以及个人征集，有关单位和个人应当提供支持。地方志工作机构可以对涉密规定允许的有关资料进行查阅、摘抄、复制。

资料持有人或者所有人提供资料被采用的，由编纂单位支付相应的报酬，具体标准按国家有关规定执行。

第十一条 编纂地方志应当做到资料翔实、准确，地方特色突出，体例科学严谨，审校、装帧、印刷符合出版要求的质量标准。

第十二条 各级地方志书实行评议和初审、复审、终审制度。对地方志书进行审定，应当吸收有关保密、档案、历史、法律、民族、社会、经济、军事等方面的专家参加。

(一) 地方志书在进入审定程序之前，应当召开有关领导、专家和相关人士参加的志稿评议会进行评议。未经评议的志稿不得提交审定。

(二) 省志各卷由承担编纂单位组织初审，省地方志工作机构复审，省地方史志编纂委员会终审通过后出版。

(三) 市州志由市州地方志编纂委员会组织初审，市州政府复审，省地方志编纂委员会终审通过后出版。

(四) 县市区志由县市区志编纂委员会初审，县市区政府复审，市州志编纂委员会终审通过后出版。

第十三条 审查地方志书，除重点审查地方志的内容是否符合宪法和保密、档案等法律、法规的规定，是否全面、客观地反映本行政区域自然、政治、经济、文化和社会的历史与现状外，还应当审查是否符合下列业务标准：

(一) 志书体例：正确运用志书体式体裁，符合科学分类和社会分工实际，做到结构合理、逻辑清晰、分类准确，归属得当。

(二) 资料内容：全面系统、取舍得当，准确翔实，纵不断主线，横不缺主项，具有鲜明的时代特色、地域特色、民族特色和行业特色。

(三) 行文规范：地方志运用语体文记述，表述准确、文笔流畅，语言文字、标点符号、计量单位和数字的使用符合国家相关规定。

民族自治地方的志书可以用汉语和少数民族语言同时出版。地方志书翻译成外文出版时，需报省地方史志工作机构备案。

第十四条 以县级以上行政区域名称冠名的地方综合年鉴，由本级地方志工作机构组织编辑，上一级地方志工作机构参与审定，经本级人民政府批准后出版。

第十五条 各级编纂单位在地方志出版后3个月内向上级地方志工作机构报送样书和样书电子文本。

第十六条 地方志编纂过程中收集到的各种资料，应当集中统一管理，不得损毁。编纂工作完成后，移交本级档案馆、方志馆保存管理，不得据为己有或者出售、出让和转借。

第十七条 以县级以上行政区域名称冠名的地方志属职务作品，其著作权由组织编纂的地方志工作机构享有，参与编纂的人员享有署名权。

第十八条 县级以上人民政府对地方志编纂工作中作出突出成绩和贡献的单位和个人，给予表彰奖励。

第十九条 地方志工作要为地方经济社会发展服务。地方志工作机构应当将收藏陈列的地方志向社会开放。

加强地方志工作信息化建设，通过建设资料库、方志馆、互联网站等方式，为社会提供咨询和信息服务。

第二十条 违反本规定的行为，依照国务院《地方志工作条例》处罚。

第二十一条 本规定自2009年3月1日起施行。

中共白银市白银区委文件

区委发〔2010〕19号

中共白银市白银区委
白银市白银区人民政府
关于表彰白银区劳动模范和先进工作者的
决　　　　定

(2010年4月28日)

近年来，全区各级党政组织和广大人民群众坚持以邓小平理论和“三个代表”重要思想为指导，全面贯彻落实科学发展观，积极投身改革开放和社会主义现代化建设的伟大实践，为全区物质文明、政治文明和精神文明建设做出了积极贡献。同时，各行各业、各条战线也涌现出了一大批品德高尚、业绩卓著、贡献突出的先进模范人物。

为了彰显先进模范人物的奋斗精神和模范事迹，弘扬“劳动光荣、知识崇高、人才宝贵、创造伟大”的社会风尚，促进白银经济社会又好又快地发展，区委、区政府决定授予刘东海等8名同志“白银区劳动模范”荣誉称号，授予王虎等12名同志“白银区先进工作者”荣誉称号。

区委、区政府希望受到表彰的劳动模范和先进工作者，以此为新的起点，珍惜荣誉、谦虚谨慎，发扬成绩、再接再厉，为我区经济新一轮发展作出新贡献。区委、区政府号召全区各行各业各条战线的广大干部、工人、农民、知识分子和全体劳动者，要以全区劳动模范和先进工作者为榜样，学先进、赶先进，以更加坚定的理想信念、高昂的劳动热情、务实的工作作风和顽强的进取精神，团结协作，奋发努力，开拓创新，扎实工作，为加快我区全面建设小康社会和构建社会主义和谐社会而努力奋斗。

中共白银市白银区委文件

区委发〔2010〕34号

中共白银市白银区委
白银市白银区人民政府
关于表彰白银区“十大和谐家庭”、“十大孝顺子媳”的决定

(2010年10月16日)

近年来，全区“和谐家庭”创建活动始终坚持以邓小平理论和“三个代表”重要思想为指导，深入学习实践科学发展观，认真贯彻公民道德建设实施纲要，严格标准，务求实效，为构建和谐白银做出了积极贡献。

为表彰先进，树立榜样，大力弘扬中华民族传统美德，营造尊老、爱老、敬老的和谐氛围，区委、区政府决定，授予狄长东等10户家庭“白银区十大和谐家庭”荣誉称号，授予刘宗国等10名同志“白银区十大孝顺子媳”荣誉称号。

希望受到表彰的家庭和个人珍惜荣誉，再接再厉，发挥模范带头作用，以自己的实际行动影响和带动广大家庭，倡导家庭美德，弘扬和谐之风，为和谐白银建设多作贡献。全区广大家庭和个人，要认真学习受表彰家庭和个人的先进事迹，以他们为榜样，进一步弘扬尊老爱幼、男女平等、夫妻和睦、勤俭持家、邻里团结的家庭美德，以德治家，文明立家，科学兴家，以家庭的文明促进社会的和谐，为我区经济社会发展做出新的更大的贡献。

统计数据

2010年全区一般预算收入表

单位：万元

科 目	年初预算数	实际收入数	上年同期数	占年初预算数的%	比上年同期增减%
一、税收收入	24253	25463	20118	104.99	26.57
增值税	4419	2643	3116	59.61	-15.47
营业税	6972	7822	6101	112.19	28.21
企业所得税	1420	1584	958	111.55	65.34
个人所得税	1368	1272	1179	92.98	7.89
资源税	468	305	388	65.17	-21.39
城市维护建设税	1945	1629	1715	83.75	-5.01
房产税	1299	1182	1129	90.99	4.69
印花税	1113	1283	948	115.27	35.34
城镇土地使用税	2598	2658	2193	102.31	21.2
土地增值税	243	1121	219	461.32	411.87
车船税	1239	1553	1089	125.34	42.61
耕地占用税	—	597	—	—	—
契税	1169	1823	1083	155.95	68.33
二、非税收入	2052	2358	4238	114.91	-44.36
专项收入	1551	784	793	50.55	-1.13
行政事业性收费收入	200	410	957	205	-57.16
罚没收入	101	378	225	374.26	68
国有资源有偿使用收入	200	348	1336	174	-73.95
其他收入	—	438	927	—	-52.75
合 计	26305	27821	24356	105.76	14.23

2010年全区一般预算支出表

单位：万元

科 目	2010年变动预算数	2010年实际支出数	上年同期数	占变动预算数的%	比上年同期增减%
一般公共服务	5266	6550	6389	124.38	2.52
国 防	36	36	45	100	-20
公共安全	1817	1345	2959	74.02	-54.55
教 育	17069	18752	16377	109.86	14.5
科学技术	209	255	208	122.01	22.6
文化体育与传媒	479	633	429	132.15	47.55
社会保障和就业	25443	20320	23080	79.86	-11.96
医疗卫生	5633	5749	6094	102.06	-5.66
节能环保	2746	2618	872	95.34	200.23
城乡社区事务	4640	4931	5001	106.27	-1.4

续表

单位：万元

科　　目	2010年变动预算数	2010年实际支出数	上年同期数	占变动预算数的%	比上年同期增减%
农林水事务	8672	9490	10830	109.43	-12.37
交通运输	785	787	948	100.25	-16.98
资源勘探电力信息等事务	869	488	250	56.16	95.2
商业服务业等事务	1070	748	—	69.91	—
地震灾后恢复重建支出	325	325	8	100	—
国土资源气象等事务	6	3	—	50	—
住房保障支出	13954	11823	—	84.73	—
粮食物资储备管理事务	120	118	403	98.33	-70.72
国债还本付息支出	35	35	—	100	—
其他支出	2332	364	4802	15.61	-92.42
预备费	479	—	—	—	—
合　　计	91985	85370	78695	92.81	8.48

白银区环保基本情况

指标名称	单　　位	实有数
一、工业废水		
工业废水排放量	万吨	1138.42
工业废水排放达标量	万吨	941.09
废水治理设备数	套	17
二、工业废气		
废气治理设备数	套	110
工业废气排放总量	亿标立方米	339.8
二氧化硫排放量	吨	41528.45
二氧化硫去除量	吨	288123.48
工业烟尘排放量	吨	4057.73
工业烟尘去除量	吨	17283.37
工业粉尘排放量	吨	5635.84
工业粉尘去除量	吨	41847.33
三、工业固体废物		
工业固体废物产生量	万吨	148.16
工业固体危险废物产生量	万吨	2.24
工业固体废物综合利用量	万吨	45.12
工业固体废物贮存量	万吨	91.31
工业固体废物处置量	万吨	13.35
工业固体废物排放量	万吨	0.05
工业固体危险废物排放量	万吨	—
四、“三废”综合利用产品产值	万元	9980

白银区2010年社会经济主要指标

指　　标	单　　位	2010年
一、人　　口		
年末总户数（公安局数）	户	96533
年末总人口（公安局数）	人	288068
男	人	150333
女	人	137735
人口自然增长率	‰	4.65
人口抽样调查数	万人	—
二、社会劳动者人数	人	126663
第一产业	人	20393
第二产业	人	55047
第三产业	人	51223
三、地区生产总值（现价）	万元	1481218
第一产业增加值	万元	37423
第二产业增加值	万元	917461
第三产业增加值	万元	526334
人均地区生产总值	元	51076
四、农　　业		
1、农村乡镇数	个	5
村民委员会数	个	45
村民小组数	个	217
农村乡镇劳动力	人	32115
第一产业	人	18062
第二产业	人	7064
第三产业	人	6989
2、农林牧渔总产值（现价）	万元	60766
农业产值	万元	42974
林业产值	万元	708
牧业产值	万元	14786
渔业产值	万元	593
农林牧渔服务业产值	万元	1705
3、主要农牧业产品产量		
粮食	万公斤	2410
蔬菜	万公斤	18332
水果	万公斤	4223
鲜鱼	万公斤	78
肉类总产量	万公斤	697

续表

指　标	单　位	2010年
鲜奶	万公斤	805
禽蛋	万公斤	115
大牲畜年末存栏	万头	0.76
猪年末存栏	万头	4.83
羊年末存栏	万只	8.05
鸡年末存栏	万只	34.8
4、年末耕地面积	万亩	13.85
农作物播种面积	亩	133539
粮食播种面积	亩	95721
其中：夏粮播种面积	亩	59725
蔬菜播种面积	亩	27590
其中：日光温室面积	亩	22191
五、工　业		
全部工业总产值	万元	410627
规模以上工业总产值	万元	219764
规模以下工业总产值	万元	190863
全部工业增加值	万元	110121
规模以上工业增加值	万元	52861
规模以下工业增加值	万元	57260
六、社会消费品零售总额	万元	447506
1、批发零售贸易业	万元	370653
限额以上	万元	180723
限额以下及个体户	万元	189930
2、住宿和餐饮业	万元	76853
星级（限额以上）企业	万元	2428
星级（限额以上下）企业和个体户	万元	74425
3、其他行业	万元	—
七、固定资产投资	万元	161947
基本建设投资	万元	106501
更新改造投资	万元	31029
房地产开发投资	万元	13994
农村集体投资	万元	5495
农村个人投资	万元	4928
其他投资	万元	—
八、一般预算收入	万元	27821
一般预算支出	万元	85291

续表

指　标	单　位	2010年
九、劳动工资		
单位从业人员	人	63235
国有单位	人	25369
集体单位	人	3222
从业人员劳动报酬	万元	186234
国有单位	万元	83576
集体单位	万元	3303
从业人员平均工资	元	29614
国有单位	元	32597
集体单位	元	10252
十、人民生活		
农民人均纯收入	元	5637
水川镇	元	5788
四龙镇	元	5771
王岘镇	元	5732
强湾乡	元	5385
武川乡	元	4210
城镇居民人均可支配收入	元	14711
十一、教　育		
小学校数	所	39
小学专任教师	人	1386
小学在校学生数	人	22484
普通中学学校数	所	19
普通中学专任教师	人	1671
普通中学在校学生数	人	25777
普通高等学校录取人数	人	3249
十二、医疗卫生		
医院、卫生院数	个	11
医院、卫生院床位数	张	1800
医院、卫生院卫生技术人员	人	2168
十三、计划生育（区计生局数）		
出生率	‰	7.72
死亡率	‰	3.07
自然增长率	‰	4.65

2010年白银辖区内单位个数及从业人数

指 标 名 称	单位个数（个）	单位从业人员年末人数合计（人）	其中在岗职工（人）
总 计	774	63235	63081
一、按单位性质分			
企业	274	44949	44822
事业	184	10782	10756
机关	310	7318	7317
其他	6	186	186
二、按国民经济行业分			
制造业	77	30509	30390
电力、燃气及水的生产和供应业	27	2361	2353
建筑业	44	2893	2893
交通运输、仓储和邮政业	11	1487	1487
信息传输、计算机服务和软件业	13	932	932
批发和零售业	8	1656	1656
金融业	91	5086	5086
房地产业	7	175	175
租赁和商务服务业	9	330	330
科学研究、技术服务和地质勘查业	13	523	510
水利、环境和公共设施管理业	3	184	184
教育	75	3183	3183
卫生、社会保障和社会福利业	13	1297	1297
文化、体育和娱乐业	6	147	147
公共管理和社会组织	377	12472	12471

2010年白银辖区内单位从业人员劳动报酬

单位：万元

指 标 名 称	单位从业人员年劳动报酬	其中在岗职工工资总额
总 计	186233	185988
一、按单位性质分		
企业	127210	127008
事业	29653	29610
机关	28690	28690
其他	680	680
二、按国民经济行业分		
制造业	84510	84319
电力、燃气及水的生产和供应业	15961	15951
建筑业	2667	2667

续表

单位：万元

指 标 名 称	单位从业人员年劳动报酬	其中在岗职工工资总额
交通运输、仓储和邮政业	2080	2080
信息传输、计算机服务和软件业	2131	2131
批发和零售业	3400	3400
金融业	17926	17926
房地产业	211	211
租赁和商务服务业	703	703
科学研究、技术服务和地质勘查业	2275	2235
水利、环境和公共设施管理业	571	571
教育	11669	11669
卫生、社会保障和社会福利业	4879	4876
文化、体育和娱乐业	585	585
公共管理和社会组织	36667	36666

农村基本情况

项 目	单位	白银区	水川	四龙	王岘	强湾	武川	纺织路街道
一、农村基层组织建设								
乡政府	个	2	—	—	—	1	1	—
镇政府	个	3	1	1	1	—	—	—
村民委员会	个	45	13	8	7	7	7	3
村民小组	个	217	67	28	25	44	49	4
二、村镇建设								
（一）村镇现有房屋	万平方米	270.37	69.38	43.06	36.35	55.52	53.26	12.80
1、居民现有房屋	万平方米	204.68	60.02	32.32	33.05	24.88	43.41	11
其中：钢混结构	万平方米	46.63	7.12	8.90	14.87	0.72	7.52	7.50
砖木结构	万平方米	79.55	24.30	10.33	15.39	7.46	18.57	3.50
砖土木结构	万平方米	78.50	28.60	13.09	2.79	16.70	17.32	—
2、公共设施建设面积	万平方米	31.61	6.30	5.02	1.67	12.35	5.67	0.60
3、生房屋面积	万平方米	34.08	3.06	5.72	1.63	18.29	4.18	1.20
（二）自来水受益村数	个	38	13	8	7	6	1	3
（三）乡村交通情况								
其中：通公路的村数	个	45	13	8	7	7	7	3
通公路的乡镇数	个	5	1	1	1	1	1	1
（四）通电的村数	个	45	13	8	7	7	7	3
通电的户数	个	20484	6860	3118	3172	3080	3345	909
（五）通电话的村数	个	45	13	8	7	7	7	3
通电话的户数	户	16627	5573	2460	3172	2618	1895	909

续表

项　目	单位	白银区	水川	四龙	王岘	强湾	武川	纺织路街道
三、乡镇户数	户	20484	6860	3118	3172	3080	3345	909
四、乡村总人口	人	68471	24108	10563	8290	9669	12985	2856
五、年内出生人数	人	941	200	145	113	78	132	273
年内死亡人数	人	393	65	39	70	103	38	78
六、乡村劳动力资源总数	人	38774	14033	5997	4796	4885	7633	1430
七、乡村从业人员合计	人	32115	11496	5010	4069	4399	6051	1090
1、按性别分组								
(1) 男	人	16908	6363	2588	2071	2244	2134	508
(2) 女	人	15194	5133	2422	1985	2155	2917	582
2、按文化程度分组								
(1) 高中以上程度	人	10437	5748	1285	1142	1100	987	175
(2) 初中程度	人	12708	4165	2140	1734	1980	2089	600
(3) 小学程度	人	8535	1583	1585	1044	1298	2733	292
(4) 文盲、半文盲	人	422			136	21	242	23
3、按行业分组								
(1) 农林牧渔业	人	18062	8196	2570	2461	1155	3435	245
其中：农业劳动力	人	15662	6636	2320	2383	943	3160	220
(2) 工业	人	4109	160	700	909	898	1052	390
(3) 建筑业	人	2955	320	800	168	1298	199	170
(4) 交通运输邮电通讯	人	2771	1368	245	314	299	505	40
(5) 信息、计算机服务	人	81	12	20	45		4	
(6) 批发贸易餐饮业	人	1429	986	88	78	104	105	68
(7) 住宿和餐饮业	人	511	268	60	50		51	82
(8) 科研与综合技术服务	人	34		30	4			
(9) 教育文化广播电视	人	132		30		44	58	
(10) 卫生体育和社会福利	人	87	8	20			34	25
(11) 乡镇经济组织管理	人	73	20	25			13	15
(12) 金融保险业	人	81	10	40	16		5	10
(13) 其他	人	1790	148	382	24	601	590	45
其中：外出劳动力	人	1282	117	376	19	551	194	25

农业总产值（现价）

单位：万元

项　目	白银区	水川	四龙	王岘	强湾	武川	纺织路街道	机关
农林牧渔业总产值	60766	27338	16462	5809	4962	3790	503	1902
1、农业产值	42974	23268	11351	2696	3006	2285	95	273
2、林业产值	708	105	83	52	61	91	11	305
3、牧业产值	14786	3535	4609	2819	1672	1232	210	709
4、渔业产值	593	91	122					380
5、农林牧渔服务业产值	1705	339	297	242	223	182	187	235

农林牧渔业增加值

单位：万元

项　目	白银区	水川	四龙	王岘	强湾	武川	纺织路街道	机关
农林牧渔业增加值	37360	16676	10041	3643	3127	2406	307	1160
1、农业增加值	26002	14071	6701	1718	1904	1387	57	164
2、林业增加产值	310	46	37	23	27	40	5	132
3、牧业增加产值	10179	2439	3180	1865	1154	930	145	466
4、渔业增加产值	426	66	88	—	—	—	—	272
5、农林牧渔服务业	443	54	35	37	42	49	100	126

农民人均纯收入

单位：元

	2009年	2010年
白银区	5050	5637
水川镇	5191	5788
四龙镇	5176	5771
王岘镇	5141	5732
强湾乡	4830	5385
武川乡	3776	4210

2009、2010年全部工业总产值及工业增加值

单位：万元

年　份	工业总产值（现价）	工业增加值（现价）
2009	273610.0	83507.6
2010	410626.7	110120.5

2010年全部工业总产值及工业增加值

单位：万元

	企业单位数（个）	工业总产值（现价）	工业增加值（现行价）	工业增加值（可比价格）
总　计	899	410626.7	110120.5	89665.1
一、限额以上工业企业	45	219763.7	52860.5	40304.1
（一）集体企业	1	169.5	14.7	11.2
（二）股份制企业	11	162037.4	33712.1	25704.1
（三）外商及港澳台商投资企业	1	4216.8	1089.2	830.5
（四）其他经济类型	32	53340.0	18044.6	13758.3
二、限额以下工业企业	854	190863.0	57260.0	49361.0

注：以上表格内容为区统计局提供。

后　记

适逢中国共产党成立90周年、辛亥革命100周年之际，《白银区年鉴(2010)》创修并付梓出版。

国务院《地方志工作条例》规定："地方综合年鉴，是指系统记述本行政区域自然、政治、经济、文化、社会等方面情况的年度资料性文献"。为认真贯彻落实国务院《地方志工作条例》《甘肃省地方志工作规定》和市委办、市政府办《关于认真做好2010年白银年鉴和县（区）年鉴编辑工作的通知》精神，2011年3月区委、区政府决定启动白银区2011年综合年鉴编辑工作，为顺利完成《白银区年鉴》编辑工作，白银区成立由市委常委、白银区委书记梁蓉兰任编委会主任，区委副书记、区长李兰宏任常务副主任，人大、政府、政协分管领导同志任副主任，各乡镇、街道，区直各部门，区属各单位主要负责人为成员的《白银区年鉴》编纂委员会。同时成立《白银区年鉴》编辑部，编辑部设在区地方志办公室。之后，区地方志办公室抽调人员，组织编写《白银区年鉴（2010)》目录及篇目提纲，分发到各承编单位；各乡镇街道、部门单位高度重视年鉴编辑工作，确定一名分管领导负责稿件的撰写，抽调本单位有一定政治理论水平、文字功底较强的人员，作为白银区地方志年鉴编辑信息员，年鉴的编纂工作有序展开。《白银区年鉴（2010)》从收集资料、篇目设计、文字录入、数据堪定，字斟句酌，四易其稿。计29个栏目，223个分目，60余万文字，照片71幅，表格20张，条目1578条，涉及154个单位。结构醒目，图文并茂。真实地记录了白银区2010年自然、政治、经济、文化诸方面发展进步的历史轨迹，为未来白银区的发展繁荣提供了可借鉴资料；也为下一轮续修《白银区志》积累了现实资料。《白银区年鉴（2010)》是各级领导和众多编辑人员通力合作的结果，谨向所有为年鉴编辑出版付出辛勤劳动、给予热情支持的单位和个人深表谢意。

由于水平所限，加之部分资料收集难度大，部分条目欠缺，难免有错讹和疏漏之处，恳请读者批评指正。

《白银区年鉴》编辑部

2011年12月10日